Franz Poppe

**Zwischen Ems und Weser**

Franz Poppe

**Zwischen Ems und Weser**

ISBN/EAN: 9783743347151

Hergestellt in Europa, USA, Kanada, Australien, Japan

Cover: Foto ©ninafisch / pixelio.de

Manufactured and distributed by brebook publishing software (www.brebook.com)

Franz Poppe

**Zwischen Ems und Weser**

# Zwischen Ems und Weser.

Land und Leute

in

Oldenburg und Ostfriesland.

Von

Franz Poppe.

Oldenburg und Leipzig, 1888.
Schulzesche Hof-Buchhandlung und Hof-Buchdruckerei.
(A. Schwartz.)

## Vorwort.

Es sei mir gestattet, einige Worte über die Entstehung dieses Buches zu sagen.

Nur ein tiefes Interesse, sagen wir meinetwegen: Liebe, führt zur durchdringenden Erkenntnis eines Gegenstandes. Und so war es eine tiefgewurzelte Liebe zur Heimatscholle, die von früh auf meine geistige Richtung auf alles lenkte, was wir unter dem teuern Namen „Heimat" begreifen. Als Lehrer mußte ich doppelt ein natürliches Interesse am Heimatlichen, an Land und Volk, nehmen.

Ich habe wiederholt, wie andere wohl auch, die Erfahrung gemacht, daß eine unsichtbare Hand unseren geistigen Wünschen und Bestrebungen entgegen kommt; sie führt uns häufig rechtzeitig dasjenige zu, seien es Schriften, Personen 2c., was geeignet ist, uns in unserm Streben zu fördern. Auch in dem eigentümlichen Gange meiner Verhältnisse glaube ich diese leitende Hand bemerkt zu haben. In den verschiedensten Gegenden der Heimat wurde mir abwechselnd ein längerer Aufenthalt angewiesen. Ich wiederhole hier teilweise, was ich bereits im Vorworte zu meinen niederdeutschen Gedichten: „Marsch und Geest"\*) gesagt habe: Meine Kindheit verlebte ich an der Grenze zwischen Marsch und Geest, im Kirchspiel Rastede, sodann wohnte ich zwei Jahre in der Nähe Bremens, lernte mithin die große Seehandelsstadt und die Delmenhorster Geest kennen, ferner lebte ich ein Jahr am schönen Zwischenahner Meer im Ammerlande, sowie zwei Jahre in dem ans Butjadinger- und Stedingerland grenzenden Moorriem, auch hielt ich mich mehrere

---

\*) Marsch und Geest. Gedichte humoristischen und ernsten Inhalts in oldenburg-niederdeutscher Mundart. Mit dem Bildnisse des Verfassers. Oldenburg.

Wer das Oldenburger Land und seine Bewohner, deren Sage und Geschichte in poetischer Verklärung an seinem Geiste vorüberziehen lassen will, dem empfehlen wir:

Album oldenburgischer Dichter. Herausgegeben von Franz Poppe. 2. Auflage. Oldenburg, und:

Am Zwischenahner See. Lieder von demselben. Oldenburg.

Jahre unweit des Jadebusens im Jeverlande auf, hierauf viele Jahre im Weichbilde der Stadt Oldenburg und endlich drei Jahre in Süddeutschland, in Frankfurt am Main, bis ich in den Centralpunkt der Heimat zurückkehrte.

Dieser gewiß seltene, aber glückliche „Zufall" — das Wort im höheren Sinne genommen —, verbunden mit vielfachen Ausflügen ins Münster- und Saterland, nach den friesischen Inseln, einem Teile Ostfrieslands u. s. w., lehrte mich Land und Leute in jener interessanten Ecke Nordwestdeutschlands in allen Teilen und Varietäten gründlich kennen. Die eigentümlichen, charakteristischen Landschaftsbilder in Marsch, Moor und Geest, die Mundarten, Lebensgewohnheiten und Sitten des Volkes kamen mir auf dieser Lebensgange zum Bewußtsein. Es war auch nicht unwesentlich, daß ich eine zeitlang an der Grenze von Süddeutschland lebte; denn um das Eigentümliche der Heimat erkennen und würdigen zu lernen, muß man in der Fremde geweilt haben, um durch Vergleichung dieser mit jener die Gegensätze herausfinden zu können, ebenso wie man die Muttersprache nur dann gründlich kennen lernt, wenn man sich auch mit einer fremden Sprache eingehend beschäftigt.

Was ich im Laufe der Jahre studierte, fand und sammelte, legte ich in meinen Skizzen nieder, die teils zu Vorträgen bestimmt waren, teils in gelesenen Journalen verbreitet wurden; ich nenne nur den „Globus", das „Daheim", die „Illustrierte Zeitung", die „Illustrierte Welt", „Ueber Land und Meer", die „Deutsche Jugend", die Beilage des deutschen „Reichsanzeigers", die „Weser-Zeitung", die oldenb. „Nachrichten", den „Volksboten" u. s. w.

Alle diese Studien und viele noch nicht veröffentlichte liegen dem Leser in diesem Buche: „Zwischen Ems und Weser" gesammelt und geordnet vor. Mögen sie mit demselben Interesse aufgenommen werden, mit welchem ich sie verfaßte! Um Nachsicht brauche ich den geneigten Leser wohl kaum zu bitten: denn jeder Fachmann und Mitstrebende weiß, daß ein Studium von Land und Leuten ein schwieriges, weil vielumfassendes, lebens- und wechselvolles, und darum ein nie zu vollendendes, nie fertiges ist.

Oldenburg, im September 1887.

*Franz Poppe.*

# Inhalt.

                                            Seite.

**Einleitung (Entstehung des Bodens)** . . . . . . . . . 1—8
    Das norddeutsche Tiefland S. 1. — Diluvium, Alluvium S. 2. — Geest, Moor und Marsch S. 2. — Seen S. 3. — Erste Bewohner S. 4. — Entstehung der Marsch S. 6. — Bedeichung S. 8.

**Erster Abschnitt. Die Geest** . . . . . . . . . . . . 9—198
  I. Kapitel. Die Entwicklung der Stadt Oldenburg  11—37
  II. Kapitel. Das Ammerland . . . . . . . . . . 38—88
    Name S. 38. — Landschaftliches S. 38. — Rastede S. 40. — Wiefelstede S. 43. — Apen S. 44. — Edewecht S. 45. — Westerstede S. 46. — Zwischenahn S. 50. — Dreibergen S. 52. — Ammerisches Bauernhaus S. 54. — Hopfenbau u. -pflücken S. 63. — Die Bewohner S. 65. — Arbeiterverhältnisse S. 68. — Erwerbszweige S. 70. — Sitten und Gebräuche S. 80. — Westersteder und Aper Kaspelleed S. 86.
  III. Kapitel. Ein Gang durch die Osenberge nach den Rittrumer Bergen  89—110
    Osenberge S. 90. — Wunderhorn S. 91. — Gleim in den Osenbergen S. 93. — Heidschnucken S. 94. — Hatten S. 100. — Mattenflechten S. 101. — Sandwehe S. 104. — Rittrum S. 106. — Nord-Döllingen S. 108. — Glaner Braut S. 109.
  IV. Kapitel. Hünengräber . . . . . . . . . . . 111—128
    Die Heide S. 111. — Visbecker Braut S. 112. — Die Heide, Tier- und Pflanzenwelt S. 114. — Hünengräber, Hünenbetten, Hünenkeller S. 116. — Der Bräutigam S. 117. — Heidenopfertisch S. 119. — Welches Volk hat die Steindenkmäler errichtet? S. 121. — Wann sind sie errichtet? S. 123. — Zweck derselben S. 124.
  V. Kapitel. Wildeshausen . . . . . . . . . . . 129—138
    1. Die Stadt und das Alexanderstift S. 129. — 2. Die Schützengilde und das Schützenfest S. 132.
  VI. Kapitel. Die Delmenhorster Geest . . . . . . 139—167
    Einleitung S. 139. — 1. Der Hasbrok S. 141. — 2. Hünengräber und Heidenwälle S. 145. — 3. Der

Seite.

Stühe S. 148. — 4. Die Korkschneider bei Delmenhorst S. 151. — 5. Die Hollandsgänger S. 156. — 6. Kloster Hude S. 162.

VII. Kapitel. Die friesische Wede . . . . . . . . 168—198
Allgemeines S. 168. — Bullenmeer S. 169. — Kirche zu Bockhorn S. 173. — Kirche zu Zetel S. 173. — Feste Neuenburg S. 174. — Friedr. Leop. Graf zu Stolberg S. 174. — Mollerei S. 175. — 1. Dangaster und Vareler Granaten S. 176. — 2. Weberei zu Zetel S. 182. — 3. Ziegeleien S. 180. — 4. Der Urwald S. 191. — Urwaldsagen S. 195.

Zweiter Abschnitt. Das Moor . . . . . . . . . 199—234

I. Kapitel. Ein Gang durchs Moor, von Oldenburg nach dem Saterlande . . . . . . . . . 201—218
Wildenloh S. 201. — Vehne und Aue S. 202. — Das Hochmoor S. 202. — Entstehung des Moores S. 203. — Sater-Ems S. 206. — Kolonistenwohnung S. 207. — Buchweizenbau, Anton Bolenius S. 207. — Moorbrennen S. 208. — Buchweizenernte S. 211. Unsicherheit des Ertrags S. 213. — Fehnkolonien S. 215. — Torfstreu S. 217.

II. Kapitel. Das Saterland . . . . . . . . . 219—234
Entstehung S. 220. — Nationaltracht S. 221. — Sprache der Saterländer S. 222. — Körperbau S. 225. — Erwerbszweige S. 225. — Sittenstrenge S. 226. — Hochzeitssitte S. 228. — Lebensweise S. 228. — Geschichte S. 229. — Wanderung durch das Saterland S. 233. — Gespräch in saterländischer Mundart S. 233.

Dritter Abschnitt. Die Marsch . . . . . . . . 235—426

I. Kapitel. Stedingen und Moorriem . . . . 237—259
Entstehung Stedingens und erster Anbau S. 237. — Geschichtliches S. 239. — Landschaftliches S. 244. Hanfbau S. 249. — Moorriem S. 252. — Schwimmende Insel S. 252. — Bremer Taufe S. 253. — Landschaftliches S. 254. — Weidenholz S. 255. — Kirchen S. 256. — Die Bewohner S. 257.

II. Kapitel. Butjadingen . . . . . . . . . . 260—291
1. Butjadingens Boden S. 260. — 2. Ein Gang auf dem Deiche S. 262. — 3. Geschichte Butjadingens S. 269. — 4. Häuser, Dörfer und Kirchen S. 275. — 5. Leute in Butjadingen S. 285.

III. Kapitel. Eine Fahrt auf der Unterweser . . 292—298
(Elsfleth, Brake, Nordenhamm, Bremerhaven, Tonnen, Weserinseln ꝛc.)

## VII

|  | Seite. |
|---|---|
| IV. Kapitel. Jeverland | 299—304 |

1. Der Boden S. 299. — Die Warfen S. 300. — Der Knid S. 300. — 2. Entstehung und Gewinnung des neuen Landes S. 302. — Salz- oder Strandpflanzen S. 302. — 3. Die Schlengen S. 305. — 4. Deiche und Sturmfluten S. 307. — 5. Schleusen oder Siele S. 319. — 6. Die Stadt Jever S. 322. 7. Jeversches Landschaftsbild S. 327. — 8. Häuser, Dörfer und Kirchen S. 331. — Kloster Oestringfelde S. 338. — Upjever S. 339. — Der Banter Kirchhof S. 341. — 9. Die Jeverländer S. 344. — 10. Geschichtliches S. 354.

V. Kapitel. Das Klotschießen der Friesen . . . 365—374

VI. Kapitel. Der Raps, Bau und Ernte desselben (der erste Wühler) . . . . . . . . . . . 375—382

VII. Kapitel. Die Viehzucht im Herzogtum Oldenburg . . . . . . . . . . . . . . 383—398
   1. Die Rindviehzucht S. 383. — 2. Die Pferdezucht S. 387. — Der oldenburgische Landwirtschafts-Verein S. 394. — Meharbusmarkt S. 395.

VIII. Kapitel. Wilhelmshaven . . . . . . . . 399—405

IX. Kapitel. Ostfriesland . . . . . . . . . 406—426
   Schöpfmühlen S. 407. — Ueberblick über die Landschaften S. 407. — Schlittschuhlaufen S. 410. — Geschichte S. 411. — Entstehung des Dollart S. 412. — Ausflug durch Ostfriesland S. 413. — Die Viehzucht in Ostfriesland S. 417. — Moorkolonien oder Fehne S. 419. — Die Inseln, Norderney S. 421.

**Vierter Abschnitt. In See** . . . . . . . . 427—473

I. Kapitel. Wangeroge . . . . . . . . . 429—468
   Die friesischen Inseln S. 429. — Geschichte Wangeroges S. 430. — Ueberfahrt S. 434. — Das Dorf S. 435. Wanderung am Strande S. 436. — Der alte Kirchturm S. 439. — Alte Brunnen S. 439. — Die Flut S. 441. — Sonnenuntergang S. 442. — Meerleuchten S. 443. — Nacht S. 443. — Die Dünen S. 444. — Flora der Dünen S. 445. — Tierwelt S. 446. — Friedhof der Insel S. 447. — Die Insulaner, Charakter, Sitten, Gebräuche 2c. S. 449. — Robbenjagd S. 449. — Jetziger Zustand der Insel S. 453. — Mitteilungen einer alten Insulanerin S. 454. — Die Schillwäsche S. 464. — Herzensergießung einer alten Insulanerin S. 466.

II. Kapitel. Der Bremer Leuchtturm . . . . 468—472
   Der Leuchtturm auf dem „roten Sand" S. 472.

# Einleitung.

### (Entstehung des Bodens.)

Zwischen Ems und Weser, in der nordwestlichen Ecke Deutschlands, liegen die Lande, die uns jetzt zu einer Wanderung einladen.

Sie bilden einen Teil des weiten, norddeutschen Tieflandes. Dieser große Landstrich liegt niedrig, zum Teil niedriger als das Meer und ist fortlaufend eben. Erhebungen und Senkungen wechseln allerdings, doch erhebt sich kein Punkt höher als 90 m über dem Meeresspiegel, in Ostfriesland nur bis 13,5 m. Wenn es dieser Ebene auch nicht an eigenartigen, schönen Landschaften fehlt, so ist sie doch im ganzen einförmig, erfüllt mit Sumpfstrecken, Torfmooren, Heiden und sandigen Gegenden. Alles dieses, wie auch der meist graue, durch anhaltende Regenschauer und kalte Nebel verdunkelte Horizont, läßt den seeischen Ursprung leicht erkennen. Sie war einst ganz vom Meere bedeckt. Bis zum Teutoburger Walde, Wesergebirge und Harz rollten die Wogen darüber hin. Nach und nach aber wurde der Boden erhöht durch Ablagerung von Steingeröll, Mergel, Thon, Lehm und Sand. War das Meer nämlich ruhig, so schlugen diese Massen aus dem Wasser nieder und legten sich schichtweise aufeinander. Noch jetzt bemerkt man diese Schichten deutlich, wenn man tiefe Gruben gräbt.

Als man im Jahre 1865 zu Wilhelmshaven einen artesischen Brunnen bohrte, gelangte man durch Schichten von Klei, Torf und abwechselnd durch Schichten von blauem Thon, Seesand, Gerölle, schwarzem Thon, bis es endlich bei ca. 190,5 m Tiefe gelang, einen süßen Quell anzubohren. Bis dahin hatte man immer noch

salziges Wasser gefunden, mithin durch vom Meer aufgeschwemmtes
Land gebohrt. Erst in der angegebenen bedeutenden Tiefe erreichte
man im weißen Sande den ersten, ältesten Seeboden, das Diluvium.
Zu diesem rechnet man den höheren Sand- oder Geestboden im Innern
des Landes. Er bildet die Unterlage des ihn bedeckenden Allu-
viums, einer jüngeren Formation. Zu diesem gehören der Moor-
und Marschboden, sowie die Dünenbildungen der friesischen Inseln.

Geest, Moor und Marsch, das sind die drei Gegensätze,
die für das ganze nordwestliche Deutschland charakteristisch sind.
Sie bedingen nicht allein die Natur der Pflanzen und Tiere, sondern auch der Menschen. Für unsern Zweck sind sie von besonderer
Wichtigkeit, indem sie uns eine naturgemäße Gliederung des Stoffes
an die Hand geben. Dort, auf der magern Geest, der alte Stamm
der Sachsen, hier — auf der fetten Marsch — die freien Friesen.
Wenn auch eine allmähliche Vermischung dieser Stämme stattfindet,
so sind doch ihre Art und Lebensweise immerhin noch verschieden.

Das Wort „Geest" kommt her von „güst", d. h. unfruchtbar. Der Boden ist keineswegs unfruchtbar, vielmehr großenteils
zum Getreide-, Obst- und Gemüsebau sehr geeignet, nur ist er
nicht in so hohem Grade fruchtbringend wie die Marsch. Ein
Marschbauer denkt daher verächtlich von der Geest. Als einst der
Sohn eines solchen von Wanderlust ergriffen wurde, sagte der Vater
zu ihm: „Och Junge, wo wullt Du woll hen! Süh, hier is
Marsch un bat ävrige is nix as schrac (magre) Geest."

Der Sandboden war nach und nach durch Aufschwemmungen
so weit erhöht worden, daß die Fluten nur noch von Zeit zu Zeit
über ihn hinweg gingen. Nicht allein die Bodenschichtung, sondern
auch die wellenförmige Oberfläche und die abgelagerten Gesteine
und erratischen Blöcke deuten auf diese Entstehung des Bodens hin.
Es ist ausgemacht, daß letztere Trümmer skandinavischer Gebirge
sind, die in der Urzeit auf großen Eisschollen herüber geführt wurden.

Metalle kommen im Sandboden nicht vor; nur die sog. Ure,
ein harter, rostfarbiger Sand, der sich nicht gar tief unter der
Oberfläche findet, ist mehr oder weniger eisenhaltig. Die Ure oder
der Ortstein ist manchmal ein sehr phosphorhaltiges Eisenerz und
heißt alsdann Raseneisenstein. Dem Baumwuchs ist der Ortstein
nicht zuträglich; denn die Baumwurzeln vermögen ihn nicht zu
durchdringen, und die Bäume gedeihen kümmerlich, oder sterben
wohl gar ab.

An andern Orten, sowohl in Ostfriesland als in Oldenburg,
findet man unter dem Sande mehr oder weniger ausgedehnte Lehmlager. Auch Mergelnester und -lager kommen hier wie dort vor.

Der Diluvialboden bot den Anblick eines großen, sandigen Watts dar, in welchem das Wasser der Weser, Hunte, Jade, Ems u. s. w. tiefe Rillen ausgewaschen hatte. Die von ihnen mitgeführten Stein- und Sandmassen lagerten sich an den Mündungen ab. Es bildeten sich hier Sandbänke und durch Mitwirkung der Stürme und Fluten Dünen und Hügelketten, größtenteils aus beweglichem Flugsande bestehend. Als solche Dünen sind die Dammer Berge, die Osenberge, die Hügel bei Wardenburg, Dötlingen u. s. w. anzusehen. Viele Geesthügel am Rande der Heiden sehen noch jetzt aus wie Dünen, welche vor noch nicht langer Zeit vom Meere bespült wurden. So entstand der hohe, jetzt mit Heide, Wald und Kornfeldern bedeckte Geestrand. Wir können ihm nachspüren von Ostfriesland über Bockhorn, Dangast, Varel, Rastede, Loyerberg, Donnerschwee, Wardenburg, Hatten, Gruppenbühren, Ganderkesee, bis ins Bremische, Hannoversche und weiter. Von diesen Dünen herab sahen vor Jahrtausenden unsere Väter die Wellen der Nordsee zu ihren Füßen wogen und die Ströme der Weser, Hunte, Ems u. s. w. aufnehmen. Bis hierher bildete die Nordsee einen großen Meerbusen, aus welchem einzelne hohe Sandbänke, die sich allmählich erhoben hatten, als Inseln hervorschauten. Im früheren Amte Rastede fand man vor mehreren Jahren noch einen Schiffsanker im Boden, woraus sich schließen läßt, daß bis hierher einst die Meereswogen fluteten.

Die Sandrücken erstrecken sich häufig wie Landzungen in das Moor. Dies sind die sog. Tangen oder Tungen (Bourtanger Moor), die das Moor zerteilen oder wie Inselbildungen innerhalb desselben hervortreten (Saterland).

Auf dem festen Lande blieben hier und da stehende Seen zurück. Nach und nach wuchsen Wasserpflanzen darin auf und verwandelten die Seen in Sümpfe. Immer mehr häuften sich die verwesenden Moose (namentlich Sumpfmoos), Schilfe und Gräser in den feuchten Vertiefungen und bildeten so allmählich die weißliche, braune oder schwarze und fasrige Masse, welche wir Moor nennen. Die Hoch- und Wiesenmoore der Geest, namentlich im Münster- und Ammerland und auf der ostfriesischen Geest, sind auf diese Weise entstanden.

Einige der kleinen Seen, welche eine nicht unbedeutende Tiefe hatten, verwuchsen aber nicht, sondern blieben bis auf den heutigen Tag offen. Wir erinnern nur an das Zwischenahner und Bullenmeer im Oldenburgischen, an das Brookzeteler Meer, das Düwelsmeer, Ostermeer u. a. in Ostfriesland. Dies sind Diluvialmeere, weil sie auf dem hohen Diluvium liegen. Sie sind wohl teilweise durch Auswehung des losen Flugsandes entstanden. Anderer Art sind die kleinen Alluvialmeere, teils Reste versumpfter Flußarme, teils Auswaschungen des bargigen Bodens, wie z. B. das Sager Meer im Oldenburgischen, das Boetzeteler Meer, das Sandwater, das große Wiegboldsburer Meer u. a. in Ostfriesland. Allem Anscheine nach werden auch sie im Laufe der Zeit an Umfang verlieren und endlich vielleicht ganz zuwachsen.

Wie es im übrigen auf der hohen Geest ausgesehen haben mag, läßt sich nur vermuten. Wahrscheinlich bestand sie zum großen Teile aus ausgedehnten Heiden und Wäldern, von welchen letzteren der Hasbrok, das Herrenholz, der Wildenloh u. a. noch Ueberreste sein mögen. Die ersten Bewohner, die Chauken und Sachsen, waren wohl Schäfer und Jäger. Es war natürlich, daß sie auf dem hochgelegenen Sandboden am frühesten ihre Wohnstätte anlegten. Auf ihm liegen in Ostfriesland die Städte Aurich, Leer, Norden u. s. w. und die alten Dörfer, die sog. hogen Logen. Aber auch die wasserreichen und fruchtbarsten Gegenden an der Hunte und am Zwischenahner Meer wählten sie zu ihren Wohnplätzen. In fruchtbaren, grasreichen Niederungen, namentlich an Bächen und Flüssen, siedelten sie sich an, kultivierten nach und nach das Land, bauten im Schutze uralter Eichwälder ihre Hütten und Höfe, aus denen allmählich Dörfer entstanden. So wird es erklärlich, daß fast überall die ältesten und bedeutendsten Ortschaften des Oldenburger Landes in Niederungen liegen.

Der Boden von dem erwähnten hohen Geestrande an bis zur jetzigen Küste wurde vor 1800 Jahren noch von den Meereswellen bedeckt. Er war ein ödes, unfruchtbares Watt, aus welchem hin und wieder Sandbänke und kleinere Inseln hervorragen mochten. Die Rinnen und Baljen desselben dienten den zahlreichen Küstengewässern zum Bette. An schützende Deiche war noch kein Gedanke; zweimal täglich rollten die Meereswogen über das öde, graue Watt hin und zurück. Plinius der Aeltere (23—79 n. Chr. Geb.) giebt uns folgende Beschreibung der damaligen Marsch und ihrer Bewohner. „Zweimal," sagt er, „schwillt hier in einer Tages- und Nachtlänge der ungeheure Ocean auf und sinkt. Zweifeln möchte man bei diesem ewigen Kampfe der Natur, ob es Land sei oder Meer, was man sieht. Hier und da ragen, von der Natur aufgeworfen, Hügel hervor, welche Menschenhände nach Erfahrungen der höchsten Fluten noch erhöhten. Auf diesen wohnt das ärmliche Volk in Hütten. Während der Flut sind sie Schwimmenden, während der Ebbe Schiffbrüchigen gleich. Zu ihrer Nahrung haben sie weder Rindfleisch noch Milch. Auch die Beute der Jagd fehlt in diesen

Gegenden, wo kein Gesträuch gedeiht. Dürftig ist selbst ihr Fischfang. Aus Schilf und Binsen flechten sie ihre Netze, worin sie die mit dem Wasser zurückeilenden Fische fangen. Um ihre Speise zu kochen und die von Kälte erstarrenden Glieder zu erwärmen, trocknen sie, im Winde mehr als an der Sonne, hervorgeholten Schlamm (Targ) und brennen ihn. In Gruben vor ihren Häusern fangen sie das Regenwasser auf; und dies ist ihr einziges Getränk. Und diese Völker, wenn sie heute vom römischen Volke besiegt werden sollten, sagen, sie seien Knechte!"

Wie wüst und öde waren damals die jetzt so gesegneten, üppigen Marschen mit ihren weidenden Rinderherden, blumigen Wiesen, goldigen Rapsfeldern, wie arm und elend ihre jetzt so glücklichen und wohlhabenden Bewohner in ihren stattlichen, von grünen Obstbäumen umkränzten Gehöften! Nur nach unsäglichen, Jahrhunderte langen Mühen und Kämpfen ist die Marsch das geworden, was sie jetzt ist. Wie ist sie entstanden? Sie verdankt ihre Entstehung dem innigen Bunde der Natur- und Menschenkraft. Die Not lehrte die Bewohner Erddämme oder Deiche aufwerfen. Anfänglich waren es aber nur kleine, niedrige Sommerdeiche, die das Land nur gegen gewöhnliche Fluten sicherten. Die größeren Deiche, welche auch den Winterstürmen Widerstand leisten konnten, kamen wohl erst im 12. Jahrhundert zu einiger Vollkommenheit. Als die höheren Fluten noch die ersten niedrigen Dämme überströmten, ließ das Meer- und Flußwasser, wenn es wieder abfloß, den fetten, schweren Schlamm zurück, der sich dann mit jeder wiederkehrenden Flut vermehrte. So wurde der Erdboden erhöht und füllte allmählich die Niederungen zwischen den Anhöhen (Wurten oder Warfen) und Inseln aus.

Die in den Gebirgen aus vielen Quellen und Bächen entspringenden Flüsse führen nämlich beständig zerbröckelte und verwitterte Thon-, Kalk- und Sandteilchen mit sich, ebenso verweste Tier- und Pflanzenüberreste. Das Wasser ist davon im unteren Laufe trübe gefärbt. Sobald nun der Strom ruhig genug fließt, sinkt der Schlamm vermöge seiner Schwere zu Boden. Dies geschieht namentlich an und kurz vor seiner Mündung; denn hier fließt er ruhiger und ist am meisten mit Schlamm geschwängert. Auch tritt zwischen Flut und Ebbe eine kurze Ruhe des Wassers (die sog. Stauzeit) ein; der Schlamm wird nun nicht mehr von der starken Strömung fortgerissen und kann langsam niedersinken. Daher kommt es, daß die Marschbildung nur am untern Laufe der Flüsse stattfindet und daß dieselben hier leicht versanden und zuschlämmen. Bleibt irgend ein fester Gegenstand, Holz oder

Buschwerk, auf einer seichten Stelle im Wasser liegen, so setzt sich der Schlamm an denselben an, nimmt immer mehr zu, und so entstehen kleinere Flußinseln, sog. Sande und Platen.

Auch die Vermischung des salzigen Meerwassers mit dem süßen Flußwasser trägt viel zur Absonderung des fetten Schlammes bei. Ferner können die Milliarden von Infusionstieren, welche Meer und Flüsse mit sich führen, diese Vermischung des salzen und süßen Wassers nicht vertragen; sie sterben, sinken nieder und düngen den Boden mit ihren gallertartigen Leibern. Diesen Aufgußtieren, wie auch den sterbenden Schleimtieren, welche das Meerwasser zurückläßt, verdankt der Marschboden einen großen Teil seiner Fruchtbarkeit. Zum Teil sind aber auch die infolge der Verwesung der Tiere sich entwickelnden Dünste und Miasmen die Ursache der häufigen Marschfieber.

Das ist in aller Kürze die Entstehung des Marsch= oder Kleibodens. Sein Hauptbestandteil ist die stellenweise mehr oder weniger mit Sand und Kalk vermischte fette Thonerde. Maas und Rhein führen diese aus den Schiefern der Ardennen, des Taunus und Sauerlandes mit sich, die Weser vom Thüringerwald und südwestlichen Harz, die Elbe aus dem Erzgebirge. Nach und nach verengte sich die Mündung der Ströme, weil sich der Schlamm vor derselben immer mehr anhäufte. Sie mußten, um ins Meer zu gelangen, sich endlich in mehrere Arme spalten. Dadurch entstanden Deltas oder Flußländer. Sie haben die Gestalt eines Dreiecks (griechisch „Delta"). Auch die Weser ergoß sich vor dem 15. und 16. Jahrhunderte in mehreren Armen in die Nordsee. Solche Arme waren die Liene bei Elsfleth, das Lockfleth bei Brake, die Heete bei Atens, die Ahne u. s. w. Stad= und Butjadingerland war also vor der Zudämmung dieser Flüsse ein Inselland.

Der Marschboden liegt bald am Rande der Geest, bald **auf**, bald **unter** dem Moore. Unmittelbar an der Geest entstand er, wenn die starken Fluten die leichte Schlamm= und Moorerde wegspülten und dafür den schweren Schlick absetzten und anhäuften, so bei Varel, Steinhausen und Jever. Auf dem Moore entstand er, wenn vorliegende Sandbänke oder Dünen die Kraft der Fluten gebrochen hatten, so daß sie den in den Niederungen sich bildenden Moorschlamm nicht verdrängen konnten. Die Flut spülte jetzt nur über das Moor hin und lagerte ihren Schlamm darauf ab. An vielen Stellen in der Marsch findet man unter dem Klei das auf solche Weise bedeckte Moor. Es riecht unangenehm, besteht namentlich aus verfaultem Schilfe und wird „Darg" genannt. Warf sich endlich vor dem durch Schlick schon etwas erhöhten Boden im Watt

eine Sandbank auf, oder ging die Kleibildung, durch zeitweilige
Umstände begünstigt, an der Mündung der Flüsse sehr rasch vor
sich, so entstand natürlich eine Niederung zwischen dem Vorlande
und der Geest. In dieser sammelten sich Regen= und Flußwasser,
Sumpfpflanzen wuchsen auf, vermoderten und bildeten Moore über
der Marsch, wie an vielen Stellen, z. B. in Mentzhausen, im
Amte Varel. Liegt die Marsch hier nicht zu tief, so kann man
den Boden leicht verbessern durch Abgraben des Moores. Fast
überall zwischen Marsch und Geest findet man niedrige Moorflächen
(Marschmoore), welche auf ähnliche Weise entstanden sind (Moorriem).
Manchmal wurden auch Moorflächen durch die Fluten fortgeschwemmt
und an anderen Orten über der Marsch wieder abgelagert, so bei
Schwei, wo das Moor unmittelbar vom salzigen Meerwasser be=
spült wird.

Einst war das Gebiet der Marschen viel umfangreicher als
jetzt; es erstreckte sich über die Reihe der friesischen Inseln (Wan=
geroge u. s. w.) hinaus. Damals trennte, wie man aus manchen
Gründen annimmt, der Kanal die Küsten Englands und Frankreichs
noch nicht. Mit dem Durchbruche des Kanals aber, welcher in
unbestimmter Zeit vor der christlichen Zeitrechnung stattfand, be=
gann eine heftige Strömung durch die Nordsee und damit die
Zertrümmerung der Marschen und die Entstehung der Meerbusen
der Jade und des Dollart. Immer mehr Land wurde von den
Fluten verschlungen, ganze Kirchdörfer und fruchtbare Ebenen
wurden fortgerissen und im Grunde der See begraben. Die Jade
war anfangs nur ein kleiner, unbedeutender Fluß, bis sie allmählich
durch mehrere große Sturmfluten, namentlich in den Jahren 1066,
1218 und 1511 zu dem jetzigen Meerbusen erweitert wurde, aber
nicht plötzlich, wie man oft annimmt, sondern allmählich; die Jahres=
zahlen bezeichnen nur die Zeit des Durchbruchs. Der Jader Meer=
busen ist ein großer Kirchhof, aus dem noch der Banter Kirchhof,
die Oberahnischen Felder und Arngast wie versunkene Male her=
vorragen. Ebenso der große Meerbusen Dollart, der seine gegen=
wärtige Gestalt durch die Flut von 1277 erhielt.

Die Sturmfluten zwangen die Marschbewohner, immer höhere
und umfangreichere Wurten aufzuwerfen, auf welchen sie ihre
Wohnungen und Dörfer erbauten, und durch stärkere und höhere
Deiche ihre Ländereien zu schützen. Außerhalb der Deiche lagerte
sich aber noch fortwährend der fette Schlamm ab, namentlich wenn
man an den Ufern der Flüsse zur Auffangung desselben Schlengen
errichtet hatte. Das neugebildete Land (Groden, Polder) wurde
nun wieder eingedeicht, und so ist nach und nach neues, höchst

fruchtbares Erdreich gewonnen und den Fluten entrissen worden. Das eingedeichte Land bedarf aber auch der Entwässerung, und zu diesem Zwecke wurden Tiefe (Kanäle) und Siele angelegt.

Die erste regelmäßige Bedeichung des Oldenburger Landes begann erst um die Mitte des 15. Jahrhunderts unter Graf Gerhard dem Mutigen. Seine Nachfolger setzten die Eindeichung fort bis auf den heutigen Tag. Die Marschbewohner vereinigten sich anfangs freiwillig zum gemeinsamen Kampfe gegen die Flut. Es entstanden so Vereinigungen, Pflichten und Rechte, Deichbände und Deichordnungen; es wurden Aufseher und Leiter des Deichwesens (Deichgräfen) gewählt. Mutwillige Deichbeschädigung und schlechte Erhaltung des Deiches wurden bis ins 18. Jahrhundert mit dem Tode bestraft. Der Betreffende wurde lebendig eingedeicht oder verbrannt (Stedinger Deichrecht). Im 18. Jahrhundert wurde statt der pfandweisen Ausbesserung und Unterhaltung der Deiche die Kommunion- (Gemeinde-) Deichung eingeführt. Jährlich zweimal, im Frühling und im Herbste, wird von Wasserbaukundigen und Deichgeschworenen eine Deichschau angestellt. Sämtliche Deiche haben in Ostfriesland eine Länge von 41, im Oldenburgischen von etwa 34 geographischen Meilen. Sie sind ca. 6 m hoch, am Grunde 30 m breit und bilden einen langen, zusammenhangenden Erdwall längs der Küste. Nur an einer Stelle, bei Dangast, bedurfte es keines Deiches, weil hier der hohe Geeststrand bis ans Meer reicht. Steht man auf der Höhe des Seedeiches, so überschaut man landeinwärts die fast unübersehbare, grüne Ebene, übersät mit weidenden Herden, stattlichen Bauerngehöften, und seewärts das öde Watt und das unendliche, brausende Meer.

Fassen wir alles Gesagte kurz zusammen, so ist das Schlußergebnis dieses: Die ganze norddeutsche Ebene, also auch Ostfriesland und das Oldenburger Land ist Diluvium, d. h. nach der Erschaffung des Menschen aufgeschwemmtes Land, auf welchem Moor und Marsch als jüngere Formation, sog. Alluvium, lagern.

# Erster Abschnitt.

## Die Geest.

# I. Kapitel.

## Die Entwicklung der Stadt Oldenburg.

### I.

Wer über Land und Leute „zwischen Ems und Weser" schreiben will, der kann nicht an der Stadt Oldenburg vorbei kommen, sein Weg führt ihn vielmehr durch dieselbe. Die ganze Bodenbeschaffenheit des weiten Landstrichs zwischen Ems und Weser liefert die von der Natur gegebenen Bedingungen, für die Entstehung des Ortes, der Stadt. Oldenburg ist keine sog. „Zufallsstadt", die ihre Entstehung irgend welchen menschlichen, politischen Abmachungen zu verdanken hätte. Dieselbe ist nicht, wie die Existenz mancher Residenzstädte Deutschlands, in der Zersplitterung und Kleinstaaterei begründet. Oldenburg mußte naturgemäß entstehen und sich entwickeln, und zwar gerade an dem Punkte, wo es jetzt liegt. Es gab früher nur einen passierbaren Weg zwischen Ems und Weser, das war der Weg über Oldenburg. Hier, wo die Haaren in die Hunte mündet, verengt sich der hohe Sand- oder Geestrücken zwischen den Marschen der Ems und Weser zu einem schmalen Brückendamm. Von allen Seiten, von Norden und Süden, von Osten und Westen, bringen an beiden Ufern der Hunte große, unwegsame Moore vor und lassen nur einen schmalen Ausweg, einen Uebergang über die Hunte frei. Im Osten sind es das Ipweger, Ollener, Neuenhuntorfer, Drielaker und Osternburger Moor, im Westen das Wildenlohs Moor und das große Hochmoor der Vehne, lauter unwegsame, sumpfige Landstriche, früher noch weit mehr, als gegenwärtig. Von Norden und Nordwesten bringt ein Sandrücken, der ziemlich steil nach Osten abfällt, bis nahe an die Hunte vor und zwingt sie, sich ostwärts in einem weiten Bogen der Weser zuzuwenden. Er kommt vom Ammerlande und erstreckt sich in nordwestlicher Richtung über Westerstede, Wiefelstede, Borbeck u. s. w., in nördlicher Richtung über Rastede, Loyerberg, Bornhorst, Ohmstede und Donnerschwee. Hier dacht er allmählich nach Süden ab, und es bildet sich eine Senkung, in der sich die Haaren mit der Hunte vereinigt. Am jenseitigen Ufer setzt sich der schmale Sandstrich über Osternburg fort und erweitert sich zur Delmenhorster und Wildeshauser Geest.

Alle Verkehrswege von Westfalen und Münsterland, sowie von Ostfalen und Bremen nach dem Ammer-, Jever- und Ostfriesland führten über diesen Sandrücken und mußten gerade da, wo Oldenburg liegt, die Hunte passieren. Hier mußten die Hunte und Haaren überbrückt, und da erstere sich in der Niederung in mehrere Arme verzweigte (z. B. Oeljestrich), durch künstlich angelegte Dämme zuweglich gemacht werden.

Man braucht nur von Norden her die Stadt Oldenburg zu passieren, um sich durch den Augenschein von der Richtigkeit des soeben Gesagten zu überzeugen. Der alte Sandweg von Rastede nach Oldenburg führte über Barghorn, Loyerberg, Etzhorn u. s. w. zur Hunteniederung. Jetzt passiert man beim Eintritt in die engere Stadt die Heiligengeistbrücke und kommt auf die Langestraße. Diese ist die Fortsetzung des von Norden her kommenden sich zwischen Haaren und Hunte allmählich wieder hebenden Sandrückens und daher die Hauptstraße der Stadt. Alle wichtige Nebenstraßen der Altstadt, wie rechts die Wall-, Kurwick-, Haaren-, Bergstraße, links die Achtern-, Schütting- und Baumgartenstraße, zweigen sich von ihr ab, und man bemerkt von der Langenstraße aus deutlich, daß sie sanft bergab führen. Am meisten fällt dies da auf, wo Berg- und Baumgartenstraße die Langenstraße kreuzen, weil hier der Höhenpunkt der Altstadt ist. Von hier aus senkt sich der Boden wieder allmählich und führt am Marktplatze vorbei zu der Brücke, die den Uebergang über die alte Haaren (jetzt Hausbäke) bildet. Nun folgt eine Niederung zwischen Haaren und Hunte, die durch einen Damm überwegbar gemacht werden mußte: der innere Damm. Am Ende desselben passiert man die eigentliche Hunte mittels der Schloßbrücke. Abermals folgt eine Niederung, durch welche der mittlere Damm über die Dammbrücke und einen Huntearm, den Oeljestrich, führt. Hieran schließt sich der äußere Damm bis zur Cäcilienbrücke, über dem Hunte-Ems-Kanal. Jenseits derselben hebt sich wieder der Boden, und der alte Weg führte über Osternburg, durch die Osenberge, über Hatten u. s. w. nach Bremen.

So ist im wesentlichen die Richtung der alten Heerstraße zwischen Ems und Weser, zwischen Sachsen- und Friesland gezeichnet. Alle ihre Verzweigungen nach Osten und Westen laufen in der Niederung der Hunte und Haarenmündung zusammen. Hier ist gleichsam ein Engpaß zwischen den ausgedehnten Mooren. Oldenburg beherrscht denselben; die Stadt ist im wahren Sinne des Wortes eine „Brückenstadt".

Die natürliche Lage Oldenburgs ist mithin eine recht vorteilhafte, und wenn außerdem noch politische Verhältnisse ihren begünstigenden Einfluß geltend machten, so konnte es nicht fehlen: es mußte hier ein blühender Ort entstehen.

Ohne Zweifel hat Oldenburg ein hohes Alter, wenn auch seine Anfänge sehr klein sind. Ob seine ursprünglichen Namen „Omers-" oder „Hammersburg" waren, wie man meint, oder ob es gar seinen Namen von Altburgis, der schönen Gemahlin Walberts, eines Enkels von Wittekind, habe — wie die Sage erzählt — lassen wir dahin gestellt. So viel steht fest, wo so viele Wege sich kreuzten, um eine Flußüberbrückung, einen schmalen Dammweg zu passieren, wo die von der Nordsee und Weser die Hunte heraufkommenden Schiffe — und waren's auch nur kleinere Fahrzeuge — mit dem Fuhrwerk der Geest zusammentrafen und wo also wahrscheinlich auch Umladungen der Fracht, vielleicht auch ein Umtausch der Waren, vorgenommen wurde, wo sich endlich Menschen begegneten, sich trafen und wieder trennten; da mußte naturgemäß eine Haltestelle, ein Ruhepunkt im regen Verkehr entstehen. Außerdem kostete die Herstellung der Brücken und Dämme auch Geld, und deshalb mußte hier ein Zoll erhoben werden. Ursprünglich wird der Ort also eine Zollstätte gewesen sein. Abgesehen davon, daß die Hunteniederung einen humusreichen, fruchtbaren Gartenboden darbot, daß grasreiche Wiesen die Flußufer umsäumten, mußte insbesondere der Verkehr dem Orte vielfache Gelegenheit zum Erwerb bieten, nicht bloß Wirten, sondern auch Kaufleuten, Handwerkern und Arbeitern. Kurz, hier war, wie man zu sagen pflegt, ein „nahrhafter Ort", was Oldenburg ja bis auf den heutigen Tag geblieben ist.

Nichtsdestoweniger gelangte der Ort erst verhältnismäßig spät zu einiger Bedeutung. Andere Ortschaften im Oldenburgerlande waren sogar namhafter, wie zum Beispiel das Kirchdorf Wiefelstede, wo bereits im Jahre 1057 die noch jetzt vorhandene Kirche geweiht wurde. Der Name Oldenburg kommt zu der Zeit noch nicht vor, viel weniger hatte es eine Kirche. Aus der ganzen Umgegend, von Hatten, Hude, Holle und aus Moorriem, mußten die Leute zur Wiefelfteder Kirche, und es waren zum Teil Bohlenwege, deren Ueberrefte man noch jetzt auffindet, durchs Moor gelegt, fo durchs Jymeger Moor.

Wie fah es denn aber mit der Befeftigung des Ortes aus? Der Name „Oldenborch", wie der Ort bereits in einer Urkunde vom Jahre 1108 genannt wird, ftellt es außer Zweifel, daß hier fchon in verhältnismäßig früher Zeit eine Feftung (Burg) gewefen fein muß; denn Oldenborch heißt nichts anderes als alte Burg. In welcher Zeit aber die Anfänge der Befeftigung gemacht wurden und durch wen, das wird fich fchwerlich feftftellen laffen. Die Vermutung liegt indes nahe, daß einer der oldenburgifchen Grafen fich durch die vielen Kämpfe zwifchen Sachfen und Friefen veranlaßt gefunden habe, hier einen feften Platz anzulegen. Die Lage wies darauf hin, und es war leicht, durch eine Verbindung der Huntearme, den Ort für die Feinde fchwer zugänglich zu machen. Die alten Oldenburger Grafen wohnten auf dem Ammerlande, am Zwifchenahner See, und nannten fich anfänglich auch „ammerfche Grafen". Graf Elimar I., Stammvater der oldenburgifchen Grafen, wird bereits ums Jahr 1088 als ein „an der fächfifchen und friefifchen Grenze mächtiger Graf" bezeichnet. Wurden fie nun von den friefifchen Nachbarn überfallen und zum Rückzuge gezwungen, fo fanden fie in der Huntefeftung einen ficheren Zufluchtsort und konnten zugleich dem weiteren Vordringen des Feindes Halt gebieten. Nichts lag näher, als daß fie hier auch vorübergehend refidierten.

Die erwähnten Kämpfe zwifchen Sachfen und Friefen, fowie zwifchen diefen und den Franken bildeten mithin ein zweites Moment, den Ort zu einem bedeutenden zu machen. Schon Karl Martell kämpfte gegen die Friefen und wußte fie zeitweilig zu unterjochen (734), und ebenfo ftieß Karl der Große in feinen Sachfenkriegen mit ihnen zufammen. Von den fpäteren fächfifchen Herzögen wurde der Kampf noch energifcher fortgefetzt, und auch die Bremer Erzbifchöfe (Adalbert) trachteten nach einem Stücke Frieslands. Nichts lag näher, als daß auch in den oldenburgifchen Grafen fchon früh das Streben erwachte, einen Teil des ihnen fo günftig gelegenen Frieslands in ihren Befitz zu bringen; hatten fie doch, wenn einmal geteilt und annektiert werden follte, das natürlichfte Anrecht darauf.

Die Gefchichte beftätigt diefe Folgerung. Graf Chriftian der Streitbare von Oldenburg leiftete im Jahre 1155 dem mächtigen Sachfenherzoge Heinrich dem Löwen auf einem Zuge gegen die Friefen Heeresfolge. Halem, ein oldenb. Gefchichtsfchreiber, meint sogar, der Herzog sei vom Grafen Christian zu diesem Zuge ermuntert worden. Heinrichs Plan, sich die Friesen zu unterwerfen, scheiterte jedoch. Um aber nicht ganz unverrichteter Sache umzukehren, faßte er den Entschluß, den Ort Oldenborg zu befestigen. Sein bisher treuer Verbündeter erhielt dadurch Schutz gegen die Ueberfälle der Friesen, er selbst aber einen näheren Waffenplatz und festen Ausgangspunkt bei ferneren Unternehmungen. Oldenburg ward also um diese Zeit eine Festung, die Grafen nannten sich von nun an Grafen von Oldenburg, und die Geschichte des Ortes ist von dem Zeitpunkte an mit der Geschichte der Grafschaft eng verknüpft.

Wie aber sollen wir es verstehen, wenn gesagt wird, unter Heinrich dem Löwen sei die Festung erst gegründet worden? Dann wäre es ja eine neue und keine alte Burg gewesen. Schon hieraus geht zur Genüge hervor, daß die Befestigungen älteren Ursprungs sein mußten; sie wurden also höchst wahrscheinlich mit Hülfe des Sachsenherzogs nur erweitert und verstärkt durch Umleitung der Flußarme und den Bau von Mauern und Türmen, welche noch bis zu Anfang des 16. Jahrhunderts gestanden haben sollen. Wir wissen ja auch, daß der Ort bereits fünfzig Jahre früher als alte Burg (niedersächsisch: Oldenborch) vorkommt. Höchst wahrscheinlich war diese alte Burg nichts weiter als das mit Gräben und Wällen umgebene Grafenschloß, wurde dieses doch noch im 18. Jahrhundert „Burg" genannt.

Der wachsende Uebermut des starren Welfen entfremdete ihm jedoch bald seine Untergebenen und Bundesgenossen, und Graf Christian war einer der ersten, die sich gegen ihn auflehnten. Die Folge davon war, daß der Löwe gegen ihn zog und ihn in der von ihm selbst verstärkten Burg belagern mußte. Obgleich Christian während der Belagerung erkrankte und starb, so mußte der Herzog doch abziehen. Nur ein Zwist in der gräflichen Familie ward die Ursache, daß ihm die Thore geöffnet wurden.

Bis soweit waren die oldenburgischen Grafen Vasallen des Sachsenherzogs gewesen, als derselbe aber der Reichsacht verfiel, wurden sie reichsunmittelbar.

Es würde uns viel zu weit und vom Thema abführen, wollten wir die Geschichte der einzelnen Grafen hier weiter verfolgen. Für unsern Zweck genügt es, nachgewiesen zu haben, daß die Reibereien zwischen Sachsen und Friesen die Ursache der Befestigung des Ortes waren.

Das Streben der Grafen, einen Teil des Friesenlandes sich zu unterwerfen, trat nun immer entschiedener und bewußter hervor. Die Fehden mit den friesischen Häuptlingen dauerten fort, bis Stedingen, die friesische Wede, Stad- und Butjadingerland unter oldenburgische Herrschaft gebracht waren. Davon später bei Schilderung der betr. Landesteile ein Näheres.

In die erste Hälfte des 14. Jahrhunderts fällt ein wichtiger Abschnitt der Entwicklung Oldenburgs. Im Jahre 1345 erhielt die Stadt vom Grafen Konrad I. das Stadtrecht und die Bestätigung ihrer nach dem Muster der Stadt Bremen entstandenen Verfassung in einem sog. Freibriefe. Damit hatte also die Hörigkeit der Bewohner ein Ende; sie durften sich fortan durch achtzehn gewählte Ratmänner selbst regieren, und die gegründete Stadt wurde der Mittelpunkt des nach und nach um sie anwachsenden Oldenburgerlandes. Bis zum Ende des 13. Jahrhunderts muß die Stadt wenig bevölkert gewesen sein; denn erst 1270 wurde die Lambertikirche erbaut\*). Im Anfange des 14. Jahrhunderts reichte die Stadt von der alten Haaren (jetzigen Hausbäke) nordwärts nur bis zur Gast-, Schütting- und Staustraße. Hier schützte die Stadt gegen Norden ein Wall mit Mauer. Da wo jetzt die Haarenstraße ist, floß ein Arm der Haaren, der seinen Lauf die Schütting- und Staustraße entlang zum Stau nahm und sich hier wieder mit dem Hauptarme vereinigte. Wo Gast- und Schüttingstraße die Langenstraße kreuzen, war eine Brücke über die Haaren, auch war hier das nördliche Hauptthor. Das südliche Hauptthor („Penzenpforte") befand sich am jetzigen Kasinoplatz. Die innere Stadt hatte also die Form eines Ovals. Getrennt von ihr, südlich der alten Haaren, lag das mit Graben und Mauern umgebene frühere Schloß samt Nebengebäuden, Höfen und Gärten. Es bildete mit allem Zubehör ein ringförmiges Ganzes und hatte nur einen Hauptzugang vom innern Damm über den Marktplatz und die Haaren, wo sich jetzt die Hauptwache befindet, zum Thore des Schloßportals. Nördlich der Stadtgräben dehnten sich Gärten, Aecker und Wiesen aus, durch welche sich ein Landweg, die jetzige Langenstraße, wand.

Außer der Lambertikirche war nur eine Johanniter-Kapelle, die spätere Nikolai-Kirche an der Kleinkirchenstraße, vorhanden. Der Lamberti-Kirchhof reichte weit auf den jetzigen Marktplatz hinauf. Dieser wurde erst 1800 durch Einschränkung und später durch gänzliche Verlegung des Kirchhofs außer dem Heiligengeistthore erweitert.

In der Mitte des 14. Jahrhunderts war die Einwohnerzahl

---

\*) Im Jahre 1510 erweitert, 1795 umgestaltet.

bereits so gewachsen, daß der enge Raum nicht mehr ausreichte; der städtische Bezirk mußte daher bedeutend erweitert und mit neuen Mauern umgeben werden. Stadt und Burg bildeten fortan eine Festung, und die neuen Grenzen der Stadt waren im wesentlichen die der jetzigen Altstadt. Die alten Stadtgräben wurden zugeworfen, und es entstanden auf ihnen und der Haaren die Gast=, Schütting=, Stau= und Haarenstraße, sowie die kleinen Verbindungsstraßen im Westen. Die mit der Langenstraße gleichlaufende Achternstraße konnte nun in nördlicher Richtung fortgeführt werden bis zu ihrer Vereinigung mit der Langenstraße, und diese reichte jetzt bis zur Heiligengeistbrücke. Der Wall zwischen dem Haaren- und Heiligengeistthore wurde jedoch erst 1529 aufgeführt.

Im 15. Jahrhundert soll ein Graf Diedrich Oldenburg zu seiner ständigen Residenz erwählt haben. Damals, heißt es, waren die Straßen noch ungepflastert, und die großenteils hölzernen Häuser mit Stroh gedeckt. Graf Diedrich wird „der Glückselige" genannt, weil einer seiner drei Söhne, Christian, auf den dänischen Königsthron gelangte, ein Ereignis, das später von bedeutenden Folgen für Oldenburg war. Sowohl in Diedrichs, als auch in die Regierung seines Sohnes, Gerhard des Mutigen, fallen große Fehden mit den friesischen Häuptlingen. Letzterer geriet auch in Fehde mit den Bremern. Ich führe dies sonst unwichtige Ereignis nur deshalb an, weil durch dasselbe die oben nachgewiesene Bedeutung der Lage Oldenburgs als Engpaß zwischen unwegsamen Mooren, recht klar hervortritt. Die Bremer hatten nämlich einen Streifzug nach dem Ammerlande gemacht und wollten mit ihren Geschützen und beutebeladenen Wagen Oldenburg umgehen, indem sie ihren Rückweg durch das Ipweger Moor einschlugen. Hier aber wurden sie von Graf Gerhard und seinen Mannen, sowie den Moorriemern überfallen und fanden in den Morästen bei den Dörfern Paradies und Gellen einen elenden Untergang. „Bremer Taufe" heißt im Volksmunde diese Niederlage bis auf den heutigen Tag. Die Lage Oldenburgs war es mithin, die sich dem Feinde verhängnisvoll erwies.

Von den Greueln des dreißigjährigen Krieges blieb Oldenburg, Stadt und Land, Dank der klugen Politik des letzten Grafen, Anton Günther, verschont. Die Stadt diente vielen Bedrängten als Zufluchtsort, und die Einwohnerzahl nahm erheblich zu, so daß die Häuser bis in die Keller besetzt waren.

Anton Günther ließ auch (1607—1616) an Stelle des alten Schlosses ein neues im Renaissancestil erbauen, den älteren Teil des jetzigen. Während seiner Regierung wurde auch das Rathaus (1635) und die Nikolaikirche (1647) erbaut. Jenes ist jetzt (1886) abgebrochen, um einem neuen, leider dreieckigen, aber stilvollen Bau Platz zu machen; letztere wurde 1827 abgebrochen. Ferner richtete der Graf die erste regelmäßige Post zwischen Oldenburg und Bremen ein, die Stadt erhielt einen Wochenmarkt, und auch unser berühmter Medardus-Pferdemarkt hat dem Grafen seinen Ursprung zu verdanken. Als Anton Günther 1667 ohne legitime Erben verstarb, fielen die Grafschaften Oldenburg und Delmenhorst an Dänemark, mit welchem sie ein Jahrhundert, bis 1773, verbunden blieben, worauf sie ein selbständiges Herzogtum unter angestammten Regenten bildeten.

Während der dänischen Regierung residierte in Oldenburg ein Statthalter. In dieser Zeit (27. Juli 1676) wurde die Stadt von einem großen Brande heimgesucht; innerhalb fünfzehn Stunden wurden 700 Feuerstätten und Wohnungen eingeäschert, und außer dem Schloß, den Kirchen, dem Rathause und der Schule blieben nur wenige Gebäude verschont. Nur langsam erholte sich die Stadt von diesem Unglück; Jahre lang lag sie öde und verwüstet. Noch 1694 lag die Stadt an vielen Orten verödet da, und die Einwohnerzahl stand hinter früher zurück. Hatten doch viele Handwerker die Stadt für immer verlassen und an anderen Orten ihre Nahrung gesucht. Der Anblick, welchen damals die Stadt Oldenburg darbot, muß ein äußerst trauriger gewesen sein. Nicht allein daß dieselbe noch lange die Spuren des Brandes trug, daß die Häuser großenteils zwangsweise und dürftig wieder hergestellt waren, sondern es herrschte auch überall die größte Unsauberkeit; Düngerhaufen und Schweineköfen waren sogar vor den Häusern angebracht. Die dänische Regierung gestaltete die Stadt (1730 u. f.) zu einer den damaligen Anforderungen entsprechenden Festung um; infolge dessen mußten sogar alle Häuser am mittleren Damm, der damals vor dem Stadtthore lag, abgebrochen werden.

Neues Leben erwachte erst in der Stadt, als sie wieder der Mittelpunkt eines selbständigen Staates wurde. Dänemark trat 1773 die Grafschaften an Rußland ab, welches dafür seine Ansprüche an Holstein aufgab. Oldenburg war nun eine russische Provinz; aber noch in demselben Jahre wurden von Rußland die Grafschaften dem Fürstbischof Friedrich August von Lübeck (aus der jüngeren holstein-gottorpschen Linie) erblich übertragen. Das Land wurde nun ein Herzogtum (1774), der erste Herzog residierte jedoch meistenteils in Eutin. Im Jahre 1775 wurde das Schloß durch einen neuen Anbau, den sog. Holmerschen Flügel, bedeutend vergrößert. Da nach und nach die Einwohnerzahl und der Wohlstand wieder zugenommen hatten und Raum zu neuen Wohnungen geschafft werden mußte, so begann man am Ende des vorigen Jahrhunderts mit der Hinausschiebung der Thore und der Abtragung der Wälle. An ihrer Stelle entstanden neue Straßen (1791 Huntestraße, Wallstraße), Sackgassen öffneten sich (Ritterstraße), und bald wanderte auch die Stadt zu den fünf damaligen Thoren (Heiligengeist-, Haaren-, Eversten-, Damm- und Stauthor) hinaus. Auch unter der Regierung des Herzogs Peter Friedrich Ludwig wurde mit der Beseitigung der beengenden, den Kriegsmitteln der Neuzeit nicht mehr gewachsenen, teilweise schon verfallenen Festungswerken (Bastionen, Schanzen, Batterien rc.) fortgefahren. Dunkle Thordurchfahrten und -Gewölbe wurden ausgebrochen, die Außenwerke geschleift und geebnet, sumpfige Festungsgräben zugeworfen. Auf den abgetragenen Wällen entstanden freundliche Anlagen, schöne Alleen; neue Straßen entwickelten sich längs der alten Verbindungswege, breiteten sich nach allen Richtungen strahlenförmig aus und erweiterten sich zu den von zahlreichen Nebenstraßen höchst unregelmäßig und planlos durchzogenen Vorstädten. So entstanden seit 1806 die Gartenstraße und der herrschaftliche Garten, 1803 der Pferdemarktplatz, 1811 die Heiligengeiststraße, der Anbau am Stau, 1816 die Osenerstraße vor dem Haarenthor, an der ammerländischen Chaussee, 1838 die Peterstraße mit ihren Abzweigungen, ferner die Raborster-, Donnerschweer- und Alexanderstraße mit ihren vielen Nebenstraßen, 1834 die Häuser am äußeren Damm, 1846 das neue Hunteviertel, 1851 das Bahnhofsviertel, 1866 der Anbau auf dem „Dobben", die beiden letzteren auf sumpfigem Wiesengrunde. Im Jahre 1851 erhielt die Stadt auch Gasbeleuchtung.

## II.

So hatte die Stadt die engen Fesseln gesprengt und sich Raum, Luft und Licht verschafft. Aus einem vernachlässigten Landstädtchen entfaltete sich die moderne Residenz mit dem 1817 restaurierten Schloß als Mittelpunkt. Wie rasch die Entwicklung der Stadt vor sich ging, geht daraus hervor, daß sie vor der französischen Okkupation (1811) erst 4800 Einwohner hatte. Hatten dieselben bisher vorzugsweise nur Krämerei, Handwerk und Landbau getrieben, so blühten jetzt auch Handel und Industrie auf, und der Verkehr hob sich, namentlich durch Anlegung der ersten Chausseen von Oldenburg über Zwischenahn nach Ostfriesland, über Delmenhorst nach Bremen (1826—1830), über Varel nach Jever (1831 bis 1839). Im Jahre 1825 hatte die Stadt bereits 6684 Einwohner, 1 Buchhandlung, 2 Buchdruckereien, 1 Zuckersiederei, 2

Seifensiedereien, mehrere Gerbereien, Lichtziehereien, Brauereien, Branntweinbrennereien, 1 Pianoforte=Fabrik.

Auch das geistige, litterarische Leben fing seit den 70ger Jahren des vorigen Jahrhunderts unter dem Herzoge Peter Friedrich Ludwig an, in unserm Lande die ersten Flügelschläge zu regen. Die zweite Hälfte des 18. Jahrhunderts verhalf in der deutschen Poesie der Natur zu ihrem Rechte, auch bei uns. Zwei geborene Oldenburger Dichter, v. Halem und Gramberg, dichteten im Geiste der Hainbundsänger. Ersterer schrieb auch eine vorzügliche Geschichte des Herzogtums Oldenburg in 3 Bänden. Außer den Genannten traten noch verschiedene Männer als Schriftsteller auf, wie: C. Kruse, H. E. Mutzenbecher, F. R. Rickleß, Chr. L. Runde, Helfrich Peter Sturz (einer der ersten Prosaisten damaliger Zeit), C. L. Woltmann u. a., welche mit ihren Beiträgen die vaterländischen „Blätter vermischten Inhalts" (1787—1797) und die „Oldenburgische Zeitschrift" (1804—1807) ausstatteten*).

Für die wissenschaftliche Ausbildung sorgte der Herzog 1791 durch den Ankauf der Brandesschen Bibliothek aus Hannover (21 000 Bände), welche fortwährend durch Zukauf vermehrt wurde, für den Kunstsinn durch eine Musik=Kapelle und (1804) durch den Ankauf und die Vermehrung der Wilh. Tischbeinschen Gemäldesammlung. Letztere bildete den Anfang der Großherzoglichen Gemäldegallerie. Eine öffentliche Bibliothek wurde eingerichtet, eine Sammlung von Gipsabgüssen berühmter Antiken aufgestellt, das Gymnasium vom Markt in ein besseres Lokal, den ehemaligen Hof des Grafen Christoph, an der Mühlenstraße, verlegt und ein Schullehrer=Seminar (Wallstraße) erbaut (1807). Erwähnt werden muß hier noch, daß 1820 die erste Infanterie=Kaserne von der Stadt erbaut wurde; bisher hatte das Militär teilweise bei den Bürgern in Quartier gelegen.

Auf Peter Friedrich Ludwig folgte unter Annahme des Titels „Großherzog" (1829) dessen Sohn Paul Friedrich August. Dem Großherzoge war es sehr darum zu thun, seiner Residenz ein würdigeres Ansehen zu geben; er erreichte dies teils dadurch, daß die Bürger bei Neubauten durch Vergünstigungen, Schenkung von Baugründen ꝛc. veranlaßt wurden, statt der alten spitzen Giebelhäuser moderne ein= und zweistöckige Häuser zu bauen, teils durch Aufführung größerer gemeinnütziger Bauten, so des Peter=Friedrich= Ludwig=Hospitals an der Peterstraße (1839), eines Theaters am Theaterwall, der Cäcilienbrücke (1832), der Kastellanei und der

---

\*) Näheres siehe: „Album Oldenb. Dichter" (1883).

Bibliothek auf dem äußeren Damm (1843), der Hauptwache (1838), des Logierhauses (1839), die beiden letzteren am Schloßplatze, des neuen Seminars an der Peterstraße (1844), des Museums am Stau, der Artillerie=Kaserne an der Osenerstraße (1846) u. s. w. Durch Einrichtung des Kasinoplatzes (1840) und der Theaterstraße (1842) entstand Raum für größere Häuser. Auch der Erhaltung und Verschönerung des herrschaftlichen Gartens, einer Lieblings= schöpfung seines sel. Vaters, widmete der Großherzog unausgesetzte Sorgfalt. An der westlichen Seite dieses Gartens, dessen Anlage schon 1809 begann, entstand — freilich in langen Zwischenräumen — die herrliche Gartenstraße. Wie der Garten, so erfreuten sich auch die Wallanlagen stetiger Pflege und geschmackvoller Weiter= bildung.

Ein besonders lebhaftes Interesse bezeigte der Großherzog für das Theater. Unter trefflicher Leitung erwarb sich das Olden= burger Hoftheater bald einen ausgebreiteten Ruf. Julius Mosen wurde als Dramaturg desselben angestellt; leider lähmte eine tückische Krankheit, wie allgemein bekannt ist, nur zu bald seine schöpferische Kraft. In der Residenz entwickelte sich ein reges geistiges Leben, das durch hervorragende Männer genährt wurde: Adolf Stahr und später auch Adolf Laun glänzten als Litterarhistoriker, Theodor v. Kobbe, der Dichter der von der Großherzogin Cäcilie kompo= nierten oldenburgischen Nationalhymne, wußte sich als Humorist Geltung zu verschaffen, Karl August Mayer schrieb seine „vater= ländischen Gedichte" und anderes, Ludwig Starklof Novellen und Romane\*).

Es konnte nicht fehlen, daß sich auch in der periodischen Presse größere Regsamkeit zeigte. Die „Oldenburgischen Blätter" gingen zwar 1846 ein, aber an ihre Stelle traten seit 1843 „Neue Blätter für Stadt und Land", ferner die „Mitteilungen", der „Volksbote" (Redakteur Pastor Gröning, später Aug. Schwarz), der „Gesellschafter" (Redakteur Karl Strackerjan, später J. Poppe u. a.), der „Beobachter" (Redakteur Calberla), „Humoristische Blätter" Theodor v. Kobbes, ein Kirchen= und Schulblatt u. a. Die „Oldenburgische Zeitung" hörte 1842 auf, ein offizielles Organ zu sein.

Nicht vergessen werden darf die große Vorliebe des Groß= herzogs für das Militär und für glänzende militärische Aufzüge. Ein Dragoner=Regiment wurde gegründet, so daß jetzt alle Truppen= gattungen in der Garnisonstadt Oldenburg vertreten waren. So

---

\*) Siehe das Album Oldenb. Dichter.

wurde zum Guten der Schimmer gefügt, und der Residenz fehlte es nunmehr nicht am nötigen Glanz und Prunk.

Als Nikolaus Friedrich Peter, der jetzige Großherzog, seinem Vater in der Regierung folgte (1853), hatte die Stadt bereits über 9000 Einwohner. Von jetzt an wuchs die Einwohnerzahl aber noch rascher, 1863 betrug sie schon über 11000 und im Jahre 1867 bereits über 12000, 1871 über 13000, 1875 nahezu 16000, 1880 über 18000 und jetzt an 20000, darunter ca. 1800 Katholiken und 200 Juden. Hierbei muß bemerkt werden, daß bei diesen Angaben nur die engere Stadt ohne Stadtgebiet gemeint ist; mit diesem hatte die Stadtgemeinde 1880 schon ca. 20500 und 1885 ca. 21400 Einwohner. Wie rapide sich die Stadt vergrößerte, geht schlagend aus der Thatsache hervor, daß die Versicherungssumme der Gebäude, die sich 1866 auf 15 Millionen Mark belief, jetzt (1886) auf das Doppelte, 30000000 Mark gestiegen ist.

Woher dieses verhältnismäßig rasche Wachstum? Liegt es vielleicht am kasernierten Militär? Freilich 1871 waren's noch keine 800 Mann und jetzt sind's über 2000; allein das erklärt immer noch nicht die schnelle Zunahme. Die Ursache hiervon ist vielmehr wesentlich in der Teilnahme Oldenburgs am deutschen Eisenbahnverkehr zu suchen. Seit 1866 ist der Bann gebrochen, in welchem Hannover uns umschlossen hielt. Es wollte eine Verbindung Oldenburgs, speziell unserer Seehäfen, mit dem mitteldeutschen Eisenbahnnetze nicht dulden; es fürchtete Oldenburgs Konkurrenz mit der Emsbahn zu sehr, als daß es unsern Ansprüchen auf Eintritt in den deutschen Eisenbahnverkehr ein billiges Gehör gegeben hätte. Da trat Oldenburg 1854 dem deutschen Zollverein bei, es schloß in demselben Jahre mit Preußen einen Vertrag, wonach ein Teil von Heppens an Preußen zur Anlage eines deutschen Kriegshafens abgetreten wurde und Preußen sich verpflichtete, eine Eisenbahn in nordsüdlicher Richtung durch das Herzogtum zu bauen. Im Jahre 1865 begann der Bau einer Eisenbahn von Bremen über Oldenburg nach Heppens, die 1867 eröffnet wurde. Die Weiterführung der Bremen-Oldenburger Bahn in westlicher Richtung nach Leer konnte nun nicht ausbleiben, und bereits 1869 wurde diese Bahnstrecke dem Verkehr übergeben. In nördlicher Richtung wurde die Bahn ebenfalls bis Jever fortgeführt (1871), und von hieraus trat sie mit der ostfriesischen Küstenbahn in Verbindung. Mit dem Beginn des Jahres 1873 wurde sodann eine Abzweigung der Bremen-Oldenburger Bahn in nördlicher Richtung von Hude nach Brake und 1875 bis Nordenhamm eröffnet. Auch nach Süden wurde eine direkte Verbindung mit den rheinisch=westfälischen Industriebezirken angestrebt und 1875 die Strecke Oldenburg=Quakenbrück, 1876 die Strecke Quakenbrück=Osnabrück dem Betrieb übergeben. Die Bahn Oldenburg=Leer führte bald zu einer direkten Verbindung mit den nördlichen Provinzen der Niederlande von Ihrhove aus über Neuschanz (1876).

So ist Oldenburg vermöge seiner Lage der Knotenpunkt sämtlicher Eisenbahnen zwischen Ems und Weser geworden; nur die Verbindung mit den Weserhafenplätzen ist leider von Hude aus bewerkstelligt. Das oldenburgische Eisenbahnnetz erstreckt sich in das preußische, das bremische und das niederländische Staatsgebiet. Es liegt auf der Hand, daß die Eisenbahnen den wirtschaftlichen Aufschwung des Landes, ganz besonders den Handel und Verkehr der Residenzstadt zur Folge haben mußten.

In die Bauthätigkeit kam jetzt selbstverständlich ein äußerst reges Leben. Nicht nur das Bedürfnis nach neuen Wohnplätzen und Straßen machte sich geltend, sondern auch das Streben, die Stadt zu verschönern und nach außen würdig in die Erscheinung treten zu lassen. Namentlich entwickelte sich die Bauthätigkeit im Südosten und Südwesten der Stadt. Im Südosten waren es die sog. „Moorstücke", niedrige, im Winter einen See bildende Wiesen, welche für die Bahnhofsanlagen und die Bahnhofsstraßen in Angriff genommen wurden. Der alte provisorische Bahnhof erwies sich bald als unzureichend und wurde deshalb durch einen neuen ersetzt (1879 eröffnet). Im Südwesten war es der sog. „Dobben", ebenfalls sumpfige, jeden Winter überschwemmte Wiesengründe, welche sich die Privatbauthätigkeit als gewinnbringendes Feld ersah. Die Haaren, welche anfänglich diese Gründe durchschlängelte und wasserreich machte, war schon früher umgeleitet und fließt jetzt die Ofenerstraße entlang in den Stadtgraben und so beim Stau in die Hunte. Die höher gelegenen Ränder des Dobbens wurden zunächst benutzt, darauf wurde auch die übrige Fläche zwischen Ofener- und Gartenstraße erhöht und nach und nach bebaut.

Auch im Norden der Stadt stand die Bauthätigkeit nicht still, sondern erhielt neue Nahrung durch militärische Anlagen, wie die neue Kaserne an der Donnerschweerstraße (1884), das Militär=Hospital an der Willersstraße und besonders die neue Kaserne auf dem Donnerschweer=Exercierplatze (1880/81).

Kunst, Wissenschaft, Erziehung, Unterricht ꝛc. machten ebenfalls ihre Ansprüche geltend und forderten zweckentsprechendere, größere Räume. Bisher hatte der Stadt eine Hauptzierde gefehlt, ein hoher Turm als Wahrzeichen, das schon aus der Ferne ihre

Bedeutung verkündete; denn die Zahnstocher des Schloßturms, des Lapan und der Gertrudenkapelle konnten als solches nicht wohl gelten. Man beeilte sich daher, an der alten Lambertikirche einen hohen gotischen Turm aufzuführen (1874/75). Die Katholiken verfuhren gründlicher, sie bauten eine schöne gotische Kirche an der Peterstraße mit hohem, geschmackvollem Turm, ein in allen seinen Verhältnissen harmonisch und stilvoll gehaltenes Gotteshaus (1873/76). In kurzer Zeit hatte Oldenburg also zwei hohe, stattliche Türme bekommen. Oeffentlicher Denkmäler hatte die Stadt bisher ebenfalls entbehrt, man beabsichtigte daher anfänglich, dem verstorbenen Großherzoge Paul Friedrich August ein solches zu errichten, entschloß sich indes dahin, seinem Andenken ein schönes Gebäude zu stiften, dessen Räumlichkeiten der Kunst, insbesondere der Malerei und Skulptur geweiht sein sollten; so entstand das Augusteum an der Elisabethstraße (1865/67). Nun kamen die höheren Lehranstalten an die Reihe: die Cäcilienschule (höhere Töchterschule) auf dem Dobben, vom Theaterwall zugänglich (1866/67), die Realschule ebendaselbst an der Herbartstraße (1871/72) und das Gymnasium am Theaterwall (1877/78). Da die naturwissenschaftlichen und andere Sammlungen in dem alten Museum am Stau nicht hinreichenden Platz mehr fanden, so wurde 1879 ein neues auf dem äußeren Damm gebaut. Unser alter Kunsttempel genügte ebenfalls nicht mehr den Anforderungen einer modernen Residenz und mußte dem neuen Theater (1880/81) weichen. Ein städtisches Spritzenhaus hatte bisher gefehlt, ein solches wurde daher 1880 erbaut und zwar am Haarenthor. Eine Markthalle wurde von Privatleuten gegründet und 1885 eröffnet. Eine öffentliche Badeanstalt wurde 1882 an der alten Huntestraße errichtet. An der Alexanderstraße wurde im Jahre 1883 ein stilles Frauen=Asyl, das Lambertistift, gegründet. Das Volksschulwesen wird in Zukunft noch verschiedene Neubauten erfordern, vorläufig wurde eine neue Volksschule (1884) an der Georgstraße, da wo die alte stand, und eine Mädchenschule (1885/86) an der Brüderstraße erbaut. Die Notwendigkeit eines neuen Rathauses war seit Jahren geltend gemacht; endlich (1885) entschloß man sich zum Neubau, das alte wurde abgebrochen und 1886 wurde der Grund zu einem neuen gelegt.

Im Rathause werden die Versammlungen des Magistrats und Stadtrats abgehalten; es mag daher hier am Platze sein, das Wichtigste über die Entwicklung der städtischen Selbstverwaltung nachzuholen. Bis in den Anfang der dreißiger Jahre stand an der Spitze der Stadt der Magistrat, welcher aus zwei Bürger=

meistern, einem Syndikus und sechs Ratsherren zusammengesetzt war. Von den Ratsherren mußte ein Teil Rechtsgelehrte sein, weil sie auch die Gerichtsbarkeit über die Einwohner ausübten. Als nun 1831 die Verfassung und Verwaltung der Landgemeinden eine zeitgemäße Umgestaltung erfuhr, wurde auch bald nachher (1833) die Verfassung der Stadt Oldenburg nach gleichen Grundsätzen neu geordnet. Die bisher vom Magistrat geübte Rechtsprechung übernahm das staatliche Landgericht. Der Magistrat soll nach der neuen Stadtordnung fortan aus dem Stadtdirektor (jetzt Bürgermeister), dem Stadtsyndikus (jetzt außerdem noch einem Assessor) und vier Ratsherren bestehen, und als Vertretung der Bürgerschaft tritt ein von dieser zu wählender, aus zwölf (jetzt 18) Personen bestehender Stadtrat dem Magistrat beratend, beaufsichtigend und beschließend zur Seite. Der Staat hatte von jetzt an nur noch die Oberaufsicht über das städtische Gemeinwesen, und der Schwerpunkt der Selbstverwaltung liegt thatsächlich im Stadtrat. Wenn dieser Schwerpunkt auch zeitweise etwas verschoben wurde, so mußte sich doch ein reges bürgerliches Leben entwickeln, welches die einzelnen Verwaltungszweige, Armen=, Kirchen=, Schul=, Turn= und Baupolizeiwesen, öffentliche Gesundheitspflege ꝛc., fördernd durchdrang.

Die finanzielle Lage der Stadt ist aus folgenden Zahlen ersichtlich: Die Bewohner der engeren Stadt haben 1885/86 aufzubringen 4% des Steuerkapitals = ca. 75$\frac{1}{2}$% der Grund- und Gebäudesteuer und 138% der jährlichen Grund= und Gebäudesteuer, zusammen ca. 213$\frac{1}{2}$%; ferner 150$\frac{2}{3}$% Einkommensteuer. Die Belastung hat nicht ab=, sondern zugenommen. Die Ausgaben für 1885/86 betragen ohne die Last der besonders gebildeten Schulachten und der Kirchengemeinden 476 921 Mark. Die Schuldenlast hat die Höhe von annähernd 1 000 000 Mark erreicht, was auf den Kopf 50 Mark macht, aber nicht so gefährlich ist, wie es aussieht.

Von selbst drängt sich uns hier die Frage auf: Welches sind die Erwerbsquellen der Stadt? — Land= und Forstwirtschaft sind es selbstredend nicht. Auch Reederei und Schiffahrt sind für sich nicht bedeutend; nur 0,8% der Bevölkerung beschäftigen sich mit denselben. Eine Fabrikstadt ist Oldenburg glücklicherweise auch nicht; denn die paar Eisengießereien, Tabak= und Seifenfabriken ꝛc. zählen nicht. Fabrikation und Handwerk lassen sich zudem heutigestags nicht mehr streng scheiden, fassen wir sie daher zusammen unter Industrie und rechnen wir das Baugewerbe hinzu, so ergiebt sich, daß ca. 31,8% der Bewohner, also kaum $\frac{1}{3}$ der Bevölkerung diesem Erwerbe nachgehen. Handel und Verkehrsgewerbe, Gast- und Schenkwirtschaft eingeschlossen, beschäftigen ca. 27% oder reichlich ¼ der Bevölkerung. Was nun noch übrig bleibt, sind das Militär, die Angestellten (Hofstaat, Beamte, Lehrer ꝛc.), Rentiers, Proprietärs und Pensionärs, ca. 38%, also fast ⅖ der Bevölkerung. Das Militär, ohne die Kavallerie auf Osternburg, macht allein 13,2%, die Angestellten 12 und die Rentiers und Pensionärs über 12% aus.

Daraus ergiebt sich klar, ohne das Militär, den Hof, die Beamten, Angestellten und den von ihrem Gelde lebenden Personen würde die Stadt Oldenburg bei weitem nicht das sein, was sie ist. Denkt man sich diese Bevölkerungsklassen hinweg, so schrumpft die Residenz zu einer kümmerlichen Provinzialstadt zusammen. Ihre Existenz scheint mithin, wie die anderer kleiner Residenzen, lediglich in der deutschen Kleinstaaterei zu wurzeln. Damit wäre ihr Lebensnerv bloß gelegt. Sie fällt mit der Kleinstaaterei. Allein diese Folgerung dürfte doch zu weit gehen. Denn, wie wir aus der ganzen bisherigen Entwicklungsgeschichte gesehen haben, verdankt sie ihren Ursprung, ihr allmähliches Wachstum und ihr Aufblühen der Natur ihrer Lage. Sie ist der natürliche Mittelpunkt zwischen Ems und Weser, der Knotenpunkt aller Hauptverkehrsstraßen dieses Landstrichs. Nur deshalb wurde sie der Sitz aller höheren und höchsten Behörden des Oldenburger Landes. Nur weil sie der Engpaß zwischen Sachsen- und Friesland war, wurde sie Burg und Residenz. Als Garnisonplatz im nordwestlichen Deutschland, unfern der Nordseeküste, der Weser-, Ems- und Jademündung, ist ihre Lage geradezu ausgezeichnet. Selbst wenn sie keine Residenz wäre, würde sie doch eine Kreishauptstadt mit all den Behörden und dem Beamtenpersonal bleiben, ja vielleicht würde sie noch eine bedeutendere Zukunft haben als jetzt. Hätte man rechtzeitig den oldenburgischen Weserhafenplätzen, z. B. Nordenhamm, das eine geschütztere Lage und ein viel besseres Fahrwasser als Bremerhaven hat, eine größere Fürsorge zugewandt, so würde Oldenburgs Handel und Seeverkehr gewonnen haben. Geschädigt ist sie insbesondere dadurch, daß die Weserhafenplätze und die reichen Marschen Butjadingens und Stedingens mit ihr nicht in direkte Eisenbahnverbindung gebracht worden sind. Die direkte Verbindung mit Ostfriesland und Holland ist für Oldenburg nicht ohne Bedeutung. Die große Landesausstellung im Sommer 1885 wurde vielfach von Ostfriesen und Holländern besucht. Oldenburger Handwerker, z. B. Bauhandwerker, Wagenbauer, arbeiten schon häufig für Ostfriesen und Holländer. Wenn nun auch die Lage Oldenburgs in ihrer ganzen Bedeutung anerkannt werden muß, so ist sie doch keineswegs so bevorzugt, wie die Lage anderer Binnenstädte, z. B. Bremens, Magdeburgs oder gar Berlins. Dazu sind die umliegenden Landstriche, von denen es durchaus abhängig ist, nicht ausgedehnt genug. Die Nordseeküste liegt zu nahe, ebenso Bremen und der Weserstrom. Schwerlich wird Oldenburg jemals eine Großstadt werden. Dafür wird es aber auch verschont bleiben von all den Unannehmlichkeiten, den socialen und sittlichen Schäden einer solchen, von dem im Materiellen aufgehenden Leben und Treiben, Hasten und Jagen, der geistigen Dürre einer solchen Menschenwüste. In letzter Zeit hat man freilich Anstrengungen gemacht, ihr den Anstrich einer Großstadt zu geben, aber Dinge wie Pferdebahn, Markthalle und die neuerdings errichteten Anschlagsäulen allein thun's nicht.

Freuen wir uns, daß Oldenburg noch immer eine solch gemütliche Mittelstadt, eine solch freundliche Residenz ist. Der Geist, der sie beseelt, muß jeden anheimeln, der länger in ihr verweilt. Geist und Gemüt finden hier gewünschte Nahrung. Dafür sorgen die guten Schulen, die Vereine für Künste, Wissenschaften und Gewerbe, wie der Kunst-, Altertums-, Litterar- und naturwissenschaftliche Verein, der Beamten-, Gewerbe- und Handels-Verein, in deren gemütlichen Versammlungen auch von Zeit zu Zeit Vorträge gehalten werden, der Singverein, die vortreffliche Hofkapelle mit ihren Konzerten, die Anstalten für Kunst und Wissenschaft, wie das Großherzogliche Theater, das Augusteum, die Museen und die große öffentliche Bibliothek*).

## III.

Nehmen wir nun noch die reizende nächste Umgebung, „den landschaftlichen Schmuck", die freundlichen Vorstädte mit den saubern Wohnungen, meist nur für einzelne Familien eingerichtet, inmitten wohlgepflegter Gärten, deren Blumen-, vor allem Rosenflor im Beginn des Sommers für die große „Blumenliebe" der

---

\*) Nicht unerwähnt bleiben darf hier, daß die Oldenburger gegen Fremde sehr zuvorkommend sind. Das Leben ist verhältnismäßig recht billig. An guten Hotels und Restaurationen ist kein Mangel. Der Hoyer'sche Weinkeller an der Baumgartenstraße mit seiner soliden, stilvollen Ausstattung, seinen hübschen Wandgemälden, seinem altdeutschen Schmuck (Majoliken ꝛc.) und vor allem seinen guten, preiswürdigen Weinen ruft uns in seiner Eingangsinschrift mit Recht zu:
„Nur unverzagt hineingewagt!"

schönen Oldenburgerinnen zeugt, so kann es uns nicht wundern, daß unser Städtchen eine solche Anziehungskraft ausübt. Die Bremer wählen es gern als Ziel ihrer Sommerausflüge. In Ruhestand versetzte Prediger und Beamte, nicht bloß aus dem Oldenburgischen, ziehen gern hierher, um den Abend ihres Lebens in traulicher Gemeinschaft mit ihren Altersgenossen, Kollegen und Freunden zu verleben und sanft zu beschließen. Auch wohlhabende Landleute aus all den umliegenden Provinzen schlagen, nachdem sie ihre Landgüter verpachtet, hier ihr neues Heim auf. Häufig geschieht dies aus dem Grunde, um den Kindern einen guten Schulunterricht angedeihen zu lassen, ohne genötigt zu sein, sie aus dem Elternhause weg, in Pension zu geben. Daß diese „Pflastertreter" — „Fetthammel", wie F. Reuter sie nennt — und Veteranen von den Städtern aus naheliegenden Gründen gern gesehen werden, läßt sich denken. Sie bilden zusammen über 12% der Bevölkerung.

Zieht man in Betracht, daß Oldenburg außerdem als Mittelpunkt des Landes, als Sitz der höchsten Behörden alles zu seinen Gunsten an sich zieht, so kann man es einem bäuerlichen Landtagsabgeordneten nicht verargen, wenn er die Stadt in sarkastischer Weise eine „Fettabschöpfungsanstalt" nannte.

Angenehmer klingt uns allerdings der Name: „Garten=", oder gar „Rosenstadt" ins Ohr, und wenn man nicht allzu hohe Ansprüche macht, ist er auch berechtigt. Fast jedes Haus in den Vorstädten hat seinen Garten, in welchem mit Vorliebe hochstämmige Rosen gepflegt werden; sogar in der Altstadt, wo man's nicht vermuten sollte, finden sich hinter den Häusern schöne Obstgärten.

Treten wir einmal einen kleinen Rundgang an, um die Sehenswürdigkeiten und Umgebungen der Stadt in Augenschein zu nehmen, und beginnen wir vom Bahnhofe aus. Derselbe hat eine schöne, geräumige Halle mit elektrischer Beleuchtung. Zu Zeiten, wenn die Züge von Nord und Süd ankommen und nach allen Richtungen wieder abfahren, herrscht hier ein wahrhaft großstädtisches Menschengewühl und Getriebe. Der ausgedehnte Bahnhof, von außen zwar etwas niedrig und gedrückt erscheinend, ist sehr praktisch eingerichtet und entspricht allen Anforderungen des Verkehrs. Gleich vor demselben überraschen uns auf einem großen Platze hübsche Anlagen, in denen uns auch die Lieblingsblume der Oldenburger, die hochstämmige Rose, entgegen lacht. Aus dem Haupteingange des Bahnhofes führt eine neue Straße direkt nach dem Stau, dem ziemlich belebten Flußhafen Oldenburgs, in

welchem jährlich an 1000 Schiffe, meist Kähne für den Fluß=
verkehr, anlangen. Die Hunte ist in letzter Zeit sehr versandet
und oberhalb Oldenburgs nicht schiffbar. Von der Stadt, dem
sog. Jordan aus, einem Winkel zwischen der Hunte= und Haaren=
mündung, auf welchem auch das Posthaus steht, gesehen, präsen=
tiert sich der Stau mit seinen großen, meist neuen, schönen
Häusern sehr vorteilhaft. Weiterhin, flußabwärts, an beiden
Ufern der Hunte, entwickelt sich die Fabrikthätigkeit, vor allem
sind es die sehr sehenswerten Glashütten in Drielake und die
kürzlich abgebrannte, jetzt aber wieder im Aufbau begriffene
Warpspinnerei.

Wir können vom Bahnhof auch die Bahnhofsstraße, an
welcher sich ebenfalls bedeutende Fabrikwerkstätten befinden, ein=
schlagen. Von hier folgen wir rechts der Rosenstraße, an der sich
einige hübsche Villen erheben, und biegen bald links, wo sich die
Gottorpstraße zum Stau hin abzweigt, in die Osterstraße ein, die
uns zur Staulinie mit ihrer herrlichen Ulmen=Allee führt. Diese
ist auf einem alten Festungswalle angelegt, längs des Staugrabens
(jetzt Haaren), an dessen östlichem Ufer wir schöne Häuser mit
Gartenanlagen erblicken. Von der Brücke über den Staugraben
kreuzen wir die Alleen und gelangen durch die Elisenstraße direkt
auf die Langenstraße, die Hauptstraße der Altstadt. Die Elisen=
straße ist ein neuerdings gemachter Durchbruch, „Wolkenbruch", so
genannt von einem früheren Anwohner Wolken, dessen Haus zur
Herstellung der Verbindung abgebrochen werden mußte. An der
Elisenstraße tritt dem Fremden die freundliche Zuvorkommenheit
des Oldenburgers entgegen; durch die Munificenz eines Bürgers
ist hier nämlich an einer dekorierten Wand alles angebracht, was
man zur Orientierung nur wünschen kann: ein großer Plan von
Oldenburg, von Bremen, Berlin, Hamburg, nebst andern Karten,
ferner Fahrpläne, Kalender, Thermometer und Barometer, eine
Uhr ꝛc. Eine solch zweckmäßige Einrichtung wäre mancher Groß=
stadt zu wünschen.

Der Elisenstraße gerade gegenüber ist an einem Kauf=
mannshause der Langenstraße eine Marmortafel sichtbar mit der
Inschrift:

Hier ward geboren
am 4ten Mai 1776
J. Fr. Herbart.
† Göttingen, 11. Aug. 1841.

Wenden wir uns auf der Langenstraße rechts, so kommen
wir zum Heiligengeistthor. Wir gehen aber da, wo sich die

Achternstraße abzweigt, weiter links, in die innere Stadt. Hier ist die Hauptgeschäftslage; zu beiden Seiten der Langenstraße reiht sich ein großes Schaufenster an das andere. Die Häuser sind meist zweistöckig und, wenn auch größtenteils alt, so doch mit neumodischer Fronte versehen. Anfangs breit und gerade, krümmt und verengt sich allmählich die Straße, bis sie auf den Marktplatz führt. Leider wird dieser schöne Platz durch das Rathaus, welches neu gebaut und in geschmackvollem gotischen Stil ausgeführt wird, sehr beengt, so daß er kaum noch seinem Zwecke entsprechen dürfte. Das Rathaus wird zudem nicht gehörig zur Geltung kommen, und überdies verdeckt es die Lambertikirche, deren Aeußeres ebenfalls gerade jetzt einen Umbau erfährt. Nach der Fertigstellung derselben wird man sich beim Betreten des Innern merkwürdig überrascht finden; denn dieses, seit 1795 in eine römische Rotunde mit einer auf 12 griechischen Säulen ruhenden Kuppel umgewandelt, steht mit dem gotischen Aeußeren in schreiender Disharmonie. Es sei hier noch die Lutherstatue von Bildhauer B. Högl über dem Portale des Turmes erwähnt.

Wir gelangen nun vom Kasinoplatz über die Dammbrücke auf den Schloßplatz. Derselbe war bis 1870 gepflastert, wurde dann aber in die jetzigen köstlichen Anlagen verwandelt, wobei französische Kriegsgefangene die Arbeiten verrichten mußten. Den innern Damm entlang führen Lindenalleen, der sog. Baumhof. Die Gebäude, welche den Platz auf der Nordseite in einem Halbkreise umfassen, sind die Großherzoglichen Marställe, das Kavalierhaus, die Hauptwache, die Ersparungskasse 2c. Mitten auf dem Platze schaut aus dem Grün das Großherzogliche Residenzschloß hervor. Es wird jetzt von der Erbgroßherzoglichen Familie bewohnt. Der ältere Teil desselben ist von Grund auf aus Quadersteinen im Rococostil gebaut. Baumeister waren ein Italiener, Andreas Speza de Ronio und ein Fürstlich=Mecklenburgischer Baumeister, Georg Reinhardt. Dieser konnte nicht immer zur Stelle sein, und der Italiener entfernte sich heimlich, ehe er seinen Verpflichtungen ganz nachgekommen war. Daher wurde der 1607 begonnene Bau erst 1616 beendet. Die Ornamentik, besonders die in Stein gehauenen Embleme an den Ecken der Mauern (Köpfe und allegorische Figuren) und die Fenstereinfassungen sind nicht ohne Kunstwert. Die Anbauten aus späterer Zeit harmonieren leider nicht mit dem Hauptteile. Das Innere enthält Bilder von Willers, Tischbein, Riedel, Eichwald, Kretschmer, Rahl, Preller, Piloty, Volz, Hübner, Verboekhoven u. a., Skulpturen von Steinhäuser und Meyer, die Großherzogliche Privatbibliothek und eine bedeutende Münz- und Kupferstichsamnlung.

Hinter dem Schlosse erfreuen das Auge reizende Anlagen mit seltenen Gewächsen, Teppichbeete und Lindenalleen. Die Hunte und die alte Huntestraße trennen es vom Palais, in welchem der Großherzog wohnt. Der neue Flügel des Palais ist im antiken Stile erbaut. Es enthält ebenfalls eine Reihe schöner Gemälde von Achenbach, Gude, Lessing, Makart, Meyer, Morgenstern, Preller, Volz rc., Skulpturen von Steinhäuser und Kropp.

Dem Palais gegenüber, an der Elisabethstraße, erblicken wir das Augusteum. Es ist von Klingenberg sen. aus gelben Ziegeln im Spätrenaissance- (Florentiner-) Stil erbaut. Das Augusteum ist die Kunsthalle Oldenburgs, ein wahres Schmuckkästchen, und enthält im oberen Stock die sehenswerte Großherzogliche Gemälde-Gallerie älterer Meister und unten Gipsabgüsse und Abdrücke von geschnittenen Steinen. Der Grund zur Gallerie wurde vom Herzoge Peter durch Ankauf einer Sammlung des Malers Tischbein von 85 Gemälden gelegt. Es würde zu weit führen, wollten wir hier ein Verzeichnis der Gemälde geben; ein Katalog ist beim Kustos der Anstalt zu haben. Im Treppenhause sind Fresken von Prof. Griepenkerl in Wien, einem gebornen Oldenburger. Sie stellen die Entwicklung der bildenden Künste dar: Altertum, Mittelalter, Renaissance und Neuzeit. In den unteren Räumen des Augusteums ist ein Konzertsaal, zu Ehren des in Eutin geborenen Komponisten Karl Maria von Weber „der Webersaal" genannt. Außerdem befindet sich hier noch ein Saal, in welchem der hiesige Kunstverein Ausstellungen veranstaltet.

Gehen wir auf dem mittleren Damm weiter, so treffen wir auf dem äußeren Damm rechter Hand das Großherzogliche Museum und die öffentliche Landes-Bibliothek. Jenes ist von Schnitger im Renaissancestil aus gelben Ziegeln erbaut. Der Eintritt ist sehr zu empfehlen; besonders verdient die vorzügliche ornithologische Sammlung die Beachtung des Besuchers. Auch die Altertümer-Sammlung ist reichhaltig und enthält manche interessante Funde aus vorhistorischer Zeit. Besonders sind zu erwähnen die altfriesischen Steinsärge vom Banter Kirchhof. Die gleich neben dem Museum befindliche Bibliothek ist sehr ansehnlich; sie enthält an 104 000 Bände, auch Handschriften und Erstlingsdrucke und ist jedem zugänglich. Unten im südlichen Teile des Gebäudes befindet sich das Landesarchiv, das für Forscher wertvolle Schätze birgt.

Kehren wir nun wieder um bis zur Schloßbrücke, um dem herrschaftlichen Garten einen Besuch abzustatten. Derselbe ist parkartig, im englischen Stil angelegt und zeichnet sich aus durch malerische Baumgruppen, frischgrüne Rasenflächen und köstliche Durchblicke. Die landschaftliche Schönheit wird noch besonders erhöht durch das belebende Wasser eines Teiches, der mit Schwimmvögeln bevölkert ist. Ein Bach (die Hausbäke) durchfließt den Garten der Länge nach, und das dunkle Wasser der Hunte bespült den südlichen Saum. Am jenseitigen Ufer führt die Elisabethstraße mit ihren reizend gelegenen Wohnhäusern entlang, am Augusteum vorbei bis zum ansehnlichen Land- und Schwurgerichtsgebäude. Die Wege des Schloßgartens schlängeln sich in sanften Windungen durch einen überaus üppigen Pflanzenwuchs, durch grüne Laubhallen sich wölbenden Geästs und saftige, wohlgepflegte Rasenteppiche. Den vorderen Teil des Gartens nimmt der für die Großherzogliche Familie reservierte „Prinzengarten" ein, und in der Mitte befindet sich der Gemüse- und Obstgarten, sowie ein Blumengarten mit Gewächshäusern und der Wohnung des Garteninspektors. Wer Sinn für Naturschönheit hat, wird den Garten mit großer Befriedigung durchwandern. Die Natur ist hier nicht durch effekthaschende Künstelei verdorben und wirkt rein und unmittelbar auf das empfängliche Gemüt. Das charakteristische, parkartige Gepräge der Gartenanlagen würde aber noch ganz besonders gewinnen, wenn das die hübschen Baumgruppen einfassende und verdeckende Gesträuch beseitigt würde, wie solches in den südlichen Partien bereits mit Glück geschehen ist. Der ursprüngliche Plan der Anlagen würde alsdann wieder klar und vorteilhaft hervortreten.

Aus dem Garten treten wir durch die westliche Pforte auf die köstliche Gartenstraße, die ihren Namen in der That führt. Wie lieblich ruhen diese hübschen Häuser und Villen inmitten ihrer Gärten und Anlagen, mit dem prachtvollen Blick in den Großherzoglichen Park! Alles atmet Behäbigkeit und Ruhe.

Die Gartenstraße führt uns in westlicher Richtung zum Everstenholz. Dieses zwar nicht große, aber schöne Wäldchen, das größtenteils aus hohen, prächtigen Eichen, aber auch kräftigen Buchen besteht und von breiten Wegen durchschnitten ist, bildet mit seinen neuen parkartigen Erweiterungen und Waldwiesen neben dem Schloßgarten, einen Hauptglanzpunkt des landschaftlichen Schmuckes der Residenz. Es ist Eigentum des Großherzogs, der demselben seine ganz besondere Fürsorge widmet. Die neuen Anlagen mit ihren immergrünen Nadelholzpflanzungen sind insbesondere sein Werk.

Von hier wenden wir uns dem neuen Stadtteile zu, der auf den sog. „Dobben" — früher sumpfige Wiesen — erst in jüngster Zeit entstanden ist und sich noch fortwährend erweitert. Die

Bewohner desselben erfreuen sich der zwiefachen Annehmlichkeit, einerseits den Mittelpunkt der Stadt mit den wichtigsten öffentlichen Gebäuden, andrerseits den herrschaftlichen Garten und das Eversten= holz in unmittelbarer Nähe zu haben. Es sind fast lauter ge= schmackvolle, villenartige Häuser, die uns hier entgegentreten, namentlich am „Rathausplatze" mit seinen jungen Anlagen, an der Bismarck= und Moltkestraße.

Eine Brücke führt uns über den Stadtgraben auf den Theater= wall mit seinen frisch=grünen Linden. Rechts haben wir das Gym= nasium, das in etwas schwerfälligem, klösterlichen Stil gebaut ist, und gleich links das Großherzogliche Theater, im antiken Stil von Schnitger erbaut. Im Foyer desselben befindet sich eine Marmor= büste Mosen's. Im hübsch angelegten Garten neben dem Theater finden im Sommer häufig öffentliche Konzerte statt. Gehen wir weiter in den Wallanlagen, so gelangen wir zum Haarenthor. Das eigentümliche Gebäude im altgotischen Stile, gleich rechts, ist das städtische Spritzenhaus. Eine dunkle Ulmenallee führt von hier über den Heiligengeistwall zum Heiligengeistthor.

Wir wenden uns aber westlich, auf die Ofenerstraße längs der Haaren und erblicken hier zunächst auf dem Friedensplatze das Kriegerdenkmal. Dasselbe besteht aus einer 6,41 m hohen, schön gegliederten Säule von poliertem Granit (Monolith), gekrönt mit einer Rauchschen Viktoria in Bronze. Es wurde im Jahre 1879 zum Andenken der im deutsch=französischen Kriege gefallenen Oldenburger errichtet.

Von hier führt uns links eine Brücke auf die Herbart= straße. Rechts erblicken wir die in schönen Größenverhältnissen erbaute Realschule und links davor den Herbartplatz mit dem Herbartdenkmal. Dasselbe besteht aus einer Kolossalbüste von Bronze auf einem Postamente von poliertem dunkelroten Granit. Die Büste ist ein Werk des Bildhauers H. Manger in Berlin; das Postament lieferte die Firma Kessel & Röhl in Berlin, von der auch die Friedenssäule herrührt. Das Denkmal wurde zur hundertjährigen Geburtstagsfeier des Philosophen, den 4. Mai 1876, festlich enthüllt. Die Wirkung des Denkmals wird noch erhöht durch die hübschen Anlagen, die dasselbe umgeben, durch den Hintergrund von grünenden und blühenden Bäumen und Ge= sträuchen, die nebenbei auch botanischen Zwecken dienen.

Wir kehren auf die Ofenerstraße zurück. Die Häuser der= selben liegen fast ganz im Grün versteckt. Einen besonderen Schmuck der Straße bildet die lange Zeile stolzer Bergulmen mit ihren schöngeschwungenen Aesten. Rechts zieht uns auch das

Mosenhaus an, in welchem der Dichter litt und starb. Weiterhin folgen das Zeughaus und die Artillerie-Kaserne. Gleich hinter dieser fällt uns ein kleines Gehölz auf, in welchem besonders einige stolze, epheuumrankte Eichen hervortreten. Unter ihnen stand noch vor ein paar Jahren ein altehrwürdiges Haus, das Haarenthorsvorwerk, welches abgebrochen wurde. Von hier aus bietet sich über die grünen Wiesen des Dobbens ein herrlicher Blick nach der kräftigen Laubwand des Eversteholzes. Die Ofenerstraße führt weiter auf die Ofener Chaussee, dem Wege nach dem Ammerlande. Sie bildet mit ihrem grünen Eichengewölbe, das seines Gleichen sucht, einen beliebten Spaziergang der Oldenburger nach Ofen und der schönen Eichen- und Buchenwaldung in Bloh.

Vom Friedensplatze führt die breite Peterstraße in östlicher Richtung zum Pferdemarktplatze. Sie ist, wie fast alle Straßen der Vorstädte, eine Gartenstraße. An ihr liegen links das Elisabeth-Kinderkrankenhaus, das große Peter-Friedrich-Ludwig-Hospital, rechts die Synagoge, die städtische Turnhalle, die stilvolle katholische Kirche mit schönen Glasmalereien im Chor, die städtische Volksschule und das vortreffliche Piushospital an der sich abzweigenden Georgstraße, und endlich das Lehrer-Seminar.

Wenden wir uns von der Peterstraße rechts, so gelangen wir auf den Pferdemarktplatz, auf welchem um den 8. Juni der berühmte Medardus-Pferdemarkt abgehalten wird. Einen solch großen, mit frischen Linden bepflanzten Platz haben nicht viele Städte aufzuweisen. Im Nordosten wird derselbe durch die Infanterie-Kasernen begrenzt, vor denen sich Exerzierplätze befinden. Die Heiligengeiststraße führt mitten über den Platz. Kommt man aus der Stadt, so schaut man durch die Lindenallee gerade auf die alte schöne, sagenumrauschte Kirchhofslinde, ein Wahrzeichen Oldenburgs, auf dem Gertrudenkirchhofe. Den Hintergrund derselben bildet die aus Anton Günthers Zeit herrührende Gertrudenkapelle, von deren Grau sich das kräftige Grün des prächtigen Baumes malerisch abhebt. Er hat ein Alter von mindestens 400 bis 500 Jahren; aus Kirchenrechnungen geht hervor, daß die Linde schon im Jahre 1610 ein großer, starker Baum war und die Aeste durch Säulen gestützt werden mußten. Ihr eigentümlicher Wuchs fällt sofort auf. Der knorrige, ca. 4,80 m dicke Stamm trägt nämlich zwei Kronen, deren untere sich schirmförmig abzweigt. Die Aeste derselben sehen aus, als ob es die Wurzeln des Baumes wären, und die Sage erzählt daher, ein unschuldig zum Tode verurteiltes Mädchen habe das Bäumchen verkehrt in die Erde gepflanzt. „So gewiß wie dieser Baum wachsen wird," sagte sie, „so gewiß bin ich unschuldig." — Ueber dem weiten Schirmdache teilt der Stamm sich wieder in vier große Aeste, welche abermals eine hohe Krone bilden. Sowohl Sage als Linde haben wiederholt ihre Dichter gefunden, die sie poetisch verklärt haben. (S. Album Oldenb. Dichter.)

Da der ehrwürdige Baum jedem Oldenburger lieb und wert ist, so daß es uns betrüben würde, wenn er einmal abstürbe, so wollen wir es an dieser Stelle nicht unterlassen, darauf aufmerksam zu machen, daß die Gräber, welche die Linde beschattet, in jüngster Zeit mit zu vielem Gesträuch bepflanzt sind. Diese verdecken nicht nur die schöne Gestalt des Baumes, sondern sie entziehen seinen Wurzeln auch die Nahrung. Ebenso rauben ihm die am Wege angepflanzten Linden Luft und Licht. Soll also unsere liebe, herrliche Kirchhofslinde „noch Jahrhunderte lang wachsen und gedeihen, der Stadt und ihrem Kirchhofe zur Zierde gereichen, als ein bedeutungsvolles Wahrzeichen, indem sie der Toten Ruhestätte, in welcher sie wurzelt, dankbar beschattet und dem Lebenden frisches Leben zeigt und Erquickung bietet," so säume man nicht, alles wegzuräumen, was ihr Wachstum stört und hindert. Leider gewann der Baum schon seit einigen Jahren den Anschein, als ob er leide.

Lassen wir von der Linde unser Auge über die am Friedhof vorbeiführende Radorfterstraße schweifen, so gewahren wir unmittelbar am Fußsteig eine dicke, altehrwürdige Eiche, gleichsam den kräftigen Bruder jener. Wie dieser die Lebenden begrüßt, die auf der alten Heerstraße zur Stadt hereinfahren, so jene die Toten, die nach vollbrachter Lebensreise wieder herausfahren zur ewigen Stadt, zur ewigen Ruhe.

„O, ewich is so lanck!"

steht links am Eingange des Friedhofs, aber auch gleich rechts daneben:

„Ich weiß, daß mein Erlöser lebt."

Statten wir nun auch der Totenstadt einen kurzen Besuch ab. Der Gertrudenkirchhof ist schön; die wohlgepflegten Gräber mit ihren Denkmälern, ihren Blumen, ihren grünenden und blühenden Gesträuchen zeugen von der Pietät, welche die Lebenden den Toten wahren. Wir kommen auch an den Ruhestätten solcher Entschlafenen vorbei, deren Name fortleben wird. So befindet sich rechts am Hauptwege das Grab des oldenburgischen Dichters Gramberg († 1816), weiterhin links dasjenige des Schauspielers Berninger, der als Falstaff unübertrefflich war. Seinem Grabsteine ist ein Medaillon von weißem Marmor eingefügt, welches das ausdrucksvolle Gesicht des Bühnenkünstlers lebenswahr darstellt. Gleich rechts erhebt sich das Denkmal für die im Kriege 1870/71 in den oldenburgischen Lazaretten gestorbenen Krieger. Vor uns erblicken wir das Familienbegräbnis des Großherzoglichen Hauses, vom Herzoge Peter Friedrich Ludwig 1787 erbaut. Rechts davon, unmittelbar an der Raborsterstraße, ist das vom genannten Herzoge gestiftete und vom Bildhauer Franz Högl entworfene Denkmal der 1813 auf Vandamme's Befehl in Bremen erschossenen edlen Patrioten v. Berger und v. Finckh. Eine Inschrift desselben lautet: „Ehrenvoll ist für gute Sache der Tod." Ebenso ehrte der Herzog das Andenken des Grafen von Holmer; sein Grabdenkmal, gleich links, trägt die Inschrift:

„Bieder war er, gerecht, und mit Wahrem einet' er Schönes;
Alles, was Menschen betraf, fühlte sein menschliches Herz."

Wenden wir uns nun wieder dem Hauptwege zu, so erblicken wir links an der hinteren Abteilung des Kirchhofs den einfachen Grabstein Theodor v. Kobbes († 1845) mit der Inschrift: „Wie viel Ursach hat man, einander lieb zu haben, so lange es noch tagt." Noch weiter links, fast in der Ecke, ist das gotische Grabmal des Bildhauers Franz Högl. In derselben Abteilung, an dem Wege, der zum hinteren Ausgangsthor führt, ruht der deutsche Dichter Julius Mosen, neben ihm seine Gemahlin. Ihre schlichte Grabesplatte, die fast ganz von Epheu verdeckt ist, trägt nur ihre Namen. Gehen wir die westliche Kirchhofsmauer entlang, so fällt uns vielleicht zur linken Seite ein unscheinbarer Granit auf, mit dem Namen: Adolf Laun († 1881). Außer den Genannten haben auf dem Gertrudenkirchhofe ihre letzte Ruhestätte gefunden: die Schauspieler Direktor Becker, Dietrich, Frau Gabillon, ferner der Romanschriftsteller Starklof († 1850), der als Kanzelredner und theologischer Schriftsteller seiner Zeit berühmte Geh. Kirchenrat Dr. Böckel († 1854), Ludwig Strackerjan, Geh. Oberkirchenrat Dr. Nielsen und manche andere.

Nachdem wir so unseren Rundgang beendet und sowohl den Lebenden wie den Toten einen Besuch abgestattet haben, begeben wir uns über den Pferdemarktplatz und die Rosenstraße zum Bahnhofe zurück. Nach allen Richtungen können wir nun unsere Ausflüge durch den an mannigfaltigen, teilweise eigenartigen Landschaftsbildern reichen deutschen Erdenwinkel zwischen Ems und Weser machen, sei es in östlicher Richtung nach den bedeutsamen Klosterruinen Hude's, dem uralten Eichwald Hasbrok, dem historischen Stedingerlande, der freien Hansestadt Bremen, oder in südlicher Richtung nach den rätselhaften Hünensteinen der münsterländischen Heiden, nach der alten Wittekindsstadt Wildeshausen, oder in nördlicher Richtung nach) den durch ihre Fruchtbarkeit ausgezeichneten Marschen Butjadingens und Jeverlands, dem mastenreichen Bremerhaven, dem deutschen Kriegshafen Wilhelmshaven, der waldesgrünen friesischen Wede mit ihrem berühmten Urwalde, der alten Grafenstadt Varel u. s. w., oder endlich in westlicher Richtung nach dem idyllischen Zwischenahn, überhaupt dem lieblichen Ammerlande, nach dem in philologischer Hinsicht klassischen Saterlande, dem öden, braunen Hochmoore, nach Ostfriesland, den friesischen Inseln ꝛc.

Land und Leute bieten des Sehenswerten und Interessanten in bunter, reicher Fülle. Wohl ist er schön, der Süden Deutschlands mit seinen himmelanstrebenden Bergen, seinen friedlichen Thälern und seinen lebensfrischen und lebensfrohen Volksstämmen, aber schön ist auch die weite, meerumrauschte norddeutsche Ebene mit ihren romantischen Heiden, ihren üppigen Weiden- und Wiesengründen, ihren stolzen Eichwäldern und ihren zerstreuten, stattlichen Bauerngehöften, in denen ein Volk wohnt, dessen Ernst und Gemütstiefe, dessen Kraft und Tüchtigkeit keines weiteren Lobes bedarf.

## II. Kapitel.

# Das Ammerland.

### I.

Das jetzige Ammerland, das Amt Westerstede mit den Kirchspielen Westerstede, Apen, Zwischenahn und Edewecht, ist nur ein Teil des alten Ammerlandes. Der alte ammersche Gau, (pagus Ameri, Ammiri, Ambria) hatte als Ostgrenze die Hunte und Jade, als Nordgrenze die Wapel und das Jürdener Feld (ein Moorstrich), als Westgrenze das große Lengener Moor, das sich in Ostfriesland hinein erstreckt, im Süden das Godensholter Tief und das ausgedehnte Vehne=Moor. Es gehörten also auch Oldenburg, Wardenburg, Rastede und Wiefelstede dazu. Dieser Ammergau ist gleichsam der Kern des Oldenburgerlandes, und die ältesten oldenburgischen Grafen nannten sich ammersche Grafen. Die Nachkommen des berühmten Sachsenherzogs Wittekind sollen hier große Güter besessen und am schönen Zwischenahner See gewohnt haben.

Ueber die Bedeutung des Namens „Ammerland" ist man wohl noch nicht zur Klarheit gekommen. Einige meinen, der Name bedeute so viel als am Mooreland, weil es an großen Mooren liegt, andere sagen, er heiße so viel als das Land am Meere, weil es am Zwischenahner Meer oder auch unfern des Meeres, der Nordsee, belegen ist, und noch andere behaupten, der Name hange zusammen mit dem altdeutschen Worte Ammer, welches Getreide bedeutet; Ammerland heiße mithin Getreideland. Bekanntlich giebt es auch in Baiern einen Ammergau und Ammersee, aber das baierische Ammerland hat seinen Namen von dem alten deutschen Volksstamme der Ambronen, der dort seinen Wohnsitz hatte.

Unser Ammerland ist in mancher Hinsicht ein eigentümliches Ländchen. Seine Physiognomie ist eine scharf charakteristische, von allen andern Geestlandschaften abweichende. Durch große, zum Teil öde, unwegsame Moore ist es von den umliegenden Gegenden abgeschlossen. Die Kultur wagte sich nicht über das Hochmoor. Die schöne, friedliche Idylle des Landes ist noch rein und unverdorben wie sie seit Jahrhunderten gewesen ist. Im Ammerlande giebt es noch eine Menge hoher, herrlicher Eichwälder, so daß das ganze Land fast wie ein einziger Wald erscheint. Unter dem Schirmdache mächtiger Eichen liegen in friedlicher Verborgenheit die alten ehrwürdigen Bauernhäuser mit ihrem grünbemoosten Strohdache und ihrem traulichen, offenen Herde. Große, gewölbte Aecker, sog. Esche, auf denen seit ewigen Zeiten Roggen gebaut wurde, liegen inmitten der Wälder, die an den sanften Buchten der wallenden Saat wie eine hohe, mächtige Wand schirmend emporragen. Fast überall am Abhange der Esche ruhen die langgestreckten Bauerndörfer, um deren Häuser sich die tiefspurigen Landwege in vielen Krümmungen und Verzweigungen schlängeln. Das Land ist fast ganz eben, ohne bedeutende Bodenerhebungen und -Senkungen, wie man solche z. B. auf der Delmenhorster Geest findet, aber doch dacht es sich von Norden nach Süden ab und von der hohen Rasteder Geest und dem großen Moor im Norden fließen eine Menge Bäche in südwestlicher Richtung der Haaren und dem Aper Tief zu. Im Sommer sind diese Bäche ruhig und unbedeutend und trocknen zum Teil aus, aber im Frühlinge werden sie zu rauschenden, brausenden Waldbächen, die sich tief in die Uferkrümmungen wühlen, die Wurzeln der Bäume entblößen, die überschwellen und die Wiesen, welche sich in den Niederungen ausdehnen, überströmen.

Im Ammerlande findet man Waldwiesen, so friedlich sonnig, waldumhegt, wie sie ein Dichter nicht schöner zu träumen, ein Landschaftsmaler nicht duftiger zu malen vermag. Steht gar am Saume des Waldes ein altes Bauernhaus, um dessen braunes Strohdach blaue Rauchwolken ruhig dahinwallen, aus dessen niederer Seitenthür man unmittelbar auf die weiche, grüne Wiese tritt, auf welcher sanftes Vieh behäbig grast: so ist das köstlichste Waldidyll fertig, umrahmt vom goldigblauen Frühlingshimmel. Tiefe Stille, melancholisches Brüten, Waldesfrieden, weltentfremdete Abgeschlossenheit, das ist die Stimmung einer ammerschen Landschaft. Und doch, welch reges, jugendliches Leben und Streben erwacht im Frühlinge in Wald und Wiese, wenn die Bäche schäumend dahin rauschen und ein Heer von Amseln, Drosseln, Finken und Nachtigallen im smaragdgrünen Waldesdom ein hunderttöniges Konzert anstimmt!

Gehen wir einmal tiefer hinein in den Wald! Hoch und schlank wie Säulen, zum Teil von mächtigem Umfange, ragen die Eichen empor; um die grauen Stämme windet sich dunkelgrünes

Epheu bis oben hinauf zur Krone, deren Aeste sich gegen einander neigen und sich kreuzen wie ein gotisches Gewölbe. Dem Boden des Waldes entsproßt ein buntes Pflanzenleben: Moos, Farnkraut, Waldmeister, Himbeeren, Brombeeren, Heidelbeeren u. s. w. Ueberall duldet die Eiche dichtes Unterholz: braunes Haselnußgesträuch, wilde Rosen und namentlich die immergrüne Stechpalme („Hülsen") mit ihren glänzenden, harten, stacheligen Blättern. Letztere wächst so häufig in den Büschen, daß sie für einen ammerschen Wald charakteristisch ist. Nirgend im Oldenburgischen wachsen die Eichen so hoch und schlank wie im Ammerlande. Es sind zum Teil wahre Riesen, deren ungeheure Länge uns namentlich dann zur Bewunderung zwingt, wenn sie hingestreckt liegen und weggefahren werden. Auf der Delmenhorster Geest, vor allem im Hasbrok, findet man wohl weit dickere Eichen, die knorrig und wildtrotzig den Stürmen der Jahrhunderte die Stirn bieten, aber der Stamm ist verhältnismäßig sehr kurz. Die Eiche ist zwar vorherrschend in den ammerschen Gebüschen, doch findet man auf dürrem Heideboden auch Kiefern und Tannen, auf Lehmgrund Buchen und in feuchten Niederungen Erlen und Eschen. Es steckt ein ungeheurer Geldwert in den Wäldern des Ammerlandes. Das Holz auf manchem Bauerngute ist wohl 60000 Mark und darüber wert. Im Herbste 1869 löste ein Bauer in Helle für nur 8 Stämme Eichen 3600 Mark. Wohl mag der ammersche Bauer mit Stolz auf seinen Wald schauen und seinen Wohlstand nach dem Reichtume schätzen, der in seinem Holze steckt. Eine Sage erzählt, ein Bauer habe, als er seinen Wald, Himmelskamp genannt, durchwanderte, im Uebermute des Glücks ausgerufen: „O Gott, wullt Du mi minen Himmelskamp laten, denn will ick Di Dinen Himmel laten!" Sein Wunsch ging in Erfüllung, noch jetzt muß er als Gespenst nächtens seinen Busch durchwandern und die Bäume besehen. Die Sage ist sehr charakteristisch.

Hohes Ackerland, niedrige Wiesen und Weiden, stille dunkle Wälder, alte Bauernhäuser von westfälischer Bauart, umgeben von Obst= und Hopfengärten, und dies alles in wohlthuender Abwechslung: das ist das Charakteristische des Ammerlandes. Um das Bild zu vervollständigen sind nur noch einige öde, braune Heid= und Moorstriche, die von den umliegenden Hochmooren kommen, hinein zu zeichnen. Diese Hauptzüge wiederholen sich überall im ganzen Lande. Wer einen Teil des Ammerlandes gesehen hat, der hat es ganz gesehen. Wenn man indes das Ammerland im weitesten Sinne nimmt, also auch Oldenburg und Rastede 2c. mit dazu rechnet, dann entsteht allerdings ein un=

fassenderes Bild von größerer Mannigfaltigkeit. Namentlich die Gegend zwischen Oldenburg und Rastede, zu beiden Seiten der Chaussee, ist sehr einförmig und langweilig. Von da an bekommt sie aber wieder ein ammersches Gepräge, das besonders scharf hervortritt in den nördlich gelegenen Dörfern Lehmden, Hahn und Beckhausen, die sich durch schönes Gehölz auszeichnen. Auch die östlich von der Chaussee, auf dem hohen Geestrücken gelegenen Dörfer Ohmstede, Bornhorst, Etzhorn, Wahnbeck, Loy und Hankhausen verleugnen den ammerschen Charakter nicht. Es ist eine ununterbrochene Waldlandschaft, die sich auf dem hohen Geestrücken bis Rastede hinzieht. Die Geest bildet hier, namentlich bei Loyerberg, einen hohen Abhang, von dem man über das große, öde Ipweger Moor mit seinen nördlichen Fortsetzungen, auf denen einsame, armselige Kolonistenwohnungen liegen, nach Moorriem hinüberschaut.

In Rastede ist die Kunst der Natur zu Hülfe gekommen und hat die Gegend zu einer der schönsten im Herzogtume erhoben. Unfern der Chaussee erhebt sich das Sommerschloß der Großherzogs, umgeben von hübschen Wiesen und Parkanlagen, wo Rehe und Hirsche grasen, von schönen englischen Gärten und künstlich gegrabenen Fischteichen, deren blauer Spiegel sich in sanften Biegungen den Park entlang zieht. Der poetische Sinn unseres Fürsten für alte, ehrwürdige Bäume, die er pietätvoll in seinen besonderen Schutz nimmt, überhaupt seine Liebhaberei für naturwüchsige Waldungen, wird die Schönheit dieser Gegend zu erhöhen und sie vor der alles nivellierenden und wegrasierenden Kultur zu bewahren wissen. Noch vor nicht langer Zeit hat er ein in der Nähe des Rasteder Palais gelegenes herrliches Gehölz angekauft, in das keine Axt kommen darf, in dem alles üppig wächst und wuchert, wie der liebe Gott es wachsen läßt, und in dem die Bäume liegen bleiben, wie der Sturm sie umstürzt, so daß die ganze Waldung sich ausnimmt wie ein köstlicher Urwald.

Da uns Rastede unwillkürlich ins Spezielle geführt hat, so möge hier gleich einiges aus der Geschichte folgen. Der Name Rastede soll so viel bedeuten wie Raststätte und von dem Umstande herkommen, daß ein oldenburgischer Graf (Gerhard der Mutige) hier die letzte Rast oder Ruhe nach einem vielbewegten, fehdereichen Leben gesucht hat. Allein diese Erklärung ist unrichtig. Schon lange vorher wurde das Dorf so genannt. Richtiger wird es sein, wenn wir das Wort auf „Rae" zurückführen. „Utraen" heißt ausroden. Noch jetzt heißt ein Ackerfeld bei Rastede „de Rae", weil es an die Stelle eines ausgerodeten Waldes getreten ist. Rastede bedeutet demnach einen Ort, wo der Wald früher ausgerobet worden ist. In alten Urkunden wird der Ort auch Radestat genannt. In der bequemen Volkssprache des mundfaulen, phlegmatischen Ammerländers wird Rastede kurzweg „Räst" genannt.

In Rastede war früher ein reiches, berühmtes Benediktiner=Mönchskloster, das nach der Erzählung alter Chroniken vom Grafen Huno und seinem Sohne Friedrich um die Mitte des 11. Jahrhunderts (1059) gestiftet sein soll. Der Mönch Schiphower erzählt nach der Rasteder Chronik über die Entstehung des Klosters folgendes: Kaiser Heinrich IV. wollte einstmalen zu Goslar einen Fürstenhof halten, wozu er alle deutsche Fürsten, Grafen und Herren, auch den Grafen Huno vorgeladen hatte. Graf Huno wurde aber durch seine Andachtsübungen am Erscheinen verhindert und deshalb von einigen Augendienern, die den Grafen wegen seiner guten Werke haßten, beim Kaiser verklagt. Der Kaiser ließ den Grafen zum zweitenmale vorladen und gebot ihm, einen starken Kämpfer mitzubringen, der nach Friesenart mit des Kaisers Fechter stritte. Des Kaisers Fechter war aber ein starker Löwe, dem man wenig Futter gab, damit er desto grimmiger wurde. Graf Huno zog nun mit seinem Sohne Friedrich und einer großen Schar Volkes nach Goslar, voller Freuden und Gottvertrauen. Als der Kaiser den Grafen Huno und dessen Sohn sahe, gebot er diesem, zur Strafe für den Ungehorsam des Vaters mit dem Löwen zu kämpfen. Graf Huno, dies vernehmend, wurde sehr betrübt und flehte Gott im Gebet um Hülfe und Gnade an, wie einstens Abraham, als er seinen Sohn Isaak opfern sollte. Er gelobte, ein Kloster zu bauen, wenn sein Sohn das wilde Tier glücklich bezwingen würde. Als dieser nun den Kampf mit dem Löwen beginnen sollte, machte er klüglich einen Mann von Stroh, der wie ein gewaffneter Mensch aussah, und warf ihn dem Löwen vor. Da dieser den Strohmann sah, stürzte er auf ihn los, Graf Friedrich aber sprang auf den Löwen zu und erstach ihn mit dem Schwerte. Unverletzt kehrte er zu dem Kaiser zurück, der ihn in seine Arme schloß, ihn mit dem Rittergürtel umgürtete, ihm einen goldenen Ring an seinen Finger steckte, ihn zum Ritter schlug und ihm ein großes Gut bei der Stadt Soest schenkte. Auch befreite er den Grafen, der bisher sein Land zu Lehen hatte, von aller Lehnspflicht. Mit Ruhm gekrönt kehrten die Grafen in ihre Heimat zurück und bauten der Jungfrau Maria zu Ehren das Kloster Rastede und beschenkten es mit vielen Gütern.

Der Chronist Hamelmann fügt noch hinzu, der Kaiser habe zwei von seinen Fingern in des Löwen Blut getaucht und damit auf des Grafen Friedrich Schild zwei Striche gezogen, wodurch das altoldenburgische Wappen, zwei rote Streifen oder Balken im goldenen Felde, veranlaßt worden sei.

Was die Stiftungszeit des Klosters Rastede betrifft, so war es schon im Anfange des 12. Jahrhunderts vorhanden. Es kann, wie Winkelmann annimmt, wohl schon 1091 erbaut worden sein. Im Jahre 1121 wurden die ersten Reliquien, ein Zahn der heiligen Eutropia und ein Stück von dem Körper der heiligen Rosa, einer von den elftausend Jungfrauen, in das Kloster gebracht. Es war mit 12 Benediktinern besetzt, denen ein Prior und ein Abt vorstanden. Im 14. und 15. Jahrhundert stand das Kloster im größten Flor und hatte reiche Besitzungen im Oldenburgischen und im Auslande. In geistlichen Angelegenheiten stand es unter den bremischen Erzbischöfen, in weltlichen unter den Grafen von Oldenburg. In der ehemaligen Klosterkirche lagen mehrere oldenburgische Grafen begraben. Man wußte im Kloster schon immer vorher, wenn ein Graf oder ein Klosterbruder sterben mußte, weil ihr Tod jederzeit — wie Hamelmann mitteilt — durch ein Gerumpel der Klosterreliquien angekündigt wurde. Zur Zeit der Reformation wurde auch dieses Kloster säkularisiert. Aus dem abgebrochenen Kloster ließ Graf Anton Günther ein Jagdschloß bauen, auf welchem er auch starb (19. Juni 1667). Später wurde das Schloß von Grund aus schöner aufgebaut. Auch die wüste Klosterkirche wurde abgebrochen und das darin befindliche Grabmal des Grafen Moritz III. († 1420) in die St. Annengruft versetzt. Die St. Annnengruft ist ein auf zehn Pfeilern ruhendes Rundgewölbe (Krypta), das sich unter dem Chore der jetzigen Rasteder Kirche befindet. In dieser Gruft stehen sechs Särge, u. a. ein großer Steinsarg mit der Leiche oder vielmehr dem Staube der Prinzessin Sophie Eleonore von Schleswig=Holstein=Beck, beigesetzt am 4. Mai 1744. Die Rasteder Kirche ist nur klein, nicht gewölbt, wie die übrigen ammerschen Kirchen sind, und enthält außer der St. Annengruft und einem alten romanischen Taufstein nichts Sehenswürdiges; sie soll schon im Jahre 1059 von Huno zu Ehren des heiligen Udalrich (Ulrich) gegründet sein, nach andern aber erst 1270. Außer in den Domen zu Bremen, Merseburg, Paderborn u. a. ist in Norddeutschland eine Krypta unter dem Chore, wie die der Rasteder Kirche aus der Zeit des romanischen Baustiles (9.—12. Jahrhundert) nicht zu finden. Sie hat, wie der Bremer „Bleikeller" die Eigenschaft, Leichen auszutrocknen und soll von demselben Meister gebaut sein.

Aelter als die Rasteder Kirche ist die zu Wiefelstede, die überhaupt eine der ältesten im Lande ist und im Jahre 1057 vom bremischen Erzbischofe Adelbert eingeweiht wurde. Doch muß schon vor dieser Zeit in hiesiger Gegend eine Kirche gewesen sein, weil die Einwohner des alten Dorfes Dingstede hierher gingen, was sie nicht gethan haben würden, wenn die Kirche zu Ganderkesee, als deren Stiftungsjahr ebenfalls 1057 angegeben wird, damals schon gestanden hätte. Statt Wieselstede schrieb man früher Twiefelstede und glaubt daher, der Name des Ortes sei dadurch entstanden, daß man über den Platz der Kirche in Zweifel (Twiefel) gewesen sei. Die Kirche war, wie manche andere, für einen ganzen Gau bestimmt; alle bis Hatten liegende Dörfer hielten sich hierher, und noch jetzt findet man in den Mooren Ueberbleibsel der alten Kirchenwege, die aus Bohlendämmen bestanden. Der Turm der Kirche ist oben stumpf, und die Ostfriesen pflegten früher, wenn sie über Wieselstede nach Oldenburg reisten, unterwegs zu sagen: „Harren wi man erst den stuwen!" — Es ist ein altehrwürdiges Gebäude, die Kirche zu Wieselstede. Sie ist fast ganz aus großen Granitquadern aufgeführt und gewölbt, wie die Kirchen zu Zwischenahn, Edewecht und Apen. Was Riehl (Land und Leute) über die Kirchen der Ostseeländer sagt, das paßt auch auf die ammerschen Kirchen: „Höchst charakteristisch nehmen sich diese Granitsteine an den Untermauern und Sockeln der zahlreichen gotischen Kirchen der Ostseeländer aus. In bunter Farbenmischung, grün, grau, rot durcheinander, sind die verschiedenartigen formlosen Steintrümmer zu einem cyklopischen Bau zusammengesetzt, wie sie gerade eine Sündflut von den Wracks der verschiedensten Urgebirgsfelsen abgerissen hat. In scharfem Gegensatze erhebt sich dann darüber der Oberbau aus gleichgeformten, gleichfarbigen Backsteinen."

Wie zu Zwischenahn und Edewecht, so findet man auch in Wieselstede ein schönes, gut erhaltenes Altarschnitzwerk, das mit vieler Kunst gearbeitet ist und Scenen aus der Leidensgeschichte Christi darstellt, zum Teil ausgeführt nach alten Gemälden über denselben Gegenstand, zum Teil aus freier Phantasie zusammengestellt. Hier wie im Zwischenahn haben sich die alten ammerschen Junker verewigt durch Fahnen, Degen ꝛc., die sie in der Kirche aufgehängt haben.

Da schon zwei Kirchen unser Interesse in Anspruch genommen haben, so wollen wir auch die übrigen durchwandern und zugleich ihre Umgebung betrachten.

Das Stiftungsjahr der Kirche zu Apen läßt sich nicht mit Bestimmtheit angeben, gewiß ist aber auch dieses Gebäude schon sehr alt; denn bei einer Reparatur des Glockenturmes fand man eine Inschrift mit der Jahreszahl 1197.

In der Kirche befindet sich ein Altargemälde, das heilige Abendmahl darstellend, außerdem noch ein altes Taufbecken. Vor der Kirchthür liegt ein Granitblock mit einer halbkugelförmigen Vertiefung, die in katholischer Zeit wahrscheinlich als Weihwasserbecken diente. Ein Abendmahlskelch daselbst hat folgende Inschrift:

>Zu Gottes Ehr, der Kirche Zier
>Ich und Die
>Gvarnisovn alhier
>Haben disen
>Kelch gegeben
>Zur Gedachtnus
>Nach den Leben
>Georg Reinhart Vige. Capitain und Commendant zur Apen
>Anno 1671.

Zu Apen war nämlich zum Schutze gegen die Ostfriesen, denen hier das Land offen lag (daher der Name „Apen", apen = offen), eine Festung, die Graf Anton I. 1550 noch verstärken ließ, welche aber 1764 geschleift wurde. Den erhöhten Platz und die Festungsgräben sieht man noch jetzt. Der Aper Pastor bezieht als Garnisonsprediger noch jährlich 50 bis 60 Thaler aus der Staatskasse.

Apen ist ein fleckenartiges Dorf, am Aper Tief in einer sehr niedrigen Gegend belegen, die im Winter oft ganz unter Wasser steht. In alten Zeiten war hier der Sitz einer Adelsfamilie von Apen. Sie soll in ihrem Wappen einen, sich im Spiegel beschauenden Affen geführt und dem Orte den Namen gegeben haben. Man erzählt, einst sei ein Fremder durch Apen gekommen und habe gesagt: „Wat hett jo Dörp doch'n wunnerlicken Namen, wahnt hier vielleicht so väle Apen?" — „Dat nich," erhielt er zur Antwort, „man hier kamt saken wecke bär."

Nahe bei Apen liegt Augustfehn. Man grub hier einen Kanal ins Moor, um eine Kolonie zu bilden, und legte Eisenhütten an, weil man glaubte, Eisen aus dem Moore gewinnen zu können. Allein das Unternehmen war verfehlt. Man gab es daher auf und etablierte Eisengießereien, in denen man fremdes Eisen verarbeitet.

Vor zwanzig bis dreißig Jahren stand noch kein Haus da, jetzt ist Augustfehn eine große Schulacht. Die Arbeiter sind meist Fremde, Ostfriesen und Westfalen. Durch die Eisenbahnstation hat das Etablissement bedeutend gewonnen. Die Moorkolonie macht aber leider keine Fortschritte.

Südlich von Apen, am Godensholter Tief, liegt das Dorf Godensholt, noch im 15. Jahrhundert Wodensholt genannt, weil in heidnischer Zeit hier wahrscheinlich der Gott Wodan verehrt wurde.

Auch die Kirche zu Edewecht ist sehr alt, da sie schon vor 1378 vorhanden war. Ein Turm ist hier so wenig wie in Apen und Zwischenahn; die Glocken hangen in einem daneben stehenden häßlichen hölzernen Gebäude, einem sog. Glockenturm. In Apen und Zwischenahn ist dieser Glockenturm von Stein. Auch Wiefelstede und Rastede haben außer dem Kirchturme noch einen solchen Glockenturm. Das Innere der Edewechter wie aller ammerländischen und vieler Kirchen unseres Landes ist durch „Pricheln" entstellt. Das Schnitzwerk in der Edewechter Kirche, das aus dem Anfange des 17. Jahrhunderts stammt, ist schlecht erhalten wie überhaupt das ganze Innere. Das Dorf Edewecht ist eins der größten im Lande. Die Häuser liegen zerstreut, im Gebüsch versteckt, um hohe, waldumkränzte Aecker, zwischen der Aue und Vehne, an welchen sich auch mehrere Schiffswerften befinden. (S. den Gang durchs Moor.) Ein eigentümlicher Industriezweig in Edewecht ist das Brauen des „Edewechter Weißbieres", das sehr gern getrunken wird und dessen eigentümlichen Geschmack andere Bierbrauer vergeblich nachzumachen suchten. Von der hohen Edewechter Mühle, die auf einem großen Ackerfelde steht, hat man eine weite, hübsche Aussicht über das Dorf, über Aecker, Wiesen und Wälder. Die ammerschen Ackerfelder, sog. Esche, lat. esca, liegen alle waldumkränzt und sind in der Mitte bedeutend höher, was zum Teil im Bodengepräge begründet ist, zum Teil aber auch daher rührt, daß Jahr für Jahr Erddünger hinaufgefahren wird. Sie haben selten eine regelmäßige Form, sondern schneiden buchtenartig in die Wälder, und die Wälder ragen wie Vorgebirge in die Aecker hinein. Sämtliche Esche sind in lange schmale Ackerstücke geteilt, zwischen denen sich tiefe Furchen befinden. Die schmalen Aecker gehören abwechselnd bald dem einen, bald dem andern Bauern, wodurch ihre Bewirtschaftung sehr erschwert wird; eine Verkoppelung wäre daher bringend zu wünschen.

Wenden wir uns jetzt nach Westerstede. Westerstede ist ein großer, schön gelegener Flecken mit ca. 1250 Einwohnern. Die herrlichsten Aecker, Wiesen und Wälder bilden die nächste Umgebung. Wenn man sich dem Orte nähert, so eröffnen sich von Zeit zu Zeit reizende Durchblicke auf das wie in einem geschützten Thale gelegene Städtchen, dessen hoher, mit vier Erkertürmchen versehener Turm wie eine alte Burg aus dem Walde hervorragt. So schön aber auch Westerstede sein mag, es ist doch nur ein modernes Mittelding von Stadt und Dorf und bei weitem nicht so interessant wie die echten, alten, ammerschen Dörfer Wiefelstede, Edewecht und manche kleinere, wie Gristede, Linswege u. a. Die Kirche zu

Westerstede wurde 1124 gestiftet, und die Adeligen von Jikensolt schenkten freiwillig Platz, Güter und Besitzungen dazu. Nach andern Nachrichten soll sie 1232 erbaut sein. Sie war dem heiligen Petrus geweiht. Möglich ist, daß die in Quadern aufgeführten Mauern des untern Turms und des eigentlichen Schiffs aus dem ersteren Jahre stammen. Das größtenteils aus Backsteinen erbaute Chor läßt sich indes auch im äußeren deutlich als später angefügt erkennen. — Der obere, durchweg aus Backsteinen aufgeführte Turm zeigt in seiner zierlichen, malerischen Ausstattung noch vorwiegend romanische Formen, und seine Entstehung könnte deshalb allenfalls in das 13. Jahrhundert gelegt werden. Das Innere der Kirche ist sehr einfach. Das Schiff setzt sich aus drei nahezu quadratischen, rundbogig überwölbten Räumen zusammen, das Chor aus zwei mehr breiten als langen, spitzbogig überwölbten Räumen. Die Pfeiler und Bögen sind in beiden übereinstimmend durch rechtwinkelige Absetzungen vielfach gegliedert und aus Backsteinen hergestellt. Neben der Kirche steht der in dieser Gegend gebräuchliche isolierte Glockenturm. Die Länge der Kirche beträgt im Innern 38,50 m, die Breite 10 m. In der Kirche befindet sich ein Taufbecken vom Jahre 1648 und eine Gedenktafel, letztere mit der Inschrift:

Anna Elisabeth Hinrichs aus Torsholt,
getödtet vom frevelhaftem Uebermuth der Franzosen am 1. Nov. 1813.
Denkmal grausender Zeit, allhöhnenden Frevels der Fremden,
Denkmal deutschen Gefühls, dir schuldloses Opfer geweiht! Ach
Blutend sankest Du hin! Doch nah war des Frevels Verderben,
Nah des Vaterlands Rettung! Gelobt sei des Ewigen Rath.

Diese Gedenktafel bezieht sich auf folgende Begebenheit. Es war gerade am Markttage, den 1. November 1813, als sich in Westerstede das Gerücht verbreitete, die Kosaken seien im Anzuge, um die Franzosen, deren Stärke sich auf etwa 100 Mann belief, aus Westerstede zu vertreiben. Das zahlreich zum Markte herbeigeströmte, ohnehin schon aufgeregte Volk wurde hierdurch noch übermütiger. Neugierig eilte es der Schule zu, wo die Franzosen ihre Wache hatten. Vergebens wurde der Kirchhof abgesperrt, vergebens der Haufe gewarnt und mit dem Säbel zurückgetrieben, immer größer wurde der Andrang des Volkes, immer höher stieg die Aufregung, bis zuletzt die Franzosen verspottet und mit Steinen und Glasscherben geworfen wurden. Da feuerten die Schwerbeleidigten drei Gewehrschüsse in den dichten Volkshaufen ab, ein neunzehnjähriges Mädchen aus Torsholt sank sofort tot zur Erde nieder, drei andere Personen wurden verwundet; es entstand allgemeines Entsetzen unter der Menge, allgemeine Verwirrung und Flucht, eine bunte, grausenerregende Scene.

Am 6. November rückten still und unerwartet 200 Kosaken ein; auf dem Kirchhofe entspann sich ein kurzes Gefecht, die Franzosen kapitulierten und wurden nach Oldenburg abgeführt.

Der Westersteder Kirchturm ist eine Zierde des Ammerlandes und gewährt aus seinen vier Erkertürmen eine köstliche Aussicht über das waldreiche, schattige Ammerland.

Mit der Oldenburg-Leerer Bahn steht Westerstede durch eine Sekundärbahn in Verbindung, die sich bei Ocholt abzweigt.

Im Jahre 1814 wurde Westerstede von einem großen Brande heimgesucht, bekam aber durch die Neubauten ein weit vorteilhafteres Aussehen. Vor allen Dingen wurde durch dieselben der Marktplatz, den sie an drei Seiten einrahmen, verschönt. Seinen Hauptschmuck bildet die prächtige Reihe altehrwürdiger Linden, in deren Schatten sich zweimal im Jahre, im Frühling und Herbst, ein reges Leben und Treiben, während der beiden Hauptmärkte des Ammerlandes entwickelt.

In dem eine halbe Stunde von Westerstede belegenen Burgforde lag das Gut Wittenheim. Zu Anfang dieses Jahrhunderts wurden die Gebäude abgebrochen, nur der Wall und die Graft, die sie umgaben, sind noch vorhanden. Die Forstverwaltung hat auf Wittenheim schöne Anlagen gemacht, welche mit der Zeit wohl zum beliebtesten Endpunkte der Westersteder Spaziergänger heranwachsen werden.

Nahe bei Westerstede liegt das Gut Fikensolt, der frühere Wohnsitz der Junker von Fikensolt. Das Haus, die sog. Burg, ist später neu aufgebaut und noch jetzt mit einer Graft umgeben. In einem Saale des Hauses befindet sich ein großes Oelgemälde, eine hohe, üppige Frauengestalt in weiten, chinesisch verzierten Gewändern darstellend, der ein Mohr auf einer Schüssel ein Perlengeschmeide überreicht. Das ist die Braut von Fikensolt, von der die Sage folgendes erzählt: Zwischen den Junkern von Fikensolt und Wittenheim, letztere zu Burgforde wohnend, bestand ein alter Familienhaß, den endlich ein Junker von Fikensolt durch eine Heirat mit einem Fräulein von Wittenheim beseitigen wollte. Als nun die Braut am Hochzeitstage nach Fikensolt kam, standen alle Thüren und Fenster des Schlosses offen, und auf dem Hofe herrschte eine ungewöhnliche Stille. Nur ein Mohr, der Leibbediente des Junkers, empfing sie an der Zugbrücke und überreichte ihr auf einem Sammetkissen ein kostbares Perlengeschmeide. Ahnungsvoll und bange fragte die Jungfrau: „Du bringst Perlen? Bedeuten

Perlen nicht Thränen?" — Und ihre Ahnung hatte sie nicht getäuscht. Ihr Bräutigam war soeben gestorben. Ein Schloßfräulein, die frühere Geliebte des Junkers, hatte ihm aus Eifersucht Gift gegeben. Noch jetzt hat man im Ammerlande das Sprichwort: „He kummt to lat as de Fikensolter Brut."

Noch weiter südlich liegt Mansie, wo die Burg der Edlen von Mansingen stand. Jetzt ist nichts davon übrig als ein Schutthausen auf zwei Hügeln, die von einigen prächtigen Buchen gekrönt werden. Die Junker von Mansingen und Fikensolt waren treue Bundesgenossen der oldenburgischen Grafen in manchen Fehden. Im Jahre 1458 fand in dieser Gegend ein Treffen statt, in welchem Graf Gerhard der Mutige von Oldenburg die Ostfriesen schlug. Der Häuptling Sibeth von Esens war mit 5000 Friesen ins Ammerland gefallen und hatte überall geplündert und gesengt. Fünfzehn handfeste Westersteder wagten es, eine Schar der Plündernden anzugreifen, und trieben sie in die Flucht. Durch das Gelingen des Wagestücks wurden auch andere ermutigt, und die Ammerländer traten kühn dem Feinde entgegen. Da kam Graf Gerhard mit seiner mutigen Reiterschar daher gesprengt. Er läßt hohe Bäume fällen und sie quer über den Weg legen. Von fern folgt er sodann den beutebeladenen Friesen, bis sie in die verhauenen Hohlwege zwischen Mansingen und Fikensolt gelangen. Da brechen plötzlich seine Reiter und die Ammerländer von allen Seiten hervor. Nirgends zeigt sich den Friesen ein Ausweg, nach tapferer Gegenwehr fallen sie in die Hände der Oldenburger, oder werden niedergehauen und färben mit ihrem Blute die grünen Moospolster des ammerschen Eichwaldes. Ein Bauer brachte 112 lange Spieße, wie Bohnenstangen auf einen Wagen geladen, triumphierend nach Hause.

Weiter südlich liegen zwei Dörfer, Ocholt, wo eine Eisenbahnstation ist, und Howiek oder Hauwiek, das Büsum und Krähwinkel des Ammerlandes. Von Ocholt wird erzählt: Einst hatten die Ocholter in den Torsholter Büschen Holz gestohlen und wollten eiligst damit wegfahren. Unterwegs brach aber der Stift vor dem Rade. Schnell steckte einer seinen Finger in das Loch, damit das Rad nicht abgleite. Als aber der Wagen auf dem tiefspurigen Wege nach der einen Seite glitt, quetschte das Rad den Finger und der Mann rief voll Schmerz: „Och holt, och holt!" (ach halt!). Davon hat das Dorf seinen Namen erhalten. Von den Hamwiekern werden dieselben Dummheiten wie von den Büsummern erzählt.

Von Westerstede machen wir einen Umweg und gehen nördlich über Linswege und Garnholz. Linswege ist ein großes, am

Rande eines Ackerfeldes schön gelegenes Dorf. Die Linsweger Büsche sind prächtig, ebenso die Garnholzer. Die alten Bauernhäuser stehen hier in tiefer Einsamkeit des Waldes versteckt. In Garnholz wohnen vier Bauern, die vom Volke mit den vier Kartenkönigen verglichen werden. Als wir vor Jahren durch diese Gegend kamen und auf einem einsamen Waldwege fortschritten, kam uns ein alter Bauer entgegen geritten, der seine beiden Pferde zur Weide bringen wollte. Er schaute uns mit hellen, klugen Augen an und erwiederte freundlich unsern Gruß. Wer hätte es diesem schlichten, unscheinbaren Landmanne angesehen, daß er der Vater eines berühmten Mannes war? Und doch war dem so. Es war der Vater Dr. Tietjens (Direktor des Recheninstituts der Sternwarte in Berlin, ordentlicher Professor an der Universität daselbst), eines der ersten Mathematiker Europas. Wohl mag das Ammerland stolz sein auf seinen berühmten Sohn, der auf mühevollem Wege, aus tiefster Verborgenheit hervor, anfänglich gegen den Willen seiner Eltern, die höchsten Höhen der Wissenschaft erklommen hat! Wiederum ein Beweis, welch ein Kern in unserm Volke verborgen liegt, ein Beweis dafür, wie weit ein ernstes, unermüdliches Streben, verbunden mit vortrefflichen Naturanlagen, es zu bringen vermag.

Von Garnholz führt uns unser Weg über Elmendorf ans Zwischenahner Meer. Wohl mit Recht hat man diesen See die Perle des Ammerlandes genannt. Wenn wir die Schönheit des Ammerlands bisher vor lauter Bäumen nicht gesehen und empfunden haben, hier, wo das Auge Raum gewinnt, eine Umschau zu halten, tritt sie uns mit einem male in überraschender, entzückender Klarheit und Lebendigkeit vor die Seele. Der See ist der Spiegel, der uns die schöne Natur in milder Verklärung vor die Seele stellt.

Es wird schwerlich im nordwestlichen Deutschland einen Landsee geben, der so anmutig gelegen ist, wie der Zwischenahner See. Grüne Wiesen, blumige Auen und hohe, epheuumrankte Eichen bilden den Rahmen des himmelblauen Wasserspiegels. Er hält ungefähr zwei Stunden im Umfange, soll mit dem Rohrfelde 800 ha groß sein, und ist sehr reich an wohlschmeckenden Fischen, namentlich Aalen, Hechten und Barschen. Die größte Tiefe soll 10—15 m betragen. Gar freundlich liegt das Kirchdorf Zwischenahn am südlichen Ufer des Sees. Hübsche Gartenanlagen reichen bis an das Seegestade. Ein ehrwürdiges Denkmal früherer Zeit erhebt sich unmittelbar am Schilfufer des Sees altersgrau und bemoost die Kirche von Zwischenahn, deren Inneres noch verschiedene Altertümer, Wappen, Schwerter, Ritterhandschuhe, die an den

Wänden unter dem Gewölbe aufgehängt sind, aus dem 16. und 17. Jahrhundert stammen und von den Junkern von Ei= und Kayhausen herrühren, und ein vorzügliches Altarschnitzwerk aufzuweisen hat. Auch das Schnitzwerk an der Kanzel ist sehr sorgfältig gearbeitet. Die ganze Bretterwand der Pricheln ist mit Bildern aus der biblischen Geschichte bemalt, die jedoch auf Schönheit keinen Anspruch machen können. Das Gewölbe der Kirche besteht aus vier Feldern, von denen zwei das eigentliche Schiff bilden, und dem älteren Bau angehören, während die zwei östlichen des Chores später angebaut sind. Die Gewölbe des Schiffes ruhen auf starken niedrigen Wandpfeilern mit vorgelegten und in die Ecken eingelegten Halbsäulen. Diese Säulen haben die gewöhnliche romanische Basis mit Eckblättern, während die Kapitäle eine ungewöhnliche, altertümliche Form zeigen. Die Scheid= und Wandbögen der in den Scheiteln sehr stark überhöhten Gewölbe sind halbkreisförmig. (C. Tenge, „Die mittelalterlichen Baudenkmäler Niedersachsens.")

Die Kirche bildet im Grundriß ein Oblongum von 25 m Länge und 6 m Breite, im Innern gemessen. Die Mauern haben eine Stärke von 1½ m. Im Westen erhebt sich ein starker viereckiger Turm, dessen unterer Teil früher wahrscheinlich mit der Kirche in Verbindung stand.

Die Kirche zu Zwischenahn wurde auf Veranlassung des Rasteder Abtes Sieward 1134 gegründet und von ihm Johannes dem Täufer geweihet. Zu Altenkirchen, im Nordwesten des Sees, nahe bei Elmendorf, stand schon früher eine Kapelle, die 1024 die Adeligen von Elmendorf erbaut haben. Als nun 1330 diese Kapelle abgebrochen wurde, erweiterte man mit den Materialien die Zwischenahner Kirche. Daß sie auf diese Weise entstanden ist, kann man noch am Mauerwerk sehen. Die Mauern der ursprünglichen kleinen Kirche und des untern Turmes sind aus Sandsteinquadern aufgeführt, während das später Hinzugefügte aus roten Ziegelsteinen besteht. Die alte Thür ist zugemauert. Eigentümlich ist, daß die Kirche nur an der Südseite Bogenfenster hat, an der dem See zugekehrten Nordseite aber gar keine.

Rund um den See führen gute Fußwege, bald durch schattige Wälder, deren Unterholz die immergrüne Stechpalme bildet, bald über hohe, fruchtbare Ackerfelder, wo goldene Saaten wogen, bald unmittelbar am Gestade des Sees hin, umrauscht von schlankem Rohr und den schwertförmigen Blättern der Iris oder Wasserlilie. Von Zeit zu Zeit gewährt das Gebüsch wundervolle Durchblicke auf die Silberflut des lieblichen Sees. Im Sommer lockt die reizende Gegend viele Fremde herbei, namentlich seitdem eine Eisenbahn dahin führt, ist Zwischenahn zu einem Wallfahrtsort für Naturfreunde geworden\*), die in Zwischenahn oder Dreibergen der ländlichen Ruhe im Anblicke des sonnigen Sees genießen. Entweder wandern sie zu Fuß um den See, oder sie lassen sich für ein geringes Fährgeld auf leichten Segel- und Dampfbooten, die stets bereit liegen, hinüberfahren. Dreibergen liegt im Gebüsch versteckt am nordwestlichen Ufer des Sees. Seinen Namen hat es von drei Hügeln ("Bergen"), die, von hohen, alten Eichen gekrönt, unmittelbar am Meer sich erheben und einen köstlichen Blick über die klare, silberne Flut nach Zwischenahn gewähren. Schattige Laubgänge schlängeln sich um die Abhänge der Hügel, und versteckte, heimliche Lauben laden zum stillen Träumen und Dichten ein. Gerade vor dem ländlichen Wirtshause zu Dreibergen steht die im ganzen Oldenburger Lande bekannte Dreiberger tausendjährige Linde. Sie hat einen bedeutenden Umfang und ist mit einer prachtvollen Krone geschmückt. Ihr Stamm ist aber so hohl, daß man in denselben wieder eine junge Linde gepflanzt hat, die schon den alten Baum überragt. Ebenso wie die alte Linde wird von Fremden auch das baumstarke Epheu bewundert, das auf dem kleinsten der drei Hügel eine Eiche umrankt.

Schließlich teilen wir noch das Wichtigste aus der Geschichte und Sage mit, das sich an den See und seine Umgebung knüpft. Das Dorf Zwischenahn soll seinen Namen haben von seiner Lage zwischen den beiden Bächen oder Auen, die aus dem See abfließen. In der Rasteder Chronik wird es Twischenâ genannt. â bedeutet ein Wasser, eine Aue. Nach andern soll der Name des Dorfes sogar an Tuisco erinnern.

Nach einer Sage ist das schöne Zwischenahner Meer eine Schöpfung des Teufels, eine Auffassung, die gewiß dem ostfriesischen Konsistorium zusagt. Der Teufel, erzählt man, wollte Oldenburg verderben. Er riß in der Nacht bei Zwischenahn einen großen Wald aus, trug ihn über das öde Wildenlohs-Moor und wollte ihn auf die Stadt werfen. Als er aber nahe bei Oldenburg angekommen war, krähte der Hahn und er mußte die Last fallen lassen. Wo sie hinfiel, da ist noch jetzt der Wildenloh, und wo er den Wald aus der Erde gerissen hatte, da entstand das Zwischen-

---

\*) Im Sommer 1869 war der Besuch, namentlich aus Ostfriesland, an Sonntagen so stark, daß das ostfriesische Konsistorium sich aus seelsorgerischer Fürsorge gedrungen fühlte, die Eisenbahn-Direktion zu ersuchen, an Sonntagen keine Retourbilletts zu geben, damit der Kirchenbesuch durch die Lustfahrten nach Zwischenahn nicht leide.

ahner Meer. Es ist ein Werk des Teufels, hat auch des Teufels
Rücken und schon manches Menschenleben als Opfer gefordert. Der
geistreiche Pastor Trentepohl meint aber in seiner gegen das
Branntweintrinken gerichteten Predigt: „Das Totenfeld", wenn im
Zwischenahner Meere statt des Wassers Branntwein wäre, so wolle
er glauben, daß es ein Werk des Teufels sei.

Mitten im Meer soll in alten Zeiten eine Insel mit einem
Schloß gewesen sein. Bei stillem Wetter will man auf dem
Grunde des Meeres noch die Mauern des versunkenen Schlosses
erblickt haben.

Zu Helle bei Elmendorf war zu Anfang des 17. Jahrhunderts
ein vielbesuchter Gesundbrunnen, dessen Wasser vielen Kranken
Heilung brachte. Als aber ein sehr dürrer Sommer eintrat und
der Brunnen austrocknete, trugen die geldgierigen Einwohner
Helles den Brunnen voll Wasser, und von der Zeit an verlor derselbe seine Heilkraft.

Am Ufer des Zwischenahner Sees standen die Burgen mehrerer
ammerscher Junker, so zu Specken und Kayhausen, wo man
noch Schutttrümmer findet, und zu Elmendorf. Auf der Horst
bei Zwischenahn soll sogar ein Schloß des Sachsenherzogs Wittekind gestanden haben. Die ältesten oldenburgischen oder ammerschen Grafen sollen am Zwischenahner See ihren Sitz gehabt und
sich nach dem Ammerlande benannt haben. Graf Elimar baute,
wie einige Chronisten erzählen, bei dem nach ihm benannten
Elmendorf (Elimarsdorf) ein Schloß, worin er wahrscheinlich auch
residierte. Eine schönere Gegend als diese konnte er im Oldenburger Lande zu seinem Wohnsitze nicht wählen. Wo das Schloß
gestanden haben mag, ist zweifelhaft. Vielleicht stand es auf einem
der drei Berge. Diese sind nämlich nicht durch die Natur gebildet,
sondern von Menschen aufgeworfen, was man deutlich aus dem
Gemisch der Erde erkennt, aus der sie bestehen. Auf dem einen
Hügel soll die Burg der ammerschen Grafen, auf dem andern ein
Stall gestanden haben.

In den Gründerjahren wurde im Süden des Sees ein stattliches Kurhaus erbaut, das sich im Sommer eines nicht unbedeutenden Besuches erfreut. In demselben werden auch Bälle und
im Garten während der Saison manchmal Konzerte abgehalten. —
Einige Villen am See gereichen der Gegend zur besonderen Zierde.

## II.

Ganz besonders verdient unsere Aufmerksamkeit das ammer=
sche Bauernhaus, in dem sich der Typus des alten Sachsen=
hauses seit Jahrhunderten unverwischt erhalten hat.

Wem wäre nicht die innige Beziehung zum Bewußtsein ge=
kommen, in welche ein Haus und der Bewohner desselben im Laufe
der Zeit zu einander treten! Der Mensch wohnt sich nach und
nach in das Haus hinein, und das Haus baut sich, dem Bedürfnis
und Charakter des Menschen entsprechend, allmählich heraus. Beide
stehen in der innigsten Wechselbeziehung. Das Haus paßt sich dem
Hausbesitzer an, wie das Kleid dem Körper. Es wird ein treues
Abbild des langjährigen Bewohners. Man kann es dem Hause
ansehen, wer darin wohnt.

Gilt dies schon von der Wohnung eines einzelnen Menschen, der
doch endlich, auch wenn er Hauseigentümer ist, ausziehen muß, wie
viel mehr wird es von den Wohnungen eines ganzen Volksstammes
gelten, die im Laufe der Jahrhunderte mit ihm verwachsen sind und
sich nach den Eigentümlichkeiten des Volksstammes gebildet haben!

Die Bauernhäuser in unsern Marschen entsprechen ganz dem
stolzen, freien, hochstrebenden Friesencharakter. Die Bewohner des
Ammerlandes wie überhaupt der ganzen nordwestdeutschen Geest
sind sächsischen Stammes, und seinen Besonderheiten entsprechend
ist auch das ammersche Bauernhaus.

Bei den Friesenhäusern ist der Giebel hoch und frei, wie die
Stirne des Friesen. Bei den Sachsenhäusern ist der Giebel niedrig,
das Strohdach reicht bis auf die Hausthür und darüber hinaus, wie
das dunkle Haar über die niedrige Stirn fällt. Das Ganze hat ein
träumerisches, phlegmatisches Aussehen, entsprechend dem Charakter
seiner Bewohner.

Oft reicht das Dach vorn, zu beiden Seiten der Hausthür, tief
herunter, über einen Vorbau oder Vorsprung, in welchem sich die
Schweineköfen befinden. Die große Einfahrtsthür tritt dadurch
zurück. Die Schweine nehmen den vordersten Platz im Hause ein,
die „Wamme oder Wampe" (bei Menschen Wanst genannt, beim
Rindvieh Wamme, der niederhangende, häutige Teil des Halses),
gleichsam der Schmerbauch des Hauses, weil es der Raum für
das Mastvieh ist, in welchem die delikaten Schinken und der dicke
Speck produziert werden.

Das schwarze, grünbemooste Strohdach giebt dem Hause vor=
nehmlich einen ernsten, fast düstern Anstrich. Ein Knabe aus der
Marsch wollte anfänglich gar nicht in ein solches Haus treten, weil
er sich fürchtete vor dem „dunkeln Busch" auf dem Hause, wie er

sich ausdrückte. Ein solches Strohdach ist in Wahrheit ein förmlicher Busch oder Wald, in welchem man botanische Entdeckungsreisen machen kann. Verschiedene Moosarten, wie das Schraubenmoos, Polstermoos, Knotenmoos und andere Pflanzen, namentlich die interessante, dickfleischige Hauswurz ("Donnerlook"), sogar Bäume und Sträuche, wie Birken und Vogelbeeren 2c., haben sich auf dem Dache angesiedelt. Befanden sich zufällig noch Körner in dem Stroh, mit welchem es gedeckt oder ausgebessert ist, so wächst wohl gar noch Roggen auf dem Dache.

Die First ist mit Heide belegt; oben im Giebel befindet sich in der Regel ein rundes Loch, durch welches der Rauch, der auf den Boden zieht, einen Ausgang findet. Die Spitze ist nicht wie im Münsterlande und in Westfalen mit den zwei aus Holz geschnitzten Pferdeköpfen Wodans verziert.

An den Seiten reicht das Dach tief herunter auf die niedrigen Mauern, die gewöhnlich aus Bindwerk bestehen, und hängt noch ein wenig darüber hinaus, so daß es einen Schirm bildet, unter dem man gegen Regen geschützt ist, und von welchem manchmal im Winter lange Eiszapfen herabhangen.

Auch die Vögel benutzen diesen Schirm an der Giebel- und Hinterseite des Hauses, um unter ihm ihre Nester anzulegen. Eine lange Reihe von Schwalbennestern zieht sich wie eine Kolonie unter dem Giebeldache fort, und jahraus, jahrein segeln und kreisen die glückbringenden Vögel friedlich und ungestört um das alte Bauernhaus. Der Sperling baut unmittelbar zwischen Mauer und Dach ("ünner de Eken"), und herunterhangende Federn und Halme verraten sein kindergesegnetes Nest. Der Storch, der nicht Regen und Sturmwind scheut, baut sein Nest oben auf der Spitze des Giebels und läßt Sonne, Mond und Sterne frei hinein schauen. Was nicht auf und unter dem Dache wohnen kann, das siedelt sich in den alten, hohen Eichen und in den graubemoosten Obstbäumen an, in deren Schatten das Haus ruht, so daß ein reges, reiches Vogelleben mit seiner Poesie, vom Erwachen des Frühlings bis zum Spätherbst, um die Wohnung des Bauern kreist. Wie viel poetischer ist doch das Strohdach als das kahle Ziegeldach!

Es ist, abgesehen von der Feuergefährlichkeit, aber auch praktischer: denn im Sommer hält es das Haus kühl und im Winter warm. Mensch und Vieh können vertraulich unter ihm wohnen. Sogar der Rauch muß zur Erwärmung des Hauses beitragen, da kein Schornstein vorhanden ist, durch welchen er sofort entweichen könnte. Nur das Schulhaus und die Pastorei, manchmal auch das Wirtshaus, diese ländlichen Pflanzstätten der

Kultur, sind äußerlich sofort am Schornstein zu erkennen. Tritt uns aus dem Fehlen des Schornsteins nicht der sparsame, konservative Sinn des Volkes entgegen? Es ist, als sollte der Rauch nicht unbenutzt entweichen, sondern noch zuvor zur Erwärmung und Konservierung des Ganzen, namentlich zum Räuchern des Specks ꝛc., beitragen.

Nahe vor der Hausthür liegt der Düngerhaufen, am Tage die zeitweilige Schlafstelle des Borstenviehs und der Tummelplatz einer zahlreichen Federviehherde. Ohne Zeitverlust, leicht und bequem kann der Dünger aus den Ställen hierher geschafft werden. Wird das Vieh ausgetrieben, so muß es über den Düngerhaufen, oder unmittelbar daran vorbei, und die Pferde werden neben demselben vor den Wagen gespannt, so daß ihr Zoll, den sie etwa noch vor ihrem Fortgange dem Landmanne darbringen, nicht verloren geht. Wiederum ein Beweis für die Sparsamkeit, wenn auch nicht für eine übergroße Reinlichkeitsliebe der Bewohner.

Treten wir jetzt vor die große, oben in der Regel gewölbte Einfahrtsthür! Sie wird durch eine Deichsel in zwei gleiche Hälften geteilt. Oben, wo der Bogen anfängt, ist ein Abschnitt, so daß die Thür aus zwei größeren unteren und aus zwei kleineren oberen Flügeln besteht. Von den letzteren ist gewöhnlich der eine geöffnet, damit der Rauch teilweise aus dem Hause ziehen kann. Die Thür allein genügt nicht; es ist noch ein kleines, hölzernes Thor, aus zwei Flügeln bestehend, vor derselben angebracht. Das ist wieder sehr praktisch; denn wenn nun auch die Einfahrt geöffnet ist, so können doch die Schweine durch das verschlossene Thor nicht ins Haus dringen. Symbolisiert aber dieser doppelte Verschluß nicht auch die Verschlossenheit und Schweigsamkeit des Landvolkes?

Ueber der Thür ist in einen Balken der Name des Erbauers und seiner Ehefrau, die Jahreszahl und auch gewöhnlich ein frommer Hausvers eingeschnitten. Wir lesen z. B.: „Dies Haus haben erbauen lassen im Jahre 1785 für sich und ihre Kinder Johann Tien und Gesche Ammermann. Gott segne dieses Haus und alle, die da gehen ein und aus."

Gehen wir denn hinein, um uns auch bald von der Treuherzigkeit, Freundlichkeit und Gemütlichkeit der Bewohner zu überzeugen! — Für den Mittel= oder Süddeutschen ist der Anblick neu und überraschend. Vor uns dehnt sich die lange, breite Lehmdiele oder Tenne aus, die am äußersten Ende in ein geheimnisvolles Dunkel gehüllt ist, aus der die rötliche Flamme des Herdes wie ein freundlicher Stern hervorleuchtet. Auf der großen Diele wird im Winter vor Tagwerden gedroschen, im Herbste der Flachs

„gebrakt" oder gebrochen, die ausgenommenen Kartoffeln werden in großen Haufen zum Trocknen und Sortieren vorläufig aufgeschüttet u. s. w. Ueber der Diele liegen gewaltige, braun beräucherte Balken, die einem sofort Respekt einflößen vor den ammerschen Eichen. Der Boden („Balken") ist keine durch Bretter gebildete dichte Decke, sondern er besteht aus dünneren Baumstämmen und Pfählen, die in kleinen Abständen über die Balken gelegt sind. In der Mitte des Bodens befindet sich das große, viereckige „Balklock" (Bodenloch), unter welches der Erntewagen gefahren wird, um Heu oder Roggen auf den Boden zu „staken". Da der Boden nicht dicht ist, so hangen überall lange Halme durch.

Vorn an der Diele, gleichlaufend mit der Vorderwand, sind die Pferdeställe und zu beiden Seiten, die Diele hinunter, die langen Kuhställe. Das Vieh steht mit den Köpfen nicht der Wand, wie in den Häusern der Marsch, sondern der Diele zugekehrt, so daß der Mensch ihm ins Auge schauen und das Vieh hinwiederum alles sehen kann, was seine Herren thun und treiben. Wie könnte es anders sein bei dem vertraulichen, fast innigen Verhältnis, in welchem Menschen und Haustiere auf der Geest mit einander leben! Die Kühe sind hier nicht bloß milchgebendes Vieh, sondern liebe Hausgenossen, die gleichsam mit zur Familie gehören. Es sind Lieblinge des Menschen, ebenso wie Hund und Katze, und sie erhalten deshalb auch wie diese ihre besonderen Namen, wie „Wittkopp", „Blesse", „Brunrot", „Tweskenquen'", „Musefalen" u. s. w.

Ueber den Viehställen ist ein kleinerer, niedrigerer Boden, „Hille" genannt, für Heu, Stroh, Flachs und Torf, um dieselben schnell bei der Hand zu haben. Auf der Hille, in der Nähe der Hausthür, sind auch Latten festgenagelt, auf denen des Abends in langen Reihen, amphitheatralisch übereinander, das Hühnervolk ruht, mit seinem ritterlichen Heerführer an der Spitze. Ueberall sind längs der Hille Körbe und umgekehrte „Immenhüwen" (Bienenstöcke) angebracht, damit die Hühner ihre Eier hineinlegen können. Das Hühnervolk bringt überhaupt ein eigentümliches, buntes Leben ins Bauernhaus. Es ist ihnen gern gegönnt, auf der Diele in Stroh und Spreu zu scharren und sich Körnlein zu suchen, selbst wenn gedroschen wird. Dafür giebt es denn auch jeden Morgen ein lautes Gegacker und Gekreisch, ein Morgenkonzert, das der sorgsamen Hausfrau gar angenehm ins Ohr klingt; denn die weißen schönen Eier sind für sie und ihren lieben Mann eine Lieblingsspeise, und es läßt sich überdies noch ein Haushaltungsgroten daraus machen, wenn sie nicht vom kleinen Knecht, dem „twebeenden Uelt" (zweibeinigen Iltis), heimlich ausgetrunken werden.

Ohne Aufhören, Sommer und Winter hindurch, legen die Hühner in solch' großen, warmen Bauernhäusern.

Wir sind am Ende der Diele angelangt; rechts und links bemerken wir noch große Schlafschränke, sog. „Alkosen", mit verschließbaren Thüren, für die Knechte. Jetzt treten wir in das Heiligtum. Der Raum erweitert sich für den Herdplatz in der Mitte und für die „Unnerschläge" an den Seiten. Unnerschläge heißen die freien Räume, die bis an die Seitenwände und bis an das schräg herunterlaufende, mit Brettern bekleidete Dach reichen. Das nötige Licht erhalten sie durch einige niedrige Fenster, deren kleine Scheiben in ganz alten Häusern noch in Blei gefaßt sind.

Hier steht in dem einen Unterschlage der große eichene Familientisch, an welchem die Mahlzeiten von Herrschaft und Gesinde gemeinschaftlich, manchmal aus einer großen Schüssel genossen werden. Hier wird stets Gastfreigebigkeit geübt. Kommt ein Fremder ins Haus, während gegessen wird, so heißt es: „Kamt herbi, langt mit to un lat't Jo nich nödigen. Ji möt so verlöf nehmen." — Im Unterschlage stehen auch die alten Erbstücke, seltsam mit Schnitzwerk verzierte und mit blankem Messingbeschlage versehene Koffer, Schränke und Geräte, mit denen sich unser Bauer so gern umgiebt, die er höchst ungern veräußert, sondern von Geschlecht zu Geschlecht fortvererbt, redende Zeugen seiner Pietät und Anhänglichkeit fürs Alte, Solide, von den Vätern Ueberkommene. Nicht so der friesische Marschbauer, der in Kleidung, Möbeln und Wohnung gern dem Neuen, der Mode, huldigt. In dem einen Unterschlage wird auch gebuttert, und gleich daneben ist die Speise- und Milchkammer. In die Hinterwand des Unterschlags sind wieder „Alkosen" hineingebaut für die Töchter und Mägde des Hauses. An der Hinterwand hangen auch, oder stehen teilweise auf Borten blankgeputzte Messing- und Zinngeschirre, wie Bettwärmer, riesige Schüsseln und Kannen, auch Teller, Löffel u. s. w.

Im Unterschlage, neben den niedrigen Fenstern, sitzen an Sonntagnachmittagen die Mägde, mit Nähen, Stricken und Flicken beschäftigt.

Mitten im Heiligtum ist das Allerheiligste, der freie, offene ammersche Herd. Alles Licht und alle Wärme strahlt von ihm aus. Er befindet sich auf einem runden, aus Steinen bestehendem, etwas erhöhtem Platze, von dem reihenweis in den Fußboden gelegte Feldsteine sich strahlenförmig bis an die Unterschläge ziehen. Die Zwischenräume dieser Reihen sind wieder mit kleineren, runden Steinen mosaikartig ausgelegt. In dem Feuerloche („Herdkuhl") brennt den ganzen Tag, vom frühesten Morgen bis zur Schlafenszeit, ein helles, großes Torf- oder Holzfeuer. Das Brennmaterial braucht bekanntlich im Ammerlande nicht geschont zu werden, da es im Ueberfluß vorhanden ist.

Am Herde weilt den Tag über die fleißige Hausfrau, mit Kochen und Backen und zwischendurch mit Nähen, Stricken und Spinnen beschäftigt. Von hier aus übersieht sie das ganze Haus, das Gesinde, Vieh, die Hühner und „was da gehet ein und aus". Sie schaut durch die große Thür auf den Hof und bemerkt die Ankommenden, und wenn sie vor die Fenster des Unterschlags tritt, so blickt sie auf den Brunnen und kann die Mägde beobachten, die daselbst mit Waschen oder Spülen beschäftigt sind. Dem Auge der wachsamen Hausfrau entgeht am Herde nichts.

Hier versammeln sich auch am Abend, namentlich zur Winterszeit, sämtliche Hausgenossen um die helle, flackernde Herdflamme. Gemütlich und patriarchalisch sitzen sie im Kreise ums Feuer, Herr und Knecht, Frau und Magd, Söhne und Töchter, Katze und Hund. Die Männer haben in der Regel eine kurze Pfeife im Munde, flechten Körbe, drehen Taue, der kleine Knecht schält Kartoffeln oder Rüben, die Hausfrau und die Mädchen spinnen, nähen oder stricken, die Kinder lesen oder machen ihre Schulaufgaben. Alle sind bei der Arbeit, ruhen aber doch aus. Kommt ein Fremder oder ein Nachbar, so rückt er mit in den Kreis, und nun wird geplaudert über alles, was den Landmann interessiert, über Speck- und Buchweizenpreise, über Angelegenheiten des Hauses und des Dorfes, nun werden Geschichten und Märchen erzählt, heitern und ernsten, oft schaurigen, spukhaften Inhalts, auch ein fröhliches oder melancholisches Volkslied wird manchmal von den Mägden und Kindern angestimmt. Der helle Schein des Feuers giebt allen Licht und Wärme zur Genüge; nur eine dunkel brennende Lampe hängt wohl über dem Herde an dem sog. „Rahmen", den blauen Herdrauch mit rötlichen Strahlen durchbrechend.

Manchmal sitzt auch noch ein alter ehrwürdiger Großvater, die warme Zipfelmütze auf dem Kopfe und den „Bräsel" im Munde, oder eine von der Last der Jahre gebeugte Großmutter mit am Feuer und schauen brütend und träumend von „ole Tien" in das wechselnde Spiel der züngelnden Flammen, in das Kommen und Verschwinden der glänzenden Funken und traumhaften Feuergebilde.

Sonntagmorgens, während der Kirchzeit, wenn alles still ist im Hause, sitzt der Hausvater wohl am Herde und liest den andächtig zuhörenden Hausgenossen, deren Kirchtag nicht ist, aus der Bibel, Hauspostille, oder dem Gesangbuche vor. Eine gar schöne, fromme Sitte herrscht noch durchweg im Ammerlande: Aus jedem

Hause werden nämlich Sonntags eine oder zwei Personen zur Kirche geschickt. „Jungs, wer van jo geit na de Kark?" fragt der Hausherr die Knechte; „wecke van jo Deerns hett vandagen ähren Karkbag?" fragt die Hausfrau. Sollte etwa diese ehrwürdige Sitte mit dem offenen Herde in innigem Zusammenhange stehen?

In guten wie in bösen Tagen, in Freud und Leid, bei Arbeit und Gebet, ist der Herd Mittelpunkt und Sammelplatz des Hauses. Man sieht es den Herdflammen an, was die Herzen der Bewohner bewegt, wird es doch von der treuen Mutter und sorgenden Hausfrau, die das Wohl und Weh des Hauses auf dem Herzen trägt, genährt und unterhalten. Wie sprüht und flackert es, wenn eine Hochzeit oder eine Kindtaufe in der Familie stattfindet, oder in naher Aussicht steht! Wie brodelt und dampft der Kessel, wenn Besuch von Freunden und Bekannten erwartet wird! Wie sinkt es rauchend und „schmullend" (schwelend) in Asche zusammen, wenn eins der Hausgenossen schwer erkrankt darnieder liegt, oder gar auf ewig die Augen geschlossen hat!

Welch eine Poesie und Gemütswärme strahlt vom offenen Herde über das ganze Haus und alle seine Bewohner aus! Davon hat der friesische Marschbauer keine Idee; strenge und vornehm sondert er sich meistens ab von dem Gesinde; der offene, trauliche Herd des Hauses ist verschwunden.

Die Wand hinter dem Feuerherd ist häufig mit bunten, holländischen Fliesen, sog. „Steentjes" oder „Esterks" getäfelt. An dieser Wand hängt das blanke Messing- und Zinngeschirr.

Durch zwei Thüren gelangt man von hier in das Wohn- und das Besuchszimmer, an welchen sich manchmal auch schon Schlafkammern, keine Allkosen, befinden. In manchen Häusern sind die Zimmer zum Teil schon sehr neumodisch und sogar luxuriös ausgestattet, in vielen finden wir aber noch die alte Einfachheit und Solidität: eichene Tische, Stühle, Glasschränke ꝛc. In solchen kennt man auch nur Allkosen. Die Betten sind meistens ungeheure Federberge mit schneeweißen Ueberzügen; die Gardinen sind von einander geschlagen, damit man das schöne, saubere Bettzeug sehen kann; denn die Hausfrau ist stolz darauf. — Schauen wir durch die niedrigen Stubenfenster, so schweift unser Blick über den wohlgepflegten „Kruthof" (Blumengarten) und weiterhin über den Gras- und Obstgarten.

Ueber dem Feuerherd ist eine eigentümliche Vorrichtung von Holz angebracht, der sog. „Rahmen". Er hängt unter der Bretterdecke, hat die Form eines Schlittens und ist vorn manchmal mit roh geschnitzten Pferdeköpfen verziert. Auf dem Rahmen werden mancherlei Sachen zum Trocknen aufbewahrt, hauptsächlich ist er aber wohl der Vorsicht halber angebracht, um zu verhindern, daß Funken unter die Decke fliegen, insbesondere dient er auch dazu, den Kessel= haken unter ihm aufzuhängen.

An der Decke des Unterschlags sind überall, gleichlaufend mit der Decke, Latten befestigt; dies ist der sog. „Wiemen", an welchem lange, dicke Speckseiten, Schinken, Würste, Schweinsköpfe u. s. w. hangen. Sie sind sämtlich gelb und schwarz beräuchert und mit Asche bestäubt. Der Rauch zieht vom Herde unter die Decke des Unterschlags, von hieraus wallt er langsam in blauen Wolken und Streifen über die Dielen und Hillen und findet durch das Boden= loch und die geöffnete Hausthür endlich einen Ausweg. Vom Boden aus gelangt er namentlich durch das runde Loch im Giebel, aber auch durch andere Lücken im Dache und unter den „Ofen" ins Freie. Alles, was der Rauch berührt, erscheint im Laufe der Zeit dunkelbraun gefärbt. Die Decke und der Rahmen im Unter= schlage sind sogar glänzend schwarz wie Ebenholz, und bei feuchter Luft fällt der schwarze Ruß („Soot") in dicken Tropfen herunter.

Ein aus allen Löchern rauchendes altes Bauernhaus gewährt einen über die Maßen ehrwürdigen und gemütlichen Anblick. Werfen wir noch einen letzten Blick darauf. Sieht es mit seinem braunen, tief herabreichenden Strohdach auf den niedrigen, lang= gestreckten Mauern, mit den beiden schwarzberäucherten, kleinen Fenstern zu beiden Seiten der großen Hausthür, aus der fort= während blaue Rauchwolken ziehn, sieht es alles in allem nicht ganz so aus wie das gutmütige, träumerische Gesicht eines alten ammerschen Bauern mit den braunen, treuherzigen Augen, dem dunkeln Haar auf der Stirn, dem altersgrauen, knicklichen Filzhute auf dem Kopfe und dem ewig dampfenden Bräsel im Munde!

Aus der Vorderthür des Hauses gelangt man auf den Hof, den Tummelplatz der Schweine, der gewöhnlich mit hohen alten Eichen bestanden ist, die dem Hause gegen Wind und Wetter Schutz gewähren. Sie sind die Lieblinge und der Stolz des Bauern und nur die größte Not könnte ihn zwingen, sie umzu= hauen und zu verkaufen. Zur Seite des Hauses stehen manchmal noch einige Nebengebäude, als Schweineköfen, eine alte Scheune, deren Wände aus Zweigwerk geflochten sind, und ein alter Speicher („Spieker"). Letztere sind merkwürdige, charakteristische Gebäude von würfelförmiger Bauart. Die Mauern der ältesten Speicher bestehen aus festen eichenen Dielen, die manchmal außen mit Lehm überstrichen sind. Im 14. und 15. Jahrhundert sollen die Speicher sogar als eine Art Festung und Zufluchtsstätte vor den räuberischen

Friesen gedient haben; jetzt dienen sie nur zum Aufspeichern oder Aufbewahren von Getreide und allerlei Früchten. Auf dem Boden eines Speichers sah ich eine alte Kiste, die mit fünf sehr kunstvoll geschnitzten Bildern aus der biblischen Geschichte verziert war: Adam und Eva, Mariä Verkündigung, Geburt, Kreuzigung und Auferstehung Jesu. Rund umher war der Spruch eingeschnitten: „Also hat Gott die Welt geliebt 2c." Das ehrwürdige Möbel war über 200 Jahre alt und trug die Jahreszahl 1667. Wie mir die Bauernfrau erzählte, ist es von einem Blinden gemacht. Im Speicher steht auch ein Schornstein, auf welchem der Hopfen gedarrt wird. Auf der oberen Oeffnung des Schornsteins befindet sich ein Bretterkasten, in welchem aus Holz geflochtene oder blecherne Flaken gelegt werden, auf denen der Hopfen zum Darren ausgebreitet wird. Unten im Schornstein wird nun ein mäßiges Feuer angelegt, durch dessen gleichmäßige Wärme der Hopfen in 6 bis 12 Stunden gedarrt ist. Gewöhnlich liegt der Speicher versteckt in einem dichten Gebüsch von Holunder und Haselnußgesträuch, unmittelbar der einen Seitenthür des Hauses gegenüber. Das ammersche Bauernhaus hat nämlich gewöhnlich zwei solcher Thüren, durch die man in den Obstgarten und weiterhin in den Gras- und Gemüsegarten gelangt. Nahe der einen Seitenthür befindet sich auch der Brunnen, der entweder durch einen hölzernen Kasten, oder durch eine runde Mauer eingefaßt und oben offen ist. Ueber dem Brunnen ragt ein großer Hebebalken empor, an dessen einem Ende eine lange Stange mit dem Eimer hängt, und dessen anderes Ende mit großen Steinen beschwert ist, um das Heraufziehen des vollen Eimers zu erleichtern. Um den Brunnen stehen hölzerne Waschtröge, Milchbaljen u. dgl. Hinter dem Hause, unter den Fenstern, befindet sich in der Regel ein kleiner Blumengarten („Kruthof"), in welchem gewöhnliche Blumen, wie Nelken, Goldlack, Rosen, Krausemünze, Salbei (Solfee), Thymian und vor allem die hellgelbe Ringelrose (Calendula officinalis) gezogen werden. Wenn die Frauen und Töchter zur Kirche wollen, so liefert der Kruthof ihnen ein Sträußchen („Rükelbusch"), das sie sittsam auf dem Gesangbuche tragen.

Ein Stück des Gartens, das durch den angrenzenden Wald vor Nord- und Nordwestwinden geschützt sein muß, wird zum Hopfenbau benutzt. An 4—5 m hohen Stangen, deren je drei oder 4 nahe zusammenstehen, in Abständen von etwa 4 Schritt, rankt der Hopfen üppig empor, oft über die Stange hinaus, so daß die Ranken niederhangen und hübsche Guirlanden bilden, an denen die gelben Blütendolden aussehen wie zierliche Trobbeln.

Ein solcher Hopfengarten am Rande eines hohen Eichwaldes ist ein reizender Anblick. Man glaubt, plötzlich nach Baiern, in die Nähe des Ammersees, versetzt zu sein.

Es ist hier nicht der Ort für eine ausführliche Abhandlung über den Hopfenbau. Nur was zur Charakteristik des Ammerlandes dient, teilen wir mit. Unter dem Hopfen werden in der Regel noch Gartenfrüchte wie Kohl, Rüben rc. gebaut. Anfang September ist der Hopfen reif, die Ranken werden abgeschnitten und die stehenbleibenden Stengel zusammengedreht. Nun beginnt für jung und alt ein Fest, das Hopfenpflücken. Soll es in einem Hause vor sich gehen, so werden die Nachbarn, Kinder, Frauen und Mädchen dazu eingeladen. Es fängt des Abends an und dauert oft bis nach Mitternacht. Alle, Herr und Frau, Knechte, Mägde, Kinder, Heuerleute, setzen sich im Kreise auf die vom Lampenschein oder Herdfeuer erhellte Diele. Jeder erhält seine Ranken, von denen er die Dolden abpflücken muß, die in der Mitte des Kreises aufgehäuft werden, während der Abfall, „Moos" genannt, für sich bleibt. Dabei ist man heiter und guter Dinge, man plaudert, neckt sich gegenseitig, erzählt Geschichten und singt Volkslieder. Das gemeinschaftliche Abendessen besteht gewöhnlich aus Erbsen- oder Bohnensuppe, will man aber den Hopfenpflückern einen Hochgenuß bereiten, so traktiert man sie mit dickem Reis und Pflaumen oder Scheldegerste mit Sirup. Der poetische Hauch, der über einem solchen ländlichen Feste liegt, läßt sich natürlich nicht aufs Papier bannen. Alle, die dabei gewesen sind, sagen, daß das Hopfenpflücken ein großes, ein wundervolles Fest sei, bittet man sie aber, etwas Ausführlicheres darüber mitzuteilen, so weiß der eine so wenig wie der andere. Der Zauber des Festes liegt eben in dem vertraulichen Beisammensein, in der gemeinsamen Arbeit, in der dadurch in allen erregten ruhigen und doch heitern Stimmung, und so etwas läßt sich nicht beschreiben.

Am meisten Hopfen wird in den Gemeinden Zwischenahn und Edewecht gebaut, nicht bloß von Bauern, sondern auch von kleineren Grundbesitzern und Heuerleuten. Der ammersche Hopfen geht nach Süddeutschland, sogar nach Baiern, von wo er als bairischer Hopfen wieder hieher kommen soll. Im Jahre 1867 wurde das Verkaufsquantum auf 90—95000 Pfd. veranschlagt, und der Preis betrug pro Centner 60 ℳ, für besser gedarrte Sorten (wenn Röhrendarren benutzt waren) 66 ℳ.

Wollten wir unsere vorhin angetretene Wanderung fortsetzen, so würden wir vom Garten auf die übrigen Ländereien des Bauerngutes, auf die saftiggrünen Wiesen, in den dunkeln Wald oder auf das hohe Ackerfeld gelangen. Durch diese Lage des Hauses, mitten in den zur Stelle gehörigen Gründen, entstehen große Zwischenräume zwischen den einzelnen Bauerngehöften, so daß die Dörfer echte Dörfer sind, deren Häuser nicht fleckenartig aneinander gereiht, sondern über eine weite Fläche zerstreut liegen. Doch ist hiermit nicht ausgeschlossen, daß einzeln die Häuser auch enger aneinander rücken.

Weil die Häuser oft vom Hauptwege entfernt liegen, so zweigen sich von diesem überall Nebenwege und Fußpfade ab, die oft nur nach einzelnen Wohnungen führen. Auf diese Weise entsteht in umfangreichen Dörfern ein wahres Labyrinth von Wegen. Die meisten derselben sind weiche Sandwege, oft mit Gras bewachsen, auf denen der Tritt der Pferde und das Rollen der Wagenräder kaum ein Geräusch verursacht. Daher die tiefe Stille in den Dörfern, die nur selten durch einen Ruf oder Gesang der schweigsamen Bewohner unterbrochen wird. Man hört nur das Husten oder Prusten der Pferde, das Seufzen und Knirschen der Räder, wenn diese sich mühsam durch die tiefen, oft mit Schlamm angefüllten Spuren bewegen. Und auch dieses Geräusch verhallt zwischen den hohen, mit dichtem Gestrüpp bewachsenen Erdwällen, die sich zu beiden Seiten des Weges entlang ziehen, so daß er wie ein förmlicher Hohlweg erscheint. Die große Ruhe in unsern Dörfern wirkt ungemein wohlthuend, zumal wenn man dem betäubenden Gewirr und Lärm der Stadt entronnen ist. Auch die Gärten, das Gehöft und alle Ländereien sind mit breiten Erdwällen umgeben, deren Seiten aus dichten Gras- und Heidsoden aufgemauert sind, während der innere Körper aus losem Sande besteht. Um den Wällen mehr Festigkeit zu geben, werden sie mit Eichen, Birken, Vogelbeeren, Hagebuchen und Gesträuch bepflanzt. Sind diese Pflänzlinge nach und nach herangewachsen, so werden sie alle paar Jahre behauen, und die Zweige zu Bündeln („Bünne") zusammengebunden. Diese Bündel liefern das Material zum Schlengenbau an den Ufern der Hunte, Weser und Jade. Vom Ammerlande aus werden sie nach Oldenburg gefahren, an Lieferanten verkauft und am Stau (Oldenburgs Hafen) in Kähne verpackt, um die Hunte hinunter nach den Stellen transportiert zu werden, wo man sie zum Schlengenbau verwenden will. — Dadurch aber, daß das Gesträuch auf den Wällen immer wieder abgebuscht wird, bekommt es ein eigentümliches, knorriges, struppiges Aussehen. Die alten, grauen Stümpfe der Eichen und Buchen mit ihren wunderlich gewundenen und verwachsenen Aesten, haben manchmal ein seltsam phantastischen Ansehen, so daß die erregbare Phantasie, zumal wenn ihr der Mondschein zu Hülfe kommt, sich leicht die wunderlichsten märchen= und spukhaften Gestalten wie Schlangen, Drachen und andere Ungeheuer und Ungetüme daraus zu bilden vermag.

## III.

Um aber nicht auf Irrwege geleitet zu werden, wollen wir uns jetzt dem nüchternen, verständigen ammerschen Menschenschlage zuwenden und uns mit seinem Charakter, seiner Lebensweise, Beschäftigung und anderen Verhältnissen vertraut zu machen versuchen.

Wie die Insulaner der Nordseeinseln den friesischen, so haben die Ammerländer den sächsischen Charakter vorzugsweise rein und unverwischt bewahrt. Das konnte nicht anders sein; denn das Ammerland liegt abgeschlossen wie eine Oase inmitten weiter Hoch= moore. Was Tacitus von den Deutschen dieser Gegend sagt, paßt zum Teil noch. „Den Herrn und Knecht unterscheidet keine zärt= liche Erziehung. Unter dem nämlichen Vieh, auf dem nämlichen Boden liegen sie, bis das Alter die Freien scheidet und Tapferkeit sie auszeichnet. Späte Ehe hält unerschöpft die Jugendkraft der Jünglinge wie der Jungfrauen. Gleichheit der Jahre, der Größe und der Kräfte knüpfen diese Ehe, und der Eltern Stärke erben die Kinder. Sie sind auch Erben der Güter rc. Ehebruch ist selten." Noch jetzt macht die Erziehung keinen Unterschied zwischen den Kindern der Rei= chen und Armen. Noch jetzt leben Herrschaft und Gesinde gemütlich= patriarchalisch unter einem Dache, sitzen an einem Herde, essen von einem Tische. Herr und Frau arbeiten fast wie Knechte, Mägde und Tagelöhner, so daß man sie kaum von diesen unter= scheiden kann. Noch jetzt wohnen Menschen und Vieh unter einem Dache. Die Wohnungen unserer Landleute sind seit Jahrhunderten nicht wesentlich verändert. Hier wie überhaupt im nördlichen Deutschland ist das Volk im ganzen sehr konservativ gesinnt. Es hält fest am Alten und Herkömmlichen und mißtraut allen Neuer= ungen. „Man weet woll, wat m' hett, man nich, wat m' wedder tricht." Die Kultur bricht sich nur langsam Bahn, ökonomische Verbesserungsvorschläge werden nur zögernd ausgeführt. Langsam wie zum Essen ist der Bauer zu allem. Wenn er auch noch so hungrig ist, so sitzt er, die Mütze auf dem Kopfe behaltend, doch weit vom Tische entfernt, so daß er kaum in die Schüssel langen kann, und es sieht aus, als ob er gar keinen Appetit hätte. „Et langsam leewe söte Jan, du weeßt nich, wat m' denn laten kam." Alle Arbeiten, alle Verrichtungen geschehen mit Bedacht. Die

Langsamkeit unserer Dienstboten fällt besonders fremden Herrschaften auf. Das Treiben und Drängen hilft zu nichts, sondern macht die Leute nur verdummt und störrisch. Ermahnt man sie zu größerer Eile, so sagen sie: „Wer langsam geit, kummt ok mit." Dafür sind sie aber auch durchweg zuverlässig und treu. Langsam wie mit Ochsengespann, das auf dem Ammerlande noch viel gebräuchlich ist, fahren auch die Gedanken. Langsam und schwerfällig ist der Gang in den plumpen, klappernden Holzschuhen, schleppend und gedehnt ist die Sprache. Die Vokale a und e werden durch die gezogene, breite Aussprache au und ei. Der Ammerländer sagt nicht ja und nä, sondern jau und nei. Sind ihm die Wörter zu lang, so verschluckt er die Endsilben, oder läßt sie aus Bequemlichkeit ganz weg; aus Gristede wird Grist, aus Rastede Raast. Diese Maulfaulheit ist bei Kindern eine ewige Plage der Lehrer. Es hält schwer, die Kinder zum Sprechen und Antworten zu bringen. Wortkarg ist auch der Ammerländer in seinen Begrüßungen; statt „Guten Tag!" sagt er nur „Tag!" statt „Guten Morgen!" — „Moin," statt „Guten Abend!" — „'n Abend!" Will er noch mehr hinzufügen, so hat er die stereotypen Redensarten: „Moi Wär" (schönes Wetter), „slecht Wär" (schlechtes Wetter), arbeitenden Leuten ruft er zu: „So fliebig?" (So fleißig?) Wer aber gar nicht grüßt, der gilt für stolz. „He seggt nien Katt goden Dag un wenn 'r ok 'n Keerl baben up sitt."

Wegen seiner Langsamkeit, Bedächtigkeit und Kurzsilbigkeit hat man den Ammerländer, wie überhaupt den Norddeutschen, phlegmatisch genannt. In gewissem Sinne ist das auch richtig, allein man muß wohl unterscheiden zwischen äußerem und innerem Phlegma. Wenn man den Ammerländer genauer kennt, so weiß man, daß unter dem zugeknöpften Rocke ein warmes Herz schlägt. Es steckt in unserem Volke eine Gemütswärme, die bis zur Leidenschaft entfacht werden kann. Im Gemüte des norddeutschen Volkes sind noch reiche Schätze verborgen, sie müssen nur gehoben werden. Die starken Kräfte unseres Volkes liegen im Schlafen, sie müssen nur geweckt und entwickelt werden. Es hat bisher an äußerer Anregung gefehlt; wie war das auch anders möglich! Liegt doch das Ammerland in Mooren und Wäldern versteckt. Die Ammerländer sind nicht unpassend „Hinterwäldler" genannt. Weil sie es sind, so kann noch etwas aus ihnen werden. Was Riehl (Land und Leute) von den Wäldern und Waldbauern sagt, das gilt auch in Bezug auf das Ammerland und die Ammerländer. „Ein Volk, welches noch den offenen, gemeinheitlichen Wald neben dem im Privatbesitz abgeschlossenen Felde besitzt, hat nicht bloß eine

Gegenwart, sondern auch eine Zukunft." „In unseren Walddörfern sind unserm Volksleben noch die Reste uranfänglicher Gesittung bewahrt, nicht bloß in ihrer Schattenseite, sondern auch in ihrem naturfrischen Glanze." „Wie die See das Küstenvolk in einer gewissen rohen Ursprünglichkeit frisch erhält, so wirkt gleiches der Wald bei den Binnenvölkern." „Der ausstudierte Städter, der feiste Bauer des reichen Getreidelandes, das mögen Männer der Gegenwart sein, aber der armselige Moorbauer, der rauhe, zähe Waldbauer, das sind die Männer der Zukunft."

„Rottet den Wald aus, ebnet die Berge und sperrt die See ab, wenn ihr die Gesellschaft in dem gleichgeschliffenen Universalismus der Geistesbildung nivellieren wollt. Wir sehen, wie ganze gesegnete Länder, denen man den schützenden Wald geraubt, den verheerenden Fluten der Gebirgswasser, dem ausdörrenden Odem der Stürme verfallen sind, und ein großer Teil Italiens, das Paradies von Europa, ist ein ausgelebtes Land, weil sein Boden keine Wälder mehr trägt, unter deren Schutz es sich verjüngen könnte. Aber nicht bloß das Land ist ausgelebt, auch das Volk. Ein Volk muß absterben, wenn es nicht mehr zurückgreifen kann zu den Hintersassen in den Wäldern, um sich bei ihnen neue Kraft des natürlichen, rohen Volkstumes zu holen." „Die Bewohner der deutschen Walddörfer haben fast durchweg ein ungleich originelleres, frischeres geistiges Gepräge, als die der reinen Felddörfer."

Und Dr. Fortlage (Psychologische Vorträge) sagt: „Das nordische Phlegma ist unentwickelte Kraft. Solche aber ist gesparte Kraft, welche sich entwickeln läßt. Der Norden ist das Menschenmagazin, die Welt der Zukunft." Das liegt im Boden und Klima begründet. Der Norden giebt nichts her ohne Arbeit und Ausdauer. Wer aber fortwährend arbeiten will, der muß langsam arbeiten. Das weiß unser Bauer recht gut und lacht über den, der zu haftig arbeitet. „He is'n olen Rietenspliet," heißt es von einem solchen." „Gahnen Fot winnt."

Wenn auch ein wenig gleichgültig, so ist der Ammerländer doch nicht teilnahmlos und hartherzig; wenn auch zurückhaltend, so ist er doch nicht unfreundlich und ungastlich; wenn auch trocken und verständig, so ist er doch nicht ohne Phantasie und Witz. Daß er sehr gutmütig ist, offenbart sich in der menschlichen Behandlung des Viehs, in ihrem Zusammenwohnen, in dem patriarchalischen Verhältnis zwischen Herrschaft und Gesinde, zwischen Grundeigentümern und Heuerleuten. Dem gutmütigen Ammerländer wäre es unmöglich, sein Vieh zu quälen, seine Untergebenen inhuman zu behandeln. „So'n unmünnig Kreatur hett ok Geföhl." „De der beent is so god, as de der lohnt." Ich müßte nicht, was die Herrschaften auf dem Ammerlande viel vor dem Gesinde voraus hätten, es sei denn eine etwas feinere Kleidung. Herr und Knecht verrichten dieselbe Arbeit und essen an einem Tische von einem Brote, aus einer Schüssel. Vom frühen Morgen bis zum späten Abend wird gearbeitet oder „geknojet". Auch die Frauen müssen alle Garten= und Feldarbeiten verrichten wie Männer, wenigstens die Mägde und Frauen der kleinen Grundeigentümer („Köter") und der Heuerleute. Daher altern sie auch früh, verlieren die Frische und weibliche Weichheit und Rundung des Körpers und werden halbe Männer. Ihre Schwestern in der Marsch sind besser daran. Auch die Kinder werden schon früh zur Arbeit angehalten. Vor Tage müssen sie schon mit in den Garten, oder aufs Feld hinaus, und wenn sie dann in die Schule kommen, sind sie häufig müde, schläfrig und abgespannt. Die Schulzeit wird meistenteils im Sommer bis auf die Hälfte und darunter abgekürzt, damit nur die größeren Kinder bei der Arbeit zu Hülfe kommen können. Ein großes Verderben ist aber für die Jugend das Viehhüten. Die Weiden sind größtenteils mangelhaft befriedigt, weshalb das Vieh gehütet werden muß. Auch wird es mittags und abends in den Stall getrieben, und das thun in der Regel die Kinder. Beim Viehhüten sind dieselben sich gänzlich überlassen und ver= sinken in Roheit und Dummheit. Gewöhnlich werden Kinder der Armen dazu benutzt, die von der Armenkommission öffentlich aus= verdungen werden, und denen der Annehmer nur Kost und Kleidung, letztere auch nicht immer, zu geben braucht. Welcher Krebsschaden dieser Umstand für die Jugenderziehung ist, braucht nicht ausgeführt zu werden. Man sollte weniger Vieh halten und Stallfütterung einführen, vor allem für bessere Einfriedigung der Weiden sorgen. Das wäre auch für den Viehbesitzer vorteilhaft; denn durch das viele Hin= und Hertreiben des Viehs gehen Dünger und Milch verloren. Das ist in landwirtschaftlichen Versammlungen wohl schon häufig gesagt, aber es bleibt halt beim Alten, weil wir so konservativ und stabil sind.

Gehen wir noch etwas näher auf die Arbeiterverhält= nisse ein. Die Stellung der Dienstboten ist durchaus günstig für diese. Sie erhalten gute, kräftige Kost und so viel Lohn, daß sie recht wohl im stande wären, für ihre spätere selbständige Einrich= tung Ersparnisse zu machen, doch geschieht dies leider nicht immer.

Eine eigentümliche Arbeiterklasse bilden die sog. Freiknechte, die namentlich im Kirchspiel Edewecht leben. Sie wohnen bei kleinen Grundbesitzern, denen sie Kostgeld entrichten, treiben auf eigene Hand Buchweizenbau in den münsterschen Mooren und gehen in der Zwischenzeit auf Tagelohn. Gerät der Buchweizen, so haben die Freiknechte in einem Jahre manchmal einige hundert Thaler Einnahmen, leider verstehen aber die wenigsten zu sparen, und was im Sommer verdient wird, das wird häufig im Winter wieder verjubelt. Die meisten Tagelöhner im Ammerlande leben nicht vom Tagelohn allein, sondern sie heuern durchweg etwas Land, wenn auch nur im Moore, daß sie für eigene Rechnung bewirtschaften. Auch die kleinen Grundbesitzer (Grundheuerleute, kleine Köter und Brinksitzer) sind genötigt, für Tagelohn zu arbeiten, weil ihr Grundbesitz nicht groß genug für eine selbständige Landwirtschaft ist. Sie erhalten selten ihren Lohn in barem Gelde, sondern die größeren Grundbesitzer leisten ihnen für ihre Arbeit Gegendienste mit ihrem Gespann, fahren ihnen das Getreide und den Torf ein, pflügen und eggen ihnen das Land u. dgl. Dafür sind sie aber auch gezwungen, immer zur Hülfe bereit zu sein, sobald der Bauer spricht, namentlich in der Erntezeit. Ein solches Verhältnis ist allerdings eine Art Zwang ("Zwangsheuer"), aber die Heuerleute stehen sich gut dabei, besser als wenn der Tagelohn in barem Gelde, (1 Mark bis 1,50 Mark) ausbezahlt würde, und das Verhältnis zwischen den Bauern und Heuerleuten ist ein durchaus patriarchalisches. Es kommt selten vor, daß ein Heuermann auszieht, und gewöhnlich treten die Kinder nach dem Tode der Eltern wieder in dasselbe Verhältnis. Die Bauern suchen eine Ehre darin, ihre Heuerleute zu halten, und sehen es fast als eine Beleidigung an, wenn diese ausziehen wollen. Die Kinder der Heuerleute wachsen mit den Kindern der Bauern auf, als ob sie mit zur Familie gehörten, und so knüpft sich schon in der Jugend eine Freundschaft fürs ganze Leben an. Ist der Heuermann in Not, fehlt es ihm an Geld, Lebensmitteln u. dgl., so braucht er nur zu sprechen, der Bauer hilft ihm. Es ist schon vorgekommen, daß ein Bauer seinem Heuermann für eine gestorbene Kuh eine andere wieder kaufte. Den Wert der Lebensmittel veranschlagt der Bauer gar nicht, es wird stets aus dem vollen gelebt, und selten oder gar nicht arbeitet der Tagelöhner bei eigener Kost. Will der Arbeiter für bares Geld lieber Brot oder Kartoffeln haben, so werden ihm diese für einen billigen Preis überlassen.

Der Bauer ist gutmütig und freigebig, insbesondere auch gegen Prediger und Lehrer, die allgemein geachtet sind. Der Dorfschulmeister ist der Fürst des Dorfes, auf dessen Rat jedermann hört. Häufig werden dem Lehrer und Prediger Geschenke gebracht, sei es zu seinem Geburtstage, sei es zu Weihnacht oder zur andern Zeit. In manchen Dörfern ist es Sitte, daß die Lehrer zu Weihnacht von jedem Kinde ein Geschenk erhalten, ein großes Weißbrot (Bauernstuten), ellenlange Mettwürste, geräuchertes Fleisch, halbe Gänse, ja sogar lebende Gänse 2c. 2c. Glücklich lächelnd, aber schüchtern, überreichen die Kinder dem Lehrer das Geschenk, das sie in einem Korbe oder in einem reinlichen Tuche bringen, und sagen halb platt und halb hoch: „Use Vasser hett seggt, hier wäre auch ein Kökengeschenk" (Küchengeschenk). Dieses sog. Küchengeschenk kommt aber immermehr in Abnahme.

Kommen wir noch einmal auf die Lage der Arbeiter zurück, so leuchtet wohl ein, daß dieselbe im allgemeinen eine recht günstige ist. Ihre Stellung ist zwar abhängiger als die Stellung der Arbeiter in der Marsch, aber dafür auch sicherer und weniger abhängig von ungünstigen Zeitläuften. Vor allem könnten die Dienstboten bei einiger Sparsamkeit sich ein kleines Kapital erübrigen und sich dafür eine Grundheuerstelle oder eine Anbauerstelle im Moore erwerben. Allein zwei Umstände sind es namentlich, die für das Fortkommen der Arbeiterklasse sehr hinderlich und verderblich sind: das zu frühe Heiraten und der übermäßige Branntweingenuß. Die Ausgaben für Branntwein werden im engeren Ammerlande (Apen, Westerstede, Edewecht, Zwischenahn) auf reichlich 90 000 Mark jährlich veranschlagt. In einem Wirtshause bei Zwischenahn sollen jährlich 40 Oxhoft Branntwein ausgeschenkt werden. Es ist traurig, aber wahr. — Mir wurde erzählt, in manchen Häusern sei es Sitte, die Kinder abends mit einer Flasche zum Wirtshause zu schicken, um einen „Schluck" zu holen. Der Branntwein wird alsdann am Herde heimlich ausgetrunken und zwar aus der Flasche. Fremde, die ins Haus kommen, läßt man nichts davon merken; man nennt diesen heimlich getrunkenen Branntwein — „Pultersluck".

Die Erwerbszweige und Beschäftigungen auf dem Ammerlande sind, der Bodenbeschaffenheit entsprechend: Roggen=, Hopfen= und Buchweizenbau, Holzhandel, Fischfang, Bienen=, Rindvieh= und Schweinezucht.

Der Roggenbau auf den hohen Eschen wird fast ohne allen Wechsel getrieben. Zur Erzielung eines größeren Ertrags wäre es gewiß notwendig, einen Wechsel in der Benutzung des Ackerlandes anzubahnen; denn so humusreich und schwer der Ackerboden auch durchweg ist, so wirkt ein einseitiger Fruchtbau doch überall nachteilig. Leider ist die zerstückelte Lage der Eschländereien dem Wechsel sehr hinderlich, weshalb in letzter Zeit eine Verkoppelung eifrig betrieben wird. Das Ammerland baut nur Roggen für den eigenen Bedarf; der Roggen, der nicht zu Brot verbacken wird, findet zur Schweinemast Verwendung. Brot ist ein Hauptnahrungsmittel unserer Landleute. Wenn der Arbeiter nur ein dickes Stück trockenes Brot und ein tüchtiges Stück Speck dazu hat, so ist er schon zufrieden. Leider schmeckt auf Schwarzbrot und Speck auch der Branntwein sehr gut.

Ueber den Hopfenbau ist schon gesprochen. Für die Verbesserung desselben könnte gewiß noch vieles geschehen. Der Ertrag der Ernte wird häufig durch eine ungenügende Sorgfalt bei der Behandlung der Stöcke und bei dem Beschneiden der Ranken an den Stangen beeinträchtigt, auch möchte der Anbau einer Zwischenfrucht nicht gerade vorteilhaft sein, da durch dieselbe die Bearbeitung des Hopfens, die Anhäufung der Stöcke, das Beschneiden der Ranken ꝛc. erschwert wird. Das Pflücken und Trocknen des Hopfens geschieht auch nicht immer auf die richtige Weise. Da die Blüten einer Ranke nicht zu gleicher Zeit reif werden, so sollte man sie auch nicht zu gleicher Zeit pflücken, sondern mehrere Lesen halten, damit nicht überreifer, reifer und unreifer Hopfen durcheinander kommen, wodurch der Hopfen an Güte und Wert verliert. Das Trocknen des Hopfens auf Darren ist auch nachteilig; denn vom Rauch erhält der Hopfen eine gelbliche Farbe und einen brenzlichen Geschmack. Das Trocknen sollte entweder an der Luft, oder auf Darren geschehen, die den Rauch nicht durch den Hopfen ziehen lassen. Der Ertrag des Hopfens ist folgender: Von 20 a gut bearbeiteten Landes können im Durchschnitt jährlich 300 Pfund geerntet werden. Der Durchschnittspreis beträgt 45 Pfennig, der Reinertrag von 20 a (nach Abzug der Kosten) 60 Mark. Der Preis des Hopfens schwankt übrigens sehr, zwischen 1 Mark und darunter bis 3 Mark.

Der Buchweizen wird viel auf den Hochmooren gebaut, was jedoch vom Buchweizenbau zu halten ist, werden wir später sehen. Im Jahre 1866 wurde der Ertrag der Buchweizenernte im Ammerlande auf 240 000 Mark veranschlagt. Zum Ammerland gehören noch 9000 ha unkultiviertes Land, größtenteils Staatseigentum*). Anbauer sind gesetzlich durch eine 10jährige Freiheit von allen Staatsabgaben begünstigt. Sie erhalten Stellen von etwa 5 ha zur Kultivierung, und diese Fläche erscheint für den ersten Anfang ausreichend. Auch von Gemeinden und Privaten kann in manchen Gegenden Buchweizenmoor zur Nutzung billig

---

*) Im ganzen Herzogtum Oldenburg giebt es ca. 170 000 ha unkultiviertes Land, darunter mindestens 70000 ha Hochmoor.

gekauft werden. Die größte Schwierigkeit besteht für die meisten Anbauer im Bau eines Hauses. Haben sie kein Vermögen und müssen Bauschulden machen, so können sie in ungünstigen Jahren nicht bestehen und gehen zum Konkurse.

Der Reichtum, den das Ammerland in seinen Waldungen besitzt, ist ein enormer, und jährlich werden eine Menge ammerscher Eichen auf den Schiffswerften am Weserstrom verarbeitet. Wenigstens geschah das früher; in letzter Zeit liegt der Schiffsbau leider sehr danieder. Die kurzen Wintertage kann der Ammerländer nicht besser anwenden, als zur Pflege seiner Holzung. Wie groß sein Waldreichtum, in barem Gelde veranschlagt, ist, das weiß er selbst nicht. Jede, auch noch so kleine Besitzung hat einen Holzbestand. Zu mancher Hausmannsstelle gehören 25 und mehr ha Waldung, aus den schönsten und schwersten Eichen bestehend. Aus wenigen Bäumen läßt sich ein bedeutendes Geld lösen; denn eine bescheidene Eiche kostet 450 bis 600 Mark und mehr. Aber man braucht gewiß nicht zu befürchten, daß der Ammerländer seinen Wald ausroden werde. Seine Pietät für alte Bäume, seine Freude am Walde lassen das nicht zu. Wenn er Holz forstkulturgesetzlich wegschlagen läßt, so sorgt er auch wieder für neue Anpflanzungen. Einer Bauernwitwe wurde geraten, eine wipfeldürre Eiche auf ihrem Gehöfte doch zu verkaufen, weil es hohe Zeit sei. Allein sie mochte nichts davon hören, sondern sagte: „Wo wull mi woll to Mo wesen, wenn ick enes Morgens ut'n Huse teem und ick seeg disse ole Eke nich mehr, de so männig Jahr Freid un Leed mit mi deelt hett! Swiegt 'r mi van still, ick mag d'r nix mehr van hören; so lang as ick läw, schält ok de Böm hier stahn bliewen!" — So groß ist die Anhänglichkeit und Liebe des Volkes für alles, was ihm nahe steht.

Nicht bloß das Holz der Eichen hat einen großen Wert, auch die Rinde derselben ist sehr gesucht und wird massenweise an die Gerber verkauft, um als Lohe benutzt zu werden. Hier muß auch noch der Fabrikation von Holzwaaren erwähnt werden, mit welcher sich namentlich in der Gemeinde Westerstede viele Drechsler und sog. „Höltjer" beschäftigen. Holzschuhe, hölzerne Geräte, Ackerwagen c. werden in Menge produziert und verkauft. In Zwischenahn giebt es eine eigene Fabrik für hölzerne Rollen und Bobbins.

Auch viele Besenbinder giebt es im Ammerlande; leben sie auch nicht ausschließlich vom Besenbinden, so ist dasselbe für die kleinen Leute in der arbeitslosen Winterzeit doch eine lohnende Beschäftigung und alsdann oft der einzige Verdienst der Kolonisten. Die Besen werden aus Birkenreis oder aus Heide gebunden, auf

Karren nach den größeren Orten, namentlich nach Oldenburg, gebracht und einzeln oder bundweise verkauft. Das Bund Heidbesen von 10 Stück kostet 1 Mark, sog. Reisbesen die Hälfte, einzelne Besen sind teurer. Kleinere Handbesen, sog. „Böhner", die zum Reinigen hölzerner Gefäße dienen und ausschließlich aus Glockenheide („Böhnerheide") gemacht werden, kosten à Stück 6—10 Pf.

Gehen wir nun zu den Erwerbsquellen über, die das Tierreich dem Ammerländer eröffnet. Hier ist zunächst des Fischfangs im Zwischenahner Meer, das — wie schon mitgeteilt — sehr reich an Hechten, Aalen, Barschen und Stinten ist, Erwähnung zu thun. Die kleinen silbergrauen Meerstinte (Osmerus eperlanus) werden im Frühlinge zur Laichzeit, wenn sie an die Oberfläche und ans Ufer kommen, massenweise gefangen und zum Verkaufe umhergetragen. Sie haben keinen so unangenehmen Geruch wie die großen Weserstinte und sind noch wohlschmeckender. Die Hechte erreichen zum Teil ein bedeutendes Gewicht und werden ebenfalls in Menge gefangen. Im Winter 1866/67 soll ein Fischer durch in das Eis geschlagene Löcher („Waken") an 800 Pfund gefangen haben. Noch ergiebiger ist der Aalfang. Die Aale, welche hier gefangen werden, schickt man zum großen Teile nach Elsfleth, wo sie geräuchert und dann als die berühmten „Elsflether Speckaale" in den Handel gebracht werden. Wie delikat diese Schmortaale sind, ist bekannt. Auf den Märkten unseres Landes werden sie in Unmasse verspeist. Ohne einen „Schmurtaal", den man auf offener Straße genießt, ist für unsere Landleute keine Marktfreude denkbar. Man schabt die Haut sorgfältig aus, leckt sich die Finger nach dem Genuße und ißt ein trockenes Weißbrot dazu.

Zum Fischfange im Zwischenahner See bedient man sich kleiner, schmaler, unten breiter Boote, ohne Kiel, die nicht leicht umschlagen, so daß man sich mit ihnen im größten Sturme aufs Meer wagen kann. In früherer Zeit wurde allen an den See grenzenden Bauernhöfen die Fischereigerechtigkeit in Erbpacht gegeben, mithin als Grundrecht verliehen. Das Staatsgrundgesetz von 1849 hat aber alle Fischereigerechtigkeiten in fremden Gewässern aufgehoben, also auch im Zwischenahner See, der ein Gewässer des Staates ist. Jetzt ist also der dortige Fischfang an einzelne verpachtet.

Was die Bienenzucht anlangt, so kann ich hier nur wörtlich mitteilen, was Prof. W. Wicke in seiner vortrefflichen Skizze: Die Heide ꝛc., darüber sagt. „Förderlich ist der Buchweizenbau, und die Heide nicht weniger, nun auch noch der Bienenzucht. Geestbauern benutzen diese Bienenweide, wenn es gut mit ihr bestellt ist und fahren ihr „Volk" — die Bienen — zur Zeit der Blüte jener Pflanzen in die Heide. Dort werden sie für einen Erleg an Geld einem zuverlässigen Manne anvertraut, daß er die Aufsicht führe. So fahren denn ganze, hoch aufgestapelte Fuder mit Bienenkörben, letztere unten mit einem Tuche überspannt und die Fluglöcher verstopft, dahin; gewöhnlich nachts, der Kühle und der größeren Ruhe wegen, die zu dieser Zeit im Korbe herrscht. Namhaft sind die Erträge, welche aus der Bienenzucht, wenn es im Jahre gut „honigt," gewonnen werden. Kenner schätzen den Heidhonig als milde und rein schmeckend besonders hoch und ziehen ihn namentlich dem Rapshonig weit vor. In den Wirtschaften, welche in der Heide Bienenzucht treiben, pflegt wohl eine eigene Person angestellt zu sein, die dann ausschließlich die Wartung der Körbe besorgt, oder es ist ein Altenteiler im Hause, der damit den Abend seines Lebens ausfüllt. In der Heide wird indessen immer noch die Korbbienenzucht alten Stils getrieben. Baue mit beweglichen Waben, nach der Dzierzonschen Methode, sieht man gewiß noch wenig. Das plattdeutsche Wort für Biene ist „Imme," davon abgeleitet ist das Wort „Immker" für Bienenzüchter.

Da wo man auf der Heide für die Bienenzucht förmlich sich eingerichtet hat, befinden sich nicht bloß in der Nähe der Häuser die Bienenstände für den Winter, sondern auch weiter weg auf der freien Heide findet man solche für die Sommerzeit: lange schmale Schuppen, überdacht meistens mit Heidsoden, gegen die Wetterseite geschützt durch eine Bretterwand, weiter geschützt durch Bäume, meistens Birken, welche umherstehen. Einzeln stehende Körbe haben, als Bedachung gegen den Regen und zu starke Sonne, einen dicken Heidsoden auf dem Scheitel. Mit herabhangenden, breiten Seiten liegen diese noch fester und gewähren noch bessern Schutz."

Die Rindviehzucht nimmt im Ammerlande, weil sie durch die Bodenverhältnisse nicht sehr begünstigt wird, keinen hohen Rang ein. Auf großen Bauernstellen werden 6--10 Milchkühe gehalten; Jungvieh wird fast nur für den eigenen Bedarf aufgezogen. In letzter Zeit ist die Rindviehzucht verbessert durch Einführung besserer Zuchttiere, auch die Stierführung hat sehr vorteilhaft eingewirkt. Die Behandlung des Rindviehs, namentlich die Fütterung, ist mangelhaft. Auf manchen Stellen hält man zu viel Vieh, so daß es im Winter zu knapp im Futter gehalten werden muß und auch im Sommer auf den Wiesen nicht hinlänglich Gras findet. Die Wiesen sind zudem nicht im besten Zustande, es fehlt häufig an der nötigen Entwässerung, weshalb sie kaltgrundig werden; doch ist in neuerer Zeit hin und wieder für eine bessere Abwässerung gesorgt. Eine eigentümliche Bewandtnis hat es auf dem Ammerlande mit den Wechselwiesen, das sind Wiesen, die abwechselnd, das eine Jahr von diesem, das andere Jahr von einem anderen benutzt werden. Daß bei einer solchen Benutzung wenig für die Verbesserung geschieht, läßt sich denken. In letzter Zeit sind aber manche Wechselwiesen in rein eigentümliche Wiesen verwandelt. Bei denjenigen Wiesen, die an größeren Bächen (Auen) belegen sind, finden im Winter Ueberstauungen statt. Mit dem Dünger verfährt man überall noch nicht rationell genug. Bei den offenen Düngerstätten gehen die besten Stoffe verloren; auch läßt man häufig den Dünger in kleinen Haufen oder gar auseinander gestreut zu lange auf dem Lande liegen, ehe man ihn unterpflügt.

Einen um so hervorragenderen Rang nimmt die Schweine= zucht ein, die in einem entschiedenen Fortschritte begriffen ist. Die alte Race der langen, hochbeinigen, langohrigen Tiere ist fast ganz verdrängt durch Einführung englischer Schweine von der Berkshire=, Yorkshire= und Essexrace. Durch Züchtung mit Ebern dieser Racen entstehen kräftige Exemplare, die guten Speck bei dünner Schwarte liefern. Die Mastung der Schweine und der Handel mit Speck und Schinken wird in wahrhaft großartigem Maßstabe betrieben. Es giebt im Ammerlande Handelsleute, die in der Zeit um Weihnacht täglich 50 bis 60, oft über hundert fette Schweine geliefert erhalten aus der ganzen Umgegend, aus dem Münster= und Ostfrieslande. Die Schweine werden dann verarbeitet, Fleisch und Speck teils eingesalzen und geräuchert, teils eingepökelt und gehen direkt nach London und Hamburg. Es soll in Zwischenahn und Umgegend Kaufleute geben, die für 150—200000 Mark Speck versichert haben.

Wie sich im Herbste das Gespräch in den Privat= und Wirts= häusern nur um den Hopfen dreht, so vor Weihnachten um das Gewicht einzelner Schweine, um die Preise von Speck und Schinken, kurz — um Schweinerei. Speckaufkäufer in schmierigen, glänzenden Regenröcken, lange, gewaltige Stiefel an den Beinen, durchstreifen alsdann das Land, schauen in jeden Schweinekofen, besehen, befühlen und taxieren die Tiere mit gewichtiger Kennermiene, versinken in ein geheimnisvolles Schweigen, beginnen mit leisem, zufühlendem Tone den Handel, werden nach und nach immer lauter, versteigen sich unter lebhaften Gestikulationen zu Flüchen, Schwüren und Prophezeiungen, gehen eine Strecke weg, kommen wieder, beteuern keinen Pfennig mehr geben zu können und kaufen schließlich doch alles weg, was geborstet ist.

Eine Speckwirtschaft muß man sehen, um sich einen Begriff

davon machen zu können. Da giebt es in den Häusern der Speck=
aufkäufer eigene Kammern, Speckkammern, in welchen die aufge=
kauften Schinken und Speckseiten hochaufgestapelt liegen. Man
kann an den Wänden sehen, wie hoch die Schmierwaren gelegen
haben; denn das Salz hat den Kalk von den Wänden abgelöst.
In der Speckkammer schläft nachts ein Knecht in einem Alkofen,
um etwaige Speckdiebe zu verscheuchen. Bei dem Hause eines
Speckhändlers war das Brunnenwasser so salzhaltig, daß man es
nicht genießen konnte. Das kam daher, weil das Salzwasser vom
Pökeln und Einsalzen in die Erde gedrungen war und rings den
Boden geschwängert hatte. Darnach kann man sich einen Begriff
machen, was der Speckhandel im Ammerlande zu bedeuten hat.
Es ist nicht zu viel gesagt, wenn ich behaupte, daß er Hundert=
tausende ins Land bringt. Beim Schweinehandel ist das ganze
Land, alt und jung, groß und klein, interessiert. Auch die kleinsten
Heuerleute mästen mehrere Schweine, einige derselben zum Ver=
kaufe, um mit dem gelösten Gelde die Miete bezahlen zu können.
„So'n Swien is'n Sparpott" sagen sie bezeichnend; denn zur
Mästung des Schweines werden alle zu erübrigende Groschen
verwandt. Wenn auch manche Schweine mit Eicheln gemästet
werden, so benutzt man doch hauptsächlich Kartoffeln, Roggen= und
Buchweizenmehl zur Mast. Ein fettes Schwein von 500 Pfund und
darüber ist eine Sehenswürdigkeit, ein kolossaler, unförmlicher
Fettklumpen. Die kurzen Beine vermögen das enorme Gewicht
kaum zu tragen; der Bauch streift den Boden; Kopf, Hals und
Rumpf sind in eins, und die kleinen, grauen Augen fast ganz im
Fett verwachsen. Mit welchem Wohlgefallen schauen Frau und
Magd das Produkt ihrer rührenden Pflege und Sorgfalt an, mit
welch gerechtem Stolz zeigen sie es den Freunden und Nachbarn!
Wie glänzend hat sich hier abermals der goldene Wahlspruch aller
wahren Schweinemäster bewährt:

„Mit guter Mast, in kurzer Frist,
Beim Schwein nur zu verdienen ist!"

Es giebt aber auch kein dankbareres Tier als ein Schwein.
Kein Wunder, daß es von Jugend auf schon so gehegt und gepflegt
und mit fast mütterlicher Liebe behandelt wird. Ausrufe wie: „De
leewen Swiene!" „Dat allerleewste Swien!" kann man oft genug
im Ammerlande hören. Namentlich sind auch die neugeborenen
Ferkel ein Gegenstand der größten Sorgfalt. Ist eins dabei, was
ein wenig schwächlich oder kränklich scheint, so wird es wie ein
Kind gepflegt. Man holt es in die Stube, bedeckt es mit warmen
Kissen, oder legt es wohl gar ins Bett. Folgende köstliche Anek=

bote ift, fo draftifch diefelbe auch klingen mag, gewiß aus dem Leben gegriffen. Einem reichen Bauern brachte der Storch ein Söhnlein, und um das Glück voll zu machen, warf gleichzeitig das Mutterschwein dreizehn Ferkel. Das Schlimmste bei der Sache aber war, daß das dreizehnte Ferkel nicht von der Sau gesäugt werden konnte und deshalb fortwährend schrie und von Tage zu Tage schwächer wurde. Aber die Bauernfrau wollte alle dreizehn groß ziehen; sie legte deshalb das eine Ferkel in die Wiege und nahm ihr Kind zu sich ins Bett. Noch an demselben Tage, in der Dämmerung, kam — wie es auf dem Ammerlande Sitte ist — die Nachbarfrau, um der Wöchnerin zuzusprechen. Ihr erster Gang war nach der Wiege, ganz leise zog sie die Decke ein wenig zurück, schaute mit Andacht und Wohlgefallen auf das ruhig schlum=
mernde Ferkel und sagte: „Och, Nabersch, dat is doch de lickste Vadder, as wenn he em ut de Ogen snäen is!" — Noch eine Schweinegeschichte möge hier erzählt werden. Manche Säue haben eine wahre Rabenmutternatur, so wie nämlich die Ferkel geboren sind, fressen sie dieselben wieder auf. Deshalb muß bei einer werfenden Sau Wache gehalten werden. Im vorliegenden Falle geschah dies durch einen Knecht aus dem Oberlande (Mitteldeutsch=
land), der noch ein Neuling war in der Naturgeschichte der Schweine. Der Knecht sitzt auch geduldig im Kofen und hält Wache. Die Sau bekommt zwölf Ferkel, frißt sie aber gleich nach der Geburt eins nach dem andern wieder auf. Am andern Morgen kommt der Bauer, sieht zum Erstaunen kein einziges Ferkel und fragt den Knecht, wie das zugehe. „Ach, Herr, — sagt der Knecht — es ist nur ein einziges dagewesen, es ist von hinten nach vorn spaziert, zwölfmal durchmarschiert und zum dreizehntenmal hab' ich's nicht wieder gesehen." — Ueberglücklich schätzt sich der Mann, wenn er sein von Fett strotzendes Schwein auf dem Wagen zum Kaufmann fahren kann. Stolz schreitet er nebenher, und die Ausrufe der Bewunderung, die dem Monstrum gezollt werden, nimmt er zugleich als Huldigungen seiner Verdienste entgegen. Er kennt aber auch kein größeres Unglück, als wenn das Schwein krank wird und stirbt, und daher sagt man, wenn einem ein großes Ungemach zugestoßen ist: „He is mit't Swien to Malör kamen."

Die Haustiere haben uns unwillkürlich wieder auf den Men=
schen hingewiesen, und so wollen wir denn zum Schluß das Charakterbild des Ammerländers noch um einige wesentliche Züge ergänzen.

Was die Kleidung anlangt, so bietet dieselbe gegenwärtig wenig Charakteristisches dar. In früherer Zeit trugen die Männer, namentlich die älteren, eine kurze, kaum über das Knie reichende manchesterne Hose mit silbernen Spangen, lange weiße Strümpfe und Schnallenschuhe, einen langschoßigen, fast bis auf die Erde herabhangenden schwarzen Tuchrock, eine bunte Weste mit blanken Metallknöpfen und auf dem Kopf einen schwarzen Cylinder, der durch das Alter oft grau geworden war und sich durch viele Beulen auszeichnete. Das war die Kleidung bei besondern Gelegenheiten wie Hochzeiten, Beerdigungen 2c., für gewöhnlich trug man aber statt des Rockes eine kurze Jacke, wie solche noch jetzt durchweg von den jungen Leuten getragen wird, und statt des Cylinders eine graue, wollene Zipfelmütze. Letztere wird auch heute noch häufig getragen, selbst von Knaben, und kommt selten vom Kopfe, nicht einmal beim Essen. Auch beim Grüßen wird selten die Mütze gelüftet. Gewöhnlich wird nur daran gezupft.

Auch die Frauen huldigen in ihrer Kleidung schon sehr der Mode, vorzüglich in den größeren Dörfern. Wo aber in den Häusern noch gesponnen und gewebt wird, da tragen die Frauen auch noch selbstgemachte Kleider, namentlich Röcke. Sie werden aus einem eigentümlichen Zeuge, dem sog. Wolllaken verfertigt, das halb aus Leinen, halb aus Wolle besteht, und sind einfarbig, meist grün oder bräunlich gefärbt. Bei feierlichen Gelegenheiten wird die schwarze Farbe vorgezogen. Das frühere, enganschließende Käppchen ist jetzt fast ganz durch eine kleidsame Kapuze verdrängt, aus deren farbiger Einfassung das runde Gesicht der ammerschen Mädchen oft recht frisch und blühend hervorschaut. Einen Mantel tragen die jüngeren Frauen selten, gewöhnlich nur eine kurze Tuchjacke; eine farbige Schürze fehlt aber fast nie und noch seltener ein kleines buntes Tuch von Seide oder Wolle, das lose um den Hals geknotet ist. Auch trägt fast jede Frau und jedes Mädchen Ohrringe, die — wenn sie auch nicht immer von Gold sind — doch wie Gold scheinen.

Der Körperbau der Ammerländer weicht wenig ab von dem unserer übrigen Geestbewohner, die alle mehr oder weniger den sächsischen Typus rein bewahrt haben. Männer und Frauen sind nicht so groß und starkknochig wie die Marschbewohner, vor allem sind die Frauen mehr untersetzt. Der Teint ist dunkler, auch findet man mehr dunkles Haar und braune Augen.

Wenn auch der Ammerländer im ganzen verständiger Natur ist, so ist damit doch nicht gesagt, daß er aller Phantasie bar sei. Es rinnt vielmehr eine gesunde poetische Ader durch unser Volk, die aber zu verschämt ist, als daß sie überall offen zu Tage treten möchte. Es wäre wunderbar, wenn die schöne, anmutige Natur, namentlich am Zwischenahner See, sich nicht in der Gemütsart der Bewohner abspiegelte. Ein weicher, duftiger Hauch von Poesie liegt namentlich auf dem weiblichen Gemüte. Der poetische Sinn des Volkes hat manche Schätze zu Tage gefördert, im Aberglauben, in Sagen, die sich an Häuser und Dörfer knüpfen, die den Zwischenahner See umkränzen, in schlagenden bildlichen Redensarten ꝛc. Das poetische Metall ist aber nicht in landläufige Münzen umgeprägt, wie das in Mittel- und Süddeutschland geschehen ist. Es kursiert nur im Volke und wird nur vertrauten Freunden mitgeteilt. Eine wahre Scheidemünze sind die plattdeutschen, oft derben und schlagenden Sprichwörter, in denen der praktische, gesunde Sinn und das Rechtsgefühl des Volkes scharf ausgeprägt ist. Der Rechtssinn des Volkes spricht sich z. B. aus in folgenden Sprichwörtern: „Unrecht vergeit, as wenn de Wind manken Kaff weiht. En ungerechten Groten nimmt twintig Daler mit. Gode Maat hett Gott leev. Man kann woll unrecht Gôd erwarben, man nich verarben. Recht mutt Recht blieben. Unrecht ward min Dage kin Recht. Recht mutt sin Gang gahn."

Der ammersche Bauer besitzt zwar kein so starkes Selbstgefühl wie der Bauer im Jever- und Butjadingerlande, doch ist er nicht frei von einem gewissen Stolz. „Ick bün'n Bur!" sagt er mit Stolz im Hinblick auf sein großes, ungeteiltes Gut, das sich nur auf den ältesten Sohn vererbt, während die übrigen Kinder abgefunden werden. Trotzdem sind die abgehenden Söhne aber doch „Burensöhns", die es unter ihrer Würde halten, Handwerker oder Tagelöhner zu werden, sondern lieber zeitlebens als „ole Jungens" im väterlichen Hause bleiben um ihrem älteren Bruder wie Knechte zu dienen, nebenbei auch wohl mit Bienenzucht sich zu beschäftigen und Handel zu treiben mit Landesprodukten. Auch die unverheirateten Töchter bleiben im elterlichen Hause. Diese Abfindlinge nehmen eine Mittelstellung zwischen Herrschaft und Gesinde ein, wodurch die Standesunterschiede verwischt werden. Das Gesinde tritt dadurch der Familie näher und arbeitet für die Herrschaft wie für sich selbst. Daher die Anhänglichkeit für Haus und Hof und der seltene Domestikenwechsel. Es ist noch nicht lange her, da machte ein alter Knecht ein Testament, in welchem er sein mehrere hundert Thaler betragendes Guthaben an Lohn, den er seit Jahren nicht gefordert hatte, dem Bauern vermachte unter der Bedingung, daß man ihm das Begräbnis eines Hausmannssohnes gebe. Das geschah denn auch gewissenhaft.

Die Bauerngüter sind aus den parcellierten adeligen Besitzungen entstanden. In früherer Zeit gab es nämlich auf dem Ammerlande mehrere Adelsfamilien, wie die von Specken, Apen, Mansie, Fikensolt u. s. w. Sie hielten stets treu zu den Grafen von Oldenburg und halfen ihnen manchen Sieg erkämpfen über die Friesen, Stedinger und Bremer. Jetzt sind aus den Junkern Bauern geworden; einen güterbesitzenden Adel giebt es ja überhaupt nicht mehr im Oldenburger Lande.

## IV.

Daß in den ammerschen Wäldern und Mooren der Aberglaube noch einen günstigen Boden findet, läßt sich denken. Der Montag gilt für einen Unglückstag, an dem keine Hochzeit gehalten, kein Haus bezogen, keine Reise begonnen, kein Kind zum ersten male zur Schule geschickt werden darf u. s. w. Der Dienstag bringt mehr Glück, nicht so der Mittwoch. Donnerstag und Freitag sind besser, namentlich gilt letzterer für den besten Hochzeitstag. Wie das Wetter am Freitag ist, so ist es auch am Sonntage. Am Sonnabend-Abend darf nicht gesponnen werden. Einst saßen in einem Bauernhause die Mädchen am Sonnabend-Abend um den Herd und spannen. Da kam über ihnen eine Hand durch den Boden und eine Stimme sprach:

„O weh, o weh, die arme Hand,
Die am Sonnabend-Abend spannt!"

Seitdem haben die Mädchen am Sonnabend-Abend nicht wieder gesponnen.

Der Weihnachtsabend heißt „Dickbuksabend", weil an diesem Abend so viel gegessen wird als man nur mag. Einige glauben, wenn man in der heiligen Nacht von 12 bis 1 Uhr die Obstbäume mit einem Strohseile umbinde, ohne ein Wort dabei zu sprechen, so trügen sie besser. Man nennt das „de Böm' bi'n Bullen bringen". In den Zwölften, d. i. die Zeit von Weihnacht bis heil. drei Königen, darf kein Rad, überhaupt nichts rundum gehen, sonst stirbt Vieh oder das Haus brennt ab.

Am Neujahrsabend scharen sich die Burschen zusammen, ziehn von Haus zu Haus und schießen, worauf sie hineingehen, gratulieren und mit Branntwein traktiert werden. Am Gründonnerstage wird überall Kohl gegessen. Ueberhaupt ist der braune Kohl, in der eine eigentümliche Wurst, „Pinkel" („Speck und Hafergrütze in Ledereinband"), gekocht wird, ein Nationalgericht unserer Geestbewohner. Derselbe wird überaus fett zubereitet und genossen. Am Abend des ersten Ostertages ißt man in allen Häusern Eier; Knechte und Mägde dürfen alsdann so viel essen als sie mögen, und manche suchen eine Ehre darin, die meisten Eier zu verzehren. Das letzte Ei wird oft mit der Schale gegessen. Ein Knecht sagte, nachdem er zwanzig Eier gegessen hatte: „Wenn ick morgen nich anners gestellt bün as nu, denn ät ick nix." — Am Osterabend werden auch allenthalben Osterfeuer abgebrannt, wozu das Holz schon lange vorher von den Kindern zusammengeschleppt ist. Pfingsten werden, wie überall im Lande so auch hier, die Häuser mit Maien oder grünen Birkenzweigen geschmückt. In der Pfingstnacht hat der jugendliche Uebermut einen weiten Spielraum; es werden alsdann Thüren und Thore ausgenommen und versetzt, Wagen weit weggezogen, Strohkerle auf die Dächer der Häuser gesteckt u. s. w. u. s. w.

Ueber die Hochzeits- und Beerdigungsgebräuche im folgenden einige Hauptzüge. Die Hochzeit wird im Hause des Bräutigams gefeiert. Einige Tage vorher geht der Hochzeitsbitter, begleitet von der lieben Dorfjugend, von Haus zu Haus, um die Gäste einzuladen. Am Hute trägt er einen Strauß gemachter Blumen. Die Einladung geschieht gewöhnlich in Knittelversen, in denen alles aufgezählt wird, was zum Hochzeitsfeste zu erwarten steht. Der Schluß heißt häufig sehr prosaisch: „Messer un Gabel mut awer jeder sülms mitbringen."

Hier folgt der Spruch des Hochzeitsbitters:

Stürt jo'n Hund
Un holt jo'n Mund
Un swiegt'n beten still
Un hört, wat ick jo seggen will!

Hier steit min Stock un min Staf,
Den Hot nehm ick af,
Das thu' ich euch zur Ehr',
Daß ihr mich in meiner Rede nicht stört.

Hier komm ich hergegangen
Sonder Pferd und sonder Stangen;
Ich komm hierher geschritten,
Hätt' ich ein Pferd, so hätt' ich geritten:
Nu is min Perd lendenlahm,
Nu mut ick to Fote gahn.

Hier bün ick hergesandt
Van Jan van Moor und seiner Braut
Antriene Gerdes aus Hellen.
Diese lassen euch freundlich bitten,
Am nächsten Freitag zu erscheinen
Un helpen ähr mit to vertehren
'n half Stieg Tunnen Beer,
Dre, veer Orhoft Wien,
Dre, veer Anker Brammwien

Un wat Gott sust noch beschert.
Dann sollt ihr auch haben Schaffer und Schenker,
Stöhl un Bänke,
Lucht un Für,
Piepen un Tobak
Un van allen satt.

Auch hab' ich noch eine kleine Bitt' an die Mädchen,
Daß sie sich hüten vor Hucken und Winkel;
Denn Hucken und Winkel sind vergänglich
Un de Maißchen werden kränklich.

Denn schält ji ok hebben gode Musikanten
Un goden Platz to danßen.
Un wer nich bruckt vör Geld un Schoh to sorgen,
Kann danßen bit to'n lechten Morgen.

Messer un Gabel mut awer jeder sülms mitbringen.

Am Tage vor der Hochzeit wird die Braut mit ihrer Aussteuer abgeholt. Die Möbeln werden auf Wagen gepackt und ganz oben liegt das mit roten Bändern geschmückte Brautbett oder steht auch wohl ein mit Blumen verziertes Spinnrad. Auf dem ersten Wagen sitzt die Braut mit ihrer Begleitung und ein paar Musikanten. Nun geht's mit Gesang und Musik, mit Freudenschüssen und Jauchzen zum Hause des Bräutigams. Hier wird die Braut von der Mutter des Bräutigams empfangen und über die Tenne in eine Stube geführt. Während dieses Ganges drückt ihr die Braut ein Goldstück in die Hand; sie darf das ja nicht vergessen, denn die künftige Schwiegermutter nimmt es genau damit. Sind die Sachen der Braut ins Haus getragen und ist das Brautbett aufgemacht, so wird der Bräutigam hingeführt und gefragt, ob es so gut sei. Antwortet er bejahend, so lacht man ihn aus; denn es fehlt ja noch das Beste — die Braut. Die übrige Zeit wird noch mit Zurüstungen zum Feste verbracht. Kaffeebohnen werden gebrannt und gemahlen, Zucker wird entzwei geschlagen, Tassen und Teller gereinigt &c. &c.

Am andern Tage, bald nach Mittag, kommen die Hochzeitsgäste, alte und junge, Verwandte und Bekannte, zum Hochzeitshause geströmt, und jeder bringt an Geschenken mit, was er für passend erachtet, Tassen, Kannen, zinnerne Schüsseln, Löffel &c., auch Geld. Vor der Thür ist eine Ehrenpforte von Laub und Blumen erbaut. Hier stehen Braut und Bräutigam und empfangen die Gäste. Sie hält ein mit Blumen und buntem Papier geschmücktes Glas in der Hand, er eine ebenso verzierte Flasche mit Branntwein oder Wein. Er schenkt ein, sie trinkt den Gästen zu. Oft wird der Branntwein bei festlichen Gelegenheiten in Biergläsern gereicht, die bis oben hinan mit weißem Zucker gefüllt sind. Dieser „Schluck" geht dann von Mund zu Mund.

Nach dem Willkomm werden die Gäste in die Stube geführt, wo Kaffee gereicht wird. Wer getrunken hat, macht den später kommenden Gästen Platz, und nach und nach versammelt sich alles auf der Diele. Auch diese hat ein festliches Aussehen erhalten. Die Ställe sind hinter Laubwerk versteckt, und unterm Boden hängt eine mit Laub und Blumen, Bändern und Flittergold geschmückte Krone. Zu beiden Seiten der Diele stehen Bänke, auf denen die Mädchen sitzen. Die jungen, tanzlustigen Leute können nicht warten, bis die Trauung vollzogen ist, die Musikanten müssen aufspielen, und der Tanz beginnt, trotzdem der Herr Pastor es ungern sieht. Endlich läßt sich auch dieser in Begleitung seines Organisten blicken, und der Tanz hat vorläufig ein Ende. Die Trauung geschieht in der Regel auf der Diele und gleich darauf nimmt der Tanz wieder seinen Anfang, um nur einmal, während des Nachtessens, unterbrochen zu werden und nicht eher zu enden als mit Tagwerden. Zum Abendessen giebt es gewöhnlich Klaben, Butterbrot und Kaffee, selten warmes Essen. Fortwährend, die ganze Nacht hindurch, wird Bier, Wein und Branntwein gereicht, und um Lust und Lärm zu erhöhen, wird häufig beim und selbst im Hause geschossen. Um Mitternacht wird der Braut die Haube aufgesetzt, wobei Frauen und Mädchen in einen scherzhaften Kampf geraten, indem letztere das Aufsetzen der Haube scheinbar sehr ernstlich zu verhindern suchen. Früher hatte die Braut sehr lästige Ehrentänze mit allen Verwandten zu bestehen. Wenn die Gäste sich gegen Morgen nach und nach verloren haben, so pflegen die letzten die Krone mit Musikbegleitung nach dem Hause im Dorfe zu bringen, wo die nächste Hochzeit in Aussicht steht. Man nennt dies: „De Höög wegbringen."

Früher gab es bei Hochzeiten noch manche Bräuche, die in neuerer Zeit abgekommen sind. Der abgeholten Braut wurde von der Mutter des Bräutigams Brot und Salz überreicht, darauf wurde sie an den Herd geleitet, dreimal um denselben geführt, und ihr zum Zeichen der Herrschaft der große hölzerne Aufgebelöffel, der „Sleef", überreicht. — Die Eltern der Braut gingen nicht mit zur Hochzeit, aber am nächsten Sonntage zur Nachfeier, zu welcher auch Verwandte und Nachbarn eingeladen werden. Früher war es überall Sitte, daß Braut und Bräutigam eine Reihe von Zeugen oder „Bistahners" hatten, die für diese größere Ehre auch größere Geschenke geben mußten; jetzt befolgen diese Sitte nur noch weniger bemittelte Brautleute.

Bei Beerdigungen hält man vorzugsweise noch auf die genaueste Beobachtung aller herkömmlichen Gebräuche. Die Beerdigungen der Bemittelten, namentlich der Hausleute, sind mit mehr Umständen verknüpft als die der weniger Bemittelten. Wenn jemand gestorben ist, so werden sofort die Hausuhren zum Stehen gebracht und die Spiegel verhängt. Das Vieh im Hause wird stellenweise ungebunden, weil es sonst nicht gut gedeiht. Die Augen des Verstorbenen werden zugedrückt, und die Leiche wird, so lange sie noch warm ist, gewaschen und angekleidet. Wenn der Sarg fertig ist, so kommen die Nachbarn und legen die Leiche hinein („he kummt in't Holt").

Etwa acht Tage nach dem Abscheiden erfolgt die Beerdigung. Ein Leichenbitter ladet die Träger und das Gefolge dazu ein. Wenn er in ein Haus kommt, so pflegt er Folgendes zu sagen: „Se hebbt dat trorige Malör jo woll all hört x. Ick schull gröten van N. N. un af Se nich so god wesen wullen un dohn ähr versturben Liek de leßte Ehr an x." — Ist der Verstorbene ein Verheirateter gewesen, so wird er von Verheirateten, sonst von Unverheirateten zu Grabe getragen. Die Beerdigung geschieht gewöhnlich an einem Nachmittage. Früher fanden große Schwelgereien dabei statt, jetzt wird nur Kaffee, Butterbrot und Tabak gereicht. Der Sarg, auf den drei brennende Lichter gestellt sind, steht auf einem weißen Laken, dem sog. Totenlaken, mitten auf der Diele; die Leidtragenden sitzen hinten in den Stuben, oder wenn hier nicht Platz genug, auf der Diele an langen Tischen. Gehört der Verstorbene einer angesehenen Familie an, so wird der Prediger ins Trauerhaus geladen, um am Sarge eine Rede zu halten. Auch der Lehrer muß alsdann mit mehreren Knaben am Sarge einen Trauergesang singen. Kurz vor oder nach der Rede verliest der Prediger eine von dem Lehrer aufgesetzte kurze Lebensbeschreibung des Verstorbenen, ein sog. Personal, etwa folgenden Inhalts: „Der verstorbene christliche Mitbruder wurde im Jahre 1824 den 6. Januar von christlichen Eltern ehelich geboren. Sein Vater war der weil. Hausmann N. N. hierselbst und seine Mutter Anna Margarete geb. N. N. Bald nach der Geburt wurde er durch die heil. Taufe in den Schoß der christlichen Kirche aufgenommen und erhielt bei dieser feierlichen Handlung den Namen Johann. Mit vollendetem 6. Lebensjahre wurde er zur Schule geschickt und fleißig zum Besuch derselben angehalten, und nachdem er in den Heilswahrheiten der christlichen Religion den nötigen Unterricht empfangen hatte, mit vollendetem 14. Lebensjahre konfirmiert und darauf zum Besuche des heil. Abendmahles zugelassen. Im Jahre 1848 verheiratete er sich mit Gesche Katharine geb. N. N., mit der er zwanzig Jahre in einer glücklichen und zufriedenen Ehe lebte, in welcher ihm Gott 6 Kinder, nämlich 3 Söhne und 3 Töchter schenkte, von denen noch 4 am Leben sind, nämlich 2 Söhne und 2 Töchter. Seine treue Lebensgefährtin ist ihm bereits im Jahre 1868 in die Ewigkeit vorangegangen. Bald folgte er ihr nach kurzem Krankenlager nach. Er starb den 21. dieses Monats, abends zwischen 7 und 8 Uhr, tief betrauert von allen Angehörigen, Freunden und Bekannten, nachdem er seine irdische Laufbahn gebracht hatte auf — Jahre — Monate — Tage. Sanft und still wie sein Leben war auch sein Sterben."

Obgleich in einem solchen Personal eigentlich nichts weiter gesagt ist, als: N. N. wurde geboren, nahm ein Weib, zeugte Kinder und starb, so wird es doch stets mit großer, fast mit größerer Andacht angehört, als die Predigt. Der Bauer verlangt selbst, daß über ein wenige Monate oder Jahre alt gewordenes Kind eine biographische Skizze abgefaßt werde. Derselbe Gebrauch findet sich auch noch im bairischen Hochlande. Es geht aus dem Bestreben hervor, dem Individuum eine besondere Erinnerung zu stiften und zu bewahren. Riehl (Land und Leute) sagt hierüber: „In diesem Herkommen spricht sich eine merkwürdige Wertschätzung des Individuums aus, welche sehr gut zu dem historischen Geiste stimmt, der überhaupt in dieser Bevölkerung webt. Während diese Bauern selbst dem Säugling seine individuelle Geschichte zuerkennen und dieselbe über dem offenen Grabe ausdrücklich bekundet wissen wollen, ist es eine angeblich unendlich höhere Civilisation, welche die Menschen nur noch nach Haufen und Massen mißt und es darum für ganz passend hält, daß der einzelne Verstorbene, der ja aufhört „Werte zu produzieren", in der Stille wie ein Hund verscharrt und sein Gedächtnis der Vergessenheit überliefert werde."

Nach der Parentation wird der Sarg noch einmal geöffnet zu einer allgemeinen Leichenschau. Alle, die den Toten noch einmal zu sehen wünschen, treten nun zum Sarge. Hierauf wird derselbe geschlossen, auf einen vor dem Hause bereit stehenden Leiterwagen gesetzt und zum Kirchhofe gefahren. Eine kurze Strecke geht der Lehrer oder Organist noch mit seinen Schülern vor dem Wagen her, einen Leichengesang singend. Dasselbe wiederholt sich, wenn der Zug durch ein anderes Dorf und auch, wenn er in das Kirchdorf kommt. In letzter Zeit wird jedoch das Singen bei Beerdigungen mehr und mehr abgestellt. Ist der Verstorbene ein Kind, ein Jüngling oder eine Jungfrau, so liegt auf dem Sarge ein Kranz von Moos oder Immergrün, der mit so viel weißen

Rosetten verziert ist, als der Tote Jahre gelebt hat. Dieser Kranz wird hernach auf das Grab gelegt. Beim Kirchhofe angekommen, wird der Sarg auf eine Bahre gestellt und mit Gesang und Glockengeläute zu Grabe getragen. Nachdem er hinab gesenkt ist, wird noch einmal gesungen: „Begrabt den Leib in seine Gruft ꝛc.", darauf ein stilles Gebet gesprochen, noch ein Blick in die Gruft geworfen, und die Leidtragenden begeben sich auf den Heimweg.

Vor den Leichenwagen dürfen keine trächtige Pferde gespannt werden, weil sie sonst das Füllen verbringen. Auch hält man sehr darauf, daß der Leichenzug den hergebrachten Totenweg einschlage, und sieht es gern, wenn er möglichst vielen Ländereien des Verstorbenen vorbeikommt. Früher begaben sich alle Leidtragenden nach der Beerdigung noch wieder zum Trauerhause, wo das sog. Toten= oder Tröstelbier stattfand, das oft bis spät in die Nacht hineindauerte und manchmal sogar zu einem Trink= und Tanzgelage entartete.

Das wäre wohl das Wichtigste über die Sitten und Gebräuche im Ammerlande, die auch in andern Landesteilen, namentlich auf der Geest, mit wenigen Abweichungen dieselben sind. —

Der Ammerländer besitzt einen eigentümlichen trocknen Witz und Humor, der besonders in den Sprichwörtern zu Tage tritt. Auch eine harmlose Spottsucht gehört zum Charakter des Ammerländers wie überhaupt des Oldenburgers. Letztere spricht sich schon in den vielleicht mehrere Jahrhunderte alten Westersteder und Aper Kirchspielsliedern aus, die hier folgen mögen.

### 1. Westersteder Kaspelleed.

Ick weet woll, ick weet woll, wo god wahnen is,
To Hollwege, to Hollwege, wenn't Sommer ist.

Anm. In Hollwege ist es im Sommer, wegen der anmutigen Lage gut wohnen, im Winter waren aber die Wege fast unbrauchbar, daher auch der Name.

De Halstruppers de heft de fetten Swien';
De Moorborgers drieft se henin.

Anm. Halstrup hat schöne Holzung und Schweinemast. Die Moorburger trieben ihnen häufig die fetten Schweine, wenn sie sich in ihre Besitzungen verirrten, in den Schüttkofen.

De Halsbeker heft de hogen Schoh';
De Eggeloger snören se to.

Anm. Hohe Schuhe waren Zeichen des Wohlstandes; das Zuschnüren mochte wohl kein Bild nachbarlicher Freundschaft sein.

To Jühren steit dat hoge Holt;
To Linswege fünd de Deerens stolt.

Anm. Jührden zeichnete sich durch hohes Holz und Linswege durch Wohlstand aus.

Dat Garnholt is jo ok nich grot,
Doch ett et so geren Stutenbrot.

Anm. Garnholz hat schöne Waldungen, auch gutes Roggenland. Das Essen des Weißbrotes deutet auf Wohlleben.

To Hülstä sünd de Straten deep;
To Westerstä sünd de Maikens leep.

Anm. Zwischen den Hülstedern und Westerstedern herrschten früher oft Grenzstreitigkeiten und obiges war gegenseitiger Vorwurf. Die Westersteder veränderten das beleidigende leep (schlecht, verschmitzt) in das galantere leev.

De Fikensolter heft de snippern Schoh',
Darmit trät se na'r Westerstäer Karken to.

Anm. Die Junker von Fikensolt waren die Angesehensten der Gegend und konnten Schuhe mit Schnäbeln tragen. Sie brüsteten sich damit, daß ihre Vorfahren viel für die Westersteder Kirche gethan hätten. Dies Großthun, sogar beim Kirchgange, rügt das Spottlied.

To Mansie gaht de Stakenhauers ut;
To Ocholt staht de Sögen Hus.

Anm. Die Mansier werden Stakenhauer genannt, weil sie nicht ausgewachsene Bäume weghauten und zu Zaunpfählen (Staken) verkauften. Ursprünglich stand in dem Liede statt Hus wohl Hud. Die Sögen oder Säue standen dort Wache.

De Coßholter flickt ähre Stavelken-Schoh,
Det weerd de Howikers selden froh.

Anm. Stavelken sind Holzschuhe, an welche oben Stiefelschäfte genagelt sind. Man deutet dies auf die Holzdiebstähle in den Howiker Büschen, deren man vordem die Torsholter beschuldigte.

De Seggeners heft enen hollen Bom,
Darin hangt se ähren Sadel un Tom.

Anm. Den Junkern von Seggern gab man Unordnung und Nachlässigkeit schuld.

To Westerloy sünd de Grawen terbraken;
To Lindern sünd de Doren geslaten.

Anm. Im Jahre 1456 fielen die Friesen über Westerloy ins Kirchspiel Westerstede und zerstörten die Schanzgräben. Die „Doren" sind die Verhacke, die von den Westerstedern und Oldenburgern unter Graf Gerhard in den engen Hohlwegen gemacht wurden. S. was bei Mansie gesagt ist.

To Borgforde staht de hogen Poppeln,
Dar geit dat ganze Kaspel bi in Koppeln.

Anm. In Borgforde war im Anfange des vorigen Jahrhunderts das Amt. Auf dem Gute Wittenheim standen hohe Pappeln. Der Etatsrat von Wilken erhielt im vorigen Jahrhundert das Haus Burgforde unter dem Namen Wittenheim zum Erbmannlehn. Er war Amtmann und nannte sich gewöhnlich Praefectus Ambrinae. Im schönen Garten zu Wittenheim soll oftmals das ganze Kirchspiel haufenweise (in Koppeln) zum Hofdienst gebraucht sein, um die Ideen des Herrn von Wilken in Anlegung von Grotten, Fischteichen ꝛc. auszuführen.

To Westerstä dar steit de hoge Thorn,
Dar schall dat ganze Kaspel bi versoorn.

Anm. Der Vers spielt auf den großen Kostenaufwand zum Turmbau an.

## 2. Aper Kaspelleed.

De Winkelers de heft dat grote God;
De Klampeners draagt enen freeschen Hoot.

Anm. Winkel war ein sehr großes Bauerngut. Die Klampener trugen friesische Hüte.

To Klampen dar steit de hoge Mai;
To Hingstforde dar gelt de Treu.

Anm. Klampen hat viel Birkenholzung (Maien). Statt Treu lese man vielleicht besser Treie oder Treide, das Instrument, womit der Flachs geklopft wird.

To Espern dar staht de säben Hus;
To Apen dar gaht de Landsknecht' ut.

Anm. Zu Espern sollen ehedem nur sieben Häuser gestanden haben. Zu Apen war bekanntlich eine Festung. Daß die Soldaten Landsknechte genannt werden, beweist das hohe Alter des Liedes.

De Bokelers slacht ene fette Koh;
Den Go'nsholtern smiet't se de Bunken to.

Anm. Bei Bokel ist ein fruchtbarer Boden, bei Godensholt ein magerer. Bunken sind große Knochen.

De Holtgasters de heft de Hud;
Damit gaht se na Nordloh henut.

Anm. Zu Holtgast, eine Stunde von der Festung Apen, war eine Schanze, welche die Vorhut bildete. Die Holtgaster Wache erstreckte sich bis zur Nordloher Schanze.

## III. Kapitel.

# Ein Gang durch die Osenberge nach den Rittrumer Bergen.

Wenn man eine kleine Stunde in südlicher Richtung auf der Chaussee von Oldenburg nach Wardenburg gegangen ist, so kommt man an ein Wirtshaus, das den Namen „Courier von Bümmerstede" führt. Es steht gerade da, wo der Weg sich spaltet; die Chaussee führt rechts über die Hunte nach Wardenburg, ein Sandweg links durch ein Roggenfeld nach Bümmerstede.

Der Name „Courier von Bümmerstede" ist ein im Volke allgemein bekannter Spottname für jeden schlechten Reiter. Folgendem Ereignis soll er seine Entstehung zu verdanken haben. Als, so erzählt man, der Herzog Peter Friedrich Ludwig im Jahre 1813, nachdem die französische Besatzung aus Oldenburg fortgezogen und das Land wieder frei geworden war, von Rußland, wohin er geflüchtet, nach Oldenburg zurückkehrte, wurde ihm von den treuen Bürgern ein feierlicher Empfang bereitet. Ein Reiter wurde nach Bümmerstede geschickt, wo der Herzog durchkommen mußte, mit dem Auftrage, sobald dieser im Anzuge sei, im Fluge nach der Stadt zurückzukehren, und die Ankunft des sehnlichst erwarteten Landesvaters zu melden. Als der Courier den Fürsten endlich in Sicht bekam, ritt er auch spornstreichs nach Oldenburg zurück, so schnell ihn seine schlechte Mähre zu tragen vermochte. Allein auf halbem Wege überkam ihn etwas Menschliches, er mußte absteigen, und der Herzog jagte an ihm vorüber. — Langsam und trostlos ritt dann der Courier, nach bereits geschehenem Empfange, in die Residenz ein, und seit der Zeit wird jeder schlechte Reiter von den Oldenburgern ein Courier von Bümmerstede genannt.

Wir schlagen den Sandweg nach Bümmerstede ein, den alten Postweg, der früher von Oldenburg durch die Osenberge über

Hatten und Delmenhorst nach Bremen führte. Mühselig und höchst langweilig war damals eine Reise nach Bremen. Der Wagen schlich langsam durch tiefen Sand und endlose Heiden, und erst nach einer vollen Tagereise gelangte man in Bremen an, nicht selten aber wurde die Reise durch einen Unfall, den die schlechten Wege verursachten, noch um einige Tage verlängert.

Die Gegend südlich von Oldenburg hat einen ganz anderen Charakter als diejenige nördlich der Stadt. Während im Norden die flache Geest vorherrschend ist, durchweg kultiviert, wenn auch hin und wieder von Moor- und Heidestrichen durchbrochen, beginnt der Boden bei Bümmerstede schon wellenförmig und hügelig zu werden. Die Dörfer liegen wie Oasen inmitten großer, sandiger Heideflächen. Ich erinnere nur an die Sager Heide, die bald hinter Wardenburg am linken Huntenufer beginnt, und durch welche die Chaussee nach dem Münsterlande führt.

Das Dorf Bümmerstede liegt am rechten Huntenufer. Der Name hat zwar einen schlechten Klang, aber die Bauernhäuser liegen unter hohen Eichen und Föhren gar friedlich zwischen grünen Roggenfeldern. Sowie man aber aus dem Dorfe herauskommt, wird die Gegend vorweltlich, wild und romantisch. Wir begrüßen die ersten Ausläufer der Osenberge, die sich hier am rechten Huntenufer entlang, wohl zwei Stunden weit, fast bis Hatten erstrecken. Man hat vermutet, das Wort „Osen" sei gleichbedeutend mit „Asen", in der nordischen Mythologie der Name der Götter. Darnach wären die Osenberge also Götterberge, auf denen früher die Götter von den Alten verehrt wurden. Allein, wir haben in unserm Lande auch ein Dorf Hasbergen, in der Nähe von Delmenhorst, wo sich eine ähnliche Dünenkette die Delme entlang zieht. Ich vermute darnach, das Wort bedeute so viel als: Berge am Wasser; denn a oder o heißt im Altdeutschen das Wasser.

Die Osenberge sind eine Reihe von Hügeln, die mit düstern Föhren bestanden sind. Es sind Dünen, bestehend aus weißem Flugsande, ganz ähnlich den Dünen auf Wangeroge. Der Wind würde hier ebenso sein Spiel mit dem Sande treiben, hier fortreißen, dort wieder aufbauen, wie auf den friesischen Inseln, wenn ihn nicht die vor etwa fünfzig Jahren zwischen und auf den Dünen angepflanzten Föhren bezähmten. Hin und wieder, am Rande der Osenberge, thut er es noch. Hier, auf diesen Ausläufern der Dünenkette, findet man auch noch, wie auf den Wangeroger Dünen, den Sandhafer, der mit seinen langen, zähen Wurzeln tief in den weißen Sand dringt und die Scheiteln der Dünen mit seinen graugrünen, struppigen Blätterbüscheln bedeckt. Der

Wind zerzaust sie und legt die schlangenartig sich verästelnden Wurzeln bloß.

Die Osenberge treten nirgends nahe an das Hunteufer hinan. Früher, als sie noch nicht mit Föhren bewachsen waren, mußten die höchsten Hügel eine hübsche Aussicht über das Huntethal gewähren, jetzt bietet sich eine solche nur noch an ein paar Stellen. Man schaut hier westwärts über grüne Wiesen und Roggenfelder, von der Hunte durchschlängelt, nach Wardenburg, am jenseitigen Ufer, hinüber, wo sich ähnliche Dünen erheben. Die höchsten Hügel befinden sich in der Mitte und am südlichen Ende der Osenberge, doch sind sie wohl nicht über 12 bis 15 Meter (42 bis 52 Fuß) hoch. Im Süden erstrecken sich einige Ausläufer dem Barneführer Holz zu. Einer der höchsten dieser Hügel heißt der Kistenberg, von dem die Sage erzählt, daß hier in einer Kiste ein Schatz vergraben liege. Schatzgräber sollen hier auch mehrfach heimliche Nachgrabungen angestellt, aber nie den Schatz gefunden haben. Nicht weit davon, beim Dorfe Streek, ist auch der Hügel, an den sich die Sage vom Wunderhorn knüpft. Die Sage ist zwar allgemein bekannt, da aber die Osenberge den Rahmen derselben bilden, so würde diese Skizze nicht vollständig sein, wenn ich dies Bild nicht hineinfügte. Der oldenburgische Geschichtsschreiber von Halem erzählt nach dem alten Chronisten Hamelmann die Sage wie folgt:

Einer der Ottonen (Grafen von Oldenburg im 11. und 12. Jahrhundert) verirrte sich einst bei einer Rehhetze von seinem Gefolge bis in den Osenberg. Die schwüle Mittagshitze drängte Otto den lauten Wunsch ab: „O, hätt' ich einen kühlen Wassertrunk!" Und siehe, auf seinen Ruf thut der Berg sich auf und hervor geht eine schöne Jungfrau in herrlichem Gewande. Den blendend weißen Nacken hinab wallet lang ihr Haar über die Achseln, und ein Kranz zieret ihr Haupt. In der Hand hält sie ein köstlich, gar künstlich gearbeitetes und vergoldetes Silberhorn, beut solches dem Grafen und ladet ihn zum Trunk ein. Als sie den Grafen zögern sieht, ermutigt sie ihn: „Scheue nicht den Trunk! Er wird dir nicht schaden. Trinkst du, dann wird es wohl gehen dir und deinem Hause, und das Land wird zunehmen und ein Gedeihen haben. Trinkst du nicht, dann wird, das wisse! Uneinigkeit zerrütten dein Geschlecht." — Otto trank nicht. Er goß das Horn hinter sich aus, und das Naß, welches das Pferd bespritzte, fraß urplötzlich das Haar weg. „Gieb mir mein Horn zurück!" rief die Jungfrau. Aber der erschrockene Otto gab seinem Pferde die Sporen und ereilte mit dem Horne die Seinen. Das Horn ist seitdem als ein köstliches Kleinod in Oldenburg verwahrt worden, bis es nach der dänischen Besitznehmung der Grafschaften in die Kopenhagener Kunstkammer kam, wo es noch jetzt gezeigt wird.

Diese Sage hat sowohl in plattdeutscher als hochdeutscher Sprache ihre Sänger gefunden, ob sie aber wirklich auf oldenburgischem Boden entsprossen ist, möchte sehr zu bezweifeln sein. Wahrscheinlich hat der Chronist Hamelmann, um einen dunkeln Zeitraum in der oldenburgischen Geschichte (11. Jahrhundert) auszufüllen, die ursprünglich englische Sage auf oldenburgischen Boden verpflanzt. Auch das sog. Wunderhorn ist nach der Arbeit zu schließen viel jüngeren Ursprungs. Wahrscheinlich ließ es Graf Gerhard der Mutige (15. Jahrhundert) zu Köln, wo sein Sohn Otto Domherr war, verfertigen und den Kernspruch: Drink all ut! an die Spitze setzen. Nichtsdestoweniger ist das berühmte Trinkhorn ein schönes Denkmal mittelalterlicher Kunstfertigkeit.

Geht man tiefer in die Osenberge hinein, so sieht man überall durch düstere Föhren die Anhöhen hervorschimmern. Hügel an Hügel erhebt sich, bald in einer fortlaufenden Kette, bald gruppen- und ringförmig. Hier fällt ein langer Sandrücken schräg ab, eine Wand bildend, dort steigen einzelne Hügel kegelförmig in die Höhe; hier ein fortlaufendes Längsthal von einem Querthal durchschnitten u. s. w. Von allen Berg- und Thalbildungen bekommt man hier im kleinen eine Anschauung. Graue und gelbliche Moose und Flechten bedecken die Dünen von oben bis unten mit weichem Polster, so hoch, daß man bis an die Knöchel einsinkt. Die beruhigenden Tinten machen auf das Auge des einsamen Wanderers einen überaus sanften, wohlthuenden Eindruck. In diese Gegend hatte bis zum Bau der Oldenburg-Quakenbrücker Bahn das laute Geräusch, das rast- und ruhelose Treiben und Jagen der Neuzeit keinen Weg gefunden. Tiefe, lautlose Waldeinsamkeit umfängt uns auch noch jetzt, sobald der Zug vorübergebraust ist. Es ist, als wären wir in das früheste Dunkel geschichtlicher Zeit zurückversetzt, als befänden wir uns in einem alten Zauberwalde, wo noch Erdmännchen hausen und wo jeden Augenblick eine verzauberte Königstochter aus dem Berge treten könnte. Keine menschliche Stimme bringt an unser Ohr, nur von Zeit zu Zeit unterbricht das kreischende Geschrei eines Hehers, das heisere Gekrächz eines Raben, das Frühlingsgeläut eines Kuckucks oder das Ticken und Hämmern eines Spechtes die tiefe Stille. Auch ein scheues Reh tritt uns wohl in den Weg, schaut uns mit großem, verwundertem Auge an und huscht in die Tiefe des Waldes zurück. Fährt dann noch der Wind mit dumpfem Sausen und Brausen durch die düstern Föhrenwipfel, so wird uns fast schauerlich zu Mute. Wie müssen hier die Stürme des Winters wüten und heulen, wenn sie von Osten her durch den Sand der Dünen, über die kahlen Heiden, oder von Westen über die schnee= und eisbedeckten Niederungen des Hunte= thals daher fegen! Von der ungezähmten Gewalt des Sturmes zeugen noch die vielen umgestürzten Föhren, deren entblößte Wurzeln nach oben gekehrt sind. Kein Wunder ist es, wenn auf solchem Boden die Volkssage noch Erdmännchen und Kobolde ihr Wesen treiben läßt.

Sogar der Name eines deutschen Dichters ist mit den Ofen= bergen verknüpft. Mitten in der Wildnis steht ein einsames Wirtshaus, der Sandkrug. Hier soll einmal der Dichter Gleim auf einer Reise eingekehrt sein. Er forderte einen Dreifuß, um einen Kessel mit Wasser zum Kochen darauf zu setzen. „Wir haben keinen Dreifuß," war die Antwort. „Reicht mir dann den Blase= balg, damit ich das Feuer anflamme." — „Wir haben keinen Blasebalg." — „Gebt mir ein Lämpchen, damit ich —." „Herr," unterbrach ihn der Wirt, „wir haben kein anderes Lämpchen, als was dort unterm Boden hängt, und was Sie wohl nicht anrühren mögen." „Armseliges Volk!" seufzte der Barde und zog seiner Straße. Nach wenigen Wochen kam er desselbigen Weges zurück und brachte den Leuten einen Dreifuß, einen Blasebalg und eine Lampe zum Geschenk. Der Spaß des alten Mannes ward bekannt. Reisende fragten in der Folge den Wirt nach den geschenkten Sachen, und dieser zeigte sie vor mit der Bemerkung: „Se sünd van 'n olen Mann, he heet Gleim, he schall wiß Verse maken." — Die soliden praktischen Geschenke, ganz der Sinnesart des alten Vater Gleim entsprechend, wurden noch lange in dem Hause auf= bewahrt, jetzt sind sie aber nicht mehr vorhanden.

Als eine litterarische Kuriosität mag hier noch erwähnt wer= den, daß ein Franzose die Osenberge in der Gallerie du monde den Ofenberg: „la montagne du four!" nannte. —

Wenn uns die Nacht im Walde nicht überraschen soll, so wird es Zeit, unsern Wanderstab weiter zu setzen. Noch einmal steigen wir durch eine dichte, niedrige Föhrensaat auf den Gipfel eines Hügels, um eine Umschau zu halten. Im Osten an der Hunte erhebt sich das Barneführer Holz, vor uns nach Süden senkt sich der Boden, unser Auge schweift über weiße Dünen und Sandwehen, über braunes, ödes Heideland, bis es am fernen Horizont auf der Spitze des pyramidalen Kirchturms von Hatten, der aus dunklem Gebüsch hervorragt, einen Ruhepunkt findet. Quer durch die Heide marschieren wir nun auf Hatten. Wir haben gar nicht einmal nötig, dem Fahrwege nachzugehen, sondern können die geradeste Richtung einschlagen. Bäche und Flüsse treten uns nirgends in den Weg, nur hin und wieder müssen wir ein einsames Gehöft umgehen. Charakteristisch für die ganze Gegend sind hier die aus Feld- und Granitsteinen aufgemauerten Wälle, die fast überall Hof und Garten einfriedigen, und ferner die einsamen, düstern Schafköfen, die malerisch unter zerzausten Föhren, alten Buchen und grünen Birken überall auf der Heide und am Rande derselben zerstreut umher liegen. Die Wände der letzteren bestehen ebenfalls aus auseinander gestellten Feldsteinen, oder aus einem Holzgeflecht, das mit Lehm bestrichen ist. Zwei aus rohen Brettern zusammengenagelte Thüren befinden sich in der Vorder- und Hinterwand, und durch die Spalten derselben vermögen wir in den dunklen Raum des Stalles zu schauen, auf die ruhende Herde der Heidschnucken. Da lagern sie friedlich wiederkäuend neben einander, alte und junge, weiße, gefleckte und schwarze, Schafe, Böcke und krummgehörnte Widder. Sobald sie uns gewahren, drehen sie neugierig den Hals nach uns her und schauen uns mit hellen, klugen Augen an. Die Heidschnucke ist kein so dummes Tier wie ihr Vetter, das in Wohlleben und Ueppigkeit verkommene Marschschaf, vielmehr hat es ein munteres, halb wildes Naturell und verrät Schlauheit und Intelligenz.

Der Anblick einer solchen Herde ist überaus friedlich. Wie traulich ruhen die weißen Lämmer neben ihrer bedächtigen, erfahrenen Mutter! Wie ernst und patriarchalisch erhebt sich dort das ehrwürdige Haupt eines alten Leithammels! Im Sommer und Winter, im Sonnenschein und Regen, bei Sturm und Schneegestöber zog er seit Jahren seiner Herde voran über die weite Heide, wie der Erzvater Jakob seinen Kindern und Herden durch die Wüste. Ganz das Gegenteil von manchem politischen Leithammel, wußte er sie fein sachte und bedächtiglich, ohne Ueberstürzung zu führen, so daß selbst die Kleinsten und Schwächsten mitkommen konnten. Willig folgten sie dem Rufe seiner tiefen Baßstimme und dem klappernden Geläut der großen Glocke an seinem Halse. Wer sähe dieser greisen Gestalt noch den wilden, mutwilligen Jüngling an, von dessen heißem Werben um ihre Gunst noch jene alte Großmutter rührende Geschichten erzählen könnte, die dort, am Asthma leidend, ächzend und keuchend in einem Winkel ruht.

Es will Abend werden und der Tag hat sich geneigt. Bald deckt Nacht die weite Heide. Dann liegt sie vor uns, düster und totenstill, ohne Anfang und Ende, ein Bild der Ewigkeit. Aber auch die Nacht hat ihr Licht. Der Orion erhebt seinen Demant=

schild und hält ihn schirmend über die Heide. Das Heer der Sterne wandelt über sie hin wie über das dunkle Meer. Blutrot geht der Vollmond auf und gießt sein bleiches Licht über die braunen Urnenhügel und über die grauen, bemoosten Hünensteine.

Die Heidschnucke ist ein kleines bewegliches, aber durchaus nicht scheues Tier, von sehr feinem und schwächlichem Körperbau und unsichern, trippelnden Ganges. Die Augen sind besonders lebhaft, die Beine sehr dünn und häufig schwarz; die Wolle ist entweder schwarz oder weiß und haariger als die der Marschschafe; der Schwanz ist kurz. Die Hörner sind klein, rückwärts gebogen und herabhangend. Die Böcke haben lange, stark gewundene Hörner, einen kräftigen Hals und unter demselben eine Mähne. In der Paarungszeit bestehen sie oft heftige Kämpfe mit einander, in denen der stärkste aber bald den Sieg davon trägt und dann Heer= oder Welzenbock (von „Well" = Ueberhand) genannt wird. Der Sieg pflegt aber nicht allzu lange zu währen; denn die Besiegten schließen eine Allianz gegen den Heerbock und rücken in Reih und Glied gegen ihn heran. Zunächst attakiert ihn der Flügelmann mit einem kräftigen Stoß, und während er rückwärts gehend seine vorige Stellung wieder einnimmt, rückt der zweite Bock vor, dann der dritte, vierte u. s. w., bis der erste Bock wieder an die Reihe kommt und der Heerbock endlich matt und überwunden ist. Der Kampf ist so heftig, und durch den Anprall der Hörner entsteht ein so taktmäßiges, starkes Geräusch, daß man glauben könnte, es werde gedroschen. Die Schnucke muß täglich, auch bei dem schlechtesten Wetter, ausgetrieben werden. Ihre Nahrung besteht fast ausschließlich aus Heide und den wenigen Kräutern, die in der Heide wachsen. Nur im Winter, wenn der Schnee gar zu hoch liegt, wird das Tier mit Roggen und Heu zugefüttert. Sehr gern frißt es den weichhaarigen Ginster (Genista pilosa), von dem einige Schäfer ganze kleine Wälder angelegt haben. Der Ginster wirkt betäubend auf die Schafe, soll ihnen aber sehr gesund sein. Die Schnucken sind auch eifrige „Pilzjäger", und sobald sie Schwämme wittern, beginnen sie zu laufen, um sich einander zuvor zu kommen. Selbst der giftige Fliegenschwamm soll ihnen nicht schaden. Von allen Schafen hat die Schnucke das wohlschmeckendste Fleisch. Sie wird auch sehr leicht fett; will man sie mästen, so braucht man sie im Herbste nur einige Wochen auf die Stoppelfelder zu treiben. Ueberall im nordwestlichen Deutschland, wo nur Heide wächst, findet man die Schnucke, von Jütland an durch Hannover, Oldenburg, bis an Westfalen und in die Niederlande hinein. Von undenklichen Zeiten her ist hier ihre Heimat gewesen, und wahrscheinlich stammt sie von den Schafen ab, mit denen unsere alten Vorfahren, die Sachsen und Chauken, über die hohen Heiderücken der Geest wanderten. Der Name Schnucken soll, wie die Wörter „Snake" (Schlange) und „Snigge" (Schnecke), von „snicken" (kriechen) abgeleitet sein. Die Schnucken sind die Indianer unter den Schafen und werden wie diese immermehr verschwinden und endlich aussterben, so wie mit dem Fortschreiten der Kultur die Heiden mehr und mehr abnehmen. Mit der Verteilung der großen Heiden und Gemeinheiten ist ihnen ihr Todesurteil gesprochen.

Tag für Tag, Sommer und Winter wandern die Schnucken durch die Heide. Nur wenn im Winter der Schnee zu hoch liegt, werden sie nicht ausgetrieben. Ist die Schneedecke nicht zu dick, so kratzen sie mit ihren scharfen Hufen die Heide hervor, wie die Renntiere im hohen Norden das Moos. Die trockne Heide ist wie gesagt fast ihre einzige Nahrung; saftige Kräuter und Gräser dienen ihnen nicht einmal. Wenn Heidschnucken in die Marsch gebracht werden, so werden sie zwar bald fett, aber ihre innern Teile (Lungen ꝛc.) gehen in Fäulnis über.

Ein Hirte schlendert behaglich, seinen grauen Strickstrumpf in der Hand haltend, hinter der Herde her. Einen langen, schmutziggrauen Mantel (Heiken) hat er um die Schultern geschlagen. Seine Füße stecken in schweren Holzschuhen oder sog. Stiefelholzschuhen, das sind Holzschuhe mit Lederschäften. Ueber die Schulter hängt eine Ledertasche, mit Brot, Speck und Buchweizenpfannekuchen gefüllt. Unter dem Arme trägt er eine kleine, langgestielte Schaufel, eine sog. „Scheperschüpp", welche gleichsam sein Zepter bildet. Wenn er so gemessen und würdig durch die Heide schreitet, dann wandert sein „Spitz" gehorsam hinter ihm her. Setzt sich der Herr unter einen alleinstehenden Baum, oder ruht er auf einem Hügel, indes die Herde um ihn her weidet, so streckt sich auch der Spitz an seine Seite, wenn er nicht auf einen Wink die Herde umkreist, oder ein abgeirrtes Schaf zum Hausen zurücktreibt.

Der Spitz ist sein erster Minister, sein alleruntertänigster Diener. Ein leiser Pfiff, ein Wurf mit der Schaufel genügt, und der wohldressierte Spitz ist in wenig Sätzen an Ort und Stelle, um ein halsstarriges Schaf zu züchtigen und zum Gehorsam zurück zu führen.

Ein Heidschnuckenschäfer ist nicht so dumm wie er aussieht. Er studiert seine Tiere mit großer Liebe, kennt die Natur jedes einzelnen und behandelt es demgemäß, bald sanftmütig, bald strenge, mit wahrer Hirtentreue. Das ermüdete Schäflein nimmt er auf seine Arme und trägt es der heimkehrenden Herde nach. Wie ein kluger Arzt muß er die kranken Tiere zu behandeln wissen, alles, was seinen Schafen schaden kann (Nässe, ungesundes Futter ꝛc.), muß er sorgfältig von ihnen fern halten. Ja, wenn den jungen Lämmern die Mutter gestorben ist, so muß er sogar deren Stelle vertreten oder ihnen eine Stiefmutter verschaffen. Letzteres thut er, indem er ein anderes Mutterschaf durch allerlei Kniffe zu bewegen sucht, das fremde Kind zu adoptieren und zu säugen. Daß manche Schäfer auch Wunderdoktoren sind, ist bekannt, und daß sie in die Zukunft schauen können, wissen wir aus den „Prophezeiungen des alten Schäfers Thomas". Das einsame Leben in der schweigsamen, melancholischen Heide bildet in ihrem Geiste den Hang zur Schwermut aus, die sich manchmal zum Lebensüberdruß steigert. Die Schäfer sind gutmütig und naiv wie die Nomadenvölker, aber häufig auch roh wie diese. Streitigkeiten wie zwischen den Hirten Abrahams und den Hirten Lots sind noch jetzt unter ihnen an der Tagesordnung. Auch an Mutterwitz fehlt es ihnen nicht, und Bürgers Hans Bendix ist eine sehr naturwahre, volkstümliche Gestalt. Mancher Schäfer könnte mit Hans sprechen:

„Was ihr Gelehrte für Geld nicht erwerbt,
Das hab' ich von meiner Frau Mutter geerbt."

Eine kleine Schnurre darf hier nicht fehlen. Einst kam ein Schäfer am Sonntage mit seinem Spitz in die Kirche. Der Prediger verlas das schöne Gleichnis vom guten Hirten: „Jesus sprach: Ich bin ein guter Hirte, ein guter Hirte lässet sein Leben für die Schafe ꝛc." Als er nun an die Stelle kommt: „Der Mietling aber fleucht ꝛc.", meint der Schäfer, das sei auf ihn gemünzt und schickt sich schleunigst an, die Kirche zu verlassen, indem er zu seinem aufhorchenden Hunde sagt:

„Spitz, kumm an,
Dat Sticheln geit an!"

In der Zwischenzeit, wenn der Schäfer nicht mit seiner Herde draußen ist, muß er auch bei Haus- und Feldarbeiten helfen. Der Lohn für seine Leistungen ist gering. Ein Schäfer erzählte mir, er bekomme jährlich fünf Thaler, zwei Hosen, ein Hemd, vier Pfund Wolle und zwei Schafe. Nebenher verdient er jedoch noch ziemlich viel mit Stricken oder „Breien".

Die Heidebauern halten die Schnuckenwirtschaft für ihre Verhältnisse durchaus notwendig. Der Dünger, den uns die Schafe liefern, sagen sie, ist uns für unser ausgedehntes Ackerland unentbehrlich und durch nichts zu ersetzen, weder durch künstlichen Dünger, noch durch Dünger von Kühen, für die wir ja keine Weide haben. Die Unterhaltung des Heidschafs kostet uns zudem wenig oder gar nichts; denn die weiten Heideflächen, die wir anderweitig doch nicht benutzen können, liefern uns nicht nur eine ewige Schafweide, sondern auch die nötige Streu für die Schafställe. Außerdem giebt uns jedes Schaf 2 bis 3 Pfund Wolle, die das Pfund mit durchschnittlich 1 Mark bezahlt wird. Auch das Fleisch der Schnucken kommt uns im Haushalte gut zu statten; es schmeckt delikat und wird selbst von Gutschmeckern nicht verachtet. Es sieht nicht bloß so dunkel aus wie Fleisch vom Wilde, sondern es schmeckt auch so, und manche Schnuckenkeule ist schon in größern Städten für eine Rehkeule verzehrt worden. Aber es ist so, der Prophet gilt nirgends weniger, als in seinem Vaterlande. Seit Jahrhunderten ist bei uns die Schnuckenwirtschaft betrieben worden, wie wir sie jetzt treiben, und unsere Vorfahren haben sich gut dabei gestanden. Wie es uns aber ergehen würde, wenn wir dem Rate der lateinischen Bauern folgen wollten, das wissen wir nicht; darum lassen wir's hübsch beim Alten. Sagt nicht das Sprichwort: „Dat Schap hett'n gülden Fot?" —

Was sagen dagegen die „lateinischen Bauern", welche die Landwirtschaft studiert haben? Sie sagen: Die Heidschnuckenwirtschaft ist euer Verderben. Tag für Tag muß eine Person darauf losgehn, deren Kraft besser angewandt werden könnte. Benutzt ihr gar Kinder zum Schafhüten, so versäumen sie die Schule darüber und wachsen auf wie Wilde. Was die Streu anbetrifft, die euch die Heide liefert, so ist die gar nichts wert. Wie viele Zeit verbringt ihr, Herr und Knecht und Magd damit, um in der Heide „Plaggen" zu hauen! Und diese Plaggen, verderben sie nicht euer Ackerland? — Die wenigen, düngenden Bestandteile derselben werden bald ausgenutzt, und nichts als unfruchtbarer Wehsand bleibt zurück. Ihr verwandelt eure Aecker damit in wahre Sanddünen. Seht nur eure „Esche" an, wovon sind sie so hoch geworden, als von dem unfruchtbaren Sande, den ihr alljährlich über die fruchtbare Ackerkrume breitet? Und welches Unheil richtet ihr erst in der Heide durch das Plaggenhauen an! Ihr wandelt sie um in eine Wüste. Die dünne Humuskrume, die sich seit Jahren gebildet hat, schält ihr herunter, so daß nichts zurück bleibt als eine Sandwehe. Fahrt ihr so fort, so werden die Sandwehen immer zahlreicher und größer werden, der Wind wird den Flugsand erfassen und über eure schönen Aecker und Gärten wehen, daß keine Spur davon übrig bleibt. Dann mögt ihr Föhren anpflanzen und Zäune gegen den Sand aufführen, um ihn zu bändigen, es hilft euch nichts, er überfliegt die Schranken und begräbt euch samt eurer unvernünftigen Heidschnuckenwirtschaft.

Darum gebt sie auf, je eher je lieber! Statt der Schafe haltet mehr Kühe. Beschränkt den Halmfruchtbau. Ein große Fläche, schlecht gedüngt und bewirtschaftet, lohnt die mühevolle Arbeit weniger, als eine kleinere Fläche, gut bewirtschaftet. Baut mehr Futtergewächse, Klee, Spörgel, Lupinen, Serradella 2c. Sie geben euren Kühen ein gutes Futter und eurem Lande einen wirksameren Dünger, als die Heideplaggen, die euch viel zu teuer zu stehen kommen. Führt einen regelmäßigen Fruchtwechsel ein, verbessert eure Wiesen durch Ueberrieselung. Vor allem besamt die großen Heiden mit Föhren und Tannen. Die Forsten werden mit der Zeit einen größeren Ertrag abwerfen als die Heide. Wie groß ist die Bedeutung der Wälder im Haushalte der Natur! Sie liefern Feuerungsmaterial, verhindern Wassermangel und Dürre, denn die Bäume sind Feuchtigkeitssammler zwischen Himmel und Erde, sie verhindern plötzliche Ueberschwemmungen, verbessern die Luft, befördern ein normales Auftreten der Jahreszeiten u. s. w. Leider werden die Nachteile des Entholzens in vielen Gegenden Norddeutschlands schon fühlbar. Die Witterung wird immer unregelmäßiger, auf äußerst feuchte und kalte Jahre folgen ungewöhnlich dürre und heiße. Früher muß der magre Heidboden infolge ausgedehnter Wälder feuchter und fruchtbarer gewesen sein. Das erkennen wir noch an den alten Ackerstücken mitten in der Heide. Jetzt ist der Boden dort sehr steril, früher muß es dort anders gewesen sein.

Wollt ihr euch über dies alles gründlicher unterrichten lassen, so schickt eure Söhne auf Ackerbauschulen, tretet den landwirtschaftlichen Vereinen bei, in denen solche Fragen verhandelt werden. So, sagen die Landwirtschaftler, spricht die Wissenschaft. Wie weit sie Recht haben, das zu entscheiden, wollen wir andern überlassen.

Unter solchen Erwägungen haben wir unsere Wanderung fortgesetzt. Wie eine Stadt auf dem Berge liegt jetzt Hatten auf einer hohen Bodenwelle vor uns. Unmittelbar vor dem Dorfe hat der Wind, der über die Heide und die Osenberge fährt, in einer Niederung weißen Wehsand zusammengefegt, der immer weiter über das Hatter Roggenfeld zu wandern droht. Um ihn zurückzuhalten, hat man Föhren und Birken angepflanzt, die aber teilweise mit ihren Stämmen tief im Sande stehen. Lieblich hebt sich das zarte, helle Frühlingsgrün der Birken und Föhren von dem fast schneeweißen Flugsande ab. Wie lange wird's währen, bis der Sand sie gänzlich bedecken und über sie hinweg auf die Roggenfelder wandern wird?

Hatten ist ein großes Dorf, dessen Lage wirklich schön zu nennen ist. Bogenförmig um das hohe Roggenfeld verstreut und im Grün der Bäume versteckt, liegen die freundlichen Häuser in den muldenförmigen Bodensenkungen. Die Kirche ist nicht schön, aber altertümlich. Das niedrige Chor scheint der ältere Teil zu sein, dem das Uebrige später angebaut wurde. Wahrscheinlich war auch diese Kirche, wie so manche andere in unserm Lande, anfänglich nur eine Kapelle, die nach und nach erweitert wurde. Die Geschichte erzählt über die Erbauung derselben Folgendes: Graf Christian II. (der Kreuzfahrer) von Oldenburg nahm teil an dem großen Kreuzzuge, den Friedrich Barbarossa an der Spitze von 150000 Kriegern 1187 unternahm. Er zeichnete sich durch große Heldenthaten gegen die Ungläubigen aus und kehrte 1196 mit vielen silbernen und goldenen Ehrenzeichen geschmückt in die Heimat zurück. Die Nacht übereilte ihn in einer Bauernhütte zu Bergedorf (Kirchspiel Ganderkesee). Als er nun in tiefem Schlafe lag, wurde er von den Edelleuten zu Hatten, Döhlen und Sannum meuchlerisch überfallen und mit Dolchen erstochen. Die Mörder sollen von Christians Bruder Moritz, dem die unerwartete Heimkehr des Bruders nicht gelegen kam, gedungen worden sein. Einige der Mörder wurden ergriffen, durch die Probe des glühenden Eisens ihrer blutigen That überwiesen und zur Strafe auf das Rad geflochten. Die Entkommenen mußten auf Befehl des Bischofs Hartwig von Bremen zur Sühne die Kirche zu Hatten bauen. Ihre Reue war aber nicht tief genug, und sie bauten statt der Kirche nur eine Kapelle. Graf Moritz aber brachte einige Jahre später "aus Andacht" — wie der Chronist erzählt — "sein Töchterlein Salome zum beständigen Dienste Gottes dar." Sie wurde Nonne im Kloster Versen.

Vor Erbauung der Kirche mußten die Einwohner von Hatten und Umgegend nach der vier Meilen entfernten Kirche zu Wiefelstede reisen. Um durchs Moor beim Wüstenlande zu kommen, hatten sie einen Bohlendamm hindurch gelegt, bestehend aus aufeinander gelegten, mit Rasen bedeckten Erlenbalken, wovon man noch die Ueberbleibsel findet.

Graf Anton Günther hatte früher zu Hatten ein Jagdhaus, das später von der Familie von Schreeb, die hier ein Gut hatte, bewohnt war. Jetzt ist keine Spur mehr davon zu sehen. Ebenso ist die ehedem nahe beim Dorfe belegene Burg der ehemaligen Erblinge von Hatten bis auf die letzten Trümmer vom Erdboden verschwunden.

Ein im Volksmunde verbreiteter Vers lautet:

„Hatten is de Mattenstadt,
Wer wat hett, de gelt dar wat,
Wer nix hett un kann nix kriegen,
De mutt weg ut Hatten bliewen."

Ob die Bewohner Hattens solche eingefleischte Geldaristokraten sind, wie uns der Vers glauben machen möchte, bleibe dahingestellt, wahr aber ist, was zu Anfang gesagt wird: „Hatten is de Mattenstadt." In Hatten und Umgegend wohnen nämlich manche Familien, die sich ausschließlich mit Mattenflechten beschäftigen. Zu den Matten werden die zähen, platten Blätter des Sandhafers benutzt. Da dieselben kurz vor der Blütezeit abgeschnitten werden, wodurch die Pflanze in ihrem Wachstume eine große Störung erleidet, so daß sie auf die Dauer nicht mehr imstande ist, den wilden Flugsand der Dünen zu bändigen, so hat der Staat das Sandhaferschneiden in den Osenbergen bei einer Strafe von 7,50 Mark verboten; doch wird trotzdem von den Mattenmachern noch Sandhafer geschnitten.

Die Veranlassung zum Mattenflechten soll vor vielen Jahren ein fremdes, eingewandertes Ehepaar gegeben haben. Dieses mietete sich in ein Haus nahe den Osenbergen ein und begann bei verhängten Fenstern und verschlossenen Thüren eine geheimnisvolle Thätigkeit zu entwickeln. Die Fremdlinge flochten nämlich aus Sandhafer Matten, die sie für vieles Geld verkauften. Eine Frau hat den Fremden die Kunst glücklich abgelauscht, und von dieser haben es andere gelernt. Die Mattenmacher sind Heuerleute oder Anbauer. Fast das ganze Jahr hindurch ist die Familie, jung und alt, auch die Kinder von sieben Jahren an, mit dem Mattenflechten beschäftigt. Da der Sandhafer in den Osenbergen nicht mehr geschnitten werden darf, so gehen die Männer im Juni und Juli in die sechs bis sieben Stunden entfernten Heiden des Münsterlandes, wo sie das für den Winter nötige Material schneiden und bleichen. Hat der Mann ein Fuder zusammen gebracht, so läßt er es nach Hatten fahren, wofür er einige Thaler zu zahlen hat. Den ganzen Winter hindurch bis zum Frühling werden nun von Eltern und Kindern Matten geflochten, im ganzen für 300 bis 600 Mark und darüber.

Die Flechten werden aus drei Strängen gemacht, die durch das Einschieben einzelner Halme nach und nach verlängert werden. Die Arbeit geschieht mit solch außerordentlicher Geschwindigkeit, daß man kaum mit den Augen folgen kann. Der Mattenflechter sitzt dabei auf einem Stuhle und hat seine Flechten um die Lehne eines andern, vor ihm stehenden Stuhles geschlungen. Der Sandhafer liegt ebenfalls auf einem Stuhle und wird mit der rechten Hand in die Stränge geschoben. Die Fertigkeit eines geübten Mattenflechters ist zu bewundern. Wie geschwind und gleichmäßig bewegen sich Hände und Finger, wie blitzartig schießen die Halme in den Strang! Es ist als sähe man eine lebende Maschine vor sich, so greift alles in einander, so gleichmäßig erfolgen die einzelnen Bewegungen. Wenn die Flechte etwa 15 Meter (50 Fuß) lang ist, so wird sie auf einem Tische mit schlechtem Garn zu einer Matte zusammen genäht. Eine solche kostet etwa 40 Pfennige. Aus feineren Flechten werden auch Fußbänke gemacht. Ein Mann kann täglich zwei bis drei Matten flechten; er verdient mithin achtzig Pfennig bis 1 Mark 20 Pfennig. Fertige Flechter können wohl täglich die Flechten zu zwanzig Matten in einer Länge von 300 Meter (1000 Fuß) liefern. Je nachdem die Familie eines Mattenflechters groß oder klein ist, kann sie die Woche 12 bis 30 Mark verdienen. Die fertigen Matten werden nach Oldenburg und Bremen gebracht, von wo sie selbst nach Amerika und Ostindien ausgeführt werden.

Die Mattenflechter leben sehr gut und könnten sogar wohlhabend sein, wenn es bei ihnen nicht, wie bei allen echten Proletariern, von der Hand in den Mund ginge. An Sparsamkeit denken sie nicht, nicht einmal den unentbehrlichsten Hausrat und die nötige Kleidung schaffen sie sich an. Es fehlt ihnen manchmal sogar an einem Hemde. Ihre Lebensweise bringt es mit sich, daß sie fast alle dem übermäßigen Branntweingenusse ergeben sind. Selbst manche Weiber verfallen diesem Laster. Die Kinder werden meistens verwahrlost und unregelmäßig zur Schule geschickt. Auch Ackerbau und Viehzucht werden gänzlich vernachlässigt. Kein Wunder, daß der Name „Hatter Mattenmacher" ein Schimpfwort geworden ist, das man in Hatten und Umgegend kaum auszusprechen wagen darf, wenn man nicht eine gehörige Tracht Prügel riskieren will.

Ein Gang durch die Umgebung Hattens ist sehr interessant. Im Osten liegt auf lehmigem Boden ein schönes Buchengehölz, das zwar noch jünger als der Stühe ist, diesem aber nichts nachzugeben verspricht. Das Einzige, was der Gegend fehlt, um sie zu beleben, ist ein fließendes Wasser oder der blaue Spiegel eines Sees. Und doch, geht man über die schönen Roggenfelder, so entbehrt man auch dieses nicht. Die wallende Saat, vor allem wenn sie sich wie eine sanfte Bucht in ein Gehölz schiebt, vertritt ganz die Stelle eines waldumrahmten Landsees. Wenn man den Gang um Hatten fortsetzt, so entrollen sich immer neue und schönere Ansichten. Herrlich ist besonders eine Wanderung in südwestlicher

Richtung über die hohen Kornfelder nach dem Dorfe Sandhatten. Wie die Meereswellen senkt und hebt sich der Boden. Man hat nach allen Seiten eine freie, weite Aussicht, nach Südwesten hin über die Heide und das Moor von Hatterwüsting, das sich wie ein langer Meerbusen ganz von Oldenburg her in die sandige Geest erstreckt. Wie ein mit düstern Föhren gekröntes nordisches Gebirge erheben sich in der Ferne die Osenberge, deren südliche Ausläufer, weiße Sanddünen, wie die Leinwandgezelte eines Lagers, mit blendendem Weiß durch das dunkle Tannengrün schimmern.

Der bloße Augenschein lehrt hier, wie vor Jahrhunderten die Gegend ausgesehen haben muß. Wir stehen auf dem hohen Geestrücken, bis zu dessen Fuß einst die Meereswogen fluteten. Die Hunte brach sich Bahn durch den aufgeschwemmten Sand, der an ihrem rechten Ufer, z. B. bei Rittrum, wie eine Bergwand steil abfällt, bis sie in der Nähe von Oldenburg das offene Meeresbecken, das jetzt durch das Moor von Hatterwüsting, Drielake, Ohmstede und Ipwege ausgefüllt wird, erreichte*). Ihr eigenes Wasser sowohl wie das des Meeres führte fortwährend feine Sandteilchen mit sich, die sich an der Mündung zu beiden Seiten als ein langgestrecktes Watt ablagerten, so daß das Wasser der Hunte hier eine tiefe Balje oder Rinne bildete, wie noch jetzt die Jade und Weser an den Küsten Jeverlands und Butjadingens. Immer mehr feiner Sand wurde von der Hunte und der See auf das Watt geworfen, nun kam der Seewind als Baumeister hinzu, trieb mit dem Sande sein mutwilliges Spiel, nahm ihn hier fort, häufte ihn dort wieder an und bildete so die Dünen, welche wir jetzt Osenberge nennen. Ganz in derselben Weise geht ja noch jetzt die Dünenbildung auf Wangeroge und den übrigen friesischen Inseln vor sich. Die Osenberge sind in der That ein Wangeroge mitten im Lande.

Möge die aufgestellte Hypothese über die Bodenbildung nun viel oder wenig Wahres enthalten, jedenfalls muß es für den denkenden Menschen von hohem Interesse sein, sich die Entstehung seines Heimatbodens einigermaßen zu erklären und von analogen Vorgängen, die man noch jetzt beobachten kann, auf längst vergangene zu schließen. Ist dies doch der natürliche Weg, den die neuere Geologie überall eingeschlagen hat, und auf welchem es ihr möglich geworden ist, manche Rätsel zu lösen, die früher als un=

---

*) Im Laufe der Zeit soll sich das Bette der Hunte bedeutend verlegt haben. Früher, sagt man, lag z. B. das Kirchdorf Huntlosen nahe an der Hunte, jetzt fließt diese viel weiter östlich; das Dorf ist also die Hunte los geworden, daher auch sein Name.

erklärliche „Wunder der Urwelt" in mystisches Dunkel gehüllt dalagen.

Lassen wir jetzt das Grübeln und halten wir lieber eine Umschau, um uns in festen Zügen ein charakteristisches Bild der Gegend einzuprägen. Die ganze Landschaft macht den Eindruck eines freien, offenen Hochlandes. Es ist Charakter, Physiognomie und Leben darin. Mit einer gewissen Keckheit stellt sie sich dem Auge frei und offen dar. Darf man eine Landschaft mit einem Menschen vergleichen, so möchte ich sagen, diese hier sei sanguinischen Temperamentes. Sie versteckt, verbirgt und verschweigt nichts, wie es z. B. das verschlossene, in stillen, grünen Wäldern verborgene Ammerland thut, das ich mit dem brütenden, melancholischen Temperamente vergleichen möchte.

Endlich haben wir das mitten im Sande gelegene kleine Dorf Sandhatten erreicht. Es ist ein echtes Geestdorf. Die kleineren und größeren Häuser und Bauerngehöfte von bekannter niedersächsischer Bauart liegen in einem Klumpen in freundnachbarlicher Nähe, zum Teil unter dem Schirmdache alter, knorriger Eichen. Jedenfalls hat das Dorf seinen Namen von der hohen, sandigen Gegend, in der es liegt; nach der Meinung anderer soll es jedoch früher St. Hatten geheißen haben. In alten Zeiten war hier nämlich eine dem heiligen Nikolaus geweihte Kapelle, zu welcher aus nah und fern fromme Büßer und Beter pilgerten. Die Kapelle stand im jetzigen Schulgarten, aus dessen Boden man noch heute große, schwere Ziegel gräbt. In der Nähe fand man vor Jahren, tief unter dem Sande alte Herdplätze, auf denen sich die Wallfahrer ihr Essen bereitet haben sollen. Auch ein in der Nähe belegenes Gehölz, der sog. Wehbusch, wird mit dem alten Wallfahrtsorte in Verbindung gebracht. Hier sollen nämlich büßende Pilger über ihre Sünden geweklagt haben.

In der Nähe Sandhattens befinden sich auch noch alte Hünengräber. Eines derselben liegt auf einem hohen Heiderücken. Die Grotte ist zerstört, die Decksteine sind von den Trägern gerissen und teilweise gesprengt. Das Ganze ist mit einem Erdwalle eingefriedigt und mit Föhren bepflanzt. Von hieraus, die heidebewachsene Anhöhe hinunter, hat man einen malerischen Anblick in eine wilde, weiße Sandwehe.

Dieselbe liegt in einer langgestreckten Mulde und besteht aus schneeweißem Flugsande und tausend und tausend kleinen, schwarzen, weißen, grauen, gelben, grünen und roten Steinen, lauter Geröll von Kiesel, Quarz, Glimmer, Feldspat u. s. w. Augenscheinlich ist die Niederung, in der die Sandwehe liegt, das ausgetrocknete

Bette eines Flusses oder Baches. Im Winter läuft hier noch jetzt das Wasser zu einem Tümpel zusammen. Jetzt ist der Boden vollständig dürr und trocken; nur am Rande der Sandblöße bemerken wir eine mit feinem, kümmerlichen Grase begrünte Rinnsal einer versiegten Lache. Eine Sandwehe entsteht überall da, wo die Heidenarbe zerstört ist, so daß der Wind den tiefen, bloßgelegten Sand packen kann. Er wühlt sich alsdann in den Sand hinein, wirbelt ihn empor und weht ihn oft weite Strecken fort, türmt hier Dünen auf, trägt sie dort wieder ab, so daß Sand und Dünen in fast beständiger Unruhe, auf einer rastlosen Wanderung begriffen sind. Eine Sandwehe ist eine Wüste im kleinen. Bei starken Winden ist es sehr beschwerlich, durch solche Sande zu gehen, und oft umgiebt eine Wolke von Sand den Wanderer. Oft sind die Sandwehen eine halbe oder ganze Stunde lang und ebenso breit. Sie entstehen manchmal durch den Leichtsinn der Schäfer. Wird nämlich die Heide zu hoch, so schmeckt sie den Schafen nicht; darum wird sie von den Schäfern angezündet, damit neue, zartere hervorwachse. Folgt nun aber ein dürrer Sommer, so verwandelt sich der entblößte Boden in eine Sandwehe.

Befinden sich in der Nähe der Sandwehen Aecker und Wiesen, so sind diese in großer Gefahr zu versanden, besonders wenn sie südöstlich von der Sandwehe liegen; denn der Nordwestwind ist der liebste Buhle und Spielgenosse des Sandes. Es hilft alsdann wenig, wenn man wie hier im Südosten Föhren und Birken anpflanzt, um das Fortschreiten des Sandes zu hindern. Der Wind weht den scharfen Sand um die Stämme der jungen Bäume, so daß sie oft kaum mit der Spitze daraus hervorschauen.

Steigen wir wieder aus der Sandwehe heraus und gehen wir auf dem hohen Heiderücken fort, so kommen wir bald an eine Stelle, wo er ziemlich steil zum Huntethal abfällt. Wir überschauen die grünen Wiesen und die niedrigen Moorstriche, die sich am Ufer des Flusses entlang erstrecken. Dicht an der Hunte sehen wir unter uralten Eichen verborgen ein altes Bauernhaus; es ist Schohusen. Hier ist eine Fähre zum Uebersetzen über die Hunte. Das ehrwürdige Haus liegt so traulich und heimlich unter den hohen Eichen, am ruhig in vielen Windungen vorbeifließenden Wasser, wie ein Lerchennest. Begeben wir uns hinein, es ist zugleich ein Wirtshaus. Wir gehen über die lange, reinliche Diele, an deren Seiten wohlgenährtes Vieh steht, und treten in den saubern, wohnstubenähnlichen Windfang. Auf einem erhöhten Herde brennt das trauliche Feuer, unmittelbar daneben, in einem Lehnstuhl sitzend, aus einer langen Pfeife rauchend, thront der Hausherr.

Wie ein ehrwürdiger Patriarch, das biedere Gesicht von silberfarbigem Barte eingefaßt, schaut er uns aus seinen treuen, blauen Augen entgegen. Eine ebenso alte und ehrwürdige Hausfrau, ein paar kräftige Söhne umstehen ihn, und alle erwidern unsern Gruß in gleich freundlicher Weise und mit traulichem Händedruck. Schauen wir uns um! Die Wand hinter dem Herde ist in holländischer Weise mit Fliesen, sog. Steentjes, ausgelegt. An der Wand gegenüber bemerken wir einen uralten Schrank und einen stark mit Messing beschlagenen Koffer, die beide reich mit Schnitzwerk verziert sind, auch einen Glasschrank mit Porzellan= und blankem Zinn= und Messinggeschirr. Zu beiden Seiten des Herdes führt eine Thür in ein Zimmer. Wir werden in das eine derselben geführt. Es ist gut möbliert, enthält sogar ein Sofa. An den Wänden hangen farbige Bilder, das Leben der heiligen Genoveva darstellend, und eingerahmte Militärentlassungszeugnisse.

Die Sage erzählt über die Entstehung des Namens „Schohusen" Folgendes. In alten Zeiten, wenn die Leute nach St. Hatten wallfahrteten und den heiligen Boden am rechten Hunteufer betraten, zogen sie in dem Bauernhause ihre Schuhe aus und pilgerten barfuß weiter. Davon erhielt das Haus den Namen Schohusen.

Unsere Wanderung geht jetzt die Hunte hinauf nach Süden, durch eine der schönsten Gegenden des Oldenburger Landes. Es ist keine Uebertreibung, wenn man das Huntethal dieser Gegend malerisch nennt. Das Ufer erhebt sich an beiden Seiten zu bald mehr, bald weniger steilen Abhängen, die sich bald von einander entfernen, so daß sie ein weites Thal bilden, bald wieder nähern, so daß sie das Ansehen einer Schlucht gewinnen. Letzteres ist besonders beim Dorfe Rittrum der Fall. Vom Grunde aus gesehen, erscheinen die Uferabhänge ganz wie Hügelreihen, steht man aber oben, so sieht man, daß man sich auf dem hohen Geestplateau befindet, welches von der Hunte durchbrochen wurde. Die Oberfläche bietet bald den Anblick dürrer Heiden, bald ausgedehnter Roggenfelder. Die Abhänge sind bald mit braunem Heidekraute, bald mit grünem, goldgelb blühenden Ginster (Brahm) bewachsen, bald sind sie ganz kahl und sandig, bald erheben sich hübsche Eichen= und Buchengruppen vom Grunde, überragen die Hügel und gewähren manchmal durch ihre Lücken einen reizenden Durchblick auf den in vielen Krümmungen ruhig dahinwallenden Fluß. Manchmal gleitet das Wasser unter lang herabhangenden Zweigen dahin, so daß der Spiegel tiefschwarz erscheint, dann plötzlich springt der Fluß wie eine übermütige Nixe aus dem Versteck hervor in das helle Sonnenlicht. Er scheint den Wanderer mit seinen vielen mäandrischen Krümmungen förmlich necken zu wollen; so eben hat man ihn noch in dieser Richtung fließen sehen, auf einmal kommt er einem in der entgegengesetzten wieder in die Quere, so daß man in Zweifel darüber gerät, wohin er eigentlich eilt. Tief ist er an den wenigsten Stellen, fast überall kann man ihn durchwaten. Am schönsten ist die Aussicht südlich vom Dorfe Rittrum, von den sog. Rittrumer Bergen aus, über die jenseits der Hunte zerstreut umherliegenden Dörfer und Holzungen. Bald läuft der Fußsteig am Abhang hin, bald erklimmt man durch Gesträuch die Höhe und genießt des Anblicks der im Thale fließenden Hunte, die hier in einem Bogen das Münsterland umsäugt.

Die Bauernwirtschaften dieser Gegenden werden noch jetzt so geführt, wie vor hundert Jahren. Neuerungen, wenn auch gute, finden äußerst schwer Eingang. Zum Teil ist die Ursache hiervon die gänzliche Abgelegenheit dieser Gegenden, fern von allen größeren Verkehrswegen, zum Teil aber auch die zähe Anhänglichkeit der Landleute am Alten und die große Vorsicht, das angeborene Mißtrauen allen Neuerungen gegenüber. Letzteres sind Charakterzüge, die sie mit allen Geestbewohnern gemeinsam haben. Jedoch hat man in neuerer Zeit angefangen, auf einen rationelleren Betrieb der Landwirtschaft Bedacht zu nehmen, wozu jedenfalls die landwirtschaftlichen Vereine bedeutend mitwirken. Die ganze Landwirtschaft dieser Gegend beschränkt sich auf ausgedehnten Roggenbau und Heidschnuckenwirtschaft. Im allgemeinen sind die Bodenverhältnisse hier sehr günstig. Die Bauern haben Ackerland in Ueberfluß, sie haben Moor- und Wiesenland an den Ufern der Hunte, und wenn sie wollten, könnten sie die Heiden in die schönsten Wälder umwandeln.

Die große Vorsicht unserer Landleute, besonders die Furcht vor allem Geschriebenen tritt sehr drastisch aus folgender Anekdote hervor. Ein Bauer brachte dem Prediger jährlich einen Schinken zum Geschenke. Als er nun einmal wieder mit dem Präsent kommt, sagt der Seelsorger in seiner Herzensfreude: „Ei, welch einen delikaten Schinken bringt Ihr mir da, lieber Freund, eine solche Freundlichkeit werde ich Euch nicht vergessen, werde mir's merken, verlaßt Euch darauf!" — Aengstlich erwidert der Bauer: „Nä, Herr Pastor, so is't nich gemeent; wenn Se't sick marken willt, denn geben Se mi den Schinken man leewer wedder mit." — „Aber warum denn, lieber Freund?" — „Ja, Herr Pastor, wenn socke freewillige Geschenke anschreben weerd, denn ward d'r mit de Tied 'n Gerechtigkeit ut. Wat schrift, dat klift, weet Se woll!" — „Aber, lieber Freund, so war's ja nicht gemeint, nicht auf dem Papier, sondern in meinem Herzen wollte ich's anschrei= ben!" — „Dat is ganz enerlei, Herr Pastor, se dräft 't ok nich in ähren Harten anschrieben; wat schräben steit, dat steit schräben! Kort un god: Geben Se mi minen Schinken wedder!" —

Daß der Landmann bisher nicht ohne Grund solche Vorsicht übte, beweist folgendes Faktum, das mir mitgeteilt wurde. Von einem Bauernhofe muß nämlich jährlich ein Malter Roggen an die Pfarre zu Wardenburg entrichtet werden. Das kam so: Ein früherer Besitzer der Stelle, dessen Haus einmal abbrannte, machte dem Pastoren daselbst alljährlich ein Geschenk, wofür dieser durch ein sonntägliches Gebet in der Kirche von dem Bauernhause die Feuersgefahr abzuwenden hatte. Das Haus ist zwar nicht nach Wardenburg eingepfarrt, allein der Aberglaube damaliger Zeit hielt dafür, ein Gebet fruchte um so besser, wenn es in einer fremden Kirche gesprochen werde. Das Geschenk ist später zur Pflicht gemacht; es muß noch jährlich entrichtet werden, aber der Pastor betet lange nicht mehr für das Haus. —

Wir befinden uns jetzt auf dem Wege nach Dötlingen, wen= den uns aber ein wenig nördlich, um einen Abstecher in die zwischen Rittrum, Dötlingen und Nuttel belegene Heide zu machen. Hier soll Nord=Dötlingen gelegen haben. Man sieht dem Boden auch noch an, daß er früher bebaut und in Ackerfelder ein= geteilt gewesen ist. Das Dorf soll aus 19 vollen Bauen und 80 Feuerstellen bestanden haben. Wie ging es denn zu, daß es vom Erdboden verschwand? Im Jahre 1475, als die Pest oder der schwarze Tod wie ein Würgengel ganz Deutschland durchzog, soll das ganze Dorf bis auf zwei Brüder ausgestorben sein. Diese konnten sich aber über das reiche Erbe nicht einigen und zündeten das Dorf an. — Von andern wird dagegen erzählt, das Dorf sei 1483 von Kaufleuten, die nach dem Oldenburger Pferdemarkte zogen, eingeäschert worden. Wo blieben denn aber die Bewohner? Näheres weiß man über dies untergegangene Dorf nicht, auch die Dötlinger Chronik erzählt uns nichts mehr darüber. Wie das Leben der Landleute im stillen Frieden dahin schwindet, ohne eine Spur zurück zu lassen, so ist auch dieses Dorf, wie schon manches andere, von der Erde verschwunden, ohne daß uns eine bestimmte Kunde von ihm aufbehalten worden ist. Im Grunde ist es immer dieselbe tiefernste Wahrheit, die wir auf jedem Blatte, einerlei ob in der Weltgeschichte oder in der Dorfchronik, lesen: Wie einzelne Menschen, so kommen und gehen auch ganze Geschlechter und Völker; wie stille Häuser und Dörfer, so verschwinden auch laute

Städte und mächtige Weltreiche, wenn ihre Zeit erfüllet ist, vom Erdboden.

Das Dorf Dötlingen, früher Süd=Dötlingen genannt, liegt sehr anmutig im Huntethale. Vom Petersberge und von den Gold=bergen, die sich hier in der Nähe befinden, hat man reizende Aus=sichten. Die kleine Kirche zu Dötlingen wurde wahrscheinlich noch vor 1276 erbaut.

Auch für den Altertumsforscher bietet diese Gegend hohes Interesse. Am jenseitigen Hunteufer, Dötlingen gegenüber, liegen nämlich mitten in der Heide Hünengräber und Hünensteine, die sog. Glaner Braut*).

Das Denkmal besteht aus zwei eingefriedigten, mit Birken bepflanzten Steinkreisen. Der erste Steinkreis zählt 57 Steine, die zum Teil leider gesprengt, zum Teil auf die Kante gestellt sind. Die Breite des Kreises, oder vielmehr des Oblongs, beträgt im Innern 6, im Aeußern 9, die Länge 78 Schritt. Der größte Stein an der Südostecke hat eine Höhe von 1,80 m (6 Fuß ca.), eine Breite und Länge von 1,20 m (4 Fuß ca.) und einen Um=fang von 4,50 m (15 Fuß ca.). Der zweite Kreis befindet sich wenig Schritte davon auf einem Hügel und besteht aus 43 Steinen. Die Breite desselben beträgt 3 bis 4, die Länge 44 Schritt. In der Mitte sieht man die Rudimente eines Kellers, bestehend aus platten Steinen. Es scheinen mehrere Keller vorhanden gewesen zu sein. Der zweite Kreis ist aber viel mehr zerstört als der erste. 22 Schritt vom westlichen Ende des ersten Kreises ist eine umfang=reiche Vertiefung, in welcher Steintrümmer durcheinander geworfen liegen; wahrscheinlich war hier ein Keller, der durch Nachgrabungen zerstört wurde. Ferner trifft man 78 Schritt nördlich vom ersten Kreise auf einem Hügel einige Steintrümmer. Vielleicht war hier ein Urnenhügel mit Keller. Endlich findet man noch 75 Schritt südlich vom ersten Kreise einen viereckigen Keller von 8 Schritt Länge, 2 Schritt innerer und 3 Schritt äußerer Breite, bestehend aus 8 Trägern und 3 von diesen herabgerissenen Decksteinen. Aus der Mitte der Trümmer erhebt sich ein junger Vogelbeerbaum, dessen gefiederte Blätter sich wie ein grüner Sonnenschirm über den grauen Granitblöcken ausbreiten. Ueberall im Süden und Westen dehnt sich eine wilde Heide aus, und im Norden schaut aus dunklem Gebüsch der Turm von Dötlingen herüber.

Wollten wir von hier aus in südlicher Richtung durch die Heide fortwandern, so würden wir nach etwa zwei Stunden andere,

---

\*) So genannt vom benachbarten Dorfe Glane.

noch großartigere altdeutsche Totenstäbte oder Heidenkirchhöfe treffen: Die Vißbecker Braut, den Vißbecker Bräutigam u. s. w. Welche Perspektive in das Dunkel der Vorzeit eröffnet sich uns! Auf diesem Boden haben vor Jahrhunderten schon Völker gewandert, von denen nichts übrig geblieben ist, als Gräber, Urnen und Asche. Wer weiß, ob auf dieser Erde, die jetzt nur wilde Heide trägt, sich nicht vor Jahrtausenden schon eine Kulturepoche abgespielt hat?

Für diesmal treten wir den Rückweg an, wohlzufrieden mit der reichen Ausbeute, erfrischt an Leib und Seele, mit neuer Liebe erfüllt für unser Heimatland, das auf kleinem Raum des Mannigfaltigen, Interessanten und Schönen mehr bietet, als sich mancher träumen läßt, der auf Flügeln des Dampfes ferne Länder durcheilt, oberflächlich sieht, flüchtig genießt und nicht findet, was er gesucht hat.

## IV. Kapitel.

## Hünengräber.

Schon vielfach ist darauf aufmerksam gemacht worden, daß das Herzogtum Oldenburg ein wahrhaft klassischer Boden für die älteste Geschichte sei. Dem ist in der That so. Oldenburg ist auch zuerst mit einem guten Beispiele vorangegangen, indem im Frühjahr 1821 auf oberliche Anordnung die Steindenkmäler eingefriedigt und mit Bäumen und Buschwerk umpflanzt wurden. Das Zerstören der Denkmäler wurde verboten. Auch wurde aus Privatsammlungen ein ziemlich bedeutendes antiquarisches Museum gebildet, das jetzt jedem zugänglich ist. In ganz Deutschland wird wohl schwerlich eine zweite Gegend gefunden werden, welche so viele wohlerhaltene und großartige Steindenkmäler deutscher Vorzeit aufzuweisen hat. Um dieselben in Augenschein zu nehmen, begab ich mich in Gesellschaft eines Freundes nach dem Süden des Oldenburger Landes. Die meisten und bedeutendsten Steindenkmäler oder Hünensteine im Herzogtum Oldenburg liegen nämlich in der Nähe der alten Stadt Wildeshausen, in der Ahlhorner Heide.

Die meisten Menschen denken, wenn sie von einer Heide hören, an eine öde, sehr traurige, armselige Gegend, welche zu durchwandern höchst langweilig sein müsse. Gewöhnlich wird nämlich die Heide als eine fast unbegrenzte, einförmige Ebene geschildert, wo auf unfruchtbarem, sandigen und steinigen Boden nichts weiter wachse, als Heide und nur Heide, wo kein lebendes Geschöpf sich wohlbefinden könne, als höchstens ein wildes Volk, „genannt Heidschnucke", wie ein Franzose von der Lüneburger Heide sagte. Von der Heide, die wir durchwandern, gilt dies nicht unbedingt. Auch die Heide hat ihr eigentümliches Tier- und Pflanzenleben, auch die Heide hat ihre Schönheiten, ihre ergreifende Poesie. Der Hauptcharakterzug der Heide ist der des Ursprünglichen, des von der Kultur noch Unberührten und Unentweihten, des Vorzeitlichen.

Hier ist noch alles wie zur Zeit unserer ehrwürdigen Vorfahren, der alten Deutschen. Wir sind auf einmal 1000 bis 2000 Jahre zurückversetzt; wir stehen in der That nicht mehr auf christlichem, sondern auf heidnischem Boden. Wem ginge nicht das Herz auf, beim Betreten dieses reinen, unentweihten Bodens der Vorzeit!

Schon sehen wir die grauen Häupter der halbversunkenen granitnen Hünensteine vom Grabhügel verschollener Helden und Nordlandsrecken aus dunkeln Föhren hervorschimmern. Das ist die „Visbecker Braut!" — Aber die Dämmerung zieht bereits ihren Schleier über die weite Heide. Wir müssen eilen, wenn wir noch einen flüchtigen Anblick des Heiligtums gewinnen wollen. Ueber einen niedrigen Erdwall steigend, der die Einfriedigung des Denkmals bildet, gelangen wir auf eine langgestreckte, wenig Fuß hohe Anhöhe, die mit Föhren und Birken bepflanzt ist. Auf diesem Erdhügel liegt das Denkmal. Der Eingang, gleichsam das Portal des Denkmals, wird durch zwei, 1,80 m (6 Fuß ca.) hohe Granitblöcke gebildet. Vor uns, am andern Ende, erheben sich mehrere ähnliche, aber noch höhere Steine, welche spitz zulaufen und aus der Ferne ganz das Ansehen von Pyramiden gewähren. Die Erhöhung, auf welcher das Denkmal liegt, ist 0,90 bis 1,20 m (3 bis 4 Fuß) hoch, 12 Schritt breit und 100 Schritt lang. Auf derselben bilden 80 Steine einen Gang, so daß auf jede Seite vierzig kommen, die aber zum Teil versunken oder umgestürzt sind. Am Ende der Steinallee finden wir drei große, aufrecht stehende, spitze Granitblöcke und einen umgesunkenen Stein. Die Steine sind platt, die beiden Ecksteine lehnen sich an den zunächst stehenden Pfeiler des Steinganges. Sie sind 3,30 bis 3,60 m (11 bis 12 Fuß) hoch über der Erde, 2,40 m (8 Fuß) breit und 0,60 m (2 Fuß) dick. Beide sind nur die Platten eines größeren Steines, der mitten durchgeborsten ist. Vertiefungen in dem einen Steine und die entsprechenden, in sie hineinpassenden Erhöhungen des andern Steines machen diese Annahme mehr als wahrscheinlich.

Wir gehen wieder zurück und stoßen nun, ungefähr 28 Schritt von den eben beschriebenen Steinpyramiden, auf eine länglich viereckige Vertiefung, deren Seitenwände durch elf große, platte Steinblöcke gebildet werden. Dieselbe hat ganz die Form einer ausgemauerten Gruft. Wir stehen in der That an einer Grabhöhle der Vorzeit, die aber aus Habsucht oder Neugierde zerstört worden ist. Die Decksteine sind heruntergewälzt, die Seitensteine zum Teil umgestürzt, die Asche und Gebeine unserer Vorfahren sind aus ihrer Ruhestätte gestohlen und in alle Winde zerstreut. Eine Brombeerstaude breitet sich über dem Hünengrabe aus, als wollte sie den noch zurückgebliebenen Staub mit ihren dornbewehrten Ranken vor der Frechheit und Roheit der kultivierten Nachwelt beschützen.

Wo sind die Decksteine dieser Grabhöhle geblieben? Sind sie gesprengt und zu profanen Zwecken, vielleicht gar zu Chausseesteinen benutzt? Oder haben wir die am Ende aufgestellten großen Granitplatten als die früheren Decksteine anzusehen? — Wir wissen es nicht. Was aber die Bedeutung dieses merkwürdigen Blockhaufens anbetrifft, so geht aus der ganzen Zusammenstellung und Konstruktion desselben klar hervor, daß es im wesentlichen nichts anders sein kann, als ein Grabdenkmal. In dieser Ansicht werden wir durch immer mehr Thatsachen bestärkt werden, wenn wir auch andere ähnliche Denkmäler angeschaut haben. Aber es ist bereits Abend geworden. Gleich dem unendlichen Meere verschwimmt die Heide mit dem Himmel im blauen Abendufte. Ueber die dunkeln Wipfel eines entfernten Föhrengebüsches steigt die große, feuerrote Scheibe des Oktobermondes empor. Wir stehen allein in der einsamen Heide an Gräbern der Vorzeit; lichte Wolken jagen geisterhaft am Monde vorüber, der Nachtwind rauscht in den Wipfeln der Birken und Föhren, und uns überkommt ein heimliches Grauen, als umschwebten uns die Geister unserer großen Vorfahren, vor denen wir uns beugen möchten in Ehrfurcht und Bewunderung.

Die Nacht über blieben wir in einer kleinen, etwa 20 Minuten entfernten gastlichen Heideschenke zur Aumühle. Sie liegt an der Aue, einem kleinen Flusse der Heide. Elise, die junge, freundliche Wirtstochter, teilte uns mit, was sie über die Denkmäler wußte, auch erzählte sie uns die Sage von der Visbecker Braut, die hier in poetischer Bearbeitung einen passenden Platz finden möge.

### Die Visbecker Braut.

Zu Visbeck auf der Heide
Ragt Stein an Stein empor;
Es weht ein leises Klagen
Nachts über Heid' und Moor.

Mit fröhlichem Gefolge
Zog einst im Brautgeschmeid
Ein blühend Heideröslein
Gen Visbeck durch die Heid'.

Der Jugendlieb' entsagen
Soll sie auf immerdar;
Der Vater will's! — Ein andrer
Führt sie zum Traualtar.

Die Heide stand in Blüte,
Der Himmel war so blau!
Die Sonnenstrahlen blitzten
Im frischen Morgentau.

Wie hell im Turm zu Visbeck
Die Hochzeitsglocken gehn!
Doch ach, im Aug' des Mägdleins
Die hellen Thränen stehn.

„Soll dem verhaßten Manne
Ich Lieb' und Leben weihn.
O Himmel, so verwandle
Mich lieber hier in Stein!" —

Da steht mit dem Gefolge
In Stein sie festgebannt;
Das Blut gerinnt im Herzen,
Starr werden Fuß und Hand.

Die Kränze und die Bänder,
Der grüne Myrtenzweig,
Sie wurden graue Flechten
Und Moose, braun und weich.

Jahrhunderte vergingen,
Doch ewig tönt das Lied,
Die Mär' von treuer Liebe,
Die feststeht wie Granit.

Am andern Morgen machten wir uns mit Sonnenaufgang wieder auf den Weg. Es war ein schöner, sonniger Oktobermorgen; die weite Heide lag jetzt bis zum äußersten Rande des Horizonts überschbar vor uns. Sie erscheint nicht wie eine einförmige, tote Ebene, sondern wie ein bewegtes Meer mit Wellenbergen und =Thälern. Die im allgemeinen von Süden nach Norden laufenden Bodenwellen sind überall mit brauner Heide bewachsen, nur stellenweise erblicken wir bloßgelegten, weißen Flugsand (Sandwehen), auf dem unzählige kleine graue, rote, schwarze und weiße Steinchen in allerlei Formen, wie Edelsteine im Sonnenglanze schimmern. Hin und wieder gewähren Föhrengebüsche, welche manchmal einsame Wohnungen umgeben, dem Auge einen erwünschten Ruhepunkt. Im Südosten erblicken wir den Turm von Wildeshausen, etwa $1\frac{1}{2}$ Stunde entfernt, im Süden den von Visbeck, der eben so weit entfernt sein mag. Im Norden zieht sich eine stundenlange Reihe von weit zerstreut liegenden Kolonistenwohnungen hin, kleine, armselige Häuser mit Lehmwänden, einem Strohdach und mit kleinen, sparsam angebrachten Fenstern. Dort windet sich mitten durch die Heide ein Flüßchen, die Aue, deren Ufer mit schmalen, grünen Wiesen, aus welchen niedriges Erlengebüsch hervorschaut, eingefaßt sind.

Das Tier= und Pflanzenleben der Heide bietet zwar keine große Mannigfaltigkeit dar, nichtsdestoweniger hat es seine nur ihm eigentümlichen, charakteristischen Exemplare und Schönheiten. Zunächst ist der Boden mit grauen Moosen und Flechten bewachsen, welche nach und nach eine dünne Humusschicht über dem dürren Sande gebildet haben, auf welcher nun die zierlichen Heidepflanzen gedeihen können, die gemeine Heide (Erica vulgaris) und die Glockenheide (E. tetralix). Wie lieblich sind diese Heiden in der Blütezeit, wenn sie mit ihren zartrötlichen, dichten Aehrchen jene warmen, schimmernden Abendrot=Tinten über die weite Fläche ausgießen! Zumal am Abend, wenn die Strahlen der untergehenden Sonne schräg über die Heide blitzen, sieht es manchmal aus, als ob die Heide im brillantesten bengalischen Feuer stände. Ist es nicht, als hätte die Heide einen kostbaren Königsmantel umgeschlagen? — Ferner gehören zum Schmuck der Heide: die kohlschwarz glänzende Heidelbeere, die Korallen der Preißelbeere, der gewürzhaft riechende, purpurrotblühende Thymian, dann das weit über den Boden sich hinschlängelnde Bärlappmoos, dessen Ranken die schönsten Kränze abgeben, der Brahm (Spartium scoparium), dieses Gold der Heide, mit seinen immergrünen, rutenförmigen Zweigen und goldgelben Schmetterlingsblüten, an feuchten Stellen der allerliebste Sonnentau und weiterhin im Süden der cypressenartige, immergrüne Wachholder, der mit seinen dichtverwachsenen Zweigen allerlei Formen, bald einen Obelisk, bald einen Kubus, bald Pyramiden bildet. Auch eine seltsame Schmarotzerpflanze hat das Heidekraut, die Heideseide (Cuscuta Epithymum), bestehend aus feinen, roten Fäden wie Seide, die sich von Heide zu Heide ranken und manchmal die feinsten Teppiche bilden.

Von den Bäumen entsprechen die Föhren und Birken ganz der Physiognomie der Heide, diese als Repräsentanten eines jungfräulich reinen, jene als die eines schwermütig düstern Charakters.

Auch die Tierwelt bietet der Heide, der Königin des Nordens, als pflichtschuldigen Tribut ihre Juwelen: kleine, himmelblau schimmernde Schmetterlinge, muntere, smaragdgrüne Eidechsen, schnelle, goldgrünschillernde Laufkäfer, schwirrende Heidschrecken mit feuerroten Flügeldecken, das Heer fleißiger Bienen, die von Blüte zu Blüte schwärmen und die Luft mit ihrem Gesumm erfüllen. Alles lebt und webt, krimmelt und wimmelt, summt und brummt, girrt und schwirrt. Auch ihren geflügelten Sänger hat die Heide, die braune Heidelerche mit ihrer zierlichen Haube. Scheu und schnell hüpft und läuft sie über den Boden und stößt ihre zärtlichen Locktöne aus, oder schwingt sich singend hoch ins Blau und läßt oft halbe Stunden lang ihr unbeschreiblich melancholisch-zärtliches Flöten und Trillern in tausend Variationen ertönen.

Von menschlichen Wesen erblicken wir nur hier und da einen Mann, der Heide haut, einen einsamen, strickenden, in einen weißen, wollenen Mantel (Heiken) gehüllten Schäfer, einen Knecht oder Heidebauer, der auf einem Leiterwagen die gehaute Heide oder Streu in die zerstreut liegenden Schafkösen fährt.

So reich belebt nun auch im Vergleich mit dem öden, einförmigen Moore die Heide erscheint, so läßt sich doch nicht in Abrede stellen, daß sie im ganzen einen ernsten, wehmütigen Eindruck auf den einsamen Wanderer macht. Kein menschlicher Gesang, kein munteres Lachen und Scherzen erschallt; die Menschen sind still und ernst wie die sie umgebende Natur. Kirchhofsstille umfängt die einsamen grauen Hünensteine. Die ganze Heide ist gleichsam ein großer Heidenkirchhof. Nur selten erblickt man ein stilles Gehöft, nur selten ein wallendes Kornfeld, nirgends eine belebte Straße. Die Wege kommen und verlieren sich plötzlich, ohne Anfang und Ende, wie Steppenflüsse, man weiß nicht woher, noch wohin sie führen. Die Heide ist eine von der Kultur noch unentweihte, reine, ursprüngliche Natur. Darin eben liegt ihr Reiz, ihre Schönheit, ihre Romantik.

Wellauf, wellab schreiten wir in südwestlicher Richtung quer durch die Heide, dem großen Steindenkmale (dem sog. Bräutigam) zu. Schon vorher treffen wir wiederholt auf zerstreut liegende Granitblöcke, die mit ihren grauen Scheiteln in die Heide hineinstarren, wie stumme Zeugen vergangener Erdbildungsperioden. Woher diese großen Blöcke der Heide, die oft 40 bis 50 000 Pfund und mehr schwer sind? Diese Frage können wir nicht unbeachtet lassen, da die betreffenden Steinblöcke gerade das Material zu den Denkmälern geliefert haben. Die Geologie giebt uns folgende Antwort: Die erratischen Granitblöcke sind krystallinisch-körnige Gemenge aus Feldspat, Quarz und Glimmer. Sie finden sich zerstreut in der ganzen Tiefebene Nord-Europas (Liefland, südl. Skandinavien, Dänemark, Norddeutschland, Holland), auch in Großbritannien und im nördlichen Frankreich. Sie stammen wahrscheinlich aus den zertrümmerten Gebirgen Skandinaviens, deren Gesteinsmassen ganz dieselbe Textur haben, und man nimmt an, daß sie in längst verschwundener Zeit durch gewaltige Fluten auf großen Eisschollen des Diluvialmeeres herübergeführt sind. Noch jetzt will man gesehen haben, daß Granitblöcke auf den Eisschollen des Nordmeeres trieben.

Unter diesen Betrachtungen sind wir zu einem kleinen Steindenkmale gekommen, welches abseits mitten in der Heide liegt. Es besteht aus zwei Gruppen, von denen die eine zwölf, die andere vierzehn Steine zählt. Sie liegen wie die „Braut" in der Richtung von West nach Ost, in einer Länge von 7 bis 9 und in einer Breite von einigen Schritten. Sie sind so gelegt, daß die Steine ursprünglich eine Höhle oder Grotte gebildet haben. Man findet das bei allen sog. Hünengräbern, Hünenbetten und Hünenkellern. Die oberen großen Steinplatten nennt man Decksteine, die unteren, auf welchen sie ruhen, Träger. Bei den Hünenbetten sind die, auf solche Weise gebildeten Hünengräber noch mit Umfassungssteinen umgeben, oft in doppelten Ringen und zwar in Form eines Ovals oder Oblongs. Dieses Denkmal besteht aus zwei einfachen Hünengräbern, die aber nicht besonders erhalten sind; denn die Decksteine sind zum Teil herunter gestürzt worden, so daß sie nur noch mit der einen Kante auf den Trägern ruhen, zum Teil sind sie sogar gesprengt, wovon noch ein Bohrloch und die im Innern der Grabhöhle liegenden Steinrudimente zeugen.

In derselben Richtung fortgehend, treffen wir nach einigen Minuten einen großen Hünenkeller. Vier große platte Steine von 1,50 m Höhe bilden jederseits die Wände des Kellers, der nach Westen geöffnet, nach Osten aber durch einen 3 m breiten platten Stein, von derselben Höhe wie die 8 Seitenträger, geschlossen ist. Die Höhle wird oben geschlossen durch zwei Decksteine von reichlich 4,50 m (16 Fuß) Länge, 1,80 bis 2,40 m Breite und 60 bis 90 cm Dicke oder Höhe. Dieser Keller liegt in der Mitte eines aufgeworfenen Hügels von etwa 60 Schritt Umfang und 1 m Höhe und zwar so, daß die bloßgelegten Decksteine eben aus dem Hügel hervorragen. Die Höhle hat eine Länge von ca. 4 m, eine Breite von ca. 3 m und eine Höhe von 1,50 m; wenigstens zwölf Mann könnten darin Platz finden. Wahrhaft großartig ist diese Grabhöhle, und schwerlich wird man ihres Gleichen finden. Schade, daß sie nicht auch durch eine Einfriedigung und angepflanzte Föhren als ein unantastbares Heiligtum bezeichnet ist! Sie verdiente es. Auf dem Boden des Kellers fanden wir noch Urnenscherben.

Wenige Schritte davon treffen wir in einem Hügel abermals ein ähnliches Hünengrab, dessen Decksteine aber sämtlich von den Trägern herabgestürzt sind. Es besteht im ganzen aus 5 Decksteinen auf 17 Trägern. Der mittlere Deckstein ist gesprengt, was man noch an einem Bohrloche sieht. Der größte Deckstein ist über 4,50 m lang, fast 3 m breit und über 1,50 m dick, nach oben gewölbt, so daß er aus der Ferne wie ein altersgrauer, verwitterter Riesenschädel aussieht, dessen Schläfen mit den langen, krausen Locken der Bartflechte (Usnea barbata) eingefaßt sind. Ueberhaupt sind sämtliche Hünensteine mit grauen, schwarzen und grüngelben Flechten überzogen. Auch der wilde Thymian hatte sich am Fuße der Denkmäler angesiedelt.

Wir sehen jetzt ein viereckiges Stück hoher Föhrenanpflanzung vor uns, die mit einem schützenden Walle umgeben ist. Graue Steine schauen bereits aus dem grünen Nadelholze hervor: das ist der Bräutigam! Er ist etwa 10 Minuten vom Keller entfernt und besteht aus einem länglichen Rechteck von aufgestellten Granitblöcken, gleichsam einer Steinallee, deren Seiten durch 128 Steine gebildet werden, und die sich merkwürdigerweise ebenfalls von Westen nach Osten erstreckt. Das Ganze ruht auf einem vielleicht einen Meter hohen, mit Heide bewachsenen Erdhügel. Wie bei der Braut bemerken wir auf dem westlichen Ende, innerhalb des Peristyles, wieder eine Steingrotte, die aber großartiger, besser erhalten und von 5 Decksteinen gebildet ist, welche teilweise auf unterirdischen, mit Moos, Erde und Heide verdeckten Trägern ruhen. Auf dem östlichen Ende steht ein hoher pyramidaler Stein, ähnlich denen auf dem westlichen Ende der Braut; zwei andere von fast gleicher Form und Größe liegen umgestürzt daneben. Die Einfassungssteine sind viel besser erhalten als bei der Braut; die Thorpfeiler fehlen jedoch. Im ganzen ist das Denkmal des Bräutigams großartiger als das der Braut. Die größte Pyramide hat eine Höhe von 3 m über der Erde, eine Breite von 2,70 m und eine Dicke von 1,20 bis 1,50 m. Wir bemerken mehrere Risse in dem Steine, welche dadurch entstanden sind, daß in der harten Granitmasse solche Steinschichten liegen, die poröser sind, auf welche daher auch Nässe, Frost und Hitze einen mehr zerstörenden Einfluß auszuüben im stande sind. Wir haben also nicht nötig, zur Erklärung der Risse in manchen Granitblöcken den Blitz als die Ursache anzusehen, oder gar, wie die Sage beim Karlsstein thut, das Schwert Karls des Großen zu Hülfe zu rufen. Mag hin und wieder, wie Geschichte und Sage berichten, christlicher Eifer die heidnischen Heiligtümer zerstört haben, häufiger werden wir die Ursache der Sprengung einfach in dem Wechsel von Hitze und Kälte zu suchen haben.

Die Länge dieses Hünenbettes beträgt 150, die innere Breite 10 Schritt. Ein Bett von so ansehnlichen Dimensionen ist gewiß den kolossalen Extremitäten eines Hünen angemessen! Eine wahre Verschwendung hat man hier mit großen Steinblöcken getrieben; denn noch vier andere Denkmäler befinden sich in nächster Nähe, in demselben Föhrengebüsch, das einen viel größeren Umfang hat und dessen Stämme viel höher und schlanker aufgewachsen sind, als bei der Braut, so daß der Wind in den düstern Wipfeln auch viel mächtiger und geisterhafter zu sausen und zu brausen vermag, gleich der Harfe eines alten Barden, der von den grauen Tagen der Vorzeit, von dem Ruhme ihrer verschollenen Helden singt.

Ueber die umherliegenden Denkmäler sei in kürze nur folgendes erwähnt: Im Nordwesten befindet sich auf einem Hügel ein Oval von Steinen, dessen ganzer nördlicher Rand aber sehr zerstört ist. Der innere Raum ist ganz durch eine Steingrotte ausgefüllt, von der noch acht Decksteine verschiedener, teilweise bedeutender Größe erhalten sind, zum Teil noch auf ihren fast unterirdischen Trägern ruhend. Eigentümlich ist hier ein aus aufrecht gestellten, abgeplatteten Steinen gebildeter südlicher Eingang zu der Grotte. Das Ganze ragt nur wenig aus dem Hügel hervor, wahrscheinlich ist es vollständig mit Erde bedeckt gewesen und erst später bloß gelegt. Die Länge des Ovals beträgt 35, die mutmaßliche Breite 10 Schritt. Von den Einfassungssteinen sind noch 28 vorhanden.

Die Länge des größten Decksteins beträgt reichlich 3 m, die Höhe 1,80 m, die Breite reichlich 2 m. Reinele hatte sich die Gelegenheit zu nutze gemacht und unter einem mit Heide und Heidelbeeren bekränzten Decksteine seine unterirdische Burg aufgeschlagen.

Bei einem andern Denkmale südlich vom Bräutigam, das aber sehr zerstört ist, fanden wir abermals einen besondern Eingang, und zwar auch von Süden.

Das besterhaltene Denkmal endlich liegt 50 Schritt südlich vom östlichen Anfange des Bräutigams und besteht aus vier großen Decksteinen, ruhend auf 11 Trägern. Die Länge beträgt 11, die innere Breite 3 Schritt. Der größte Deckstein ist 3 m lang, 2,40 bis 2,70 m breit, reichlich 1,50 m hoch und hat einen Umfang von ca. 9 m. Ein so wohlerhaltenes, im höchsten Grade malerisches Hünengrab war uns bisher noch nicht vorgekommen. Die Zwischenräume der Decksteine scheinen mit kleinen Steinen ausgefüllt gewesen zu sein, so daß ursprünglich eine vollständig geschlossene Grotte hergestellt war. Dafür spricht ein runder Feldstein zwischen den beiden mittleren Decksteinen. Derselbe ist so festgeklemmt, daß es unmöglich sein mußte, ihn zu entfernen, so lange die Decksteine ruhen blieben. Die übrigen kleinen Ausfüllsteine werden später entnommen und zu andern Zwecken benutzt sein. Diese Beobachtung war mir um so interessanter, als sie einen Fingerzeig über die nähere Konstruktion der Steinmonumente giebt. Denken wir uns durch kleinere Steine die Zwischenräume ausgefüllt und dann das Ganze mit einem Erdmantel überworfen, so haben wir eine vollständig geschlossene Grabhöhle. Einfacher und natürlicher war es nicht zu bewerkstelligen.

Noch einen umschauenden Blick werfen wir auf die stummen Zeugen grauer Vorzeit, die gleich der ungeheuern Sphinx der Wüste, dem Rätselbilde der Vergangenheit, aus dem Erdboden hervorragen. Schwer wird uns die Trennung von den ältesten Heiligtümern unserer Vorfahren. Wahrlich, solche gigantische Werke können nur gemacht sein, herrliche Zeiten, große Thaten vor der Nachwelt zu verherrlichen!

Wir haben noch ein bedeutendes Steinmonument in Augenschein zu nehmen. Es liegt ganz nahe, an der sog. Engelmanns Bäke, einem kleinen Bache, welcher sich im Sande und Steingeröll der Heide ein von schmalen, grünen Wiesen eingefaßtes, geschlängeltes Bett ausgewaschen hat und der Aue zufließt. Ein schmaler Steg führt uns über sein kaffeebraun gefärbtes Wasser. Am jenseitigen Ufer ragt, umschattet von fünf großen Eichen, der sog. Heidenopfertisch empor. Derselbe ist ein ungeheurer Granit=

block von 6 m Länge, 3,6 m Breite, 0,45 bis 1,20 m Dicke und einem Umfange von 14,40 m. Er ruht auf 8 Trägern, den starken Füßen dieser Granitplatte, welche annähernd die Form eines Ovals hat. Der Heidenopfertisch ist nichts weiter als eine Steingrotte, wie wir solche schon früher gesehen. Das nordöstliche Ende derselben ist nur zerstört. Es sind noch 7 Träger davon vorhanden und einige Ueberreste eines Decksteins liegen noch dazwischen. Die erhaltene große Platte ruht in einer Höhe von 1,20 m (4 F.) über dem Erdboden, so daß man hinunter kriechen kann. Schlagen wir ihren Inhalt auf annähernd 11,50 cbm an, was sicher noch zu wenig sein dürfte, und schätzen wir einen Cubikmeter Granit auf 15054 Pfund, so ergiebt sich für den Stein das enorme Gewicht von ca. 173000 Pfund. Da nun ein Pferd durchschnittlich 12 Centner zu ziehen vermag, so würden an 144 Pferde erforderlich sein, den Steinkoloß von der Stelle zu schaffen. Wie ist es möglich gewesen, einen solchen Stein zu transportieren und in einer Höhe von 1,20 m auf andere Steine zu heben? — Diese Frage leitet uns hinüber auf den letzten Teil meiner Skizze, auf das Wie, Wann, Warum? u. s. w.

Als wir noch staunend vor dem Denkmale standen, kam ein Bauer aus dem einsamen, ganz nahe gelegenen alten Bauernhause zu uns und erzählte, seine Mutter, die als 84jährige Frau vor 15 Jahren gestorben sei, habe erzählt, man habe ihr mitgeteilt, früher seien von diesem Denkmale Steine weggeschafft, um sie zum Bau eines Hauses zu verwenden. Jetzt ist das Ganze, Dank der Fürsorge des verstorbenen Großherzogs Paul Friedrich August, vor fernerer Zerstörung gesichert. Das Denkmal ist nämlich von demselben für 200 Thaler angekauft.

Das ist in möglichster Kürze eine getreue Darstellung der bedeutendsten Steinmonumente in der großen Ahlhorner Gemeinheitsheide. Vielleicht finden sich in derselben noch mehrere kleinere, die nur nicht beachtet werden. Eins von diesen sei nur genannt, die Bargleyer Steine, unweit der Chaussee Wildeshausen-Ahlhorn, eine Stunde von Wildeshausen. Erwähnen wir hierzu noch die drei bedeutenden Steingruppen der sog. Glaner Braut am linken Hunteufer, Dötlingen gegenüber, dann die zwei ebenso bedeutenden Gruppen des Heidenopfertisches in der Pestruper Heide, eine halbe Stunde südlich von Wildeshausen, ferner die beiden berühmten Steinringe bei dem Dorfe Dingstede oder eigentlich Steinkimmen im Kirchspiel Ganderkesee, und endlich die großen Blockhausen bei Steinfeld und Damme, deren Beschreibung uns indes zu weit führen würde, so dürfen wir wohl mit Recht fragen:

Wo ist ein Land, das wie Oldenburg so viele, so bedeutende und teilweise so wohlerhaltene altdeutsche Steinmonumente auf einem so kleinen Raume aufzuweisen hat? — Wahrlich, Oldenburg ist nicht allein ein überaus glückliches, sondern auch ein steinreiches Land!

Jetzt zur Beantwortung einiger Fragen:

1. Welches Volk hat die Steindenkmäler errichtet? — Häufig werden in der Nähe der Steindenkmäler auch alte Grab- oder Urnenhügel aufgefunden. Diese sind unzweifelhaft deutschen Ursprungs. Tacitus sagt, die Germanen hätten aus Rasen Grabhügel aufgeworfen. Die Steindenkmäler kommen aber auch vor in Ländern, die von den Celten bewohnt wurden, in Schottland, Irland, England, der Bretagne und der Schweiz. Daraus hat man nun schließen wollen, daß sie sämtlich von Celten errichtet seien. Ebenso findet man sie in Norwegen, Dänemark und Schweden, und hat deshalb ihre Entstehung den Normännern zuschreiben wollen. Mir erscheint aber diese Annahme aus folgenden Gründen nicht stichhaltig zu sein; denn erstens: die große Anzahl der Denkmäler in Deutschland und die bedeutende Schwierigkeit ihrer Errichtung stellen es außer allem Zweifel, daß sie nur von einem Volke herrühren können, das in einem langen und ruhigen Besitze des Landes blieb. Die Normänner und Celten waren aber für Deutschland nur durchwandernde Völker, und woher sollten diese die Zeit genommen haben, die kolossalen Steinblöcke in solcher Menge zusammen zu schleppen und zu Grabhöhlen zusammen zu stellen? — Dahingegen beweist zweitens der Inhalt der Steindenkmäler ihren Ursprung von den alten Germanen. Die Urnen, steinernen und metallenen Waffen und Geräte stimmen nämlich hinsichtlich der Form ganz überein mit denen, welche man auch in den Grabhügeln gefunden hat, und die doch ohne Zweifel deutschen Ursprungs sind. Folglich wird es richtig sein, wenn ich obige Frage dahin beantworte: Die alten Steindenkmäler in Deutschland sind, aller Wahrscheinlichkeit nach, von unsern alten deutschen Vorfahren errichtet. Durch welche Mittel ist es ihnen nun aber möglich geworden, solche wahrhaft cyklopische Bauten auszuführen? — Die Volkssage giebt uns die Antwort: Solche riesige Werke können auch nur von Riesen, sog. Hünen, vollbracht sein. Ein Knabe, der uns die Hünensteine bei Steinfeld zeigte, erzählte sogar, die Hünen hätten mit den großen Steinen zum Zeitvertreib Ball gespielt. Ich will diese Volkssagen das sein lassen, was sie sind, gleichwohl bin ich der Ansicht, daß unsere Vorfahren ebensowenig Riesen waren, als wir, ihre Nachkommen es sind, wenn ich auch gerne zugeben will, daß sie in Folge ihrer natürlicheren Lebens-

weise viel kräftiger sein mochten, als wir. Ferner glaube ich als guter Deutscher nicht, daß unsere Vorfahren so roh, unwissend und barbarisch waren, als uns alte Schriftsteller glauben machen wollen. Tacitus rühmt sogar ihren Verstand und ihre Erfindungsgabe und berichtet von mancherlei Geräten und musterhaften Einrichtungen der alten Deutschen. Sie werden also auch wohl Mittel und Wege ausfindig zu machen gewußt haben, um mit großen Steinmassen fertig zu werden. Zudem sind ja auch Hebel, Walzen und Rollen so einfache, von der Natur selbst an die Hand gegebene Werkzeuge, daß nicht einzusehen ist, warum die Alten sie nicht sollen gekannt und angewandt haben. Mit Hülfe derselben konnten sie auch der größten Steine Meister werden. Außer Menschenkräften konnten sie übrigens auch Pferdekräfte zu Hülfe nehmen, da sie Pferde hatten. Durch untergeschobene Walzen konnten die großen Granitblöcke leicht transportiert werden. Wie aber brachten sie die schweren Decksteine in die Höhe, oben auf die Träger? Dieses war möglich, wenn sie die Grundsteine mit Erde bedeckten und sodann die Decksteine die schrägaufsteigende Erhöhung hinaufrollten. Darauf konnten sie die Erde wieder wegschaffen, und der Deckstein ruhte auf seinen Trägern. Ob übrigens zu solchen Arbeiten lange oder kurze Zeit erforderlich war, das kümmerte die Alten nicht. Bei ihnen war die Zeit noch kein Geld. Man muß nur bedenken, daß ihre Beschäftigungen, ihre Bedürfnisse viel einfacher waren, daß ihre Kraft und Zeit viel weniger zersplittert wurden, als die unsrigen, um es begreiflich zu finden, daß sie Zeit und Kraft im Ueberfluß hatten, um sich zu großen nationalen Zwecken und Werken zu vereinigen. Insofern waren unsere Vorfahren im Vergleich mit uns, ihren Nachkommen, wirklich Riesen zu nennen.

Solche Gedanken waren es, die mich erfüllten, als ich früher einmal den sog. Heidenopfertisch, südlich von Wildeshausen, besuchte. Mitten in der Heide liegt dieses Denkmal, und aus der Ferne betrachtet erscheint es wie eine Herde von Schafen. Ich ging quer durch die Heide darauf los. Noch war ich weit davon entfernt, als im Südwesten drohende Gewitterwolken sich heraufwälzten. Schon hörte ich das Grollen des fernen Donners und sah den Regen in dicken Strahlen herabgießen. Da eilte ich, um unter der kolossalen 9,50 m im Umfange haltenden Granitplatte, die oben wie ein Pilz gewölbt ist, Schutz und Schirm zu finden. Kaum war ich unter dieselbe gekrochen, als auch schon dicke Tropfen herniederfielen. Näher und näher rauschte, gepeitscht vom heulenden Sturmwind, das Ungewitter, wie ein grimmig schnaubender Cyklop.

Grelle Blitze zuckten durch das dunkle Himmelsgewölbe, und der Donner brüllte lang und dumpf über die öde Heide hin, und ich saß mutterseelenallein unter der gewiß hundert Centner schweren Granitplatte, wie — Odysseus in der Cyklopenhöhle, jeden Augenblick gewärtigend, daß der ungeheure Fels vom Blitze getroffen niederstürzen und mich zerschmettern werde. Wie erbärmlich klein und ohnmächtig kam ich mir vor unter diesem Cyklopenwerke! Aber das Wetter zog glücklich vorüber, ich kroch wieder hervor aus der Höhle und begann unwillkürlich die Psalmworte zu summen: „Du bereitest vor mir einen Tisch gegen meine Feinde!" —

2. Wann sind diese Cyklopenbauten errichtet? — Diese Frage wird schwerlich zu beantworten sein, da hier nicht wie bei andern Bauten die Jahreszahl eingehauen ist. Das Material ist weiter nichts als der rohe Granit, höchstens ein wenig behauen, ohne alle Inschrift, Zeichen und Verzierungen. Auch die Geschichte sagt uns nicht, wann die Deutschen begonnen haben, Denkmäler zu bauen. Tacitus schweigt gänzlich über dieselben, da er doch der Totenhügel erwähnt. Wie erklärt man dieses Schweigen? Waren etwa die Steindenkmäler noch nicht da? Oder waren sie sämtlich mit einem Erdmantel eingehüllt, der später nur heruntergeworfen ist, so daß sie jetzt bloß daliegen? — Je mehr ich die Denkmäler betrachtet habe, desto mehr habe ich mich der Ansicht zugeneigt, daß letzteres der Fall gewesen sei. Wir finden ja noch manche Hünengräber, die vollständig in Erdhügeln liegen, und die man zum Unterschiede von den bloßliegenden Hünenkeller nennt, obgleich sie in ihrer Konstruktion nichts Abweichendes aufzuweisen haben. Auch die Keller des Bräutigams und der Braut scheinen gänzlich mit Erde bedeckt gewesen zu sein, ebenso ruht der Heidenopfertisch südlich von Wildeshausen tief im Sande, und fast alle Steine der Umfassungsringe, hier wie dort, schauen eigentlich nur aus dem Sande hervor. Auch in Drenthe hat man große Grabkeller unter großen Erdhügeln gefunden, und diese Thatsache hat mich noch mehr in der ausgesprochenen Ansicht bestärkt, daß die jetzt bloßliegenden Hünnengräber einst mit einem Erdmantel bedeckt waren, auch hier zu Lande, und daß entweder Menschen, oder Stürme vergangener Jahrhunderte, oder beide zugleich, die schützende Hülle heruntergerissen haben.

Die Begräbnisweise in Erdhügeln ist die natürlichste und deshalb auch wohl die älteste; sie wird stets bei den alten Deutschen gebräuchlich gewesen sein, lange vor Einführung der christlichen Zeitrechnung. — Erzeugnisse des frühesten Heroenzeitalters, sind die Steindenkmäler ein treuer Abdruck desselben: riesige Granit=

massen, durch Naturgewalt an die Oberfläche gefördert und durch physische Kraft roh auseinander getürmt zu wahrhaften Cyklopen=bauten. Als das Christentum nach und nach mit Gewalt des Schwertes von den Franken eingeführt wurde, das Heidentum, diese einfache, tiefsinnige Naturreligion der Deutschen, verdrängend, da mußte auch die heidnische Begräbnisweise aufhören, und das Begraben außer dem Schoße der Kirche wurde bei Todesstrafe verboten. Fortan ruhten die Toten in dumpfen Kirchenmauern, die Luft verpestend, oder verwesten in flacher Kirchhofserde. Wie viel natürlicher und zugleich wie viel gesunder für die Lebenden, wie viel schöner und ergreifender war die Bestattungsweise der Alten unter aufgeworfenen Hügeln, auf einer stillen Heide! Noch jetzt, nachdem Jahrtausende vorübergegangen sind, erfüllen uns diese Gräber der Vorzeit mit Wehmut und Bewunderung. Das sind Grabdenkmäler für die Ewigkeit! —

3. Welches war der eigentliche Zweck der Steindenkmäler? — Man hat vielfach gesagt, es seien Opfer= und Gerichtsplätze der Alten gewesen. Ich frage aber: Ist es wohl vernünftig, an=zunehmen, die Vorfahren hätten Altar an Altar, Versammlungs=platz an Versammlungsplatz gereiht? Wäre dadurch nicht eine voll=ständige Konfusion in den Verhandlungen der Volksversammlungen entstanden? Es liegen oft zwölf und mehr Decksteine aneinander gereiht; sollten das alles Altäre gewesen sein? Die pilzähnliche gewölbte Form mancher Decksteine und ihre Höhe war auch einer solchen Bestimmung nicht entsprechend; denn wie wollte man es möglich machen, auf ihnen einen Holzhaufen aufzuschichten und einen zum Opfertier ausersehenen Ochsen festzuhalten?

Es ist überhaupt ein unvernünftiges Verfahren, alle Ueber=reste und gefundenen Geräte, die von unsern Vorfahren herrühren, mit ihren Opfern in Verbindung zu bringen. Jede Schale soll eine Opferschale, jedes Steinmesser ein Opfermesser, jeder Becher ein Opferbecher, jedes Krüglein ein Opferkrüglein gewesen sein. Und welche Unzahl solcher Geräte hat man bereits gefunden, und wie viele wohl noch nicht! Was für ein opfersüchtiges Volk müßten darnach die Alten gewesen sein! Hatten sie etwa nichts anderes zu thun, als zu opfern? Werden sie nicht ebenso gut gegessen und getrunken haben wie wir, und hatten sie dazu nicht Geräte, Schalen, Krüge, Messer ꝛc. nötig? — Die Alten hatten doch, so gut wie wir ein häusliches und Familienleben, sie lebten, liebten und starben wie wir. Man sollte überhaupt die Altertümer mehr vom rein menschlichen Standpunkte aus betrachten, alsdann würde man den Zweck mancher Sachen, die jetzt als völlig unerklärliche, zwecklose Kuriositäten erscheinen, eher einsehen. Man fand z. B. ein kleines massives Pferdchen mit einem Oehr zum Aufhängen unter den Knochenresten eines Kindes, in der Urne eines Grabhügels. Das soll nun das Bild eines heilig gehaltenen Tieres sein, obgleich unsere Vorfahren gar keine Götzenbilder hatten. Ist es da nicht viel einfacher, wenn ich sage, es ist ein gewöhnliches Spielzeug, das die trauernden Eltern mit der Asche des toten Lieblings beigesetzt haben? — Waren denn die sog. Barbaren keine Menschen, und sind Vater= und Mutterliebe nicht ganz natürliche, menschliche Gefühle? — Unsere Vorfahren kannten nicht bloß wilde Rache und blutige Opfer, sie dachten auch an sich selbst und ihre Kinder, nicht bloß an ihre Götter. Sie ließen nicht bloß Opferrauch von den Altären aufsteigen, sondern verstanden es sogar, auch blaue Rauchwolken gemütlich um ihre Nase zu blasen. Das beweisen die kleinen Thonpfeifen, die man neben Urnen und Streitäxten gefunden hat, und deren das oldenburgische antiquarische Museum mehrere aufbewahrt.

Aus solchen rein menschlichen Gesichtspunkten betrachtet, fallen fast alle Opferaltäre über den Haufen. Von den Denkmälern Oldenburgs sieht wenigstens kein einziges darnach aus; auch hat man nie Opfergeräte bei ihnen gefunden, sondern meistens nur solche Dinge, die mit einer Beerdigung in Verbindung gebracht werden können. Von sog. Blutrinnen, die man hin und wieder gefunden haben will, habe ich keine Spur entdecken können. Durch Zufall gebildete Vertiefungen findet man überall in Granitblöcken; in denselben aber Blutrinnen zu sehen, dazu gehört wirklich eine sehr erhitzte Phantasie. Ich sehe auch nicht ein, wozu dieselben nützen sollten. Ebenso schonungslos muß ich mit den sog. Gerichts= oder Versammlungsplätzen verfahren. Was, frage ich, wollte man mit so vielen Versammlungsplätzen auf einem so kleinen Raume? — In der Ahlhorner Heide allein wären dann ein Dutzend solcher Plätze gewesen. Die Alten waren gewiß kein so redseliges Volk als wir heutzutage sind, und hatten so viele Versammlungsplätze durchaus nicht nötig. Wozu sollten auch die stellenweise großen Steinringe dienen? Zu Sitzen für die Mitglieder der Volksversammlung sind die einzelnen Steine doch wahrlich zu hoch und zu spitz. Vielleicht dienten aber die Steinringe als Barriere? — Das wäre ebenso absurd gewesen. Schwerlich hätte sich auch eine freie deutsche Volksversammlung auf solche Weise einsperren lassen. — Und was sollten denn mitten auf einem Versammlungsplatze die großen Steingrotten vorstellen? Sie verhinderten ja das Anschauen von Angesicht zu Angesicht. Oder waren es wohl gar Rednertribünen? — Die fehlten auch noch! Die Steingruppen beim Dorfe Dingstede hält man zwar für Gerichts= stätten, weil Dingstede so viel wie Thingstede oder Gerichtsstätte heißt. Es sei dahin gestellt, ob diese Ortsnamenableitung zuver= lässig ist, immerhin drängt sich jedoch die Frage auf, warum ge= rade dieses Dorf nach den Steinen benannt sein soll, da doch eben solche auch bei andern Dörfern vorkommen. Zudem liegen die Denkmäler auch gar nicht bei Dingstede, sondern beim Dorfe Steinkimmen. Mag jedoch immerhin bei Dingstede eine Gerichts= stätte gewesen sein, nur waren die bei Steinkimmen noch vorhan= denen Steindenkmäler nicht dazu bestimmt. Diese sehen gar nicht nach Versammlungsplätzen aus, vielmehr sind sie ebenso wie die übrigen Hünnengräber, bestehend aus großen Trag= und Decksteinen, die aber arg durcheinander gerissen sind. Warum auch sollte man zwei so nahe, nur einige hundert Schritt von einander gelegene Versammlungsplätze gehabt haben? Einer wäre für die Gegend doch genügend gewesen; oder tagte auf dem einen vielleicht das Ober= und auf dem andern das Unterhaus? — Das wären dann preußische Zustände gewesen. — Die Urnen, welche man aus den Denkmälern bei Dingstede gegraben hat, deuten aber auch bestimmt genug auf die wahre Bestimmung derselben hin.

Man hat sogar gefabelt, die Hünnensteine seien Ueberreste alter Druidentempel, aber der bloße Augenschein genügt, solche Hirngespinste zu verscheuchen. Man suche derlei Ruinen überall, nur nicht hier. Die alten Germanen waren viel zu sehr von der Erhabenheit der Himmlischen durchdrungen, als daß sie es für würdig gehalten hätten, die Götter zwischen enge, dumpfe Wände einzuschließen. Heilige Haine und Wälder, wie z. B. der Hasbrok, waren ihre Tempel. So versichert uns Tacitus. Ihre Ver= sammlungsplätze lagen frei und offen, wie z. B. der Upstallsbom bei Aurich. Brachten sie Opfer dar, so mußte solches in den heiligen Hainen geschehen.

Aus allen diesen Gründen müssen wir die alte, liebgewordene Ansicht, die Denkmäler seien Gerichts= und Opferplätze gewesen, als unhaltbar aufgeben.

Welches ist denn aber die eigentliche Bedeutung der Stein= monumente? — Der Volksglaube sagt, es seien Begräbnisse von Hünen (d. h. Toten), von alten Heerführern und Königen. Einen solch alten Volksglauben dürfen wir nicht verwerfen, da er sich auf tausendjährigen Traditionen stützt, die von Mund zu Mund gegangen sind. Ist uns doch bis auf den heutigen Tag in dem Aberglauben und in den Volkssagen die Religion unserer Vor=

fahren aufbewahrt, die noch immer im geheimen neben dem Christentume ihren Kultus hat. Die Richtigkeit des Volksglaubens wird auch unwiderleglich bestätigt durch die Denkmäler selbst. Man findet nämlich nur solche Sachen in ihnen, die auf ein Begräbnis hindeuten, als Urnen oder Scherben von Urnen mit Asche und Knochenüberresten, ganze Gerippe, steinerne Waffen (Streitäxte, Messer, Pfeil- und Lanzenspitzen von Stein), Geräte, Schmucksachen und Spielzeuge, alles Sachen, die man, wie Tacitus berichtet, den Toten mitgab. Die ältesten Sachen sind aus Stein verfertigt, darauf folgen Gegenstände aus Bronze und endlich solche aus Eisen. Darnach unterscheidet man ein Stein-, ein Bronze- und ein Eisenzeitalter. Doch darf hier nicht an eine allzu scharfe Scheidung der Epochen gedacht werden, da dieselben ineinander übergehen.

Endlich aber läßt die Konstruktion der Denkmäler keinen Zweifel über ihre wahre Bestimmung übrig. Durch platte Steine ist, wie wir gesehen haben, ein viereckiger Sarkophag gebildet, dessen Deckel aus großen Granitplatten besteht. Oft sind diese Grabkammern von ziemlicher Länge, und dann läßt sich annehmen, daß sie das Familiengrab eines angesehenen, berühmten Geschlechtes waren. Vielleicht bestattete man unter dem größten Decksteine das Familienhaupt und setzte nach und nach unter den kleineren Decksteinen auch die übrigen Familienglieder bei. Zu dem Ende bildete man häufig aus Steinplatten Zugänge, wie wir deren früher schon erwähnt haben, und legte den Schlußstein erst dann vor die Höhle, wenn der letzte seines Stammes zur Ruhe gegangen war. Daß die Hünengräber und Hünenbetten nur Gräber von Häuptlingen, Fürsten, Herzogen, überhaupt von hervorragenden Persönlichkeiten waren, die sich durch Heldenthaten berühmt gemacht hatten, dafür spricht ihre Großartigkeit, der Aufwand von Kräften, der zur Errichtung solch imposanter Ehrendenkmäler, wahrer Mausoleen, erforderlich war. Gewiß sind sie von einem ganzen, dankbaren Volke zu Ehren seiner Heroen errichtet, wenigstens die größten derselben, wie z. B. die Braut und der Bräutigam, während man vielleicht die nächsten Diener, Hintersassen und Anverwandten derselben in nahegelegenen Grabhöhlen, und das Volk (die Liti oder Leute) in den gewöhnlichen, in nächster Umgebung gelegenen Grab- oder Urnenhügeln beisetzte.

So betrachtet, erhalten auch die Steinkreise, deren zuweilen mehrere die Hünengräber umfassen, ihre Bedeutung. Sie sollten gleichsam ein heiliges Gehege, eine Grenze um die Ruhestätte der Toten bilden, die von keinem Unberufenen betreten und entweiht werden durfte. Eine solche Deutung ist ganz dem Geiste und der Anschauungsweise unserer Vorfahren angemessen, der Achtung und Pietät, welche sie ihren großen Toten zollten. Noch jetzt wird ein solches Denkmal vom Volke in Holstein ein „Ehrengang" genannt, und die Sage hat sich erhalten, diese Steinmale wären bestimmt gewesen, um durch Umgänge und Weihen bei ihnen die Triumphe der Helden und Volkshäupter zu feiern. Alle alten Völker, als Aegypter, Perser, Indier, Griechen, Römer, haben ihren großen Toten ähnliche Grabmäler errichtet, um das Andenken derselben der späteren Nachwelt zur Verehrung und Nacheiferung zu überliefern. Wie einfach, erhaben und zugleich wie dauerhaft sind die Denkmäler unserer Vorfahren! Jahrtausende fand darin die Asche der Toten eine sichere Ruhestätte und würde sie noch Jahrtausende darin gefunden haben, wenn nicht die frevelnden Nachkommen die Hünengräber teilweise zerstört, die Granitblöcke gesprengt und zu profanen Zwecken verwandt hätten. Es ist traurig, daß der Sinn und die Pietät für die Geschichte und Größe unserer Vorfahren bis zu diesem Grade ersterben konnten, und darum hohe Zeit, unserm Volke seine Vergangenheit wieder in Erinnerung zu bringen. Dazu sind die Hünengräber ein vortreffliches Mittel. Sie sind Geschichte in concreto; oft treuer als das tote Buch schildern sie die alte Zeit; rein steht sie dann vor unsern Augen und „neues Leben blüht aus den Ruinen."

Schön und bezeichnend ist, was in Ossians Gesängen von Macpherson über die schottischen Hünensteine gesagt wird. Er nennt sie „Steine der Macht, Steine des Ruhmes", und kürzer und bezeichnender kann ihre Bedeutung nicht ausgedrückt werden. Hier ein paar solcher Aussprüche:

„Auf der Höhe ist der Kreis von Loda,
Der moosige Stein der Macht!"

„Soll ich fallen im Feld,
So erhebe mir hoch,
O Vinvela, das Grab!
Graue Steine, ein Hügel von Erde
Werden meinen Namen überliefern
Fernen Zeiten.
Am Hügel sitzt ein Jäger dereinst
Um die Mittagsstunde
Und langt die Speise hervor.
„Hier ruhet ein Krieger!"
So spricht er alsdann.
Dann lebet in seinem Lobe mein Ruhm!
Gedenke mein, Vinvela,
Wenn tief in der Erd' ich liege!"

## V. Kapitel.

# Wildeshausen.

### 1. Die Stadt und das Alexanderstift.

Wildeshausen ist sicher die älteste Stadt des Oldenburger Landes; schon gegen Ende des 9. Jahrhunderts kommt es unter dem Namen Stadt vor und wurde damals Wigeldeshusen genannt. Geschichte und Sage haben es mit einem unvergänglichen Kranze von Erinnerungen umflochten. Ja, die ganze Gegend rings um Wildeshausen ist reich an vorhistorischen Denkmälern, sogenannten Hünensteinen und Hünengräbern. Sie zeugen dafür, daß einst da, wo jetzt weite, braune Heide sich unabsehbar ausdehnt, das Land bebaut und reich bevölkert war. Nicht unwahrscheinlich ist es daher, daß Wildeshausen vor Jahrhunderten der Wohnsitz hervorragender Heerführer des Sachsenvolkes war.

Die Sage macht es sogar zur Residenz des großen, eisernen Sachsenherzogs Wittekind und seiner Nachkommen, und es ist historisch nachweisbar, daß letztere bedeutenden Güterbesitz in dortiger Gegend hatten. Schon Wittekind besaß in der Nähe von Wildeshausen beträchtliche Erbgüter, auf welche er sich, nach seiner Bekehrung zum Christentum und nachdem er mit Karl dem Großen Frieden geschlossen hatte, zurückzog.

Wildeshausen ist freilich nur ein kleines, aber doch freundliches, hochinteressantes, originelles Städtchen, dessen Einwohner, etwa 2000 an der Zahl, sich vorherrschend mit Landbau und Handwerk (Schuhmacherei, Gerberei) beschäftigen. Unter anderm wird auch ein aus ausgesiebtem Roggenmehl gebackenes Brot von Wildeshausen überall hin, nach Oldenburg, Delmenhorst, Bremen u. s. w. fuderweise ausgeführt und als „wildshüs'sch Brot" gern gekauft.

Ein altes Rathaus, ein Taubstummeninstitut (1819 vom oldenb. Herzoge Peter Friedrich Ludwig gestiftet) und vor allem die Alexanderstiftskirche sind sehenswert. Die Straßen sind breit und reinlich gehalten. Hauptstraßen sind die Hunte- und Westerstraße. Die Häuser haben durchweg vorspringende Giebeldächer. Fast vor jedem Hause stehen frischgrüne Linden, die dem Orte ein überaus freundliches Aussehen gewähren, als ob hier fortwährend Pfingsten gefeiert würde. Um die Stadt führt ein von hohen, herrlichen Eichen, Linden und Buchen beschatteter alter Festungsgraben und -Wall. Die Gräben dienen jetzt als Spaziergänge, konnten aber von der Hunte aus mit Wasser angefüllt werden. Im Osten, in nächster Nähe des Walles, erhebt sich ein ziemlich bedeutender Hügel. Dieser Hügel ist der „Wittekindsberg", ein Burgberg, auf dem Wittekinds Schloß gestanden haben soll, das im Jahre 1538 von den oldenburgischen Grafen Anton I. und Johann gänzlich zerstört wurde. Auch der Rest der Befestigungswerke, den der Bischof Friedrich von Münster, als er sich 1523 in den Besitz Wildeshausens setzte, übrig gelassen hatte, wurde hierbei völlig vernichtet. Um einen geschichtlichen Ueberblick zu geben, sei hier gleich bemerkt, daß Wildeshausen im 13. Jahrhundert oldenburgischen Grafen der Wildeshausischen Linie gehörte. Die beiden Brüder Heinrich und Burchard fielen (1234) im Stedinger Kriege. Dann kam Wildeshausen an das Erzstift Bremen, hierauf (1429) an Münster, 1648 sogar an Schweden, 1699 an Hannover und endlich (1803) an Oldenburg.

Vom Burgberg hat man eine reizende Aussicht über frische Wiesen an der sich vorbei schlängelnden Hunte, über ein großes, wallendes Aehrenmeer und über mit düstern Föhren bestandene Höhenzüge. Anmutig ist auch ein Spaziergang im Thale der Hunte. Das Fleckchen Erde war mit seinem ländlichen Frieden immerhin einladend genug, um von Wittekind zum zeitweiligen Aufenthalt, zur Raststätte nach langjährigen heißen, blutigen Kämpfen erwählt zu werden. War doch wahrscheinlich ringsum dichter, grüner Wald, wo jetzt nur nackte, braune Heide.

Auch Wittekinds erste Nachkommen behielten hier ihren Sitz. Wittekinds Sohn hieß Wicbert und dessen Sohn Walbert, der in der Mitte des 9. Jahrhunderts lebte. Es ist nicht unwahrscheinlich, daß dieser Walbert Graf im Leri- und Ammergau war.

Er hielt sich anfänglich am Hofe Kaiser Lothars auf, der ihn andern vorzog und dadurch den Neid der übrigen Höflinge gegen ihn erregte. In Folge dessen mußte der Günstling bald auf Reisen geschickt werden. Der Kaiser gab ihm jedoch ein Empfehlungsschreiben an den Papst Leo mit, in welchem außer anderm die Bitte ausgesprochen war, der Papst möge dem Gesandten ein

„bewährtes Heiligtum" mitgeben. Durch dessen Zeichen sollte das Volk der Sachsen und Friesen vor dem Heidentume der benachbarten Normannen und Obotriten bewahrt und im rechten Glauben und Gottesdienste erhalten und bestärkt werden.

Der Papst erhörte die Bitte und schenkte dem Grafen außer andern Reliquien den Körper eines Märtyrers, des heiligen Alexander. Eine große Menge römischen Volkes begleitete mit Fackeln in der Hand diese geweihten Ueberreste über Roms Grenze, und Walbert gelangte mit ihnen glücklich über die Alpen nach Deutschland, bis Wildeshausen. Als er durch die westfälischen Gauen zog, eilten von nah und fern Andächtige und Kranke herbei, um den Reliquien ihre Verehrung zu bezeugen und Heilung von ihren Gebrechen zu suchen.

Walbert errichtete jetzt mit seiner Gemahlin Altburgis im Jahre 872 in Wildeshausen zu kirchlichen und religiösen Zwecken ein Domherren-Stift und schenkte demselben außer dem Orte Wildeshusun (Wildeshausen), viele seiner Erbgüter die größtenteils im Delmenhorstischen, Münsterschen und Harpstedt'schen lagen*).

Beiläufig gesagt, geht auch hieraus hervor, daß diese Gegenden in jenen Zeiten mehr angebaut waren, als man gewöhnlich glaubt. Von den in der Stiftsurkunde genannten Orten sind noch jetzt viele vorhanden, mehrere andere verschwanden im Laufe der Zeit oder nahmen andere Namen an.

Den Körper des heiligen Alexander schenkte Walbert ebenfalls dem Stift, das davon den Namen Alexanderstift erhielt. Die jetzige evangelische Kirche in Wildeshausen ist die Kirche dieses Stiftes. Die Schicksale desselben sind der Hauptsache nach folgende: Kaiser Lothar bestätigte dem Stifte alle Besitzungen und Gerechtsame, insbesondere aber das Vorrecht, daß alle zu demselben gehörigen Personen nur der Gerichtsbarkeit des höchsten Reichsoberhauptes unterworfen sein sollten. In der Folge erhielt das Erzstift Bremen das Recht, die erledigte Stelle eines Probstes beim Alexanderstift zu besetzen, doch durfte dieselbe nur einem Mitgliede des bremischen Domkapitels verliehen werden. In allen kirchlichen Angelegenheiten gehörte übrigens das Stift zum osnabrückischen Kirchensprengel. Im Jahre 1620 zählte das Stift außer dem Probste oder Vorgesetzten 20 Kanonicis (Stiftsherren) und 20 Vikarien (Hülfsgeistliche). Ein jeder der ersteren hatte seine besonderen Einkünfte, welche sich mit seinem Hinaufrücken im Kapitel oder in der geistlichen Körperschaft vermehrten. Mit der Abnahme

---

*) v. Halems Geschichte Oldenburgs u. a. a. O.

der Einkünfte verminderte sich späterhin auch die Zahl der Mitglieder, und im Jahre 1628 zählte es nur 16 Kanonici. So blieb es bis zum westfälischen Frieden (1648). Jetzt verließen die Kapitularen aus Besorgnis vor der protestantischen Regierung ihren Sitz und begaben sich nach Vechta, verloren aber dadurch ihre Einkünfte aus dem Wildeshausischen, wenn sie auch die aus dem Amte Vechta beibehielten. Die Auflösung des Stiftes erfolgte endlich im Jahre 1809*).

Von der alten Stiftskirche, die wahrscheinlich aus Holz aufgeführt war, ist keine Spur mehr vorhanden. Der Grund der noch erhaltenen Kirche im romanischen Stil wurde im Jahre 1224 gelegt. Sie ist noch fast in allen Teilen gut erhalten und gehört zu den edelsten und ehrwürdigsten Baudenkmälern des frühen Mittelalters. Ueber die Beschaffenheit der einstigen zwei steinernen Türme wissen wir nichts; sie stürzten, nachdem sie erst wenige Jahre gestanden hatten, wieder ein. Im 15. Jahrhundert wurde dann der noch jetzt auf der Mitte des westlichen Querhauses stehende Turm erbaut.

Unter den evangelischen Geistlichen ist der Pastor Oldenburg als heimatlicher Altertumsforscher rühmlichst bekannt geworden. Er besichtigte die vielen Hünengräber in den Heiden um Wildeshausen, beschrieb sie in den „Oldenburgischen Blättern", regte zur Bildung des jetzigen antiquarischen Museums in Oldenburg an und sammelte selbst viele Altertümer, wie Urnen, Steinbeile, Aexte, Pfeile rc., die er dem Museum schenkte.

## 2. Die Schützengilde und das Schützenfest.

Wildeshausen ist ein Stück verkörperten Mittelalters; als solches hat es sogar noch eine alte Schützengilde, die alljährlich zur Zeit der Pfingsten in althergebrachter, höchst origineller Weise ihr berühmtes Schützenfest feiert. Alsdann kommt ganz Wildeshausen aus dem Häuschen, und es entfaltet sich ein so buntes, herrliches Stück Volksleben, wie es in unserer modernen, kulturbeleckten Zeit längst zur Seltenheit geworden ist.

Das Alter der Schützengilde wird auf einige hundert Jahre geschätzt; leider läßt es sich nicht mit Bestimmtheit angeben, da die ältesten Urkunden, wenn solche überhaupt vorhanden waren, verloren gegangen sind, wenigstens konnte ich solche in der sog. „Bundeslade", der Aktenkiste der Gilde, nicht entdecken. Einer

---

*) S. Kohli, Herzogtum Oldenburg und a. a. O.

der ältesten Becher ("Willkummst"), die der Gesellschaft gehören, trägt die Jahreszahl 1636.

Mit der Gilde ist eine Totenlade verbunden; jedes Mitglied zahlt einen Beitrag von 6 Mark, wofür im Sterbefall 30 Mark an die Nachbleibenden ausbezahlt werden.

Das ganze Schützenbataillon besteht aus 5 Kompagnien mit ebenso vielen Fahnen.

Auf die Hauptfeier, das Schützenfest, freut sich das ganze Städtchen, alt und jung, schon lange im voraus, um so mehr, als die soliden Bürger während eines vollen Jahres sich auf diese einzige öffentliche Festfreude beschränken. Um Himmelfahrt findet eine Abstimmung statt, ob die Feier am dritten Pfingsttage vor sich gehen soll, oder nicht. Daß sie so sicher eintreten wird, wie alljährlich das Pfingstfest, daran zweifelt niemand, nichtsdestoweniger werden von einzelnen Mitgliedern Einwände erhoben; z. B. das Jahr sei zu schlecht. Allein solche Scheineinwände werden leicht beseitigt; "ah, es kann ja noch besser werden," heißt es, und das Fest wird beschlossen. "Der Krieg ist erklärt," heißt es von jetzt an.

Alles ist nun voller Erwartung der Dinge, die da kommen sollen. Endlich bricht der große Morgen des Tages an, bereits um 4 Uhr verkündet die Reveille dem noch in süßem Schlummer ruhenden Städtchen den Beginn des Festes. Gegen 11 Uhr ziehen abermals 4 Tambours, je zwei und zwei, durch die Straßen der Stadt, gefolgt von der frohen Jugend, die dem Trommelschlag die rechte Deutung zu geben weiß in den zwei Worten: "Kamerad kumm! Kamerad kumm!" —

Früher waren noch zwei Posaunenbläser bei dem Musikcorps der Gilde, die bliesen am Festmorgen vom Rathause immer ein und dieselben Töne, vermutlich weil ihre Kunstfertigkeit nicht weiter reichte: "Unglück, Unglück, Unglück!" Gingen sie voran im Zuge, so trommelten die nachfolgenden Tambours: "Wat jammert dat Volk, wat jammert dat Volk, wat achteran geit! Kamerad kumm, Kamerad kumm upn Apell! Wer der nich kummt, be ward nich tellt! Raberidum, raberidum!"

Im Rathause hält eine Kompagnie Wache; über dem Eingange des Wachtzimmers befindet sich auf einem Brette in großen Buchstaben die Inschrift: "Haupt=Wache". Um Mittag wird diese Wache traktiert; in einem Handwagen holen einige Mann das Essen herbei. Als ich zum Feste in Wildeshausen war, hatte die aus 22 Mann bestehende Wache zu Mittag verzehrt:

57 Pfund Kalbfleisch,
3 Scheffel gekochte Kartoffeln,

3 Pfund Butter,
1 Seidel Senf,
1 Eimer voll Sauce.

Zur Zeit des Essens läßt sich die Wache auf keinen Fall stören; alle Neugierige, die sich in die Wachtstube gedrängt haben, werden alsdann ohne Gnade hinausgewiesen und die Thür verschlossen.

Gegen 1 Uhr werden der König und die ersten Offiziere, desgleichen die Fahnen feierlich durch Schützenabteilungen abgeholt. Nun kommt Leben ins Städtchen, von allen Seiten strömt das Volk herzu, um die Aufzüge der Schützen auf dem Marktplatze vor dem Rathause zu sehen. Die rauschenden Klänge eines vollen Musikcorps hallen durch das sonst so stille Städtchen.

Die einzelnen Kompagnien mit ihren Fahnen und Offizieren marschieren im oberen Rathaussaale auf. Letztere haben daselbst ihr eigenes Zimmer, eine Abteilung des Saales, wo auch an Nichtmitglieder Freibier (Braunbier) verabreicht wird. Auf einem langen Tische sind die Geräte der Gilde, Zinngefäße, Humpen, Kannen, Becher rc., teilweise alt und von Mitgliedern geschenkt, aufgestellt.

Die Mannschaften werden aufgerufen und treten an. Der Oberst erläßt in einer kurzen Anrede eine Mahnung zur Vorsicht beim Schießen. Zur Illustration und Bekräftigung seiner Warnung zeigt er einen total zerschossenen Flintenlauf vor und erinnert an ein Unglück, das vor Jahren durch Unvorsichtigkeit geschah, wobei einem Schützen der Daumen abgeschossen wurde.

Hierauf erfolgt der Ausmarsch. Der Zug geht, natürlich mit Musik, über den Marktplatz zum Thor hinaus nach dem im Süden der Stadt gelegenen Schützenplatze, voran der General und der Oberst mit ihren Adjutanten, sämtlich zu Pferde. Die Offiziere tragen eine grüne Uniform mit Epauletten, einen Schleppdegen mit Portepee und auf dem Kopfe einen Dreimaster mit Federbusch. Die Mannschaften haben keine Uniform, sondern sind sämtlich in Civil, meistens schwarzen Anzügen, einen hohen Cylinder auf dem Kopf. Ihre Waffen sind alte, zum Teil verrostete Flinten. Ihre Hüte haben sie festlich mit Eichen- und Tannenzweigen geschmückt.

Alles, was Beine hat, läuft nebenher; die ganze Stadt marschiert mit zum Thore hinaus.

Die meiste Bewunderung, insbesondere bei der lieben Jugend, findet der Tambourmajor in seiner Grenadiersuniform, eine allmächtige Bärenmütze mit rotem Lampenputzer auf dem Haupte.

Auf dem hübsch gelegenen, mit einzelnen Buden besetzten Festplatze angelangt, stellen sich die Schützen auf, und der General hält eine kurze Anrede, in welcher abermals zur Vorsicht gemahnt wird.

Hierauf Beginn des Vogelschießens. Die drei ersten Schüsse hat der beim letzten Feste zum König gekrönte Schütze. Unter dem auf einer hohen Stange befestigten, eisernen Vogel ist ein Brett angebracht, das diesen verdeckt. Erst wenn das Brett weggeschossen ist, wird derselbe sichtbar. Da er aber mit Blei befestigt ist, so kann er nicht herab geschossen werden. Schließlich wird die Stange herunter gelassen und der Vogel losgemacht, worauf derselbe in nicht allzu langer Zeit, nachdem mehrere Treffer ihn allmählich in die Höhe getrieben, herunter fällt. Unten an dem Vogel ist nämlich eine eiserne Stange befestigt, die frei in einem eben solchen Rohre ruht.

Wer schließlich das Glück hat, den Vogel aus dem Rohr herauszutreiben, der ist König. Er wird auf den, mit einer schönen Eiche bestandenen Königshügel geführt und vom General "eingekrönt", indem er ihm einen Mooskranz mit Rosen um den Hut und eine Silberkette um Hals und Schultern legt. In Bezug auf letztere ermahnt er ihn, dieselbe "mit der nötigen Würde" tragen zu wollen. Die Kette ist nämlich ein altes Heiligtum der Gilde. Sie wiegt 1004 Gramm. An ihr hängt ein großer silberner Vogel, dessen Alter unbekannt ist; denn die römischen Ziffern an demselben hat man bis jetzt nicht deuten können. Außerdem hangen an derselben noch viele silberne Schilder, Platten, Kreuze, Herzen, Denkmünzen ꝛc., die älteste vom Jahre 1789, "als der Herr Fähndrich Ludwig Köhne Schützenkönig zu Wildeshausen" wurde. Jeder König stiftet ein neues Anhängsel; einige haben die Insignien ihres Berufes gewählt; z. B. Stiefel, Mühle ꝛc.

Nach der Krönung erfolgt der Rückmarsch zur Stadt zum Rathaus.

Während alles dies auf dem Schützenplatze vor sich geht, werden hier wie bei der Hauptwache in der Stadt allerlei Schabernacke gespielt. So kamen während des Schießens Boten zum General und meldeten ihm, bei der Wache des Rathauses sei ein schändlicher Unfug verübt. Sofort wurden Mannschaften dorthin abgeschickt, und nun stellte sich's heraus, daß die Wache betrunken gemacht, die Fenster alsdann ausgenommen, das Schilderhaus umgekehrt in eine große Regentonne gestellt und auf dem Schilde die Inschrift Haupt=Wache in Sauf=Wache verwandelt worden war. Der lustige Streich erregte bei allen Unbeteiligten ungemeine Heiterkeit, bei den Schützen aber scheinbar große Entrüstung, bis alles wieder in Ordnung und an den rechten Platz gebracht war.

Nach dem Rückmarsch bringen die einzelnen Kompagnien die Fahnen in das Haus des betreffenden Leutnants. Auf dem Marsche dahin rauchen sie lange weiße Thonpfeifen, und daselbst angelangt, werden sie mit Wein und Kuchen traktiert.

Die Offiziere begeben sich hierauf in die Wohnung des neuen Königs, wo sie ebenfalls bewirtet werden und zwar mit Wein, Kaffee, Kuchen, Klaben, Butterbrot, Cigarren und Tabak. Nicht bloß der neue König wird hierbei feierlich begrüßt, sondern auch die mit einem Kranz von Moos und Rosen geschmückte Königin, zu welcher der König seine Schwester oder eine Nachbarin selbst erwählt hat.

Inzwischen hat im obern und untern Saale des Rathauses der Tanz begonnen, der bis zum lichten Morgen währt. Erfrischungen bekommt man im Erdgeschoß des Hauses, wo sich eine Wirtschaft befindet. Die Offiziere halten sich während der Nacht viel in ihrer Abteilung auf. Daselbst werden unentgeltlich Braunbier mit Citronenscheiben und große Kringel oder Brezel verabreicht. Letztere werden genossen, indem sie zuerst in Bier und alsdann in Pfeffer und Salz getunkt werden. Drückt man sein Erstaunen über diese Delikatesse aus, so wird man ermuntert mit den Worten: "So haben's unsere alten Vorfahren auch gehalten. Es bekommt gut." Und dem ist in der That so.

Spät in der Nacht wird in der Hauptwache noch die Wahl des neuen Schaffners vorgenommen.

Man hatte mir erzählt, manchmal würden auch Verhaftungen solcher Personen, namentlich Fremder, vorgenommen, von denen man glaube, sie hätten sich gegen die Gilde irgendwie etwas zu schulden kommen lassen. Hierauf war ich sehr gespannt und beschloß, mich selber arretieren zu lassen. Zu dem Ende ging ich um Mittag an der Wache vorbei und drehte ihr eine Nase. Das Attentat wurde bemerkt, und man sah mir nach, wohin ich gehen würde. Ich ging aber auf einem Umwege in das Erdgeschoß des Rathauses und fühlte mich hier bei einem Glase Bier ganz sicher. Aber es währte nicht lange, als eine Patrouille hereinkam und mir erklärte, im Namen des Leutnants sei ich Arrestant. Ich sperrte mich zwar und suchte zu entwischen, allein ich mußte mit und wurde in die Hauptwache geführt. Hier war das Offiziercorps bereits versammelt, um mich zu verhören und mir mein Urteil zu sprechen.

Als Angeklagter mußte ich auf einer Bank Platz nehmen. Vor mir lag auf zwei Ziegelsteinen Pfeffer und Salz, auch ein Stück Schwarzbrot, und daneben stand ein Glas Wasser. Das war das Armensündermahl für mich. Hierauf wurde mir vom

General eröffnet, ich würde wegen eines schweren Verbrechens in Anklagezustand versetzt werden und möge mir daher einen Verteidiger wählen. Ich erklärte, mein eigener Anwalt sein zu wollen. Nun erhob einer von den Schützen gegen mich die Anklage wegen arger Beschimpfung und Beleidigung der Wache, und der Oberst stellte den Antrag, man wolle mich zum Tode des Erschießens verurteilen. Der General gestattete mir sodann eine kurze Verteidigung, worauf ich in begeisterter Weise mich sehr lobend über die Feier des Schützenfestes als eines echten Volksfestes aussprach. Unter anderm sagte ich: „Ich kenne auch das süddeutsche Volksleben mit seiner offenen Lebensfreude und sprudelnden Heiterkeit. Man hat oft gesagt, dem Norddeutschen fehle diese Gemütswärme, diese helle Lebensfreudigkeit. Damit thut man ihm Unrecht; wer sich davon überzeugen will, der fahre zur Zeit der Pfingsten hierher und feiere mit Ihnen, meine Herren, Ihr Schützenfest. Dann wird ihm das Herz aufgehen und er wird mit Goethe sprechen:

> „Hier ist des Volkes wahrer Himmel,
> Zufrieden jauchzet groß und klein:
> Hier bin ich Mensch, hier darf ich's sein."

Und ein besonderer Vorzug Ihres Festes ist, daß Sie es vor der alles verfeinernden und verwässernden Kultur bewahrt haben und es noch jetzt in derselben Weise begehen, wie es vor Jahrhunderten gefeiert wurde. Dadurch steht es einzig in seiner Art da. Meine Herren, bleiben Sie bei dieser althergebrachten Feier und dulden Sie keine Neuerungen. Sie sehen, mit welcher Hochachtung ich von Ihrer Gilde denke und wie dankbar ich bin, daß Sie mich als Festgenossen so entgegenkommend aufgenommen und mich gestern sogar zum Ehrenmitglied Ihrer Gilde ernannt haben. Wildeshausen und seine Pfingstfeier wird mir ewig unvergeßlich sein. Ich bitte um gnädige Strafe."

Der General entschied sodann dahin, in anbetracht, daß das Erschießen Geld koste und es fraglich sei, ob Delinquent überhaupt einen Schuß Pulver wert sei, beantrage er meine Begnadigung zu 1 bis 100 Mark Brüche.

Hierauf wurde mir zur Stärkung nach der Gemütsaufregung Wein eingeschenkt und eine weiße, thönerne Friedenspfeife gereicht.

Das war am Tage nach dem Feste. An diesem Tage wird auch „der König dem Volke vorgestellt," indem er von einer Schützenabteilung, an deren Spitze ein Musikcorps marschiert, durch die Stadt geführt wird.

Am Nachmittage findet auch ein parodisches Nachspiel statt, ich möchte sagen eine Art Satyrspiel, ein Faschingsscherz. Der ungebundene Humor und die Satyre suchen alsdann in echt mittelalterlicher Weise den Ernst und die Würde des am vorigen Tage geschenen Festzuges zu parodieren. Eine kostümierte Schar junger Leute zieht durch die Stadt und macht eine wahre Janitscharenmusik auf selbsterfundenen Instrumenten, als Trichtern, Gießkannen, Blechtöpfen, leeren Fässern ꝛc., als Schellencymbel diente u. a. ein alter Sommerschirm, unter welchem eine Glocke aufgehängt war. Die Bande verursachte eine ohrenzerreißende Musik und hatte stets ein Gefolge neugieriger, lachlustiger Menschen hinter sich, die ihre Kunstleistungen und sonstigen Scherze mit Beifall aufnahm.

Daß an solchen Tagen nicht alles nüchtern verläuft und mancher Haarbeutel nach Hause getragen wird, versteht sich von selbst. So sagte während der Heimkehr frühmorgens ein Angesäuselter zu seinem Nebenmanne, der noch verhältnismäßig grade ging: „Du, lehn' di'n bäten an mi, dat du god na Hus kummst."

Ein Ausrufer rief des Morgens durch die Straßen: „Wer'n Kater verlaren hett, kann sick mellen bi N. N. u. s. w."

Am Sonntage nach Pfingsten findet ein Kinderschützenfest statt; „denn loppt alles mit, wat man krupen kann."

Alles in allem: Das Wildeshauser Schützenfest ist urgesund, urgemütlich, weil echt volkstümlich. Ich kam die ganzen Tage nicht aus dem Lachen heraus und nahm mir vor: Im nächsten Jahre fährst du wieder nach Wildeshausen.

Daß man an der Art und Weise der Feier nicht rütteln und keine den Volkshumor verwässernde Neuerungen zulassen werde, dafür bürgt mir der konservative Sinn der gemütlichen Wildeshauser. Nicht einmal das bewegte Jahr 1848 vermochte sie aus dem alten, gewohnten Geleise zu bringen. Dafür zeugt noch folgende Erinnerung, die sich an eine alte hölzerne Rednertribüne knüpft, die man unter dem Gerümpel des Rathauses noch aufhebt. Dieses alte Revolutionsmöbel wurde dermalen bei Volksversammlungen auf den Marktplatz gestellt, um von ihm herunter durch Rednermund die Ideen der neuen Zeit zu verkünden. Bestieg auch einmal ein biderber Pfahlbürger, dem allerlei unverstandene Phrasen durch den Kopf schwirrten, das wacklige Gerüst und hub seine Rede an: „Mitbörgers, allerwiederwegens in ganß Tütschland kriegt de Börgers un mehr Frecheiten und Rechte, blot wi hier in Wildshusen nich. Wi willt of Censur hebben!"

„Kum harr he dit seggt," so erzählte man mir, „do wurd he of all van de Kanzel herunner räten un kreeg Wichse."

# VI. Kapitel.

## Die Delmenhorster Geest.

### Einleitung.

Die Delmenhorster Geest ist die Fortsetzung der hohen, sandigen, teilweise jedoch auch lehmigen, hannoverschen Geest in der früheren Grafschaft Hoya. Diese Gegend dacht nördlich nach der Weser und westlich und südlich nach der Hunte hin ab. Die Flüßchen und Bäche fließen alle im wesentlichen in nordöstlicher Richtung, so der Varreler Bach und die Delme, welche aus dem Hannöverschen kommen und in die Ochtum münden, die Welse, welche im Stühe entspringt und ebenfalls in die Ochtum fließt, und die Verne, welche bei Dingstede entspringt und in die Ollen mündet.

Zum größten Teile gehört die Delmenhorster Geest zum Amte Delmenhorst, außerdem zum Amte Wildeshausen und ein kleiner Teil zum Amte Oldenburg. Die Höhe der Geest beträgt 15 bis 45 m über dem Meeresspiegel.

Das Bodengepräge ist stark wellenförmig, von Flußthälern und Mulden durchschnitten. Hin und wieder erheben sich kleine Anhöhen, so der Bockholzberg bei Hohenböken, von welchem man eine schöne Aussicht ins Stedingerland hat. In dem Sande finden sich teilweise Lehmlager, so bei Gruppenbühren, im Hasbrok u. s. w.

Die Heide ist die charakteristische Pflanze eines solchen Bodens, außerdem kommen auf unkultiviertem Lande noch vor der Sonnentau, das Ruhrkraut, die Wassernabel, harte Gräser (Schafschwingel, Borstengras, Segge) und unter den Heidepflanzen zierliche Moose und Flechten nordisch alpinen Ursprungs. Der Heidboden hat überall eine graue, manchmal silberglänzende, schwache Oberschicht, welche im Laufe von Jahrhunderten durch die Vermischung der abgestorbenen Pflanzenteile mit dem Sande entstanden ist. Ueber das Moor und seine Flora bringt der zweite Abschnitt dieses Buches Ausführlicheres.

In den Mulden finden sich feuchte Moorwiesen, welche häufig im Winter unter Wasser stehen, auf den sandigen Höhenzügen ausgedehnte Aecker. Föhrengruppen und größere Eichen- und Buchenwälder, wie der Hasbrok, das Stenummer Holz, der Stühe und das Reiherholz unterbrechen die Einförmigkeit der Landschaft.

Die Dörfer liegen an den Abhängen der Heide und in den Niederungen. Die Häuser und Höfe sind meistenteils mit Baumgruppen eingefaßt. In großen Mulden liegen natürlich die meisten Dörfer, mit wenig Unterbrechung, so daß man von einem Dorf zum andern durch Fluren und Gebüsch dahin wandelt, wie von Stuhr nach Delmenhorst. Gehen wir auf der Delmenhorster Chaussee westwärts, so zeigt sich links das große Dorf Ganderkesee mit einer großen, altehrwürdigen Kirche. Von hier aus, bei der sog. „Urneburg", einem einsamen Wirtshause, bietet sich eine schöne Aussicht dar über ein welliges, gut angebautes und bewaldetes Land, mit den Dörfern Elmenloh, Gruppenbühren u. s. w. Hier ist die schönste Gegend der Delmenhorster Geest. Es giebt aber viele sehr traurige, triste Landstriche, so auf dem Wege von Delmenhorst nach Wildeshausen, bei Dingstede, Sandersfeld u. s. w. Hude und auch Hatten sind besonders schön gelegen. Interessant ist ein Spaziergang von Hude über Vielstede nach dem Hasbrok und von hier über Falkenburg nach dem Stühe.

Die Flüsse, besonders die Ochtum, treten häufig aus ihren Ufern und überschwemmen die Gegenden, namentlich sind Stuhr und Hasbergen bei Deichbrüchen manchmal großen Ueberschwemmungen ausgesetzt.

Die Häuser sind von bekannter niedersächsischer Bauart, ähnlich dem geschilderten ammerschen Bauernhaus, nur bildet hier nicht der Herd, sondern die Stube den Versammlungsort. Auch die Bewohner ähneln den Ammerländern, sind jedoch weniger gemütlich angelegt, übertreffen sie aber an Fleiß, Nüchternheit und Sparsamkeit. Besonders in der Nähe Bremens geht alles aufs Geldverdienen aus. Aus diesem Grunde wird auch in den Gemeinden Stuhr und Hasbergen starke Puterzucht getrieben. Die Stadt Delmenhorst mit reichlich 5000 Einwohnern ist gleichsam eine Vorstadt Bremens. In neuester Zeit entwickelt es sich immermehr zu einer Fabrikstadt. Die Fabrikherren sind meist Bremer Kapitalisten. Besuchenswert ist der Delmenhorster Tiergarten und der von doppelten Gräben umgebene Schloßplatz, wo ehemals die starke Burg der Grafen von Delmenhorst stand.

## 1. Der Hasbrok.

Auf der Delmenhorster Geest finden wir zwei Wälder, die wohl im ganzen nördlichen Deutschland ihres Gleichen suchen: den Hasbrok und Stühe. Ersterer ist ein uralter Eichwald, der Baumriesen aufzuweisen hat, die im wahren Sinne des Wortes Naturwunder sind. Schon der Name Hasbrok (verhochdeutscht: „Hasbruch") hat einen vorzeitlichen Klang wie „Osenberge". Hinge das Wort „Has" mit „Asen" zusammen, so hätten wir im Hasbrok einen alten deutschen Götterwald, einen heidnischen Naturtempel zu begrüßen, in dessen grünen Hallen einst unsere herrlichen Vorfahren ihrem Thor und Wodan Opferrauch emporsteigen ließen. Wir könnten versucht sein, dieser Vermutung Glauben zu schenken, um so mehr, als in der Umgebung des Waldes noch manche altdeutsche Steinmonumente und Hünengräber gefunden werden. Wenn es nun auch wahrscheinlich ist, daß diese Denkmäler einst im Reviere des Waldes, der sich viel weiter ausdehnte, lagen, so möchte doch die Etymologie des Wortes „Hasbrok" auf andere Wurzeln zurückzuführen sein. Die Silbe as ist das altdeutsche â, aha (fries. ôch) und bedeutet Aue, Wasser\*) (lat. aqua); und „brok" ist ein brüchiges, niedriges, sumpfiges Land. Der Boden des Waldes ist auch wirklich sehr feucht, und gerade dieser Bodenbeschaffenheit werden wir es zu verdanken haben, daß der herrliche Wald nicht längst ausgerodet wurde. Vom Rande aus drang die Axt der Bauern immer tiefer in die Waldwildnis ein, aber je tiefer sie kam, desto unverwüstlicher wurde das Gestrüpp, desto brüchiger, für den Ackerbau ungünstiger der Boden. Auch die oldenburgischen Grafen mochten endlich sprechen: „Bis hieher und nicht weiter; der Wald ist unser Jagdrevier!" Da hatte der Herrliche endlich Frieden und durfte ungestört durch Jahrhunderte fortwachsen\*\*), während im Umkreise die Bauern ihre Aecker anlegten und unter den von ihnen verschonten Eichen ihre Gehöfte bauten, die sich nach und nach zu den vielen alten Dörfern zusammenreihten, welche rings um den Hasbrok liegen.

Ehemals soll der Hasbrok mit andern Gehölzen, wie dem Stenummer=, Kimmer=, Reiherholze, dem Stühe u. a. einen zusammenhangenden Wald gebildet haben. Gegenwärtig nimmt

---

\*) Auch die Namen „Osenberge" und „Hasbergen" sind auf A zurückzuführen und bedeuten Berge (Hügel) am Wasser, dort an der Hunte, hier an der Delme.

\*\*) Nur im Jahre 1812 stellten die Franzosen ein großes Holzfällen im Hasbrok an.

derselbe einen Flächenraum von ca. 840 bis 896 Hektar ein. Nicht der Umfang hat den Hasbrok groß und berühmt gemacht, sondern die riesigen Bäume haben es gethan, die er innerhalb seines Geheges birgt. Treten wir ein in das feierliche Halbdunkel dieses uralten Eichendomes! Wir finden nicht lauter alte knorrige Bäume und verwitterte Veteranen, sondern nur hin und wieder überrascht uns ihr Anblick mitten im Gestrüpp und jungen Nachwuchs. Sie stehen da wie verschonte Zeugen vergangener, sturmbewegter Zeiten, die von der jungen Nachwelt wohl angestaunt, aber nicht verstanden werden. Stolz und stumm schauen sie herab auf das namenlose, unbedeutende Gesindel um sie her: die „große Eiche", die „Amalien=" und „Friederikeneiche". Die „Amalieneiche" ist nach Amalie, der oldenburgischen Prinzeß und Königin von Griechenland, die „Friederikeneiche" ebenfalls nach einer oldenburgischen Fürstentochter, der Herzogin Friederike, benannt. Die große Eiche hatte nicht nötig, gefürstet zu werden; sie ist die geborene Königin des Waldes. Sie steht auf einem freien, umzäunten Rasen, auf dem rohe Naturbänke zum Sitzen angebracht sind. In Mannshöhe hat der Stamm einen Umfang von ca. 9 m (30 Fuß), weiter abwärts ist er noch bedeutend dicker. Wie alle alten Eichen im Hasbrok zeichnet auch diese sich nicht aus durch den hohen, schlanken Wuchs des Stammes, sondern vielmehr durch das ganze knorrige, wildtrotzige Ansehen, insbesondere der Aeste, von denen jeder einzelne einen respektabeln Baum abgeben könnte. Was für Risse und Spalten, Knorren und Auswüchse befinden sich an dem mächtigen Stamm! Sie sind gleichsam die Narben, Schmarren, Runzeln und Falten in dem verwitterten vielsagenden Gesichte. Was könnten sie alles erzählen von guten und schlechten Zeiten, von Sonnenschein und Regen, Frost und Hitze, von Stürmen und Ungewittern, die im Laufe der Jahrhunderte über ihr Haupt dahingebraust sind! Dieser dürre Ast hier und der weite Riß, der von demselben bis zur Erde herunterläuft, sie melden, daß der Blitz einst machtlos an dem alten Riesen herniederfuhr. Diese mächtige ungestaltete Warze am Stamm, sie erzählt von einem Hirsch, der vielleicht zur Zeit der Kreuzzüge die Rinde benagte. Die Säfte drängten sich hin nach der offenen Wunde, lagerten ihr Zellengewebe um dieselbe ab, immer dicker und wulstiger erhob sich ringsumher die Rinde, und endlich schlossen sich die Ränder derselben und bildeten diesen ungeheuern Auswuchs. Diese tiefen Risse an der östlichen und südlichen Seite des Stammes sind Eisrisse, dadurch entstanden, daß im Februar oder März ein heller Tag war und der Sonnenschein die Säfte wieder in Cirkulation setzte, die aber in der folgenden kalten Nacht gefroren und die Rinde sprengten. Zu beiden Seiten der tiefen Risse lagerte sich nach und nach die Rindensubstanz ab und bildete so die dicken Wulste. Jede Eiche hat ihre eigene Physiognomie, deren scharf ausgeprägte Züge uns eine bewegte, wechselvolle Geschichte erzählen. Die Eiche ist das Symbol einer eigenartigen, streng subjektiven Individualität, die keine Uniformierung duldet; sie ist in diesem Sinne ein echt germanischer Baum.

Besonders schön gewachsen und mit einer prächtigen Krone geschmückt ist die Amalieneiche, deren Umfang dem der großen Eiche wenig nachgiebt. Auch dieser Baum steht auf einem Rasenplatze, der von dem üppiggrünen, jugendlich frischen Laubdache überschattet wird.

Nicht alle alten Eichen stehen isoliert und von dem unbedeutenden Nachwuchs des jungen Deutschlands abgesondert, manche sind auch versteckt im Dickicht des Waldes, so daß sie aufgesucht sein wollen, und hie und da trifft man auch Gruppen der alten Veteranen an. So fand ich eine Gruppe von acht Eichen, von denen jede einen Umfang bis zu 7,20 m (24 Fuß) hatte. Ringsum war das Unterholz weggehauen, so daß die alte Garde allen Stürmen und Wettern ausgesetzt ist. Der Anblick dieser Urwaldpartie ist ein echt malerischer. Eine Eiche war gänzlich abgestorben und von dunkelgrünem Epheu umkränzt. Eine andere von 6,60 m (22 Fuß) Umfang war bis auf 1,50 m (5 Fuß) desselben gänzlich von der Rinde entblößt. Aus dem hohlen Stumpfe hingen die langen, dünnen Ranken einer Brombeerstaude herab. Nackte, graue Aeste und hohle Aststümpfe reckten sich geisterhaft empor, nur ein einziger grüner Schopf zeugte noch von der früheren Pracht der Krone.

Besonders merkwürdig ist die hohle Eiche. Sie steht allein, mitten im Dickicht, und wird deshalb von den wenigsten Besuchern des Hasbrok aufgefunden. Sie ist ein förmlicher Naturtempel. Obgleich der Stamm total hohl ist, so ist die Krone doch noch üppig grün. Durch einen 0,60 m (2 Fuß) breiten Eingang, der durch eine Spalte im Stamm gebildet wird, tritt man in die 5,40 m (18 Fuß) weite Höhlung. Als ich vor Jahren mit mehreren Freunden eine Sängerfahrt nach dem Hasbrok machte, sangen wir ein Quartett in dieser Waldkapelle. Mit welcher Begeisterung erklangen die herrlichen deutschen Lieder: „Wer hat dich, du schöner Wald, aufgebaut so hoch da droben?" und: „Der alte Barbarossa, der Kaiser Friederich ꝛc."!

Ja, dieser alte Baum war gewiß ein Zeitgenosse des alten Barbarossa. Damals war er noch frisch und jugendlich, voll Mark und Lebenskraft, jetzt ist er hohl, aber immer noch stark und fest, und der verzauberte Kaiser könnte auch in ihm, wie im Kyffhäuser ein Obdach finden.

Die meisten alten Eichen im Hasbrok sind hohl und als Nutzholz untauglich; man läßt sie daher zur Freude aller Naturfreunde ruhig stehen und absterben. In den hohlen Aesten nisten Eulen und andere nächtliche Tiere; Füchse, Marder und Dachse hausen in den Höhlungen der morschen Stämme, oder legen unter den Wurzeln derselben ihre Gruben und Baue an. Einmal soll sich sogar eine Kuh in einer umgestürzten, hohlen Eiche verkrochen haben. Der unglückliche Eigentümer suchte die Verlorene überall vergeblich, auch im Hasbrok. Endlich setzte er sich zum Ausruhen auf den Stamm einer Eiche. Da hört er plötzlich mit freudigem Entsetzen unter sich ein Muhen und Brummen. Er schaut in die Höhlung des Baumes und siehe da, er erblickt seine vielgesuchte Braune, die festgeklemmt ist und weder vor- noch rückwärts kann. Wollte man sie wieder aus Licht fördern, so war kein anderer Rat, als den Baum zu zersägen, was denn auch mit Hülfe der Holzknechte geschah.

Einen im höchsten Grade malerischen Anblick gewähren die riesigen Stümpfe uralter, umgestürzter Eichen. Sie liegen hin und wieder im Walde, dicht bemoost und überwuchert vom Gesträuch, üppig rankenden Schlinggewächsen, langen Gräsern und wilden Blumen, als: Schwarz- und Weißdorn, wilden Rosen, Stechpalmen, Farnkräutern, Brombeeren, Geisblatt, Tausengüldenkraut u. s. w. u. s. w. Wild und bunt ranken und schlingen sie sich um die alten Baumruinen. Diese sind vielleicht die allerältesten Bäume des Waldes, hingestreckte, vermodernde Riesenleiber.

„Man sieht noch am zerhauenen Stumpf,
Wie mächtig war die Eiche." —

Der Hasbrok bietet überhaupt den Landschaftsmalern eine reiche Ausbeute; denn solche Prachtexemplare von Eichen findet man im ganzen nördlichen Deutschland nicht wieder. Die Maler sind es auch zuerst gewesen, welche die im rauhen Norden verborgene Schönheit des Waldes entdeckten und seine Wunder offenbarten. Jetzt, namentlich seitdem die Eisenbahn unfern des Hasbrok vorbeiführt, ist der Wald ein Wallfahrtsort geworden für alle Naturfreunde, und jeden Sommer wandern berühmte und angehende Maler dahin, um ihre Studien zu machen. Der Maler Willers aus Oldenburg soll zuerst einige der schönsten Eichen gemalt und seine Bilder in München ausgestellt haben. Als König Ludwig diese Oelgemälde sah, soll er gesagt haben: „Die Bäume sind zwar effektvoll gemalt, aber nicht naturgetreu; denn solch phantastisch gebildete, mächtige Eichen giebt es nirgends." — „Doch, Ew. Majestät," erwiderte der Maler, „die Bäume sind treu nach der Natur gemalt; die Originale befinden sich in meiner Heimat, im Hasbrok." Der König sandte seinen Hofmaler hin, und dieser fand die Aussage des Malers bestätigt. Seitdem ist der Hasbrok berühmt geworden. Auch der ausgezeichnete Landschaftsmaler Preller aus Weimar hielt sich längere Zeit in der Umgegend des Hasbrok auf.

Außer den Eichen sind auch die alten Hainbuchen des Hasbrok äußerst interessante, pittoreske Bäume. Wie Kandelaber stehen sie da, deren Arme oft seltsam geschwungen und verschlungen und mit phantastisch-fratzenhaften Auswüchsen und Köpfen wie von Ungeheuern, Drachen und Schlangen im Rococostil verziert sind. Ihre hellgraue Rinde leuchtet gespenstisch durch das Waldesdunkel, so daß uns — vor allem im Zwielicht — fast ein Grauen beschleicht, als wären wir in einen alten Zauberwald versetzt. Die Stämme dieser alten Buchen sind ebenfalls häufig hohl, von bedeutendem Umfang und, wie die der Eichen, mit dunkelm Epheu, wilden Rosen und andern Schlinggewächsen bekränzt.

Jedem Besucher des Hasbrok muß sich unwillkürlich die Frage aufdrängen: Wie alt mögen wohl die dicken Eichen sein? — Aus den Jahresringen der Bäume läßt sich bekanntlich ihr Alter bestimmen. Nun hat man an dem Stamm einer gefällten Eiche 800 Ringe gezählt, also bis in das Zeitalter Heinrich des Finklers. Die noch älteren Ringe waren aber so fein, daß man sie selbst mit Hülfe einer Lupe nicht mehr zählen konnte. Man suchte jedoch ihre Anzahl zu berechnen und kam bis auf 1100 Ringe. Hierauf kam noch eine Höhlung, die man gar nicht mit in Anschlag brachte. Darnach hat sich mithin das Alter der Eiche auf ein Minimum von 1100 Jahren herausgestellt; sie stand also sicher schon zur Zeit Karls des Großen an ihrem Platze. Muß uns nicht Ehrfurcht und Bewunderung erfüllen beim Anblick dieser „alten, treuen Zeugen alter Zeiten," die „doch des Lebens frisches Grün noch schmückt?"

---

## 2. Hünengräber und Heidenwälle.

Vom Hasbrok aus marschieren wir südlich, um in etwa einer Stunde den Stühe zu erreichen. Unser Weg führt uns wellauf, wellab bald durch öde, braune Heidstriche, auf denen ein einsamer Schäfer seine bewegliche Heidschnuckenherde weidet, bald über hohe, sandige Roggenfelder, an deren Abhängen alte Bauernhöfe und

schweigsame Dörfer verstreut umher liegen. Von den hohen Boden=
wellen aus haben wir eine freie Ausschau über die ganze weite,
stille Gegend, die im ganzen recht kahl, buschlos und einförmig
daliegt. So ist der Charakter eines großen Teiles der sog.
Delmenhorster Geest, nur weiter südlich, in der Nähe von
Hatten, bekommt sie ein mehr wild=romantisches Ansehen. Solche
Gegenden sind die rechte Heimat der Urnenhügel, Hünensteine und
Heidenwälle. Es ist nichts seltenes, daß die Bauern hier Toten=
urnen und Streitäxte, sog. Donnerkeile, im Boden finden. Kommt
man doch auf dem Wege von Falkenburg nach Delmenhorst an einem
unter düstern Föhren hoch und einsam gelegenen Wirtshause vorbei,
das den charakteristischen Namen „Urneburg" führt, weil man in
der Nähe Urnen gefunden hat.

Auf unserm Wege zum Stuhe treffen wir zwei große Block=
hausen, die sog. Gerichtsstätten beim Dorfe Dingstede, wie man
irrtümlich in heimatlichen Geographien angegeben findet, richtiger
bei Steinkimmen. Schon vorher und auch später bemerken wir
auf den Heiden zerstreut umher liegende große erratische Granit=
blöcke oder Wandersteine. Auch auf den sandigen Fahrwegen und
in den Rinnsalen der kleinen ausgetrockneten Bäche liegt es voll
von buntem Steingeröll. An großem und kleinem Gestein ist hier
überhaupt kein Mangel, und neu und überraschend ist für uns die
Bemerkung, daß man die Seitenwände ganzer Wälle, mit denen
Gärten und Hecken eingefriedigt sind, wie auch die unteren Wände
mancher Häuser und Schafköfen, aus großen und kleinen Feldsteinen
aufgemauert hat. Die Namen der Dörfer Stenum, nordöstlich
vom Hasbrot, Vosteen und Steinkimmen, südwestlich von dem=
selben gelegen, sind für den Steinreichtum der Gegend bezeichnend.
Bei dem Dorfe Stenum befinden sich einige Ueberreste von heid=
nischen Steinmonumenten und ein schönes herrschaftliches Buchen=
und Eichengehölz, das sog. „Ulland". Vosteen (Fuchsstein) heißen
einige Häuser, die unmittelbar an der Chaussee von Oldenburg nach
Falkenburg liegen. Nahe der Chaussee zeigt man in einem Walle
einen großen Stein, in dem sich die Abdrücke der Füße und des
Schweißes von einem Fuchse befinden, die der Sage nach dadurch
entstanden sein sollen, daß ein am Karfreitag von Jägern ver=
folgter Fuchs über den Stein lief.

Die Hünensteine bei Steinkimmen liegen in zwei, nur einige
hundert Schritt von einander entfernten Gruppen, auf niedrigen,
mit Föhren bepflanzten Erdhügeln. Die eine Gruppe besteht aus
25, in zwei, 23 Schritt langen und 5 Schritt breiten Reihen
liegenden großen Steinen. Im Osten liegt der größte Stein, der

eine Länge von 3 m, eine Breite von 2,40 m, eine Höhe von 1,80 m und einen Umfang von 9,90 m hat.

Die zweite Gruppe zählt 56 Steine, die ebenfalls in zwei Reihen liegen, die 33 Schritt lang und 6, im Lichten 4 Schritt breit sind. Die Steine sind zum Teil von ihrer ursprünglichen Stelle gewälzt. In der Mitte liegt ein größerer Deckstein von 2,70 m Breite, 3 m Länge, 1,50 m Höhe und einem Umfange von 9 m, der aber von den Trägern gestürzt ist und nur noch mit der nördlichen Kante auf einem derselben ruht. Früher lagen beide Gruppen mitten in einer wilden Heide, jetzt bildet Ackerland die nächste Umgebung.

Was die Bedeutung dieser Steingruppe betrifft, so sind unsere Geographen und Chronisten der Ansicht, daß es altdeutsche Gerichts= stätten seien. Sie bringen die Steine in Verbindung mit dem Dorfe Dingstede (Gerichtsstätte). Ich habe schon früher in der Skizze „Hünengräber" meine Gründe für die Ansicht entwickelt, daß es eine Begräbnisstätte unserer Vorfahren sei, wenn ich auch gerne zugebe, daß bei Dingstede immerhin auch eine Gerichtsstätte gewesen sein möge.

Auf unserm Wege vom Hasbrok zum Stühe können wir auch eine alte Verschanzung, einen sog. Heidenwall, der beim Dorfe Bürstel liegt, in Augenschein nehmen. Derselbe besteht aus drei halbkreisförmigen Wällen, von denen die beiden inneren ganz, der äußere aber nur teilweise erhalten ist. Der innere Wall hat eine Höhe von 3 bis 6 m; der von demselben eingeschlossene Raum ist mit einem dichten, fast undurchdringlichen Föhrengebüsch be= standen. In einer Entfernung von 10 Schritt wird dieser Wall von einem zweiten niedrigeren Ringwalle umschlossen, und darauf folgt 70 Schritt weiter der dritte, äußerste Ringwall. Im Norden und Westen war der Zugang zu diesen Verschanzungen durch einen Sumpf, der sich im Laufe der Zeit in niedriges Wiesenland um= gewandelt hat, vollständig gedeckt. Nur von Osten und Süden her war ein Angriff zu befürchten, weil von dieser Seite der Feind über die hohe Heide heranziehen konnte.

Ganz ähnlich wie diese Verschanzungen sind alle alten Heiden= wälle angelegt, so die Hünenburgen bei Damme und die berühmte Arkeburg zwischen Vechta und Goldenstedt im Süden unseres Landes. Ueberhaupt findet man überall im nordwestlichen Teutsch= land bis in Jütland hinein derartige Wälle; ich erinnere nur an die Pipinsburg bei Bremerhaven. Alle diese Befestigungswerke haben dieselbe primitive Bauart, alle bestehen aus mehreren kon= zentrischen Wällen. Von welchem Volke rühren sie nun her, von den Römern, oder von den ursprünglichen Bewohnern der Gegenden, in denen sie sich finden? Diese Frage ist ebenso wenig mit Zuverlässigkeit zu beantworten, als die Frage nach dem Ursprung der Hünengräber; indessen hat wohl die Annahme, daß sie von den Eingeborenen des Landes, den Sachsen oder Chauken herrühren, am meisten für sich. Denn die Römer gaben ihren Verschanzungen eine viereckige Figur; die allgemein in Deutschland einheimische uralte Form scheint dagegen die kreisrunde oder ovale gewesen zu sein.

### 3. Der Stühe.

Der Stühe ist ein so wunderprächtiger Buchenwald, wie es nur einen geben kann. Im Hasbrok hat die Natur alle Kraft entfaltet, um den Typus der Eichen in ihrer ganzen ursprünglichen Kraft und grotesken Bildung darzustellen; im Stühe dagegen scheint sie alles aufgeboten zu haben, um den Charakter der Buchen ins Licht zu stellen und dem Beschauer zu zeigen, welch ein herrlicher Naturtempel sich mit solchem Baumaterial in seinem entsprechenden Stile auferbauen läßt.

Der Name „Stühe" (plattdeutsch Stübusch oder Stubbusk) soll mit dem Worte Stubben zusammenhangen, welches ein niedriges, struppiges Gebüsch bezeichnet. Vielleicht stand an der Stelle der hohen Buchen früher struppiges Eichen- und Buchengehölz.

Schon aus der Ferne sieht man das hohe Kuppeldach des Waldes wie ein im blauen Nebelduste des Horizontes verschwimmendes Gebirge in sanften, schönen Bogenlinien emporragen.

Der Stühe besteht nicht ausschließlich aus Buchengehölz. Auf weichen Mooswegen wandern wir zunächst durch junge Eichen- und Föhrenbestände. Auf unserm Wege treffen wir eine herrliche Eiche, die sogen. „Friseneiche", so genannt von den Hollandsgängern oder Friesen, die auf ihrem Wege nach Holland unter dieser Eiche rasten sollen. Sie giebt den Eichen im Hasbrok nichts nach; der Stamm ist hoch und schlank gewachsen, hält 7,50 m (25 Fuß) im Umfang und ist oben mit einer prächtig verästelten Krone geschmückt. Die Franzosen sollen aus ihr wie aus den Eichen im Hasbrok viel sog. Krummholz zum Schiffsbau gehauen haben; jetzt ist aber wenig mehr davon zu sehen, da alle Lücken wieder mit frischem, üppigem Laub ausgefüllt sind. Die Krone besteht aus vier Hauptästen, die allein schon Bäume sind. Die Friseneiche hat ein martiges, saftiges, vielsagendes Gesichtsgepräge; die in der Umgebung stehenden Buchen sehen neben ihr aus wie glattgeleckte, moderne Stutzer.

Die südwestliche Partie des Waldes besteht aus jenen herrlichen Buchen, welche diejenigen der sog. heiligen Hallen von Tarandt bei Dresden noch übertreffen, die überhaupt schwerlich schöner zu finden sind. Wie schlanke dorische Säulen ragen die glatten, silbergrauen Stämme auf reinem, von jedem Unterholz freiem Grunde hoch empor. Nach einem auf halber Höhe abgebrochenen, hingestreckt liegenden Exemplare taxierte ich die Höhe der Bäume auf 39 bis 42 m. Die untere Dicke dieses Baumes betrug 1,72 m, die mittlere 1,45 m, die obere, dicht unter der Krone 1,20 m. Wie proportioniert und schlank sind also diese herrlichen Bäume emporgewachsen! Die dünnsten derselben von 1,40 m Umfang haben gleiche Höhe mit den dicken von 1,80, 2,10, 2,14, 2,55 und mehr Meter Umfang. Ich fand eine Zwillingsbuche mit einem Umfange von 3,45 m.

Alle Bäume haben gleiches Alter und gleiche Höhe und stehen in fast gleichen Abständen. Oben verzweigen sich die Aeste zu einem großen, zusammenhangenden Laubgewölbe. Der Anblick dieses unvergleichlichen Waldes ist ein wahrhaft erhebender; es ist, als trete man in einen großartigen gotischen Dom ein. Durch die grünen Wipfel geht ein leises Rauschen wie der Widerhall unserer Tritte, oder ein gewaltiges, dumpfes Brausen wie von fernen, feierlichen Orgelklängen. Eine geheimnisvolle Dämmerung umfängt uns: denn die Lichtstrahlen können nicht durch die dichten Laubkuppeln dringen. Ein wunderbares, leuchtendes Grün überschattet uns. Die Aeste und Zweige heben sich vom geraden Säulenschafte in so schönen Bogenwinkeln ab, steigen so sanft und breiten sich so fein und vielfach verästelt zu den andern hinüber, daß sie eine gotische Verschlingung und Wölbung hoch über den Häuptern der Wandelnden bilden.

Man begreift bei diesem Anblick, wie die Erbauer der Dome der Natur die Verschlingung und Verästelung ablauschten, wie sie im Steine poetisch-sinnig und ordnend nachzubilden suchten, was ihnen Hain und Wald in üppiger Fülle als Vorbild entgegenhielten. Durchsichtig und undurchsichtig zugleich verschlingt und verzweigt sich hier das ragende Geäder der Bäume zu einem lang ausgedehnten Gewölbe, das auf vielen hundert Säulen ruht. Man sieht noch die fernsten Wölbungen, von einem feinen Dämmerlichte durchbrochen, in die Luft sich zeichnen. Ein sanftes Schauern geht von Zeit zu Zeit durch das frische Grün und darein klingt die Musik von hundert Vogelstimmen.

Besonders interessant ist der Stühe noch durch die vielen Reiher, die hier zu einer Kolonie vereinigt auf den Bäumen im Südosten der Buchenpartie horsten und einen großartigen Reiherstand bilden, wohl den größten in Norddeutschland. Dieser besteht aus vielen hundert Nestern oder Horsten. In einem kleinen Umkreise konnte ich 30 bis 60 derselben zählen, und jeder Baum trug ein Dutzend und mehr. Die vielen großen, unschönen Vögel machen in den heiligen Naturhallen ein sehr unheiliges Geschrei; sie sind höchst unpassende Bewohner derselben; denn sie sind hämisch und boshaft, blutgierig und zanksüchtig. Schön sind sie keineswegs: ihr Leib ist sehr schwach, seitlich zusammengedrückt, der Hals sehr lang und dünn, der Kopf klein und flach, das Bein mittelhoch, das Gefieder mehr oder weniger düsterfarbig, beim alten (Fisch=)Reiher auf Stirn und Oberkopf weiß, auf dem Halse grauweiß, auf dem Rücken aschgrau. Sie sind sehr beweglich, können die wunderbarsten Stellungen annehmen, aber keine einzige ist anmutig. Ihre Stimme ist ein unangenehmes Gekreisch, bei den Jungen ein widerwärtiges Gebelfer. Der Blick des goldgelben Auges hat etwas Tückisches, wie das einer Schlange, der auch ihr ganzes Wesen gleicht. Obgleich die Reiher in großen Gesellschaften leben, so sind sie doch keineswegs gesellige Vögel; denn jeder ist neidisch auf das Glück des andern und sucht es zu stören.

Vom Stühe aus fliegen die Reiher nach der nahen Marsch im Stedingerland. Hier ist ihr Jagdrevier, das ihnen alles bietet, was sie für sich und ihre Jungen bedürfen, Fische, Frösche, Mäuse, junge Sumpf= und Wasservögel, Wasserkäfer, Muscheln 2c. Früher horsteten sie in dem unweit Kloster=Hude belegenen Reiherholze, das dem Stedingerlande näher liegt. Als aber die Buchen im Reiherholze gefällt und in Schiffskiele verwandelt wurden, zogen die Reiher weiter landeinwärts, dem Stühe zu.

Das Leben in einer solchen Reiherkolonie ist ungemein interessant. Fortwährend hört man Lärmen, Schreien, Aechzen, Knarren, Knurren und Grunzen durcheinander. Fortwährend fliegen die großen Vögel hin und zurück. Die halbflüggen Jungen stehen und hocken in den Nestern und erwarten schweigsam und sehnsuchtsvoll ihre Ernährer. So wie diese nur über dem Baume kreisen und durch ein abscheuliches Gekrächz ihre Ankunft melden, recken sie ihre langen, dünnen Hälse empor, klappern vor Freude mit den Flügeln und sperren mit einem widerlichen Geschrei ihre Schnäbel auf. Mit einem wunderlichen Gegurgel und Gegirre würgen nun die Alten die Aale und Hechte, die Mäuse und Kröten aus ihrem Kropf in den Schlund der hungrigen Rangen hinab.

Solche Ansiedelungen sind dem Besitzer nur dann erwünscht, wenn er ein eifriger Jäger ist, dem das edle Weidwerk über alles geht; denn im übrigen erregt ein Reiherstand nur Abscheu. Vom herabfallenden Kot der Vögel werden Gras und Bäume weiß übertüncht und das Laub wird verdorben. Auch ganze Fische, Mäuse ꝛc. fallen häufig herunter, verfaulen am Boden und verpesten die Luft.

Am Boden liegen auch überall bläuliche Eierschalen umher, die Spuren der vielen Balgereien und Kämpfe zwischen den Reihern und ihren Feinden, den Nebelkrähen, Elstern, Kolk- und Seeraben, den Edelfalken und Habichten. Edelfalken und große Eulen, auch wohl einzelne Adler greifen die alten Reiher an, schwächere Falken, Raben, Elstern und Krähen plündern die Nester.

Weil die Reiher weder dem Förster noch dem Fischer liebe Gäste sind, so verfolgt man sie in Deutschland überall eifrig und stellt manchmal große Reiherjagden an, auch im Stühe. Sie finden in der Regel statt, wenn die Jungen beinahe flügge sind. Alsdann ergehen Einladungen an alle Jagdliebhaber der Umgegend. Die Jagd selbst ist eine unbarmherzige Metzelei, ohne Reiz und Poesie, ohne alle Abenteuer und Gefahren. Jeder Jäger nimmt an einem Baume Platz und sucht nun Alte und Junge von den Nestern und aus der Luft herunter zu schießen. Nach solchem unbarmherzigen Massakre halten alsdann die Jäger in unmittelbarer Nähe, an einem anmutig gelegenen Platze ihr Frühstück. Wohl bekomm's!

Die dem Tode entronnenen und nicht zu Krüppeln geschossenen Reiher verlassen nun ihren liebgewordenen Heckort und wählen für den Rest des Sommers an den Ufern der untern Weser und an den Küsten der Nordsee ihre Jagdreviere. Still und einsam wird's auf den hohen Buchen. Nur einige alte Gewohnheitsseelen kehren wohl abends zum Stühe zurück, bis auch sie sich im Herbste mit ihren Kameraden zusammenscharen und im Oktober die großen Ströme entlang durch Südeuropa reisen und endlich über das Mittelmeer nach Aegypten und Nubien wandern, um im März und April zurückzukehren.

---

### 4. Die Korkschneider bei Delmenhorst.

Die Korkschneiderei ist ein eigentümlicher Industriezweig, der besonders stark in der Stadt Delmenhorst und Umgegend getrieben wird. Ein Kork ist freilich ein kleines Ding, aber doch von großer Wichtigkeit. Was würde aus dem schönsten Wein und Bier, den wohlriechendsten Oelen und Essenzen werden, könnten wir die mit ihnen gefüllten Flaschen und Gläser nicht mit den elastischen Körken luftdicht verschließen? Das bedenken wir aber nicht, wenn wir eine Flasche öffnen und den Kork wie ein nichtsnutziges Ding bei Seite werfen.

Bekanntlich werden die Körke oder Pfropfen aus der Rinde eines Baumes, der Korkeiche (Quercus suber), welche nur in einigen Gegenden des nördlichen Afrika und südlichen Europa, vorzüglich aber in Spanien und Portugal wächst, bereitet. Gegenwärtig wird das Korkholz größtenteils aus Sevilla und Lissabon bezogen. Die Korkeiche gehört zu den immergrünen Bäumen. Ihre Blätter, Blüten und Früchte sind denen unserer Eichen ähnlich. Die Korkschicht, welche sich über der eigentlichen Rindenschicht befindet, wird 2 bis 5 cm dick, ist sehr elastisch und würde sich etwa alle 9 Jahre von selbst ablösen. Damit man aber regelmäßige und brauchbare Stücke erhalte, läßt man sich die Risse in der Korkschicht nicht von selbst bilden, sondern schneidet sie vor, so daß ca. 60 cm breite und 90 cm lange Rechtecke gebildet werden. Dabei muß man sich hüten, die lebende Rinde zu verletzen, und mit der Ablösung der Korkplatten warten, bis die Stücke anfangen, sich von selbst abzutrennen. Die erhaltenen Platten werden sodann, damit sie ihre Rundung verlieren, gepreßt, darauf sortiert und in ca. 100 Pfund schwere Ballen oder Gebinde gebracht. In der Heimat der Korkeiche sind die Wälder derselben an Unternehmer zum Abschälen der Rinde verpachtet, und besonders von Oporto, Lissabon und Cadix aus vermitteln Kaufleute die Ausfuhr. Bei uns kostet das Pfund Korkholz je nach der Güte 25—80 Pfennige oder mehr. Bringt man nun die Verfertigungskosten mit in Anschlag, so leuchtet ein, daß gute Körke nicht billig sein können.

Der geneigte Leser wird vielleicht fragen, warum nimmt man denn nicht ein billigeres Material, warum beschränkt man sich auf die Korkeiche, die doch nur auf einem kleinen Gebiete verbreitet ist? Nun, weil das Korkholz durch keinen andern Stoff zu ersetzen ist, weder durch einen von der Natur erzeugten, noch durch einen von der Kunst bereiteten. Kein Stoff ist so reinlich und elastisch, so geruch- und geschmacklos, so weich und zugleich so dauerhaft wie die Rinde der Korkeiche. Luftdicht schließt sie die Gefäße, ohne sie zu sprengen. Sie nimmt weder von den Flüssigkeiten etwas an, noch teilt sie ihnen einen fremdartigen Geruch oder Geschmack mit. Obgleich sie das berauschendste Getränk Jahre lang unter Verschluß hält, so bleibt sie doch selbst nüchtern und trocken. Wahrlich, der enthaltsame Korkpfropfen könnte manchem allzu leidenschaftlichen Verehrer der Flasche als beschämendes Beispiel dienen! Und dieses Vorbild in der Enthaltsamkeit steht immer da vor Augen, wo die Versuchung am nächsten ist, also daß die leichtsinnigen Bacchusfreunde, wie die Heiden, keine Entschuldigung haben.

Anfangs wurde die Rinde nur in ihrer Heimat verarbeitet, besonders in Catalonien, und die spanische Regierung verbot sogar die Ausfuhr des catalonischen Korkholzes. Jetzt werden auch in England und Nordamerika Körke geschnitten, in Deutschland (Berlin, Potsdam und den Hansestädten) seit der Mitte des vorigen Jahrhunderts. Von Bremen aus verbreitete sich die Korkschneiderei in der ganzen Umgegend, und nach und nach wurde Delmenhorst der Hauptort der Korkschneider. Hier haben namentlich die Gebrüder Lürßen, deren Großvater der erste Korkfabrikant der Gegend gewesen sein soll, das großartigste Geschäft. Sie beschäftigen 500 bis 600 Arbeiter und entfalten einen sehr ehrenwerten Geschäftseifer. Sie haben sogar die Heimat der Korkeiche bereist, um sich an Ort und Stelle über ihre Kunst und Ware zu unterrichten. Die Firma Cordes und Ellgaß in Delmenhorst versendet jährlich ca. 50 Millionen Körke, davon 65% ins Ausland.

Die kleineren Korkfabrikanten beschäftigen jeder etwa 20 bis 30 Arbeiter und gebrauchen ein jährliches Betriebskapital von 6000 bis 9000 Mark. In Delmenhorst und Umgegend (Kirchspiele Hasbergen und Stuhr) mögen ca. 800 Korkschneider wohnen, von denen jedoch viele, die eine kleine Landstelle besitzen, nur in der Mußezeit zwischen den ländlichen Arbeiten schneiden. Die Korkschneider von Profession, denen die Landwirtschaft Nebensache ist, sind gewöhnlich Heuerleute oder Anbauer. Von sämtlichen Korkschneidern mag jährlich für 90000 bis 120000 Mark Holz verarbeitet werden, mit einem Verdienst von 60000 bis 90000 Mark Arbeitslohn, vielleicht auch etwas mehr.

Das Rohmaterial wird von den Unternehmern an die Arbeiter verteilt, die es dann in allen Sorten von Körken (Quart-, Dreiviertelquart-, Halbquart-Pröpfchen, Medizin-, homöopathische Körke u. a.) wieder zurückliefern. 100 Pfund Korkholz geben ca. 42 Pfund Körke. Alle Körke und Körkchen sammeln sich in den Etablissements zu Bremen und Delmenhorst, werden hier appretiert, sortiert und sodann in alle Welt, bis nach Amerika, versandt. Das Sortieren nach der Größe, welches auch wohl durch ein eigenes Sieb vor sich geht, muß deshalb geschehen, weil die aus freier Hand geschnittenen Körke nicht durchaus gleich groß sind. Auch nach der Güte müssen die Körke ausgesucht und zugleich gezählt werden, und hierin haben die Sortierer eine erstaunliche Fertigkeit.

Aber nur die feineren Sorten werden einer sorgfältigen Prüfung und Sichtung unterworfen. Da bei all den verschiedenen Bearbeitungen die Körke durch viele Hände gegangen und mithin nicht ganz sauber geblieben sind, so werden sie einer gründlichen Reinigung mit Schwefeldämpfen unterzogen, die alle Flecke verzehren und die zarte, hellbraune Farbe des Korkholzes wieder herstellen. Nun erst darf sich der Kork präsentieren und erwarten, daß ihm die Bewachung der unruhigen Geister und kostbaren Flüssigkeiten anvertraut werde.

Besuchen wir einmal einen Korkschneider in seiner Werkstätte, um uns seine Thätigkeit anzusehen. Er sitzt vor einem Korktische, der ihm hauptsächlich nur zur Aufbewahrung des Materials dient. Außerdem hat er zwei lange, haarscharfe Messer von gutem Stahl nötig, nämlich ein Zuschneide- und ein Rundschneidemesser. Mit ersterem zerschneidet er das Korkholz in prismatische Stücke, so lang und breit wie die Körke werden sollen. Dieses Zuschneiden erfordert viele Uebung und ein richtiges Urteil. Mit raschem Blick müssen die fehlerhaften, wurmstichigen, „mulmigen" oder „ulmerigen" Stellen erkannt, mit sicherer Hand herausgeschnitten und abgefallene Stücke thunlichst benutzt werden. Das alles muß aus freier Hand und nach dem Augenmaß geschehen, weil zum Abzirkeln und Abmessen keine Zeit ist. Sind die Würfel fertig, so kommt das Rundschneiden, wodurch die Ecken abgeschält werden. Zuletzt erfolgt das „Asköppen" (Abköpfen), indem durch zwei Querschnitte Kopf- und Fußende des Korkes glatt gemacht werden. Das Schneiden, namentlich großer Körke, erfordert keine geringe Finger- und Schulterkraft. Die Messer müssen häufig geschärft werden. Zu dem Ende schnallt sich der Arbeiter aus rechte Bein ein großes Leder, den Knielappen, auf dem er nach jedem Schnitt ein paar mal mit dem Messer hin und her fährt. Von Zeit zu Zeit muß das Messer auch auf einem feinen Sandsteine gewetzt und geschliffen und nach dem Streichen jedesmal auf einer am Tisch befestigten Speckschwarte geglättet werden, damit es in dem trocknen Korkholze nicht stockt und knirscht. Weil endlich der Korkschneider manchen Schnitt gegen die Brust zu führen hat, so schützt er diese durch eine vor derselben hangende Korkrinde, das Brustholz. Außer den genannten Utensilien gebraucht der Korkschneider nur eine leichte Karre, um wöchentlich seine 100 bis 150 Pfund Korkholz von Delmenhorst darauf herzuschieben, einige schneeweiße Säcke und einen Korb zur Aufbewahrung der Körke.

Die Kunst des Korkschneidens erfordert eine zweijährige Lehrzeit, und das Erlernen kostet 15 bis 30 Mark. Ein geschickter

Meister schneidet täglich je nach der Sorte 1500 und mehr Körke und kann wohl 1 Mark 50 Pfg. bis 2 Mark verdienen. Die nicht unbedeutenden Abfälle geben der Hausfrau ein gutes Herdfeuer.

Da es eine Menge verschiedener Körke giebt und jede Sorte verschiedene Griffe und Schnitte erfordert, die maschinenartig von statten gehen müssen, wenn die Arbeit etwas vor sich bringen soll, so herrscht auch beim Korkschneiden das Prinzip der Arbeitsteilung. Der eine schneidet nur Mixtur-, der andere homöopathische, der dritte Champagner-, der vierte Bierkörke u. s. w. Da dieselben Griffe, dieselben Finger- und Muskelbewegungen stetig wiederkehren, so ist es nicht zu verwundern, wenn jeder Arbeiter es mit der Zeit in seiner Branche zu einer erstaunenswerten Fertigkeit und Sicherheit bringt, die der mechanischen Verrichtung einer Maschine nichts nachgiebt. Wenn wir annehmen, daß ein Arbeiter jährlich zu einer halben Million Flaschen die Körke liefert, so haben wir sicherlich nicht zu hoch gegriffen.

Die Korkschneiderei ist ein ziemlich bequemes, eben nicht ungesundes Gewerbe. Die meisten Korkschneider haben ein gesundes Aussehen, nur einzelne können das anhaltende Sitzen nicht vertragen. Das Geschäft beansprucht keinen großen Raum, verbreitet keinen unangenehmen Geruch, keine erschlaffende Hitze, und die ersten Auslagen für Geräte sind unbedeutend. Dabei ist es eine äußerst stille Kunst, welche die Geselligkeit und die Unterhaltung nicht stört. Die Frau kann ihrem Manne dabei Gesellschaft leisten, und dieser vermag vom Korktische aus sein ganzes Haus zu übersehen und zu regieren. Recht häufig pflegen sich die Korkschneider mit ihrer Arbeit zu besuchen. Reinlich ist die Beschäftigung auch, mit einigen Besenstrichen wird die Werkstatt sonntäglich hergestellt.

Aus allen diesen Gründen ist das Gewerbe ein beliebtes und gesuchtes, und namentlich im Winter gehen fast alle kleinen Grundbesitzer und Heuerleute dieser Gegend an den Korktisch. Auch Kinder und Frauen sind mitunter recht geschickte Schneider, doch schneiden diese meistens nur Medizinkörke.

Unter den Korkschneidern herrscht ein gewisser Corpsgeist; sie halten sehr auf sich und ihren Anzug. Weil sie an ein durchaus selbständiges Leben gewöhnt sind, so herrscht in ihnen, wie in den Schneidern und Cigarrenmachern, ein eigenes Unabhängigkeits- und Freiheitsgefühl, das manchmal ausartet. Selbst die Kinder fühlen sich ihren Eltern gegenüber schon früh selbständig. Sie zahlen diesen Kostgeld, begeben sich aber, wenn sie ihre Unabhängigkeit gefährdet glauben, sofort anderweitig in Kost. Die wöchentliche Auszahlung des Lohnes und die häufigen Touren nach Delmenhorst

sind leider für die Leute eine gefährliche Versuchung zu Trunk und
Kartenspiel. Außerdem verführt die unabhängige Stellung leicht
zum verfrühten Heiraten. Auch ohne Vermögen glaubt nämlich
der junge Mann durch seine Kunst eine Familie ernähren zu können:
um seine Kinder macht er sich keine Sorge, weil sie ohne große
Mühe dasselbe werden können, was er ist. Ist er nüchtern und
fleißig, treten nicht unvorhergesehene Unglücksfälle ein, so geht auch
alles gut, und manche sparsame Arbeiter erwerben sich sogar ein
kleines Vermögen. Das Korkschneiden ist im allgemeinen eine
Wohlthat für die betreffende Gegend, sowohl für die einzelnen
Arbeiter, die mit keinem andern Erwerbszweige so leicht und sicher
ihr Brot verdienen können, als auch insbesondere für die Stadt
Delmenhorst, welche großen Nutzen von der Korkschneiderei hat.

Auch in Lohne giebt es Korkschneider. Die Firma Bram=
lage & Komp. daselbst beschäftigte in ihren Fabriken 1885: 32
bis 40 Arbeiter, welche aus 128000 Pfund Korkholz reichlich
11 Millionen Körke verfertigten. In Lohne erhalten die Kork=
schneider an Lohn für 1000 Stück Medizinkörke 60 Pfennige, für
Bier= und Weinkörke 0,90 bis 1,50 Mark.

Das Korkgeschäft wird von Jahr zu Jahr schwieriger und
weniger lohnend, weil das Rohmaterial seit 10 Jahren 10—20%
teurer geworden ist, während die mittleren und besonders die
geringeren Korksorten infolge der Konkurrenz um 10—20% im
Preise gefallen sind. Diese ungünstigen Verhältnisse weisen die
Fabrikation mehr auf die feineren und feinsten Korksorten und auf
das überseeische Geschäft hin.

## 5. Die Hollandsgänger.

Aus den Geest= und Heidedistrikten des nordwestlichen Deutsch=
lands finden alljährlich nicht unbedeutende Wanderungen der Land=
bewohner nach den angrenzenden fruchtbaren Marschländern, nament=
nach Holland statt. Diese Wanderungen sind von der Natur
geboten, so gut wie die der Zugvögel. Denn in den fruchtbaren
Marschländern längs der Küste der Nordsee fehlt es zur Zeit der
Ernte und auch sonst an Arbeitern, die daher gesucht sind und
gut bezahlt werden. In den Heidegegenden dagegen tritt nach der
Bestellung der Roggen= und Buchweizenäcker eine Zeit ein, die
weniger Arbeitskräfte erfordert; daher eilen viele rüstige Männer
und Jünglinge aus der ärmeren Schicht der Bevölkerung, angelockt
durch den höhern Arbeitslohn, hinweg nach dem reichen Holland.

Auf diese Weise ist eine Völkerwanderung im kleinen und mit ihr eine Wanderbevölkerung entstanden.

Seit uralter Zeit, seit Jahrhunderten, ist im nordwestlichen Teutschland das sog. Hollandsgehen Gebrauch. Man nennt die wandernden Arbeiter Hollandsgänger, kurzweg Holländer, auch Frieslandsgänger, kurzweg Friesen, weil viele derselben nach Friesland wandern. Aus dem Oldenburgischen stellen besonders das Münsterland, die Wildeshauser und Delmenhorster Geest, ganz besonders auch Wardenburg und Umgegend ein bedeutendes Kontingent zu diesen wandernden Landleuten. Man möchte sie mit den Zugvögeln vergleichen; denn in Scharen ziehen sie fort, in Scharen kehren sie wieder; nur fällt bei ihnen der Abschied von der Heimat in den Frühling und die Heimkehr in dieselbe in den Herbst. Wie die Heimkehr der Zugvögel von jung und alt, so wird auch die der Hollandsgänger mit Jubel und Freude von den Ihrigen begrüßt. Früher wurden sie, wenn sie scharenweise wieder in ihre Heimatdörfer einzogen, von Freunden und Nachbarn mit Freudenschüssen bewillkommt.

Obgleich ursprünglich die ländlichen Arbeiten, wie Gras- und Getreidemähen, die Veranlassung zum Hollandsgehen gaben, so fanden sich doch nach und nach auch andere lohnende Arbeiten für die Hollandsgänger, als Herings- und Walfischfang, Kanal-, Teich- und andere Wasserbauarbeiten, namentlich aber Torfgräberei und Stuccaturarbeit, denen sich nun viele Arbeiter ausschließlich widmen. So entstanden drei Hauptabteilungen von Holländern, die Grasmäher, die Torfarbeiter und die Stuccaturarbeiter oder „Stuccadoors". Wie groß die Anzahl dieser Wanderbevölkerung ist, läßt sich nicht genau angeben; im Oldenburgischen mag sie sich auf nahezu tausend belaufen.

Die Grasmäher ziehen nach den fruchtbarsten Gegenden Frieslands und Hollands, um den Knechten der reichen Mynheers beim Einheimsen des Heus und Getreides, das der Boden in Fülle hervorbringt, behülflich zu sein. Sobald sie ihre dürftigen Roggen- und Buchweizenäcker bestellt haben, brechen sie auf, den Frauen und Kindern die übrige Arbeit des Sommers überlassend. Schon vor der in den September oder Oktober fallenden Buchweizenernte können sie zurückgekehrt sein und bei derselben Hülfe leisten.

Bei der Abreise vereinigen sie sich zu kleinen Trupps und nehmen sich gemeinschaftlich einen Wagen, den sie mit Sensen und Nahrungsmitteln, namentlich Vorräten von Speck und Schinken, bepacken. Andere nehmen die Sense auf die Schulter, hängen sich die Reiseflasche, den Brot- und Specksack um und machen die Reise zu Fuß. Gegenwärtig fahren indes die meisten auf der Eisenbahn. Früher sollen sie, wie die Zigeuner, ihre bestimmten Striche und Plätze für die Nachtstationen gehabt haben. Da sie die ganze Reise aufs sparsamste einrichten, so übernachten sie selten in einem Wirtshause, sondern in der Regel unter freiem Himmel im Schutze eines Waldes oder eines einzelnen Baumes. Jene wundervolle Eiche im Stühe soll gerade von diesem Umstande ihren Namen, Frieseneiche, erhalten haben.

Hat ein Hollandsgänger einmal einen günstigen Distrikt und einen Bauern gefunden, so kehrt er in der Regel dahin zurück. Verliert er aber seine alte Kundschaft, so zieht er von Gehöft zu Gehöft, bis er Unterkommen und Arbeit findet. In Holland wird nicht im Tagelohn gearbeitet, wie man sich ausdrückt, sondern im Akkord, d. h. ein Stück Land wird den Arbeitern zum Abmähen für eine bestimmte Summe zubedungen. Zwei oder drei Arbeiter, die sich gleiche Arbeitskraft zutrauen, übernehmen gewöhnlich eine Fläche gemeinsam. Ist diese Fläche eben, frei von Maulwurfs=hügeln, ist das Gras saftig, nicht mit harten Gräsern und Schilf durchwachsen, so machen sie ein gutes Geschäft. Hat aber ein dürrer Frühling die Gräser struppig gemacht, gerät die Sense häufig in Maulwurfshügel, so ist die Arbeit schwieriger, andauern=der und daher weniger lohnend.

Meistens schon im August kehren die Grasmäher, mit 60 bis 80 blanken holländischen Gulden in der Tasche, wieder in ihre Heimatdörfer zurück. Frau und Kind haben schon lange auf sie gewartet und sich auf die kleinen Geschenke gefreut, die der Vater ihnen aus Holland mitbringt, und unter denen für die Frau sicherlich ein Pfund kräftigen Javathees nicht fehlt. Noch will=kommener für den Winter sind aber der Frau die hübschen Er=sparnisse. Einer der Gulden wandert auch gewöhnlich in die kirchliche Armenbüchse, und für solche Opfergabe spricht der Herr Pastor am nächsten Sonntag in der Kirche ein Dankgebet für die glückliche Heimkehr der Hollandsgänger.

Die Torfgräber sind in der Regel Heuerleute, die sich den Mietzins in Holland zu verdienen suchen. Im Frühling, sobald die Witterung es erlaubt, reisen sie ab, mit einer großen Quantität Speck und vielen Eiern als Proviant versehen. Der daheim ge=bliebenen Frau liegt es nun ob, den ganzen kleinen Acker zu be=stellen und obendrein den Bauern die im Heuerkontrakt bedungenen Arbeiten zu leisten. Hat sie nebenbei kleine Kinder, wohl gar einen Säugling zu pflegen und zu warten, so ist ihr gewiß eine eben so schwierige, wenn nicht schwierigere Aufgabe zugefallen, als dem fernen Manne. Die ehelichen Bande werden durch solche Verhältnisse eher gefestigt als gelockert; die eheliche Liebe wird gekräftigt und lebendig erhalten durch das Abschiednehmen für eine lange, arbeitsschwere Trennungszeit, durch die schriftlichen Lebenszeichen, die gewechselt werden, und endlich durch die Freude des Wiedersehens, dessen Tag lange vorher berechnet und ersehnt war.

Zehn bis zwölf Wochen dauert die Arbeit der Torfgräber, und ihre Arbeitsplätze sind hauptsächlich Hogeveen und Dedemsvaart in der Provinz Overyssel und am Stadskanal und bei der Smilde in der Provinz Drenthe. Die Moore, auf denen gearbeitet wird, liegen in der Regel eine Meile und darüber vom nächsten Kirchdorfe entfernt. Auf den über die Moore verteilten Arbeitsplätzen (Plaßen) arbeiten die Torfgräber in größeren und kleineren Gruppen; 8 bis 10 Mann heißen ein Ploeg, 2 bis 3 Mann ein Spann. In der Nähe der Arbeitsplätze stehen die Hütten der Torfgräber, in denen sie zu mehreren kampieren. Es sind ärmliche Wohnungen, diese Hütten. Die Wände derselben bestehen meistens aus aufgeschichtetem Torf, das Dach aus lose aufgelegten Ziegeln. In der Mitte des Raumes brennt Tag und Nacht ein Torffeuer. Die Lagerstätten befinden sich unmittelbar auf dem Moorgrunde, der nur mit einer Unterlage von Reisig, losem Torf oder Sand bedeckt ist. Die Arbeiter liegen auf Stroh, als Kopfkissen dient ein Keilkissen von Stroh oder gar das Reisebündel, als Oberbett eine gemeinsame leinene oder wollene, oft nur aus groben Kaffeesäcken zusammengenähte Decke. Da solche Wohnungen und Lagerstätten naß, zugig und kalt sein müssen, so werden die Arbeiter häufig von Krankheiten heimgesucht, namentlich vom kalten Fieber, Kolik, Lungenentzündung, Rheumatismus u. dgl. Traurig ist die Lage eines solchen erkrankten Arbeiters, fern von der Heimat, in elender Torfhütte. Schon Justus Möser klagt: „Die Torfgräber werden mit 50 Jahren alt und von vieler Arbeit kümmerlich, dieweil sie sich bei einer elenden Kost und einem schlechten Lager so geizig angreifen, daß sie es nicht aushalten." (Osnabr. Geschichte, B. I, S. 110.) Um so höher sind die Verdienste zu schätzen, welche sich die von der innern Mission ausgesandten Reiseprediger um die äußere Lage der Arbeiter erworben haben durch Vorstellungen bei den Arbeitgebern, vor allem aber durch Gründung einer Krankenkasse und eines Krankenhauses am Stadskanal.

Ebenso groß wie die Gefahren für die körperliche sind die Gefahren für die sittliche Gesundheit der Arbeiter, und mit Recht klagt schon Justus Möser, „daß die Hollandsgänger in ihrem Betragen und in der Sprache gern dem Holländer nachahmen und durch die Ausflucht nach Holland leicht ein zügelloses und rohes Wesen annehmen." Die Veenbesitzer huldigen dem krassesten Materialismus, und es soll unter anderm Thatsache sein, daß die Hälfte derselben, wie auch der Arbeiter, an den Folgen der Trunksucht starben. Für die Thätigkeit der Reiseprediger eröffnet sich hier mithin ein weites, vernachläßigtes Feld.

Interessant und ergreifend ist die von einem Reiseprediger mitgeteilte Schilderung von dem Begräbnis eines plötzlich verstorbenen Torfgräbers, das er auf Wunsch der Arbeiter leitete. „Nachmittags 1 Uhr," berichtet er, „versammelten sich ca. 200 Torfgräber an der Hütte. Der Sarg wurde in die Mitte vor die Hütte gestellt, darauf eine kurze Andacht mit Gesang und Gebet gehalten. Dann trugen sechs Kameraden des Verstorbenen die Leiche über die Drehbrücke nach dem an dem andern Ufer aufgestellten Wagen, der Zug ordnete sich hinter demselben und nun ging es fast $^3/_4$ Stunden weit über die Torffelder nach dem Kirchhof, der Reiseprediger in der Mitte des Zuges, vorsagend und vorsingend: „Jesus meine Zuversicht" und „Wer weiß, wie nahe mir mein Ende." Beide langen Gesänge hatten wir zu Ende gesungen, als wir auf dem Kirchhof ankamen. Es war ein ergreifendes Bild: hinter dem einfachen Brettersarge dieser Leichenzug von 200 Torfgräbern in blauen Kitteln, Jacken oder Leinwandröcken, ihr Gesang weithin schallend und überall Haufen von Holländern zur Seite stehend, die so etwas noch nicht gesehen hatten. Wir senkten die Leiche ein mit der Feier, wie wir's in Deutschland zu thun gewohnt sind, unter Gesang und Gebet, und gingen darnach in Gottes Haus, wo der Reiseprediger nun noch eine Leichenpredigt über das ernst mahnende Wort Marci, Kap. 13, V. 35—37 hielt."

Günstiger als die Lage der Torfgräber, die überhaupt von den Hollandsgängern am wenigsten beneidenswert sind, gestaltet sich die der Stuccaturarbeiter. Das Kirchspiel Wardenburg, südlich von Oldenburg gelegen, stellt ein großes Kontingent zu dieser Klasse der Hollandsgänger, weniger die Kirchspiele Hatten und Großenkneten, am wenigsten Ganderkesee, Huntlosen und Dötlingen. Holland wird den Stuccadoors zur zweiten Heimat. Von Anfang April bis in den Dezember, also den größten Teil des Jahres, sind sie dort. Ihre Anzahl beläuft sich in Friesland und Groningen auf ca. 200; ebenso viel mögen in Amsterdam sein und nicht weniger in den andern größeren Städten. War der Vater ein Stuccadoor, so werden es in der Regel auch die Söhne. Zu den Meistern, die fast alle deutscher Herkunft sind, stehen sie daher in einem engen Verhältnis. Mancher hat klein angefangen, sich aber durch Fleiß, Geschicklichkeit und Rechtschaffenheit so emporgeschwungen, daß er jetzt an 50 bis 100 Arbeiter und darüber beschäftigt. Einige sog. kleine Meister haben ihren festen Wohnsitz noch im Oldenburgischen und gehen nur im Sommer mit ihren Gesellen nach Holland.

Von 4 oder 5 Uhr morgens bis 9 oder 10 Uhr abends wird gearbeitet. Ein Tagewerk von 8 Stunden wird mit 1 Gulden bis 1 Gulden 30 Cents bezahlt. Im Sommer werden oft 14 Tagewerke in einer Woche gemacht. In einem Monate kann ein Arbeiter wohl 20 Gulden reinen Verdienst haben, macht in 8 Monaten 160 Gulden.

Der Meister, Bas genannt, sendet seine Gesellen von der Stadt, in der er wohnt, nach allen Arbeitsplätzen der Umgegend, wo Nachfrage entsteht. Daher sind die Arbeiter über die Provinzen verteilt, von Leuwarden aus über Friesland, von Zwolle aus über Overyssel u. s. w. Auch in den Städten liegen sie in Gruppen von 4 bis 10 Mann zerstreut. Sie wissen nicht einmal genau, wo ihre Landsleute in Kost und Logis sind. Die Arbeiter auf dem Lande kommen Sonntags in der Regel zur Stadt, sind sie aber zu weit von derselben entfernt, so doch wenigstens vier bis sechs mal während der Arbeitsperiode. In Leuwarden haben sie ihr bestimmtes Absteigequartier im Hause „Majoli in der Heerenstraat". Auch in andern Städten haben sie ihre bestimmten Herbergen, in denen eigens kleine Zimmer mit Schlafstellen rings an den Wänden für sie eingerichtet sind.

Ihre Lebensweise ist im ganzen mäßig und einfach. Durch fortgesetztes Arbeiten in vornehmen Häusern haben sie sich ein bescheidenes und feineres Benehmen angeeignet als die Grasmäher und Torfgräber. Dem Trunke dürfen sie sich nicht ergeben, weil die Meister ihren Kunden nur solide Leute in die Häuser senden. Bei der holländischen Bevölkerung erfreuen sie sich des besten Rufes, insbesondere der Ehrlichkeit, so daß man ihnen getrost das ganze Haus anvertraut, auch dann, wenn die Herrschaft verreist ist.

Unter den Bewohnern eines Dorfes erkennt man gleich die Hollandsgänger an ihrer properen Erscheinung, überhaupt an allen ihren Manieren. Durch den wiederholten Verkehr mit den reichen Mynheers sind sie insbesondere an Reinlichkeit und Ordnung, die Nationaltugenden der Holländer, gewöhnt. Auch erkennt man sie leicht daran, daß sie sich gern holländischer Ausdrücke bedienen.

Mag auch das Hollandsgehen im Abnehmen begriffen sein, so ist es doch immer noch bedeutend genug, unsere Aufmerksamkeit und unser Interesse in Anspruch zu nehmen, um die volkswirtschaftlichen Vorteile und Nachteile desselben abzuwägen. Die größten Nachteile, die das Hollandsgehen im Gefolge hat, sind namentlich folgende: Es stört das Familienleben und erschwert die Erziehung der Kinder; sodann bürdet es der zurückbleibenden Frau eine zu große Arbeitslast auf, und endlich ist es nicht ohne Gefahr für die leibliche und geistige Gesundheit der Arbeiter. Die Vorteile dieser Erwerbsart bestehen darin, daß sie ein sicheres und reichlicheres Brot gewährt, als die Kultur der Heide und des Moores, vor allem als der höchst unsichere Buchweizenbau, daß sie manchem jungen und sparsamen Manne sein Fortkommen erleichtert, ihm auch eine gewisse äußere Politur verleiht und schließlich und hauptsächlich, daß sie eine nicht unbedeutende Summe Geldes ins Land bringt.

---

## 6. Hude.

Einer der vielbesuchtesten, schönsten Punkte des Oldenburger Landes ist Hude mit seinen bedeutsamen, im nordwestlichen Deutschland einzig in ihrer Art dastehenden Klosterruinen. In etwa einer halben Stunde führt uns die Eisenbahn von Oldenburg dahin. Es liegt fast in der Mitte des Schienenwegs zwischen Oldenburg und Bremen. Hude selbst ist ein sehr bescheidenes Kirchdorf; um so großartiger aber sind die Ruinen der ehemaligen Cistercienser Klosterkirche daselbst. Man sagt gewöhnlich: Ruinen des Klosters Hude; allein diese Bezeichnung ist nicht ganz richtig; denn von dem eigentlichen Kloster sind keine Trümmer vorhanden, sondern nur von der weitläufigen Kirche desselben.

Sowohl die Lage und Umgebung als auch die architektonische Schönheit der Ruinen müssen dem Natur= und Kunstfreunde das höchste Interesse einflößen.

Die Lage Hude's auf einem hohen Geestvorsprunge, von welchem aus sich reizende Aussichten in die nahe Marsch des Stedingerlandes eröffnen, ist äußerst günstig. Die Ruinen liegen versteckt im Schutz des Waldes, in den wohlgepflegten Parkanlagen des von Witzleben'schen Gutes.

Die ehemalige Klosterkirche war eine gewölbte Pfeilerbasilika, ganz dem Charakter der Cistercienser Konvente entsprechend. Sie hatte ein hohes, durch Pfeilerarkaden von den niedrigeren Seitenschiffen geschiedenes Mittelschiff. Das Langhaus bildete ein vollständiges Quadrat von 25,50 und 25,50 m. Das Mittelschiff derselben bestand aus drei quadratischen Jochen und war bis zur Pfeileraxe 12,90 m breit. Die Seitenschiffe bestanden aus sechs fast quadratischen Jochen und waren halb so breit. Ein 12 m breites Querschiff, dessen Kreuzarme nur um die Dicke der Mauern (1,05 m) vorsprangen, trennte das Langhaus von dem großen Chor, das ebenfalls aus einem Mittel= und zwei Seitenschiffen von 23,10 m Länge bestand. Die Gesamtlänge des Gebäudes betrug im Lichten 60 m. Das Chor hat wie bei allen Cistercienser Kirchen einen rechtwinkligen Abschluß.

Aus den noch vorhandenen Trümmern läßt sich alles dies schließen. Das Hauptstück derselben besteht aus der inneren Mauer des Hauptschiffes, welche dieses vom südlichen Nebenschiffe trennte. Sie steigt in drei Geschossen auf und hat sechs Arkaden oder Durchgänge. Außer diesem Hauptstück sind noch die beiden Ecken des Querschiffes, die nördliche Ecke des Chorendes auf der Ostseite und die südliche und nördliche Ecke der westlichen Seitenschiffe vorhanden. In der westlichen Ecke des nördlichen Kreuzarmes befindet sich noch eine enge, sehr abgeschliffene Wendeltreppe, welche ohne große Mühe zu besteigen ist. Große Stücke der Ruinen wurden früher von den Landleuten abgeschlagen; jetzt leiden sie nur durch Verwitterung.

Das Material der Mauerflächen besteht aus großen, festen, roten Backsteinen; in den Gesimsen und gegliederten Teilen der Pfeiler, Blenden, Fenster ꝛc. zeigen sich abwechselnd helle und dunkle Schichten glasierter, geformter Ziegel; Kapitäle, Konsolen und Ornamente bestehen aus gebranntem Thon, der sich vortrefflich erhalten hat. Der westliche Eingang ist noch so schön bläulich glasiert, daß die Fläche bei Sonnenlicht strahlt. Ueberaus lieblich und anmutig sind die Madonnen= und Engelsköpfe, das reich gegliederte Blätterwerk und andere Verzierungen; besonders schön und zierlich sind die Konsolen gearbeitet, auf denen die Wandbögen ruhen. Und nun muß man bedenken, daß sich alles dieses über 300 Jahre, trotz unseres feuchten, veränderlichen Klimas, so erhalten hat!

Mit Recht sagt das „Christliche Kunstblatt": „Die Ansicht der dreistöckigen Wand mit ihren rein spitzbogigen Formen ist in ihrer Totalität fast noch imposanter als die Ruinen des Benediktiner=Klosters zu Hirschau im Schwarzwald und jedenfalls der bedeutendste Klosterbau im niedersächsischen Lande."

Der erste Anblick der aus dunkeln Tannen mächtig emporragenden, mit Epheu umgrünten hohen Trümmer ist in der That überwältigend und staunenerregend, um so mehr, als man in unserm sonst so nüchternen Flachlande ein solches Stück hochpoetischer Romantik nicht erwartet hatte. In der Umgebung eines üppig wuchernden Pflanzenlebens sind die Ruinen im höchsten Grade malerisch. Düstere Tannen und hohe Eschen hüllen das ehrwürbige Heiligtum in ihren kühlen, dämmerigen Schatten. Selbst aus den Trümmern grünt und blüht ein neues Leben; Geißblatt, Fichte und Eberesche umklammern mit ihren Wurzeln die verwitterten Zinnen des dunkeln Gemäuers und nicken wehmütig träumerisch herab auf den sinnenden Wanderer. Ein weicher Moosteppich verhüllt im Grunde den Schutt und Staub der Jahrhunderte. Selbst eine umgesunkene Tanne grünt fort auf einem Trümmerhaufen; ihre Aeste und Zweige haben sich wieder zu selbständigen Bäumen gestaltet, wie zu einer lebendigen Kette, verbunden durch den graubemoosten Mutterstamm. Einsame Waldblumen schlagen ihr helles Auge zum Himmel auf, der blau und goldig durch das Laubdach lugt. Und wenn in duftiger Frühlingsnacht der Vollmond mit seinem milden, zauberischen Lichte die Ruinen umspinnt, dann läßt aus geheimem Düster Frau Nachtigall ihre süßen, ahnungsvollen Lieder ertönen.

Auch die Geschichte des Klosters, seine Entwicklung und sein Verfall, ist nicht ohne Interesse.

Kloster Hude wurde nicht auf einmal, sondern nach und nach aufgeführt, daher die Verschiedenheit der Jahreszahlen bezüglich der Gründung desselben. Das wahrscheinliche Stiftungsjahr ist 1234 oder 36, gleich nach Besiegung der Stedinger.

Die Stifter waren oldenburgische Grafen, die es auch reich und angesehen machten. Erzählt wird, sieben Mönche hätten sieben Jahre lang weit und breit milde Gaben zum Klosterbau gesammelt. Aus einem Umkreise von zwei Meilen brachte man süße Milch, um damit der größeren Dauerhaftigkeit wegen den Mörtel anzumengen.

Oldenburgische Grafen waren auch die Schutzherren des Klosters.

Die Klöster der Cistercienser waren der Jungfrau Maria geweihet und erhielten von ihr ihre Benennung. Daher bekam auch das Kloster Hude den Namen eines Marienklosters. In den beiden ältesten Urkunden von 1236 und 1237 wird es rubus santae Mariae (Brombeere der heil. Maria) genannt, also ein „Brombeerkloster", von den vielen Brombeergesträuche, welches in der Gegend wächst. Der Platz galt für die Verehrung der heiligen Jungfrau sehr günstig und passend gelegen, weshalb es in der Rasteder Chronik heißt: „Freuen muß sich die Mutter Gottes, für ihre Diener einen so vortrefflichen Ort gefunden zu haben".

In andern Urkunden heißt es: conventus portus s. Mariae (Kloster des Hafens der h. Maria), auch kurz: das Kloster Hude. Diese letzte Benennung bezeichnet eine Trift, auch häufig ein Gut, mit der Bedeutung des Schutzes (Hut), und wird in den Urkunden geschrieben: Hutha, Huda, Hude. Hier fanden die Mönche unter der heil. Maria Schutz und Frieden, gelangten nach vielen Stürmen in einen sichern Hafen (portus s. Mariae).

Häufig wurde indes die Ruhe in Marienhafen gestört; denn die vielen Schenkungen und Vermächtnisse an das Kloster erregten den Neid und Haß der Erben, auf deren Kosten diese Schenkungen geschahen.

Durch Schenkungen und Ländererwerb hob sich Hude so empor, daß es von Chronisten das „königliche, herrliche, vornehme" genannt wurde.

Die Besitzungen bestanden aus Acker- und Weideland, Gehölz (Reiherholz), Häusern und Bauernhöfen, Zehnten, Hofdienstleistungen, Leibeigenen u. a. Es hatte eine Ziegelei, ein Koch- und Kellerhaus, welches noch jetzt mit seinen dicken, festen Mauern dasteht und die jetzige Brauerei ausmacht, eine Wassermühle, ein Waschhaus, eine Schmiede, ein Federviehgehege (noch jetzt „im Hohn" genannt), einen Bienenstand („Imkerhus"), eine Brauerei 2c.

Nicht bloß rings um Hude gehörten dem Kloster große Ländereien; es hatte auch Landgüter in verschiedenen Gegenden des Oldenburger Landes, so in Moorriem, wo noch jetzt ein Bauerngut „Mönnichhof" heißt, in Stedingen, Delmenhorst, Butjadingen, Hatten, Wildeshausen, Wüsting, sogar im Bremischen.

Der Papst Alexander IV. erteilte dem Kloster 1256 bedeutende Privilegien.

Das Kloster selbst muß nach allem zu schließen ein weitläufiges, prachtvolles Gebäude gewesen sein. Es soll 300 Mönchszellen gehabt haben. Ueberall im Kirchdorfe findet man noch jetzt eine Menge Steintrümmer.

Mehreren angesehenen Personen diente es als Zufluchtsort, so den oldenburgischen Grafen Moritz, Johann XI. und Christian IV. Auch fanden mehrere oldenburgische Grafen in der Kirche ihre letzte Ruhestätte, so Otto (gest. 1130) und dessen Gemahlin, Otto II., Otto V. (Graf von Delmenhorst) und seine Gemahlin Riza, Nikolaus (Erzbischof von Bremen) 2c., deren Gebeine der Sage nach in silbernen Särgen ruhten.

Ueber die Aebte des Klosters finden sich nur wenige und ungenaue Nachrichten. Sie standen in hohem Ansehen, wurden von den oldenburgischen Grafen bei Beratschlagungen in wichtigen Landesangelegenheiten mit zugezogen und nannten sich, wie die Rasteder Aebte, „von Gottes Gnaden".

Je mehr aber die Macht der Aebte wuchs, desto weltlicher wurden sie gesinnt, hielten sich häufig in Städten auf und ließen ihr Amt durch Vikarien verwalten. Das konnte nicht ohne Einfluß auf die Mönche bleiben, die ihre einfachen Sitten verleugneten, ein ausschweifendes Leben begannen, auf die Jagd gingen, sich in weltliche Händel mischten und wohl gar blutige Fehden gegen einander führten. Besonders im 14., 15. und Anfange des 16. Jahrhunderts fröhnten die Bewohner der Klöster schrecklichen Lastern.

Der Mönch Schiphower (geb. 1483) entwirft uns ein sehr drastisches Bild von dem Leben der Mönche: „Sie konnten — so schreibt er — kaum ohne Verwirrung das Requiem singen, lehnten sich aber dennoch gleich dem gehörnten Vieh gegen jeden gelehrten Mann auf und dünkten sich, in ihrer Eselheit beharrend, etwas rechtes. Das Studieren vernachlässigten sie gänzlich, verstanden besser aus Humpen denn aus Büchern zu schöpfen, saßen mit Zechbrüdern in den Schlupfwinkeln der Wirtshäuser, spielten, und betranken sich täglich. Statt sich mit Büchern zu beschäftigen, ergaben sie sich der Wollust, statt der Studien liebten sie unzüchtige Weibsbilder. Wenn man es nicht selbst gehört und erfahren hatte, so glaubte man es nicht, mit welchen Irrtümern und Fabeln sie das Volk in ihren Predigten unterhielten. Dem Namen nach hießen sie Priester, waren aber in der That Esel, verstanden nicht die Schrift, verschmähten auch, dieselbe verstehen zu lernen, konnten Latein weder sprechen noch schreiben; die Furcht Gottes war weit von ihnen. Vieles hatten daher die Bischöfe zu verantworten, daß sie solche unwissende Leute zur Priesterwürde beriefen und ihnen die Herde Christi zu weiden anvertrauten."

Mit dem Verfall von Zucht und Ordnung verschwand allmählich der Wohlstand des Klosters. Geldmangel veranlaßte die Veräußerung mancher Klostergüter. So ging Hude dem sichern Untergange entgegen, bis endlich das göttliche Strafgericht hereinbrach, dessen Vollstrecker der Bischof Franz von Münster war. Dieser war der Reformation geneigt und ein Feind aller Mönche. In ihren Schlupfwinkeln suchte er sie auf und verfolgte sie, wo er konnte. Schon längst hatte er sein Augenmerk auf das reiche Kloster Hude gerichtet, und es bedurfte nur eines Anlasses für ihn, um seinen Plan zur Ausführung zu bringen.

Die Sage erzählt Folgendes: Die Huder Mönche besaßen zwei kleine Pferde, die so trefflich abgerichtet waren, daß sie ohne Führer nach verschiedenen Orten hin und her laufen konnten. Diese Thiere wurden vorzüglich dazu verwandt, dem Abte, wenn er in der Stadt war, dies und jenes zu überbringen. Bischof Franz fand Vergnügen an diesen Tieren und bat die Besitzer, ihm dieselben abzutreten. Als die Mönche sich dessen weigerten, verlangte er es strenge, allein ohne Erfolg. Da sandte der Bischof

Boten der Gewalt hin; diese wurden aber von den Mönchen entweder durch köstliche Bewirtung aufgehalten, oder ins Verließ geworfen und wohl gar getötet. Darüber ergrimmte der Bischof und schickte seinen Drosten von Delmenhorst, den tapfern Wilke Steding, denselben, der den Wiedertäufern in Münster den Garaus machte, im Jahre 1536 nach Hude, die Uebelthäter zu züchtigen. Er kam mit Heeresmacht, nahm das Kloster ein und zerstörte es größtenteils. Die Mönche indes waren durch einen unterirdischen Gang entronnen und in die dichten Wälder geflüchtet.

Die oldenburgischen Grafen Anton I. und Christoph beschwerten sich bitter über die unerhörte Gewaltthat beim Reichskammergericht in Speier. Es erfolgte auch ein Verbot wiederholter Gewaltthätigkeit, allein der ungestüme Bischof wurde dadurch nur noch mehr aufgebracht; er zertrümmerte im Jahre 1538 das ehrwürdige Gebäude gänzlich und verschonte nicht einmal die Klosterkirche. Alle Kostbarkeiten derselben, als: schöne Kelche, Meßgewänder, Altäre, Orgeln, Glocken ꝛc. führte er als Beute nach Münster in den dortigen Dom, in welchem sich noch jetzt eine große Glocke mit der Inschrift Hudana befinden soll.

Hundert Jahre wurde am Kloster gebaut, hundert Jahre stand es in Blüte, hundert Jahre nahm es ab.

Wenn jetzt ein sinnender Wanderer über Trümmer und Gräber wandelt, so überkommt ihn ein Gefühl der Vergänglichkeit alles Herrlichen dieser Welt, und es ist ihm, als hörte er die klagende Stimme alter Klosterbrüder flüstern: Sic transit gloria mundi. —

Die Klostergüter sind als Erbzinsgut der abligen Familie von Witzleben zugefallen; der Hasbrok, das Reiherholz, der Mönchhof in Moorriem sind Domänen geworden; auf andern ehemaligen Klosterbesitzungen wohnen jetzt freie Landleute.

Die frühere Abtswohnung ist jetzt das Wohnhaus der Familie von Witzleben. Es liegt in einem schönen, parkähnlichen Garten, der im Sommer viele Fremde, namentlich aus Oldenburg und Bremen heranzieht. Ernst und graubemoost, von dunkelm Epheu umkränzt, erheben sich aus grünem, schattigem Laubdache hoher Tannen und Eschen die herrlichen Klosterruinen, ein großartiges, höchst malerisches Denkmal der Vergangenheit.

Will Wehmut uns beschleichen über den Verfall menschlicher Kunst, so tröstet uns wieder der Anblick unserer mütterlichen Freundin Natur, der ewig keimenden, die in nie versiegender Fülle selbst über Schutt und Trümmern heiliger Vergangenheit grünet und blühet.

## VII. Kapitel.

# Die friesische Wede.

### Allgemeines.

Ein von Malern und Naturfreunden viel besuchter Wallfahrtsort im Oldenburger Lande ist der Urwald bei Neuenburg und Bockhorn. Sind dem Leser diese Namen unbekannt, so wolle er eine Karte vom nordwestlichen Deutschland oder noch besser eine Spezialkarte von Oldenburg zur Hand nehmen. Er wird dann unfern des Jadebusens, im Süden, die Stadt Varel bezeichnet finden. Gerade westlich derselben, etwa zwei Stunden entfernt, liegt das fleckenartige Kirchdorf Bockhorn, eine kleine Stunde weiter der Flecken Neuenburg. Zwischen diesen beiden Ortschaften und dem nördlich gelegenen großen Kirchdorfe Zetel liegt in einer Länge von etwa 3 und einer Breite von $^1/_2$ Stunde das in einem weiten Bogen sich hinziehende Neuenburger Holz, dessen schönste Partie eben der Urwald ist.

Ueberschreiten wir die Westgrenze Oldenburgs, so gelangen wir in Ostfriesland hinein und erblicken am Rande des unabsehbaren Hochmoores die Dörfer Marx, Horsten, Friedeburg, Etzel. Dieser ganze Landstrich führt den Namen friesische Wede und gehörte früher nach Varel zur Kirche, war derselben gleichsam gewidmet. Daher stammt auch der Name; denn Wedem, Weeme hieß eben ein Distrikt, der einer Kirche gewidmet war*). Zu Varel (früher Farle) war schon im 12. Jahrhundert eine der vier friesischen Hauptkirchen des Rüstringerlandes. Ursprünglich gehörten die Kirchspiele Varel, Bockhorn und Zetel zum Ammerlande, das die südliche Grenze der Wede bildet; später nahm man aber, vielleicht zur Vermeidung der vielen blutigen Fehden zwischen den Sachsen und Friesen, die Wapel, einen unbedeutenden Zufluß der

---

*) Von andern wird jedoch die Vermutung aufgestellt, Wede heiße Wald.

Jade, als Grenzfluß an, und so wurden die Kirchspiele vom Ammerlande getrennt und bildeten das friesische Ammerland, den oldenburgischen Teil der friesischen Wede.

Der Charakter von Land und Leuten bietet wenig Abweichendes von dem des Ammerlandes. Hier wie dort viel Waldung, dazwischen fruchtbares Acker=, grünes Wiesen= und Weideland. Früher war der Boden noch waldiger; denn das Neuenburger Holz und dessen östliche Fortsetzung, der Bareler Busch, sind nur Ueberreste. Hier wie dort liegen die Dörfer und Einzelgehöfte am Rande des Waldes, oder im Schatten alter Eichen und Buchen traulich versteckt. Hier wie dort wohnt unter dem warmen Strohdach des niedersächsischen Hauses derselbe kernige, treuherzige, nüchterne, verständige Menschenschlag. Die friesische Wede unterscheidet sich nur dadurch vom Ammerlande, daß das Bodengepräge weniger flach, mehr wellen= und hügelförmig ist. Ueberall durch die Bodensenkungen schlängeln sich kleine Waldbäche wie die Leete, Brunne, der Neuenburger Mühlbach. Die kaffeebraune Farbe ihres Wassers verrät gleich ihren Ursprung; sie kommen nämlich aus den südlich und östlich gelegenen weiten Mooren, dem Jürdener Feld, dem Lengener Moor, dem ostfriesischen Hochmoor. Zum Teil sind sie Abflüsse kleiner Moortümpel, die in schauerlicher Oede des Hochmoores daliegen. Ich nenne hier nur das eine Stunde südlich von Neuenburg gelegene Bullenmeer, das etwa eine Stunde im Umfange hält.

Unabsehbar dehnt sich hier das Moor nach Osten aus in einer Einsamkeit, die wahrhaft schauerlich ist. Schwarz und leblos, „wie eine leere Bettlerfaust", liegt das Moor vor unsern Blicken. Nirgends ein Haus, nirgends ein grüner Baum, so weit das Auge schaut; nur weit, weit hin, am Rande des Horizonts, schauen dunkel die Gipfel einiger Bäume herüber. Ueberall braune Heide, schwarze Torfhaufen, letztere sehr zahlreich, weil der Torf nicht nur den Bewohnern der Umgegend als Hauptbrennmaterial dient, sondern auch massenhaft nach dem Jeverlande und Wilhelmshaven ausgeführt und in den vielen Ziegeleien Bockhorns und Neuenburgs verwandt wird. Kein Lerchengesang, kein Wachtelschlag, nur der melancholische Ruf eines Regenpfeifers, der bei unserm Annähern an den See scheu entfliegt. Das Ufer des Sees ist sandig und flach, ganz kahl, ohne Baum und Strauch, ohne Schilf und Ried, nur hin und wieder mit spärlichen Binsen bewachsen. Das Wasser soll so flach sein, daß man hindurchwaten kann. Nirgends spült es ein lebendiges Wesen auf den grauen Ufersand, nicht einmal ein Würmchen, keine armselige Schnecke. Doch soll der See einzelne

Arten von Fischen enthalten. Diese sind es auch, die manchmal zahlreiche Scharen von wilden Enten und Gänsen aus den Watten des Jadebusens herbeilocken. Die Jäger suchen sie zu beschleichen und aus ihren am Uferrande aufgeworfenen „Polhütten" zu schießen. Diese Polhütten sind sehr niedrig, schmal und nur so lang, daß ein Mann ausgestreckt darin liegen kann. Sie bestehen aus weiter nichts als gebogenen, mit den Enden in den Saugsand gesteckten Zweigen, welche mit braunen Moorschollen überdacht sind. Der Länge nach auf Binsen und Heide ausgestreckt, liegt der Jäger in ihnen auf der Lauer, den Gewehrlauf durch eine der Oeffnungen gesteckt, die in dem, dem Wasser zugekehrten Ende der Hütte sich befinden. Stundenlang liegt manchmal ein solcher Jäger in seiner einsamen Polhütte, mitten in der Wildnis, in Nacht und Kälte. Früher soll das Bullenmeer viel größer gewesen sein, und das ist sehr wahrscheinlich; denn man erkennt deutlich die mit harten Gräsern bewachsene, auch wohl mit Buchweizen bebaute Fläche, die einst zum Becken des Wassers gehörte. Ich besuchte den See im Spätherbste. Im Sommer soll er manchmal wie ein Steppengewässer ganz austrocknen; im Winter muß aber das Wasser viel höher steigen. An den steilen, schwarzen Uferrändern konnte ich noch deutlich erkennen, wie hier die Wellen und Eisschollen im Winter gewühlt und gehaust hatten. Alsdann muß es in dieser Einöde noch weit schauerlicher und unheimlicher, aber auch wildromantischer sein. Alsdann mag wohl in den Taustürmen der Nacht das Wasser brüllen oder bullen, wovon es vielleicht seinen Namen erhalten hat. Merkwürdig ist es, daß sich keine einzige Sage an dieses Meer knüpft, daß die Phantasie des Volkes, die doch sonst das Unheimliche und Wildromantische liebt, ihn nicht mit Teufeln und andern verwandten Spukgeistern bevölkert hat. Die Leere und Oede scheint hier so groß zu sein, daß nicht einmal die Phantasie Nahrung fand.

Das Bullenmeer ist ein Wasserreservoir, aus welchem der Neuenburger Mühlbach gespeist wird. Würde das Wasser im Neuenburger Mühlteich nicht aufgestaut, so würde das Bullenmeer ohne Zweifel manchmal austrocknen und vielleicht gänzlich trocken gelegt werden.

Die kleinen Bäche der Wede fließen alle nach Norden und Nordosten hin, durch die vorlagernde, niedrige, sehr fette Marsch in den Jadebusen ab. Durch vier Schleusen oder Siele, den Wapeler, Bareler, Ellenserdammer und Steinhauser Siel, münden sie in diesen. Die Mündungskanäle bilden kleine Häfen. Wenn in diese auch nur kleine Fahrzeuge und manchmal nur mit großer Mühe einlaufen können, so öffnen sie das Land doch immerhin dem Seeverkehr. Namentlich für die Ausfuhr der Ziegelsteine sind diese Siele nicht ohne Wichtigkeit. Von allen Häfen der Jade (Wilhelmshaven ausgenommen) ist der Ellenserdammer- oder Steinhauserfiel der bedeutendste. Bisweilen zählt man 40 bis 50 Schiffe. Ausgeführt werden Ziegelsteine und Schlengenbusch (Gesträuch zu Schlengen), und zwar letzteres auch in großartigem Maße. Im Jahre 1886 sind über 1000 Schiffe ein- und ausgelaufen.

Die Lage der Wede ist überhaupt in jeder Beziehung sehr günstig zu nennen. Moor, Geest und Marsch müssen den Bewohnern ihren Tribut entrichten. Das Moor bietet seinen fast unerschöpflichen Torfvorrat als Brennmaterial für die zahlreichen Ziegeleien. Die Marsch bietet die herrlichsten Fettweiden, den besten Ackerboden für Weizen, Gerste, Hafer, Bohnen 2c., namentlich in den Ländereien der Groden. Diese sind größtenteils nach Mitgliedern des oldenburgischen Fürstenhauses benannt; da giebt es u. a. einen Friedrich-August-, einen Adelheid-, einen Petersgroden. Mitten zwischen dem Moor und der Marsch liegt die herrliche Waldlandschaft der Wede, ein kleines Geestplateau, das nach Norden hin ziemlich steil abfällt. Varel und Jeringhave liegen z. B. auf hohen, isolierten Sanddünen, die früher wie Inseln aus dem Meere emporragten. Auch Dangast liegt auf einer solchen Düne, die unmittelbar am Jadebusen aufsteigt und hier den langen Wall des Deiches unterbricht. Von diesen Dünen aus erfreut man sich einer weiten, schönen Aussicht über die üppige Marschlandschaft. Auf der Geest wechseln Acker, Wiese und Wald in anmutigster Weise mit einander ab. Nach allen Seiten hin eröffnen sich die angenehmsten Spaziergänge, vor allem durch den Wald von Neuenburg nach Bockhorn. Sehr anziehend ist auch ein Gang über den Drieseler Esch. Das Saatfeld ist abhängig, und die Dörfer Steinhausen und Zetel begrenzen in wohlthuender Weise die Aussicht.

Durch den schwunghaften Betrieb der Ziegelfabrikation hat die Wede eine große industrielle Bedeutung, ich möchte fast sagen, einen europäischen Ruf erlangt. Sie verdankt dies den ausgedehnten, mächtigen Thonlagern, die hier wie an manchen andern Punkten am Rande der oldenburgischen Geest vorkommen. Das Thonlager der Wede ist wohl das mächtigste in Nordwest-Deutschland. Diese Thonlager, in Verbindung mit den in der Regel nicht weit entfernten Torflagern, haben die Veranlassung gegeben, daß die Ziegeleien vorzugsweise auf dem Rande der Geest angelegt worden sind.

Aus allem diesen geht wohl zur Genüge hervor, daß die Vereinigung von Marsch, Geest und Moor die Wede zu einer der glücklichst situierten Landschaften des Herzogtums Oldenburg erheben. Sie ist deshalb auch seit undenklichen Zeiten von glücklichen Menschen bewohnt, von einem Menschenschlage, der sich durch Betriebsamkeit, Sparsamkeit und industriellen Unternehmungsgeist auszeichnet und es vortrefflich versteht, den Boden und seine günstige Lage zu seinem Vorteil auszubeuten. Bei der innigen Wechselbeziehung, in der Land und Leute zu einander stehen, würde es auch sonderbar sein, wenn es anders wäre. Wie das Land eine glückliche Vereinigung von Geest und Marsch ist, so ist auch der Charakter der Bewohner desselben eine glückliche Verschmelzung der guten Eigenschaften des sächsischen und friesischen Stammes: Gutmütigkeit, Geradheit, Zähigkeit, Unternehmungsgeist. Wie dem Ammerländer, so scheinen auch dem Bewohner der Wede ganz vorzügliche Anlagen zur Mathematik und Mechanik angeboren zu sein. Wie das Ammerland seinen Astronom Tietjen hat, so hatte die Wede ihre Mechaniker Uhlhorn und Bücking. Beide lebten Ende des 18. und Anfang dieses Jahrhunderts. Uhlhorn war ein Tischler zu Bockhorn, der es durch unermüdliches Studium der Mathematik so weit brachte, daß er als Autodidakt die schönsten, den englischen gleichkommenden, ja in mancher Hinsicht sie noch übertreffenden mathematischen und astronomischen Instrumente verfertigte. Der Herzog Peter Friedrich Ludwig setzte ihm ein festes Jahrgeld aus und spornte ihn so zum Weiterstreben an. In der Folge ging Uhlhorn nach Elberfeld und andern westfälischen Fabrikörtern, wo er seine Kenntnisse in der Mechanik zur Verbesserung und Vervollkommnung der Maschinen anwandte und ein berühmter, wohlhabender Mann wurde. — Bücking, ebenfalls ein Autodidakt, hatte es in der Uhrmacherkunst so weit gebracht, daß er sehr richtig gehende Wanduhren zu 16 bis 100 Thaler verfertigte und den vielen Bestellungen nicht nachkommen konnte.

Wie die Friesen, so hielten auch die Bewohner der Wede an dem Rechte der Selbstverwaltung ihrer öffentlichen Angelegenheiten fest. Sie wählten Geschworne, sog. Bauernrichter, denen die Schlichtung kleiner Streitsachen oblag. Diese in den verschiedenen Dörfern etwas abweichende löbliche Sitte stammte aus uralten Zeiten her, wo fast jede große Dorfschaft ihre eigene sog. Rolle hatte, die das Bauernrecht enthielt. In bedeutenderen Angelegenheiten entschied die Regierung, führte im Fall der Berufung die Entscheidung herbei und kam nötigenfalls mit starkem Arm dem Rechte zu Hülfe. So hauste in den Jahren 1725 bis 1731 in der Gegend von Zetel eine große, förmlich organisierte, höchst gefährliche Diebesbande. Die oldenburgische Regierung schickte eine Untersuchungs=

kommission ab, und die Folge war eine, unweit Neuenburg vorgenommene Exekution, wornach zwei Missethäter geköpft und vier gehängt wurden. Noch lange wurden die Namen der Hauptschuldigen, Schlüters Frerich Lütje, Eilert Bösen Eilers und Hundorf mit Schrecken genannt.

In der Wede bieten sich überall Anknüpfungspunkte und Spuren in Menge, die uns unwillkürlich auf das Gebiet der Geschichte hinüber leiten. Nehmen wir nur das Schloß zu Neuenburg und die alten Kirchen zu Bockhorn und Zetel. Letztere sind echte Friesenkirchen, wie wir solche auch im Jever- und Butjadingerlande finden, große, hohe Gebäude, größtenteils aus mächtigen Granitquadern aufgetürmt, mit verhältnismäßig kleinen Fensteröffnungen, aber nicht gewölbt wie die Kirchen des Ammerlandes. Beide Kirchen stehen auf Wurten.

Die Kirche zu Bockhorn ist 1344 erbaut und der Jungfrau Maria geweiht. Ein Turm ist hier so wenig wie in Zetel vorhanden, sondern nur ein Dachreiter. Ein großes, nicht übles Altarbild, wohl nur eine Kopie, stellt den gekreuzigten Heiland dar. Auch eine Kuriosität birgt die Bockhorner Kirche, das Bildnis und Epitaphium eines Neuenburger Zwerges, Berinthe Berends. Es war nämlich noch zu Ende des vorigen Jahrhunderts Sitte, daß fürstliche Personen sich als Gegenstände des Aufwandes Zwerge hielten. B. Berends (geb. 1665, gest. 1693) war der Zwerg der Witwe des Grafen Anton Günther, die im Neuenburger Schloß ihren Witwensitz hatte. Unter dem wahrscheinlich lebensgroßen Bilde steht folgender Reim im Zopfstil:

"Hier liegt ein Tugendbild, dem Gott und Menschen hold,
Dem Hoch- und Niedrige besonders wohl gewollt.
Mein Leser, merk' an ihm, was Tugend giebt für Lohne.
Es ist mit einem Wort die schönste Ehrenkrone."

Unter der Decke befinden sich mehrere Balken mit Inschriften. Diese Balken sollen von Bauern zum Kirchenbau geschenkt worden sein. Einer derselben ist nur halb so dick wie die übrigen; er soll das Geschenk eines Geizhalses sein und trägt die Inschrift:

"Dem Geizhals reuet oft das Wasser, das er braucht,
Wenn er die Hände wäscht, und daß der Rauch verraucht;
Könnt er alles gewinnen,
Thät er doch nach mehr noch sinnen."

Die Kirche zu Zetel soll 1500 erbaut worden sein, allein der ganze Bau zeugt von einer viel älteren Zeit. Im Innern zeigt sich nichts Merkwürdiges, als höchstens ein gut erhaltenes Altarschnitzwerk, das aber leider von seiner ursprünglichen Stelle entfernt und neben der Kanzel angebracht ist. Mitgeteilt werden mag hier noch, daß ein früherer Prediger an dieser Kirche, Bein= dorf, einstmals dem Sänger der Messiade das Leben rettete. Beindorf war nämlich zu derselben Zeit Hauslehrer in Kopenhagen, als Klopstock daselbst privatisierte. Als die beiden Freunde nun einmal Schlittschuh liefen, brach Klopstock durch und Beindorf zog ihn mit eigener Lebensgefahr wieder heraus.

Zu Zetel wurde im Jahre 1517 ein Friede geschlossen, durch welche die langjährigen Fehden der ostfriesischen und oldenburgischen Grafen um den Besitz Butjadingens (siehe daselbst) wie auch um die Wede endlich beigelegt wurden. Graf Edzard von Ostfriesland behielt die Friedeburg, wogegen die Dörfer Zetel und Driefel wieder an Oldenburg (Graf Johann XIV.) zurückfielen. So war denn die Wede zwischen Oldenburg und Ostfriesland geteilt.

Eine ausführliche Geschichte dieser Streitigkeiten würde zu weit führen, da sie aufs innigste mit der Gesamtgeschichte der Friesen zusammenhängt. Nur ein paar interessante Episoden, in der sich die ganze damalige Zeit spiegelt, mögen hier mitgeteilt werden.

In der Skizze über das Ammerland habe ich bereits erzählt, daß der Friesenhäuptling Ulrich von Gretsyl in Verbindung mit dem Häuptling Sibeth von Esens plündernd und sengend das Ammerland durchzog, daß er aber zwischen Mansing und Fiken= solt von Graf Gerhard dem Mutigen aufs Haupt geschlagen wurde. Nun erbaute Gerhard zum Schutze der Wede die Feste Neuenburg (1462). Als er den ersten Stein dazu legte, warf er seinen Handschuh unter denselben und rief mit seinem gewöhn= lichen Fluch: „Daß die Friesen der Bammel (vielleicht: Hammer?) schlag! Sie sagen allezeit, ich wolle auf das Ihre bauen, nun lege ich doch den ersten Stein auf das Meine!"

Es möge hier gleich eingeschaltet werden, daß die Festung Neuenburg 3 m dicke Mauern und an den Sellen, wo sie durch Moräste weniger gesichert war, einen Wall und doppelte Gräben hatte. Ueberreste des Walles verschönern noch jetzt den Schloß= garten. Von den drei Stockwerken des Schlosses wurde 1736 das oberste abgebrochen, und es blieb nur die Kapelle und eine geräumige Wohnung übrig. Von 1667—1696 war das Schloß Witwensitz der Gemahlin des oldenburgischen Grafen Anton Günther. Dann war hier der Sitz einer Drostei (Amtes), darauf einer Landdrostei, und vom Jahre 1699 an eines Landgerichts oder einer Landvogtei. Einer der Landvögte war der bekannte Barde Friedrich Leopold Graf zu Stolberg (geb. 1750, gest. 1819). Noch jetzt be= findet sich im Schloßgarten eine Linde, oder vielmehr eine Linden=

laube, die den Namen Stolbergslinde führt. Seit 1862 dienten die Räume des Schlosses den Zwecken einer wohlorganisierten, gut besuchten Landwirtschaftsschule, die später nach Varel verlegt und mit der dortigen Realschule in Verbindung gebracht wurde. Jetzt ist das Schloß verpachtet und zu einem Asyl für Nervenkranke eingerichtet. Es giebt wohl kein Gebäude im Oldenburger Lande, das so viele Wandlungen gesehen hat, wie das Neuenburger Schloß. In dem Flügel, in welchem sich die Kirche befindet, ist nebenan eine Molkerei mit Dampfbetrieb\*).

Kehren wir nach dieser Abschweifung zum Grafen Gerhard zurück. Er hätte auch gern die von seinem Vater Diedrich den Friesen abgetretene Friedeburg wieder in seinen Besitz gebracht, aber der Häuptling Syrik daselbst war auf seiner Hut. Eine alte Sage erzählt Folgendes: Der Graf sprach wiederholt den Wunsch aus, die Friedeburg einmal zu besehen, und Syrik, der mit dem Grafen auf freundschaftlichem Fuße lebte, willigte endlich ein und bestimmte einen Tag, an welchem er den Grafen empfangen werde. In der Nacht vorher ließ Syrik 70 Mann auf die Burg kommen, bewaffnete und versteckte sie in den Turm, neben dem Speisesaale. Dort sollten sie sich still verhalten und nur dann hervortreten, wenn er stark an die Thür klopfen werde. Am Morgen langte der Graf mit 40 Streitern an und war hoch erfreut, in der Burg nur die gewöhnliche kleine Besatzung zu erblicken. Der Wirt und seine Gäste setzten sich zu Tisch. Syrik schien vollkommen arglos zu sein und ermunterte seine Gäste zur Fröhlichkeit. Graf Gerhard war seiner Sache schon ganz sicher; sein Gewissen mochte ihn aber plagen, und er wollte es durch eine dreimalige Warnung seines Wirtes beruhigen. Darum hob er während des Mahles an, einen alten plattdeutschen Reim zu singen:

Ruse, Muse,
Malk (jeder) seh to sinem Huse!

---

\*) Es möge hier gleich bemerkt werden, daß in verschiedenen Gegenden unseres Landes sich Molkereigenossenschaften gebildet haben; so ist in Blauhand bei Steinhauserfiel eine Molkerei in Betrieb, die täglich 1500 bis 3000 Liter Milch verarbeitet. 13—14 Liter geben durchschnittlich 1 Pfund Butter. Auf dem Bockhorner Esch wird ebenfalls eine Molkerei erbaut. Andere Molkereien sind in Moorriem (Strückhausen), in Ohmstede bei Oldenburg u. s. w. Dieselben haben großen Einfluß auf die Bauernwirtschaft: es wird mehr Milchvieh gehalten, die Fütterung wird eine bessere (Kraftfutter), die Hausarbeiten werden sehr vereinfacht, da das Buttern 2c. wegfällt. Ein konservativ gesinnter Landmann meinte indes: „Sietdem wi de Molkereen hebbt, weert de Burenfroens dicker und de Kalwer dünner" — jene haben nämlich weniger Arbeit, diese bekommen dünnere Milch.

Syrik vernahm die Worte, aber er stellte sich, als achte er ihrer nicht. Nach einer Weile begann der Graf aufs neue; auch diesmal verklangen seine Worte anscheinend ungehört. Unterdessen traten einige gräfliche Diener zu ihm und flüsterten ihm zu, daß sie auf der Burg keine Spur einer außerordentlichen Besatzung gefunden hätten. Der Graf glaubte nun den richtigen Zeitpunkt gekommen. Also brachte er seinem Wirte einen Trunk dar und begann zum drittenmale mit lauter Stimme sein Lied. Aber nun sprang Syrik auf und schlug mit Macht an die geheime Thür. Das Waffengeklirr der Geharnischten, welche die Wendeltreppe herniederstiegen, drang in den Saal, und Syrik wandte sich also zu dem Grafen: „Gnädiger Herr von Oldenburg, gebt Euch zufrieden und sorgt für Euer eigenes Haus. Für das meinige habe ich, wie Ihr seht, selbst gesorgt." Der Graf erblaßte, und während die Geharnischten sich drohend aufpflanzten, suchte er Syrik zu überreden, daß er nicht aus feindlicher Absicht, sondern zu seiner und der Friesen ernstlich gemeinter Warnung sein Lied angestimmt habe. — Syrik bat hierauf freilich seinen Gast, noch ferner fröhlich zu sein; allein dem Grafen wollte der Wein nicht mehr munden, und er verließ seinen allzu aufmerksamen Wirt.

Von der Vergangenheit richten wir jetzt unsern Blick auf die Gegenwart und ihr reiches, industrielles Leben. Die Bewohner der Wede sorgen sowohl für unser geistiges als für unser leibliches Bedürfnis. Die vielen Ziegeleien liefern uns das beste Material zu gesunden, menschenwürdigen Wohnungen; die Webereien liefern uns vortreffliche Bettzeuge, die Ackerbauschule sorgt für die Intelligenz unserer Landwirte; im Urwalde findet der Kunstsinn unserer Landschaftsmaler immer neue, köstliche Nahrung, und endlich — auch dies darf nicht vergessen werden — Dangast liefert uns durch den Granatfang eine vielbegehrte Delikatesse, die selbst von Feinschmeckern gebührend gewürdigt wird. Wir wollen gleich mit dem letzteren Industriezweige beginnen.

### 1. Dangaster und Vareler Granaten.

Wenn hier von Granaten die Rede ist, so muß der geneigte Leser nicht an den roten, gleichnamigen Edelstein denken, der zu Schmuckgegenständen verwendet wird, obgleich auch die Granaten, die wir meinen, eine edle Gabe Gottes sind. Noch weniger aber darf er an „Bomben und Granaten" denken, wenn auch unserer „Wacht an der See" im Jahre des Heils 1870 scherzweise nachgesagt wurde, sie habe Granatsplitter bekommen. Es waren hiermit höchst harmlose Splitter gemeint, nämlich Schalenstücke jenes kleinen Krustentieres der Nordsee, von dem hier die Rede sein soll, und das in der Naturgeschichte unter dem Namen Garnat oder Garneele (Crangon vulgaris) bekannt ist. In der Volkssprache wird dieser kleine, mit einer dünnen, kalkigen Schale bedeckte Seekrebs „Granat" oder abgekürzt „Knat" oder „Nat" genannt. Er kommt sehr häufig in der Nordsee vor, aber auch in der Ostsee, wo er „Krabbe" genannt wird. Die Garneele der Ostsee ist zwar etwas größer und, wenn gekocht, schöner gerötet, hat dafür aber auch eine dickere Schale und ist nicht so wohlschmeckend. Ungekocht sehen die Tiere grünlich, glasig, durchscheinend aus. Ueberall in den Watten des Jadebusens, an den Küsten Butjadingens und Jeverlands, werden Granaten gefangen, vorzüglich aber bei Dangast. Das Fangen geschieht entweder in Netzen oder in Körben. Letztere gleichen den Aalkörben, sind aus Weidenruten dicht geflochten und etwa 3 m lang. Es werden immer je zwei, die Oeffnung dem Lande zugekehrt, zusammen aufgestellt und zwar so, daß der eine Korb in den andern geschoben ist. Mittelst Pfähle werden sie im Watt befestigt. Die Granaten schwimmen nun mit der Flut heran und treiben zur Zeit der Ebbe wieder rückwärts, wobei ein Teil derselben in die Körbe gerät. Nun kommen die Granatfänger, Männer, Weiber und Kinder. Lange Stulpenstiefeln an den Beinen, oder hoch aufgeschürzt steigen sie ins schlammige, graue Watt hinein, den Körben zu. Gewöhnlich schieben sie einen kleinen Handschlitten, den sog. Granatschlitten, vor sich her, auf welchen sie ihre Beute laden. Eigentümlich ist die Weise, wie der Schlitten geschoben wird. Ein Knie wird nebst den beiden Händen vor den Schlitten gestemmt, und nur das andere treibt stoßweise das Ganze vorwärts. Bei den Körben angekommen, ziehen sie den inneren, trichterförmigen heraus und entleeren ihn. Alsdann geht's auf demselben beschwerlichen Wege wieder zurück. Der Fang beginnt im April oder Mai und wird bis spät in den Herbst hinein fortgesetzt. Bei trockner Witterung sollen am meisten Granaten gefangen werden.

Da auch manchmal Fische, wie Stint und Butt, mit in die Körbe geraten, so werden solche zuvor herausgelesen. Hierauf kocht man die Granaten in Salzwasser, wobei dieses stets in Bewegung gehalten werden muß. Zu dem Ende wird es fleißig gerührt, am liebsten mit glühenden Zangen, weil die Schalen der Tiere hierdurch eine rötere Farbe bekommen sollen. Zum jedesmaligen Kochen wird nicht immer reines, frisches Wasser genommen, sondern dasselbe Wasser wird, um Salz zu ersparen, so lange gebraucht, als es irgend geht. Die gekochten Granaten werden gewöhnlich in kleinere und größere sortiert; letztere sind doppelt so teuer.

Lebendig und frisch erhalten sich die Tiere nicht lange, deshalb müssen sie gleich gekocht und dann so bald wie möglich verkauft werden. Selbst an den garen Granaten kann man erkennen, ob sie kurz vor dem Kochen noch lebendig, oder schon tot gewesen sind. Erstere haben sich nämlich beim Kochen gekrümmt, so daß Kopf und Schwanz einander berühren, während letztere gerade ausgestreckt blieben. Gegenwärtig werden die Granaten häufig auf der Eisenbahn verschickt nach Oldenburg, Bremen, Hannover und weiter. Früher wurden sie von Frauen in Körben umher getragen, auch wohl in größeren Mengen auf Wagen bis Oldenburg, Bremen u. s. w. gefahren. Letzteres geschieht auch noch jetzt. Gewöhnlich ist es ein höchst armseliges Gespann, mit dem der Granatmann, von den Jungen "Granathingst" genannt, in Stadt und Dorf einzieht: ein alter Leiterwagen, vor den ein entsetzlich hagerer Gaul gespannt ist. Wagen, Pferd und Fuhrmann haben die größte Aehnlichkeit mit einer krabbelnden, zappelnden, nur noch halb lebendigen Garneele; ist der Mann noch gar dem Trunke ergeben, so erinnert er mit seinem vom Fusel geröteten Gesichte unwillkürlich an eine gekochte Granat. Schritt für Schritt, auf einer hölzernen Bank sitzend, fährt er ein. Vor und hinter ihm stehen die Körbe mit "labennige un gare Kanat". Schon aus weiter Ferne hört man ihn mit heller, hoher Stimme schmettern: "Na—at, na—at!" Nun entsteht ein eigentümliches Leben. Aus den nahen Häusern und den Nebengassen kommen Frauen, Köchinnen und Kinder mit Schüsseln und Tellern, um die Delikatesse zu kaufen. Der Wagen hält und der Mann giebt für zehn Pfennige so viel Granaten in das Gefäß, als er mit der Faust fassen kann. Lassen sich an der Stelle keine Liebhaber mehr blicken, so geht das Fuhrwerk wieder langsam vorwärts, immer mit dem Trompetenton: "Na—at, na—at!" — bis wieder neue Käufer herantreten. Gewöhnlich laufen Knaben und Mädchen hinter und neben dem Wagen her, die Hände ausstreckend und rufend: "Och, litje Mann, mi ok'n paar!" Manchmal wirft der kinderfreundliche Alte dann auch eine Handvoll über die Wagenleiter in die "Gribbelgrabbel", und die Jugend fällt begierig haschend darüber her. So geht der Zug durch die Stadt, durch Haupt- und Nebenstraßen, zum einen Thor hinein, zum andern wieder hinaus und weiter, bis der ganze Vorrat ausverkauft ist. Süddeutsche, die zum ersten male in unsere Küstenstädte kommen und den originellen Aufzug mit ansehen, werden anfangs nicht begreifen, was für eine wunderliche Ware da feilgeboten wird.

Die Granaten werden nur gekocht genossen, gewöhnlich zum Butterbrot, aber auch als Salat und in Suppe. Sie haben ein sehr schmackhaftes Fleisch, noch schmackhafter als Flußkrebse und Hummer, denen sie auch fast ganz gleich sehen, nur daß sie keine vollständig entwickelte Scheren haben und viel kleiner, kaum so groß wie der kleine Finger sind. Die Kleinheit derselben macht denn auch den Genuß etwas unbequem, zumal das Ausnehmen, „Auspulen", des kleinen, roten Fleischbissens aus der Schale eine Kunst ist, die förmlich erlernt werden will. Geschickte Granatpuler wissen mit einem sanften Druck am Schwanz des Tieres die Schale so zu lösen, daß ein Riß zwischen dem dritten und vierten Ringe oder Gliede der Kruste entsteht. Nun wird das Schwanzende entfernt, der Körper sorgfältig herausgezogen und — damit das Beste nicht zurückbleibt — das Kopfende der Schalenhülse noch ausgesogen. Wer den Kunstgriff nicht kennt, dem reißen die Tiere regelmäßig ab, und er kann beim „Auspulen" hungrig werden. Ueberhaupt ist es bei den Granaten wie bei den Nüssen: Je mehr man ißt, desto mehr bleibt übrig, nämlich von den Schalen, so daß eine nicht unbedeutende Portion vertilgt werden muß, um einen gesunden Appetit einigermaßen zu stillen.

Wie viele Millionen von Granaten werden jahrein jahraus in unsern Städten und Dörfern, in Privathäusern und Bierlokalen, verzehrt! Aber die Fruchtbarkeit des Tierchens geht ins Ungeheure, und niemals fehlt es an der nötigen Menge zum Versand, sogar noch als Dünger werden sie verbraucht. Bei Varel giebt es nämlich eine Granat=Guano=Fabrik, die schon an 20 Jahre im Gang ist. Ehe noch diese Fabrik gegründet war, wurden die Granaten bereits vielfach in der dortigen Gegend zum Düngen benutzt. Die Granatfänger düngten mit den kleinen, nicht zum Verkauf geeigneten Tieren ihre Roggenfelder und zwar mit dem besten Erfolg. Die frischen Granaten wurden ohne weitere Vorbereitung untergepflügt. Der Dünger wirkte zwar nicht nachhaltig, dafür brachte aber auch die See jedes Jahr wieder neuen Stoff. Die rasch verwesenden Tiere waren in dem armen Sandboden bei Dangast eine für den Ackerbau höchst schätzbare Hülfe. Der Gedanke lag also nicht fern, auch die zu andern Jahreszeiten gefangenen Tiere für die Landwirtschaft nutzbar zu machen, sie in haltbare Form überzuführen. Dies gelang einem Manne Namens Denker, der durch ein sehr einfaches Verfahren aus den Granaten ein dem Guano ähnliches Dungmittel herstellte. Die Tiere werden nämlich auf einer mäßig erwärmten Eisenplatte scharf ausgetrocknet oder gedarrt und dann gemahlen, auch wohl noch mit Knochenmehl vermischt. Während des Darrens muß durch fleißiges Rühren das Verkohlen verhindert werden. 20 Hektoliter Granaten müssen etwa 12 Stunden trocknen. Durchschnittlich werden an einem Tage 6000 Pfund gemahlen. Ob viel oder wenig gemahlen wird, richtet sich natürlich darnach, ob in den vorhergegangenen Tagen der Fang mehr oder weniger glücklich ausgefallen ist. Die fertige Ware ist ein dunkelbraunes Gemisch, das entweder mit der Hand oder mit der Maschine ausgestreut werden kann. Der reine Granat=Guano kostet 9 Mark à Centner, mit 75% Knochenmehl vermischt 7,50 Mark. Der Absatz der Fabrik beträgt jährlich 300 bis 400 Centner. Das Fabrikat wird in Säcken verschickt und zwar hauptsächlich nach dem Münsterlande, nach Lippe=Detmold und Holstein. Im Jahre 1869 wurden 4500 Scheffel Granaten zu 400 Centner Guano zerstampft. Hundert Pfund des Gemisches von Knochenmehl und Granat=Guano sollen für 15 Ar genügen.

Professor W. Wicke hat den Granat=Guano einer Analyse unterzogen und gefunden, daß er folgende Wertstoffe enthielt:

| | |
|---|---|
| Feuchtigkeit . . . . . . . . . . . . | 17,22 % |
| Verbrennliches (Stickstoff 8,19%) . . . . . | 49,00 „ |
| Asche (Chlorkalium, Natrium, Kalk, Thonerde ꝛc.) | 33,78 „ |
| | 100,00 % |

Der Besitzer der Bareler Granat=Guano=Fabrik hat die Fischerei in der Jade gepachtet. Das Fangen geschieht natürlich nicht in Körben, sondern mit großen Netzen. Manchmal werden in einem Tage 20 Hektoliter Granaten gefangen.

Da die Granaten eine so wichtige Rolle im nordwestlichen Deutschland spielen, so ist es kein Wunder, daß sie sogar sprich=wörtlich geworden sind: „He hett'n Gedächtnis as'n Granat." „He hett'n Granatenverstand." — Die Erklärung dieser beiden Sprichwörter kann ich dem freundlichen Leser selbst überlassen, da sie auf ihn keine Anwendung finden.

Von der Sanddüne, auf der Dangast liegt, können wir eine weite Umschau halten. Vor uns liegen die grauen Sande und Watten des Jadebusens, von vielen Baljen und Flutrinnen durch=schnitten. Dort, grade vor uns, Arngast, weiterhin die ober=ahnischen Felder, beides kleine Inseln, Ueberreste einst blühen=der Kirchdörfer, die von Sturmfluten hinweggespült wurden, in den Grund der See. Die Inseln sind jetzt die stille Brutstätte großer Scharen von Seevögeln, die zur Zeit der Ebbe das Watt um=

schwärmen. Auch die Düne, auf der wir stehen, ist nur der Ueber=
rest des Dangaster Kirchhofs, und noch jetzt spülen manchmal die
gierigen Fluten Särge und Totengebeine bloß, die dann unheimlich
aus dem weißen Sande hervorragen und wie Knochenhände in die
rauschende See hinausweisen, als wollten sie sagen: Dort schlafen
unsere Brüder! — Dort links in nebliger Ferne erheben sich die
hohen Mauern des deutschen Kriegshafens, rechts scheint die Küste
Butjadingens herüber mit den Kirchtürmen von Schweiburg und
Seefeld.

Soll ich erzählen von den friesischen Häuptlingen, von Edo
Wiemken, dem Zauberer und Seeräuber, der hier einst auf Dan=
gast sein festes Steinhaus hatte? Soll ich berichten von dem
emporblühenden Seebade Dangast? — Lassen wir das.

Dort im Süden ragen hohe Fabrikschornsteine empor, aber
kein Rauch qualmt mehr aus den schwarzen Schloten. Die kurze
industrielle Blüte Varels, der Stadt des „Dunkelgrafen", ist
bald abgestorben, auch die vorbeibrausenden Züge des schnaubenden
Dampfrosses scheinen kein Leben mehr in dem jetzt so stillen Städt=
chen wecken zu können. Die flotten, leichtlebigen Grafen von Varel
sind tot; ihr Schloß ist abgebrochen und dem Erdboden gleich
gemacht. Die schöne, rosenwangige Sarah, die vom schlichten Milch=
mädchen zur gnädigen Gräfin von Varel avancierte, lebt nur noch
in der Sage. Noch jetzt erzählt das Volk von ihr, sie habe, wenn
sich ihre Kameradinnen über ihr zersetztes Kleid moquierten, pro=
phetischen Geistes erwidert: „Wo mi nu de Talten slat, känt mi
noch woll is de siben Franjen sla'n."

Der langjährige Prozeß zwischen den legitimen und illegitimen
Grafen von Bentinck ist aus der Welt. Die Grafschaft ist annektiert.
Alles dahin, alles verschollen, alles verschlungen von den Fluten des
Zeitenstromes, wie die friesischen Kirchdörfer und Klöster. Alles
annektiert! Die krabbelnden Menschenkinder vergangener Tage, wie
gleichen sie im Meer der Zeit dem vergänglichen Seegewürm!
Nur die alte, ehrwürdige Vareler Kirche ist geblieben, und der
schöne Vareler Busch mit der hohen, schattigen Buchen= und Linden=
allee und dem Mühlenteich, diesem kleinen, lieblichen See, mitten
im stillen Walde. Nur ihr seid geblieben, ihr kleinen, köstlichen,
vielbeinigen Meerbewohner, ihr Dangaster und Vareler Granaten.
Aber auch ihr werdet annektiert und zermalmt werden vom Zahne
der Zeit und der genußsüchtigen Menschenkinder und den Weg alles
Fleisches gehen. Nur du, heilige Urmutter alles Lebens, uner=
gründlich tiefes, geheimnisvolles Meer, bleibst wie du bist, und
deine Jahre nehmen kein Ende.

## 2. Weberei in und um Zetel.

Die Einwohner der Wede, insbesondere in und um Zetel und Bockhorn beschäftigen sich viel mit der Leinen- und Baumwollweberei. Das Produkt ist unter dem Namen „Zeteler Tüg" weit und breit bekannt, und die Hausierer, die dieses Zeug herumtragen, früher mehr als jetzt, werden kurzweg „Zetler" genannt. Man hat sogar gemeint, der Name Zetel stamme von dem Worte Zedel her, welches eine Werft oder eine Niederlage von Garn bedeutet. Schon seit den ältesten Zeiten soll nämlich die Garnfabrikation eine Hauptbeschäftigung der Bewohner Zetels gewesen sein. Allein wahrscheinlicher ist es, daß das Dorf nach dem holländischen Worte „Zetel" benannt worden ist, welches einen Wohnsitz, eine Ansiedlung bedeutet, weil sich vermutlich holländische Kolonisten zuerst hier ansiedelten und den Flachsbau, die Garn- und Leinwandfabrikation zuerst in dieser Gegend betrieben. Immermehr kam der Industriezweig in Flor, doch fehlen aus früherer Zeit genauere statistische Angaben. Ums Jahr 1820 arbeiteten in Zetel allein über 370 Webstühle, die Leinen, Drell, vorzüglich guten sog. Bettbarchent und Damast lieferten. Der Handel mit Zetler Zeug war sehr lebhaft und ging über Emden, Amsterdam, Bremen ꝛc. nach Ost- und Westindien. Dann trat eine Periode der allgemeinen Stockung des Handels ein, der Absatz des Zeteler Fabrikates war schwach, und der ehemals so üppige Erwerbszweig schrumpfte nach und nach ein. Bald aber hob sich das Geschäft wieder, und ums Jahr 1850 waren in und um Zetel 541 Webstühle im Gange, von denen 123 Leinenzeug und 418 Baumwollenzeug lieferten. Außerdem arbeiteten in Bockhorn und Umgegend noch 190 Webstühle und zwar ausschließlich in Baumwolle. Damals war es buchstäblich wahr, was man sagte: Wer durch Zetel geht, der hört ein unaufhörliches Geklapper der Webstühle.

Im Jahre 1868 waren in dasiger Gegend (ehemaliges Amt Bockhorn) beschäftigt:

    360 Stühle in Baumwollengeweben,
     84   „   „ Leinengeweben,
     23   „   „ Halbleinengeweben.

Auf diesen Stühlen wurden verwebt:
    119590 Pfund Baumwollengarn,
     29180   „  Leinengarn.

Dazu wurde an Farbematerial verbraucht: 31500 Pfund.

Der Absatz der verfertigten Fabrikate betrug:
    102630 Pfund an Baumwollengeweben,

24825 Pfund an Leinengeweben,
7000 „   „ Halbleinengeweben.

Im Jahre 1869 waren beschäftigt:
367 Stühle in Baumwollengeweben,
60 „   „ Leinengeweben,
23 „   „ Halbleinengeweben.

Auf diesen Stühlen wurden an Verbrauchsmaterialien verwebt:
150100 Pfund Baumwollengarn,
26800 „ Leinengarn.

Dazu wurde an Farbematerial verbraucht: 35500 Pfund.

Der Absatz der Fabrikate betrug:
129500 Pfund an Baumwollengeweben,
19150 „   „ Leinengeweben,
6900 „   „ Halbleinengeweben.

Aus diesen Angaben geht hervor, daß der Industriezweig hinsichtlich der Baumwollengewebe sich bedeutend verbesserte, hinsichtlich der Leinenfabrikate aber erheblich verringerte. Es hat dies darin seinen Grund, daß die gesamte Weberei in Zetel und Bockhorn lediglich Handweberei war und mit der Maschinenweberei, namentlich was die Leinenfabrikate betrifft, nicht konkurrieren konnte.

Im Jahre 1871 habe ich mir von einzelnen Fabrikanten persönlich Auskunft erteilen lassen und über den Stand des Geschäfts folgendes erfahren. In Zetel und Bockhorn wohnten 7 größere und 12 kleinere Fabrikanten, in dortiger Gegend „Reeder" genannt, die mehr oder weniger Arbeiter beschäftigten. Die größten Fabrikanten beschäftigten wohl gegen 20 Weber. Diesen wurde das zu verarbeitende Garn von den Fabrikanten zugewogen. Sie konnten täglich 1,25 Mk. bis 2 Mk. verdienen und außerdem, da das Weben eigentlich nur in den Zwischenzeiten geschah, noch ihre kleine Landwirtschaft wahrnehmen. Jährlich wurden gegen 400—450000 m fabriziert. Folgende Fabrikate wurden hergestellt: $^5/_4$ breite Bettüberzüge oder Bettmöbel, ebensolche Kissenüberzüge, $^6/_4$ und $^5/_4$ breites (quergestreiftes) Inlitt in verschiedener Dicke und Stärke, zu Bettzeugen, Federleinen, als Bettbezüge, Unterbühren, gebleicht und ungebleicht, wie die vorgenannten Artikel, oder kouleurt, abgepaßte Decken und Kissen, $^7/_4$ breite Schürzen- und $^5/_4$ breite Kittelzeuge u. s. w. . Hier muß auch des Wollakenzeuges gedacht werden, das für unsere Landbevölkerung eine so saubere und durable Tracht abgiebt. Es besteht aus Leinen und Wolle und verbindet alle Vorzüge dieser Stoffe, Solidität, Reinlichkeit und Wärme. Es giebt einfaches und doppeltes Wollaken. Gewöhnlich ist es einfarbig blau, grün oder braun gefärbt.

Früher, so erzählte mir ein Fabrikant, gab es in hiesiger Gegend viel mehr Weber; jetzt nehmen die Ziegeleien einen großen Teil der Arbeiter in Anspruch. Der südliche Teil der Arbeiterbevölkerung bestand größtenteils aus Zieglern, der westliche dagegen wieder mehr aus Webern. Da diese in ihren eigenen Häusern arbeiteten, so konnten ihnen auch die Frauen behülflich sein, namentlich beim Spulen. Die Weber wohnten teilweise stundenweit von Zetel entfernt, nicht bloß im Oldenburgischen (Bockhorn, Steinhausen ꝛc.), sondern auch in Ostfriesland (Horsten). Das Verhältnis zwischen Arbeitern und Fabrikanten war ein sehr gutes, fast familiäres. Die meisten Weber lebten sehr sparsam und manche standen sich so gut wie kleine Fabrikanten. Ihre Lage war eine weit bessere als die der Fabrikarbeiter in großen Städten; das kam daher, weil sie ihr eigenes Heim, Haus, Garten und Ackerland hatten, also an Grund und Boden gebunden waren. Dadurch kam Stetigkeit und Solidität in ihr Leben, in ihre Hauswirtschaft. Von Striken war unter solchen Verhältnissen keine Rede; Arbeiterapostel konnten hier keinen ergiebigen Boden finden. Die Fabrikanten beschäftigten ihre Weber immer und suchten ihnen, wenn irgend möglich, auch über schlechte Zeiten hinweg zu helfen. Das ist zwar nicht mehr als human, aber geschieht es denn überall? —

Die schlechteste Periode für die Weberei war während des amerikanischen Krieges. Das Garn war zu schlecht; die Arbeiter gingen weg, weil sie nicht genug verdienen konnten.

In den siebziger Jahren wurden durchschnittlich im Jahre gegen 150000 Pfund Baumwolle verarbeitet. Das Garn wurde nicht an Ort und Stelle gesponnen, sondern von deutschen und englischen Spinnereien bezogen. Die fertigen Fabrikate gingen und gehen noch nach Oldenburg, Ostfriesland, Bremen, Herzogtum Bremen u. s. w.

Das Garn wurde in Zetel und Bockhorn nicht bloß gewebt, sondern auch gebleicht und gefärbt. Bei mehreren Häusern sah man Privatbleichen, und an dem zum Trocknen aufgehängten Garn erkannte man die Wohnung eines Färbers. Drei Fabrikanten hatten ihre eigenen Färbereien. Durch alles dieses floß und fließt noch jetzt den Bewohnern der Wede mancher Verdienst zu, mittelbar oder unmittelbar, so daß der Industriezweig für die Landschaft gewiß ein segenbringender ist.

Die Armut mit ihren demoralisierenden Folgen konnte unter den Webern der Wede keinen Fuß fassen. Sie standen fast selbständig da. Sogar die Lehrlinge waren unabhängiger wie gewöhnlich und bekamen schon einen Teil vom Verdienst. Nach der

Lehrzeit waren sie sofort ganz selbständig, gaben sich irgendwo in Kost und webten auf eigene Rechnung für den Fabrikanten. Alsdann hießen sie „Stellgeldweber."

So war die Weberei in Zetel, jetzt aber hat die Handweberei fast gänzlich aufgehört; sie kann mit der Dampfweberei durchaus nicht konkurrieren. Die früheren Handweber von Profession sind zu andern Geschäften überzugehen gezwungen worden, da das Geschäft seinen Mann nicht mehr ernährte. Die meisten beschäftigen sich natürlich als Arbeiter und treiben ihr früheres Geschäft dann noch wohl, wenn es sonst — wie für den Arbeiter zur Winterszeit — keine andere lohnende Arbeit giebt. Auch sind fast alle in den beiden jetzigen Fabriken beschäftigten Weber frühere Handweber.

In Zetel sind jetzt 2 Dampfwebereien in lebhaftem Betrieb, die Fabrik der Firma Onken und der Brüder T. und B. Meynen. Die Onkensche Fabrik ist 1874 etabliert worden und — wie auch die Meynensche Fabrik — mit einer Färberei verbunden. In derselben sind jetzt 39 Webstühle in Thätigkeit, das Arbeiterpersonal beläuft sich auf 36 Mann (inkl. mehrerer Arbeiterinnen). Jeder geübte Weber besorgt immer zwei Stühle. Die Meynensche Fabrik zählt jetzt 34 Stühle und 33 Arbeiter, soll aber in nächster Zeit auf 48 Stühle vergrößert werden. Sie ist 1884 in Betrieb gesetzt worden. Beide Fabriken verfertigen nur Baumwollenzeuge derselben Art, welche die frühere Handweberei lieferte, besonders schöne Bettzeuge (Inlitte u.). Sämtliche Erzeugnisse kommen denen der Handweberei an Solidität, Dauerhaftigkeit gleich, übertreffen sie aber weit an Egalität und Eleganz. „Nur echte Ware bester Qualität" ist hier Prinzip, das besonders dem Zeteler Zeuge in unserer Zeit des Schwindels, Scheins und Betrugs den guten Namen erhält und flotten Absatz verschafft. Es ist „Verlaß" darauf, hört man von den Abnehmern.

In beiden Fabriken werden pl. m. wöchentlich 170 Stück, fast 7000 m fertig gestellt. — Die Weber bekommen nach Zahl der Stücke (m) ihren Lohn; 2 Mark und darüber kann ein geübter Weber täglich verdienen. Frauen erhalten 1 Mark Tagelohn.

Das Absatzgebiet für die Erzeugnisse beschränkt sich fast auf unser Herzogtum und die Provinz Hannover; auch geht ein kleiner Teil nach Holland und Westfalen.

Die Privatbleichen existieren jetzt nicht mehr. Zu Zetel ist noch eine große Rasenleinenbleiche, früher Aktienunternehmen, jetzt im Besitz von B. Hemken, die — auch von weiterher — noch ziemlich in Anspruch genommen wird.

## 3. Ziegeleien.

Geht man durch die Wede, so erblickt man überall größere oder kleinere Gruppen langer, niedriger Gebäude oder Schuppen, die mit roten Ziegeln gedeckt sind. Das eine derselben ist höher, und häufig steigt ein schwarzer Dampf durch die Zwischenräume der Dachziegeln. Diese roten Häusergruppen sind Ziegeleien, mit denen die Wede wie übersäet ist. Hin und wieder steigen auch hohe, schlanke Schornsteine von den Ringöfen auf.

Steht man vor einer Ziegelei, so erblickt man in der Mitte den Ofen, ein massives Gewölbe mit hohem Dach, und ringsherum zwei bis drei niedrige, lange Trockenschuppen ohne Wände, deren Dach nur auf Ständern ruht. Unmittelbar an den Schuppen liegen ein paar sog. „Träbahlen" (Tretdielen), in denen die Ziegelerde, nachdem sie in den nahe gelegenen Gruben gegraben und dann herbeigefahren wurde, präpariert wird. Der Thon hat vier Stadien durchzumachen, ehe er als fertiger Ziegel daliegt. Zunächst wird er präpariert, dann geformt, hierauf getrocknet und schließlich gebrannt.

Das Präparieren geschieht in der „Träbahl". Diese ist ein kreisrundes, mit Bohlen ausgelegtes Bassin, von ca. 6 m Durchmesser und ca. $1/3$ m Tiefe. In der Mitte des Bassins befindet sich eine feststehende Axe, der sog. „König". Um diese Axe dreht sich der Räderbaum, an welchem zwei Räder befestigt sind, die durch eine Kette gestellt werden können, so daß sie bald einen größeren, bald kleineren Kreis beschreiben. Der Thon wird in das Bassin geworfen, auseinander gebreitet und mit Wasser vermischt. Hierauf werden zwei Pferde an den Räderbaum gespannt und fortwährend um das Bassin getrieben. Die beiden Räder gehen nun beständig durch den Thon, bald in größeren, bald in kleineren Kreisen, je nachdem sie gestellt sind, und zerkneten den Thon zu einem zähen, grauen Teig. Ist die Masse fertig, so werden die Räder losgemacht und statt ihrer wird ein Brett daran befestigt von der Länge des Baumes, mit welchem der Teig geebnet wird.

Nun kann das Formen des Thons vor sich gehen. Hierbei sind vier Mann (Ziegler) thätig. Einer, der „Kahrmann", schlägt den Thon auf den Tisch, auf welchem das Formen geschieht, ein anderer, der „Steenmaker" oder „Backer", packt ihn in die Form, knetet und ebnet ihn mit einem „Plam", ein dritter legt die Form auf ein Brett und hebt sie auf, so daß der Thonkuchen liegen bleibt, und ein vierter bringt die Thonkuchen in die Trockenhütte und legt sie auf Borten neben einander. Das Formen ist sehr einfach, erfordert aber bedeutende Fertigkeit. Jedesmal, wenn die Form geleert ist, wird sie im „Stippfatt" angefeuchtet, weil sonst der Thon an der Form festklebt. Neben dem Formtisch steht ein Block mit Rädern, der sog. Hund, in welchen der Schmutz und Abfall vom Tisch fällt.

Das Trocknen geschieht in den Trockenschuppen, die, wie gesagt, keine Mauern haben, so daß der Luftzug stets hindurch streichen kann. Zunächst liegen die Steine in der Trockenhütte, bis sie halbtrocken sind. Sie ruhen mit der breiten Fläche auf Borten, von denen sich etwa sieben in luftigen Zwischenräumen übereinander befinden. In drei bis acht Tagen, je nachdem die Witterung ist, sind sie soweit getrocknet, daß die Kanten beschnitten werden können. Von der Witterung hängt vieles ab bei der Ziegelfabrikation, da das Trocknen bis jetzt immer in freier Luft geschehen muß; Nachtfröste sind z. B. den zum Trocknen ausgelegten Kuchen immer schädlich. Sind die Steine beschnitten, so kommen sie ins Trockenschauer, wo sie auf die schmale Seite gestellt werden. Hier bleiben sie nun so lange, bis sie — wie man sagt — knochentrocken und in solcher Anzahl vorhanden sind, daß der Ofen mit ihnen angefüllt werden kann.

Die gewöhnlichen Oefen, in denen die Steine gebrannt werden, sind massive Gewölbe von verschiedener Größe, von 12 m Länge, 6 m Breite und mehr. In dem Gewölbe wird Stein an Stein gestellt und zwar auf die Längskante. 60000 Steine und mehr faßt das Gewölbe. Zwischen je 10000 Steinen wird ein Zwischenraum gelassen, damit die Hitze hindurch bringen kann. Als Brennmaterial wird Torf benutzt, der in die Zwischenräume gelegt wird. Durch Oeffnungen oder Kanäle, die sich unten in dem Gewölbe befinden und durch eiserne Thüren verschlossen werden können, wird nachgeheizt. Zu einem Brande in gewöhnlichen Oefen sind 70 bis 80 Fuder Torf erforderlich. Das Brennen muß allmählich, mit sich steigernder Hitze geschehen. Unten im Gewölbe ist natürlich die größte Hitze, und daher entstehen hier die blauen Klinker, während sich die hartbraunen, roten und halbroten Steine weiter oben hinauf finden. Ein Brand dauert vierzehn Tage, und in einem Jahre kann acht- bis neunmal gebrannt, mithin können in einer mittelgroßen Ziegelei, wie in der beschriebenen, jährlich 540000 Steine fabriziert werden.

In letzter Zeit wird die Ziegelfabrikation mehr maschinenmäßig, überhaupt in großartigerer Weise betrieben. Das Formen geschieht mittelst einer Maschine. Der Thon wird, ohne vorher präpariert zu sein, in einem Cylinder verarbeitet und schiebt sich als endloser, gelber Kuchen von der Länge und Breite der Steine hervor, um durch starke, eiserne Fäden, die denselben quer durchschneiden, in Ziegel zerlegt zu werden.

Nimmt man nun an, daß ein Ziegel 5 cm dick ist und daß in einer großen Ziegelei, wie in der Lauw'schen, jährlich 3 000 000 Steine fabriziert werden, so giebt das einen Kuchen von 15 000 000 cm Länge. 7500 m oder 750 000 cm sind aber eine metrische Meile; mithin würde der Kuchen, wenn er unzerteilt bliebe, in einem Jahre sich über eine Strecke von (1500 : 75 =) 20 metrischen Meilen fortschieben.

Zum Brennen der Steine wendet man in neuester Zeit die Hoffmann'schen Ringöfen an. Ein solcher Ringofen besteht aus einem kreisrunden oder oblongen Ofenkanal, der in 12 und mehr Abteilungen geteilt ist, die durch Schieber geschlossen werden können. So viele Abteilungen der Ofen hat, so viele Eingänge mit verschließbaren Thüren hat er von außen, und eben so viele verschließbare Rauchkanäle führen in den innerhalb oder außerhalb des Ofens stehenden hohen Schornstein. Das Brennen der Steine rückt jeden Tag um eine Abteilung weiter, es erleidet keine Unterbrechung, das Brennmaterial wird vollständig ausgenutzt und es geht keine Hitze verloren, da die sich abkühlenden Steine die ihrige an die noch ungebrannten abgeben. Die Befeuerung des Ofens geschieht von oben mittelst Einstreuens des Brennmaterials zwischen die glühenden Steine, wozu senkrechte Kanäle, Heizröhren, im Gewölbe des Ofens vorhanden sind. Die Ringöfen haben mithin einen zwiefachen Vorzug vor den alten Oefen, einmal geht das Brennen stetig und viel rascher vor sich und zum andern wird eine bedeutende Ersparnis von Brennmaterial (60 bis 80 Prozent) erzielt. In den Ringöfen kann nicht bloß Torf, sondern auch Steinkohle benutzt werden.

In der Wede befinden sich gegenwärtig 9 Ringöfen, und zwar 2 bei Neuenburg (der Lauw'sche und der Negelein'sche), 3 bei Bockhorn (sämtlich Lauw gehörend), 2 bei Borgstede, 1 in Obenstrohe und 1 in Büppel bei Varel. Lauw hat die 5. große Ziegelei bei Rastede. Drei dieser großen Ziegeleien haben Dampfbetrieb, die beiden bei Neuenburg und die Brumund'sche bei Varel.

In den siebziger Jahren wurden im Amte Varel (Bockhorn rc.) und in Rastede jährlich an 38 Millionen Steine fabriziert, davon kamen allein auf Bockhorn und Umgegend ca. 15 Millionen. Nach einer statistischen Zusammenstellung vom Jahre 1870 waren in 15 Jahren, seit dem Anfange des Baues von Wilhelmshaven, im ehemaligen Amte Bockhorn 216 000 000 Ziegelsteine fabriziert.

Allein von Ellenserdammersiel aus gingen im Jahre 1869 per Schiff an 8 Millionen Steine nach andern Ländern. Ein großer Teil der Steine wurde nach Heppens, aber auch nach Schleswig und Holstein, nach Bremen, Hamburg, Schweden u. s. w. versandt, und als Ballast fanden sie sogar ihren Weg nach Ostindien und Californien. Am berühmtesten sind immer die harten, blauen Bockhorner Klinker, die nirgends von solcher Güte angefertigt werden wie gerade hier. Der Thon zeigt nämlich oftmals einen auffallend reichen Gehalt an Glimmer und wird alsdann Silbersand genannt. Nun hat aber die Praxis gelehrt, daß gerade dieser silbersandhaltige Thon vorzüglich geeignet ist zur Fabrikation der Klinker. Klinker heißen diese Steine, weil sie hell klingen, wenn man an sie schlägt. Die Thonmasse derselben ist fast verglast. Wegen ihrer Härte sind sie sehr gesucht und werden namentlich zu Chausseebauten, zu sog. Klinkerchausseen, die überall die norddeutschen Marschen durchziehen, benutzt.

Die großen Ziegelfabrikanten, wie Lauw in Bockhorn, Brummund bei Varel, fabrizieren nicht allein Ziegel, sondern sie kaufen auch große Mengen derselben von andern Fabrikanten auf und treiben bedeutenden Handel damit, wenigstens geschah dies früher. Gegenwärtig zeichnet sich durch seinen Unternehmungsgeist ganz besonders Lauw aus, weshalb man ihn auch den Ziegelkönig nennt.

Eine hübsche Anekdote darf hier nicht zurückgehalten werden. Einst war nämlich ein Ziegeleibesitzer auf einer Rheinreise begriffen. Abends reichte man ihm in einem Hotel das Fremdenbuch. Er trug seinen Namen hinein und schrieb in die Rubrik, die den Stand und Beruf angiebt: Thonkünstler. —

Ohne eine kurze Mitteilung über die eigentlichen Thonkünstler, die Ziegler oder Arbeiter in den Ziegeleien, darf diese Skizze nicht geschlossen werden.

Die Ziegler stammten früher zum größten Teile aus dem Lippeschen. Mehr als drei Viertel aller hatten dort ihre Heimat. Zur Zeit des Krieges von 1870 und 71 wurden auch manche hiesige Arbeiter als Ziegler angenommen, doch zogen die Fabrikanten jene aus Lippe vor, weil sie mäßiger lebten und unermüdliche Arbeiter waren. Im ganzen mochten damals 300 Ziegler in den Ziegeleien um Bockhorn, Varel 2c. in Arbeit stehen. An der Spitze einer Abteilung Ziegler stand der Meister. Mit diesen akkordierten die Fabrikherren. Er besorgte die Mannschaften, Gesellen und Handlanger oder Jungen, und kam im April mit seiner Truppe, „Ploog" genannt, an. Früher wanderten sie im

Frühlinge scharenweise ein, wie die Schwalben; das Volk nannte sie auch wegen ihrer Arbeit im schmutzigen Thon sehr bezeichnend — „Dreckschwalben". Wenn sie so in ihrer ärmlichen, wenig malerischen Tracht, bestehend aus blauer Leinewandjacke und eben solcher Hose und Weste, einen grauen Beutel quer über die Schultern geschlagen, durchs Dorf zogen, dann hieß es: „De Teeglers, de Dreckswallen, kamt wedder, nu warb't Vörjahr!" — Später kamen sie per Bahn, und der Ziegeleibesitzer ließ sie mit einem Leiterwagen vom nächsten Bahnhof abholen. Auf der Ziegelei angelangt, begann das Kneten, Backen, Beschneiden, Brennen und so weiter. So ging und geht es noch jetzt Tag für Tag, von morgens früh 3 Uhr bis abends spät 9 Uhr, vom Beginn des Frühlings bis in den Spätherbst hinein, unermüdlich, unverzagt.

Der Verdienst war nicht sehr hoch. Der Meister wurde nach der Anzahl der fabrizierten Steine bezahlt und lohnte die Leute nach der Zeit, die sie auf der Ziegelei zubrachten. Für Klinker erhielt er à Tausend 6 Mark, eben so viel für die hartbraunen Steine, für den Ausschuß 5,50 Mark. Ein Meister teilte mir damals mit, er selbst stehe sich auf 360 bis 420 Mark und gebe jedem seiner Gesellen 255 bis 300 Mark. Oftmals war der Meister verheiratet, brachte aber seine Frau nicht mit, weil sie daheim, während er fern war, alle häuslichen und landwirtschaftlichen Arbeiten verrichten mußte. Die Lipper sollen jetzt viel nach Berlin ꝛc. gehen und dort lohnendere Beschäftigung finden.

Die Ziegler leben höchst einfach und sparsam, sind es auch nicht anders gewohnt. Gemüse, Kartoffeln und Brot sind ihre Hauptnahrungsmittel; den einen Tag giebt es Erbsen und Speck, den andern wieder Speck und Erbsen.

Die Jungens oder Handlanger aus dem Lippeschen zogen schon im Oktober wieder fort, die übrigen im November oder Anfang Dezember, wenn der letzte Brand beendigt. Wie die Schwalben kamen die Ziegler, wie die Schwalben gingen sie. —

Der gegenwärtige Stand der Ziegelfabrikation ist folgender:

Die größte dieser 9 bereits genannten Ziegeleien kann jährlich $2^1/_2$ Millionen Steine fabrizieren, die andern durchschnittlich 2200000.

Außerdem sind noch 23 kleinere Ziegeleien in der Wede in Thätigkeit: 4 bei Bockhorn, 3 in Grabstede, 1 in Steinhausen, 1 in Jeringhave, 2 bei Winkelsheide, 5 bei Altjührden, 1 bei Varel, 1 bei Varelerhafen, 3 bei Neuenburg (Astede), 2 in Schweinebrück. Jede derselben kann durchschnittlich 800000 Steine liefern.

Zusammenstellung.

| | | |
|---|---|---|
| 1 Ziegelei | . . . . . . . . 2 500 000 | Steine. |
| 8 Ziegeleien, à 2 200 000 | . . 17 600 000 | „ |
| 23 „ à 800 000 | . . 18 400 000 | „ |
| | Summa 38 500 000 | Steine. |

²/₃ dieser Steine sind durchschnittlich Klinker. 3 Ziegeleien (die beiden bei Neuenburg und 1 bei Varel) fabrizieren außerdem jede pl. m. 100 000 Dachpfannen, die beiden erstgenannten auch Drainröhren.

Material ist in Ueberfluß vorhanden, aber der Industriezweig hat einen bösen Haken. — In Butjadingen, dem Jeverlande, Holstein ꝛc. sind nämlich die Hauptchausseen gelegt, kleinere Anlagen sowie Reparaturen flecken nicht; wohin mit den Klinkern? Also auch hier Ueberproduktion, wie in vielen Branchen. In Zukunft werden die Ziegeleien der Wede sich mehr auf die Fabrikation von Bausteinen legen müssen, die zwar billiger sind, aber auch weniger Kosten verursachen. Die Sache hat aber wieder ihren Haken: Unter 3,50 bis 4 Mark kann 1 Mille Steine nicht nach Wilhelmshaven, dem Hauptabsatzort, unter 2,50 Mark nicht einmal von Bockhorn nach Ellenserdamm geschafft werden. Die Emssteine, zum Bauen gut genug, können ganz per Schiff nach Wilhelmshaven transportiert und wegen der billigeren Schiffsfracht billiger geliefert werden; das ist der wunde Punkt. — Darum ist für die Wede eine Eisenbahn gewissermaßen eine Notwendigkeit; möge daher die projektierte Ringbahn zustande kommen!

Ein besonderer Wohlthäter für die Gegend ist Lauw. Er beschäftigt fast ausschließlich (einige alte bewährte Lipper sind noch da) Leute aus dortiger Gegend, ebenso die andern Ziegeleibesitzer, und die oben geschilderte Wanderung der „Dreckschwalben" gehört für die Wede der Vergangenheit an.

### 4. Der Urwald.

Von den, den Urwald umlagernden Ziegeleien wenden wir uns diesem selbst zu.

Wäre es mir doch vergönnt, den Leser persönlich in diesen herrlichen norddeutschen Waldesdom einzuführen! Könnte er sie selbst anschauen, diese urkräftigen, uralten Waldesriesen! Könnte er zur Zeit der Pfingsten das Wehen des Geistes spüren, der diesen majestätischen Dom aufbaut und beseelt! Könnte er den erfrischenden Waldesduft einatmen, der wie ein süßer Opfergeruch durch diese heiligen Hallen weht! Könnte er sie hören, die tausend Stimmen der Waldessänger, der Amseln, Drosseln, Finken, Grasmücken, Nachtigallen, die hier im wonnigen Frühlinge ihr uraltes, aber ewig junges Loblied des großen Meisters anstimmen!

Wäre ich auch nur im stande, mit lebendigen Farben zu malen das junge, helle Grün der Buchen, das Silbergrau ihrer Stämme im Kontrast mit dem gesättigten, bräunlichen Grün des Eichenlaubs und den dunkel bemoosten, knorrigen Stämmen und Aesten! Es ist mir leider versagt. Statt der Palette muß ich die Feder zur Hand nehmen, um zu versuchen, ob ich schildern kann, was sich kaum malen läßt. Nicht in Wirklichkeit, nur im Geiste kann ich den Leser einführen in diesen Wundertempel der Natur.

Der Bockhorner oder Neuenburger Urwald hat allerdings nicht solche Monstra von Eichen aufzuweisen wie der Hasbrok bei Hude, nicht solche tausendjährige, kolossale Ungetüme, deren Anblick fast unheimlich wirkt. Die mächtigsten Eichen sind wohl kaum über fünfhundert Jahre alt, und ihr Umfang beträgt nicht viel über 6 Meter (20 Fuß). Der Urwald ist nicht so sehr imposant im einzelnen, als vielmehr im ganzen, in der harmonischen, wahrhaft malerischen Gruppierung der immerhin mächtigen, hochstämmigen Eichen. Die Schönheit des Urwaldes liegt in der Komposition einzelner Particeen, die ein Landschaftsmaler nicht künstlerischer ersinnen könnte, und an denen er reich ist. Es sind vollendete Stimmungsgemälde, die uns hier entgegentreten und unmittelbar ergreifen. Kein Wunder, daß Jahr für Jahr berühmte Landschaftsmaler hierher wallfahrten, um ihre Skizzenbücher zu füllen und Stoff und Anregung zu neuen Schöpfungen zu holen. So oft sie kamen, immer haben sie neue Schönheiten entdeckt. Der Urwald ist unerschöpflich wie die freischaffende, unverdorbene Natur. Und das ist er, reine Natur! Hier wächst und blüht, treibt und rankt, liegt und steht alles wildromantisch durcheinander in freiem Schöpfungsdrange. Wie üppig wuchern hier auf moosigem Grunde braunes Nußgesträuch, riesiger Adlerfarn, blühendes Geisblatt, Weiß- und Schwarzdorn, immergrüne Stechpalmen mit- und durcheinander! Armesdick schlingt sich der Epheu die hohen, schlanken Stämme hinan. Hier ist eine Stelle, wo das Unterholz fast undurchdringlich ist; die stachligen, glänzendgrünen Blätter der Stechpalmen wollen uns nicht durchlassen. Der schlaue Reineke machte sich diesen Umstand zu nutz und legte gerade hier seine unterirdische, vielgängige Burg an, deren Eingänge zwischen den Wurzeln alter Eichen vorsichtig versteckt sind. Auch der träge Dachs suchte und fand hier seine Herberge; „der Dachsbau" heißt diese Partie.

Siehe hier diesen tiefen Riß in der grauen Rinde der Eiche; der Blitz ist machtlos an ihr herniedergefahren. Aber hier, diese Eiche ist vom Wetter förmlich zersetzt, ein großer, grauer Splitter hängt drohend herab, als wollte er jeden Augenblick auf uns stürzen, und doch hängt er schon seit Jahren so. Und hier, dieser Stamm, trotzdem er so mächtig ist, auf halber Höhe ist er vom Blitzstrahl abgebrochen. Wie mag es hier nächtens sausen und brausen, wie mag es krachen und donnern, wenn die Herbst- und Winterstürme durch den Wald toben, wenn der wilde Jäger mit „Kliff und Klaff und Hörnerschall" über ihn dahinfährt!

Diese Eiche hier ist halb abgestorben, und gespenstisch starren ihre weißen, fahlen Aeste empor. Jene ist vollständig hohl und dient Fledermäusen und Eulen zur Wohnung. Wieder andere gleichen nur noch Ruinen, von grünem Epheu umrankt. Wie der Scheitel eines Greises manchmal nur noch einen dünnen Haarbüschel aufzuweisen hat, so überragt jenen Stumpf nur ein einziger grüner Ast. Hier steht eine abgebrochene Säule, auf welcher das Farnkraut seinen palmartigen Fächer ausbreitet. Dort, auf jener Baumruine wächst gar die zierliche Eberesche, oder eine schlanke Fichte läßt in jugendlichem Uebermut ihre hellgrünen Sprossen wehen.

Siehe diese Aeste, wie knorrig und wildtrotzig sie sich dem Wind und Wetter entgegen stemmen! Jener Ast ist hohl und dient den Staren zur willkommenen Brutstätte. Dieser ist abgestorben und gleicht einem riesigen, vielzackigen Hirschgeweih.

Alter und Jugend, im Walde sind sie gleich schön. Die Jugend schwingt sich auf die Schultern des Alters, und beide kennen nur einen Beruf: Leben und Leben lassen. Selbst aus dem Moder entsteht sofort neues Leben. Hier ist kein Tod. Das Individuum stirbt, aber das Ganze lebt fort. Das Einzelne geht im Ganzen auf, ohne Klage, ohne egoistische Sentimentalität. Präge diese Lehre dem deutschen Volke tief ein, du deutscher Wald!

Trotzalledem sucht jeder Baum seine Stelle zu behaupten, und einer ruft dem andern zu: Platz da! — Ohne Kampf kein Leben, auch im Walde nicht.

Siehe hier das Bild der kämpfenden Rassen! Eine Eiche und eine Buche standen sich zu nah, eine mußte weichen, wollten sie sich anders nicht vereinen und in eins verwachsen. Immer näher kamen sich ihre Stämme, sie berührten sich endlich, sie umschlangen und umstrickten sich. Du meinst, es sei dies ein Symbol der Liebe, du wähnst, die männlich-kräftige Eiche habe sich nach der Umarmung der weichen Buche gesehnt? — Leere Sentimentalität! Wohl war es Liebe, aber die Liebe zum Leben, eine kämpfende, ringende, tödliche Liebe. Eiche und Buche umschlangen sich zum Kampfe auf Leben und Tod. Und Wunder, die weiche Buche siegte, die Eiche starb ab und wird so von den Windungen der Buche getragen: Sind das nicht Bäume im Kampfe, wie Riesenschlange und Tiger, ist das nicht ein Wunder des Urwaldes? —

Wo aber der Baum seinen Platz erobert hat, da hält er mit seinen Kameraden getreue Nachbarschaft. In Gemeinschaft trotzen sie den Stürmen, in Gemeinschaft schützen sie sich vor Frost und Hitze und bilden jene höchst malerischen Gruppen, an denen, wie gesagt, der Urwald so reich ist, daß ihn das schöpferische Genie des größten Landschaftsmalers beneiden möchte.

Nur zu einigen der bekanntesten Partien möchte ich den Leser führen. Treten wir zunächst vor die im schweizerischen Stile erbaute Jagdhütte. Vor derselben befindet sich ein freier Platz, den ein Dutzend der prächtigsten Eichen umstehen und mit ihren mächtigen Stämmen eine Säulenhalle bilden, die an Großartigkeit ihres Gleichen sucht. Im Schatten des grünen Laubgewölbes können wir uns hier auf weichem Rasen- und Moosteppich niederlassen, oder uns auch auf umfangreiche Eichenklötze setzen, die hier als Natursessel aufgerichtet sind.

Nahe der Forsthütte ist auch die sog. „Hirschtränke", ein kleines, stehendes Wasser, um welches sich einige alte und junge Eichen malerisch gruppieren und einen köstlichen Blick in das Waldesdunkel eröffnen.

Gehen wir tiefer in den Wald, so treffen wir eine Partie, die „Eulen- oder Wolfsschlucht" genannt. Eine gewaltige, schwarze Buche, wirr durcheinander gewachsene Eichen, dichtes Hülsengestrüpp und mannshohe Farnkräuter vereinigen sich hier zu einer wildromantischen Scenerie, die vor allem im Halbdunkel und bei düstrer Beleuchtung von unheimlicher Wirkung ist.

Wir streifen weiter. Hier steht eine aus rohen Aesten gezimmerte Naturbank unter dem breiten Schirmdache einer großen Buche. Setzen wir uns und schauen gerade aus. Bildet diese Gruppe vor uns nicht einen erhabenen Dom mit drei Schiffen, einem Haupt- und zwei Nebenschiffen? Siehe dort im Hintergrunde die halb abgestorbene Eiche, von grünem Epheu umwunden, predigt sie nicht von Sonnenschein und Sturm, von Abend- und Morgenrot, vom Sterben der Natur im Herbst, wenn der Wald sein falbes Trauergewand anlegt, und vom Auferstehen im Frühling, wenn frisches, lebendiges Grün die Knospen sprengt, der Himmel tiefblau durch die Zweige lugt und die Sonnenlichter goldig und wonnig durch die säuselnden Blätter blitzen? — Wäre ich im stande, das

Grün in allen seinen Nüancen, vom feinsten Hell bis zum gesättigten Dunkel, zu malen, könnte ich das Licht in allen Farbentönen durch die Laubfenster spielen lassen, könnte ich wie der Sturm diesen Waldesdom mit Brausen erfüllen, gleich Orgelton und Glockenklang! — Ich kann es nicht; nur das schönste aller Mendelssohnschen Lieder möchte ich anstimmen:

> Wer hat dich, du schöner Wald,
> Aufgebaut so hoch da droben?
> Wohl den Meister will ich loben,
> So lang noch mein Stimm' erschallt!
> Lebe wohl, schirm' dich Gott,
> Du deutscher Wald!

Das Gold der Abendsonne blinkt schon mit rötlichem Scheine durch die Zweige und Waldlichtungen. Während wir auf schlängelndem Pfade den Heimweg antreten, um im Hotel Hornbüssel in Bockhorn, oder — wenn wir die entgegengesetzte Richtung einschlagen — im neuen Posthause zu Neuenburg eine freundliche Herberge zu finden, sollen uns einige Urwaldsagen den Weg verkürzen.

Zunächst drängt sich uns wohl die Frage auf, wie es kommen möge, daß der Urwald erst in jüngster Zeit solchen Ruf erlangt hat. Nun, einmal liegt er zu versteckt, fern der großen Völkerheerstraße, sodann ist aber seine Schönheit nicht der Art, daß sie sofort jedem sich aufdrängt. Es sind nicht einzelne Exemplare von Riesenbäumen, die unsere Bewunderung herausfordern, deren auch der weniger Gebildete fähig ist, sondern das künstlerische Ensemble will gewürdigt sein, und dazu bedurfte es zunächst künstlerisch angelegter Naturen, oder wenigstens solcher, die über die erste Stufe des bloß sinnlichen Naturgenusses hinaus sind. Deshalb mußte der Urwald von den Landschaftsmalern erst förmlich entdeckt werden, ehe auch die große Menge oberflächlicher Beobachter sich seiner Schönheit bewußt werden konnte.

Man erzählt, der Großherzog von Oldenburg habe in Weimar in einer Gemäldeausstellung ein Bild aus dem Urwalde von Preller gesehen und ganz erstaunt gefragt, wo ein solcher Urwald sei. „Königliche Hoheit, in Ihrem eigenen Lande, bei Bockhorn," war die überraschende Antwort. So wurde der Fürst in der Ferne durch eine Entdeckung in seinem eigenen Lande bereichert. Wieder zu Hause angekommen, eilte der Großherzog natürlich, sich von der Thatsache durch den Augenschein zu überzeugen. Er ließ bald die oben genannte Waldhütte bauen und bringt von der Zeit an jedes Jahr mit seiner Familie wenigstens einen Tag im Urwalde zu.

Alljährlich um Pfingsten strömen von nah und fern, von Jever, Varel, Oldenburg und Bremen, Scharen von Besuchern heran, und Gesangvereine lassen im hohen Waldesdom ihre deutschen Lieder erschallen. Die Eisenbahn führt sie bis Ellenserdamm, und von da aus ist Bockhorn bald erreicht.

Der Urwald ist reich an Sagen. So wird über die Entstehung des Waldes folgendes erzählt:

Tausend Jahre mag es her sein, da lebte im Neuenburger Schloß ein Graf, ein gewaltiger Jäger vor dem Herrn. Eines Tages, als er, der Jagdlust fröhnend, ein Reh verfolgte, blieben seine Ritter und Knappen hinter ihm zurück. Wo jetzt die „Jungfernbrücke" ist, konnte das Reh nicht weiter, ermattet und traurig, wie um sein Leben flehend, blickte es den Grafen an. Dieser aber holte schon mit seinem Speer zum tödlichen Wurfe aus, aber siehe da, das Reh ist im Nu verschwunden und an seiner Stelle steht ein Weib in schneeweißem Gewande, schön wie die Sonne. Lange, goldene Haare flossen über den weißen Nacken, und große, himmelblaue Augen schauten den Grafen so treuherzig und bezaubernd an, daß der Speer seiner Hand entsank. In sich gekehrt, träumend und weltvergessend fanden ihn bald die Ritter und Knappen; aber die weiße Frau war verschwunden und nirgends zu finden.

Traurig ritt der Graf heim, aß, trank und schlief nicht, brachte aber die ganzen Tage bei der Brücke zu, wo er vergebens auf das Wiedererscheinen der weißen Frau wartete.

Endlich verschrieb er sich mit Leib und Seele dem — Teufel, der ihm dafür die weiße Frau zum Weibe verschaffte. Nur zwei Jahre sollte die glückliche Ehe, der auch ein Prinz entsproß, dauern; alsdann wollte der Teufel, wie es in dem Höllenpakt in aller Form und rechtskräftig stipuliert war, den Grafen holen. Als die Frist verstrichen war, stellte sich auch pünktlich, um Mitternacht, der Höllenfürst ein und packte den Grafen am Genick, um mit ihm zur Hölle zu fahren. Vergebens schrien Mutter und Kind, vergebens bat der Graf, ihm nur noch zu einer Aussaat und Ernte Zeit zu geben, erst als auch die Gräfin, die nicht von ihrem geliebten Manne lassen wollte, sich dem Bösen förmlich verschrieb, gewährte er die erbetene Frist.

Aber was half ihnen das! Näher und näher rückte der verhängnisvolle Tag. Traurig und ratlos schlich der Graf umher.

Da begab es sich eines Tags, daß er auf dem Felde einen pflügenden Bauer antraf.

„Was willst Du dort säen?" fragte der Graf.

„Eicheln," antwortete der Bauer.

„Was?" sagte der Graf; „wann gedenkst Du denn davon zu ernten?"

„Ja, sehen Sie, Herr Graf," erwiderte der Bauer, „ich für meine Person habe zwar genug, aber ich muß auch für meine Kinder und Kindeskinder sorgen. Wenn nun zu einer Bauernstelle ein ordentlicher Busch gehört, dann ist der Grunderbe geborgen. Handelt es sich dann um die Abfindung der abgehenden Kinder, so wird nur eine Partie Eichen umgeschlagen und verkauft, und die Summe ist zur Stelle, ohne daß der Grunderbe etwas davon merkt. Darum sä't ein rechter Bauer, der für seine Stelle sorgt, Eicheln."

Köstlich! dachte der Graf; was man nicht alles von einem Bauern lernen kann! Jetzt werde ich schon mit dem Bösen fertig werden!

Andern Tags mußten alle Bauern sämtliche gräfliche Ländereien im Hofdienst umpflügen und mit Eicheln besä'n.

Als nun am bestimmten Tage der Schwarze wieder kam, um den Grafen und seine Frau beim Worte zu nehmen, lachte ihm dieser ins Gesicht und sagte: „Oho, so haben wir nicht gewettet! Ich habe nur Eicheln ausgesä't und die sind erst eben aufgekommen und noch lange nicht reif."

Verblüfft stand der betrogene Teufel da und ergab sich in die Rolle des Fuchses, dem die Trauben zu hoch hangen.

„An einem Grafen ist mir nichts gelegen," polterte er. „Ich habe von der Sorte bereits genug in der Hölle. Geh denn meinetwegen frei aus, Deine schöne Frau wird Dir die Hölle schon heiß genug machen."

Fort sauste er, durch die Luft, und ein langer Feuerstreifen, gleich einem Kometenschweife, folgte ihm. Der Graf lebte mit seiner holdseligen Frau noch manches Jahr froh und glücklich im Neuenburger Busch, den er gesä't hatte. Als sie endlich starben, konnten sie weder in den Himmel noch in die Hölle kommen, und müssen nun so lange im Walde umgehn, als er steht. Wohl mancher hat nachts im Mondenschein die weiße Frau bei der Jungfernbrücke gesehn, und den Grafen kann man in stürmischer Nacht als wilden Jäger durch den Wald jagen hören. Das kommt alles davon, wenn man einer weißen Frau zu tief ins Auge schaut.

Eine wunderliche Verschmelzung unheimlichen Urwaldspuks und derben Volkshumors ist folgende Sage.

Von Bockhorn nach Neuenburg führt ein einsamer Waldpfad. Geht man diesem Wege nach, so kommt man bald an eine Brücke, wo es nicht ganz geheuer ist. In mondhellen Nächten tanzen hier die Waldjungfrauen, und die Brücke heißt deshalb die Jungfern= brücke. Nun geschah es einmal, daß um Mitternacht ein vorwitziger Bursche, soeben von einem fröhlichen Gelage kommend, des Weges wanderte. In übermütiger Weinlaune untersängt er sich, die Nymphen zu necken und heraus zu fordern. „Heraus, ihr Jung= fern," ruft er, „euer Waldgott ist hier!" — Keine Nymphe er= scheint; da untersteht er sich gar zu pfeifen, daß es laut durch den Wald gellt. Auf einmal erhebt sich ein unheimliches Brausen in den Eichenwipfeln, drei Nymphen, in weiße Nebelschleier gehüllt, umkreisen ihn, ziehen auch ihn in den schwindelnden Wirbel des Tanzes, versetzen ihm endlich eine derbe Ohrfeige und verschwinden darauf kichernd im Gebüsch. Dem Burschen gruselt's, und ohne zu wissen wohin, wankt er fort. Aber wunderbar, alles erscheint ihm jetzt verdreht und vertauscht. Wenn er der Nase nachgehen will, so strauchelt er, bald wollen die Beine, bald will der Kopf nicht mit. Auf gut Glück geht er vorwärts, bis er endlich er= staunt wieder vor dem noch erhellten Wirtshause anlangt, das er vor einer Weile verlassen hat. Mit vieler Mühe findet er die Treppe hinauf in die Gaststube, wo seine lustigen Genossen noch zechend um den Tisch sitzen. Als sie ihn erblicken, fahren sie er= schrocken zurück; denn sein Kopf sitzt verkehrt auf dem Rumpfe, das Gesicht rückwärts gewandt. Nachdem sich der erste Schreck gelegt, dringen sie mit Fragen in ihn, und er erzählt sein Aben= teuer. Nun ist guter Rat teuer. Endlich, nach langem Beraten und Sinnen, kommt einer auf den Einfall, der Arme müsse da Heilung suchen, wo er den Schaden geholt. Zwar sträubt sich anfangs der Unglückliche, den Weg nach der Brücke noch einmal zu machen, nach vielem Zureden faßt er sich jedoch ein Herz und geht fort. Bei der Brücke angekommen, ruft er mit verstellter Stimme dieselben Worte wie vorhin. Nicht lange währt's und die Jungfrauen umschweben ihn wieder, reißen ihn in ihren Wirbel, daß ihm Hören und Sehen vergeht, versetzen ihm schließlich eine Ohrfeige und schlagen sich mit Lachen seitwärts in die Büsche.

Wunderbar erleichtert, wenn auch mit singenden Ohren, kommt der Bursche zu seinen Kumpanen zurück, die ihn mit lautem Jubel umringen; denn die nochmalige Ohrfeige hatte alles wieder ins Gleiche gebracht, die Nase saß ihm wieder nach vorn gewandt, und der Zopf, der Zopf er hing ihm hinten.

## Zweiter Abschnitt.

# Das Moor.

# I. Kapitel.

## Ein Gang durchs Moor,
## von Oldenburg nach dem Saterlande.

### I.

Wenn der Leser meiner Einladung zu einem Spaziergange durchs Moor folgen will, so rate ich ihm, sich auf festen Fuß zu stellen, da unser Weg manchmal durch Strecken führt, wo an ein Reisen mit der Post oder dem Omnibus kein Gedanke ist, ja wo der Boden unsere eigene Last oft kaum zu tragen vermag. Zwar mancher Bequemlichkeit werden wir entsagen müssen, dafür aber auch manche uns neue, interessante Beobachtung machen.

Frühmorgens marschieren wir zum Thor hinaus, auf den Wildenloh zu. Dieser Wald liegt auf einer Sandbüne mitten im Wildenlohs-Moor, südwestlich von Oldenburg. Wollten wir hier einen kleinen Abstecher nach rechts machen, so könnten wir gleich eine Moorkolonie, Petersfehn, in Augenschein nehmen, von welcher die Residenz einen großen Teil ihres Torfbedarfs bezieht. Doch unser Ziel liegt ferner.

Wir treten in den Wildenloh ein, dessen Name nichts mit der altdeutschen Wahrsagerin Velleda zu thun hat, die hier ihren Sitz gehabt haben soll, sondern der einfach so viel bedeutet als: wilder Wald. Früher war dieses Gehölz viel größer; es erstreckte sich nach allen Seiten ins Moor hinein, bis zum Wehner Wold, wie noch die vielen Baumstämme beweisen, die man hier überall aus dem Moore gräbt. Der Wildenloh ist kein schönes Gehölz; es besteht vorzugsweise aus Eichen, Buchen und Föhren und hat keine alte und dicke Bäume aufzuweisen. In einer halben Stunde marschieren wir bequem hindurch.

Nun kommen wir auf einen aufgefahrenen Sandweg, der geradeswegs durchs Moor nach dem Dorfe Jeddeloh führt. Zu beiden Seiten des Wegs haben wir Kolonistenwohnungen. In weiter Ferne sehen wir die Jeddeloher Windmühle, die wir in einer kleinen Stunde erreichen. Jeddeloh liegt ebenfalls auf einer hohen Sanddüne im Moor. Bald erreichen wir auch das große ammersche Kirchdorf Edewecht. Es liegt lang ausgestreckt um ein hohes, waldumkränztes Ackerfeld, zwischen der Aue und Vehne, die zum Gebiete der Ems gehören. An der Vehne sind Schiffs= werfte, auf denen kleine Schiffe (Galiots ꝛc.) von 40 bis 80 Last gebaut werden. Es ist schwierig, diese Fahrzeuge nach der weit entfernten Ems zu schaffen. Die Vehne und Aue sind nämlich nicht viel mehr als Bäche. Aber im Frühjahr schwellen sie hoch an, bis an den Uferrand und darüber hinaus. Alsdann läßt man die Schiffe vom Stapel. Ist das Wasser aber nicht hoch genug, so staut man es an mehreren Stellen durch Dämme und Wehre auf und bringt alsdann die Fahrzeuge von Wehr zu Wehr weiter, bis dahin, wo der Wasserstand ein ferneres Aufstauen überflüssig macht.

Nun haben wir die Wahl. Wir können nach Zwischenahn, mitten ins schöne Ammerland hinein reisen, oder durch das weite Vehn=Moor nach dem berühmten und berüchtigten Saterlande. Wählen wir die letztere Reiseroute, sie wird uns mitten durchs Hochmoor führen. Meine Leser haben gewiß schon vieles vom Hochmoor gehört, jetzt sollen sie es im Geiste sehen.

Wenn wir aus Edewecht herauskommen, wird das Land immer niedriger und feuchter. Aecker und Wiesen hören auf, in niedrigen Moorwiesen wächst nur noch Erlengestrüpp. Allmählich wird aber das Moor höher, wir steigen unmerklich zum Plateau des Hochmoores hinan. So weit wir sehen, nichts als schwarzes Moor und Moor. Stundenweit dehnt es sich aus nach allen Richtungen. Nur am äußersten Rande gewahren wir in unbe= stimmten, verschwimmenden Umrissen meilenweit entfernte Gebüsche und Dörfer. Gerade vor uns sehen wir den Turm von Altenoythe. Wie eine Nadelspitze zeigt sich rechts der Turm von Scharrel im Saterlande. Hochmoor rechts und links, vor und hinter uns. Kein Haus, kein wildwachsender Baum, kein Strauch, nur kümmerliches Heidekraut, hin und wieder Binsen und harte Gräser, auch manch= mal eine Fläche, die von allem Pflanzenwuchse entblößt ist, so daß uns das nackte, braune Moor mumienhaft anschaut. Ja, eine Leiche, eine Jahrtausende alte Mumie ist das Hochmoor: öde, unfruchtbar, unheimlich, melancholisch. Kein Vogel mag hier singen und nisten. Nur der klagende Ruf des Moorhuhns dringt durch die totenstille Oede. Selbst das Wild scheut diese unwohnliche Stätte. Nicht einmal ein Frosch vermag in den braunen, schmutzigen Wasserlachen zu leben. Hier hört alles Leben, wenigstens alle Lebenslust auf.

Der Wanderer hüte sich, vor allem in der Nacht, vom gebahnten Wege abzugehen. Es giebt Stellen im Moor, wo eine grüne, dünne Moosdecke einen bodenlosen Morast trügerisch überzieht. Wenn du hinüberschreiten willst, so öffnet sich der schwarze Schlund, du sinkst hinab, wie von dunkeln Mächten gezogen, und der Moorschlamm schließt sich für immer über deinem Haupte. Dann wirst du selbst zur Mumie wie das Moor und kommst vielleicht erst nach Jahrhunderten wieder ans Tageslicht, wenn ein Torfgräber zufällig auf deine Gebeine stößt. Es sind öfter Menschen im Moore spurlos verschwunden. Man hat wiederholt teilweise wohlerhaltene, aber braun gefärbte Leichen im Moore gefunden, die nach den Ueberresten der Kleidung und andern Sachen zu urteilen, längst vergangenen Zeiten angehörten. Das Moor hält fest, was hineingerät, verschließt es hermetisch, durchdringt es mit seiner bituminösen Feuchtigkeit und konserviert es wunderbar. Daher findet man auch allerlei Tiere, Pflanzen, Geräte, Münzen, Kunstsachen, z. B. Korallen, Schnüre, Ringe, Schwerter, Schilder, auch Bernstein und viele andere Sachen und wohlerhaltene Kuriositäten im Moore, die vielleicht schon Jahrtausende da gelegen haben mögen. Sie sind mit Erdharzen geschwängert, mit Pflanzenlauge gegerbt und einförmig braun gefärbt. So fand man im Ipweger Moor, nordöstlich von Oldenburg, 2 m (7 Fuß) tief, das Geweih des Elen. Dieses Tier, das jetzt bekanntlich nur noch im äußersten Norden lebt, muß also früher auch bei uns heimisch gewesen sein.

Das Moor, auf dem wir wandern, ist eins der großen nordwestdeutschen Moore. Es erstreckt sich von der Hunte und Haaren westlich bis an die Ems in Ostfriesland und weiter, in einer Ausdehnung, die im Oldenburger Lande acht geographische Meilen beträgt und umfaßt, soweit es zu Oldenburg gehört, einen Flächenraum von mindestens 40 Quadratmeilen. Auf dem sandigen, stellenweis lehmigen Urboden lagert die Moorschicht in verschiedener Mächtigkeit von $1/8$ Meter bis zu zwölf und darüber. Das niedrige Moor nennt man „Leegmoor" („leeg" heißt niedrig), das hohe — wie gesagt — Hochmoor.

Es drängt sich uns hier unwillkürlich die Frage auf: Wie ist das Moor entstanden? — Das Moor ruht, wie schon bemerkt, auf sandigem Urboden, der dieselbe Beschaffenheit hat wie unsere jetzige Geest. Früher, vor undenklichen Jahren, war dieser Untergrund unbedeckt und trocken, wie die vielen Baumstämme, die sog. „Keenstubben" beweisen, die man aus dem Moore gräbt und die im Urboden wurzeln, also auch hier gewachsen sein müssen. Der niedrige Untergrund des Moores war also früher Waldung, die namentlich aus Föhren bestand. Diese Wälder sind darauf untergegangen; die Stämme liegen entwurzelt oder abgebrochen hingestreckt, in der Richtung von Nordwest nach Südost. Man hat nicht nötig, zu ihrem Sturze Sturmfluten und Stürme heraufzubeschwören. Der Untergang konnte ganz allmählich geschehen. Denn so wie das Moor nach und nach höher an den Bäumen hinaufwuchs, mußten diese endlich verdorren und wurden nun von nordwestlichen Winden, den herrschenden in Norddeutschland, umgeworfen und in der angegebenen Richtung hingestreckt.

In der feuchten, manchmal sumpfigen Niederung ging nun die Moorbildung ruhig weiter. Ohne eine mit stehendem Wasser gefüllte Niederung oder Mulde ist keine Torfbildung möglich. Der Torf besteht eben aus solchen halbvermoderten Pflanzen, die nur im Sumpfe wachsen können. Das zeigt uns schon eine nur flüchtige Betrachtung der braunen, schmierigen Moorchokolade oder der trocknen Torfsoben. Wir können auch noch heutigen Tages die Moorbildung in den Moorlachen im kleinen beobachten.

Es bilden sich nämlich in stehendem Wasser zuerst schleimige, grüne Fäden, die sog. Wasserfäden oder Algen und Konferven. Diese sterben ab, sinken nieder, vermodern, häufen sich und machen die erste Moorlage aus. Da die Vermehrung dieser Pflanzen, die weiter nichts als eine Aneinanderreihung von Zellen sind, sehr schnell vor sich geht, so ist bald das träge Gewässer in einen Sumpf, in die bekannte schwarze Moorsuppe verwandelt. Nach und nach siedeln sich nun auch andere Wasserpflanzen an, Binsen, Riedgräser, Wollgras, die reizenden Teichrosen, Moose u. s. w. Namentlich das Torfmoos (Sphagnum), dessen lange Wurzeln in die Tiefe dringen, ist für die Moorbildung außerordentlich wichtig, da es in jedem Herbste unten abstirbt, in jedem Frühjahre aber wieder neue Schüsse treibt und dichte Filze und Moospolster bildet. Jahr für Jahr entsteht aus den abgestorbenen Teilen eine neue Moorschicht, eine über der andern, bis der Sumpf endlich eine feste Decke bekommt. Auf dieser können nun auch schon andere Pflanzen Fuß fassen, namentlich holzige, wie die Moosbeere (Vaccinium oxycoccos), der Porst (Ledum palustre) und die Heide (Erica vulgaris und E. tetralix). Das Moor wird nun von Jahr zu Jahr trockner, wächst aber, weil es wie ein großer Schwamm stets

Feuchtigkeit hält, noch immer höher. Eine Pflanzengeneration ersteht aus dem Grabe der andern. Tief unten findet man noch die Mumien der abgestorbenen, wie z. B. Stengel und Blätter der Teichrosen.

In der That, das Moor ist ein riesiges Herbarium, in dem nicht bloß Moose und Gräser, sondern auch gewaltige Bäume wohl konserviert sind. Die oberen Lagen pressen die unteren zusammen, so daß die Torfmasse unten dicht und dunkel, fast verkohlt und schwarz wird, nach oben zu immer loser und heller, in der Mitte bräunlich, oben weißlich aussieht. Wie viele Jahrhunderte mögen vergangen sein, bis sich diese gewaltigen Torflager bildeten!

Nach etwa drei Stunden sind wir durchs Hochmoor nach Friesoythe gelangt, ein kleines, abgelegenes, totes Landstädtchen an der Soeste, mit etwa tausend Einwohnern. Es ist einer der älteren Orte des Herzogtums Oldenburg und war früher eine Burg der tecklenburgischen Grafen. Wie das Kirchdorf Altenoythe liegt es auf einer Sandinsel im Moore. Die Gegend um Altenoythe hat einen sehr ärmlichen Charakter. Der Boden ist steril und steinig. Die Häuser haben Lehmwände mit kleinen, aus vier blinden Scheiben bestehenden Fenstern, die aber nicht geöffnet werden können. Stellenweise ist auch nur eine kleine Glasscheibe in die Lehmwand geklebt. In Altenoythe selbst sieht man schon wieder anständige Bauernhäuser, von grünem Eichengebüsch umgeben. Das Dorf liegt versteckt mitten im Gebüsch, am Abhange eines hohen Ackerfeldes. Die Kirche ist alt, im friesischen Stil gebaut, wie die Kirchen im Butjadinger- und Jeverlande. Das Chor ist auch, wie bei den friesischen Kirchen, ein besonderer Anbau, nur auffallender Weise höher und breiter als die übrige Kirche, während es bei den friesischen Kirchen bekanntlich stets niedriger und schmaler ist.

Die hohen Kruzifixe, welche von Zeit zu Zeit unter Eichbäumen am Wege stehen, sagen uns, daß wir bereits in katholischem Lande sind. Hin und wieder treffen wir auch kleine, offene Kapellen, in die man hineintreten kann, und in deren Hintergrunde gewöhnlich eine bunt angemalte und stark vergoldete Himmelskönigin mit dem Jesuskinde steht, auch wohl daneben ein Kruzifix und die Apostel Petrus und Johannes. Der Mutter Gottes ist häufig ein vergilbter Kranz von Kornblumen oder Buchsbaum oder auch von gemachten Blumen und Blättern um die Krone geschlungen; auch zu ihren Füßen sieht man verwelkte Blumen und Kränze. Dasselbe wiederholt sich durch das ganze Münster- und Saterland. Zum Teil sind die Bilder der Art, daß sie den ästhetischen Sinn aufs empfindlichste beleidigen. Die Glieder sind plump und ohne Ebenmaß, die Gesichter ausdruckslos, roh und stupide; schmutzige oder grellrote Flecke bezeichnen die Wundenmale des Heilands; manchmal sind sogar einzelne Gliedmaßen zerbrochen, so daß nur noch ein verstümmelter Rumpf am Pfahle hängt. Und unter einem solchen „holten Heergott" — wie die Münsterländer sich ausdrücken — fand ich die Inschrift: „Hebt das Herz zu Gott empor!" — Gewiß viel verlangt, aber bekanntlich sind gerade die häßlichsten Muttergottesbilder häufig die wirksamsten und wunderkräftigsten.

## II.

Von Friesoythe haben wir noch einen dreistündigen Marsch bis nach Scharrel im Saterlande zu machen. Dieses würde unzugänglich sein, wenn nicht ein aufgefahrener Sandweg dahin führte. Wohin wir blicken, nur Moor und Moor, auf dem wir weiter nichts gewahren, als hin und wieder Buchweizenäcker und schwarze Torfhaufen. Nach Norden hin nimmt es gar kein Ende, nur im Süden und Südwesten sehen wir aus weiter Ferne dunkle Gebüsche herschimmern. Es sind die Anhöhen des Hümling im Hannoverschen. Den Turm von Scharrel sehen wir immer vor uns, aber in so weiter, nebeliger Ferne, als ob er noch eine Tagereise entfernt wäre. Links vom Wege ab, ungefähr in der Mitte desselben, liegt Neuscharrel. Endlich liegt es uns gegenüber; nun aber können wir gehen und gehen, der Turm scheint immer mit uns zu wandern. Das Moor will kein Ende nehmen. Es ist zum Melancholischwerden! Endlich gewahren wir eine Sanddüne mitten im Moore, wie eine Insel im Meere. „Land!" rufen wir. Die Düne ist mit kümmerlicher Heide bewachsen; eine kleine Strecke weiter liegt wieder eine, noch weiter hinein eine dritte. So reiht sich hier Düne an Düne. Es ist eine Dünenkette, die hier wie ein Vorgebirge ins Moor herein ragt. Wir sind wirklich am Vorgebirge des Saterlandes angelangt. Aber wir sind noch lange nicht am Ziele. Es ist, als ob der Turm von Scharrel immer weiter hinausrückte, wie ein Schiff, das man in Sicht hat und das immer tiefer unter den Horizont kriecht. In der That erinnert das Moor immer wieder an das Meer. Sein Anblick weckt dasselbe Gefühl der Unendlichkeit. Oede wie die endlose Wasserwüste ist das Moor. Ist es doch auch nur ein festgewordenes Meer. — Dort windet sich am Fuße der Dünen in vielen Biegungen ein kleines Flüßchen hin. Das ist die Sater Ems, die mitten durchs Saterland fließt, sich in Ostfriesland mit der Jümme zur Leda vereinigt und endlich in die Ems mündet.

Die Ufer der Sater Ems sind hier von schmalen, grünen Wiesen eingefaßt. Wenn es auch nur harte, bläulichgrüne Ried=gräser sind, die hier wachsen, so erfreuen sie doch das Auge durch ein erfrischendes Grün, während sonst rings um uns her nur braune Heide wächst. Endlich nähern wir uns einem Gebüsch. Wir bemerken Häuser — ein Dorf! Zunächst treffen wir eine Erdhütte, eine Kolonistenwohnung. Sie besteht aus weiter nichts, als aus schräg auf die Erde gestellten Pfählen oder Sparren, die nach innen mit Strauchwerk und Stroh bekleidet, nach außen mit schwarzen Moorschollen bedeckt sind. Im Innern ist alles ein zusammenhangender Raum, nur an der Seite sind aus rohen Baumästen ein paar Schlafräume abgekleidet, vielleicht auch ein Stallraum für ein Schaf, wenn die Bewohner eins besitzen. Einer Tenne bedarf es nicht, die weiche, trockne Fläche des Moores bildet sie. Im Hintergrunde bemerken wir einen Sandhaufen, oder ein Viereck von Steinen: das ist der Herd. Ein kleiner, roher Tisch, einige Binsenstühle, ein paar Töpfe, einige hölzerne oder thönerne Eßgeschirre, Hacke, Spaten und Schiebkarre, das ist das ganze Mobiliar der Moorkolonisten. Unter die Tisch= und Stuhlbeine sind Bretter genagelt, damit sie nicht in den weichen Moorboden einsinken. Zerlumpte Kleider, verschiedene kleine Werkzeuge und Habseligkeiten hangen an den Auswüchsen der Sparren. Das ist die erste Wohnung eines Ansiedlers im Moore. So mögen unsere alten Vorfahren, die Chauken, gewohnt haben.

Die Moorkolonisten leben fast ganz vom Kartoffel= und Buch=weizenbau, wozu ihnen ein wenig Land angewiesen ist. Daß eine solche Existenz eine sehr ärmliche und unsichere sein muß, leuchtet ein, wenn man bedenkt, wie ungewiß, von der Gunst oder Ungunst der Witterung abhängig, der Buchweizen= und Kartoffelbau sind. Es ist hier wohl der passende Ort, etwas näher auf den Buch=weizenbau einzugehen.

Zur allgemeinen Einführung des Buchweizenbaus gab ein Prediger, Anton Bolenius, den ersten Anstoß. Er kam ums Jahr 1707 aus Holland nach einem Dorfe Ostfrieslands. In Holland hatte er den Buchweizenbau kennen gelernt. Er ließ nun einen Holländer kommen, um seinen Pfarrkindern Anweisung in der Buchweizenkultur zu geben. Von hier aus verbreitete sich alsdann die Kenntnis des neuen Erwerbszweiges nach allen Seiten, auch bis in unser Land. Ob aber dieser „Buchweizenpastor" sich ein so unsterbliches Verdienst um die Moorkolonisten erworben habe, wie manche glauben, möchten wir sehr bezweifeln. —

Das Moor, auf welchem Buchweizen gebaut werden soll, muß

zunächst entwässert werden. Dies geschieht dadurch, daß man kleine Gräben, sog. Grüppen, durch das Moor zieht. Diese Arbeit beginnt schon im Herbste und wird während des Winters fortgesetzt, wenn eine gelinde Witterung es zuläßt. Die Grüppen sind etwa sechs Schritt von einander entfernt, 60 bis 90 cm (2 bis 3 Fuß) breit und 45 bis 60 cm (1 1/2 bis 2 Fuß) tief. Die herausgegrabene Moorerde wirft man zu beiden Seiten. Auf diese Weise entstehen lange, schmale Aecker, die hin und wieder noch von Quergrüppen durchschnitten werden, so daß alle Abzugsgräben in Verbindung stehen. Nun nimmt der „Moorker", so heißt der Moorbewohner, eine Hacke, haut damit in den Boden und reißt mit einem Rucke große Moorschollen um, die unordentlich durcheinander gewürfelt den Winter über liegen bleiben und durchfrieren, so daß sie mürbe und locker werden. Im nächsten Frühjahre werden die Grüppen nachgesehen und aufgeräumt und auch die Schollen wieder aufgekratzt, damit sie locker liegen. Im zweiten Jahre ist jedoch das Hacken überflüssig; es bedarf alsdann nur einer Auflockerung des Bodens vermittelst eines Krabbers, d. i. eine aus vier langen Eisenzinken bestehende Hacke. Die Schollen werden im April oder Mai zum Trocknen zu kleinen Haufen aneinander gestellt. Sind sie genügend abgetrocknet, so beginnt das Moorbrennen. Die Haufen werden angezündet und die brennenden Schollen gegen den Wind auf dem Acker überall umhergeworfen, damit auch die auf dem Boden liegenden Stücke sich entzünden. Beim Brennen hat der Moorker schwere, dicke Holzschuhe an und eine langgestielte, alte, durchlöcherte Pfannkuchenpfanne in der Hand, mit welcher er die glimmenden, schmauchenden Moorklöße auflockert und gegen den Wind wirft. So steht er mitten im dicken Rauch. Nicht bloß Männer, sondern auch Frauen und Kinder verrichten dies Geschäft. Wohl gehört eine urgesunde Brust dazu! Die Thränen laufen dem Moorbrenner fortwährend über die Backen, und manchmal schrickt er, das Gesicht verziehend, in die Höhe, weil ihm ein Funke auf die Hand fiel, oder gar durch Strümpfe und Hosen brannte. Aber alles dies läßt er sich nicht verdrießen. Ueberall ist er bemüht, die Verbreitung des Feuers über die angrenzenden Heidefelder zu verhindern, die Schollen auseinander zu werfen und das Feuer gleichmäßig über den Acker zu verbreiten.

Es kommt nicht darauf an, daß das Feuer in Flammen auflodere, vielmehr ist es besser, wenn es gelinde brennend und schmauchend fortschreitet. Daher dürfen die Schollen auch nicht allzu trocken werden, damit sie nicht vollständig verbrennen, sondern nur anbrennen. Durch die Hitze wird eine Zersetzung des Bodens bewirkt und demselben die überflüssige Humussäure, die das Wachstum hindert und die im Moorboden im Uebermaß vorhanden ist, entzogen. Darin eben besteht größtenteils die befruchtende Wirkung des Brennens; die Asche allein thut's nicht.

Bei anhaltender Dürre im Frühlinge kann das Moorbrennen gefährlich werden. Das Feuer brennt nämlich immer tiefer ins Moor hinein, so daß es nicht gelöscht werden kann; es wird manchmal vom Winde fortgeweht und verursacht alsdann große Heide= und Waldbrände, ähnlich den Steppen= und Prärieränden.

Der von den nordwestdeutschen Mooren zur Zeit des Brennens aufsteigende Qualm bildet eine ungeheure Rauchwolke, die sich dann über eine weite Länderstrecke verbreitet, über Holland, das mittlere und südliche Deutschland, bis in die Schweiz hinein. Der Moorrauch ist somit eine wahre Landplage, und man hat alle Ursache, ihn zu verwünschen, weil er uns die schönsten, sonnigsten Tage des Frühlings verdirbt. Welch einen brandigen, moderigen Geruch verbreitet er! In welch dichten, undurchdringlichen Nebel hüllt er Himmel und Erde! Die Sonne vermag ihn kaum zu durchbrechen; wie eine blutrote Scheibe steht sie am Himmel. Alle Gegenstände erscheinen in einer gelbrötlichen Färbung, wie wenn man durch ein ähnlich gefärbtes Glas schaut. Unsere Brust atmet beklommen, unsere Stimmung ist niedergedrückt. „Ganz Deutschland merkt's, wenn uns're Moore brennen!" wie's in einem Liede heißt. Nur die muntere Lerche steigt trotz Qualm und Rauch zum Himmel empor und schmettert hoch aus heitrem Blau ihre Frühlings= und Freiheitshymne zur bedrückten Erde hernieder.

Daß man den Moorrauch in Süddeutschland „Höhenrauch" nennt, ist bekannt, desgleichen, daß ihn sogar Gelehrte für ein zersetztes Gewitter hielten u. s. w. Wir wissen besser, wo seine Heimat ist, weil wir das Vergnügen haben, seine Landsleute zu sein. Man hat dem Moorrauch viel Böses nachgesagt, z. B. daß er dem Pflanzenwuchse schädlich sei, daß er das Abfallen der Obstblüten verursache, daß er Regen und Gewitter zurückhalte u. s. w. Wir lassen es dahingestellt, was Wahres an diesen Beschuldigungen sei.

Ist das Feuer erloschen, so wird der Buchweizen gesät. Dies geschieht von Mitte Mai bis Mitte Juni. Ein Sprichwort sagt:

„St. Vit (Vitus = 15. Juni)
Is de beste Bokweetenseitied."

Auf neuem Lande wird der Same eingehackt, auf älterem, schon festeren Lande wird er mit einer kleinen Egge eingeeggt. Weil häufig der weiche, zitternde Moorboden kein Zugvieh tragen kann, so spannen sich Mann und Frau vor die Egge und verrichten einmütig, mit vorüber gebeugtem Oberkörper, die schwere Arbeit des Ziehens. Wahrlich, hier kann wohl von einem „Ehegespann" die Rede sein!

Die zarten, aufgegangenen Buchweizenpflanzen werden häufig von Nachtfrösten zerstört; alsdann sä't man, wenn die Zeit es gestattet, zum zweitenmal. Nach Johanni (Juni 24) sollte man aber nicht säen, weil sonst die Körner zu spät reif werden und nicht selten durch den Herbstregen leiden.

Wenn nun ein schöner, stiller, warmer Sommer folgt, so hat auch das Moor seine Poesie und zwar seine Buchweizenpoesie. Der Buchweizen ist in der That eine poetische Pflanze, mehr als jede andere Getreideart, und das ist kein Wunder, denn er ist ein geborner Orientale, soll zur Zeit der Kreuzzüge aus der Mongolei eingeführt sein; und die Orientalen sind bekanntlich sehr poetisch. Welch ein frisches, zartes Grün zaubert er mitten ins schwarze Moor! Wie hübsch geformt sind die Blätter, deren jedes einzelne ein Herz bildet! Wie glänzend und zartrötlich ist der 30—60 cm (1—2 Fuß) hohe, ästige Stengel! Und nun erst die zierliche Blüte, wie zart, weißrötlich, gleich einer verschämten Maid, sieht sie aus! Ein blühendes Buchweizenfeld im düstern, eintönigen Moor gleicht einem weißen, ausgebreiteten Tischtuche, und unwillkürlich fällt einem dabei das Frühlingslied von Wilh. Müller ein:

> „Wer hat die weißen Tücher
> Gebreitet über das Land,
> Die weißen, duftenden Tücher
> Mit ihrem grünen Rand?"

Und jede einzelne Blüte ist „ein Becher voll süßer Düfte Schaum," ein Kelch voller Honig. Die Zeit der Buchweizenblüte ist die Erntezeit der Bienenzüchter oder Imker, ebenso wie die Zeit der Rapsblüte es in der Marsch ist. Nahe beim Buchweizenfeld, in der Heide, hat der Imker seine Bienenkörbe in einer langen Reihe aufgestellt, entweder im Schutze eines alten Erdwalles, oder unter einem niedrigen, langen Schirmdache, einem sog. Bienenschelf, das aus Heide- und Moorsoden aufgebaut ist. Von hier aus fliegen die Bienen summend dem duftenden Buchweizenfelde zu. Wie ist alles so still ringsum! Die Luft zittert und flimmert im warmen Sonnenschein; „de Währkatten spält", sagt man auf Plattdeutsch. Man hört nichts als das Gesumm der Bienen und das Trillern und Wirbeln auf- und niederschwirrender Lerchen hoch in blauer Luft. Der Imker wandelt bedächtig vor seinen Bienen auf und ab und bläst blaue Rauchwolken aus seiner kurzen, braunen „Däfte" (Pfeife) gen Himmel, oder er lehnt an einer einsamen Birke und

„träumt von seinen Honigernten". Eine sonnigere, friedlichere Idylle vermag kein Dichter zu erfinden.

„Kein Klang der aufgeregten Zeit
Drang noch in diese Einsamkeit."  Th. Storm.

Auch die Buchweizenernte ist nicht ohne Poesie. War die Witterung günstig, so geht sie Anfang September vor sich, sonst aber später. Der Buchweizen wird mit der Sense oder Sichel geschnitten, oder — wenn er sehr kurz geblieben ist — mit der Hand ausgerauft. Dies geschieht schon, wenn die oberen Körner noch grün sind; denn wollte man warten, bis auch diese reif geworden, so würden die unteren und schwersten abfallen. Die Buchweizenschöfe werden nicht gebunden, weil sonst die Körner abgestreift würden, wohl aber in Hocken lose aneinander gesetzt. Das Dreschen des Buchweizens geschieht, wie das des Raps, gewöhnlich im Freien, auf dem Acker. Wollte man ihn vom Moore nach Hause fahren, so würden viele Körner unterwegs verloren gehn; auch erlaubt manchmal der weiche Moorboden nicht, daß man mit Pferden und Wagen darauf fährt, zumal wenn der Spätsommer und Herbst regnigt sind. Die Dreschtenne ist bald hergerichtet. Man reinigt nur mit einem Spaten den Boden von Stoppeln, ebnet ihn und drischt etwas Buchweizenspreu hinein. Die Schöfe werden nun aufrecht neben einander hingestellt und abgedroschen, die Körner auf einen großen Haufen zusammen geschoben und das Stroh an den Seiten aufgetürmt. Wie das Rapsdreschen in der Marsch, die Roggenernte auf der Geest und die Traubenlese am Rhein, so ist auch das Buchweizendreschen ein wahres Volksfest. Alt und jung, Männer, Frauen und Kinder ziehen alsdann ins Moor und dreschen vom frühen Morgen bis zum Sonnenuntergang. Dabei muß der Tag schön und sonnig sein; denn sonst gehen die Körner nicht vom Stroh. Die Flegel blitzen und tanzen in der Sonne, die Körner springen, das Stroh fliegt, der Schlag der Dreschflegel tönt dumpf übers stille Moor, daß es klingt wie: „De Bokweetenpuffer, de Bokweetenpuffer!" —

Immer größer wird der Buchweizenhaufen, immer höher türmt man das braune Stroh auf, so daß die Leute zuletzt hinter dem hohen Haufen wie hinter einer Schanze stehen. An diesem Tage bricht auch der ernste Moorbewohner sein gewohntes Schweigen. Munter wird dem Bier und der Branntweinflasche zugesprochen; die Frauen trinken einen „Sirups=Janever"; die Zunge löst sich, und durch das stille Moor ertönt fröhliches Lachen, Scherzen, Singen und Jauchzen. Auch für die Kinder ist dieser Tag ein Festtag. Entweder lesen („kluwen") sie die auf dem Lande liegen gebliebenen Halme auf, oder sie springen und wälzen sich lärmend und schreiend in den hohen Strohhausen. Fürwahr, seine schönsten Feste feiert das Volk bei der Arbeit! Hier wird die That zur Feier.

Der Ertrag des Buchweizens fällt sehr verschieden aus. Zuweilen erhält man nur die Einsaat wieder, manchmal trägt der Buchweizen aber auch zwanzig=, dreißig=, ja vierzigfältig. Ein plattdeutsches Sprichwort sagt: „De Bokweeten is en Slumpkorn, un wenn he gerat, so is't en Plumpkorn;" d. h. es ist ein Zufall, ein „Slump", daß der Buchweizen einschlägt, wenn er aber gerät, so wirft er ein Bedeutendes ab, er fällt, „plumpt" dann schwer in die Säcke und füllt den Beutel mit Geld. Das Gewicht ist zwischen 80 und 100 bis 112 Pfund. Der Preis des Buchweizens richtet sich nach dem des Roggens. Aus unserm Oldenburger Lande wird der Buchweizen meist nach Amsterdam verkauft, wo er in einem sehr guten Rufe steht. War die Ernte gut, so ist der Buchweizenbauer obendrauf. Es giebt solche, die 132 (2 Last), ja 198 bis 264 Scheffel (3 bis 4 Last) gewinnen und für einige hundert Thaler davon verkaufen. Nun können Bäcker und Krämer bezahlt, auf dem Grundstücke haftende Schulden abgetragen, Schweine gemästet, die Hütte kann in ein ordentliches Wohnhaus umgewandelt, oder dieses, wenn es schon vorhanden, verbessert und eine Kuh angeschafft werden u. s. w. Der Moorbauer, der sonst mit Kummer und Sorgen dem Winter entgegensah, ist jetzt ein geborgener Mann. Für ihn liegt die Poesie des Buchweizens einzig und allein in der praktischen Anwendung desselben.

Auch der freundliche Leser weiß gewiß diese mehr realistische Seite seiner Vortrefflichkeit gebührend zu schätzen. Buchweizengrütze in Milch gekocht läßt sich, wenn er nicht zu häufig damit traktirt wird, selbst ein Feinschmecker gefallen; und nun erst Buchweizenpfannkuchen und Buchweizenpuffer (eine Art Pudding), von kochkunstverständiger Hand zubereitet, letzterer mit Honig bestrichen, sind in Wahrheit Delikatessen. Der Moorbauer, wenn er vor seinem duftenden Buchweizenpfannkuchen — dem „Bokweetenjanhinnerk" — sitzt, fühlt sich durch diesen Genuß auch reichlich entschädigt für alle die Mühe und Sorge, die ihm die Pflege des zarten Gewächses verursacht hat. Er genießt ihn aber nicht in Butter gebacken, sondern in Speck, häufig auch in Rüböl, durch welches letztere das Backwerk ein safrangelbes, bisquitartiges Ansehen erhält. Sowohl des Abends als auch des Mittags und zur „Imstied" (Frühstückszeit) wird er gebacken und von alt und jung mit Hochgenuß verspeist. Im Genusse desselben vermag der Moor=

bauer Erstaunliches zu leisten, er tröstet sich aber mit der Leichtverdaulichkeit der Speise, indem er sagt: „So'n Bokweetenjanhinnerk is licht to verdrägen, man brückt man dremal up'n Sull to stöten, denn is he wedder futt." —

Wo viel Licht ist, da ist auch viel Schatten. Auch der Buchweizenbau hat seine sehr bedenkliche Schattenseite, und diese ist — die große Unsicherheit des Ertrages. Ein plattdeutsches Sprichwort sagt sehr wahr: „Bokweetensaat un Wiewerrat gerat man all' säben Jahr." Ein anderes heißt: „De Bokweeten is en nich eher säker, as bet man'n in'n Magen hett." Das klingt übertrieben, ist aber wahr; „denn de Pannkoken kann in de Asch' fallen, oder de Katt kann em upfräten." — Weil der Buchweizen so selten einschlägt, so nennt das Volk solche Pläne, die keine oder geringe Aussicht auf Erfolg haben, sehr bezeichnend: „Bokweetenanschläg". — In der That ist der Ernteertrag des Buchweizens, während mehrerer Jahre verglichen, so gering, daß sich der durchschnittliche Tagelohn eines Buchweizenbauern auf 80 Pfennige bis 1,20 Mark reduziert. Worin hat dieser unsichere und geringe Ertrag seinen Grund?

Zunächst kann die zarte Pflanze von Nachtfrösten gänzlich vernichtet werden. Während der Blütezeit aber üben starke Winde und viel Regen einen sehr nachteiligen Einfluß; die Blüten werden alsdann taub und fallen ab, ohne Körner zu setzen. Sogar anhaltende Dürre ist schädlich, wie mancher heiße Sommer, z. B. der von 1868, gelehrt hat. Die empfindlich zarte Pflanze verlangt einen durchaus milden, normalen Sommer, wie ein solcher in unserer Gegend äußerst selten vorkommt.

Ein kleiner Nachtfrost, ein starker Wind, ein heftiger Gewitterregen vernichtet oft die ganze Hoffnung des Buchweizenbauern. Und um so empfindlicher trifft ihn ein solcher Schlag, weil ihm vielleicht schon mehrere vorhergegangen sind, weil er sich bei früheren Mißernten immer auf die Zukunft vertröstet hat, weil er zuletzt gerade auf diese Ernte seine ganze Hoffnung gesetzt hatte. Krämer und Bäcker haben ihm schon lange auf den guten Ertrag geborgt. Nun kann er seine Schulden nicht bezahlen und gerät in die äußerste Not, die um so drückender wirkt, als er für die fehlgeschlagene Frucht keinen Ersatz hat. Die Kartoffeln sind vielleicht auch mißraten. Den Bau anderer Getreidearten hat er versäumt, weil der Buchweizen alle Zeit und Kraft in Anspruch nahm. Wovon nun die Schulden bezahlen, wovon nun leben? — Ist es ein Wunder, daß unsere Moorkolonisten fast sämtlich verkommen und körperlich und geistig zu Grunde gehen? —

Dazu kommt noch, daß durch den Buchweizenbau das Land vollständig ausgenutzt wird. Nur sechs, höchstens acht Jahre kann der Buchweizen auf einem Lande mit Erfolg gebaut werden. Alsdann fallen die Ernten immer dürftiger aus, weil die obere Pflanzendecke des Moores immer mehr abgebrannt wird, so daß zuletzt nichts übrig bleibt als eine tote Wüste, die während eines Menschenalters nicht wieder ertragsfähig wird. Der Buchweizenbau ist mithin im wahren Sinne des Wortes eine Raubkultur, so lange er nur durch Brennen ermöglicht wird. Man hat nun versucht, mit Kali zu düngen; man hat die Dammkultur empfohlen. Letztere besteht darin, daß der Untergrund des Moores nach oben gebracht und mit dem Moore vermischt wird, ein altbekanntes Verfahren, daß wohl auf niedrigem Moore, aber nicht im Hochmoor anwendbar ist. Alles nur Versuche, keine durchgreifende Mittel.

Wahrlich, der Buchweizenbau ist kein Segen, sondern ein Fluch für den Moorkolonisten. Er gleicht einem Lotterie-, einem unsichern Hazardspiele, bei welchem zuletzt alles auf einen Wurf gesetzt wird. Mißglückt dieser, so sind Armut, Not, Elend und Verzweiflung die unausbleiblichen Folgen. Je mehr Moorkolonisten und Buchweizenbauern eine Gemeinde hat, desto mehr Armenhauskandidaten hat sie auch. Und aus den Armenhauskandidaten werden leider nur zu häufig auch Zuchthauskandidaten, denn: „Not kennt kein Gebot." —

Ich lasse mir den Buchweizenbau gefallen, wenn er von Geestbauern nebenher getrieben wird, aber einzig und allein auf den Buchweizenbau seine Existenz gründen zu wollen, das ist — „en Bokweetenanslag".

---

## III.

Der Staat sollte niemals Moorplacken zur Ansiedlung ausgeben, so lange er nicht dafür gesorgt hat, daß die Hauptbedingungen zum Weiterkommen der Kolonisten erfüllt sind; er trägt sonst die Schuld an dem Elend der Armen und untergräbt den eigenen Wohlstand.

Wie wahr dies alles ist, hat uns wohl das Notjahr 1867/68 hinlänglich bewiesen. Stellten doch die Gemeinden des Münsterlandes, in denen am meisten Buchweizen gebaut wird, das größte Kontingent der Hülfsbedürftigen! Diese Wahrheit, nicht bloß in den Kopf, sondern auch in den Magen und in den Geldbeutel eingeprägt, sollte uns doch auf Abhülfe des in Haus, Gemeinde und Staat so tief eingreifenden Uebelstandes denken lehren. Wodurch ist demselben aber abzuhelfen? — Auch hier hat uns die Erfahrung bereits den Weg gezeigt, der einzuschlagen ist. Man schaue doch hin auf Ostfriesland und Holland und sehe dort die blühenden Fehnkolonien (Papenburg, Rhauderfehn 2c.), die dort mitten im öden Moor entstanden sind! Welch ein reges Leben, welch ein menschenwürdiges Dasein hat sich dort entfaltet, mitten im trostlosen, armseligen Moor!

Wir haben aber nicht nötig, ins Ausland zu gehen, auch das Oldenburger Land hat bereits seine junge, aufblühende Fehnkolonie; ich meine die am Hunte=Ems=Kanal. Auf unserm Spaziergange würden wir erst später dahin gelangen; da sich aber gerade hier die passendste Gelegenheit bietet, über sie zu sprechen, so möge eine kurze Mitteilung über die genannte Kolonie hier vorweggenommen werden. — Der Hunte=Ems=Kanal soll die Hunte mit der Sater Ems und durch diese mit der Ems in Ostfriesland verbinden. Er wird sich mitten durch das große Moor erstrecken, das von der Hunte bis an die Sater Ems und darüber hinausreicht. Die ganze Länge wird etwa 13 Stunden betragen. Nun hat man den Kanal auf beiden Enden in Angriff genommen, ist aber auf jeder Seite erst eine Strecke ins Moor eingedrungen. Die erwähnte Kolonie liegt am äußersten Ende des Kanals, da wo derselbe in die Sater Ems mündet. Zu beiden Seiten des Kanals liegen kleinere und größere Kolonistenwohnungen, die einen äußerst freundlichen Anblick gewähren und im Innern zwar einfach, aber doch wohnlich eingerichtet sind. Von Jahr zu Jahr, Schritt haltend mit dem Fortschreiten des Kanals, vermehrt sich die Häuserreihe und wächst der Wohlstand ihrer Bewohner. Wie ganz anders gestaltet sich das Leben dieser Moorkolonisten als derjenigen, die fern von allen Verkehrswegen ihre Erdhütte im Moore aufschlagen. Während diese von Jahr zu Jahr tiefer in Armut, Unwissenheit und Elend versinken, arbeiten jene sich Schritt für Schritt empor zu Wohlhabenheit und menschenwürdiger Gesittung.

Und nun sollte der Leser erst die ostfriesischen Fehnen sehen! Dann würde er erstaunt fragen: Warum hat man solche Moorkolonien nicht auch längst in andern Ländern, wo es Moor in Fülle giebt? — Es sei mir vergönnt, in aller Kürze ein Bild von einer Fehne zu entwerfen.

Das Wort Fehne ist altfriesischer Abkunft und bedeutet ein morastiges Land. Jetzt bezeichnet man mit dem Worte eine Kolonie, die auf dem Hochmoor angelegt ist. Eine solche Kolonie hat die Bestimmung, das Moor zu kultivieren. Dies geschieht durch das Abgraben der hohen Moorschicht bis auf den sandigen Untergrund.

Jene wird zu Torf verarbeitet und als Brennmaterial verkauft, dieser wird in fruchtbare Aecker, Gärten und Wiesen umgewandelt. Beides kann aber nur geschehen mit Hülfe eines schiffbaren Kanals; denn der Torf muß nach den Dörfern und Städten ausgeführt und statt seiner muß Dünger eingeführt werden. Die Kanäle sind mithin die pulsierenden Lebensadern der Moore; ohne sie ist und bleibt das Moor eine Leiche.

So wie aber ein Kanal ins Moor gelegt wird, erwacht wie durch Zauber ein neues Leben. Eine neue Welt ersteht gleichsam in den Fehnen. Der Anblick einer solchen Fehne ist überraschend. Stundenlang sind wir durch öde Heide und braunes Moor gewandert, auf einmal erblicken wir einen breiten, unabsehbar langen Kanal, bedeckt mit Böten, Kähnen und kleinen Seeschiffen. An den Ufern entlang, 20 bis 30 Schritt von einander entfernt, erheben sich reinliche, freundliche Häuser aus roten Ziegelsteinen, umgeben von hübschen, sorgsam gepflegten Blumengärten, grünen Gemüse- und Obstgärten. Hier erheben sich Mühlen, dort steigen Zugbrücken in die Höhe. Hier Kais und Stapelplätze für Torf, und dort — welch eine seltsame Erscheinung! — erblicken wir tief im Lande, fern vom Strande des Meeres oder eines großen Stromes, das rege Leben und Treiben einer Schiffsbauerei. Schwere Eichenstämme werden behauen, daß die Späne fliegen. Hier steigt das Gerüst eines Schiffes empor, an dem gezimmert wird. Lustig ticken und klopfen die Hämmer, melancholisch seufzt und stöhnt der alte Krahn. Dazwischen ertönt zur schweren Arbeit von rauhen Männerstimmen ein eintöniges Lied.

Entfernen wir uns vom Kanal, so wogt bald goldenes Getreide zu unsern Füßen, oder kleereiche, duftende Wiesen breiten sich aus, auf denen schöne, glänzende Kühe mit strotzendem Euter weiden. Gehen wir noch weiter, so treffen wir ganz oder halb ausgegrabenes Moor, oder noch wild daliegendes Heideland. Hier sieht man, wie das Land gewesen, dort wie es geworden ist. Wo der Torf ganz abgegraben ist bis auf den Untergrund, erhebt sich die steile, braune Moorwand oft bis zu 6 bis 9 m (20 bis 30 Fuß) Höhe. Oben auf dem öden Moorplateau stehen zum Trocknen kunstgerecht aufgebaute, luftige Torfringe, oder hohe, schon trockne schwarze Torfhaufen. Ueberall reges Leben, emsige Thätigkeit. Alt und jung, Männer und Weiber, Knaben und Mädchen, alle sind bei der Arbeit. Hier steht ein knochiger Mann, schwere Stiefelholzschuhe an den Füßen, in der tiefen Torfgrube, sticht mit langem, schmalem Spaten die schmierigen Torflaibe los und wirft sie stöhnend hoch nach oben, wo ein anderer Mann sie mit einer

Gabel aufnimmt und auf eine Schiebkarre legt, die ein hochaufgeschürztes Mädchen fortschiebt, bis zu dem Platze, wo die Torfsoden zum Trocknen neben einander gelegt werden. Das ist eine schwere, mühsame Arbeit. — Dort ist man mit einer leichteren beschäftigt, nämlich den halb trocknen Torf in Ringe zu stellen, den ganz trocknen in runde Haufen zu werfen oder in Schiffe zu bringen. Das Ganze sieht aus wie ein offengelegtes Bergwerk, dessen Hauptschacht der Kanal, dessen Nebenschachte und Stollen die sich abzweigenden Kanäle (Inwicken) und tiefen Torfspitten oder =gruben sind. Auf dem Kanale gehen die Fahrzeuge ab und zu, wie die Bergleute im Schachte auf= und niederfahren. Mit Torf beladen fahren die Schiffe ab, mit Heu, Stroh, Dünger u. s. w. kommen sie wieder an.

Das ist in den Hauptzügen ein Bild von einer Fehnkolonie, wie wir deren in Holland und Ostfriesland mehrere, im Oldenburgischen erst eine und zwar noch im Entstehen begriffene finden. Wie die Holländer im Deichbau unsere Vorbilder sind, so gehen sie uns auch mit der Kanalisierung und Kolonisierung der Moore bahnbrechend voran. Schon im 16. Jahrhundert begannen sie damit, im 17. folgte man ihnen in Ostfriesland, im 18. in den großen Mooren an der Ems, und erst im 19. Jahrhundert kommen auch wir Oldenburger langsam nach.

Es liegt ein großer Reichtum, ein verborgener Schatz in unsern Mooren vergraben, der nur durch Anlage von Fehnkolonien gehoben werden kann. Tausenden von Menschen, die jetzt in Elend verkommen, oder zum Schaden des Vaterlandes nach Amerika auswandern, könnte hier noch eine glückliche Wohnstätte bereitet werden. Die notwendige, unerläßliche Bedingung dazu ist aber die planmäßige Kanalisierung der Moore. Nur auf diese Weise kann das Moorbrennen beseitigt, kann der Buchweizenbau, dieser Fluch vieler Menschen und ganzer Gemeinden, verdrängt werden. Gewaltsam verbieten darf man nach unserer Ansicht das Moorbrennen nicht, so lange man keinen Ersatz dafür hat.

Die planmäßige Anlage von Kanälen kann aber eben so wenig von einzelnen Privatleuten geschehen, wie die Eindeichung der Marschen. Die Kanäle müssen ein zusammenhangendes Netz bilden, sie müssen nach einem umfassenden, weitherzigen Plane angelegt und mit Kraft und Energie ausgeführt werden. Es ist das eine Arbeit für das Ganze und durch das Ganze. Nur der Staat, nur Associationen, an deren Spitze sachkundige, energische Persönlichkeiten stehen, sind im stande, einen solchen Plan zu verwirklichen.

Ein neuer Torfindustriezweig ist die Fabrikation der Torf=

streu, die vor wenigen Jahren rasch empor blühte. Die Verwendung des Torfs zur Streu ist zwar keine neue Erfindung, doch hat man bei uns erst in letzter Zeit mit der Fabrikation begonnen und zwar auf Veranlassung des Herrn W. Hollmann in Augustfehn. Zur Torfstreu wird die obere graue und bräunliche Schicht des Moores, der sog. Moostorf, verwandt. Ist dieselbe normal fabriziert, trocken, staubfrei und stark gepreßt, so bietet sie große Vorteile. Ihren raschen Aufschwung verdankte die Industrie den schlechten Strohernten.

Im Jahre 1881/82 sind im ganzen im Oldenburgischen 5113 Tons Torfstreu verladen. Es bestanden zu jener Zeit in Delmenhorst 1, in Oldenburg 4, in Petersvehn 1, in Zwischenahn 2, in Augustfehn 2, in Brake 1, im ganzen 11 Fabriken.

Als die Strohernten wieder reicher wurden, nahm die Produktion der Torfstreu ab, und viele Fabriken haben bis auf weiteres den Betrieb ganz eingestellt. Die Torfstreu kostete im Frühjahr 1882 ca. 1,50 Mark pro Centner, 1883 nur 75 Pfennige, jetzt 60 bis 70 Pfennige.

Die Torfstreu kann auch verwandt werden zur Aufsaugung der Rückstände in Zuckerfabriken, zur Desinfektion, zur Verpackung von Eiern, beim Versand von Spargel, zum Einlegen von Früchten zur Vermeidung der Fäulnis und des Frostes ꝛc. Daher ist es erklärlich, daß die Ware nach fast allen Weltgegenden, besonders nach England, Aegypten, Australien und Amerika versandt wird.

## II. Kapitel.

# Das Saterland.

### I.

Das zum Großherzogtum Oldenburg gehörende Saterland liegt wie eine langgestreckte Sanddüneninsel mitten im Moor zu beiden Seiten eines kleinen Flüßchens, der Sater-Ems, und erstreckt sich von Süden nach Norden etwa drei Stunden, von Osten nach Westen eine halbe bis eine Stunde. Die Sater-Ems entsteht aus der Vereinigung zweier kleiner Flüsse, der Ohe und Marka, die von den sandigen Hügeln des Hümling kommen und nördlich von Neuscharrel sich zur Sater-Ems („Sater Deep") vereinigen. Diesem unscheinbaren Wasser verdankt das Saterland seine Entstehung; denn die beiden Quellflüsse führten nach und nach vom Hümling Steingeröll und seine Sandteilchen mit sich, die sie in der Niederung des jetzigen Saterlandes ablagerten.

Als das Moor noch nicht fest geworden war, als die Ufer der Flüsse sich noch nicht verengt hatten, da strömten die Gewässer gewiß mit größerer Kraft dahin, bis sie in diese Niederung kamen und zu bedächtigerem, friedlicherem Fortgange genötigt wurden. Sie kamen allmählich zur Ruhe, rissen Sand und Steine nicht mehr mit sich fort, sondern benutzten sie in stiller, Jahrhunderte langer Arbeit, die inmitten der tiefen Einsamkeit des Moores durch nichts gestört wurde, zum Aufbau des merkwürdigen Ländchens. Wie die Weser in ihrem untern ruhigen Laufe durch Niederschlag der Schlammteile die Marsch Butjadingens bildete, so bildete die Sater-Ems diese Sanddüneninsel. Das Wasser ist aber nicht der alleinige Baumeister gewesen, auch die Winde und Stürme, die frei über das weite Moor daher wehten, werden mit bauen geholfen haben, indem sie den Sand zu Dünen zusammenwehten, wie die Meeresstürme an der Nordseeküste den von den Fluten hergetragenen weißen Flugsand in wechselvollem Spiele zu der

Reihe der friesischen Düneninseln anstürmten. Wie die Sater-Ems, so haben auch ihre Nachbarflüsse, die Soeste, Vehne ꝛc., kleine Inseln im Moore aufgebaut, auf denen Edewecht, Friesoythe, Altenoythe ꝛc. liegen. So viel über die mutmaßliche Entstehung des Saterlandes.

Kurz vorher, in demselben Sommer, in welchem ich durch das Saterland wanderte, hatte ich auch Wangeroge besucht, und ich muß gestehen, daß der Eindruck, den Land und Leute machten, mich aufs lebhafteste an das Auge im Meere erinnerten. Wie Wangeroge\*) ein Auge im Meere ist, so ist das Saterland ein Auge im Moore. Die abgeschlossene Lage beider, dort durch das Meer, hier durch das Moor bedingt, hat die Bewohner hier wie dort unvermischt, in fast ursprünglicher Reinheit friesischer Sprache und Sitten erhalten. Wer weiß, ob nicht diese weiten Moore an der Ems einst einen großen Meerbusen, ein ausgedehntes, ödes Watt bildeten, aus dem die jetzigen Heide- und Geesthügel wie Inseln hervorragten! Hat man doch bis in die neueste Zeit im Lehmboden des Saterlandes größere und kleinere Bernsteinstücke gefunden, ganz wie am Meeresstrande bei Wangeroge. Das Gepräge einer Düneninsel fällt uns namentlich im südlichen Teile des Saterlandes bis zum Kirchdorfe Scharrel auf. Zu beiden Seiten des Weges liegen zerstreute, teilweise mit Föhren bewachsene Sanddünen, und manchmal müssen wir tief durch den Sand waten. Nach Norden zu wird der Boden allmählich niedriger und gleichförmiger. Der nackte, dürre Dünensand hört nach und nach auf, humusreicher Ackerboden wird vorherrschend, namentlich im Kirchspiele Ramsloh, das in der Mitte liegt; und ganz im Norden, im Kirchspiele Strücklingen, geht der Boden in feuchte, niedrige Moorwiesen über, die oft vom Herbste bis zum Frühlinge dermaßen überschwemmt sind, daß das Land einer See gleicht, und aller Verkehr zu Fuß und zu Wagen nach dieser Richtung hin aufhört. Vor fünfzig Jahren war das Land auch nach Süden hin völlig unwegsam, da kein Pfad durch das weite, sumpfige Moor nach Friesoythe führte. Erst später, in der „französischen Zeit", hat man einen Sandweg hindurchgelegt. Kein Wunder, daß das Völkchen der Saterländer in solch gänzlicher Abgeschlossenheit seinen friesischen Charakter bis auf die Gegenwart fast unverwischt erhielt.

---

\*) Wir behalten die volkstümliche Deutung des Namens bei, wenn sie auch sprachlich nicht richtig ist. Wangeroge heißt ursprünglich soviel als die Wanger-Insel. Das „Oge" ist nur mundartlich verschieden von dem dänischen Ö (Farör = Schafinseln), von Ei in Norderneiu.s.w.

Freilich die alten Trachten sind fast ganz, und das alte freie, friesische Gemeindewesen ist spurlos verschwunden, aber Sprache und Lebensweise sind geblieben.

Dort kommt ein erwachsenes Mädchen aus einem kleinen Hause gelaufen. Sie trägt einen kurzen, faltigen, feuerroten Rock. Das Mieder ist schlicht, an der Schulter schauen weiße, leinene Aermel daraus hervor; auf dem Hinterkopfe trägt sie ein kleines, dichtanliegendes Käppchen. So ist die Alltagstracht der Frauen durchweg. Schöne, schlankgewachsene Frauen und Mädchen habe ich nirgends gesehen, alle waren kleinen, gedrungenen Wuchses. Die Männer sind höher und schlanker gewachsen. In ihrer Tracht ist mir nichts Abweichendes aufgefallen. Früher hatten die Saterländer eine eigentümliche, ich möchte fast sagen Nationaltracht. Die Männer trugen einen runden Hut, ein langes, auf die Brust herabhangendes Halstuch, ein hellblaues Kamisol oder Wams mit langen Schößen, Seitentaschen, über die eine Klappe fiel, eine buntgestreifte Weste mit einer dichten Reihe silberner Knöpfe, kurze Schifferhosen, blaue Strümpfe und lederne Schuhe mit großen, silbernen Schnallen. Die Frauen trugen einen flachen, weißen, mit vielen flatternden Bändern besetzten Hut von Holzgeflecht, unter dem Hut eine eigene altfriesische, mit rotem Bande stark besetzte Mütze, welche durch ein silbernes sog. Ohrisen (d. i. ein durch den Rand der Mütze gehender, hinten um den Kopf liegender Bügel, dessen Enden in Platten auslaufen, welche die Backen eng umschließen) befestigt wird, ferner ein kurzes, ebenfalls mit rotem Bande geschmücktes Kamisol, im Hemde auf der Brust eine silberne Schnalle und an beiden Seiten derselben große, gestickte Buchstaben, auch wohl Blumen, die zwischen dem auf eigene Weise umgeschlagenen Tuche hervorschienen, kurze, bis auf die Waden reichende Röcke mit unzähligen Falten, und endlich blaue Strümpfe mit roten Zwickeln und auf den Schuhen silberne Schnallen. Der Röcke trug man mehrere über einander, so daß sie volle Hüften und dünne Taillen bildeten.

So schilderte Nieberding noch im Jahre 1837 die wirklich malerische Tracht der Saterländer, fügt aber hinzu: „Doch fängt die Mode schon an, auch in dieses abgesonderte Ländchen sich einen Eingang zu verschaffen." — Ich habe von all diesem nichts mehr gesehen, habe auch auf meine Nachfragen zur Antwort erhalten, nur die ältesten Frauen erschienen wohl an Feiertagen noch in der Nationaltracht.

Ueber das Saterland und seine Bewohner ist von jeher viel gefabelt worden. Die Leute sollten nackt in Erdhöhlen wohnen, eine barbarische Sprache reden, ihre Lebensweise sollte sich in nichts von der der alten Germanen unterscheiden und dergleichen mehr. Da wurde unter anderm erzählt: Die Saterländer haben keine Schüsseln, sondern sie essen von einem in der Mitte ausgehöhlten Tisch; ferner: Ueber jedem Kaffeetisch schwebt an einem Faden ein Stück Zucker, das beim Trinken von Mund zu Mund wandert. Solche und ähnliche Märchen wurden von den wenigen oberflächlichen und wundersüchtigen Touristen verbreitet, die abenteuernd in das Ländchen eindrangen. Von mir können die Leser solche pikante Reisefrüchte nicht erwarten; nur berichten will ich, was ich beobachtet und als wahr erkannt habe.

Die Saterländer gehörten zum friesischen Stamme, dafür zeugen ihre Sprache, ihr Körperbau, ihre große Sittenstrenge, ihre Freiheitsliebe und ihr früheres selbständiges Gemeindewesen.

Die Sprache der Saterländer ist kein verdorbener plattdeutscher oder niedersächsischer Dialekt, wie irrtümlich behauptet worden ist, sondern dieselbe trägt unverkennbar die Spuren des Altfriesischen an sich. Das Satersche ist vom Niedersächsischen so sehr verschieden, daß ein Plattdeutscher es eben so wenig verstehen kann, wie die Sprache der Wangeroger, zumal wenn es schnell gesprochen wird. Doch giebt es auch manche Formen und Ausdrücke, die dem Niedersächsischen verwandt sind. Beide sind ja im Laufe der Zeit ebenso mit einander verschmolzen wie die beiden Volksstämme. Im Saterlande konnte das aber nicht in demselben Grade geschehen, wie in andern Gegenden Niederdeutschlands, weil die natürliche Lage des Landes zwischen großen unwirtbaren Mooren es verhinderte. Ist es doch noch nicht lange her, daß man dahin nur auf einer Wasserstraße, wie zu einer Insel gelangen konnte. Das Studium des Saterschen wird daher für Sprachforscher stets von hohem Interesse bleiben. Die Saterländer halten wie alle friesischen Stämme mit unwandelbarer Liebe an ihrer Muttersprache fest, die sie möglichst in ihrer Reinheit zu erhalten suchen. Unter sich sprechen sie nur ihre Sprache; im Umgange mit Nichtsaterländern und Fremden reden sie zwar Plattdeutsch und in der Schule Hochdeutsch, allein nichts destoweniger kehren sie mit echt friesischer Zähigkeit stets wieder zur Muttersprache zurück. Die Kinder von Eingewanderten lernen daher bald das Satersche. Trotz dieser angeborenen Zähigkeit wird doch der satersche Dialekt nach und nach, wenn auch sehr langsam, verdrängt werden. Auffallend ist es mir gewesen, daß in der plattdeutschen Sprache der Saterländer manche Ausdrücke vorkommen, die man auch im Jeverlande hört; z. B. „Loog" = Dorf, „kollt" statt kôlt = kalt, „ollt" statt ôlt =

alt, „Schinfatt" = Laterne, „Mallmöhl" = Karussell, „ji bünt" statt ji sünd = ihr seid ꝛc. Schon diese und andere Wörter weisen auf einen gleichen Ursprung, einen gemeinsamen Stamm der Jever- und Saterländer hin; es ist der friesische.

Im Saterlande findet man auch noch manche Namen, die in dieser besondern Form nur in friesischen Gegenden vorkommen; z. B. die Männernamen Focke, Haye, Debbe, und die Frauennamen Antje, Folke, Grietje, Noontje ꝛc.

Früher waren im Saterlande keine festen Stammnamen im Gebrauche. Der mit einem s als Auslaut versehene Vorname des Vaters wurde der Stammname des Kindes. Hieß z. B. der Vater Sicke Eds, so hieß der Sohn Ed Sickes, und der Enkel wieder Sicke Eds. Aehnlich war es auch noch in andern Gegenden, z. B. im Jeverlande. Es ist dies eigentlich die uralte Weise, wie sie z. B. bei den alten Griechen und Juden auch herrschte, während im alten Rom mit seinen strengen Formen für das öffentliche wie private Recht das Bedürfnis fester Familiennamen schon früh durchgriff. Bei den Juden hat es sich seit Jahrtausenden bis in die neueste Zeit erhalten. Fürs Herzogtum Oldenburg verordnete ein Gesetz im Jahre 1826, zur Vermeidung häufiger Irrungen, feste Familiennamen einzuführen, was zwar für die Kirchenbücher und bei den Behörden durchgeführt wurde, aber im täglichen Leben erst sehr allmählich durchdrang. So werden namentlich im Saterlande die Vornamen noch immer nach dem altherkömmlichen Gesetze der Namengebung erteilt.

Der älteste Sohn wird nach dem Großvater väterlicher Seite, die älteste Tochter nach der Großmutter väterlicher Seite, das zweite Kind nach dem Großvater oder der Großmutter mütterlicher Seite benannt. Beim dritten Kinde haben Oheim und Muhme väterlicher Seite, beim vierten die der mütterlichen Seite die Ehre, dem Täufling ihren Namen zu leihen. So geht es wechselweise weiter und zwar, da die Ehen der Saterländer meist mit Kindern reich gesegnet sind, eine ganze Reihe hindurch; zuletzt kommen auch Vettern und Basen an die Reihe. Nun, wir machen es ja ähnlich, wenn wir auch nicht so ängstlich an dieser Gevatter-Rangordnung festhalten, und die älteste Tochter manchmal Emilie oder so taufen, wenn z. B. die Großmutter Geeschtrin oder Talklene hieß.

Früher gab es nur drei feste Familiennamen im Saterlande, nämlich die Awiks, Blocks und Kirchhoffs. Der Sage nach sind diese drei alten Familien, sogenannte Häuptlings- oder Junkerfamilien, früher aus Westfriesland eingewandert, was auch nicht unwahrscheinlich ist. Nach dem Einbruche des Dollart (1277), heißt es, flüchteten die Awits, Blocks und Kirchhoffs nach dem Saterlande und gründeten hier eine neue Heimat; von ihnen stammt die ganze Bevölkerung im Saterlande ab.

Im 13. Jahrhundert wurde die friesische Sprache noch auf dem langen, schmalen Küstenstriche von Antwerpen bis zur Königsau gesprochen, gegenwärtig nur noch an fünf Punkten, nämlich auf Wangeroge, Helgoland, im Saterlande, in Nord- und Westfriesland. So hartnäckig der Kampf des Neufriesischen gegen die hereindrängenden mächtigeren Schwestern, die niedersächsische oder plattdeutsche und die hochdeutsche Sprache auch ist, endlich wird sie der Flut weichen müssen, und auch von ihr wird es heißen, wie von manchem friesischen Seefahrer und mancher friesischen Insel: „Sie sind verschollen!" —

Dem Leser nur annähernd eine Vorstellung von dem saterschen Dialekte zu geben, würde über den engen Rahmen meiner Skizze hinausgehen. Doch will ich es nicht unterlassen, ein friesisches Liedchen und daneben eine freie Uebertragung von mir hierher zu setzen.

### Skippers Sankje.

Forjit my net als bolle wyntjes waie,
In ick oen't roer myn sankje sjong;
As kroese weagen't gledde skip omaie;
    Forjit my net.

Forjit my net as millionen stjerren,
In't frjeunlik moantje my beskynt,
In dou swiet droâm hest yn'e seafte fjerren;
    Forjit my net.

Forjit my net as wrede touwerfleagen
My slingerje dear God it wol,
As ik ompolskje mei de dead foar eagen;
    Forjit my net.

Forjit my net as wreed de stormen bylje,
In't libben hinget oen ien tried;
As wy forslein oen't neadtou ride in fylje,
    Forjit my net.

Forjit my net as swarte tommelweagen
Oertruselje it warles skip,
An alle elleminten tjen ues teagen,
    Forjit my net.

Forjit my net as we einling yet forsinke,
In tere yn'e djippe see;
Wol den mei trjinnen om my tinke;
    Forjit my net.

### Schiffers Sang.

Vergiß mein nicht, wenn sanft die Winde säuseln,
Und ich am Ruder sing' mein Lied,
Wenn sich ums glatte Schiff die Wellen kräuseln,
    Vergiß mein nicht.

Vergiß mein nicht, wenn millionen Sterne,
Wenn freundlich mich der Mond bescheint,
Wenn träumend du hinaus schaust in die Ferne,
    Vergiß mein nicht.

Vergiß mein nicht, werd' ich von wilden Stürmen
Geschleudert, so wie Gott es will,
Wenn sich die Wogen mir zum Grabe türmen,
    Vergiß mein nicht.

Vergiß mein nicht, wenn hohl die Stürme gellen
Und wenn am Haar mein Leben schwebt,
Wenn wir am Nottau treiben auf den Wellen,
    Vergiß mein nicht.

Vergiß mein nicht, wenn schwarze Wogen rollen
Und überstürzen unser Schiff,
Wenn alle Elemente tobend grollen,
    Vergiß mein nicht.

Vergiß mein nicht, wenn ich nicht wiederkehre
Und rolle in der tiefen See;
O, weihe mir dann eine stille Zähre,
    Vergiß mein nicht.

## II.

Auch der Körperbau der Saterländer spricht für ihre friesische Abkunft, da derselbe in mancher Hinsicht von dem ihrer Nachbarn, die zum sächsischen Stamme gehören, abweicht. Die frische Gesichtsfarbe, das hellblonde, ins Hellgelbe übergehende Haar, die hellblauen Augen der meisten und die reckenhafte Gestalt einzelner Frauen aus unvermischter Familie kennzeichnen sie uns sofort als Friesinnen. Begegnen wir solchen mit schwarzem Haar, dunkeln Augen, weniger frischem Teint, so können wir sicher annehmen, daß sie aus einer Vermischung des friesischen und sächsischen Blutes entsprossen sind. Die Männer sind durchweg größer und schöner als die Frauen. Die Saterländer sind im ganzen ein kräftiger Menschenschlag. Die Frauen arbeiten wie die Männer, ja, viele Haus- und Feldarbeiten sind ihnen allein überlassen. In großen Scharen ziehen sie im Herbst mit Hacke und Spaten aufs Moor hinaus, schießen Abzugsgräben und hacken es, um es für den Buchweizenbau vorzubereiten. Die Männer nehmen auch an diesen Arbeiten teil, namentlich an den Feldarbeiten auf dem sandigen Ackerboden des Saterlandes, vorzüglich betreiben sie aber Bienenzucht\*), Torfgräberei und Schiffahrt, worauf die Lage und Beschaffenheit des Landes sie angewiesen hat. Der Torf und andere Landesprodukte werden zu Schiffe nach Ostfriesland gefahren, und Kaufmannsgüter werden wieder zurückgebracht. Die Sater-Ems ist die Lebensader des Landes. Von den Saterländern wird sie ê genannt, d. h. Wasser. In vielen Krümmungen durchfließt sie das Ländchen, ist anfänglich sehr schmal, so daß nur Kähne an Tauen auf ihr fortgezogen werden können, wird aber weiterhin, namentlich beim Ausflusse aus dem Saterlande, schon ziemlich bedeutend und trägt alsdann auch größere Schiffe, sog. Mutten. Auch bei der oft sauern Schifferarbeit müssen die Frauen den Männern helfen. Hinwiederum verrichten die Männer auch Frauenarbeiten. Nie lungern sie müßig umher, nie schauen sie gaffend der Arbeit ihrer Frauen und Töchter zu, wie ihre Stammesbrüder, die Wangeroger und Helgolander, vielmehr sind sie stets beschäftigt. Bleibt ihnen nichts anders zu thun übrig, so setzen sie sich mit den Frauen hinter den Spinnrocken oder greifen zu den Stricknadeln.

Sehr unrecht würden wir aber den Männern thun, wenn wir sie auf Grund des Obigen für philiströs halten wollten. Sie haben vielmehr den echt männlichen Friesencharakter ihrer alten Vorfahren bewahrt, der sich ausprägt in unwandelbarer Heimat- und Freiheitsliebe, im zähen Festhalten an ihren alten Sitten und Gebräuchen, Rechten und Privilegien. Es ist nicht ihre Schuld, wenn die aus dem Heidentum stammenden Sitten und Gebräuche von den Priestern nach und nach ausgerottet, wenn auch ihre Rechte und Privilegien ihnen eins nach dem andern verkümmert und genommen wurden. Nur mit Murren sind die Friesen der Uebermacht gewichen, ja sie haben sich häufig auf Leben und Tod zur Wehr gesetzt. Manche Priester sind, wie uns die Sage erzählt, von den Friesen erschlagen worden, und ein Münsterscher Bischof soll deshalb auf den Priestermord eine Strafe von 60 Mark gesetzt haben.

Die Saterländer gleichen auch darin ihren alten Vorfahren, daß sie in geschlechtlicher Hinsicht auf die größte Sittenstrenge

---

\*) Anmerkung. Wie stark die Bienenzucht betrieben wird, dürfte aus der einen Thatsache hervorgehen, daß im Jahre 1875 das Saterland 150 Oxhoft à 600 Pfund Honig produzierte. Der Honig wurde verkauft zu dem verhältnismäßig guten Preise von 12 Thlr. pro Centner. Dazu kommt noch das Wachs, 3 Pfund pro Centner Honig, à Pfund mindestens 15 gf. Das Amt Friesoythe konnte einen Ertrag von reichlich 16000 Thlr. verzeichnen, wovon allein dem kleinen Orte Scharrel 8000 Thlr. zu gute kamen.

halten. Zwar herrscht im Saterlande wie in manchen andern Ländern, z. B. in Tirol und Steiermark, die Sitte des „Fensterlns". Der junge Bursche geht abends, wenn alles zur Ruhe ist, zu seiner Braut, die manchmal seiner heißen Liebeswerbung nachgiebt und ihn heimlich in ihre Kammer führt. Aber die in der Stille unter sich verlobten Brautleute betrachten sich bereits als Ehegatten, und nie kommt es vor, daß der eine Teil den andern treulos verläßt. Nach Verlauf einiger Wochen holt der Bräutigam vielmehr die Erlaubnis der Eltern ein, und eine baldige Hochzeit endet alle Heimlichkeit. Wollte der Bursche sein Mädchen im Stiche lassen, so würden Schande und Verachtung ihn dermaßen treffen, daß er entweder gezwungen wäre, der Heimat auf immer Lebewohl zu sagen, oder das verlassene Mädchen nachträglich heimzuführen.

Ich glaube übrigens nicht zu viel zu sagen, wenn ich behaupte, daß auch in andern Gegenden unter den jungen Landleuten vielfach die oben angedeutete Sitte herrsche. So fand ich über der Seitenthür eines Hauses im Münsterlande ein Herz eingeschnitzt, mit einem Hammer darüber, und daneben die Inschrift:

„Wer klopft an meine Thür?
Mein Schatz ich bin dafür." —

Sollte diese Inschrift nicht auch auf die Sitte der „Kommnächte" hindeuten?

In den vierziger Jahren entwickelte sich auf dem Boden dieser Verhältnisse ein Trauerspiel, dessen Fortgang in nah und fern mit der größten Teilnahme und Spannung verfolgt wurde. Ein Bursche hatte heimlichen Umgang mit einem Mädchen gepflogen und wollte sie später, als er die Folgen merkte, verlassen. Um aber der unvermeidlichen Schande zu entgehen, ermordete er das Mädchen. Der Mörder wurde jedoch entdeckt, gefänglich eingezogen, zum Geständnis gebracht und bald darauf zu Friesoythe hingerichtet. Von nah und fern hatte der traurige Schlußakt Zuschauer herbeigezogen. Als nun der Verurteilte niederkniete, um den Todesstreich zu empfangen, brachen einige satersche Frauen in lautes Weinen aus, und eine derselben rief durch die Totenstille: „Och, dat dat ok just'n Saterlanner wesen mot!" —

War das nicht ein unwillkürlicher Ausbruch des in seiner Ehre verletzten Nationalgefühls?

Das Alter wird im Saterland hoch in Ehren gehalten. Wenn der älteste Sohn sich verheiratet hat, so überlassen die Eltern ihm und seiner Frau die Führung der Wirtschaft und ziehen sich in Ruhe und Gemächlichkeit zurück. Sie können das unbesorgt thun; denn sie sind sicher, daß sie von ihren Kindern nicht zurück-

15*

setzend, kalt und lieblos behandelt werden. Nie wird man ihnen die schuldige Ehre und Achtung versagen, nie ihre wohlgemeinten Ratschläge überhören; stets wird man ihnen den Vorrang lassen, ihnen den Ehrenplatz am Tisch und Feuerherde einräumen, für sie arbeiten und sorgen, durch kleine Beweise der Aufmerksamkeit und Zuvorkommenheit sie zu erfreuen, ihren Lebensabend zu verschönern und so die Schuld kindlicher Liebe und Dankbarkeit abzutragen suchen. Das Sprichwort: „Wer seinen Kindern giebt sein Brot, den schlag' man mit der Keulen tot!" findet somit auf das Saterland durchaus keine Anwendung.

Die jüngeren Söhne bleiben gewöhnlich so lange im Hause, bis sie sich verheiraten, dann aber gründen sie entweder einen selbständigen Haushalt, oder sie ziehen, wenn die Braut das älteste Kind ist, zu den Eltern der Braut.

Früher herrschte eine eigentümliche Hochzeitssitte; wenn nämlich das kopulierte Paar aus der Kirche kam, so wurde der Bräutigam von den Jünglingen als ein Abtrünniger mit Schnupftüchern und Hüten geschlagen. Diese Sitte wurde jedoch auf Vorstellung der Geistlichen abgeschafft. Dagegen ist es noch jetzt Gebrauch, daß des Abends, wenn die Frauen der Braut die Haube aufsetzen, die Mädchen ihr dieselbe im Scherze wieder herunter zu reißen suchen, während die Frauen die Braut in Schutz nehmen. Dieselbe Sitte habe ich auch auf der Delmenhorster Geest gefunden.

Die Lebensweise des Saterländers ist sehr einfach und mäßig; nur der Branntwein wird häufig unmäßig genossen. Letzteres bringt wohl das feuchte Klima und das Schifferleben mit sich. Der westfälische Pumpernickel, den man überall im benachbarten Münsterlande findet, wird im Saterlande nicht gebacken, sondern gewöhnliches, langes Schwarzbrot.

Die Saterländer sind trotz ihrer Abgeschlossenheit ein sehr verständiges, freundliches, gegen Fremde gastliches und zuvorkommendes Völkchen. Sie zeichnen sich durch einen praktischen, scharfen Verstand, ein klares, sicheres Urteil und eine eiserne Charakterfestigkeit aus, lauter Eigenschaften, die man bei Leuten unter solchen Verhältnissen nicht erwarten sollte. So auffallend dies auch sein mag, so ist es doch sehr erklärlich. Die Charaktereigentümlichkeiten der Saterländer sind begründet in der früheren Verfassung ihres Ländchens, in der freien friesischen Selbstregierung. Die Saterländer nannten sich von jeher freie Friesen und waren stolz auf diesen Namen. Das Land blieb, Dank seiner abgeschlossenen Lage, sich mehr selbst überlassen. Es glich den mit Wällen und Gräben umgebenen Städten, die den herrschsüchtigen Rittern und Fürsten

im Mittelalter Trotz boten und ihre inneren Angelegenheiten
selbst verwalteten. Zwar stand es unter der Hoheit des münster=
schen Bischofs, dessen Vögte auch die Landesabgaben erhoben, aber
die **Selbstregierung** ließ das Volk sich nicht nehmen. Zur
Leitung der inneren Angelegenheiten, zur gewissenhaften Verteilung
der Abgaben, zur Entscheidung etwaiger Grenzstreitigkeiten und zur
Bestrafung kleinerer Vergehungen wurden für jedes der drei Kirch=
dörfer vier Bürgermeister gewählt, die man auch scherzweise die
zwölf Apostel nannte. In einer freien Volksversammlung, die
jährlich am zweiten Fastnachtstage auf dem erhöhten Kirchhofe zu
Ramsloh stattfand, und zu welcher sich sämtliche volljährige Männer
des Saterlandes, ohne Unterschied des Vermögens, einfinden mußten,
wurden diese zwölf „Borgemesters" gewählt. Ihr Amt dauerte
zwei Jahre, sechs von ihnen gingen jährlich ab, und sechs wurden
neu gewählt. Das Resultat der Wahl wurde der Gemeinde durch
den Vorsitzenden der Bürgermeister bekannt gemacht.

In minder wichtigen Angelegenheiten entschieden die Bürger=
meister nach eigenem Gutdünken; zur Entscheidung wichtigerer Sachen
mußten sie aber das gesamte Volk befragen. Zu dem Ende be=
riefen sie alsdann auf den Kirchhof zu Ramsloh eine Volksver=
sammlung, die Sonntags, gleich nach beendigtem Gottesdienste,
stattfand. Jeder Hausvater, der der Einladung nicht folgte, mußte
zur Strafe eine Tonne Bier ausgeben, die gleich vertrunken wurde.

Den zwölf Bürgermeistern standen noch sechs Schüttmeister
zur Seite, für jedes Kirchspiel zwei. Sie hatten die Ausführung
der Beschlüsse zu besorgen, waren gleichsam die Polizei. Einmal
jährlich wurden sie umhergeschickt, um die gebräuchlichen Maße
und Gewichte nachzusehen. Auch bei dem Nationalfeste, dem jährlich
am zweiten Pfingsttage stattfindenden Vogelschießen, bei dem Tanz
und Musik natürlich nicht fehlen, hatten sie die Aufsicht zu führen.

Die Bürgermeister hielten in der Kirche zu Ramsloh ihre
Versammlungen ab. Hier stand auch das größte Nationalheiligtum
des Landes, eine Lade, in welcher die Normalmaße und =Gewichte
und das Landesarchiv aufbewahrt wurden. Es war gleichsam die
Bundeslade der Saterländer. Drei Schlösser verschlossen das
Heiligtum, und nur die vier Bürgermeister eines jeden Kirchspiels
hatten einen Schlüssel dazu, so daß die Lade also nur in Gegen=
wart aller geöffnet werden konnte. In der Lade wird auch „des
Sageterlandes Gerecht" und Siegel aufbewahrt worden sein.
Ersteres war eine Instruktion über das gerichtliche Verfahren der
Bürgermeister, die am 24. Januar 1587 festgestellt wurde; letz=
teres trug das Bildnis Karls des Großen im kaiserlichen Ornate,

von sogenannten Bienen (— es ist die Franciska, Streitaxt der Franken —) umgeben, und die Umschrift: S. Parochianorum in Sagelten*). Leider soll die Lade im Jahre 1812 von den Franzosen verauktioniert worden sein. Wo sie geblieben ist, habe ich nicht erfahren können.

Ein solch freies Gemeindewesen, wie die Saterländer von jeher hatten, mußte im Volke immermehr jenen freien Friesencharakter ausprägen, der auch jetzt, nachdem ihm die alten Rechte und Privilegien längst genommen sind, noch nicht ganz verwischt ist. Er tritt noch zu Tage in dem Mißtrauen, mit dem alle Regierungsmaßregeln überwacht werden, in der Oppositionslust gegen alles Fremde und Neue.

Auch in religiöser Hinsicht sind die Saterländer, obgleich sie sich zum Katholicismus bekennen, weit freisinniger als ihre südlichen Nachbarn im Münsterlande. Gegen die Uebergriffe der Priester haben sie sich stets mit erstaunenswerter Hartnäckigkeit zur Wehr gesetzt. Alle Friesen thaten das, und die vielen Sagen von erschlagenen Priestern, die man sich überall in friesischen Ländern erzählt, enthalten gewiß viel Wahres. Ich erinnere nur an den Junker vom „Hohen Wege" (Butjadingen), der einen Priester in der Langwarder Kirche vor dem Altare erschossen haben soll, an Bolko von Bardensleth im Stedingerlande, der einen frechen Pfaffen erschlug, an Bonifacius, der in Dokkum von Friesen ermordet wurde.

Ueber die Geschichte des Saterlandes läßt sich wenig sagen. Es wurde früher Sagelterland, auch Sigilter-, Sägelter-, Sagterland genannt. Dieser Name umfaßte alles Land, das um Sögel (lateinisch Sighiltra) lag. Sögel, ein Kirchdorf im Hümling, war früher der Mittelpunkt der Grafschaft Sagelterland (comitia Sighiltra), die bis 1400 den Grafen von Tecklenburg gehörte. Durch Abkürzung ist aus Sagelterland Saterland geworden, welcher Name nur noch dem Teile des alten Sighilterlandes, von dem hier die Rede ist, beigelegt wurde. Wenn auch die Saterländer selbst ihr Land noch immer Sagelter- oder Sagterland nennen, so ist doch der Name Saterland jetzt überall gebräuchlich.

Höchst wahrscheinlich gehörte das alte Sigilterland früher zur Republik der sieben friesischen Seelande. Als aber diese Republik zerfiel, kam das Saterland unter die Herrschaft der Grafen von Tecklenburg, die es im Jahre 1400 an den Bischof von Münster abtraten.

Von nun an beginnt ein fortwährender Kampf der Saterländer gegen die Eingriffe der Bischöfe in ihre Freiheit, gegen

---

*) Alle Friesen leiten ihre Rechte und Privilegien von Karl dem Großen her.

neue Gesetze, Lasten, Abgaben ꝛc., die ihnen von den Bischöfen oktroyiert wurden. Eine Freiheit nach der andern schwand jetzt dahin. Zum Zeichen der Anerkennung der münsterschen Oberhoheit mußte das Land jährlich 4½ Tonne Butter zahlen. Wie vielerwärts, so wurde während des dreißigjährigen Krieges auch im Saterlande die Reformation eingeführt, allein die Jünger Loyolas haben das verlorene Gebiet der alleinseligmachenden Kirche nach und nach wiedergewonnen. Seit 1803, in welchem Jahre die münsterschen Aemter Kloppenburg und Friesoythe als Ersatz für den aufgehobenen Weserzoll an Oldenburg abgetreten wurden, kam mit diesem auch das Saterland an Oldenburg, zu welchem es bis jetzt gehört.

## III.

Eine Wanderung durch das Saterland ist immerhin interessant, wenn das Auge auch nicht so viel Neues und Abweichendes erblickt, als man vielleicht vorher erwartet hatte. Das Ländchen bietet doch auf kleinem Raume große Abwechslung. Bald wandert man über einen ansteigenden Acker, bald über niedrige Wiesen, bald über grüne Weiden, bald an einem kleinen, aus Eichen, Erlen und Föhren bestehendem Gebüsch hin. Da die Teilung von Grund und Boden gerade hier leider allzu weit getrieben worden ist, so gewährt das Land fast den Anblick eines Gartens. Die Abwechslung wird noch dadurch erhöht, daß der Boden nicht eben, sondern wellenförmig ist, namentlich südlich von Scharrel, und daß sich hin und wieder buschgekrönte Hügel erheben. Durch das Ganze schlängelt sich in tausend Windungen die Sater-Ems, bald durch eine moorige Wiese dahin, bald um sandige Dünen herum, und verleiht durch ihr Wasser der Landschaft Leben und Reiz. Wo die Aussicht nicht durch Bodenerhebungen und Gebüsch versperrt wird, da schaut das Auge hinaus aufs weite, öde Moor, wie wenn sich plötzlich zwischen den Dünen einer Insel eine Aussicht auf die unendliche Wasserwüste des Meeres eröffnet.

Die Häuser liegen zerstreut in nicht allzu großer Entfernung von einander zu beiden Seiten des Hauptweges; nur um die Kirchen rücken sie zu Dörfern zusammen. Massiv sind nur einige größere, neu aufgeführte Häuser, die kleineren dagegen bestehen aus Fachwerk, das entweder mit Ziegelsteinen, oder mit geflochtenem Strauchwerk und Lehm ausgefüllt ist; sie sind mit Stroh gedeckt.

Treten wir einmal unter dem Vorwande, unsere Reisepfeife anzünden zu wollen, in eins der kleineren Häuser, um uns die innere Einrichtung desselben zu besehen.

Eine Frau und ein Knabe sind auf der Diele (Tenne) mit Buchweizendreschen beschäftigt. Wir beginnen ein Gespräch, um uns während desselben die Lokalitäten zu beschauen. Zu beiden Seiten der Diele befinden sich, wie beim westfälischen Bauernhause, Viehställe, auch Räume für Torf, Viehfutter und dergleichen. Eine große Einfahrtsthür führt vorn auf die Diele. Hinten sehen wir uns indes vergeblich nach einem offenen Herde um. Treten wir aber durch die in der hinteren Scheidewand befindliche kleine Thür, so kommen wir in einen Raum, dessen Anblick es zweifelhaft läßt, ob er Küche, Wohnstube, Schlafzimmer oder Vorratskammer ist. Er ist alles in allem. An der Hinterwand brennt ein Feuer auf dem Herde, gerade unter dem Fenster. Binsenstühle stehen umher, an den Seiten Schränke für Milch, Butter, Eßwaren ꝛc.; an den Wänden und auf dem Fußboden bemerken wir allerlei Acker- und Küchengeräte bunt durcheinander, auch einige mit Buchweizen gefüllte Säcke. Links von dem Feuerherde befinden sich die Schlafräume. Sehr zuvorkommend reicht uns die Frau Feuer zum Anzünden unserer Pfeife. Statt eines Trunkes Wasser, um den wir bitten, will sie uns Milch in einem Milchguß geben. Sie fängt an zu erzählen, unter anderm, daß ihre drei Söhne Matrosen und von Brake aus in See gegangen seien, sie wisse aber weder wohin, noch mit welchem Schiffe. Ob sie noch leben, ob bereits verschollen sind? — Wer giebt der Mutter Nachricht darüber? Sie muß geduldig warten, bis sie wiederkehren, und wenn es sein muß, ist das Mutterherz stark genug, für immer auf ihre Heimkehr zu verzichten. — Die größeren Bauernhäuser sind ganz im holländischen Stile erbaut, wie im Jeverlande, und sehr bequem und wohnlich eingerichtet, überhaupt gemahnt uns das Benehmen, die Sprache ꝛc. des Saterländers lebhaft an die stammverwandten Jeverländer und Ostfriesen, noch mehr aber an die Bewohner der friesischen Inseln.

Die Kirchdörfer des Saterlandes liegen etwa eine kleine Stunde von einander entfernt. In Scharrel befindet sich eine schöne neue, in gotischem Stile erbaute Kirche, deren hoher, schlanker Turm weithin sichtbar ist. Eine schlichte Frau, mit der ich über die Kirche ein Gespräch anknüpfte, sagte mir: „Wenn m' in de Kark henin trett, is't rein, as wenn m' in 'n Himmel kummt."

Diejenigen, welche dem niedern Volke allen Schönheitssinn, alle höheren Gefühle absprechen möchten, können aus dieser Aeußerung der einfachen Frau sich eines besseren überzeugen. Treffender als durch die mitgeteilten naiven Worte läßt sich der gewaltige, tiefe Eindruck, den die himmelan strebende Gotik auf den Menschengeist übt, nicht bezeichnen.

Als Scharrel im Jahre 1821 zum großen Teile niederbrannte, bauten sich mehrere Abgebrannte südlich von Scharrel zwischen der Marka und Ohe an und gründeten so die Kolonie Neuscharrel.

Die Kirche zu Ramsloh ist alt und gewölbt. In derselben befindet sich ein sehr schönes Schnitzwerk, ein Christus in Lebensgröße, sein Kreuz tragend. Die Kirche zu Strücklingen ist alt und schlecht. Sämtliche Kirchen liegen wie die Friesenkirchen in den Nordseemarschen auf künstlich aufgeworfenen Erdhügeln oder Warfen. Die älteste Kirche des Landes ist wahrscheinlich die zu Ramsloh, welche schon vor 1400 erbaut wurde. Vor dieser Zeit befanden sich im Saterlande keine Kirchen. Erst im 14. Jahrhundert, als mit Aufhebung des Templerordens, der im Saterlande bedeutende Besitzungen hatte, auch die Klöster und Kapellen desselben eingingen, waren die Saterländer gezwungen, sich selbst Kirchen zu bauen. Zu Bokelesch, nördlich von Strücklingen, stand früher ein Kloster der Tempelherren. Ein Schutthaufe bezeichnet die Stelle, wo es stand, und noch jetzt wird das Dörfchen vom Volke „Kloster" genannt. Es liegt im Gebüsch versteckt, bedeutend höher als die Umgebung. — Bei Bokelesch lassen wir uns über die Sater-Ems setzen und gelangen in wenig Minuten nach der neuen Kolonie am noch unvollendeten Hunte-Ems-Kanal.

Zum Schluß möge hier noch ein Gespräch in saterländischer Mundart mitgeteilt werden.

Dar sitene tween kérle in un huz un bálledene méddnunder; do kom der'u fraemden, di quadd: goden dej ji bee, wo gungt et in't saelterlond?

B. min liou kérrel, wet fregje ji so?

A. wet, kanne ji mi nit mor?

B. gods krüss! nu sin ik et, du best di litje Hinnerk fou Romelsse; wir best du so long wäzen? wir kumst du her? wo gungt et di nog!

A. det iz man so wet, ik ben wurüg un o; trio wike ben ik kronk wäzen un nu ben ik two ure long trugg'n fan in rinn un wind kemen; ik fraue mi riucht, det ik in't saelterlond ben; ji hähbe 't hir god.

B. wirum det?

A. ji häbbe isklond un gärslond, un fanlond, flugge worme

Es saßen zwei Männer in einem Hause und sprachen mit einander; da kam ein Fremder, der sagte: Guten Tag, Ihr beide, wie geht es im Saterlande?

B. Mein lieber Mann, was fragt Ihr so?

A. Wie, kennt ihr mich nicht mehr?

B. Gottes Kreuz! Nun sehe ich es, Du bist der kleine Heinrich von Ramslohe; wo bist Du so lange gewesen? woher kommst Du? wie geht es Dir noch?

A. Das ist nur so was, ich bin müde und ab; drei Wochen bin ich krank gewesen und nun bin ich zwei Stunden weit durchs Moor in Regen und Wind gekommen; ich freue mich recht, daß ich im Saterlande bin; ihr habt es hier gut.

B. Warum das?

A. Ihr habt Eschland, Grasland und Moorland, schöne warme Häu=

huze, hangste un beste, wajene un ejde un ploge, swinne un kolvere, sunde kérle un froie wuchtere medd rode soke in urflod un — wirum det maste to dwon izz — det olde riucht.

B. det olde riucht? Fent, wo long best du weg wäzen! full nee riuchte häbbe det olde riucht den näcke umetralled. Betjonere medd rode kraege rakt det nu so full azz megge un flioge; de wollene wet to dwon häbbe, darum rakt et sget ur sget, det mi der nit mor jun rake kon. Det isklond izz sunder miux nix wed un miux izz djur; det gärslond izz hir ferdruged un där trugg't watter ferwuden; do huze sakje aen boppe 'n kop innen belt; do beste kerle motene etter oldenburg unner't ror, un de wuchtere häbbe nu sucke flugge klodere, det wi där nit jun bitaelje konnene; so izz't nu in saelterlond.

A. ji olde manske sünt sinlärrige nit tofre; ji häbbe't nit bloked, wo't in or londe utsiugt; ji lezze in huz un kume nit ferre azz bi memme hire pot; in olde tiden hiden ji't so god un wirne dagg nit tofre.

B. junge fente quede wel wed, kerrel, kostu mi do olde wette wel telle? wi hidene fre fiskjen, fre jaegjen, fre baddenjen, fre brioen, fre sgaenken, wi wirne fre fon't ror, hidene fre hondel un wondel, hidene uz fest wikjeld un sget un settene uz aien bräk, to'n hogsten än tünne bior, fiaur borgemestere in elk caspel. o! wan ik där an taenke, det liuend biuet mi! kum, let uz drinke op saelterlonds bäterskup! ho! hura, ho! räk mi'n tinkop! ho!

ser, Pferde und Kühe, Wagen, Eggen und Pflüge, Schweine und Kälber, gesunde Männer und schöne Mädchen mit roten Wangen in Ueberfluß und — um was das Meiste zu thun ist — das alte Recht.

B. Das alte Recht? Bursche, wie lange bist Du weg gewesen! viele neue Rechte haben dem alten Rechte den Nacken umgedreht. Beamte (eigentl. Bediente) mit roten Kragen giebt es nun so viel wie Mücken und Fliegen; die wollen etwas zu thun haben. Darum giebt es Abgabe über Abgabe, daß man nicht mehr dagegen geben kann. Das Eschland ist ohne Dünger nichts werth und Dünger ist teuer; das Grasland ist hier vertrocknet und dort durchs Wasser verdorben (verwest); die Häuser sinken einem über dem Kopfe zusammen; die besten Männer müssen nach Oldenburg unters Gewehr und die Mädchen haben nun solch schöne Kleider, daß wir nicht mehr dagegen bezahlen können. So ist's nun im Saterlande.

A. Ihr alten Menschen seid mein Lebtage nicht zufrieden; ihr habt es nicht gesehen, wie es in andern Ländern aussieht; ihr liegt im Hause und kommt nicht weiter, als bei der Mutter Topf; in alten Zeiten hattet ihr es so gut und waret doch nicht zufrieden.

B. Junge Bursche sprechen wohl etwas, Kerl, kannst Du mir die alten Gesetze wohl sagen? Wir hatten freie Fischerei, freie Jagd, freies Branntweinbrennen, freie Brauerei, freies Ausschenken, wir waren frei vom Gewehr, hatten freien Handel und Wandel, wir hatten unser festes Wochengeld und Abgabe und setzten unsre eigne Brüche, zum höchsten eine Tonne Bier, vier Bürgermeister in jedem Kirchspiel. O! wenn ich daran denke, mein Körper bebt mir! Komm, laß uns trinken auf Saterlands Besserergehen! He! Hurra! He! gieb mir ein Maß (einen Zinnkrug)! He!

# Dritter Abschnitt.

# Die Marsch.

## I. Kapitel.

# Stedingen und Moorriem.

### I.

Stedingen und Moorriem bilden den Uebergang vom Moore zur Marsch, besonders das letztere.

Stedingen, dieses kleine, durch den Kampf seiner tapfern Bewohner gegen geistliche und weltliche Uebermacht (erste Hälfte des 13. Jahrhunderts) berühmt gewordene Ländchen, liegt am linken Weserufer, zwischen dem Einflusse der Ochtum und der Hunte, unweit der Stadt Bremen.

Der Name ist unzweifelhaft abzuleiten von dem Worte „Gestade" (gotisch status, altsächsisch statti, althochdeutsch stad), welches so viel wie Uferland bedeutet. Derselbe hat sich auch noch erhalten in demjenigen Uferstriche, welcher weiter unterhalb am jenseitigen Weserufer bis zur Mündung der Drepte sich hinzieht und Osterstade heißt. Osterstade will sagen das östliche Gestade oder Oststedingen (Stedinga orientalis), zum Unterschiede von jenem am westlichen Ufer gelegenen Stedingen (Weststedingen, Stedinga occidentalis). Dieses gehört jetzt zum Herzogtum Oldenburg, während Osterstade zur Provinz Hannover gehört. Beide Landstriche bildeten den Kern des alten Stedingen, zu welchem auch derjenige jenseits der Hunte, das sog. Moorriem, ferner Oldenbrok, Strückhausen, Hammelwarden bis Ovelgönne, gehörte. Auch das südlich gelegene Kirchspiel Holle, das sog. Wüstenland, die „Stedinger Wüste", war ein Teil des alten Stedingen.

Sämtliche Landschaften sind niedrige Flußmarschen, die den Wellen des Meeres, das einen weiten Busen bis gen Bremen hin bildete, durch Fleiß und Ausdauer abgewonnen wurden. Ein vollständiges, von Flußarmen durchschnittenes Inseldelta, bestanden sie vor Jahrhunderten aus sandigem Watt, Sumpf und Moor. Die Inseln waren mit Rohr, niedrigem Gestrüpp, Weiden und Erlen bewachsen und beständig den Ueberschwemmungen durch die Flut ausgesetzt. Von einer eigentlichen Bevölkerung, es sei denn, man wolle auch Kröten und Frösche mit dazu rechnen, konnte damals noch keine Rede sein; nur hin und wieder, auf den höchsten Stellen des Bodens, waren ärmliche Fischerhütten errichtet. Es fehlt uns jegliche historische Kunde darüber, wann diese Gegenden zuerst angebaut wurden. Die Bewohner der benachbarten Geest werden sie höchst wahrscheinlich als Viehtrift benutzt haben, bis sie sich nach und nach bleibend ansiedelten. Nur eine merkwürdige Thatsache, nämlich der Fund von Urnen und alten Münzen im hochliegenden Schlüter Felde, der sog. Würde, dürfte uns zu der Annahme berechtigen, daß die höchsten Gegenden des Stedingerlandes schon vor der christlichen Zeit eine Urbevölkerung hatten.

Die Ollen teilt das jetzige Stedingen in zwei fast gleiche Hälften, die sog. Brookseite im Westen und die Lechterseite im Osten des genannten Flusses. Jene war niedriger und daher sumpfiger und bruchiger als diese, woher auch der Name. Diese war eine von der Ollen und Weser eingeschlossene, erheblich höher gelegene Insel, „lechter" d. h. linker Hand der Weser. Auf dieser Lechterinsel wird der früheste Anbau stattgefunden haben, wenn auch, wie der Chronist Vollers annehmen zu müssen glaubt, die Brookseite früher eingedeicht wurde.

Wann die Eindeichung und Abwässerung der Lechterinsel vor sich ging, läßt sich nicht bestimmt angeben; jedenfalls war schon zu Anfang des 12. Jahrhunderts damit begonnen. Anfangs wird man kleine Deiche zum Schutze gegen gewöhnliche Fluten errichtet haben, und nach und nach wurden diese Deiche erhöht und verstärkt.

Der erste Anbau begann um die Mitte des 12. Jahrhunderts; im Anfange des 13. Jahrhunderts existierten schon mehrere Ortschaften, wie Krögerdorf, Hekeln, Hiddigwarden und Berne. Aus dieser Zeit werden auch die ältesten Teile der jetzigen Berner Kirche, die allem Anscheine nach auf einem altheiligen Platze erbaut wurde, stammen.

Die kleinen aus Lehm und Fachwerk aufgeführten Kolonistenwohnungen standen dicht beieinander auf den Deichen längs den Weserarmen und Nebenflüssen. Als die Eindeichung später Fortschritte machte, verloren die früheren Dämme ihre Bedeutung, wurden als Straßen benutzt, und die Ortschaften lagen nun mitten im Lande.

Der Anbau wird ziemlich rasch vor sich gegangen sein, wenn auch nicht in wenigen Jahrzehnten, wie Schumacher, der neueste Geschichtsschreiber des Ländchens, meint. Die Ansiedler stellten sich teils gerufen, teils ungerufen ein; es waren nicht ausschließlich Holländer, wie einige annehmen, sondern jedenfalls auch Sachsen, Westfalen und Friesen. Insbesondere waren es die Erzbischöfe von Bremen, die als Herren Weststedingens Ansiedler herbeizogen und ihnen das Bruchland zuteilten und zu Hollerrecht (jure hollardrico) überwiesen. Hieraus jedoch auf eine ausschließlich holländische Ansiedlung schließen zu wollen, wäre zu weitgehend, da ja auch Sachsen und Friesen das Land unter dem gleichen Rechte überwiesen werden konnte. Nur für das Kirchdorf Holle im Wüstenlande wird wohl eine holländische Einwanderung als erwiesen zu betrachten sein, da bereits in einer Urkunde von 1277 die Bezeichnung „Hollenderkerke" vorkommt.

Die Stedinger sind mithin nicht rein friesischer Abkunft, sondern ein Mischlingsvolk, das nach und nach aus all den herbeigeströmten Elementen sich entwickelt hat. Ob östlich oder westlich der Weser, nördlich oder südlich der Hunte wohnend, sie fühlten sich als ein zusammengehöriges, durch gleiche Interessen, gleiche Bildung verbundenes Volk. Der Strom trennte sie nicht, sondern verband sie nur, insofern er den Verkehr erleichterte. Sie alle waren Gestadebewohner, freie Bauern auf eigenem Grund und Boden, dem früheren Herrn des Bodens nicht weiter verpflichtet, als zur Zahlung des Hollerzins und =Zehnten. Die Abgaben waren sehr gering; von jeder Hufe Landes mußte jährlich ein Denar (Pfennig, solus denarius), von Vieh und Früchten Zehnten entrichtet werden. Von Jahr zu Jahr wuchs der Wohlstand der Anbauer. Da sie in ihrem neuen Vaterlande keine Verfassung vorfanden, so bildeten sie eine freie Bauernrepublik. Herren und Häuptlinge duldeten sie nicht unter sich, wenn auch einzelne Familien, wie die der drei berühmten Anführer in der Schlacht bei Altenesch, nach und nach zu größerem Ansehen gelangten. Die Stedinger hatten ihre eigene Gerichtsbarkeit; ihre Richter wählten sie aus ihrer eigenen Mitte. Sie fühlten sich um so unabhängiger und wachten um so eifersüchtiger über ihre Freiheit, da sie Grund und Boden den Fluten abgerungen, gleichsam selbst erschaffen hatten. Um 1001 hatten die Stedinger ein eigenes Siegel mit der Umschrift: Stedingorum commune sigillum, oder auch Sigillum communitatis Stedingorum, und dem Bilde des heil. Aegibius.

Den oldenburgischen Grafen und bremischen Erzbischöfen lag aber das Land zu gelegen, als daß sie nicht darnach getrachtet haben sollten, dasselbe ihrer ausschließlichen Herrschaft zu unterwerfen. Sie fingen deshalb nach und nach an, im Stedingerlande Burgen anzulegen, so zu Lichtenberg und Lienen. Auf diese Burgen setzten sie Burgmänner, welche die freien Bauern allmählich zu Leibeigenen zu machen suchten. Sie mischten sich unberufen in die Rechtshändel des Volkes, vergrößerten Zins und Abgaben, überfielen sogar die zur Kirche fahrenden Frauen und Töchter der Stedinger und schleppten sie auf ihre Burg. Die Erzbischöfe und die niedere Geistlichkeit wetteiferten mit den Burgvögten; statt der anfangs festgesetzten elften Garbe forderten sie die zehnte, und was die Bauern ihnen freiwillig als Geschenk gebracht hatten, machten sie zur Pflicht. Solche rohe Uebergriffe und Bedrückungen wollten sich die freien Friesen nicht länger gefallen lassen. Sie versammelten sich nachts im Walde zu Brokdiek, um des Landes Not und Rettung zu beraten, zogen dann in großen Scharen gegen die Zwingburgen, erstürmten und schleiften sie und erschlugen die verhaßten Burgmänner (1187).

Später geschah der Sage nach etwas, das die Wut des Volkes vornehmlich gegen die Priester entfachte. Die Frau eines angesehenen Stedingers, wie erzählt wird, die des Bolko von Bardenfleth, ging am Tage vor Ostern (1204) in die Berner Kirche zur Beichte und gab dem Priester einen Flinderken als Beichtgeld. Da dem habsüchtigen Geistlichen dieser Beichtpfennig nicht genug war, so beging er die Schamlosigkeit, der Frau folgenden Tags, als sie das heilige Abendmahl genießen wollte, die Münze statt der Hostie in den Mund zu schieben. Eine solche öffentliche Beschimpfung erbitterte den Mann der tiefbetrübten Frau so, daß er hinging und den frechen Pfaffen erschlug. Nun verlangte der Erzbischof Hartwig die Auslieferung des Priestermörders; allein die Stedinger weigerten sich des, verjagten die Abgesandten und töteten sogar einige. Da belegte der Erzbischof das Land mit dem Interdikt: alle gottesdienstlichen Handlungen wurden verboten, die Altäre ihres Schmuckes beraubt, alle Heiligenbilder und Kreuze umgestürzt, das Läuten der Glocken wurde untersagt, kein Sakrament sollte verwaltet, keine Leiche in geweihter Erde begraben, keine Ehe vor dem Altare eingesegnet werden; das ganze Land sollte unter dem Fluche liegen. Allein solche Maßregeln erbitterten die Stedinger nur noch mehr; sie verjagten sämtliche Geistliche aus ihrem Lande und verweigerten den Zehnten gänzlich. Sie verbanden sich nun mit den Osterstadern und Rustringern und legten im Süden des Landes zum Schutze gegen die Bremer einen Graben und einen hohen Steindamm an. Beim Gute Weihausen findet sich ein nach

Schönemoor hinlaufender, in gerader Linie auf die Ochtum stoßender Graben, der den Namen „Landwehr" trägt, mehr als 210 m lang ist und in den 1588 angelegten großen Abzugsgraben der neuen Ellen ausläuft. Der Steindamm ist gänzlich verschwunden. An eine große Festungsmauer ist natürlich gar nicht zu denken. Auch bauten die Stedinger, um sich schneller vereinigen zu können, ihre zerstreuten Häuser am Deiche näher zusammen. Die verjagten Priester und Mönche durchzogen inzwischen alle umliegenden Länder und schilderten die tapfern, freiheitliebenden Männer als die unsittlichsten, ungläubigsten Menschen.

Durch die folgenden Fehden der Stedinger mit den oldenburgischen Grafen wurde besonders Moorriem teils durch Wasserfluten in Folge der zerstörten Deiche, teils durch feindliche Krieger gänzlich verwüstet. Die Chroniken erzählen, das Land sei unter dem Greuel der Verwüstung sieben Jahre lang unbebaut liegen geblieben, und die Wölfe hätten in der Kirche zu Elsfleth ihre Jungen geworfen.

Mehrere Jahre hatten die Stedinger nun Ruhe, und in dieser Zeit strömten aus allen Gegenden, namentlich aus Westfalen und den Niederlanden, Menschen, die ihres Glaubens wegen verfolgt wurden, nach dem Stedingerlande, unter andern auch viele Waldenser. Dadurch erhielten ihre Streitkräfte einen sehr starken Zuwachs, so daß bei dem damaligen Erzbischofe Gerhard II. die ernstlichsten Besorgnisse erregt wurden. Er beschloß jetzt, alles aufzubieten, um das kühne Volk zu demütigen. Schon Hartwig hatte vom Papste das Versprechen erhalten, daß im äußersten Falle gegen die Stedinger das Kreuz gepredigt werden solle. Hiervon machte Gerhard jetzt Gebrauch. Damals hatte der Papst Gregor IX. eine Ketzerverfolgung (Inquisition) angeordnet, durch welche ganze Länder in unsägliches Elend gestürzt und Tausende unschuldiger Menschen verfolgt, lebendig verbrannt oder in anderer gräßlicher Weise zu Tode gemartert wurden. Es waren eigens Priester dazu bestellt, die den Glauben der Menschen überwachen und Andersglaubende zur Verantwortung ziehen mußten. Diese Ketzerrichter erstatteten nun über die Stedinger an den Papst einen Bericht, worin es hieß: Die Stedinger verachten die Kirche, vergießen Blut wie Wasser, töten die Priester und nageln sie zur Beschimpfung des Kreuzes Christi kreuzweis an die Wand. Sie glauben an ein zwiefaches, höchstes Wesen, verehren sogar den Bösen, den Asmodi, unter einem abscheulichen Ammonsbilde, opfern demselben ihre Kinder und glauben, Luzifer sei mit Unrecht von Gott verstoßen und werde dereinst wieder in den Himmel kommen.

Das Sakrament des heiligen Abendmahls wird aufs ärgste gelästert; den Leib des Herrn (die Hostie) tragen sie im Munde nach Hause und werfen ihn weg. Sie fragen Zauberer und böse Geister um Rat. Wenn jemand zuerst in ihre Geheimnisse eingeweiht wird, so erscheint ihm erst eine Kröte, mitunter so groß wie eine Ente oder eine Gans, ja bisweilen von dem Umfange eines Backofens; diese muß er küssen und von der Zunge des Tieres den Geifer schlürfen. Darauf erscheint ein blasses Menschenbild mit kohl= schwarzen Augen und so mager, daß die Haut nur auf den Knochen zu hangen, das Fleisch aber weggefressen zu sein scheint. Wenn der Neuling diesen küßt, so bringt ein kalter Schauer durch seine Glieder, und mit dem Schauer schwindet aller wahre Glaube aus seinem Herzen. —

Solche und noch andere unsinnige Lügen ersannen sie, und die Folge war, daß der Papst den Bann auf die armen Stedinger schleuderte und der Kaiser Friedrich II. die Reichsacht über sie aussprach. In der Achtsformel hieß es: "Wir erlauben euch männiglichem auf den Straßen, und wo ein jeglich Mann Fried und Gleid hat, da sollt ihr keins haben, und wir weisen euch die vier Straßen der Welt in dem Namen des Teufels!"

Ueberall predigten nun die Priester und Mönche das Kreuz gegen die „Steder Ketter" und schilderten sie als die ruchlosesten Gottesverächter, durch deren Vertilgung sich jedermann die ewige Seligkeit verdienen könne. Den Teilnehmern verhießen sie reiche Beute und den päpstlichen Ablaß. Aus Sachsen, Brabant, Flan= dern, Holland, dem Rheinlande, Westfalen und andern Ländern strömten nun Abenteurer mit ihren Grafen und Herzögen herbei, ließen sich das Kreuz auf die Schulter heften und versammelten sich im Frühjahr 1234 zu Bremen. (S. Allmers Marschenbuch.)

Schon vorher, im Jahre 1233, hatte Gerhard die Oster= stader geschlagen, und da auch die Rustringer sich zurückgezogen hatten, so standen die westlichen Stedinger ganz allein. Sie hatten aber von Himmelskamp und Schönemoor an bis Altenesch starke, dreifache Verschanzungen aufgeführt, deren Spuren man noch heutiges Tages verfolgen kann. Dabei war das bedrängte Häuflein immer auf seiner Hut; sie überfielen den Feind, wo er nur eine Blöße zeigte, und zerstörten die vom Erzbischofe erbaute Schlutterburg. Bei Himmelskamp erfochten sie noch einen glänzenden Sieg. Der Graf Burchard von Wildeshausen zog nämlich heran und wollte mit 2000 Streitern zum Kreuzheere stoßen. Er gedachte sich schnell einen Lorbeer zu erringen, griff die Feinde bei Himmels= kamp an, wurde aber gänzlich geschlagen und fand mit vielen der

Seinigen ein klägliches Ende. Hierdurch wurde der Mut der Stedinger nur noch erhöht und ihre Hoffnung auf Sieg gestärkt.

Immer näher rückte nun der verhängnisvolle Tag heran. In Bremen war eine ungeheure Menschenmenge zusammengeströmt. Da wogte es straßauf und -ab in buntem, hocherregtem Gewühl, Ritter und Knechte, Mönche, Priester und Kriegsleute, Grafen, Fürsten und Herzöge. Im Dome zu Bremen hielt der Erzbischof mit allem Pompe ein großes, feierliches Hochamt, wobei alle Waffen geweiht, alle Kämpfer für den heiligen Streit eingesegnet wurden und jeder, der am Zuge teilnahm, Ablaß erhielt. Dann brach das Heer der Kreuzbrüder zu Wasser und zu Lande nach Stedingen auf. 40000 Mann war es stark und wurde vom Herzoge Friedrich von Brabant angeführt; alle waren wohl bewaffnet, größtenteils beritten. Dagegen betrug die Macht der Stedinger nur etwa 11000 streitbare Männer; aber es war eine todesmutige Schar, die für die höchsten Güter der Erde stritt, für Freiheit und Recht und für den lieben, teuern Heimatboden, den die Väter mit Mühe und Not den Fluten abgerungen, viele Jahre hindurch hartnäckig verteidigt und oft mit ihrem Blute getränkt hatten; es war eine Schar, deren Wahlspruch hieß: „Lieber tot als Sklav!" — Bewaffnete Greise und Knaben, Frauen und Jungfrauen sah man in den Reihen; drei gewählte Führer standen an der Spitze dieser Heldenschar: Bolko von Bardenfeth, Tammo von Huntorp und Detmar tom Dyk, drei schlichte, tapfre Bauern.

Am Morgen des 27. Mai rückte das mächtige Kreuzheer über eine Brücke, die man über die Ochtum geschlagen hatte, heran. In keilförmiger Schlachtordnung stellte sich ihm das mutige Bauernheer bei Altenesch entgegen. Die drei Anführer gingen durch die Reihen und ermutigten ihre Waffenbrüder, als edle, freie Friesen lieber mit Ehren in der Schlacht zu fallen, als zu leben in Schmach und Knechtschaft. — Das Kreuzheer machte den Angriff, indes in der Ferne auf dem Deiche die bebenden Mönche das berühmte, uralte Lied sangen: „Media vita" — „Mitten wir im Leben sind ec." — um vom Himmel den Sieg zu erflehen.

Die Stedinger hielten nicht nur mit Todeskühnheit den ersten Angriff der Kreuzbrüder aus, sondern drangen auch selbst so wütend vor, daß sie sogar die eisenfesten Scharen des Feindes zuweilen zum Wanken und Weichen brachten. Der Herzog von Brabant wich zuerst, Graf Heinrich von Oldenburg stürzte schon zu Anfang der Schlacht mit dem Pferde und ward mit dem Schwerte erschlagen. Andere Ritter aber drangen desto gewaltiger vor.

Den ganzen Tag hindurch wogte und wütete das grausige Ringen, bald vorwärts, bald zurück. Tausende waren gefallen und tränkten mit ihrem Blute die grünen Wiesen; der Abend dämmerte schon, und noch war nichts entschieden. Da fiel plötzlich Graf Diedrich von Cleve mit seinen Reitern den schon ermatteten Bauern in die Flanke, alles vor sich her zermalmend und zersprengend. Nun war die Arbeit bald gethan.

Ueber 6000 Männer und viele Frauen und Jungfrauen lagen bleich und blutend auf dem Felde, als die Nacht herabsank. Es war ein ganzes Volk, das bei dem unheilvollen Hügel St. Veit der Vernichtung preisgegeben war. Aber auch 4000 Kreuzfahrer waren gefallen, unter ihnen Heinrich von Oldenburg und Graf Wilhelm von Egmont. Die Toten wurden ohne Unterschied in gemeinsamer Gruft zu Altenesch und Warfleth begraben. Die geringen Ueberbleibsel des Volkes wurden, da sie um Vergebung baten, vom Papste begnadigt. Die Oberherrschaft über das Land wurde dem Erzbischof von Bremen und den oldenburgischen Grafen verliehen.

Sechshundert Jahre nachher, im Jahre 1834, hat man das Andenken jenes Tages erneuert und auf dem Schlachtfelde zu Altenesch am Jahrestage des Kampfes ein Denkmal errichtet. Da erhebt sich nun hart am Deiche ein mäßiger Hügel (St. Veit) und trägt auf einem Sandsteinsockel einen einfachen eisernen Obelisken, den ein eisernes, sinnig aus Kreuzen und Schwertern bestehendes Geländer einzäunt. Die Inschrift auf der Vorderseite lautet: „Den im Kampfe für Freiheit und Glauben auf diesem Schlachtfelde gefallenen Stedingern". Rechts steht: „Am 27. Mai 1234 unterlag den mächtigen Feinden das tapfere Volk"; links: „Bolko von Bardenfleth, Thammo von Huntorp, Detmar tom Dyk fielen als Führer mit ihren Brüdern", und endlich hinten: „Am Jahrestage der Schlacht 1834 geweiht von späten Nachkommen".

Versuchen wir nunmehr, nachdem wir dem Geschichtlichen Genüge geleistet, uns in knappen Umrissen ein Bild des zu Oldenburg gehörenden Stedingerlandes zu entwerfen.

Die Eisenbahn führt uns von Oldenburg über Hude rasch nach Berne, dem Hauptorte des Ländchens. Von Hude aus durchschneidet sie anfangs die hohe, waldige Geest, dann aber ein ausgedehntes, niedriges, im Winter häufig überschwemmtes, mooriges Wiesenland, die Brookseite. Der hohe, spitze Turm der Berner Kirche ist überall in der Ebene sichtbar.

Berne ist ein kleiner, freundlicher Flecken, dessen alte, ehrwürdige Kirche sehr sehenswert ist. Sie war in früheren Zeiten nur halb so groß wie jetzt, da augenscheinlich die eine Seite der Mauer mitten durch das Gebäude lief. Der gegenwärtige Turm ist ca. 46 m hoch und wurde zwischen 1639 und 1641 erbaut. Die Kirche ist im Uebergangsstile gehalten und besteht aus einem Haupt- und zwei Nebenschiffen. Der Altar zeigt ein altes Holzschnitzwerk, das heilige Abendmahl darstellend. Links vom Altar befindet sich ein recht gutes Gemälde: der Pharisäer und der Zöllner (Luk. 18). An den Pricheln bemerkt man alte Gemälde aus der biblischen Geschichte, ohne Kunstwert. Unter der Orgel ist eine Tafel mit Bibelsprüchen angebracht, darüber steht geschrieben: 1632 Heinricus Vollerus. In einem Wappen zwischen dem genannten Namen steht: MUSJCA. An einem vor der Orgel schwebenden Engel liest man: Gerhard Vollers. Organista Moritz. Aetat 18½ 1653. In den Gängen liegen noch viele alte Grabsteine mit Wappen. Die Kirchenstühle sind ebenfalls sehr alt und mit Schnitzwerk versehen, das altfriesische Köpfe mit spitzem Kinnbart und breitem Kragen darstellt. Vollers, des Stedinger Chronisten, Grab befindet sich vor der Orgel. Draußen an der Kirchhofsmauer wird ein mit halberhabenen Figuren versehener alter Graustein gezeigt, der in der katholischen Kirche noch jetzt in Ansehen stehen soll. Vor Jahren sollen Büßende zu diesem Steine gewallfahrtet sein und sich ihre Anwesenheit vom Prediger haben bescheinigen lassen. —

Das Innere der Kirche ist in jüngster Zeit renoviert.

Wir folgen nun der Chaussee, die längs der Ollen ostwärts durch das Ländchen nach Bardewisch und Altenesch führt.

Das Charakteristische der Landschaft läßt sich mit wenig Strichen zeichnen: Stedingen ist eine grüne, reizende Flußmarsch. Die Häuser stehen längs der Weser am Deich, im Innern des Landes auf Warfen. Die alten Bauernhäuser bestehen aus Fachwerk und sind zum Teil nur niedrig. Wenngleich mit Stroh gedeckt, sehen sie doch nicht unfreundlich aus, da das Holzwerk grün angestrichen zu sein pflegt. Hin und wieder stehen neben den alten Gebäuden, die in diesem Falle als Stall und Scheune benutzt werden, noch moderne, im Schweizerstile gehaltene Wohnhäuser. Die Bauernstellen, sog. Bauen, sind nicht so lang und schmal wie in Moorriem. Ueberall sind die Wege und Ufer der Gräben mit Weiden bepflanzt, die von Zeit zu Zeit geschnitten und gut verkauft werden. Ueberall in der Nähe der Häuser befinden sich Obstgärten und Hanfäcker. Fast bei jedem Hause bemerkt man unter den Fenstern der Wohnstuben wohlgepflegte Blumen=

gärten mit den charakteristischen Taxusbäumen, die auf eine Vorliebe des Volkes für das Zierliche schließen lassen.

Die Nebendörfer und Bauernhöfe liegen über die grüne Ebene in kleineren Gruppen zerstreut, wodurch der Landschaft, die im übrigen ein fast ununterbrochenes Weideland ist, Mannigfaltigkeit und Abwechslung verliehen wird. Zwischen den Bauernhäusern bieten sich dem Auge überall hübsche Durchblicke auf das steile, weiße Sandufer der Weser. Die Ollen, welche parallel der Chaussee mitten durch das Ländchen fließt, giebt dem Ganzen Leben und Freundlichkeit. An beiden Ufern derselben erheben sich Einzelgehöfte und Ortschaften. Die Weiden sind überall mit behäbig grasenden Rindern wie besä't.

Wohin das Auge schaut, erheben sich an den Kanälen, die das Ländchen durchziehen, niedrige Wassermühlen. Alle diese Mühlen werden durch Wind getrieben, der große sog. Wasserschrauben in eine drehende Bewegung setzt, wodurch das Wasser drei bis vier Fuß hoch über die bedeichten Feldmarken gehoben wird. Stedingen ist nämlich so niedrig gelegen, daß es fortwährend überschwemmt sein würde, wenn nicht die schützenden Deiche wären. Aber auch von der höher gelegenen Geest bringt in wasserreicher Jahreszeit das nasse Element ins Land herein, und da die Flüsse und Sieltiefe (Kanäle) manchmal das Wasser nicht rasch genug fortschaffen können, so muß es auf künstliche Weise durch die genannten Wasserschöpfmühlen gehoben werden. Zu diesem Ende haben sich im Lande Genossenschaften gebildet, sog. Mühlenachten (im ganzen 28), welche ihre Feldmark bedeicht und die nötigen Mühlen gebaut haben, die das Binnenwasser in der beschriebenen Weise heben. Letzteres kann jedoch nur geschehen, wenn das Außenwasser nicht zu hoch steht.

Den Gevatter Storch mußte ein solch wasserreiches Land selbstredend ungemein anheimeln, und auf den meisten Giebeln hat er sich denn auch häuslich niedergelassen und wird gern geduldet.

Wie im Nordosten die Weser mit ihren Uferdünen, im Nordwesten die Hunte die Grenze des Ländchens bildet, so wird es im Süden durch die bewaldeten Abhänge der Delmenhorster Geest, die wie ferne Gebirge herüberschauen, abgeschlossen. Das Ganze liegt mithin in einem Flußthale zwischen der oldenburgischen und hannoverschen Geest und gewährt das Bild einer friedlich abgeschlossenen Flußmarsch, „wasserreich und fruchtbar, wie ein Garten des Herrn". Es ist keine echte, reine Marsch, wie Jeverland und Butjadingen. Wie dem Volke, so ist auch dem Lande ein mehr gemischter Charakter aufgeprägt.

Nach Osten hin läuft die Marsch, von der Ochtum durchschnitten, fast keilförmig aus und findet ihre Verlängerung in dem zum Gebiete der freien Stadt Bremen gehörenden Vierlande.

Nachdem wir Bardewisch passiert sind, das sich durch eine schöngewölbte Kirche auszeichnet, gelangen wir nach dem historisch berühmten, unmittelbar am Deiche, unweit der Ochtummündung in die Weser gelegenen Kirchdorfe Altenesch. In der ungewölbten Kirche daselbst befindet sich noch eine alte, geschnitzte Kanzel, die aus der St. Veits-Kapelle stammen soll. Der St. Veits-Hügel mit dem oben schon beschriebenen Denkmal der gefallenen Stedinger liegt von hier nicht weit entfernt und unmittelbar am Fuße des Deiches.

Hier möge noch eine Volkssage Platz finden. Bei Altenesch liegt nämlich ein großer Kolk, eine sog. Brake, die Nobiskuhle genannt, über deren Ursprung sich das Volk Folgendes erzählt: Einst war bei einer Sturmflut die Weser sehr hoch gestiegen und drohte den Deich am rechten Ufer zu durchbrechen. Da bestachen die hannoverschen Bauern einen Stedinger, Namens Nobis, mit einem roten Rock und einer bunten Kuh, auf daß er den Stedinger Deich durchsteche und so von ihrem Ufer die Gefahr abwende. Das war leicht geschehen. Nobis schob nur eine Bohnenstange auf dem Deiche hin und her, wodurch eine kleine Rinne entstand. Durch diese erlangte das Wasser Abfluß, wühlte aber das enge Bette immer weiter und weiter, bis in kurzer Zeit ein großer Deichbruch entstand. Der Thäter wurde indes ausfindig gemacht und empfing den gesetzlichen Lohn. Die Stedinger sperrten ihn in eine Tonne, die mit spitzen, nach innen gekehrten Nägeln wie gespickt war. In dieser Tonne rollten sie ihn von der Deichkappe in die tiefste Schlucht des Bruches hinab und füllten diesen dann mit Erde bis zur Höhe des Deiches aus, also daß der Unglückliche lebendig eingedeicht wurde. Als die ersten Schollen auf seinen Sarg fielen, hörte man ihn rufen:

„De rode Rock, de bunte Koh,
De deckt mi armen Sünder to!"

bis endlich die Stimme, schwächer und schwächer werdend, unter der Erde erstickte.

Von Altenesch treten wir den Rückmarsch auf dem Weserdeiche an, um einen Anblick der hübschen Bilder zu gewinnen, die sich hier an den Ufern des Stromes entrollen. Die Weser zeigt schon hier die Neigung, kleinere und größere, mit Rohr und Schilf, niedrigem Weiden- und Eschengestrüpp bewachsene Inseln, sog. Sande und Platen, zu bilden. Auf diesen Flußinseln bemerken wir überall zum Trocknen ausgespannte Fischnetze. Am Deiche sind hin und wieder kleine Fischerkähne angebunden. Unten an Deiche stehen kleine saubere Fischer- und Schifferhäuser mit grünangestrichenem Holzwerk, wozu auch eine regelmäßig über der Thür angebrachte Luke gehört. Vom Teiche aus haben wir eine freie, schöne Aussicht über die Weser nach Vegesack, Blumenthal, St. Magnus, den beliebten Sommerausflügen und Villegiaturen der Bremenser.

Der Fluß mit seinem Wellengeriesel, mit dem eigentümlichen Leben und Treiben an seinen Ufern, den Helgen und Schiffswerften, entfaltet hier seltene Reize, die vor allen einen Binnenländer (Mittel- oder Süddeutschen) durch ihre Neuheit zu fesseln vermögen. Nicht allein die Landschaftsbilder, auch die Menschen interessieren uns durch ihr offenes, seemännisches Gepräge. Handel und Schiffahrt bilden ihren Lebensnerv und drücken ihrem Sein und Charakter, ihrer Sprache und Umgangsweise einen unverkennbaren Stempel auf. Man braucht nur Sprichwörter wie: „Tar is man een grot Mast upt Schipp" (d. h. nur einer kann das Haupt sein) zu hören, um diese Wahrnehmung zu machen.

Vegesack liegt dem Dörfchen Lemwerder gegenüber, am Einfluß der Lesum in die Weser. Blumenthal mit seinen hübschen Landhäusern und Gartenanlagen liegt weiter stromabwärts. Dann folgt auf steilem, weißem Sandufer Ronnebeck. Die Weser versandet hier stark, weshalb fortwährend mit Maschinen gebaggert werden muß. Sie bildet auf dieser Strecke die Scheide zwischen zwei grundverschiedenen Landschaftsbildern. Links niedrige Marsch mit grünen Wiesen und Weiden, rechts hohe Geest mit Gebüsch und Ackerland.

Immer weiter mit dem Strome wandernd gelangen wir endlich nach Warfleth, auf dessen Kirchhof die gefallenen Stedinger ihre letzte Ruhestätte fanden. Die Kirche daselbst ist klein, düster, ungewölbt, fast im Deichkörper gelegen.

Von Warfleth wandern wir den Uferdeich entlang, worauf uns nach einem halben Stündchen ein landeinwärts führender Pfad in kurzer Zeit wieder nach Berne, dem Anfangspunkt unser Wanderung, geleiten würde. Wir haben das ganze Ländchen durchstreift, seine Lage, Bodenverhältnisse und Bevölkerung kennen gelernt. Der Charakter, die Lebensweise und Beschäftigung dieser letzteren sind durch jene bedingt. Auf einem so niedrigen Boden kann vorherrschend nur Viehzucht getrieben werden. Schweres Wintergetreide kann hier nicht gedeihen, sondern nur Sommerfrüchte, wie Hafer und Gerste. Die Lage am Weserstrom weist einem großen Teil der Bewohner auf Schiffahrt und Handel hin und alles was damit zusammenhängt, wie Reederei, Schiffs- und Hanfbau. Das Stedingerland stellt ein bedeutendes Kontingent zur Bemannung der deutschen Handelsflotte; es sind tüchtige, gutmütige Seeleute, die aus Stedingen hervorgehen. Sie mögen weniger kühn sein als die echten Friesen, dafür sind sie aber auch weniger roh. Als Mischlingsvolk haben die Stedinger keinen scharf ausgeprägten Charakter; sie sind aber ein respektables, gebildetes, biederes, freundliches und solides Völkchen.

Ganz ähnlich sind Land und Leute in dem nordwestlich, jenseits der Hunte gelegenen Moorriem. Bevor wir uns jedoch diesem Landstriche zuwenden, ist es notwendig, noch einiges über den Hanfbau mitzuteilen.

Der Bau und die Bearbeitung des Hanfes beschäftigt im Stedingerlande viele fleißige Hände. Nicht bloß auf den Wohlstand des Landes ist der Hanfbau von großem Einfluß, sondern die Pflanze giebt auch der Landschaft ein eigentümliches, charakteristisches Ansehen. Der Ertrag des Hanfbaues ist so erheblich und bedingt so sehr die Existenz des „kleinen Mannes" (Kötlers), daß er sein Stück Gartenland fast ausschließlich dazu verwendet, so daß ihm für Gartenbau nur ein kleiner Teil übrig bleibt. Kartoffeln baut er dann auf einem Stück gemieteten Ackers im Felde. Die Arbeit, welche der Hanf erfordert, ist ziemlich bedeutend. Im Frühjahr, wenn man die Nachtfröste nicht mehr fürchtet, wird der Same gesäet. Der Boden wird zuvor ziemlich tief umgepflügt, aber nicht zu sein geeggt, damit der Same gut einfallen könne. Nach der Aussaat ist eine feuchte, warme Witterung dem Wachstum des Hanfes sehr günstig.

Es giebt zweierlei Arten von Hanf, den männlichen und weiblichen. Der Hanf (Cannabis sativa) gehört nämlich zu denjenigen Pflanzen, die in getrennter Ehe leben, zu den sog. zweihäusigen Pflanzen, bei denen sich die männlichen und weiblichen Fortpflanzungsorgane auf verschiedenen Pflanzen befinden. Die männliche Pflanze heißt **Fimmel**, die weibliche **Saathanf**, auch **Mastel** oder **Mäsch**. Sollte von diesen Namen ersterer von femenina, letzterer von mas herzuleiten sein, was wohl wahrscheinlich ist, so fände hier eine merkwürdige Verwechslung der Geschlechter statt. Der Stengel wächst steif aufrecht, ist wenig ästig, kantig und wird 1 bis 2 m hoch. Die langgestielten Blätter sind fingerförmig gestellt. Das frische Kraut riecht betäubend, und man bereitet im Morgenlande berauschende Getränke daraus (Haschisch oder Molak). Das berühmte **Nepenthes der Alten**, das alles Unangenehme vergessen machte und das Gemüt erheiterte, soll durch Abkochen von Hansblättern bereitet worden sein. Die Samen enthalten ein fettes Oel, werden in der Medizin benutzt und sind für Stubenvögel ein Leckerbissen. Daß der Hauptnutzen des Hanfs in der Verwendung der Fasern zu Garn, Segeltuch, Tauen ꝛc. besteht, ist bekannt. Wie das waldreiche Ammerland das Holz zu den Schiffen liefert, die auf den Werften der Weser gebaut werden, so das Stedingerland die Taue und Segel und — was mehr — ein bedeutendes Kontingent der kühnen Matrosen und Fahrensleute.

Der männliche Hanf oder Fimmel bleibt schwächer, als der weibliche. Er wird schon Ende Julius reif und alsdann aufgezogen oder „gegelljet". Hiervon stammt die Benennung „Gelljehanf" her, die man wohl auch dem männlichen Hanf giebt. Beim Ausraufen werden vornehmlich Weiber verwandt, die gut bewirtet (traktiert) werden müssen. Beim Gelljen bahnen die Arbeiter sich Gänge in den Hanfacker, wobei die einzelnen Gruppen sich nahe genug bleiben, um die Tagesneuigkeiten gehörig durchsprechen zu können; und die Zunge ist dabei ebenso geschäftig, wie in der Spinnstube, nur daß dort unter freiem Himmel etwas lauter geredet werden muß, so daß die Vorbeigehenden das Gespräch ungesehen und ohne die Ohren zu spitzen, leicht behorchen können. Der weibliche Hanf steht einige Wochen länger, bis zur Reise des Samens, etwa gegen Ende September. Dann wird er wie Getreide geschnitten und in Bündel („Schaten") zusammengebunden. Man sagt dann: „Nun wird es im Stedingerlande wieder Tag!" Die Hanfäcker liegen nämlich zum großen Teil zu beiden Seiten der Landstraße, und der hochaufschießende Hanf verhindert die Aussicht auf die ebene Fläche des Ländchens. Man atmet daher nach dem Schneiden des Hanfes frei auf, wenn sich bei der heitern, milden Septembersonne der Blick wieder über die nach zwei Seiten von Geest und Wesergestade eingerahmte, überaus freundliche Landschaft ergehen kann.

Die Bündel des Saathanfs werden zum Trocknen aufgestellt und bleiben so lange stehen, bis der Same ausgedroschen werden kann. Hierauf legt man die Bündel zum Roden oder Rösten ins Wasser, wodurch bewirkt wird, daß sich der Bast von den holzigen Teilen ablöst. Alsdann wird er gewaschen, aus dem Wasser genommen und zum Trocknen hingelegt. Das Roden des Hanfs in den zahlreichen Gräben, wobei der Schlamm derselben zur Deckung, zum Untertauchen der „Hanfschaten" dient, ist keineswegs eine Annehmlichkeit des Ländchens. Der aufgewühlte Schlamm, der Zer=

setzungsprozeß beim Roden, namentlich wenn der Hanf wieder aufs Trockne gebracht wird, erfüllt die Luft mit übelriechenden Dünsten, die freilich durch den freien Luftzug, der die Ebene bestreicht, bald zerstreut werden. Wenn der Hanf trocken ist, so bricht („brakt") man ihn auf einer großen, hölzernen, mit vielen zahnförmigen Einschnitten versehenen Brake, damit die groben, holzigen Teile sich von den Fasern trennen. Nach dem Braken erfolgt das „Schlepen" oder Schleifen des Hanfs auf einer kleineren Breche, bis er vollständig von aller „Schäwe", so heißen die holzigen Teile, gereinigt ist. Die Schäwe ist dem kleinen Mann ein sehr willkommenes Brenn= und Heizungsmaterial. Die Arbeit des Brakens ist der Gesundheit nachteilig, da eine Menge Staub dabei aufgewirbelt wird, den der Arbeiter einatmet. Daher ist die Arbeit, namentlich für Engbrüstige, sehr beschwerlich.

Der vollständig gereinigte Hanf wird in kegelförmige, etwa 50 bis 60 Pfund und darüber schwere Bündel gebunden und verkauft. Ein großer Teil des männlichen Hanfs ist so fein, daß man ihn spinnen und feste, vorzügliche Leinwand daraus verfertigen kann, was auch im Lande selbst geschieht. Der weibliche Hanf ist gröber und wird größtenteils auf den Seilereien an der Weser, zu Lemwerder, Warfleth, Vegesack, Elsfleth, Brake ꝛc., zu Tauwerk verarbeitet.

Die Quantität des im Stedingerland gebauten Hanfs läßt sich nicht bestimmt angeben, doch ist sie bedeutend, wenn auch nicht in dem Grade wie früher, und man darf wohl annehmen, daß sie jährlich im Durchschnitt über 200000 Pfund beträgt. Der Erlös hierfür wie für den Samen beläuft sich auf etwa 39 bis 42000 Mark. Ein großer Teil des Hanfs geht nach Bremen. Für den kleinen Mann ist es eine wichtige Lebensfrage, wie sich die Preise des Hanfs und des überschüssigen Samens stellen; 18 bis 24 Mark á 100 Pfund Hanf ist ein lohnender Preis, doch ist derselbe wohl schon auf 30 Mark gestiegen. Ein Preis unter 18 Mark ist kaum genügend. Auch der Hanfsame, der nach Abzug der künftigen Einsaat zum Verkauf gebracht wird, liefert einen guten Ertrag, wenn der Preis des Scheffels (ca. 23 Liter) bis zu 3 Mark und darüber steigt.

Auf die Bearbeitung und Reinigung des Hanfs kommt alles an. Je sorgfältiger man dabei verfährt, je reiner also die Risten oder Handvoll von Heede oder Werg sind, desto höher wird das Produkt geschätzt. Betrügereien durch Anfeuchten des Hanfs oder durch Beimischung von Unrat kommen wohl vor; doch kennen die

Aufkäufer im Lande ihre Leute und wissen sich von der Güte der Ware zu überzeugen, ehe der Handel abgeschlossen wird.

Auch im benachbarten Moorriem wird Hanf gebaut, doch nur zum eigenen Bedarf, und nur von den Hausleuten, die im Winter mit der Verarbeitung desselben (Spinnen und Taudrehen) ihre Knechte und Mägde beschäftigen.

## II.

Moorriem ist der nordwestliche Teil des Amtes Elsfleth und umfaßt die ehemaligen Vogteien Oldenbrok und Moorriem. Grenzen sind im Osten die Weser, im Südosten die Hunte, im Westen zum Teil unwegsames Moor (Ipweger Moor), im Norden ebenfalls Moor (Hochmoor der Angelkuhle) und das Stadland.

Der Name „Moorriem" heißt so viel, als ein schmaler Streifen, ein Riemen im Moor, weil die Häuser der Dörfer in einer langen Reihe am Rande des Moores hingebaut sind. Nur eins der 6 Kirchspiele, Elsfleth, liegt ganz auf Marschboden an der Weser, die übrigen liegen fast in einem Halbkreise auf der Scheide zwischen Moor und Marsch. Das Moor eignet sich wenig zum Torfgraben, sondern, weil es niedrig ist, mehr zu Wiesen und Aeckern.

Wir können von Stedingen über die Fähre bei Huntebrück auf schöner Klinkerchaussee in das Land gelangen, ziehen es aber vor, von Oldenburg über Ohmstede und Bornhorst in dasselbe einzudringen. Von Bornhorst gehen wir auf dem chaussierten Wulfsdeich in östlicher Richtung nach dem Dorfe Moorhausen. Von der Kappe des Deiches erfreuen wir uns einer weiten Aussicht, links und rechts über niedrige Moorwiesen, die im Frühjahr überschwemmt sind und nur durch ein Mühlenwerk mit Wasserschraube über den Huntedeich entwässert werden können. Rechts, jenseit der Hunte, erblicken wir die Irrenbewahranstalt Blankenburg und den Holler Kirchturm im Wüstenlande. Links, in der Ferne, schweift unser Auge nach Norden hin über das braune Ipweger Moor bis an die Gebüsche, welche die Moorriemer Kirchdörfer Bardenfleth, Neuenbrok und Großenmeer einschließen; fern im Westen erhebt sich der hohe Geestrand mit der weithin sichtbaren Loyerberger Mühle und den Gebüschen von Loy, Haukhausen und Rastede.

Wo wir links vom Deich ins Dorf Moorhausen hinunter gehen, erblicken wir am Fuße des Deiches einen einsamen, dunkeln, von Schilf und Erlen umrauschten, tiefen Moorkolk, die sog.

„Eilers Brake". Mitten drin schwimmt eine kleine Insel, die vom Winde getrieben wird. Eine schwimmende Insel, wer hätte die hier zu Lande gesucht! Die Sage hat das günstige Terrain sich nicht entgehen lassen und erzählt uns eine unheimliche Geschichte vom Untergange eines großen Bauernhauses mit Mann und Maus, weil der Eigentümer desselben, ein gottvergessener, ruchloser Sohn, seine Eltern in Not und Elend verstoßen habe.

Durch ganz Moorriem führen jetzt schöne Klinkerchausseen. Früher waren die Wege schlecht und häufig unpassierbar, so daß Land und Leute ziemlich isoliert blieben. Von der Hauptchaussee führen erhöhte Nebenwege, sog. „Helmer", in die Marsch, an den Deich und nach Elsfleth, so die Nordermoorer Helmer, welche aber jetzt chaussiert ist. Der Weg durch Moorhausen, Gellen und Moordorf hieß früher die „hölzerne Straße" (holten Strat), weil er mit Holzbohlen belegt war. Die Häuser liegen fast alle im Erlengebüsch versteckt links des Weges. Kurz vor Moordorf treffen wir einige Häuser im Moor, welche Gellen und Paradies heißen. Ein Fremder, der hier durchkam und den Namen hörte, meinte: „Na, wenn dat 't Paradies is, denn wunnert 't mi ok nich, dat Adam un Eva dar herut lopen sünd."

Hier fand im Jahre 1475 die sog. „Bremer Taufe" statt. Der Graf Gerhard der Mutige von Oldenburg war mit dem Erzbischof Heinrich von Bremen in Fehde geraten. Heinrich war mit einem Heere ins Ammerland gefallen und hatte die Kirchdörfer Zwischenahn, Edewecht und Westerstede geplündert und verbrannt, auch das Kloster Rastede beraubt. Als nun die Bremer ihre 700 beutebeladenen Wagen durchs sumpfige Moor nach Bremen führen wollten, wurden sie von Graf Gerhard, seinen Reitern und den Moorriemern überfallen. Viele hundert Feinde wurden niedergehauen und in den Morast geworfen (getaucht, „döft"), 700 Gefangene, mehrere raubbeladene Wagen, fünf Fahnen und fünfzehn Kanonen im Triumph nach Oldenburg geführt.

Der oben genannte kleine Ort Paradies gab dem Grafen Gerhard dem Mutigen Veranlassung zu folgendem Wortspiel: Einst hatte sein Bruder Christian, der König von Dänemark geworden war, in einem Schreiben an den Grafen alle seine Titel aufgezählt. Gerhard gab es lächelnd seinem Sekretär und sagte: „Beantworte dies und nenne mich Herrn von Paradies, Himmel und Hölle!" — Eigenhändig schrieb er alsdann darunter: „Kassen (Christian), wo smeckt Di dat?" — Es giebt nämlich im Oldenburger Lande außer dem Dorfe Paradies auch zwei Oerter, Namens Helle und Himmelskamp.

Auf einer Strecke der Moordorfer Chaussee kann man landeinwärts, nach dem Stedinger- und Wüstenlande hinüber, neun Mühlen zählen, sog. „Steertmühlen", die zur Entwässerung des Landes dienen. Solcher Mühlen hatte Moorriem früher auch eine Menge; denn das Land war häufig Ueberschwemmungen durch die Flußgewässer ausgesetzt. Alsdann hatte es einen holländischen Charakter, es glich einem See, aus welchem nur die Häuser auf dem schmalen Streifen wie Inseln hervorschauten. Seitdem aber 1868 bis 1870 ein neuer Kanal angelegt ist, der bei Käseburg, südlich von Hammelwarden, in die Weser mündet, läßt die Entwässerung nichts zu wünschen übrig. Ohne ein durchgreifendes Gesetz, die Deichordnung, wäre diese großartige Anlage nicht durchzuführen gewesen; denn nicht nur einzelne kurzsichtige Interessenten, sondern auch viele Grundbesitzer der benachbarten Käseburger Sielacht erhoben Widersprüche und legten Rekurse ein. Mit einem Aufwande von etwa 140000 Thalern wurde das Werk vollendet. Die Kosten sind freilich groß, in der Moorriemer Sielacht betragen sie 13 Thaler pro Jück; allein dieser große Aufwand trägt reiche Zinsen. Die Kultur des Bodens und folglich auch der Wert desselben in einem Distrikte von 14000 Jück hat unendlich dadurch gewonnen.

Bei Altenhuntorf dehnt sich die Marsch rechts der Chaussee schon weit nach der Hunte hin aus und erstreckt sich bei Bardenfleth, Neuenbrok und Großenmeer fast unabsehbar bis zur Weser hin. Das Land ist hier eine ungeheure Grasebene, eine Prairie, die mit weidenden Rinderherden übersäet ist. Die Weidewirtschaft wird hier in großartigem Maßstabe betrieben. Auf Rindvieh- und Pferdezucht verstehen sich die Moorriemer aus dem Grunde. Ein echter Moorriemer Bauer weiß ein Pferd auf einen Blick zu taxieren, er sieht sofort alle Vorzüge und Mängel desselben; ein so gründlicher Pferdekenner ist er. Das kommt daher, weil er von Jugend auf mit diesen edlen Tieren verkehrt hat.

Die Bauernstellen („Bauen") sind hier nur schmal, doch ist ihre Breite sehr verschieden und variiert zwischen 30 bis 90 m. Man erklärt dies aus folgendem Umstande: Die ersten Bewohner sollen Fischer gewesen sein, die ihre Bauen nach der Länge ihrer Netze abteilten. Wer ein großes Netz besaß, erhielt eine breite Bau, damit er Raum hatte, es auszuspannen; wer ein kleines Netz hatte, bekam dagegen eine schmale Bau. In Großenmeer und Oldenbrok sind die Bauen aber viel breiter. In Bardenfleth und Neuenbrok erstrecken sich dieselben vor und hinter den Häusern stundenweit. Hinter den Häusern ist Moor, vor denselben Marsch, die bis an den Deich oder das Tief reicht. Auf dem Moore, soweit es nicht als Weideland benutzt wird, baut man Kartoffeln, Hafer, Roggen ꝛc. Diese Bodenverhältnisse sind sehr günstig für den Bauer; er ist weder ganz auf die Viehzucht, noch auf den Ackerbau angewiesen. Ist die Witterung der Marsch und dem Graswuchse ungünstig, so liefert das Moor immerhin noch einen Ertrag. Kein Wunder daher, wenn die Bauernfamilien hier so konservativ und seßhaft sind; die Stellen haben seit Menschengedenken ihre Besitzer nicht gewechselt.

Ein Spaziergang von Altenhuntorf bis Großenmeer ist im Sommer nicht ohne Reiz. Die Dörfer am Rande des Moores gewähren einen freundlichen Anblick. Sie dehnen sich weit in die Länge aus und stoßen oft so nahe an einander, daß man stundenweit gehen kann und immer noch in demselben Dorfe zu sein glaubt. Viele Bäume, Erlen, Eichen und Obstbäume umgeben die Häuser und machen den Aufenthalt im Sommer sehr angenehm. Die Bauernhäuser liegen in einer Reihe, die Köterhäuser liegen entweder seitlich vor, oder hinter ihnen. Wie Moorriem den Uebergang bildet vom Moor zur Marsch, vom sächsischen zum friesischen Stamme, so tragen auch die Häuser den Uebergangsstil an sich; einige sind friesischer, andere sächsischer Bauart. Jene sind massiv; diese bestehen aus Bindwerk, dessen Holz vorn weiß oder rot angestrichen ist, und sind mit Stroh gedeckt. Die Wand hinter dem Herde ist in holländischer Weise mit sog. Steentjes (Fliesen) getäfelt, auf denen sich allerlei primitiv gemalte Figuren, wie Mühlen, Zugbrücken ꝛc. befinden. Vor den Häusern sind häufig hübsche Blumengärten. Auf der First nistet gern der Storch, dem sich in den vielen Gräben, von denen das niedrige Land durchschnitten ist, reichliche Nahrung bietet.

An den Gräben bemerken wir fast überall **Weidenholz**, das hier seit etwa 100 Jahren mit gutem Erfolg und Vorteil angepflanzt wird. Die feineren Weiden werden von drei zu drei Jahren geschnitten, in Bündel von je 25 gebunden und zu Faßreifen an Böttcher und andere Aufkäufer aus Butjadingen und von der Geest verkauft, das Bündel zu 75 Pfennigen bis 1 Mark. Weil auch Kiepen und Körbe daraus gemacht werden, so heißt das Holz **Korbholz**. Gebrauchen es die Küpfer zu Faßbändern, so heißt es **Bandholz**. Das gröbere Holz wird alle vier Jahre geschnitten und zu Stäben und Stielen in Flegeln, Harken ꝛc. verkauft, à Stab für 10 bis 20 Pfennige; es wird daher **Stielholz** genannt. Die Stäbe werden zuvor in einen heißen Backofen gesteckt, alsdann abgeschält und gerade gebogen. Aus diesem

Weidenhandel wird viel Geld gelöst; es giebt Hausleute, die jährlich für 150 bis 300 Mark Weidenholz nach Bremen, Oldenburg und andern Oertern verkaufen.

Als besonderer Erwerbszweig muß hier auch noch die Gänsezucht erwähnt werden, welche viel in Altenhuntorf und Talsper betrieben wird, früher mehr als jetzt.

Die Kirchen in Moorriem sind unansehnlich, nur in Neuenbrok befindet sich eine neue Kirche. Neben denselben stehen häßliche hölzerne Glockentürme, wahre Glockenfutterale. Die Kirche zu Elsfleth hat einen Flügel, der sich in einem rechten Winkel dem Hauptteile anschließt; sie hat eine flache Decke und birgt nichts Sehenswertes. Schon im 9. Jahrhundert, wenigstens in der Mitte des 11., befand sich zu Elsfleth eine Kirche. Die erste Kirche soll im Bette der Weser gestanden haben; die jetzige wurde erst 1391 erbaut und dem heil. Nikolaus, als Bändiger der Fluten, gewidmet. Aus den Trümmern der ersten Kirche soll die zu Bardenfleth erbaut sein. Ein Balken der flachen Decke der Bardenflether Kirche trägt jedoch die Inschrift: „Anno 1620 den 29. May J. D. K. G. B." Im Jahre 1158 wurde eine Kirche zu Linebrok gebaut. Sie stand westlich der Line in der Gegend der jetzigen Oldenbroker Mühle und hatte die gegenwärtigen Kirchspiele Oldenbrok, Neuenbrok und Großenmeer zu ihrem Sprengel, wogegen der südlichere Teil von Moorriem bei Elsfleth verblieb. Als 1463 die Linebroker Kirche in der Bruderfehde zwischen den Grafen Gerhard und Moritz verwüstet wurde, entstanden die genannten drei Kirchspiele, wovon Neuenbrok das älteste ist. Die jetzige Kirche zu Oldenbrok wurde 1619 erbaut. Früher stand sie in der Bauerschaft Altendorf, an der Stelle, die noch jetzt „Alte Kapelle" heißt. Wenn man Strückhausen zum nördlichen Stedingerlande (Moorriem) rechnen will, so befand sich auch hier eine Kirche, Witzale genannt. Sie stand in der Gegend, wo das Gut Harlinghausen, später Treuenfeld genannt, liegt. Nicht weit von Strückhausen liegt der Flecken Ovelgönne, d. h. Owergang, Uebergang, weil hier eine Furt über das Lockfleth war. Den Namen Ovelgönne von übel gönnen herzuleiten, ist widersinnig. Zu Altenhuntorf befand sich schon im 13. Jahrhundert eine aus Holz erbaute Kirche, die jetzige steinerne wurde 1732 erbaut. Die alte Kirche zu Neuenbrok (1490 erbaut) war zuletzt sehr baufällig, mußte durch Pfeiler (Ständer) gestützt werden und hatte nicht einmal eine Orgel; die jetzige, in den fünfziger Jahren erbaute, ist sehr freundlich und hell. Die Neuenbroker sollen einst den Oldenbrokern eine Glocke gestohlen haben. Sie entführten dieselbe zur Nachtzeit auf einem mit sechs Pferden bespannten Wagen. Allein bald wurden sie von den Oldenbrokern verfolgt und eingeholt. Da brachen den Verfolgten mehrere Stränge, sie rissen in der Not ihren Pferden die Schweifhaare aus, die sie als Stränge benutzten, und entkamen glücklich. Seit dieser Zeit werden sie von den Oldenbrokern bis auf den heutigen Tag „Strappenlukers" geschimpft.

Ein Pastor zu Neuenbrok, Dr. Lieth, ein eminenter Kanzelredner, wurde 1839 Hofprediger der Königin Amalie von Griechenland (einer oldenburgischen Prinzessin) und Pastor der evangelischen Gemeinde zu Athen. Der hochbegabte Mann, der in ganz Moorriem noch jetzt in gutem Andenken steht, soll ein trauriges Ende genommen haben, wenigstens schwebt im Volke ein geheimnisvolles Dunkel über demselben, was einen Romandichter veranlassen könnte, es aufzuhellen.

Die Kirche zu Großenmeer wurde 1600 erbaut. Großenmeer wird auch Meerkirchen genannt. Der Name kommt daher, weil sich hier vor der Eindeichung des Landes das Wasser der ganzen Umgegend sammelte und einen Landsee (Meer) bildete. Damals floß die Liene durch diese Gegend von der Weser in die Jade. Noch jetzt heißt ein Haus (zu Barghorn) „Fährhaus", obgleich längst keine Fähre mehr da ist.

Die Altenhuntorfer und Bardenflether gehörten in kirchlicher Hinsicht nach Wiefelstede. Sie gelangten dorthin auf einem Knüppeldamm, der durch das Moor nach Ipwege führte. Noch jetzt wird stellenweise derselbe unter dem Moore, in einer Tiefe von ca. 2 m, aufgefunden. Der Damm, Hünenbrügge genannt, soll sich von Moorriem aus noch weiter, nach Huntebrück hinziehen und von den Stedingern als Kirchweg benutzt worden sein.

Nun noch einiges über die Bewohner. Sie sind sächsischen Stammes und haben sich hier, wie auch im Wüstenlande und Stedingen, vor Ankunft der niederländischen Kolonisten, auf dem Moore niedergelassen. Anfänglich wohnten sie wohl nur im Sommer daselbst, allmählich aber siedelten sie sich bleibend an. Weil das Land so lange abgeschlossen blieb, namentlich in seinem Kerne, den Dörfern Altenhuntorf, Bardensleth und Neuenbrok, so blieben die Bewohner vom verwischenden Schliff der Kultur verschont und behielten viel Ursprüngliches. Die Hauptzüge ihres Charakters sind Derbheit, Geradheit, Phlegma und trockner, schlagender Witz. Wie die Menschen, so hat auch die Sprache derselben etwas sehr Derbes („Buttes"). Die Moorriemer schätzen sie aber hoch und meinen: „Mit us' Plattdütsch kam wi där de ganße Welt."

Die Stabländer und Butjenter sehen mit Geringschätzung auf die Moorriemer und nennen sie "Moorriemer Putaale", die Mädchen "Moorriemer Nantelüken". Einzeln kommen auch die Ausdrücke vor: "Moorriemer Giezlappen", Moorriemer Lüs'", "Moorriemer Recht". Was diese Ausdrücke besagen sollen, ist mir nicht verständlich. Letzteres ist wohl eine Anspielung auf die vielen Schlägereien, die früher in Moorriem, namentlich bei festlichen Gelegenheiten, häufig vorkamen, wo man sich mit der Faust, mit dem "Knüppel" Recht verschaffte. Vor allem waren die Neuenbroker als Schlägler berüchtigt. Des Abends finden häufig Zusammenrottungen des jungen Volks auf der Straße statt; kein Wanderer geht alsdann unbehelligt durch neckische, teilweise rohe Redensarten vorüber, wenigstens war dies früher der Fall. Ueberhaupt bezeigen die jungen Leute große Lust zu tollen, übermütigen Streichen und Eulenspiegeleien; ihre überschüssige Kraft kann sich nicht anders austoben. Die Milchmädchen gehen im Sommer früh vor Tage zum Melken; alsdann rufen und locken sie einander durch Trommeln mit dem hölzernen Kreuz, was auf die Milch gelegt wird, auf den Boden des Milcheimers. In großen Trupps kehren sie, schwerbeladen mit der köstlichen Milch, zurück und ruhen sich von Zeit zu Zeit, auf den Milcheimern sitzend, aus. Vorübergehende, die sich mit ihnen in einen Wortwechsel einlassen, kommen alsdann nicht ungeschoren vorbei.

Der beißende Witz der Moorriemer prägt sich in folgenden Lokal=Anekdoten trefflich aus.

### De Bur un de Amtmann.

Mal is'n olen Amtmann in Elsfleth wesen, dat weer just de Klöfste nich. Domals hebbt de Lü in Moorriem noch an Hexen löbt. Nu weer bar en Keerl, dat is'n fixen, fleißigen Keerl wesen, ganß vernunstig und orntlik, und wat he anfungen hett, dat is en mitlopen. Do meenden de Lü, he weer'n Hexenmester un verklagden um bi'n Amtmann, at he ähr dat Veh entseeg (behexte) und at't em all mitleep. De Amtmann weer dumm 'nog un sett'd um 'n Tramin an. De Keerl keem. De Amtmann sä: "No (das o kurz gesprochen), He is verklagt as Hexenmester; wat hett He darup to entgegen?" — "Ja, Herr Amtmann, dat bun ik nich, de Lü snackt väl. Se seggt ok wat van Ehnen." — "Van mi? Wat seggt se denn van mi?" — "O, Herr Amtmann, so wat, dat seggt'n En nich gerne int Gesicht." — "Ah wat, He is'r eenmal van anfungen, nu schall He't ok seggen." — "Ja, wenn Se't denn just weten willt — — se seggt van Ehnen, dat Se nien Hexenmester sund."

## Gleiches mit Gleichem.

Ein geiziger Bauer, der mit seinen Leuten im Felde beim Getreidemähen beschäftigt war, hatte kein Vesperbrot mitgenommen. Als nun die Nachbarn sich zum Vespern hinsetzten, forderte er, um nicht beschämt zu werden, seinen Knecht auf, sich auch mit ihm hinzusetzen und zu thun, als ob sie äßen. Als darauf aber das Mähen wieder anfing, schlug der Knecht mit der Sense über das Getreide hinweg. Der Bauer fragte ihn: „Na, wat makst Du?" — „Och," antwortete der Knecht, „ick mak so, as donahßen bi't Vespern: ick bee (thue) man so." —

Die große Gleichgültigkeit der Bauern prägt sich in folgender Geschichte aus:

Der Sohn eines Moordorfer Bauern kehrte nach langer Zeit aus dem Feldzuge nach Rußland (1812) gesund in die Heimat, zu den Seinigen zurück. Er stellte sich aber fremd und bat nur um ein Nachtquartier. Weil er aber abgewiesen wird, giebt er sich zu erkennen. „So," sagt hierauf der Vater, „Geerd, büst Du dat? Ick dachde, Di harrn de Krein (Krähen) all längst in'n Eers." —

Ein Lieblingsgericht der Moorriemer ist die sog. „Büdelgörte" — Beutelgrütze —, das ist Hafergrütze in einem Beutel gekocht, die mit Rauchfleisch und Sirup gegessen wird.

## II. Kapitel.

# Butjadingen.

Unter Butjadingen ist hier derjenige Teil des oldenburgischen Marschenlandes zu verstehen, welcher zwischen der Weser und Jade liegt, die Aemter Brake und Butjadingen. Diese Landschaft ist etwa 8½ Quadratmeile groß und hat ca. 32 000 Einwohner.

Butjadingen ist, wenn nicht der schönste, so doch der kostbarste Stein in der Krone Oldenburgs. Wenn man das Münsterland die Roggenkammer, das Ammerland die Linnenkiste, oder auch die Rauchkammer, voll dicken Specks und delikater Schinken und Würste genannt hat, so verdienen die Marschländer Jever- und Butjadingerland die Fleisch-, Milch- und Butterkammer Oldenburgs genannt zu werden.

---

### 1. Butjadingens Boden.

Ich habe Butjadingen einen Edelstein genannt. Und dieser Edelstein ist ein reines Geschenk der Natur, den wir ohne hieran zu denken und eben deshalb auch ohne dafür zu danken, nur so hingenommen haben. Wie Aegypten ein Geschenk des Nils, Holland ein Geschenk des Rheines ist, so Butjadingen ein Geschenk der Nordsee und Weser. Der Boden Butjadingens ist Marsch, eine fette Thonerde, mehr oder minder mit Sand und Kalk vermischt. „Wat is dat hier fär'n smärigen Sand!" sagte jenes Mädchen von der Geest, das zum erstenmal in den schmierigen Klei trat.

Den Thon brachte die Weser aus den Schiefergebirgen des Sauerlandes und aus dem südwestlichen Harze und lagerte ihn nach und nach in ihrem unteren Laufe ab. Westfalen und der Harz gehören aber zu Preußen, und Butjadingen ist mithin genau genommen, wenigstens vom geologischen Standpunkte betrachtet, aus

Preußen — „ausgeführt", und wir dürfen uns daher nicht wundern, wenn dieses früher oder später sein Eigentum zurückverlangen sollte. Wir wohnen gleichsam nur zu Lehn, und unser Großherzog hat, wie ein Butjadinger Bauer sich witzig ausdrückte, sein Land im Sommer 1866 in Berlin wieder gepachtet. —

Aber nicht der Weser allein verdankt Butjadingen seinen Ursprung. Die Nordsee mischte in die fette Butter, den fruchtbaren Thonschlamm, das Mehl, d. h. den Seesand und Kalk, und so ist denn der schönste Pfannkuchen der Marsch fertig geworden, den die sandige Geest und die Watten der Weser und Nordsee wie ein trockner Rand umgeben.

Butjadingen ist angeschwemmtes Land. Vor dem 15. Jahrhundert bestand es aus vielen Flußinseln; denn die Weser ergoß sich, wie noch jetzt der Rhein, in mehreren Armen in die Nordsee. Solche Weserarme waren die Liene, das Lockfleth und die Heete. Die Liene trennte sich bei Lienen (Elsfleth) von der Weser, floß Oldenbrok und Großenmeer vorbei und vereinigte sich bei Salzendeich, wo noch jetzt Ueberreste eines Deiches sind, mit der Jade. Das Lockfleth kam bei Brake aus der Weser und teilte sich bei Ovelgönne in zwei Arme, von denen der eine, die Dornebbe, unterhalb Frieschenmoor in die Jade fiel, der andere, den alten Namen behaltend, nördlich nach dem Hoben, Seefeld u. s. w. ebenfalls in die Jade floß. Die Heete im nördlichen Butjadingen sprang bei Atens aus der Weser und ging westlich, Stollhamm u. s. f. vorbei, sich mit der Ahne vereinigend, in die Jade. Zwischen diesen Armen lagen Sande und Inseln, die sich allmählich vergrößerten und immer näher zusammen rückten, zuletzt eine zusammenhangende Fläche bildeten und endlich von einem sichern Deiche umschlossen wurden, der die Weser und Jade trennte.

Von dieser Entstehung des Landes zeugen erstens das Bodengepräge, zweitens die Namen verschiedener Orte. Der Boden Butjadingens ist nämlich sehr wellenförmig, namentlich im Süden. Die Erhöhungen waren einst Inseln und Sande, die Vertiefungen waren Flußarme. Die vielen Ortsnamen, welche auf „würden", „warden", „wurp" und „warf" enden, lehren dasselbe. „Warden" heißt nämlich so viel wie werden. Das Land ist geworden. Das sagen die Namen Lang-, Eck- und Golzwarden, Ellwürden, Rodenkircher Wurp, Oberwarf u. s. w.

Ich habe Butjadingen einen Edelstein genannt; denn es hat einen edlen, im höchsten Grade fruchtbaren Boden. Nur die eine Thatsache will ich anführen, daß auf den üppigen Weiden über 60 000 Stück Vieh grasen und zwar ca. 44 000 Rinder und ca.

7100 Pferde. Es werden jährlich über 900000 Pfund Butter ausgeführt. Eine gute Butjadinger Kuh giebt einer holländischen nichts nach. Sie giebt in den besten Monaten täglich 12, 16, ja 18 bis 24 Kannen (ca. 17 bis 34 Liter) Milch. Man rechnet im Durchschnitt jährlich 140 Pfund Butter von jeder Kuh, macht von 13077 Milchkühen 1830780 Pfund Butter, à Pfund nur 80 Pfennige gerechnet, macht allein für Butter 1464624 Mk. Diese Berechnung, die vor mehreren Jahren aufgestellt wurde, ist gegenwärtig gewiß viel zu niedrig. Hier gilt mithin Luthers Ausspruch: „Die Kühe sind lauter Wolken, denn sie regnen Milch, Butter, Käse und Bälge". — Wo so viel Butter produziert wird, da müssen brillante Weiden, es muß Butter im Boden sein. Ich könnte nun noch aufzählen, wie viel Vieh jährlich ausgeführt wird u. s. w., aber das würde zu weit führen. Speziellere Angaben über diesen Gegenstand findet der Leser in der Skizze: Viehzucht im Herzogtum Oldenburg. Nur beiläufig gesagt, wird ein guter Mastochse 800 bis 1200 Pfund und darüber schwer. Weiden, auf denen solche „Kerle" gedeihen, sind im wahren Sinne des Wortes „Fettweiden".

Aber nicht nur das Vieh, sondern auch das Volk ist edel; denn es gehört zum edlen deutschen Volksstamme der Friesen, doch davon später.

Ich habe Butjadingen einen kostbaren Edelstein genannt, und das ist es; denn nicht nur ist das Land köstlich, sondern es kostet auch viel. Die Eindeichung des Hobens bei Stollhamm kostete z. B. 13005 Thlr., à Rute 144$^{1}/_{2}$ Thlr.; die zu Ellens an der Jade kostete über 700000 Thlr. Es hat Millionen gekostet, den grünen Smaragd der Marsch einzurahmen in den „goldenen Reif" des Deiches. Ohne diese Einrahmung wäre der Wert des Steines sehr zweifelhafter Art; denn die Flut, die ihn nach und nach angeschwemmt, würde ihn auch wieder zerbröckeln und fortreißen. „Kein Land ohne Deich." Erst durch die Eindeichung wurde das köstliche Land gesichert. Die Länge der Butjadinger Deiche beträgt über elf Meilen.

## 2. Ein Gang auf dem Deiche.

Eine Wanderung auf dem Deiche bietet des Interessanten, Neuen und Ueberraschenden viel, besonders für den, der sie zuerst macht. Wir beginnen eine solche an der Westküste Butjadingens. Von der Kappe des Deiches können wir ganz Butjadingen und den Jadebusen überschauen. Der Jadebusen hat die Form eines 4 CM.

großen, herzförmigen Blattes, in welchem die tiefen Rillen der Jade und anderer kleiner Flüsse und Sieltiefe die Adern bilden. Es ist helle Luft, so daß uns das jenseitige Ufer sichtbar wird. Im Südwesten erblicken wir das Seebad Dangast. Der weiße Streifen davor im Busen ist Arngast, eine Düneninsel, der Rest eines untergegangenen Kirchspiels. Weiter östlich ragen die Fabrikschornsteine Varels empor. Uns gerade gegenüber liegt die Küste Jeverlands ausgebreitet. Weiterhin nördlich ist eine endlose Wassermasse, die im Seenebel verschwimmt. Dort münden Jade und Weser in die Nordsee. Am fernen Rande des Horizontes zieht die dunkle Gestalt eines Schiffes vorüber, das hinaussegelt ins weithinrollende Meer.

Der Jadebusen hat nicht immer einen so bedeutenden Flächenraum eingenommen wie gegenwärtig. Früher war die Jademündung so schmal, daß man von einem Ufer zum andern hinüberrufen konnte. Eine Reihe von Sturmfluten hat den Busen aufgewühlt. Durch die Flut von 1218 erlitt die Jademündung eine solche Erweiterung, daß dadurch die Rustringer Friesen östlich und westlich der Jade getrennt wurden. Nun nannten die Friesen westlich der Jade ihre jenseitigen Stammesgenossen „die Friesen buten (jenseits) der Jade", und so erhielt das Land den Namen „Butjadingen". Erst während der „Antoniflut" 1511 bekam der Jadebusen seine jetzige Gestalt. Viele Menschen kamen dabei ums Leben und mehrere Kirchdörfer wurden weggerissen. Die oberahnischen Felder, die wir dort in der Jade sehen, sind noch ein Ueberrest von versunkenem Lande. Es sind Düneninseln, die jetzt als Viehweiden benutzt und von großen Scharen von Wasservögeln bewohnt werden, die dort nisten und brüten. Im Jahre 1570 war die „Allerheiligen=Flut", in welcher allein in Butjadingen 4000 Menschen umkamen und viele Häuser umgestürzt wurden. In der Nacht vom 24. auf den 25. Dezember 1717 brach die „Weihnachtsflut" herein, in welcher viel Vieh ertrank und 15000 Menschen umkamen. Die Wiederherstellung und Verbesserung der Butjadinger Deiche kostete damals 800000 Thlr. Die letzte bedeutende Flut ereignete sich 1825. Zur Erinnerung an diese Fluten sind noch in manchen Kirchen Gedenktafeln aufgehängt\*).

Die Geschichte des Jadebusens ist also eine Reihe unsäglicher Kämpfe der Friesen mit den hereinbrechenden Sturmfluten. Immer und immer wieder durchbrach das empörte Meer die zu schwachen Deiche und wälzte namenloses Elend über die armen Küstenbewohner.

---

\*) Ausführlicheres in der Skizze: Deiche und Sturmfluten.

Aber immer wieder stellte das unverwüstliche Volk den grollenden Wogen Dämme entgegen, bis es endlich gelang, die Deiche so zu erhöhen und zu verstärken, daß sie bis jetzt den Fluten Trotz bieten. Der ganze Jadebusen ist ein Grab untergegangener Dörfer und Kirchspiele.

So unsägliches Elend aber auch die Fluten über die Küstenbewohner brachten, so verdankt doch das Friesenvolk den Kämpfen mit der See seinen ehrenwerten Charakter, dessen Hauptzüge Zähigkeit, Festigkeit, Heimats= und Freiheitsliebe sind. Der Kampf mit dem tobenden Meere ist der großartigste, den je ein Volk gekämpft hat. Immer und immer wieder mußte der Heimatboden dem Meer entrissen und teuer erkauft werden; aber eben weil er errungen werden mußte, so wurde er dem Volke um so teurer. Stets von neuem spottete das Meer der schwachen Menschenkraft; aber eben dadurch wurde sie gestärkt und gestählt, bis der Friese dem Meere endlich zurufen konnte: „Bis hieher und nicht weiter!"

Noch jetzt bemerken wir an der Innenseite des Deiches die redenden Zeugen von den Sturmfluten. Es sind die sog. Braken, stille, tiefe, wie das Volk sagt zum Teil bodenlose Wasserbecken, Kolke, die von den durch den Deich donnernden Fluten aufgewühlt sind. Am Ufer nicken und rauschen braune Rohrkolben und hohes, schlankes Schilf. Nächtlich und still ist's rings umher. Nur manchmal plätschert's im Wasser, wenn die furchtsame Fischotter eilends hinuntertaucht, oder das scheue Wasserhuhn durch Schilf, Rohr und Wasserlilien huscht.

Gehen wir jetzt den Deich hinab, um uns im Watt umzuschauen. Noch ist es Ebbe, und weithin, bis aus Wasser dehnt sich ein grauer Schlamm aus, welcher Schlick genannt wird; das ist das Watt. Ueberall erblicken wir in demselben tiefe Rinnen, sogenannte Baljen, welche von der Flut gegraben und mit trübem Wasser angefüllt sind. Auch ein Tief (Kanal) bricht sich Bahn durch den Schlamm, aber das Wasser in demselben steht noch sehr niedrig. Wagen wir uns auf einer trocknen Erdzunge in den Schlamm hinein, so gewahren wir, wie aus den unzähligen Rillen und Spalten das Wasser abfließt. Manchmal läuft auch ein Krebs von der Seite und verkriecht sich furchtsam im Schlamm, was komisch genug aussieht. Hin und wieder liegen auf dem Schlamm Muschelschalen und Seeschnecken. Auch den häutigen Seetang, den Blasen= und Riementang, finden wir, und wenn wir die Luftblasen desselben zwischen den Fingern drücken, so zerspringen sie knallend.

— Aber welch ein unangenehmer Geruch, wie von Kalköfen, steigt aus dem Schlamme auf! Gehen wir lieber fort aus dieser Region fieberschwangerer Dünste und kehren wir zum Deiche zurück.

Wir betreten das grüne Vorland des Deiches, welches man **Groden** nennt. Der Name hängt zusammen mit dem englischen to grow und dem plattdeutschen groin, d. h. wachsen. Der Groden ist nämlich gewachsenes, d. h. neu angeschwemmtes Land, das, sobald es eine ziemliche Ausdehnung gewonnen hat, der Flut durch einen neuen Deich entrissen wird. Das Watt ist kahl und öde, auf dem Groden dagegen finden wir schon die ersten Anfänge der Vegetation. Es sind dies die Salz- oder Strandgewächse (Halophyten), charakteristisch durch ihr schmutziges Grün, ihre dickfleischigen, saftreichen, oft unförmlichen Organe. Am allermeisten fällt uns hier der Krückfuß oder Glasschmalz (Salicornia herbacea) auf, ein vollsaftiges, unförmliches, blattloses Gewächs, das die größte Aehnlichkeit mit den Kakteen hat. Diese Pflanze siedelt sich im Watt zuerst an. Dann folgen: die Strandnelke, die Meerstrandsaster, der Meerstrandswegetritt, der Seestrandsdreizack, das Löffelkraut, die Meerstrandsschuppenmiere u. s. w. Auf etwas höherem Boden wächst die bekannte sog. Grasnelke (Armeria elongata), mit schmalen Wurzelblättern und roten Blumenköpfchen, häufig als Einfassung von Blumenbeeten dienend. Nicht vergessen werden darf der Seewermut (Artemisia maritima), aus dessen schleimig bittern Säften ein vielgerühmter Magenbitterer bereitet wird, der neben dem unvermeidlichen Kaffee das Lebenselixir des Marschbewohners bildet. Endlich ist noch zu erwähnen, der spitzblättrige, als vorzügliches Viehfutter dienende Andel (Poa maritima).

Wir steigen nun wieder auf den Deich und gehen eine Strecke auf ihm fort, um uns auf der Landseite umzuschauen. Hier erfreuen wir uns einer weiten, durch nichts beschränkten Aussicht. Eine fast unabsehbare, grüne Ebene dehnt sich vor unsern Blicken aus. Der Deich bildet die Scheidelinie zwischen zwei Bildern, die in einem eigentümlichen Kontrast stehen. Dort das weithinflutende Meer mit flatternden Möwenschwärmen, hier eine ruhige, grüne Ebene mit weidenden Herden übersäet. Kein Berg, kein Wald versperrt uns die Aussicht. Das Ganze ist ein großes, fruchtbares, von Gräben durchzogenes Wiesen- und Ackerland. Wogende Saaten, goldige Rapsfelder und grüne Weiden wechseln anmutig mit einander ab. Ueberall auf dem üppigen Grün bewegt sich das glatte, wohlgenährte Vieh, und noch aus weiter Ferne schimmern weißgefleckte Rinder her. Die einzigen Erhöhungen sind die stattlichen Bauernhäuser, die von grünen Obstbäumen, Eschen und Weiden umkränzt, zerstreut umherliegen.

Wir sind jetzt da angekommen, wo sich der Jadebusen verengt. Jenseits liegt der deutsche Kriegshafen Wilhelmshaven. Wir stehen auf dem Eckwarder Steindeiche. Harte Klinkersteine sind mit der Kante dicht an dicht zusammengestellt und in einen festen Holzrahmen gefaßt, bis ins Watt hinein. Man sollte sagen, eine solche Dossierung müßte unzerstörbar sein, und doch hat die Flut stellenweise Löcher hineingerissen. Die zerstörende Wirkung der Fluten, namentlich der Eisfluten, ist gewaltig. Das haben die Preußen beim Beginn der Hafenbauten erfahren, als die Flut ihnen die starken Schutzdämme fortriß.

Sehen wir einmal eine gewöhnliche Flut an. „De Tie", d. h. die Flut, kommt. Aus der Ferne ertönt ein eigentümliches, dumpfes Brausen und Rauschen. Schon tobt und schäumt die Flut in der Ferne, aber noch ist das Vorland trocken. Eine seltsame Unruhe herrscht auf dem dunkeln Wasser. Weiße Möwen und Seeschwalben segeln gespenstisch darüber hin. Lauter und lauter wird das Brausen und Rauschen des Flutengewogs an des Meeres weithallendem Strande. Die Wogen oder „Bulgen" nahen. Sie erreichen den Vorstrand und bedecken ihn in kurzer Zeit. Immer höher und höher schwillt das Gewässer. Woge auf Woge schnaubt heran. Die Winde heulen. Die Wogen bäumen sich, gleich schnaubenden Rossen mit fliegender Mähne. Ihre weißen Kämme kontrastieren eigentümlich mit der schwarzen Flut. Jetzt peitschen und klatschen sie schäumend an die Bärme des Deiches. Sie schlagen über und zerschellen. Aber schon eine neue Woge rollt heran und stürzt über die vorige hinweg. Ein Wasserberg gebiert den andern und hoch auf spritzt der salzige Schaum. Dazwischen ertönt das Geschrei und Geschrill hungriger Vogelscharen.

Schön hat Klaus Groth die Flut geschildert:

„Süh an! de Wellen kamt all mit!
All links un rechts en lange Strek!
De breed sick ut, as weer't en Dek,
De erste glitt man Schritt vär Schritt,
Doch treckt de glief de twete mit;
De drütte kümt, as wenn se spelen,
As Arfen trünnelt langs de Delen,
Noch jümmer een un een un mehr,
Un noch een bab'n deräwer her,
Koppheister, lingelangs in Reegen,
Un springen un up un dal int Weegen,
Un hild un värwarts alltohopen —
As gull dat inne Wett to lopen."

(Quickborn.)

Wenn die Flut ihren höchsten Stand erreicht hat, wird das Wasser ruhig und sinkt nach und nach in sein altes Bette zurück. Das Vorland wird wieder trocken, stumm und öde liegt das graue Watt wieder vor uns.

So ganz öde ist es aber doch nicht. Wo soeben die Wellen tobten, da erschallt jetzt ein eigentümliches Lärmen und Schreien, Kreischen und Schrillen aus tausend hungrigen Kehlen. Es sind die Schwärme gieriger Seevögel, die von allen Seiten heranrauschen. Die Flut hat ihnen den Tisch gedeckt; auf dem Schlamme wimmelt es von allerlei Seegewürm. Große Vogelscharen beleben nun das Watt und erhaschen die Beute. Auf ihren spitzen, weißen, wie Segel ausgespannten Schwingen eilen die Möwen vom Lande her dem Strand zu. Auf ihren hohen Stelzenbeinen schreiten verschiedene Arten von Sumpfvögeln im Schlamm umher. Kibitze, Reiher, Strandläufer, Regenpfeifer, Seeschwalben, wilde Gänse und Enten, Taucher, Säger, Störche und wie die Vögel sonst heißen mögen, tummeln sich umher und schreien wild durch einander. Ihr reges Leben, Haschen und Jagen gewährt einen höchst interessanten Anblick. Näherst du dich ihnen, so rauschen sie scheu empor und lassen sich an einer entfernteren Stelle wieder nieder.

Bis Tossens sind wir auf dem Deiche fortgeschritten. Zwischen der Mündung der Weser und Jade dehnt sich hier 2½ Meile weit eine keilförmige Sandbank aus, der „hohe Weg". Die äußerste Spitze derselben heißt Mellum. Hier lag, wie die Sage erzählt, im 11. Jahrhundert eine Insel mit einem Schloß. Beide sind von der Flut verschlungen und im Meeresschoß begraben. Jetzt erhebt sich an der Stelle der hohe Bremer Leuchtturm. Wo nun nichts ist als graues Watt, da waren einst üppige Wiesen und Felder und reiche, blühende Dörfer. Die Sage erzählt uns vom Untergange des Landes folgendes:

Wo jetzt der hohe Weg ist, da lag früher ein großes, reiches Dorf, dessen hohe Prachtgebäude stolz emporragten. Grüne Wiesen und fruchtbare Felder umgaben es. Reich an Gold und Silber waren die Herren dieser Länder. Sie hatten einen kupfernen Siel erbaut, mit goldenen Thüren. Sie kleideten sich in Sammet und Seide. Aber sie waren gottlos und dem Kartenspiele leidenschaftlich ergeben. Kegel spielten sie mit den schönsten Käsen. In die Kirche zu Langwarden ritten sie zu Pferde und banden diese in der Kirche an. Noch jetzt zeigt man in derselben einen großen, abgekleideten Raum, den Pferdestall der Junker vom hohen Wege. Nicht eher, als bis diese da waren, durfte der Priester den Gottesdienst beginnen. Sie erschossen sogar einmal einen Priester, als er vor dem Altare stand. Vergebens ermahnte, warnte und drohte der fromme Diener des Herrn; sie hörten nicht auf ihn, trieben wohl gar Spott mit seinen Worten.

Einst schickten sie einen Boten zu ihm und ließen ihm sagen, er möge eiligst kommen und einer todkranken Frau das heilige Abendmahl geben. Der Pfarrer eilte hin, fand aber ein Saufgelag wüster Gesellen, und in dem Bette lag statt der Kranken eine alte — Sau, der man eine weiße Haube aufgesetzt hatte. Die rohen, übermütigen Gesellen umringten ihn, erhoben ein lautes Hohngelächter und forderten ihn auf, der Sau das Sakrament zu erteilen. Da beschwor der Priester in heiligem Zorn die Strafe des Himmels herab auf das gottvergessene Land und Volk und floh eiligst von dannen, um nicht mit umzukommen in der Missethat dieses Sodom.

Als er zu Hause angelangt war, kam einer seiner Knechte gelaufen und erzählte, es habe sich ein großer Aal aus dem feurigen Backofen geschlängelt. Das war das Zeichen des herannahenden Strafgerichts. Sofort ließ der Priester einen Wagen anspannen und jagte mit den Seinen landeinwärts. Da erhob sich ein Brausen und Heulen, die Flut brach herein, Land und Leute versanken, und das Wasser rauschte immer dichter und dichter hinter dem Wagen her. Als die Fliehenden in die Gegend des jetzigen Langwarden kamen, rief der Priester aus: „Ach, sollte es noch lange warden?" und so erhielt das Dorf den Namen Langwarden. Auf einmal zog der Deichselstecken aus und der Wagen stand. Der Ort, wo dies geschah, heißt noch jetzt „zum Sticken". Nun warf sich der Priester mit den Seinigen auf die Pferde, die zu schwimmen begannen, bis sie endlich wieder festen Boden unter den Füßen fühlten. Da drang die Flut nicht weiter, und die Geflohenen waren gerettet. Noch heute heißt diese Stelle „Potenburg", weil die Pferde hier wieder Land unter den „Poten" oder Füßen fühlten.

So sind das herrliche Land und das gottlose Volk untergegangen. Ueber den einst so blühenden Fluren brausen und schäumen jetzt die salzigen Meereswogen. Ueber Feldern, welche einst von der Pflugschar durchzogen wurden, segeln jetzt stolze Schiffe. Wo einst üppige Rinder und Rosse weideten, sonnen sich jetzt träge Robben im Dünensande. Unten auf dem Meeresboden steht noch eine Kapelle, voll von köstlichen, schimmernden Geräten, und wenn man an einem stillen Abende den Strand entlang wandert, so hört man häufig ein dumpfes Glockenläuten aus des Meeres tiefem, tiefem Grunde. —

### 3. Geschichte Butjadingens.

Die oben mitgeteilte Sage vom Hohen Wege hat uns zur Geschichte Butjadingens übergeleitet. Da diese aber aufs innigste mit der ganzen friesischen Geschichte verwachsen ist, so muß hier auf eine vollständige Darstellung derselben verzichtet werden. Nur einige Bilder mögen am geistigen Auge des Lesers vorübergleiten. Die friesische Geschichte ist übrigens sehr interessant und bei weitem noch nicht genug aus dem Dunkel der Vergangenheit ans Licht gestellt. — Sie ist die Geschichte eines fortwährenden Kampfes, teils der Friesen unter einander, teils mit ländergierigen Fluten und Fürsten.

Butjadingen gehörte zu Rustringen und war eines der „sieben Seelande", dieser friesischen Bauernrepublik, deren Abgesandte ihre Versammlungen zu Upstallsbom, einem mit Eichen bepflanzten Hügel bei Aurich, hielten. Die Friesen hatten ihre eigene Verfassung, welche im „Asegha-Bock" geschrieben steht. Es enthält 17 Willküren oder Gesetze und 24 Landrechte. Auch ihre eigenen selbstgewählten Richter oder „Aseghas" hatten die Friesen. Das Wort bedeutet so viel wie Rechtsprecher; denn „A" heißt Recht und „segha" heißt sagen oder sprechen, plattdeutsch: „seggen".

Wie alle alten Völker an der See, waren auch die Friesen verwegene Seeräuber. Auf kleinen, schlank gebauten Raubschiffen, die aus starken Weiden geflochten und aus Rinderhäuten zusammen genäht waren, ähnlich wie noch jetzt die Kanoes der Indianer, umschwärmten sie die Nordseeküste, fuhren auf den Flüssen tief ins Land hinein und gaben den Römern und später den Bremern manchen Anlaß zu Klagen.

Das Christentum sagte ihnen anfangs eben so wenig zu, wie ihren südlichen Nachbarn, den Sachsen. Wie der Sachsenkönig Wittekind sich hartnäckig sträubte, das Christentum anzunehmen, so auch der Friesenkönig Radbod. Die Sage erzählt uns folgendes von ihm.

Der Bischof Wulfram hatte es endlich dahin gebracht, daß Radbod sich taufen lassen wollte. Radbod hatte schon seine Kleider abgelegt und stand bereits mit einem Fuße im Taufwasser, als er sich noch einmal an den daneben stehenden Bischof wandte mit der Frage: „Noch eins mußt Du mir beantworten, Priester. Du hast mir von Himmel und Hölle erzählt: wohin sind denn meine Vorfahren gekommen, in den Himmel oder in die Hölle?" — Der Priester antwortete: „Weil sie nicht getauft, sondern als Heiden gestorben sind, so befinden sie sich ohne Zweifel in der Hölle und in der ewigen Verdammnis." — Da zog Radbod rasch seinen Fuß zurück und sprach: "Wenn das wahr ist, dann will auch ich lieber mit meinen tapfern Ahnen und Stammesgenossen in der Hölle sein, als mit Euch Franken im Himmel." — Darauf reiste Wulfram unverrichteter Sache wieder ab, Radbod aber starb noch in demselben Jahre (718).

Welcher Stolz und zugleich welche Pietät spricht aus dieser Sage! Das ist echt friesisch.

Der Angelsachse Willibrord war der erste, der den Friesen das Evangelium predigte. Dann kam Bonifacius, der bekanntlich bei Dokkum in Westfriesland von heidnischen Friesen erschlagen wurde (755). Nach ihm wagte sich sein Schüler, Willehadus, ein englischer Priester, ins Land der Friesen. Als die Kunde von der Ermordung seines Lehrers und Freundes zu ihm drang, da eilte er unerschrocken nach Dokkum, eiferte gegen die Mörder und ergriff durch seine feurige Rede die Zuhörer so, daß sich mehrere Tausende taufen ließen.

Als er sich einst in einen mehr östlich gelegenen Gau begab, geriet er in große Lebensgefahr. Das wilde Volk wurde gegen den Lästerer seiner Götter im höchsten Grade ergrimmt und wollte ihn töten. Zum Glück für ihn traten einige Besonnene auf, die dem wütenden Haufen gegenüber geltend machten, der Apostel habe freilich ihre Götter machtlos und nichtig gescholten und einen stärkeren Gott verkündigen wollen, nun müsse aber doch erst ermittelt werden, welcher Gott der mächtigere sei. So setzten sie es durch, daß das Los entscheiden solle, und siehe da, es entschied zu Willehads Gunsten.

Auch in Drenthe kam er in Todesgefahr. Seine Gefährten ließen sich nämlich von ihrem Eifer so hinreißen, daß sie gewaltsam einen Götzentempel zerstören wollten. Dadurch kam es zu einem wütenden Kampf, und schon führte ein Heide den Todesstreich auf Willehads Nacken. Glücklicher Weise trug er aber am Halse eine Kapsel mit Reliquien, und an dem Riemen dieser Kapsel glitt der Streich unschädlich ab. Staunend sahen die Heiden hierin eine göttliche Fügung und standen von weiterer Verfolgung ab.

Großes Aufsehen erregte Willehadus bei den Friesen durch seine strenge, asketische Lebensweise. Remmer von Seedyk sagt über ihn: "Er hefft kene Wyne, noch jene Drank, dat em drunken maken kunnde, gedrunken. Syne Spiese aber is gewesen Brot, Honig, Kohl und Eppelen (Aepfel), bet so lange, dat de Pavest Adrianus, um sienes Lieves Krankheit willen, gebaden hefft, dat he schullbe Fische eten. — Un hefft also mit dem Munde geprebigt un siene Lehre mit goedem Exempel besestigt." —

Karl der Große schickte ihn in das Land an der Weser, um den heidnischen Sachsen das Evangelium zu verkündigen. Durch einen Aufstand Wittekinds gegen Karl wurde er aber verscheucht und reiste nach Rom zum Papste Hadrian I. Von diesem mit Trost gestärkt, kehrte er zurück, um mit neuem Eifer das Werk fortzusetzen. Er predigte wieder unerschrocken und suchte überall die zerstörten Kirchen herzustellen. Als in Bremen eine Domkirche von Holz erbaut war, setzte Karl ihn dort als Bischof ein. Mit rastloser Thätigkeit wirkte er auch als solcher für die Ausbreitung des Christentums.

Von Bremen aus kam er als Heidenapostel nach Butjadingen und Jeverland. In Jeverland ist ein kleines stehendes Wasser, das sog. Barkeler Meer; hier soll er getauft haben. Auch die Stiftung des ehemaligen Klosters zu Oestringfelde im Jeverlande wird ihm zugeschrieben. Desgleichen soll er die Kirche zu Blexen gegründet haben. In letzterem Orte starb er auch im Jahre 790 in einem hohen Alter.

Als ein heftiges Fieber ihn aufs Krankenlager geworfen hatte, versammelten sich seine besorgten Schüler und Freunde um ihn. „Ach!" klagten und jammerten sie, „was sollen wir thun, wenn Du von uns scheidest? Wir sind wie die Schafe unter den Wölfen. Verlaß uns nicht!" — Darauf antwortete der fromme Mann: „O, meine Lieben, laßt mich doch abscheiden und zu meinem Herrn gehn. Ich verlange nicht länger zu leben und fürchte nicht zu sterben. Die mir anvertraute Herde empfehle ich dem göttlichen Schutze. Er, von dessen Barmherzigkeit die ganze Erde voll ist, wird Euch und mir seine Gnade nicht entziehen." — Hierauf verschied er. Seine Leiche, welche wunderthätig gewesen sein soll, wurde unter Begleitung einer zahllosen Volksmenge zu Schiffe nach Bremen gebracht und daselbst im Dome beigesetzt. Mit Recht wird Willehadus der Apostel der Friesen, insbesondere der Oldenburger, genannt. Im Blexer Pastoreigarten führt ein tiefer Brunnen, der sehr schönes, klares Trinkwasser liefert, noch seinen Namen bis auf den heutigen Tag, der Willehadusbrunnen.

Die Sage erzählt über die Entstehung dieses Brunnens folgendes: Einst drohten dem Apostel die heidnischen Friesen mit dem Tode, wenn er nicht ein Wunder verrichte. Da sprach Willehadus: „Hier, an dieser Stelle, wo ich stehe, werdet ihr süßes, lebendiges Wasser finden, grabet nur!" — Die Heiden gruben nach, und siehe da! bald sprudelte ihnen ein starker Quell des reinsten, klarsten Wassers entgegen. Durch dies Wunder wurden die Ungläubigen so erschüttert, daß sie sich sofort mit dem Wasser der Quelle taufen ließen. Noch jetzt liefert der von altem, bemoosten Gemäuer eingefaßte und von uralten Aepfelbäumen überwölbte Brunnen das Taufwasser für die Kirche zu Blexen.

Während des 11., 12. und 13. Jahrhunderts ist die Geschichte der Friesen sehr dunkel. Im 14. Jahrhundert hatten sie Häuptlinge. Anfangs waren diese Männer nur Führer im Kriege und Vollstrecker der Beschlüsse, welche in der Volksgemeinde oder „meene Meente" gefaßt waren; nach und nach gewannen sie aber an Macht, bauten sich feste, steinerne Häuser oder Burgen, die mit breiten Graften umgeben waren, und schwangen sich endlich zu erblichen Fürsten empor. Solche Häuptlinge waren Edo Wiemken zu Jever, Hajo Hosken zu Esenshamm, Dedo Onneken zu Langwarden, Iko Boling zu Blexen und andere. Statt sich nun gegen ihre gemeinsamen Feinde, die Oldenburger Grafen und die Bremer, zu verbünden, gerieten sie häufig untereinander in die blutigsten Fehden.

So verbündete sich Edo Wiemken mit den Bremern gegen Hajo Hosken. Dieser hatte sein Weib, Jarste Wiemken, eine Halbschwester Edo's, verstoßen. Dafür wollte letzterer Rache üben. Vierzehn Tage wurde Hajo in der festen Kirche zu Esenshamm von den Verbündeten belagert. Mit Bliden oder Wurfmaschinen wurden glühende Steine, brennende Fackeln, Pechkränze und andere Geschosse geschleudert. Fünf Last Pfeile wurden verschossen, ehe Hajo sich ergab. Edo nahm ihn gefangen, schleppte ihn mit nach Jever, ließ ihn dort im Gefängnisse erst aushungern und dann mit neuen hären Stricken auseinander sägen (1381). Hajo mochte es verdient haben, denn er hatte gefangene Kaufleute ebenso unmenschlich behandelt. Er war überhaupt ein berüchtigter Seeräuber.

Endlich richteten die Bremer und die Grafen von Oldenburg ihr Augenmerk auf Butjadingen. Bald verbündet, bald allein suchten sie es zu unterwerfen, die Bremer zur Sicherung ihrer Schiffahrt auf der Weser, welche oft von den seeräuberischen Friesen gestört wurde, die Grafen, um ihr Land durch das fruchtbare Butjadingen zu erweitern.

Die Bremer unterwarfen nach und nach das ganze Land und erbauten 1406 zu Atens eine Feste, die **Friedeburg**, welche mit doppelten Wällen und Gräben umgeben war. Die Butjadinger sollten fortan keine Häuptlinge mehr wählen, und Dedo Lübben, Häuptling von Rodenkirchen, wurde sogar gezwungen, das Land zu verlassen. Seine Söhne, Dedo und Gerold, schworen den

Bremern glühende Rache. Sie verbanden sich mit andern Häuptlingen, namentlich mit Lübbe Sibeths von Burhave, zur Abwerfung des bremischen Joches.

Zunächst sollte die verhaßte Zwingfeste, die Friedeburg, überrumpelt werden. In der Nacht vom 4. auf den 5. Oktober 1418 zogen die beiden Brüder mit einer todeskühnen Schar von vierundzwanzig Friesen und zwanzig Sachsen gegen die Burg heran. Es gelang ihnen auch, mittelst Leitern die äußere Ringmauer unvermerkt zu übersteigen. Da entstand Lärm in der Burg. Der Befehlshaber derselben, Hauptmann Balleer, schaute zum Fenster heraus und wurde von einem Friesen erschossen. Bald aber merkten die Bremer, daß ihre Feinde ein kleines Häuflein bildeten und schossen einen furchtbaren Hagel von Pfeilen auf sie herab. Einige fielen, viele wurden verwundet, aber an Flucht dachte keiner. Sie versteckten sich vielmehr in die Höhlung der äußeren Ringmauer und beratschlagten, was sie ferner beginnen wollten. Als der Morgen anbrach, riet Gerold zur Rückkehr. Aber sein vernünftiger Rat fand kein Gehör; man warf ihm sogar Feigheit vor. „Gut" sprach er da, „meinen Rat habt ihr gehört, übrigens thue ich, was ihr thut."

Sofort brachen sie hervor und begannen ein wütendes Stürmen. Allein die Besatzung war jetzt darauf gefaßt, und da sie den Angreifern weit überlegen war, so wurden diese bald umzingelt, trotz der tapfersten Gegenwehr gefangen genommen und nach Bremen abgeführt. Der Rat verurteilte die beiden Brüder zum Tode durchs Schwert und die übrigen Friesen zum Rade. Tedo, der ältere Bruder, wurde zuerst enthauptet. Als darauf der junge schöne Gerold das Schaffot bestieg, nahm er das blutige Haupt seines Bruders auf und küßte in inniger Wehmut den bleichen, toten Mund. Als dies die umstehende Volksmenge sah, wurde sie tief gerührt und auch in den Ratsherren regte sich das Mitleid und machte sie geneigt, dem herrlichen, trauernden Jünglinge das Leben zu schenken. „Bleibe bei uns in Bremen," sprachen sie; „Du magst Dir eine angesehene Bürgerstochter zur Gemahlin wählen und ein geehrter Mann unter uns sein." Aber der Jüngling richtete sein blondes Haupt empor, blickte sie stolz mit seinen großen, blauen Augen an und sprach: „Ich bin ein edelfreier Friese; Eure Pelzer= und Schuhmachertöchter mag ich nicht. Wollt Ihr mir aber das Leben schenken, so will ich Euch als Lösegeld einen halben Scheffel voll Goldgulden\*) geben!"

---

\*) Nach der Bremer Chronik „ein tenneken vull".

Das stolze Wort gefiel den jüngeren Ratsherren, und sie rieten, das Lösegeld anzunehmen. Aber ein alter Ratsmann, Arend Balleer, sprach warnend: „Nicht also! Meint Ihr, daß Gerold jemals den blutigen Bruderkuß vergessen wird?" — Das entschied. Im nächsten Augenblicke rollte Gerolds Haupt zu Boden.

Balleer wurde später von einem Friesen erschossen. Ein Freund Gerolds ließ dem Enthaupteten im Bremer Dom ein lebensgroßes Standbild errichten. Im langen, faltigen Rocke, wie ihn die alten Friesen trugen, mit langen Haaren, ein gewaltiges Schwert in der Hand, ist Gerold in Stein gehauen. Das Bild ist nur roh gearbeitet; es hat keinen ästhetischen, aber einen historischen Wert.

Drei Jahre seufzten nun die Butjadinger unter dem Joche der Bremer, bis endlich der Häuptling von Jever, Sibeth Papinga, mit einem Heere von 4000 Mann auf 120 kleinen Schiffen an der Weser landete, die Bremer aus dem Lande vertrieb und die Friedeburg schleifte (1423).

Schon vorher, im Jahre 1368 hatten die Butjadinger ihre Freiheit gegen den oldenburgischen Grafen Konrad I. siegreich verteidigt. Dieser schiffte nämlich im Sommer des genannten Jahres mit 700 Mann die Weser hinab und landete bei Blexen. Iko Boling, der dortige Häuptling, wollte sich ergeben, wenn man sein Kirchspiel verschonen wolle. Allein darauf ließ sich der Feind nicht ein, sondern rückte siegesgewiß, ohne die noch folgende Verstärkung zu erwarten, ins Land.

„Was wollen die Bauern gegen gerüstete Ritter?" prahlte der Graf. „Wenn es auch noch ein Halbtausend Friesen schneite, wir wollten sie bestehn!"

Unvernünftiger Weise teilte sich sogar das Häuflein der Siebenhundert, so daß ein breiter Flußgraben (Fleth) sie trennte. Da machten die Rustringer unter Bolings Anführung den Angriff. Zuerst schlugen sie den kleineren Haufen und griffen darauf auch den größeren an. Mehrere oldenburgische Grafen, unter ihnen auch Konrad, fielen unter dem Schwerte der Rustringer. Das ganze Heer wurde erschlagen. Nur ein einziger entkam, um der Bote der Niederlage zu sein.

Eine höhere Macht hatte den Friesen aber auch sichtlich beigestanden. Der heilige Hippolytus, Schutzpatron der Blexer, that bei diesem Treffen Wunder. Mit einer ehernen, 200 Pfund schweren Keule hieb er rechts und links auf die Feinde ein und schmetterte sie zu Boden. Die Keule fand man hernach auf dem Schlachtfelde und bewahrte sie noch lange Zeit in der Kirche zu Blexen auf. So die Sage. — Die Gefallenen wurden auf dem

Schlachtfelde zusammen in eine tiefe Grube geworfen, und eine darüber erbaute Kapelle bezeichnete lange den Ort der Niederlage. Sie fand in der Nähe Blexens, beim Dorfe Coldewärf, statt.

Nach anderthalb Jahrhunderten war es jedoch vorbei mit der Freiheit der Friesen. Der oldenburgische Graf Johann XIV. fiel im Winter 1514 mit einem braunschweigisch-oldenburgischen Heere von 6000 Fußgängern und 500 Reitern ins Butjadingerland. Die Bremer, welche auf Oldenburg eifersüchtig waren, boten den Butjadingern Hülfe an, wenn sie sich in ihren Schutz begeben wollten, erhielten aber die trotzige Antwort: „Verwahrt Ihr nur Eure Weiber vor den Pfaffen, wir wollen unser Land schon selber zu verwahren wissen."

Ein starker Frost begünstigte den Kriegszug des Grafen, aber die Butjadinger verteidigten jeden Fußbreit Landes aufs hartnäckigste. Bei Hartwarden hatten sie eine Landwehr (Schanze) aufgerichtet, bestehend aus einem Damm, mit einem Graben davor. Den Damm begossen sie mit Wasser, so daß eine spiegelglatte Eiskruste denselben bedeckte und das Ersteigen sehr schwierig machte. Sie hielten sich so sicher, daß sie eine Aufforderung zur Ergebung mit den Worten zurückwiesen: „Wir sind nicht willens, uns von euren Amtleuten schinden und plagen zu lassen; lieber wollen wir sterben." — Allein ein ehrloser Verräter, Gerke Ubbensen, zeigte den Feinden einen Weg um die Landwehr durchs Moor. Die tapfern Kämpfer wurden nun im Rücken angefallen. Ein furchtbares Gemetzel entstand, ein Kampf der Verzweiflung, bis die wackern Friesen erlagen, den 14. Februar 1514.

Siebenhundert Leichen deckten das Schlachtfeld und wurden auf dem sog. Riesenkirchhofe zu Langwarden begraben. Noch vor einigen Jahren stieß man hier beim Legen eines Fußpfades auf kreuz und quer durcheinander liegende Beinknochen, zum Teil von riesiger Länge, echte Friesenknochen.

Das Land wurde unter die Sieger verteilt, bis es 1523 vollständig an Oldenburg kam.

---

### 4. Häuser, Dörfer und Kirchen.

Die großen Bauernhäuser in Butjadingen werden „Berge" genannt, nicht weil sie so überaus hoch sind, sondern weil sie nicht allein als Wohnung für Menschen und Tiere, sondern auch zum Bergen oder Aufspeichern des Getreides und Heus dienen. Es sind breite, mächtige, scheunenartige Gebäude, einstöckig, größtenteils massiv erbaut und mit Rohr oder Stroh, in neuester Zeit auch mit Ziegeln gedeckt. In der Front befinden sich eine oder zwei große, gewölbte Thüren. Treten wir im Winter hinein, so schaut uns links und rechts eine lange Reihe wohlgenährter Rinder neugierig entgegen. Sie stehen zu beiden Seiten der großen Treschdiele, zuerst ein gewaltiger Stier, dann breitgestirnte Ochsen (der größte Ochse hier, wie häufig im Leben, voran), hierauf die sanften Milchkühe, weiterhin das jüngere Vieh, die sog. Enter (Einjährigen) und zuletzt die plärrenden Kälber. Dieser Teil des Hauses, die eigentliche Scheune, ist abgeschlossen durch eine Scheidewand oder einen Windfang; dann folgt das Wohnhaus, bestehend aus mehreren Wohnzimmern, Kammern und andern Räumlichkeiten. In den alten Häusern befindet sich noch ein offener Herd im Windfang.

Die neueren Häuser haben gewöhnlich zwei große Einfahrtsthüren. Zu beiden Seiten längs der Seitenwand steht auch hier das Vieh. Die Ställe haben einen Fußboden von Dielen (Brettern) und werden äußerst reinlich gehalten. Vorn im Hause, zwischen den beiden Thüren, geht quer durch ein abgekleideter Pferdestall. Dann folgt der Mittelraum, der bis in die Spitze des weiten Daches, bis an den sog. Hahnenbalken, mit Getreide, Stroh und Heumassen ausgefüllt ist, und hierauf die große Dreschtenne, auf der häufig auch eine Treschmaschine und der Staatswagen stehen. Eine Mauer trennt Scheune und Wohnhaus. Eine breite Thür in derselben führt auf einen Gang, der quer und der Länge nach durch das Haus führt. Rechts und links vom Längsgange sind Wohnstuben, Küche und Kammern. Der offene Herd des Sachsenhauses ist verschwunden. Des Abends sitzen Herrschaft und Gesinde nicht in traulich patriarchalischer Weise ums flackernde Herdfeuer, wie auf der Geest, sondern abgesondert in verschiedenen Zimmern. Der Grund hiervon mag der Mangel an Torf in der Marsch sein. Will man es nämlich am offenen Herde gemütlich finden, so muß ein riesiges Feuer auf demselben lodern, daß nicht bloß genügende Wärme, sondern auch Licht verbreitet. Ein anderer Grund ist aber auch der Rangunterschied zwischen Herrschaft und Gesinde, der in der Marsch viel schärfer hervortritt, als auf der Geest.

Die Berge sind häufig mit einer breiten, tiefen Graft umgeben und stehen größtenteils auf hoher Warf oder Wurt, auf welcher sich auch ein Gemüse- und Obstgarten befinden. In der Nähe des Hauses sind meistens aus Mangel an Scheunenraum noch Stroh und Heu zu hohen, imposanten Schobern oder Mieten aufgebaut. Außer den Obstbäumen umgeben nur hohe, dunkle Eschen und graue Weiden das Haus. Andere Bäume gedeihen nicht sonderlich in der Marsch, am allerwenigsten in den Seemarschen. Unmittelbar am Seedeiche kommen weder Bäume noch Sträucher fort. Im kalten, feuchten Seewinde verdorrt zunächst die Krone und nach und nach der ganze Baum. — Die alten Hauswarfen sind, wie auch schon der Name sagt, von Menschenhänden zum Schutze gegen die Fluten aufgeworfen.

In jüngster Zeit hat man in Butjadingen stellenweise große, mehrstöckige, mit Schiefer gedeckte Gebäude aufgeführt, die gar nicht nach Bauernhäusern aussehen. Auch will der fortgeschrittene Bauer nicht mehr mit dem Vieh unter einem Dache wohnen und baut sich eine städtisch eingerichtete Separatwohnung, die mit dem nach alter Art erbauten, aber fast ausschließlich mit Ziegeln gedeckten Viehstalle in Verbindung steht.

Die Bauerngehöfte stehen meistens vereinzelt, oft weit von einander entfernt. Wie einzelne Häuser, so stehen auch oft ganze Dörfer auf einer hohen, umfangreichen Wurt. Solche Wurten sind größtenteils von den Fluten aufgeschwemmt und außerdem vielleicht von den Menschen noch ein wenig erhöht. Für diese Entstehung zeugt ihre Bodenschichtung. Wenn andrerseits eine rein künstliche Errichtung der Wurten angenommen wird, so ist diese Ansicht irrig. Daß im Namen vieler Dörfer ihre Lage auf hoher Wurt mit bezeichnet ist, wurde schon oben gesagt.

An dieser Stelle muß ich doch ein kleines Reiseerlebnis mitteilen. Als ich durch das Dorf Ellwürden kam, erblickte ich mitten im Lande einen hohen, grünen Hügel. Ich fragte eine Frau, die mir begegnete, was der Hügel zu bedeuten habe. „Dat weet ik nich," sagte sie, „de is dar all immer wesen." — Das wäre doch ein wenig lange, dachte ich. Bald darauf begegnete mir noch eine Frau, und ich fragte wieder nach der Bedeutung des Hügels. „Dat weet ik nich," sagte diese ebenfalls; „de Bult is dar all tiedslebens wesen." — Die Zeit wäre doch ein wenig kurz, dachte ich. Endlich kam eine dritte Frau; ich fragte abermals. Jetzt bekam ich die Antwort: „De Bult stammt ut ole Tien, dat is'n Wurt. Hier sünd elben (elf) söcke wesen; dar hebbt sick de Lü fröher henup flücht, wenn de Flot kamen is, un van disse elben Würden heet dat Dörp „Ellwürden". —

Die meisten Marschdörfer sind nur von mittelmäßiger Größe, bestehend aus 10 bis 60, höchstens 100 Häusern. Ihre Gestalt richtet sich nach der der Warfen, bald sind sie länglich, bald rund. Zuweilen bestehen sie aus zwei Reihen Häuser, zu beiden Seiten der Straße, öfter stehen die Wohnungen unregelmäßig in Gruppen zusammen, eins mit dem Giebel, ein anderes mit der Längsseite, ein drittes gar mit der Hinterwand der Straße zugekehrt. Manchmal ist noch Platz zu Gärten; öfter ist die Warf zu klein dazu. Die Hauptstraße des Dorfes ist häufig gepflastert. Der eigentliche Fahrweg führt gewöhnlich rund um die Dörfer oder am Fuße der Warf hin.

Hoch, luftig und reinlich stehen die Marschdörfer auf der Warf. Der Wind kann frei hindurch streichen, und das Wasser läuft leicht den Abhang hinab. Keine Pfützen und Düngergruben beleidigen Auge und Nase. Man wandert mit Vergnügen zwischen den reinlichen, mit roten Ziegeln gedeckten Wohnungen hin und läßt den Blick ins Weite schweifen, über üppig grünende Felder und Wiesen, wogendes Getreide und goldigen Raps. Nur fehlt es leider häufig am Schatten und Schutz grüner Bäume. Ueberall nur Kohlgärten und kahle Mauern, höchstens umgiebt eine Reihe Eschen die Häuser.

Die Kirchdörfer der Marsch liegen selten über eine Stunde von einander entfernt. Ueberall sieht man aus der weiten Ebene die Türme emporragen. Die ältesten Dörfer Butjadingens sind: Blexen, Burhave, Waddens, Golzwarden, Tossens, Rodenkirchen, Eckwarden, Hammelwarden, Esenshamm, Abbehausen, Langwarden, Atens und Stollhamm.

In diesen Dörfern sind auch die ältesten Kirchen. Es sind zum Teil uralte, ehrwürdige Denkmäler, redende Zeugen aus rauher, kampf- und fehdelustiger Zeit. Sie dienten zugleich als Festungen und könnten von manchen Stürmen und Kämpfen erzählen, die sie im Laufe von Jahrhunderten umtobten. Auf hoher Wurt ragen sie empor, umrauscht von zerzausten Eschen und silbergrauen Weiden. Ihre Mauern sind sehr dick, zum Teil aus großen Quadern von Granit oder Sandstein aufgetürmt. Manche sind teilweise auch aus Tuff- oder Bimstein erbaut, wie die zu Blexen und Langwarden. Dieser Tuff ist ein vulkanisches, mehr oder weniger poröses, meist zerreibliches Gestein. Die alten Friesen sollen ihn zu Schiffe aus England oder Schottland geholt und für jede Ladung Tuff eine Ladung Gerste mitgenommen haben.

Hoch oben in den dicken Kirchenmauern befinden sich kleine, spitze Fenster, die nur ein dämmeriges Licht ins Innere gelangen lassen. Wunderbar, ich möchte sagen historisch-graulich, wird einem zu Mute, wenn man in das geheimnisvolle Halbdunkel dieser alten Friesenkirchen tritt.

Die alten, dicken Türme sind zum Teil noch jetzt mit Schießscharten versehen, aus denen man Steine und Pfeile auf die Feinde herabschleuderte. Zur Zeit einer Fehde flüchteten die Häuptlinge samt ihren Untergebenen mit Hab und Gut in die Kirchen, und die wildesten, blutigsten Kämpfe umtobten alsdann die ehrwürdigen, gottgeweihten Heiligtümer.

Brachen hohe Sturmfluten ins Land, so flüchtete man ebenfalls mit Hab und Gut, Weib, Kind und Vieh auf die hohe Kirchenwurt. Auch zu Versammlungsorten bei Volksberatungen dienten die Gotteshäuser.

Es ist wirklich zu bedauern, daß eine spätere, nüchterne Zeit öfters mit roher Hand in diese Heiligtümer griff, sie teilweise innen und außen umgestaltete, manche ehrwürdige Reliquien und Erinnerungszeichen herausriß, sogar altfriesische Steinsärge. So lagen bei der Pastorei zu Langwarden zwei Steinsärge und auf dem Kirchhofe daselbst findet man seltsam verzierte Deckel dazu, welche jetzt leider als Flurensteine dienen, um mit Füßen darauf zu treten. Es ist noch nicht lange her, als diese Altertümer auf hohen Konsistorialbefehl mir nichts dir nichts zur Kirche hinausgeschmissen wurden. In letzterer Zeit sind mehrere solcher Steinsärge im antiquarischen Museum zu Oldenburg aufgestellt. — Auch die kleinen Bogenfenster, die so sehr mit den alten Bauten harmonieren, wurden stellenweise zugemauert und durch nüchterne, viereckige Fensteröffnungen, wahre Löcher, ersetzt. Vor einer solchen brutalen Aufklärerei konnte unmöglich das tiefe, pietätvolle Gemüt des Volkes Achtung haben.

Auf manchen Kirchhöfen findet man noch **altfriesische Grabsteine** mit lebensgroßen, halberhabenen Bildern von Männern und Frauen, in der (vielleicht aus Spanien stammenden) Tracht damaliger Zeit; die Frauen in faltigen Röcken mit schlichtem Mieder und engen Aermeln; die Männer mit Pumphosen, engen Strümpfen, Schuhen, Jacke, Mantel und Radkragen. Solche Grabsteine fand ich zu Esenshamm und Blexen.

Es würde zu weit führen, wollte ich alle Kirchen Butjadingens hier weitläufig beschreiben. Da sie mehr oder weniger einander ähnlich sind, so genügt eine kurze Schilderung weniger und zwar derjenigen zu Esenshamm, Blexen und Langwarden, die jedenfalls die merkwürdigsten sind.

Die Mauern der Kirche zu Esenshamm sind aus Portasandstein erbaut und ca. 1,60 m dick. Die Thür konnte von innen verrammelt werden; zu dem Ende befinden sich Löcher in der Mauer, in welche ein Balken geschoben werden konnte. Die Kirche ist romanischen Stils und wurde im 14. Jahrhundert erbaut. In derselben liegt noch der Grabstein Edo Bolings, des ersten Predigers in unserm Lande, der es wagte, im Geiste Luthers zu lehren (1521—1574). Vor der Kanzel befindet sich eine Tafel, welche die Namen der dortigen evangelischen Prediger seit Edo Boling enthält. Man sieht hier auch noch alte, hohe Kirchenstühle mit sonderbaren friesischen Hauszeichen*) und Bauernwappen verziert und mit originellen Inschriften versehen. So las ich an einem Stuhle: „Dissen Stol hebben maken laten vor sick un ere erwen Jolrik Voikesen und Gerdt Berens und Elke Siabben unde de eldeste schall vorstahn, anno 1607." An einem andern stand: „De lest kumpt schall vorstan." Also der älteste und der letzte sollen voranstehn, jener aus Ehrfurcht vor dem Alter, dieser um durch Drängen keine Störung zu verursachen.

Früher soll um den Kirchhof eine Graft von 30 m Weite gewesen sein. Man erzählt, eine Witwe Esens habe der Kirche einen Hamm von 8 Jücken vermacht, woher der Name „Esenshamm".

Mein Cicerone zeigte mir als eine Merkwürdigkeit den großen Esenshammer Kirchenschlüssel. „Wenn de Slötel tor Esenshammer Kark so grot is," sagte ich, „wo grot mot denn woll de Himmelsslötel sin!"

„Nä," erwiderte er, „de Slötel tor Himmelspoort is nich grot, man de toor Höllenpoort."

„Wo so?" sagte ich, „wo weet Se dat?"

„Dar steit jo schräben: „Die Pforte ist eng, welche zum Leben führt," denn kann dat Slot doch ok man litjet sin; „und die Pforte ist weit, welche ins Verderben führt," dar hört denn ok en grot Slot un Slötel to." —

Gegen diese Beweisführung konnte ich natürlich nichts einwenden.

Der Esenshammer Turm stammt aus neuerer Zeit; der alte brannte 1783 bei einem Gewitter ab. Die Kirche war eine der festesten in Uprustringen und erlitt, wie schon erzählt, im Jahre 1381 eine vierzehntägige Belagerung, wobei der Turm gestürzt wurde und das Chor niederbrannte. Manche friesische Kirchen haben keinen Turm (Rodenkirchen, Golzwarden), sondern nur einen Dachreiter. Der Turm wurde häufig bei Belagerungen zerstört.

Unser Weg führt uns nun über Atens in die nordöstliche Ecke Butjadingens, nach Blexen.

Die Kirche zu Blexen liegt, wie das ganze Dorf, auf einer sehr hohen Wurt, die noch höher als der Deich ist und welche auch von den höchsten Fluten nicht überschwemmt wird. Jedenfalls

---

*) Sie dienten als Familienwappen, als Marke auf Geräten, statt der Namensunterschrift.

gehört daher der Ort zu den ältesten Ansiedelungen dortiger Gegend. „Am Ausflusse der Weser erhob sich aus dem vielgeteilten Strome eine Düne, eine heilige Stätte, Pleccateshem (jetzt Blexen) genannt, des Blitzes Heimat, der Sitz des Donnergottes." Daher wurde hier die Kirche erbaut. Aus dem Namen Pleccateshem wurde später Bleckense, endlich Blexen. Eine einfachere und unsers Erachtens richtigere Erklärung giebt der Volksmund; er sagt: Das Dorf hat seinen Namen von der weißen Sanddüne; es hieß ursprünglich „Bleeksand".

Die Kirche ist die älteste unseres Landes, eine der vier Hauptkirchen des Rustringer Seelandes\*). Schon im Jahre 812 wurde die erste Kirche zu Ehren des heiligen Hippolyt (St. Pölten), ihres Schutzpatrones, geweiht. Er soll in Rom 245 zu Tode geschleist worden sein. Die Volkssage verlegte aber diese Scene auf den Blexer Kirchhof. In der Kirche befindet sich noch ein altes gotisches Steinrelief, das diesen Vorgang darstellt. Unter dem Bilde ist ein kleiner Wandschrank, alte Lumpen enthaltend, angeblich St. Hippolyts Hose. Wahrscheinlich diente der Schrank zur Aufbewahrung der Monstranz.

Vom ursprünglichen Bau der Kirche ist wohl nichts mehr vorhanden, da der jetzige seinem Stile nach etwa in das 12. Jahrhundert zu setzen sein wird.

Im Nordosten der dicken Kirchenmauern zeigt man auch noch S. Hippolyts Grab. Es ist eine sieben Fuß lange Höhlung in der Mauer und wird „Polsgrab" genannt. Sie bietet gerade Raum für einen ausgestreckt liegenden Menschen und zeigt Vertiefungen, die dem ruhenden Kopfe und den Beinen entsprechen. St. Hippolyt soll darin lebendig eingemauert worden sein. Ueber dem Kopfende führt ein kleines Loch durch die Mauer. Durch dieses brachten Raben dem Heiligen Nahrung. Auch konnte er durch diese Oeffnung Bremerlehe sehen und rief öfters klagend aus:

„O weh, o weh,
Du sünnig Leh,
Wenn ick di seh,
Deit mi dat Hart in'n Liewe weh!"

Nach einer andern Sage soll hier ein Kind aus Bremerlehe lebendig eingemauert worden sein. Wahrscheinlich bildete Polsgrab nach dem Aufhören der Kreuzzüge einen Ersatz des heiligen Grabes, wenn es nicht gar eine wirkliche Begräbnisstätte war.

Blexen war ein besuchter Wallfahrtsort, und noch vor hundert

---

\*) Diese waren zu Blexen, Varel, Langwarden und Aldesum. Letzteres ist 1216 untergegangen.

Jahren kamen polnische Mönche dahin. In der Nähe des Hippolyt=
grabes ist überall tief in die Sandsteinquadern geritzt. Das sollen
Wallfahrer gethan haben, die den losgeriebenen Staub als Erinnerung
mitnahmen.

Die Kirche ist sehr groß, teilweise aus abwechselnden Lagen
von Tuff und Ziegeln erbaut. Nur das Chor ist gewölbt. Das
Innere ist zu sehr renoviert, zu bunt angepinselt und überfirnißt.
O. Tenge schreibt in den „Mittelalterlichen Baudenkmälern Nieder=
sachsens" (15. Heft): „Das Schiff der Kirche hat im Innern eine
Länge von 69 Fuß und eine Weite von 35 Fuß, der Chor eine
Länge von 43 Fuß und eine Weite von 24 Fuß. Die Mauern
des Schiffes sind 5 Fuß, die des Chores 4 Fuß stark. Das Schiff
ist flach gedeckt, der Chor in zwei gleichen Feldern rundbogig über=
wölbt. Die Umfangsmauern von Schiff und Chor sind aus Tuff=
stein in gleichem Stile ausgeführt, und es liegt kein Grund vor,
für beide sehr verschiedene Entstehungszeiten anzunehmen. Dagegen
wird die Ueberwölbung des Chors späteren Datums sein, wenn
auch die auf einer der Halbsäulen eingegrabene Zahl 1551 das
Jahr dieses inneren Ausbaues kaum richtig angiebt, da derselbe
nur romanische Formen zeigt. Das Material der Wandpfeiler und
der Rundstäbe des Gewölbes ist feinkörniger, rötlicher Sandstein.
Die Ausführung ist sehr sauber. Eigentümlich ist die Verwen=
dung des Tuffsteins in dünnen Platten in Form und Größe von
Backsteinen."

Der spitze, weitgesehene Turm ist ca. 48 m hoch. Man
nimmt an, der untere Teil desselben sei uralt und stamme noch
aus heidnischer Zeit. Zwei Kugelgewölbe sind hier über einander
gewesen, von denen noch das untere vollständig erhalten ist. In
der 3 bis 3,60 m dicken Mauer ist noch ein finsterer Treppen=
gang, der zu einer Höhle, einem engen, unheimlichen Verließ, führt,
in welchem man vielleicht Kriegsgefangene einsperrte. Vielleicht
war der Turm eine Festung der Häuptlinge, oder auch ein heid=
nischer Götzentempel. Noch jetzt bemerkt man eine große Nische
darin, deren einstige Bestimmung unbekannt ist. Vielleicht benutzte
Willehadus den Turm als Kapelle.

Vom Turm aus hat man eine weite, hübsche Aussicht über
die Weser, nach dem mastenreichen Bremerhaven, dem alten Lehe
und Bremen, bis zum meerumrauschten Bremer Leuchtturm.

Auf dem Blexer Kirchhofe liegen neben einer alten Weide elf
Männer begraben, welche von den Franzosen im Jahre 1813 vor
der Kirchthür erschossen wurden, weil sie sich der Blexer Batterie
bemächtigt hatten. Mehrere dieser „Aufrührer" wurden auch noch

nach Oldenburg mitgeschleppt und auf dem Weg dahin nach und nach erschossen, die letzten zwei vor dem Heiligengeistthore.

Von Blexen aus können wir auf dem 7,50 bis 9 m hohen Deiche nach Langwarden gehen. Die Weser bildet hier eine große Bucht von Tettens bis Langwarden. Viel schönes, fruchtbares Land ging hier verloren. Ein breites Watt liegt jetzt an seiner Stelle, der sog. Langlütkensand, welcher mit Befestigungswerken zum Schutze der Wesermündung versehen ist. Er soll dadurch entstanden sein, daß ein Schiffer, Namens Lange Lütken, mit einem Schiffe, das mit Mauersteinen beladen war, in dieser Gegend strandete; an diesem Wrack häufte sich der Seesand an, und so entstand allmählich die Insel. Auf ähnliche Weise, durch Anhäufung von Sand hinter einem festen Gegenstande, mögen auch die übrigen kleinen Inseln in der Weser entstanden sein, wie die Luhne-Plate, der Harrier- und Hammelwarder-Sand u. s. w.

Daß hier früher viel Land untergegangen ist, beweist noch ein Ueberrest des alten Waddenser Kirchhofs, der unmittelbar am Strande liegt, wie im Jeverlande der Bauter Kirchhof, sowie auch der Umstand, daß bei Fedderwarden im Watt manchmal Urnen bloßgespült werden. Auch Bernstein findet man zuweilen am Strande; so fand man im Jahre 1869 zu Fedderwardersiel einen Bernstein, der das enorme Gewicht von $6^{1}/_{4}$ Pfund hatte. Vom Deiche aus hat man eine herrliche Aussicht, weit ins Land hinein und aufs unendliche Meer. An eine solch weite Aussicht oder „Utkiek", wie sie sagen, sind die Marschbewohner ebenso gewöhnt, wie von ihren Bergen aus die Alpenbewohner. Auf der Geest, wo ihr Blick durch Gebüsch begrenzt wird, überfällt sie deshalb bald ein unwiderstehliches Heimweh, wie in dem bekannten Liede den Schweizer auf der Straßburger Schanz, als er das Alphorn drüben anstimmen hörte.

Die kleinen Häuser unten an der Innenseite des Deiches schauen kaum über denselben hinweg. Es sind meist Schifferwohnungen. Vor einem solchen Hause sieht man auf dem Deiche stets eine hohe, beflaggte Stange; denn der Schiffer muß allezeit wissen, woher der Wind weht. Tagelang sieht man sie auf dem Deiche stehen und in das Flutengeriesel und Wellengeschimmer hinausschauen; der Blick ins Wasser hat für jeden Menschen, besonders aber für den Schiffer, einen wunderbaren Reiz.

Der nördliche Teil Butjadingens ist Seemarsch. Wohin man schaut, überall ist es kahl und eben. Häufig sieht man große Braken an der Innenseite des Deiches, und im Lande bemerkt man eingesunkene alte Wurten. Am Strande sieht man überall

Netze und Körbe zum Trocknen ausgestellt und ausgespannt; denn auch hier werden, wie bei Varel und Dangast, viele Granaten gefangen, die man nach Bremen und Bremerhaven verkauft. Im Watt machen die Seevögel einen großen Lärm. Der Strand ist übersä't mit weißen Möwen, die auf die Ebbe warten.

Eine halbe Stunde vom Deiche liegt Burhave. In der Mauer der dortigen Kirche ist das alte Rustringer Landesmaß eingehauen, eine Rute = 22 Fuß. Ein hübscher Flurenpfad führt uns von Fedderwardersiel längs des Sieltiefes nach Langwarden. Ueberhaupt führen durch alle Teile Butjadingens die schönsten Klinkerchausseen und Fußpfade, letztere zum Teil mit Sandsteinfluren belegt.

Die Kirche zu Langwarden ist ein sehr großes, aber im Innern nur kahl und wüst aussehendes Gebäude. Sie soll zu Anfang des 15. Jahrhunderts erbaut sein, welche Angabe jedoch schwerlich richtig ist, da die Kirche, nach ihrem Stile zu schließen, mit der Blexer von gleichem Alter sein muß. Das Baumaterial ist Tuffstein, der jetzt stellenweise sehr verwittert ist. Die Kirche war eine Kreuzkirche und hatte einen hohen Turm, der aber 1642 einstürzte und durch einen Dachreiter ersetzt wurde. In der Kirche befindet sich eine große Gedenktafel zur Erinnerung an die Weihnachtsflut von 1717, nichts weiter enthaltend, als nüchterne moralische Betrachtungen. Außer der gegenwärtigen Kirche war in Langwarden früher, ehe die Flut einen großen Teil des Kirchspiels wegriß, noch eine zweite, die sog. Brüderkirche, welche auf dem „Riesenkirchhofe" stand. Neben diesem alten Kirchhofe liegt noch jetzt die Pastorei, an welcher sich ein aus Tuffsteinen aufgeführter alter Flügel von höchst sonderbarer Bauart befindet. Derselbe soll der Ueberrest einer Mönchswohnung sein; die vielen kleinen und größeren Nischen für Heiligenbilder in derselben deuten auch auf diese Bestimmung hin. Von den altfriesischen Steinsärgen, die man hier gefunden hat, ist schon früher die Rede gewesen. Wer in Langwarden nachforschen wollte, der könnte daselbst gewiß noch manche Altertümer entdecken.

Von Langwarden führt unser Weg wieder südlich über Tossens und Eckwarden. Beide Oerter bieten nichts von irgend welcher Bedeutung. Von der Eckwarder Kirche wird jedoch folgendes erzählt: Einst kam der Teufel während des Gottesdienstes in die Kirche und wollte das schönste Mädchen rauben. Der Pastor besaß aber Geistesgegenwart, nahm den großen, schweren Altarleuchter und warf ihn dem lüsternen Teufel an den Kopf, worauf Luzifer mit großem Geheul und unter Hinterlassung eines entsetzlichen Schwefelgeruchs zum Fenster hinausfuhr. Der Volkswitz, dieser Schalk, fügt jedoch hinzu, der Teufel habe später die Person doch noch geholt, und ihr Mann, dem sie zeitlebens die Hölle heiß gemacht, sei wohl damit zufrieden gewesen.

## 5. Die Leute in Butjadingen.

Ein bis ins Einzelne ausgeführtes Charakterbild der Butjadinger Bauern ist keine leichte Aufgabe. Hier soll nur eine Federzeichnung gegeben werden. Man radiere, wo es nötig, und führe weiter aus, wenn man's vermag.

Es ist ein Unterschied zu machen zwischen den eigentlichen Butjadingern im nördlichen Teile der Halbinsel, jenseits der Heete und des sog. Mitteldeichs, und den Stadländern im südlichen Teile oder dem Stadlande.

Die „Butjenter" haben den alten friesischen Typus und Charakter noch ziemlich rein bewahrt. Männer und Frauen sind hoch und schlank gewachsen, die Gesichtszüge regelmäßig, bei dem weiblichen Geschlechte oft von überraschendem Ebenmaß. Die Form des Kopfes ist schön oval, die Augen hellblau, die Stirn hoch, das Haar hellblond, der Teint weiß, zart und rötlich durchschimmernd, der Mund klein, die Lippen verhältnismäßig schmal. Das ist der echte Friesentypus.

Der Name Friese soll so viel wie „der Freie" bedeuten, und in der That ist eine große Freiheits- und Unabhängigkeitsliebe der Hauptzug im Charakter der Friesen, daneben eine tiefe Heimatliebe, wie bei den Alpenbewohnern, verbunden mit persönlicher Tapferkeit und eiserner Zähigkeit, die manchmal in Starrköpfigkeit und „Diesigkeit" — wie das Volk sich ausdrückt — ausartet. Kein Wunder; ein Volk, das stets an der Küste der freien See wohnte, will auch frei sein wie die See. „Lieber tot als Sklav!" war der Wahlspruch der Friesen. „Eala fria Fresena!" war ihr Gruß. Ein Volk, das für Freiheit und Recht, für Heimat und Herd ewig kämpfen mußte, eines Teils mit ländergierigen, gekrönten Häuptern, andern Teils mit hereinbrechenden Sturmfluten, das mußte wohl eine tiefe, unwandelbare Liebe zum teuren Heimatboden bekommen und eine Zähigkeit und Festigkeit, die den größten Gefahren trotz zu bieten und die unüberwindlichsten Hindernisse zu beseitigen vermag.

Daß sie sich diesen Charakter ziemlich rein bewahrt haben, das wissen auch unsere Butjenter Bauern recht gut; sie dünken sich besser als die Stabländer, die schon mehr ein Mischlingsvolk sind, und sehen ein wenig stolz auf sie herab.

Sowohl in moralischer, als in intellektueller Hinsicht steht der Butjenter hoch. Der sittliche Charakter des Friesen, vor allem in geschlechtlicher Hinsicht, ist verhältnismäßig rein und ohne Makel. Seine geistige Richtung ist eine mehr nüchtern praktische und verständige, als eine poetische und gemütliche. Die Friesen haben fast alle große Anlagen zur Mathematik. Aus ihren Seeleuten gehen daher vorzügliche Steuerleute hervor. Phantasie und poetische Gestaltungskraft stehen bei den Friesen weit hinter den Verstandesfähigkeiten zurück. Es hat nie große friesische Dichter gegeben. Aus Butjadingen ist, so viel ich weiß, nur ein Dichter hervorgegangen, der hausbackene Bauernpoet Hinrich Janßen aus Eckwarden. Nach der Flut im Jahre 1717 legte er dem dänischen Könige Christian VI., dem damaligen Herrn von Oldenburg, die Not der Butjadinger in einem Gedichte ans Herz, und der König erließ dem Volke bedeutende Deichlasten. (S. Album Oldenb. Dichter.) Beiläufig gesagt, ist Jeverland, das doch auch von Friesen bewohnt wird, das Geburtsland dreier bedeutender Männer, des Historikers Schlosser, des Afrikareisenden Seetzen, der ein Märtyrer seines Forscherdranges wurde, und des berühmten Chemikers Mitscherlich.

Die Friesen haben keine eigentlichen Volkslieder; sie können nicht sonderlich singen und mögen's auch nicht. Ihre Volksmärchen und Sagen sind kein freies Spiel der Phantasie, wie die süddeutschen Märchen, sondern nur dunkle, unheimliche Erinnerungen und Erzählungen wirklicher Ereignisse, vom Untergange eines Dorfes, einer Insel, eines ganzen Landes. Trotzdem sind die Friesen nicht ganz frei von Aberglauben und haben sogar Spukgeschichten. Die Fischer in Butjadingen werden z. B. nie an einem Sonntage fischen. Sie erzählen sich, Satan habe einst einen Sonntagsfischer immer weiter und weiter ins Watt gelockt, bis ihn endlich die Flut verschlungen habe. Auch der Glaube an das Seegespenst ist weit verbreitet. Dieses Seegespenst überfällt nämlich zur Nacht den einsamen Wanderer auf dem Seedeiche, hält ihn fest mit unsichtbaren Händen, so daß er nicht vor- noch rückwärts kann, und sucht ihn ins schwarze Watt, ins tiefe Meer hinab zu drängen. Ueberhaupt werden auf dem Deiche häufig Gespenster erblickt, was wohl in dem Umstande begründet ist, daß Personen und Gegenstände auf dem Deiche, z. B. ein einsamer Reiter, ein Fuhrwerk ꝛc., sich scharf gegen den Himmel abheben und aus der Ferne gesehen wirklich etwas Gespenstisches haben.

Was die Beschäftigung des Butjadingers anbetrifft, so treibt er mehr Ackerbau als der Stadländer, obgleich der Boden des nördlichen Butjadingens, wenn auch stellenweise sandscharig (d. h. mit Sand vermischt), namentlich bei Burhave und Blexen, sich ebenso gut zu Weide-, als zu Pflugland eignet. Ein Butjenter Bauernsohn oder Großknecht ist so geschickt im Pflügen, daß er mit 6 Pferden eine halbe Stunde weit schnurgerade Furchen zieht.

Da der Charakter des Volkes mit den Bodenverhältnissen seines Wohnortes aufs innigste zusammenhängt, so wird er sich auch ändern, sobald diese sich anders gestalten, und das ist und wird immer mehr geschehen. Die innern und äußern Kämpfe haben aufgehört; das Land ist durch Deiche allem Anscheine nach auf lange Zeit gesichert. Ruhig und ungefährdet wohnt der Bauer auf seinem angestammten Erbe, wie ein kleiner Souverän, ruhig und sicher kann er sich dem Genusse und Wohlleben hingeben, wozu ihm die unerschöpfliche Fruchtbarkeit des Landes jahraus jahrein in Fülle die Mittel verleiht.

Nun der Stadländer. Wenn ich von diesem spreche, so muß ich die Bewohner Moorriems bis Elsfleth, Oldenbrok, Strückhausen und Schwei gänzlich ausschließen. Der Stadländer sieht auf diese ebenso herab, wie der Butjenter auf ihn, und nennt die Moorriemer verächtlich nicht anders als „Putaale" oder „Moorputen". Ein gewisser Bauern- und Geldstolz sitzt einmal in jedem Bauern. Daher kommt's denn auch, daß unter ihnen fast nur standesgemäße Heiraten abgeschlossen werden. In manchen Gegenden herrscht sogar die Sitte, daß immer nur in der Familie geheiratet wird. Auf diese Weise bleibt dann Geld und Gut hübsch auf einem Haufen, bei der Familie.

Die Stadländer sind übrigens ein Mischlingsvolk, sowohl in körperlicher als geistiger Hinsicht. Ihr Charakter ist mehr verwischt und abgeschliffen; das macht schon der große Schiffsverkehr an den Hafenplätzen der Weser, wie auch der ausgebreitete Handel mit Rindern und Pferden. Ihre Sitten sind nicht so einfach wie im nördlichen Butjadingen. Sie mögen gern prunken in Sprache, Kleidung und Wohnung. Diese Prachtliebe, die wir durchaus nicht unbedingt verwerfen wollen, ist ein mal eine natürliche Folge des Reichtums, zum andern ein Erbteil von den alten Vorfahren, die — wie noch die Bilder auf den alten Grabsteinen beweisen — hinsichtlich der Kleidertracht sehr dem Prunke huldigten. Die Stadländer spielen auch gern den Gebildeten. Während der Butjenter fast nur platt spricht, drückt sich der Stadländer am liebsten hochdeutsch aus. Auch Fremdwörter gebraucht er gern, wenn auch nicht immer richtig. In Kleidung, Wohnung und Lebensweise liebt er sehr den Luxus. Die jungen Bauernsöhne gehen selten ohne Ueberzieher, Shawl und Cylinder, mit einer dicken, goldenen Uhrkette auf der Brust. Die Frauen und Mädchen lieben es, sich mit kostbaren, schweren Stoffen zu kleiden und mit Gold- und Silbersachen zu überladen; vor allem putzen sie sich heraus, wenn sie zum Rodenkircher Markt, diesem größten Butjadinger Volksfeste, oder zur Residenz fahren. Man erkennt die Butjadinger Bauerntöchter sofort an ihrem ganzen An- und Aufzuge, wenn sie zur Stadt kommen, und früher pflegte ihnen die Straßenjugend wohl nachzurufen: „Hurra Butjahrland!" oder: „He, hei ji Butjahrland woll sehn?" —

Wir fühlen uns keineswegs berufen, diese Prachtliebe zu tadeln, wenn die Mittel sie erlauben und wenn unter dem Schein das Sein nicht leidet. Warum soll nicht auch der Bauer sein Dasein angenehm und schön zu gestalten suchen? Warum soll er nicht auch ein wenig der Mode huldigen? Kann er sich doch nicht von der herrschenden Zeitrichtung abschließen, am allerwenigsten in neuester Zeit, nun Butjadingen und Stadland noch mehr als sonst durch eine Eisenbahn über Hude mit Bremen in unmittelbare Verbindung gebracht und so in den großen Weltverkehr gezogen sind.

Nichtsdestoweniger bleibt das Sprichwort wahr: „Es ist nicht alles Gold was glänzt." Es giebt viele Arme im Stadlande, und oft müssen im Jahre für 18 bis 20 und mehr Monate Armengelder bezahlt werden. Die Stellung der Arbeiter und Handwerkerklasse in der Marsch ist bei weitem nicht so günstig, wie auf der Geest. Auf der Geest hat fast jeder Arbeiter und Handwerker einen kleinen landwirtschaftlichen Betrieb, in der Marsch selten. Der in der Marsch herrschende Kastengeist hat außerdem für die unteren Klassen eine gewisse geistige Beschränktheit im Gefolge. —

Ueber die städtischen Bauernhäuser im Stadlande ist schon oben gesprochen. Man muß aber hineinkommen, um recht den Aufwand zu sehen, der mit kostbaren Möbeln und Sachen getrieben wird. Da finden wir Mahagonimöbel mit Plüschüberzügen, kostbare Pendulen, Spiegel und Spiegeltische, Pianinos, Nippsachen, feine Teppiche u. s. w. u. s. w.

Auch die schönsten Klassikerausgaben von Goethe, Schiller und andern modernen Dichtern prunken in den zierlichsten, reichvergoldetsten Einbänden auf den Bücherborten.

Turn- und Gesangvereine blühen überall in Butjadingen, sogar Vortragsabende werden abgehalten. Das ist jedenfalls ein

Zeichen, daß man die Bildung zu schätzen weiß; man trachtet nicht bloß nach dem Schein derselben.

Auf Bällen, Gartenkonzerten und Kasinos zeigt der Bauer gern, was er vermag. Der Champagner fließt alsdann häufig in Strömen und blanke Louisdore fließen dem schmunzelnden Wirte zu. Ein junger Doktor improvisierte bei solcher Gelegenheit wie folgt:

"O, dreimal glücklich ist das Land, wo ich geboren;
Wo stolz der Bauer spielt mit Louisdoren!
Behäbig graft der Ochs im Sonnenschein;
Beim Zeus, hier möcht' ich wohl ein Rindvieh sein!

Das sog. "Dickthun" liegt dem Bauern in der Art. Fährt er aus, so genügt ihm ein einfacher Korbwagen nicht mehr; auf glatter Klinkerchaussee rollt er in einem zierlichen Kabriolett, in einem modern eleganten Phaeton, in einer stolzen Staatschaise dahin. Nun, seine Mittel erlauben ihm das, sind doch Land- und Viehpreise auf eine enorme Höhe gestiegen. Eine gute Milchkuh kostet ihre 100 Thlr. und darüber. Und nun erst die Pferde! Prämienhengste sind für 2000 bis 3000 Thlr. und mehr ins Ausland verkauft. Butjadinger Butter kostet in Bremen das Pfund 1 Mark und darüber. So ist es nicht immer gewesen. Vor hundert Jahren lag der Wohlstand der Marschbewohner bedenklich darnieder. In meiner Jugend habe ich alte Leute gekannt, die noch von den unglücklichen Jahren, von Viehseuche, Dürre und Mäusefraß zu erzählen wußten. Die besten Kühe mußten damals für 6 bis 15 Reichsthaler ins Ausland oder an die Geestbewohner verkauft werden. Da gingen viele Bauern zu Grunde, manche mußten ihre Habe dem andringenden Gläubiger preisgeben und zusehen, daß ihr Gut für eine Kleinigkeit verkauft wurde. Das Jück Landes wurde damals für 10 bis 20 Thlr. verschleudert. Manche früher wohlhabende Bauernfamilien, die im Ueberfluß gelebt und in der guten Zeit leider nicht an einen Sparpfennig gedacht hatten, mußten von Haus und Hof und verarmten gänzlich, während kleinere Grundbesitzer für ihr geringes Ersparnis eine Bauernstelle erstanden und unversehens den Grund zu späterem Wohlstande legten. Das war in den Jahren 1770 bis 1790. Ja, das Sprichwort hat Recht: "De Welt geit up un dal as'n Sootsteert." — Wir wollen nicht hoffen, daß es jemals wieder so tief bergab gehe, vorläufig ist kein Gedanke daran; indes ob es immer so fortgehen werde, steht auch dahin. In neuerer Zeit scheint der Reichtum abzunehmen, eine Erscheinung, die nicht auffallen kann, wenn man bedenkt, daß jetzt mehr wie je das junge

Geschlecht sich städtische Bildung und städtische Bedürfnisse aneignet. Wie viele Bauerntöchter und Bauernsöhne werden jetzt in der Stadt in Pension gegeben, um städtische Lehranstalten zu besuchen, wodurch sie ihrem Stande leider entfremdet werden. — Die Viehpreise — auch dies kommt hinzu — sind durch den Einfluß des Weltmarktes bereits gesunken.

Im Stadlande wird zum größten Teile Viehzucht, wenig Ackerbau getrieben. Mein Begleiter, den ich unterwegs traf, sagte, als wir in die Gegend von Golzwarden kamen: „Hier sund de grötsten Beester, tweebeenige sowoll as veerbeenige". Hier wohnt die Bauernaristokratie des Landes.

Der nördliche Butjadinger sagt, der Stadländer sei zu bequem, zum Ackerbau. Auf den Viehhandel versteht sich der Stadländer wie der Moorriemer aus dem Grunde.

Da in dem kleinen Ländchen die größten Verschiedenheiten obwalten, so sei es ferne, den Charakter der Butjadinger durch eine Schablone zeichnen zu wollen. Es ist nämlich ein großer Unterschied zwischen den Anwohnern der Weser, der Jade und den Bewohnern des mittleren Teiles. An der Jade hat sich mehr der reine Friesencharakter erhalten, während an der Weser Schiffahrt und Handel fast alle Züge desselben verwischt haben. In den Hafenorten, namentlich in Brake und Elsfleth, hat die Schiffahrt den Bewohnern ein ganz entschiedenes Seemannsgepräge aufgedrückt. Man braucht nur diese breiten, robusten Gestalten, diese bärtigen, vollen Gesichter zu sehen, um sich hiervon zu überzeugen. So viele verschiedene Kirchdörfer in Butjadingen sind, so viele Nüancen treten auch im Charakter der Bewohner hervor. Es ist z. B. ein großer Unterschied zwischen dem feinen, städtischen Rodenkircher und dem derben Tossenser und Eckwarder, zwischen den Anwohnern des Moores in Schwei und den reinen Marschbauern in Stollhamm, Blexen u. s. w.

Uebrigens sind die Butjadinger durchweg sehr strebsame, liebenswürdige, gemütliche Leute, und trotz allen äußern Schliffs ist doch der brave, treue, wahre Kern nicht verloren gegangen; es sitzt noch immer ein Rest der alten, echten, offenen, freien Friesennatur in diesem edlen Volksstamm.

Eigentümliche Sitten und Gebräuche giebt es jedoch aus den genannten Gründen in Butjadingen nicht mehr. Doch ist es stellenweise noch Sitte, daß die angesehenen („großen") Bauern ihre Toten bei Laternenlicht beerdigen, wobei es manchmal ohne Abenteuer nicht abgeht.

Ebenso war es Sitte, daß dem Brautwerber, wenn er ins

Haus der Auserſehenen kam, von dieſer als Zeichen der Gunſt eine unangerauchte, thönerne Pfeife gereicht wurde, als Zeichen der Ungunſt aber eine angerauchte; in einigen Gegenden mag es noch jetzt ſo gehalten werden.

Die Sitte, in der Pfingſtnacht im Dorfe einen Maibaum auf= zuſtellen und denſelben nach einiger Zeit feierlich „abzutanzen" — wie man ſich ausdrückt — herrſcht freilich noch im Butjadinger=, wie auch im Jeverlande, allein das iſt keine nur den Frieſen eigentümliche Sitte.

Doch giebt es noch zwei eigentümliche, echt frieſiſche Volks= beluſtigungen, die in dem ganzen frieſiſchen Landſtriche an der Nordſee und Weſer zu Hauſe ſind, und die ich daher nicht mit Stillſchweigen übergehen darf; ich meine das Rapsdreſchen und das Klotſchießen. Die Schilderung derſelben folgt in ſpäteren Skizzen.

## III. Kapitel.

## Eine Fahrt auf der Unterweser.

Die Weser wird von den deutschen Dichtern etwas geringschätzig behandelt. Schiller bemerkt wegwerfend, daß "leider von ihr garnichts zu sagen sei", und außer Franz Dingelstedt, der ihr ein schönes Loblied gesungen, hat sich kein namhafter Vertreter unserer Litteratur gefunden, der sich dieses echt deutschen Stromes, der während seines ganzen Laufes nur deutsches Land berührt, angenommen hätte. Und doch ist die Weser ein schöner Strom. In ihrem Ober- und Mittellaufe wird sie "von Bergen traulich eingeschlossen", wie der Dichter singt, und der Unterlauf, obgleich er nur durch eine Flachlandschaft führt, entbehrt keineswegs landschaftlicher Schönheiten. Allerdings sieht der Naturfreund keine Berge, keine Ruinen alter Schlösser und Klöster, aber wer ein Auge dafür hat, der wird sich an dem Anblicke des breiten, glänzenden, segelbelebten Stromes erfreuen, der wird gern den Blick über den grünen Außengroden nach dem hohen Deiche schweifen lassen, den die Kirchtürme der reichen Marschdörfer und die Strohdächer der stattlichen Bauernhäuser überragen.

Fahren wir einmal von Elsfleth aus, das am Zusammenflusse der Weser und Hunte liegt, auf einem der stattlichen Räderdampfer, die den Verkehr auf der Unterweser vermitteln, die Weser hinunter; wir werden des Sehenswürdigen genug antreffen. Am Anlegeplatz der Dampfschiffe befindet sich der sogenannte Anleger, eine Brücke, die zu einem verankerten Schiffsrumpfe führt. Einige Arbeiter, die beim Anlegen und Abfahren der Dampfer die nötigen Handlangerdienste leisten und die mit dem Dampfschiffe ankommenden Waren den Empfängern zustellen, sind bereits anwesend; das Dampfschiff, durch die Strömung des aufsteigenden Wassers etwas aufgehalten, ist noch nicht in Sicht. So haben wir Zeit, das stattliche Denkmal zu betrachten, das die Weserkaje ziert. Die dankbare Nach=

welt hat es dem Herzog Friedrich Wilhelm von Braunschweig-
Oels errichtet, jenem ruhmgekrönten deutschen Fürsten, der sich
hier mit seiner schwarzen Schar nach England einschiffte. Im
Stolz eines geborenen deutschen Fürsten, erfüllt von Haß gegen
den fremden Eroberer, hatte er es verschmäht, den Waffenstillstand
zu Znaim für sich in Anspruch zu nehmen. Mit der Hälfte seines
Korps, 1300 Jägern, 650 Reitern, 80 Artilleristen und 4 Geschützen unternahm er es, sich einen Weg durch das vom Feinde
besetzte deutsche Land zu brechen. Es gelang. Nach einem vier-
zehntägigen, bewundernswürdigen Zuge durch das geknechtete Vaterland erreichte die Heldenschar von Bremen aus über Delmenhorst
und durch Stedingen bei Elsfleth die Weser. In Elsfleth und
dem benachbarten Brake wurden Schiffe requiriert. Dann segelte
die kleine Flotte die Weser hinunter und erreichte glücklich das
freie Meer. Vergebens umsausten die französischen und dänischen
Kugeln die deutsche Heldenschar. Noch jetzt hat sich in altansässigen
Familien in Elsfleth und Brake die Kunde von jenen mutigen
Männern erhalten, die als Zeichen, daß sie weder Pardon gaben
noch nahmen, den Totenkopf an dem mit dem Roßbusch bedeckten
Tschako trugen, noch jetzt weiß man zu erzählen, wie schmerzlich
den Reitern der Abschied von ihren treuen Pferden war, die sie
gegen ein Spottgeld den schachernden Juden überlassen mußten.
Wohl hat jene Schar, deren Heldenzug den Mut des geknechteten,
verzagenden Volkes aufrichtete, es verdient, daß die Nachwelt ihrer
ehrend und dankbar gedenkt.

Das Denkmal ist im gotischen Stil aus Sandstein aufgeführt
und an der Weserseite halbkreisförmig von Kanonenröhren, die
durch Ketten verbunden sind, umgeben.

Noch im Anschauen der strengen Züge des Helden versunken,
die die Vorderseite zeigt, werden wir durch das Läuten der Schiffsglocke zu dem Anleger zurück gerufen. Das Dampfschiff naht. Der
Kapitän mit der gelbgeränderten Mütze, dem Abzeichen der Lloyd-
kapitäne, steht auf der Kommandobrücke und ruft dem Maschinisten
seine Befehle zu, die Passagiere drängen auf das Vorderdeck.
Jetzt werden die Taue ausgeworfen und von den Arbeitern befestigt. Vom Anleger aus wird eine Brücke auf den Dampfer
geschoben. Die Passagiere verlassen das Schiff und andere nehmen
ihre Plätze ein, vom Kapitän, der ohnehin über die verspätete
Ankunft des Dampfers ungehalten ist, zur Eile gemahnt. Endlich
ist alles fertig; die Taue werden gelöst und die Räder setzen sich
in Bewegung. Wir nehmen auf dem Verdeck Platz, und während
das Dampfschiff die Weser hinuntergleitet, haben wir Gelegenheit

an der einen Seite Elsfleth, an der andern eine jener Weserinseln, die man kurz als „Sande" bezeichnet, zu betrachten.

Elsfleth ist eine stille Stadt. Durch die Ungunst der Stromverhältnisse und die Notlage des Schiffsbaues hat es in den letzten Jahren sehr gelitten. Eine große Zahl von Schiffern ist in der kleinen Stadt, die auch eine Navigationsschule besitzt und deshalb in Schifferkreisen ein gewisses Ansehen hat, ansässig. Bald verlieren wir Elsfleth aus dem Auge. Das Dampfschiff hält sich an der oldenburgischen Seite, und wir haben Gelegenheit, das linke Weserufer in nächster Nähe zu betrachten.

Eine große Anzahl Häuser sind am Deiche erbaut, viele in halber Höhe des Abhangs, so daß nur das Dach die Deichkappe überragt. In der Mehrzahl sind diese Häuser von Fischern und Schiffern bewohnt, deren Fahrzeuge am Ufer befestigt sind, oder auf dem Strome kreuzen. Der Verkehr auf dem Deiche ist jetzt, wo eine neue Chaussee unterhalb des Deiches durch die fruchtbare Marsch führt, verhältnismäßig gering. Der Fußreisende aber, der sich an dem Anblicke des Stromes, an der Aussicht in die grüne Marschebene erfreuen will, wandert auf dem Deiche, denn, um mit den Worten des Marschendichters Hermann Allmers zu sprechen: „Lieblich ist der Aufenthalt auf meines Deiches hohem Wall".

Etwas unterhalb Elsfleth passieren wir Oberhammelwarden, ein großes Dorf, dessen Bewohner in der Mehrzahl Fischer sind. Das sieht man auch an den zahlreichen Fischerböten, die am Ufer befestigt sind, an den zum Trocknen ausgespannten Netzen und an den Pfählen, die im Strome angebracht sind, um die Fischnetze daran zu befestigen. Solche Pfähle werden wir auf der Unterweser noch häufiger antreffen. Das Dampfschiff, wenn das Fahrwasser in nächster Nähe derselben ist, fährt langsamer, um die Fische nicht zu vertreiben und den Fischern ihren Verdienst, der ohnehin in den letzten Jahren gering genug gewesen ist, nicht zu schmälern\*).

Unablässig gleitet das Dampfschiff den glänzenden Strom hinab. Ueber den Deich hinüber grüßt die stattliche Kirche zu Hammelwarden. Zur Reformationszeit wirkte hier der Pastor Hodderßen, der die von Bugenhagen 1534 herausgegebene Uebersetzung der Bibel in die niederdeutsche Sprache besorgt haben soll. Sein An=

---

\*) Im Strome bemerken wir ferner große, schwimmende, an Ketten liegende Tonnen von verschiedener Färbung, die das Fahrwasser angeben. Die weißen Tonnen hat ein Schiff, wenn es stromaufwärts fährt, links, die schwarzen rechts liegen zu lassen. Die roten kann es sowohl rechts als links umsteuern. Die grünen zeigen die Stelle an, wo ein Schiffswrack liegt. F. P.

denken hat man vor einigen Jahren durch Pflanzen der „Hobderßeneiche" geehrt.

Bald darauf legt das Dampfschiff in Brake an der stattlichen Weserkaje an. Brake ist der bedeutendste Hafenort an der oldenburgischen Seite. Der Hafen ist 1862 angelegt und vor einigen Jahren vergrößert worden. Da, wo jetzt der Hafen ist, war früher die Mündung eines Sieltiefes, das von den Schiffern, falls sie nicht auf der Reede ankerten, als offener Hafen benutzt wurde. Zur Zeit des dänischen Krieges lag hier die „deutsche Flotte", die später ein so klägliches Ende nahm. Die Unthätigkeit derselben ist bekannt. Die Offiziere spielten in dem gesellschaftlichen Leben der kleinen Stadt eine bedeutende Rolle, Sonntags konzertierte die Marinekapelle, und die Mannschaften dieser „deutschen" Flotte — sie waren aus aller Herren Länder zusammengekommen — brachten in das Leben der Kleinstadt eine angenehme Abwechslung. Die Geschäftsleute sprechen noch jetzt mit einer gewissen Begeisterung von der „Marinezeit". Der Admiral Brommy heiratete eine Braker Bürgerstochter. Nach dem Verkaufe der deutschen Flotte zog er sich verbittert nach Vegesack zurück. Sein Leichnam liegt auf dem Kirchhofe zu Hammelwarden, wohin damals Brake eingepfarrt war, begraben.

Auch die „Gefion", das zu Eckernförde erbeutete dänische Kriegsschiff, hat einmal den kleinen Hafenort gesehen. Es wurde nach seiner Erbeutung dahin gebracht und in einem eigens zu dem Zwecke erbauten Trockendock repariert. Nachher lag das Trockendock Jahrzehnte hindurch unbenutzt da, bis es vor einigen Jahren vergrößert und neu eingerichtet wurde.

Die Schiffahrt Brakes hat in den letzten Jahren sehr gelitten. Mehr und mehr verdrängen die Dampfschiffe die Segelschiffe; infolgedessen liegt auch der Schiffsbau, der vor Jahren eine große Anzahl von Arbeitern beschäftigte, vollständig darnieder. Viele Schiffsbauwerfte sind bereits eingegangen und in Gemüsegärten oder Weiden umgewandelt, aus denen die Krähne und Stapel traurig hervorragen. Wo sonst vom Morgen bis Abend geklopft und gesägt wurde, da wächst jetzt Gemüse oder führen die Ziegen ein beschauliches Dasein. Die Werfte, die noch bestehen, haben ihre Thätigkeit sehr einschränken müssen, und für die Zimmerleute, die so zahlreich an der Unterweser wohnen, ist eine böse Zeit gekommen.

Durch die allmähliche Versandung der Unterweser, der man jetzt allerdings durch die Weserkorrektion Abhülfe verschaffen will, hat der Schiffsverkehr Brakes sehr gelitten. Von der bevorstehenden Weserkorrektion erwartet man indessen eine weitere Schädigung desselben, weil dann die kleineren Schiffe, die jetzt bis Brake hinauffahren, bis an die Stadt Bremen fahren werden.

Als die Bahn am linken Weserufer noch nicht bestand, hatten viele kleine Schiffer als „Kahnschiffer" einen ausreichenden Verdienst. Sie beförderten die mit den größeren Schiffen ankommenden Waren die Weser hinauf nach Bremen. Jetzt ist das natürlich anders geworden, und der Transport geschieht schneller und billiger durch die Eisenbahn. Die Kahnschiffer müssen froh sein, wenn sie sog. „Stückgüter" transportieren, oder für die mit Ballast abfahrenden Segelschiffe Wesersand holen können. Neuerdings hat man den Versuch gemacht, die Kahnschiffer für die Seefischerei zu gewinnen.

Daß unter diesen Umständen die Erwerbsverhältnisse der kleinen Stadt, die außerdem bis jetzt durch das Freihafengebiet vom Inlande abgeschlossen ist, sehr ungünstige sind, ist leicht ersichtlich. —

In der Ferne erblicken wir von unserm Dampfschiffe aus Sandstede, ein großes, preußisches Dorf am rechten Weserufer. Während das Dampfschiff seinen Weg, die Unterweser hinunter, verfolgt, haben wir Gelegenheit, die Schiffswerfte am linken Weserufer, die sehr im Rückgange begriffen sind, zu betrachten. An der anderen Seite erstreckt sich eine größere Weserinsel, der Harriersand. Mitten darauf steht ein großes Bauernhaus, in welchem der „Sandbauer" wohnt. Im Spätsommer, zur Zeit der Heuernte, entfaltet sich daselbst ein reges Leben. Viele fleißige Hände sind beschäftigt, den reichen Segen einzuheimsen und das gewonnene Heu auf kleinen Schiffen über die Weser zu bringen. Nicht selten aber überflutet bei einer Springflut der Strom die Insel und trägt das Heu auf seinen Wogen fort. Dann ragt nur das auf einer Wurt hochgelegene Bauernhaus aus dem Wasser hervor*).

Bald hat das Dampfschiff Sandstede erreicht. Vom Ufer her naht ein Boot, um neue Passagiere zu bringen und andere wieder mitzunehmen. Dann geht es weiter. Etwas unterhalb

---

*) Eine noch größere Weserinsel ist die Blexen gegenüber gelegene Luhne=Plate, auf der drei Häuser stehen. Sie hat wohl einen Umfang von einer Tagereise, ist mit einem niedrigen Deich umgeben und dient besonders zum Viehweiden. Auch der Heu= und Rohrertrag dieser Insel ist ein bedeutender. Sandstede gegenüber liegt die Strohauser Plate, welche herrschaftlich ist und verpachtet wird. Auf derselben bemerken wir ein Bauernhaus mit großer Scheune, außerdem hohe Rohr=Mieten, auch einzelne Weidenbäume und Gestrüpp, während erstere keinen Baumwuchs hat. F. P.

Sandstede liegt Rechtenfleth, die Heimat und der Wohnort Hermann Allmers', den man mit Recht den Marschendichter nennt.

Weiter geht es die Weser hinunter. Die nächste Station ist Dedesdorf, der bedeutendste Ort im Lande Wührden, jenem am rechten Ufer der Weser belegenen Landstriche, der noch zum Großherzogtum Oldenburg gehört. Dann geht es über Kleinensiel und Großensiel nach Nordenhamm, das noch immer auf einen Hafen wartet, obgleich das Fahrwasser daselbst ausgezeichnet ist\*).

In der Ferne erblicken wir bereits Bremerhaven mit seinem Mastenwalde. Ihm gegenüber liegt Blexen, dessen hoher Kirchturm den einlaufenden Schiffern als Merkzeichen dient. Die Kirche liegt sehr hoch und ist die einzige, in welcher während der schrecklichen Weihnachtsflut 1717, die unsägliches Elend über ganz Butjadingen brachte, an allen drei Festtagen gepredigt werden konnte. Blexen erinnert uns an eine der traurigsten Zeiten, die unser Vaterland gekannt hat, an die Zeit der französischen Gewaltherrschaft. Die Franzosen, die hier ein Douanenbureau hatten, um den Schmuggel zu verhüten, hatten am Weserufer eine Batterie angelegt. Als nun die Nachricht von der Befreiung Hamburgs durch Tettenborn nach Blexen drang, verjagte man die Franzosen und nötigte sie, die Batterie zu räumen.

Aber die Franzosen nahmen furchtbare Rache. Der General Cara St. Cyr, der mit neuer Verstärkung in Bremen eingerückt war, schickte sofort eine Colonne mobile, unter dem Befehle des Bataillonschefs Alouis nach Blexen, der die Batterie wieder in Besitz nahm. Die Besatzung wurde zu Gefangenen gemacht; ein schreckliches Schicksal wartete ihrer. Zwei von ihnen wurden auf dem Kirchhofe zu Blexen erschossen; die übrigen 18 schleppte man mit. Unterwegs wurden an verschiedenen Oertern je zwei von ihnen erschossen; die beiden letzten fielen am 27. März 1813 vor dem Heiligengeist=Thore zu Oldenburg.

Unser Herz erfüllt sich mit Haß und Trauer, wenn wir jener Zeit gedenken. Aber freudig werden wir wieder an die Gegenwart erinnert; denn deutlich erblicken wir von unserem Dampfschiffe aus die beiden Weserforts auf Langlütjensand, die jeden Eindring=

---

\*) Die Lage Nordenhamms eignet sich ganz besonders für einen Seehafen, mehr als Bremerhaven. Die größten Seeschiffe können bis hierher fahren und geschützt vor Anker liegen. Die vielen Petroleumschuppen, deren geweißte Dächer aus der Ferne einem Zeltlager gleichen, sowie auch die Kohlen=, Getreide= und Holzlagerräume bekunden es, daß Nordenhamm für den Transithandel wie geschaffen ist. Von hier aus findet auch eine Viehausfuhr nach England ꝛc. statt. F. P.

ling zurückhalten. Wem sie ihren donnernden Gruß zusenden, der wird kein Verlangen tragen, ihre nähere Bekanntschaft zu machen. Bei den letzten Marinemanövern (1885) hat es sich gezeigt, daß kein feindliches Kriegsschiff in die Weser eindringen kann.

Von Blexen aus trägt uns das Dampfschiff nach Bremerhaven hinüber. Der Strom merkt die Nähe des Meeres und braust wilder dahin, so daß das Dampfboot „arbeitet", wie der Schiffer sagt; manch zartes Dämchen, das es sich sonst lieber auf den Polsterbänken der Kajüte bequem macht, wandelt auf dem Verdeck hin und her, die erfrischende Luft einzuatmen und unangenehmen Vorfällen vorzubeugen.

Fortwährend sehen wir ein= und auslaufende Schiffe, von dem mächtigen Vollschiff oder dem transatlantischen Dampfer an bis zu dem kleinen Segelboot, auf dem der Kaufmann den einsegelnden Schiffen entgegenfährt. Näher und näher kommen wir Bremerhaven; schon können wir in den drei großen Häfen die einzelnen Segelschiffe, die aller Länder Flaggen führen, die mächtigen Dampfer, die den Verkehr mit der neuen Welt vermitteln, unterscheiden. Noch einen Blick werfen wir den breiten Strom hinunter, der dem nahen Meere zueilt; dann fährt das Dampfschiff in die Geeste ein, die Schiffsglocke läutet, die Maschine stoppt, und gleich darauf legt das Dampfschiff am Anleger in Geestemünde, der Schwesterstadt Bremerhavens, an.

Hier ist der Endpunkt der Reise. Die Marktfrauen, die auf dem Bremerhavener Markte ihre Waren feilbieten, verlassen vorsichtig mit ihren Eier= und Gemüsekörben das Schiff. Breiten Schrittes geht der Schiffer an Land; man merkt es seinem schwerfälligen Gange nicht an, daß er, sobald er erst die Planken seines Schiffes unter den Füßen hat, ein verwegener, überaus geschickter Bursche ist. Auch wir verlassen den Dampfer, lassen uns über die Geeste setzen, durchwandern die breiten, geraden Straßen Bremerhavens, von denen die Bürgermeister Schmidt=Straße die bedeutendste ist, und ergötzen uns an dem lebhaften Treiben der Seehandelsstadt, an dem regen Schiffs= und Seemannsleben in den drei großen Häfen (alter, neuer und Kaiserhafen), wo die Sprachen aller Kulturvölker durcheinanderklingen.

E. Pleitner.

# IV. Kapitel.

# Jeverland.

## 1. Der Boden.

Jeverland oder das Amt Jever ist derjenige Teil des Oldenburger Landes, welcher im Norden, westlich der Jade liegt. Es grenzt im Norden an die Nordsee, im Westen an Ostfriesland, im Süden an die friesische Wede und im Osten an die Jade. Auf etwa 7 (genau 6,9) ☐Meilen wohnen circa 31 000 Menschen.

Der Boden ist zum größten Teile Marsch, nur im Südwesten zieht sich von Ostfriesland her eine Sandzunge herein. In Zahlen ausgedrückt verhält sich die Marsch zur Geest wie 5 zu 1. Die Geest ist der Urboden, auf dem die viel später gebildete Marsch in einer Höhe von wenig Fuß lagert. Nur ein schmaler Streifen Moores befindet sich im Westen der Geest.

Vor der Marschbildung war das Land ein sandiges Watt, das ähnlich wie früher Butjadingen von Seebalgen oder Prielen durchschnitten war, zwischen denen hin und wieder Dünen und Inseln hervorragten. Zur Zeit der Flut stand das Ganze unter Wasser, bis zu dem hohen Dünenrande, auf dem die Stadt Jever und die Kirchspiele Sillenstede, Schortens, Cleverns und Sandel liegen. Daß bis zu dieser Düne, die vielleicht eine gefährliche Sandbank war, einst Schiffe segelten, wird durch aufgefundene Münzen aus der Römerzeit neben noch erhaltenen Schiffsgeräten bestätigt, die vor einigen Jahren zum Vorschein kamen, als man den alten Erdwall bei Jever abtrug.

Nach und nach, so wie sich die Marsch bildete und der Boden sich erhöhte, zogen die Menschen den sich zurückziehenden Fluten nach und führten als Fischer und Hirten ein ärmliches Dasein. Auf den vom Meere gebildeten Dünen bauten sie ihre Hütten, die zur Zeit der Flut nur wenig aus dem Wasser hervorragten, ja, die bei hohen Fluten wohl gar noch vom Meerwasser über=

spült wurden. Die Einwohner waren also genötigt, die Anhöhen noch mehr zu erhöhen. Auch die Meeresströmungen kamen ihnen zu Hülfe durch ihre Schlammablagerungen; denn wo einmal eine Anhöhe im Watt ist, da setzt sich leicht mehr Schlamm ab und erhöht dieselbe.

Auf diese Weise entstanden die hohen Warfen, auf denen viele Dörfer Jeverlands liegen. Auf diese Entstehung deuten hier wie in Butjadingen die Namen mancher Dörfer hin; z. B. Waddewarden, Wiarden, Fedderwarden, Sengwarden. Der Name Wiarden heißt nichts anders als Warf; denn „Wiarden" ist nur eine Umbildung von Wehrden oder Wierden, wie das Torf im Plattdeutschen noch jetzt genannt wird. Die Wiarder Warf ist eine der größten; sie ist, wie die übrigen, von länglich runder Form und mit ca. 50 Häusern besetzt. Schon ihr Umfang beweist, daß sie nicht von Menschenhänden aufgeworfen sein kann, sondern nur durch Meeresströmungen. Auch die Bodenschichten der Warfen, die denen des umliegenden Landes entsprechen, zeugen für diese Entstehungsweise. Nur die kleineren Hauswarfen scheinen von Menschenhänden aufgeworfen zu sein. Dafür spricht ihre weniger regelmäßige Figur, wie auch der Umstand, daß am Fuß derselben der Boden stellenweise niedriger ist, als in einiger Entfernung, was offenbar daher kommt, daß man hier die Erde zu den Warfen weggegraben hat. Sie sind nicht auf einmal, sondern nach und nach erhöht. Dies wird durch merkwürdige Entdeckungen und Funde bewiesen, die man in den Warfen machte. Man gelangte nämlich beim Graben eines Brunnens bei Waddewarden in einer Tiefe von 1,30 m auf einen Misthaufen, der eine 1,45 m starke Schicht bildete, und worin sich Knochen von kleinen Schafen, wahrscheinlich der kleinen Heidschnuckenrasse angehörend, fanden, sowie auch an verschiedenen Stellen Stroh und Aschenhaufen. Aehnliche Entdeckungen machte man auch an andern Orten; z. B. bei Hohenkirchen und Wiarden. Sind das nicht Spuren ehemaliger, tiefer gelegener Wohnungen? Muß also die Marsch nicht schon vor dem Vorhandensein der Anhöhen bewohnt gewesen sein? Wer mag wissen, wie lange das schon her ist!

Der Urboden der jeverschen Marsch liegt sehr hoch, unter nur wenigen Fuß Klei und Knick. Stellenweise findet man unter dem Klei auch den sog. Darg, eine moorartige, nach faulen Eiern (Schwefelwasserstoff) riechende Masse, bestehend aus vermodertem Schilf. Der Knick ist eine Art Klei, der sehr hart ist, so daß er kein Wasser, auch nicht die Wurzeln der Bäume und Sträucher durchläßt; selbst mit Pflug und Spaten hält es schwer, ihn zu durchbringen, wenn er aber längere Zeit der Luft und Sonne ausgesetzt ist, so zerfällt er in leichte Thonerde. Er ist bei weitem nicht so fettig und fruchtbar, als der blaue Klei. Seine Farbe ist graugelb, bläulich oder rötlich. Der Knick, namentlich der rötliche, enthält viel Eisenoxyd und Säure, daher seine Unfruchtbarkeit. Er findet sich überall in der alten Marsch, nicht in den Neulanden (Groden), in ungleicher Mächtigkeit von 8 bis 30 cm. Liegt er tief genug unter dem schweren Klei, so schadet er nicht, liegt er aber nicht tief, oder gar über dem Klei, so sucht man ihn durch Wühlen, wovon später beim Rapsbau die Rede sein wird, nach unten zu schaffen.

Der Knick ist erst im Laufe der Zeit entstanden, deshalb finden wir ihn nicht in den Groden. Er wird sich aber auch hier bilden, wenn diese erst eine längere Reihe von Jahren ungestört unter der Grasnarbe gelegen haben. Wird der Boden häufig gewendet, so entsteht er nicht so leicht. Weideland, das Jahrhunderte lang unangetastet liegen bleibt, ist der Knickbildung besonders förderlich.

Eine Analyse des Knicks und der Wühlerde ergab folgendes:

|  | 1. Knick. | 2. Wühlerde. |
|---|---|---|
| Unlösliche Kieselerde | 70,456 % | 62,131 % |
| Lösliche Kieselerde | 0,640 „ | 1,259 „ |
| Thonerde | 11,044 „ | 10,000 „ |
| Eisenoxyd | 6,949 „ | 4,028 „ |
| Eisenoxydul | 0,862 „ | 1,534 „ |
| Magnesia | 1,363 „ | 1,506 „ |
| Kalk | 0,900 „ | 5,341 „ |
| Kali | 2,316 „ | 1,929 „ |
| Natron | 1,563 „ | 1,231 „ |
| Schwefelsäure | Spur „ | 3,043 „ |
| Kohlensäure | 0,188 „ | 2,496 „ |
| Chlor | Spur | Spur |
| Phosphorsäure | „ | 0,041 „ |
| Organ. Substanzen u. chemisch gebundenes Wasser | 4,221 „ | 6,012 „ |

Hinsichtlich der Güte ist der Boden sehr verschieden. Im Nordosten (Minsen) ist er mit vielem Sande vermischt, weiter südlich (Wiarden) wird er fettiger und schwerer, namentlich auf den Groden, in der Mitte ist Kleiland von verschiedener Güte, im Südwesten (Sande, Neuende, Heppens) ist der schwerste, fruchtbarste Boden. Nach der Güte des Bodens richtet sich dann auch die Benutzung desselben. Im allgemeinen wird im Jeverlande wohl mehr Ackerbau getrieben als Viehzucht, obgleich auch diese bedeutend ist. Die Pferdezucht floriert sogar und wirft Bedeutendes ab. Es mögen zwischen 5 bis 6000 Pferde und 23 bis 24000 Stück Rinder im Lande sein.

Im Vergleich mit Butjadingerland wird im Jeverlande mehr Ackerbau, aber weniger Viehzucht getrieben. Milch- und Käsewirtschaft blühen im Jeverlande; die jeversche Butter steht der Butjadinger nichts nach und liefert einen großen Ertrag.

Das Binnenland oder die alte Marsch ist umsäumt von dem vortrefflichsten, ergiebigsten Grodenland, oder der neuen Marsch, die größtenteils zum Bau von Wintergetreide und Rapsamen benutzt wird.

Geschützt ist Jeverland die ganze Küste entlang durch 7½ Meile Deiche, deren Unterhaltung sehr kostbar ist.

## 2. Die Entstehung und Gewinnung des neuen Landes.

Einen höchst interessanten Einblick in das stille Schaffen der Natur gewährt die Entstehung des neuen Landes, der Groden oder Polder (engl. grow. plattd. groin, d. h. wachsen, also angewachsenes Land), in den Marschen.

Anfänglich dehnt sich vom Strande bis zum Meere die graue, niedrige Sandfläche des Watts aus. Täglich rollt die Flut zweimal hinüber und wieder zurück. Jedesmal schlägt etwas von dem Schlamme nieder, mit dem das Wasser reichlich geschwängert ist, und lagert sich auf der Sandfläche. Auf diese Weise wird das Watt nach und nach höher, am schnellsten, wenn es in einer geschützten, stillen Bucht liegt.

Die Pflanzen ergreifen immer zuerst Besitz eines neuen Landes, so auch hier, und zwar sind es die dickfleischigen, saftreichen, schmutziggrünen Salz- oder Strandpflanzen (Halophyten). Der unförmliche, blattlose, den Kakteen sehr ähnliche Krückfuß oder Glasschmalz (Salicornia herbacea) siedelt sich zuerst an. Er besteht bloß aus Gelenken und wird von manchen, als Salat bereitet, sehr wohlschmeckend gefunden. So wie der Schlick (Schlamm) zunimmt, das Watt also höher und trockner wird, nimmt der Krückfuß allmählich ab, und an seine Stelle tritt ein anderes, zwei bis drei Fuß hohes Gewächs, die Meerstrandsaster, auch Sülte genannt (Aster tripolium), mit schmutziggrünen, lineal-lanzettlichen Blättern, gelben Scheiben- und rötlichen Strahlenblüten. Diese Pflanze wird bald so zahlreich, daß sie zur Zeit der Flut dem Auge des erstaunten Wanderers wie ein im Meere schwimmender Blumenwald erscheint.

Zwischen den Stengeln derselben bleibt nun bei ablaufender Flut immer mehr Schlamm hangen, immer rascher erhöht sich der Boden, so daß nur noch hohe Fluten ihn überspülen. Aber gerade dadurch, daß die Sülte zur Erhöhung des Bodens beitrug, hat sie ihre eigene Herrschaft über denselben untergraben. Sie kann nur auf feuchtem Boden fortkommen und muß daher jetzt ihre Rechte an eine andere Pflanze, an den sog. Andel oder Queller (Poa maritima) abtreten.

Der Andel ist ein weiches, vollsaftiges, spitzblättriges Gras, ein sehr gesundes, nahrhaftes Viehfutter. Er wird entweder vom Vieh abgeweidet, oder man mäht ihn. Aus den niedern Stellen des Grodens wird er auf höhere, oder an den Deich getragen und hier getrocknet, was sehr schwer hält, weil das Salz in ihm immer wieder Wasser aus der Luft anzieht. Wenn der Andel in den Groden vermietet wird, so kommen von nah und fern, selbst von der Geest, Liebhaber herbei, um ihrem Vieh diesen Leckerbissen zu verschaffen.

Das früher so öde Watt ist jetzt ein festes, begrüntes Vorland geworden und wird Groden oder Heller, auch Butendieksland und Andelgroden genannt.

Der Nutzen dieser Groden ist bedeutend. Weil die Gewalt der Fluten sich an ihnen bricht, so schützen sie die Deiche. Je ausgedehnter das Vorland, desto weniger wird der Deich von Sturmfluten beschädigt, desto weniger kostet also auch seine Unterhaltung. Darum sucht man überall die Bildung eines Vorlandes zu befördern und zu beschleunigen. Zu dem Ende muß dafür gesorgt werden, daß der Schlick sich schneller anhäufen kann. Dies geschieht dadurch, daß man Gräben, sog. Schlickschlöte, durch das Watt schießt.

Die Gräben beginnen wenige Fuß von der Bärme oder dem Fuß des Deiches, sind 30 bis 60 cm tief, 1 bis 1,30 m breit und laufen in einer Entfernung von 12 bis 60 m und in einer Länge von 90 bis 120 m parallel. Diese erste Reihe der Schlickschlöte wird auf dem Ende durch einen Querschlot verbunden. Nun folgt eine zweite Reihe solcher Schlöte, die aber so nahe an einander gelegt werden, daß von beiden Seiten die Erde aufeinander geworfen werden kann. Dadurch entstehen Dämme, sog. Horwälle, die in dem immer niedriger auslaufenden Watt im stande sind, dem Wasser stärkeren Widerstand zu leisten. Auch diese zweite Reihe von Gräben wird wieder durch einen Quer=

graben verbunden, und wenn das Watt noch weiter hinaus reicht, so wird noch eine dritte Reihe gegraben.

Das ist die Arbeit eines Jahres. Im nächsten Jahre werden zwischen den alten Schlöten neue gegraben, desgleichen im dritten, bis die alten Schlöte vollgeschlammt sind, was bei günstiger Lage schon im zweiten, ja sogar schon im ersten Jahre der Fall sein kann. Die Arbeit wird Jahr für Jahr fortgesetzt, bis das Watt hinlänglich erhöht ist. Die Pflanzen siedeln sich zunächst natürlich auf den Dämmen zwischen den Gräben an und verbreiten sich von hier aus über die ganze Fläche.

Ist der Groden nun ganz bewachsen und hat er eine hinlängliche Ausdehnung gewonnen, so daß die Eindeichungskosten nicht gescheut zu werden brauchen, so wird er eingedeicht. Man beginnt mit der Eindeichung Anfang Mai, um mit dem Beginn des Herbstes, wo oft heftige Sturmfluten eintreten, mit der Arbeit fertig zu sein.

Wenn ein Groden eingedeicht ist, so wird der alte, weiter landeinwärts belegene Teich Binnendeich genannt, der neue heißt Groden- oder Außendeich.

Wie sehr verändert sich nun die Scene in kurzer Zeit! Wo früher graues Watt, schmutzige Salzwasserlachen, von Krabben und kriechendem Seegewürm bevölkert, von großen Scharen hungriger Seevögel, als Möwen, Regenpfeifer, Seeschwalben, Strandläufer, wilde Enten, Gänse u. s. w. umschwärmt und umkreischt, da dehnen sich jetzt die gesegnetsten, fruchtbarsten Fluren aus, bedeckt mit wogendem Korn, goldenen Saaten, besä't mit stattlichen Bauernhöfen, im Schatten grüner Obstbäume und hoher, dunkler Eschen.

So kommt die Kraft des Menschen der blind waltenden Naturkraft zu Hülfe, und beide im Bunde schaffen ein neues Erdreich. Wie schön schildert Goethe die Marsch und ihre Bewohner in den Worten, die er dem sterbenden Faust in den Mund gelegt hat!

"Ein Sumpf zieht am Gebirge hin,
Verpestet alles schon Errungne;
Den faulen Pfuhl auch abzuziehn,
Das Letzte wär' das Höchsterrungne.
Eröffn' ich Räume vielen Millionen,
Nicht sicher zwar, doch thätig-frei zu wohnen.
Grün das Gefilde, fruchtbar; Mensch und Herde
Sogleich behaglich auf der neusten Erde,
Gleich angesiedelt an des Hügels Kraft,
Den aufgewühlt kühn-emsige Völkerschaft.
Im Innern hier ein paradiesisch Land,
Da rase draußen Flut bis auf zum Rand,

Und wie sie nascht gewaltsam einzuschießen,
Gemeindrang eilt, die Lücke zu verschließen.
Ja! diesem Sinne bin ich ganz ergeben,
Das ist der Weisheit letzter Schluß:
Nur der verdient sich Freiheit wie das Leben,
Der täglich sie erobern muß.
Und so verbringt, umrungen von Gefahr,
Hier Kindheit, Mann und Greis sein tüchtig Jahr.
Solch ein Gewimmel möcht' ich sehn,
Auf freiem Grund mit freiem Volke stehn.
Zum Augenblicke dürft' ich sagen:
Verweile doch, du bist so schön!
Es kann die Spur von meinen Erdentagen
Nicht in Aeonen untergehn." —

Die Groden sind teils Staats=, teils Privateigentum. Die oldenburgische Küste ist von vielen Groden umgeben, von denen manche nach Gliedern der Fürstenfamilie benannt sind; z. B. August=, Peter=, Cäcilien=, Adelheid=Groden. Seinen Salzgehalt verliert das neue Land bald, und dann ist seine Fruchtbarkeit fast unglaublich und unerschöpflich, weshalb es von den Landleuten gern gemietet wird, die 120 und mehr Mark jährlicher Pacht für à Jück (ca. 56 ar) bezahlen.

### 3. Die Schlengen.

Sowohl für die Landgewinnung als für den Schutz der Deiche und des Landes sind die Schlengen sehr wichtige Werke der Wasserbaukunst. Sie strecken sich von der Bärme des Deiches oder vom schmalen Vorlande wie ein Arm in den Strom oder ins Meer hinaus. Lange Pfähle sind in zwei bis vier Reihen tief in den Grund hineingerammt, und zwischen ihnen sind der Breite nach Reisigbündel, sog. Faschinen, aufeinander gelegt. Die Pfähle stehen in regelmäßigen Zwischenräumen von ca. 15 bis 18 cm, so daß etwa 17 bis 18 Pfähle auf die Rute (ca. 3 m) kommen. Der Abstand der Reihen beträgt 45 bis 60 cm. Die Faschinen sind 1,50 bis 1,80 m lang, 0,60 m im Umfange und bestehen aus Gesträuch und Baumzweigen, die mit zähen Weidenbändern zu einem Bündel dicht zusammen gebunden sind. Sie werden zwischen den Pfählen fest aufeinander gedrückt, so hoch, daß der Kopf der Pfähle nur eben hervorragt. Oben um die Pfähle werden alsdann Schlingen von zähen Weidenruten gedreht, damit die Faschinen festliegen, und durch den Kopf der Pfähle werden hölzerne Nägel (sog. Waseken) geschlagen, zum Festhalten der Schlingen. Die Schlengen ragen in Abständen von 40 bis 60 Ruten (120 bis

180 m) mehrere Meter weit in die Strömung hinaus. Die obere Breite der Schlengen beträgt nur 1,80 bis 3,60 m, allein die untere ist oft viel bedeutender und beträgt wohl 6 bis 9 m und darüber. Letzteres ist der Fall, wenn die Schlenge in reißender Strömung und bedeutender Tiefe von 9 bis 15 m angelegt werden muß. Ungemein schwierig ist eine solche Anlage. Zuerst muß aus Reisig= bündeln eine breite Grundlage gebildet und die unterste Lage derselben in der Tiefe durch starke Anker festgehalten werden. Nun wird eine Lage Faschinen nach der andern hinabgesenkt, immer schmaler werdend, bis zur letzten Schicht, die eben aus dem Wasser hervorschaut. Die Schlengen müssen überhaupt immer naß sein, wenn sie nicht in kurzer Zeit verfaulen und verderben sollen. Die Köpfe der Pfähle dürfen nicht höher stehen, als die ordinäre tägliche Flut reicht, und die Faschinen müssen wenigstens noch 15 bis 30 cm niedriger liegen, als die Köpfe der Pfähle stehen. Wenn das Ge= sträuch, woraus die Faschinen bestehen, bald naß, bald trocken wird, so ist's in einem Jahre mürbe und verfault, die Weiden= bänder springen los, das Wasser spült das Gesträuch heraus, und alle aufgewandten Kosten sind verloren.

Die zur Anlage solcher Wasserwerke erforderlichen Kosten sind natürlich bedeutend und belaufen sich auf Hunderte, ja Tau= sende von Thalern, und auch die Unterhaltung ist sehr kostspielig. Nichtsdestoweniger scheut man diese Ausgaben nicht; denn so un= scheinbar die Schlengen auch aussehen, so sind sie doch überaus wichtige Werke, fast eben so wichtig, wie die Deiche. Sie leiten einmal den Strom vom Ufer ab, wodurch Land und Deich geschützt werden, sodann gelangt das Wasser an den Seiten der Schlenge zur Ruhe, die Schlammteile sinken nieder, und es wird neues Land gewonnen.

Liegt eine solche Schlenge lange, und sie kann gut angelegt wohl zwanzig Jahre und darüber liegen,. so steckt sie zuletzt mitten im neuen Lande und muß weiter hinausgelegt werden.

In breiten, leicht versandenden Flüssen, wie Weser und Elbe, werden die Schlengen auch angelegt, um das Fahrwasser zu ver= tiefen und zu regulieren.

Es ist am zweckmäßigsten, wenn die Lieferung der Pfähle und Faschinen im Herbste, etwa um Michaelis, ausverdungen wird, teils damit die Annehmer im Winter Zeit haben, dieselben fertig zu machen, um sie dann rechtzeitig nach dem Orte der Einschiffung hinfahren zu können, teils auch darum, weil das im Winter ge= hauene Holz fester und das Faschinenreis alsdann ohne überflüssiges

Laub ist. Im Anfang Mai sollte dann die Anlegung des Werkes begonnen und spätestens Ausgang Juni vollendet sein.

Die Schlengen müssen wenigstens ein= bis zweimal im Jahre visitiert und wenn nötig ausgebessert werden. Wird das versäumt, so geht leicht die ganze Schlenge verloren; namentlich die Senk= werke (Senkel=Schlengen) in heftiger, tiefer Strömung werden häufig im Winter durch einen einzigen Eisgang fortgerissen.

## 4. Deiche und Sturmfluten.

Der Deich ist die Seeburg der Marsch; die stürmend gegen ihn anrollenden Meereswogen sind die schäumenden Streitrosse. Unsere alten Vorfahren nannten ihn auch „den goldenen Hop", den goldenen Reif. Er ist in der That sehr kostbar, und kostbar ist auch das von ihm eingefaßte Land, das er vor den Zerstörungen der Fluten schützt. Wer noch keinen Deich gesehen hat, der denke sich die Küste entlang einen großen, zusammenhangenden (im Jeverlande $7\frac{1}{2}$ Meile langen) Erdwall von 24 bis 30 und mehr Meter unterer, 2 bis 4 m oberer Breite und 3 bis 6, ja 9 m Höhe.

Beim Bau eines neuen Deiches wird zunächst der Fuß des Deiches gelegt, eine flach auslaufende Erhöhung von Erde. Zu beiden Seiten läßt man einen breiten Raum für die Bärme des Deiches. Tiefe Gräben (Rhynschlöte) von 3 und mehr Meter Breite und ca. 1 m Tiefe werden an den äußeren Seiten der Bärme gemacht. An der äußern Bärme läßt man in dem Graben in kleinen Zwischenräumen mehrere, oft 3 m breite Dämme stehen. Die zum Deichen erforderliche Erde nimmt man gewöhnlich aus dem Vorlande. Sie wird in Karren auf den Deich gebracht und püttweise bezahlt. Ein Pütt Erde (43 Kubikmeter) wird gegen= wärtig mit ca. 20 Mark bezahlt. Die ausgegrabenen Stellen werden Pütten genannt. Der neue Deich wird an der äußern Seite gleich mit grünen Soden (Rasen) bekleidet oder berockt. Nach einem Jahre ist er etwas versunken und wird alsdann er= höht oder verklappt.

Die Deichlinie darf keine scharfe Ecken haben, vielmehr müssen die Krümmungen sanfte Bogenlinien beschreiben.

Der obere Teil des Deiches wird die Kappe genannt. Sie ist sanft abgerundet, damit das Regenwasser ablaufen kann, und dient manchmal auch als Fahrweg. Die schrägen Seitenwände des Deiches nennt man die Böschung oder Dossierung. Die Binnen= dossierung nach dem Lande ist viel steiler, als die Außendossierung nach der See zu. Diese muß um so schräger ablaufen, je gefähr=

deter die Lage des Deiches durch den Andrang der See ist. An die Dossierung schließt sich die Bärme des Deiches, die entweder ins Watt oder ins begrünte Vorland ausläuft. Je mehr Vorland, desto gesicherter ist der Teich. Die natürlichste und zweckmäßigste Bekleidung der Böschung ist Rasen, dessen Wurzeln (Grasnarbe genannt) ein dichtes Geflecht bilden. Zur Beförderung des dichten Graswuchses ist es zweckmäßig, das Gras durch kleines Vieh, besonders Schafe, abweiden zu lassen. Die Häuslinge in der Marsch, welche unten am Teiche wohnen, binden („tüddern") ihre Milchschafe auch immer am Teiche an. Sehr schädlich für die Grasnarbe ist Ueberhandnehmen des Unkrauts, das deshalb am Teiche vertilgt werden muß. Auch Maulwürfe und Mäuse können am Teiche durch ihr Wühlen und Graben sehr gefährlich werden, da sie die Grasnarbe zerstören, die Erde auflockern und so der nagenden Flut eine Blöße zum Angriffe schaffen.

Schlägt die Flut unmittelbar an den Teich, so kann seine Außenseite nicht mit einer schützenden Grasdecke bewachsen und wird leicht unterwühlt. Da bedarf es anderer Vorsichtsmaßregeln, um dem Teiche Festigkeit zu geben. Die Dossierung wird alsdann mit Stroh bestickt. Das „Sticken" ist eine sehr beschwerliche und ungesunde Arbeit; weil der Unterleib stark dabei gedrückt wird. Der Arbeiter belegt die Schrägung des Deiches mit einer dünnen Lage Stroh und breitet quer über dieselbe in einer Entfernung von 15 bis 30 cm dicke Strohstreifen. Mit einem eigentümlichen Geräte, der sog. Teich= oder Sticknadel, drückt er nun das Strohband tief in die Erde und zwar immer in einer Entfernung von einigen Centimetern. Auf solche Weise entsteht ein mattenähnliches Strohgeflecht. Die Sticknadel ist eine schmale, eiserne Stange, die unten gabelförmig ausgehöhlt und oben mit einem platten Knopf versehen ist. Damit beim Sticken der Unterleib nicht zu sehr gedrückt wird, hat der Arbeiter einen ledernen Gürtel, vorn mit einer eisernen Platte versehen, umgeschnallt. An diese Platte hält er beim Niederdrücken den Knopf der Sticknadel. Das Decken oder Besticken des Deiches muß, da das Stroh bald verfault und dann von der Flut losgerissen wird, jedes Jahr wiederholt werden.

Bei den Seedeichen, die der ganzen Wucht des empörten Meeres ausgesetzt sind, genügt aber auch diese Vorsichtsmaßregel noch nicht einmal; hier wird an den gefährlichsten Stellen die Bärme des Deiches mit harten Ziegelsteinen, sog. Klinkern, oder auch mit großen Granitsteinen gepflastert. Solche Deiche nennt man Steindeiche. An den oldenburgischen Küsten findet man sie in Butjadingen bei Tossens und Eckwarden, im Jeverlande bei Wilhelmshaven.

Wenn ein Deich nicht mehr im stande ist, dem Andrang des Wassers Widerstand zu leisten, wenn die Flut ihn zertrümmert und das hinter ihm liegende Land zerwühlt und vernichtet, so muß manchmal landeinwärts ein neuer Deich errichtet und so das aufgegebene Land ausgedeicht werden. Solches geschah unter anderm im Jahre 1602 am Jadebusen bei Dauensfeld (Heppens). Wird eine Stelle des Deiches irgendwo beschädigt, so muß für eine sofortige Ausbesserung gesorgt werden, weil bei schwellendem Wasser die Oeffnung reißend schnell wächst. Kleinere Oeffnungen im Deiche lassen sich wohl mit Stroh, Dünger oder dergleichen für den Augenblick verschließen. Steigt aber die Flut bis an die Kappe des Deiches, schlagen die schäumenden Wogen hinüber, dann ist keine Zeit zur Erhöhung der niedrigen Stellen zu versäumen, wenn nicht eine Kappenstürzung, ein wirklicher Deichbruch, erfolgen soll.

So einfach auch die Deiche erscheinen mögen, so hat sich doch der Deichbau erst im Laufe von Jahrhunderten zu seiner gegenwärtigen Stufe der Zweckmäßigkeit und Vollkommenheit erhoben. Es war schwer, die erforderliche Höhe der Deiche zu bestimmen. Die Marschbewohner haben durch Jahrhunderte Erfahrungen über die hohen und höchsten Fluten sammeln müssen. Wenn es wahr ist, was sie annehmen, daß nämlich alle 10 bis 12 Jahre eine recht hohe und ungefähr alle 50 Jahre eine außerordentlich hohe Flut komme, so ist hier ein Feld für unsere Naturforscher, den tiefer liegenden Ursachen nachzugehen.

Der Deich muß nun eine solche Höhe haben, daß er auch gegen die höchsten Fluten schützt. Die Not war die Lehrmeisterin des Deichbaus. Immer wiederkehrende Sturmfluten, immer neue Verwüstungen und Verluste an Land, Vieh und Menschen zwangen die Marschbewohner, auf Vervollkommnung ihrer Seeburg zu sinnen. Die Entwicklungsgeschichte der Deiche ist die Leidensgeschichte des Friesenvolkes. Wie viel schönes, gesegnetes Land, wie viel Vieh, wie viele Menschen, Häuser und ganze Dörfer mußten erst hinabsinken in den Grund der See, ehe die Deiche die jetzige Höhe und Stärke erlangten, ehe der Friese, auf der Krone des Deiches stehend, der ewig grollenden Flut zurufen konnte: „Bis hieher und nicht weiter!" — Verfolgen wir einmal, so weit uns die Geschichte leitet, die Entwicklung der Deiche und des Deichwesens.

Anfänglich umgaben die ersten Bewohner der Marsch ihre Wohnplätze und Weiden mit niedrigen Sommerdeichen, sog. Sydoder Syndwendungen. Das Wort „Synd" ist altfriesisch und bedeutet Wasser (Sindflut = Wasserflut), „wenda" heißt wenden, abkehren, „syd" oder „sied" heißt niedrig. Syndwendungen sind also niedrige Dämme, welche die gewöhnlichen, täglichen Fluten abwenden sollten. Bei hohen Fluten mußten die Bewohner, wenn sie nicht auf ihren erhöhten Warfen Schutz fanden, natürlich nach den höher gelegenen Geestgegenden flüchten. Nach und nach wurden die Teiche untereinander verbunden, so daß sie ganze Distrikte, Ortschaften und Groden einfaßten. Außerhalb der Teiche bildeten sich aber fortwährend fruchtbare Marschränder, und wollte man auch diese schützen und nutzbar machen, so mußte man neue Teiche weiter hinauslegen und gegen das Meer hin immer mehr vergrößern und verstärken. Auf diese Weise wurde die Bedeichung von Generation zu Generation fortgeführt und vervollkommnet. Noch jetzt bemerkt man die Spuren der alten Syndwendungen, die nur reichlich 2 m hoch gewesen sein sollen, und auch der Name kommt noch stellenweise vor, z. B. im Jeverlande in Oldorf und Waddewarden. Vor Christi Geburt, zur Zeit des Plinius und Tacitus, wird es schwerlich Deiche gegeben haben; doch hat man jedenfalls den Anfang unserer Bedeichungen vor das 8. Jahrhundert zu setzen, weil im Jahre 788 schon von Rustringen und Wangerland die Rede ist. Während nun das Land gegen Norden hin immermehr anwuchs, erlitt es gegen Osten, nach der Jade zu, durch heftige Sturmfluten immer größeren Abbruch.

Die älteste bekannte Wasserflut ist die von 1066. Sie riß mehrere an der Jade gelegene Landstriche fort und zerstörte das von Walbert, einem Nachkommen Wittekinds, erbaute (?) Schloß Mellum, das auf der alten Mellum oder Mellumplate gestanden haben soll. Im 13. Jahrhundert waren besonders die Fluten von 1218 und 1221 für Rustringen verderblich. Ein großer Teil des Kirchspiels Dowens (Tauens), östlich von Heppens gelegen, da wo jetzt die Jade am tiefsten ist, wurde verwüstet und fortgerissen. Diese und einige folgende Fluten sollen den Jadefluß allmählich zu einem Meerbusen erweitert haben. Sieben Kirchspiele wurden von Rustringen abgerissen, u. a. außer Dowens noch Jadelch, Olde Ellens, Olde Wördens, Arngast. Von Arngast ist noch als Ueberrest die Insel gleichen Namens im Jadebusen vorhanden. Tausende von Menschen ertranken. Die übrigen retteten ihr nacktes Leben durch die Flucht nach höhern Gegenden, weil sie nicht im stande waren, die zerrissenen Deiche herzustellen. Kirchen und Klöster wurden zertrümmert.

Im Jahre 1277 war die erste Weihnachtsflut, in welcher 33 Dörfer, da wo jetzt der Dollart seine trüben Wogen wälzt, weggerissen wurden. Damals wurde in der Volksversammlung der Friesen zu Upstallsbom (bei Aurich) beschlossen, „daß nachbarliche Dorfschaften wegen drohender Gefahr zur Wiederherstellung der Deiche einander mit vereinigten Kräften unterstützen sollten." Nach neueren Forschungen soll diese Meinung jedoch irrig sein. Auch im 14. und 15. Jahrhundert kamen mehrere verheerende Fluten vor, von denen aber die Chroniken nichts Ausführliches berichten.

In diesen Jahrhunderten werden sich auch die ersten Deichbände oder Deichachten, d. s. Vereinigungen verschiedener Ortschaften zum Zwecke des Deichbaus, gebildet haben. Die Pflichten und Rechte der Einzelnen, die Strafen für nachlässige Deicharbeit und mutwillige Beschädigung der Deiche wurden in sog. Deichordnungen festgestellt. Angesehene und erfahrene Männer wurden zu Leitern und Aufsehern des Deichwesens, zu sog. Deichgräfen, und zu beratenden Ausschußmitgliedern, Deichgeschworenen, gewählt.

Der erste Grundsatz der Deichrechte wird in dem Spruche ausgedrückt: „Kein Land ohne Deich, und kein Deich ohne Land." Der erste Teil dieses Spruches will sagen: Alle von einem Deiche beschützten Grundstücke sind deichpflichtig; der zweite: Die Deichpflicht ist von dem Grundstücke, auf dem sie haftet, unzertrennlich und geht als eine Reallast auf jeden Besitzer über. — Wer sich der Deicharbeiten weigerte, oder wer nicht mehr im stande war, die Deichlasten zu tragen, der verlor auch den Besitz des deichpflichtigen Landes nach dem lakonischen Spruche: „De nich will dieken, mot wieken," d. h. wer nicht will deichen, muß weichen und einem andern Platz machen. Das ist das sog. Spadenrecht, welches wahrscheinlich im 15. Jahrhundert aufkam und von einem Gebrauche seinen Namen erhielt, der in einer Deichordnung folgendermaßen beschrieben ist: „Da aber Einer so gar böse und schlimm belegene Deiche hätte, daß er dieselben aus eigenen Mitteln nicht länger zu unterhalten vermögte, und daher lieber nicht allein dasjenige, sondern auch sein gesamtes Land mit den Deichen übergeben und abtreten wollte; soll demselben nach Gelegenheit, die Ländereien, die er sonst zu veräußern oder zu trennen, Macht hätte, solches anderer Gestalt nicht als dem Herkommen nach auf diese Maß und Weise erlaubt sein: daß er in Gegenwart Unserer Beamten, der Deichgeschworenen und ganzen Gemeine auf dem Deiche stehend, die Förke oder den Spaten in den Deich stechen, damit drei Soden aus dem Deiche herausnehmen und einen leiblichen Eid zu Gott schwöre, daß er den Deich nicht länger zu unterhalten vermöge, worauf denn seine nächsten Anverwandten das Land mit dem Teiche zu sich nehmen müssen, dabei und dagegen aber das abtretende gesamte Tielbar oder regend oder beweglich Guth bekommen und zu genießen haben. Da aber keine Verwandten, so es annehmen, vorhanden, stehet in Unser und Unserer Successoren Belieben und Gutfinden, das Land mit dem Teiche anzunehmen oder andere Verordnungen dabei zu machen."

Da „ohne Teich kein Land" sein kann, so ist es nicht zu verwundern, wenn die Alten auf versäumte Arbeiten und Beschädigung der Teiche die härtesten Strafen setzten. So heißt es im Stedinger Teichrecht von 1424: „Würde of jemand Erseze edder Meyger befunden, de syne Dyke von ersten, andern, drüdden und derglyken ungeacht Bodte ofte (oder) Pandunge welde liggen laten, un de Dyk tho des Landes Verderf wurde weggahn, ock in vorgedachter Tyd und Gestalt von öhme nicht gedykt wurde, sondern dat Land damit beschweret: So schall man den Meyger syn Huß und Timmerte (Holzwerk), so vele he deß heft, neven öhme sülvest, so man öhme overkumt, darinne dyken, un mit der Erveschup, wo mit den vorgedachten, vorspadeden Gütern geholden werden." — Es kam sogar vor, daß solche, die den Teich mutwilliger Weise beschädigt hatten, lebendig verbrannt wurden. Die alten Deichrechte wurden aber später verändert und gemildert. Die Regierungen nahmen überall die so wichtige Sache in die Hand und ernannten sachkundige Wasserbau-Inspektoren, Konduktoren und Deichrichter oder Deichgräfen. Unter Graf Gerhards des Mutigen Regierung geschah die erste planmäßige Bedeichung im Oldenburger Lande (1450).

Die sich trotzdem immer wiederholenden Verwüstungen durch Sturmfluten machten die Unvollkommenheit des Deichwesens immer fühlbarer und drängten die Menschen mit eiserner Notwendigkeit von einer Verbesserung zur andern. Das 16. Jahrhundert war namentlich sehr verhängnisvoll für die bedrohten Marschen. Im Jahre 1511 war die so überaus furchtbare Antoni- oder Eisflut, die mehrere Dörfer und Kirchen im Jeverlande wegriß, nämlich Dowens, Bant, Bordum, Seediek, Oberahm, Oldebrügge und das Kloster Havermönniken, und die Jade zu dem jetzigen Meerbusen erweiterte. Die vom Sturm gelösten Eisschollen wurden gegen den Teich und über denselben hinausgeschleudert und zerstörten Kirchen und Häuser. Menschen und Vieh ertranken jämmerlich, und Jeverland wurde von Oldenburg durch ein tiefausgewühltes, weites Becken gänzlich getrennt. Die genannten zerstörten Kirchspiele hatten folgende Lage: Dowens lag am weitesten östlich, Eckwarden gegenüber; Bant lag weiter westlich, als Ueberrest sieht man noch jetzt den Banter Kirchhof; Bordum lag vor Mariensiel, da wo jetzt der Bordumer Sand ist; Seediek weiter südlich, die Seedieker Ländereien und der Kirchhof sind noch vorhanden; Oberahm von dessen Kirche man 1612 noch die Trümmer in der Gegend von Ellens sah, lag am weitesten südlich; Oldebrügge und Havermönniken lagen noch weiter in den Busen hinein.

Die Made, der einzige Fluß Jeverlands, bis dahin nur sehr schmal, wurde durch die Flut von 1511 zu einer großen, gewaltigen Seebalge erweitert. Erst unter Fräulein Marias Regierung († 1575) wurde sie mit schweren Kosten wieder abgedämmt. Jetzt ist nur noch ein gewöhnliches Sieltief von ihr übrig. Unter Fräulein Maria von Jever wurden auch die Seedieker Deiche wieder hergestellt. Graf Johann XVI. von Oldenburg und sein Sohn, der letzte oldenburgische Graf, Anton Günther, brachten dann Jeverland mit Oldenburg wieder in Verbindung durch die Eindeichung des Ellenser Grodens (1597 bis 1615), die über 700000 Thaler Kosten verursachte.

Im Jahre 1570 war die sog. Allerheiligenflut (1. Nov.), in welcher im Jeverlande 500, in Butjadingerland sogar 4000 und an der ganzen Nordseeküste 100000 Menschen umkamen. Bis zu dieser Zeit scheint auch der Sielbau wenig oder garnicht bekannt gewesen zu sein. Der Mariensiel, 1570 von Fräulein Maria angelegt, war wahrscheinlich im Jeverlande der erste ordentliche Siel. Von den oldenburgischen Grafen sorgte besonders Johann XVI. für Siel- und Deichwesen; er wird deshalb „des heiligen römischen Reiches Baumeister an der Seekante" genannt. Gleich im ersten Jahre seiner Regierung ließ er vom Kanzleirat Tiling eine neue Deichordnung für das Stad- und Butjadingerland entwerfen und ernannte ihn zum Deichrichter.

Es war nicht genug, daß man die Marschdistrikte vor Ueberschwemmungen durch Sturmfluten beschützte, sondern man mußte auch für die Abwässerung derselben, für Wegschaffung des von den höheren Gegenden kommenden Regenwassers sorgen. Schon bevor es Deiche gab, hatte das Binnenwasser sich nach und nach Kanäle gegraben und sich Abfluß verschafft. Als man nun Deiche zu legen begann, erhielt man diese natürlichen Abwässerungskanäle in tauglichem Stande, ließ ihnen eine Oeffnung im Deiche und überbaute dieselbe mit offenen, später verschließbaren Pumpen (Pumpsiele), die vom Deiche umfaßt und bedeckt wurden. Damit die Kanäle nicht verschlammten, wurden sie von Zeit zu Zeit gereinigt und ausgegraben. In der Marsch werden diese Kanäle bekanntlich Tiefe oder Sieltiefe genannt. Sie sind zum Teil miteinander verbunden zu einem Netz von Kanälen, durch welches jedes Stück des niedrigen Marschlandes seine Abwässerung erhält. Da der Ertrag des Landes größtenteils mit von der Entwässerung abhängt, so richteten die Regierungen auch auf diesen Gegenstand bald eine besondere Aufmerksamkeit. Namentlich machte sich Graf Johann von Oldenburg um Jeverland sehr verdient. Er ließ (1587) das Tief von Jever nach Hooksiel erweitern und bis in die Jade fortführen. Er gab den Sielen eine vollkommenere Einrichtung dadurch, daß er sie erweitern, befestigen und mit Thüren, die sich von selber öffnen und schließen, versehen ließ. Im Jahre 1588 erbaute er den Siel auf dem Hook (Hooksiel), bei welchem schnell ein durch Handel und Schiffahrt belebter und blühender Ort entstand.

Das 17. Jahrhundert hat eine ganze Reihe von Fluten aufzuweisen. Nach der Flut von 1602 war man sogar genötigt, einen Teil des Landes bei Dauensfeld auszudeichen und den Wellen preiszugeben. Die Flut von 1625 verursachte in der Herrschaft Jever und in der Grafschaft Oldenburg einen Schaden von 589935 Thlr. Auch durch die Peterflut, 22. Februar 1651, litt Jeverland nicht unerheblich. Alle diese mehr oder weniger verheerenden Fluten veranlaßten Graf Anton Günther 1658 eine neue zweckmäßige Deichordnung zu erlassen, in welcher den Deichbeamten ihre Rechte und Pflichten, insbesondere ihr Verfahren gegen saumselige Deichinteressenten, genau vorgeschrieben wurden.

Aus dem 18. Jahrhundert sind nur zwei große Fluten zu verzeichnen, die Weihnachtsflut von 1717 und die Neujahrsflut von 1721. Erstere war eine der schrecklichsten von allen Wasserfluten, deren Kunde uns die Geschichte aufbewahrt hat. Das Wasser, heißt es, stieg im Jeverland $12^{1}/_{3}$ Fuß über die gewöhnliche Flut, rollte über die niedrigen Deiche hin, veranlaßte Kappenstürzungen und riß gewaltige Oeffnungen in die Deiche. Im Oldenburgischen sollen während der Flut 2471 Menschen, 1228 Stück Pferde und Rinder umgekommen und 943 Häuser und 7 Schulen weggespült sein. Die Flut wühlte im Lande viele große und kleine Wasserbecken, sog. Braken auf, die man noch jetzt stellenweise an der innern Seite der Deiche erblickt. Im Jeverlande sollen 1275, in Ostfriesland 2423, an der ganzen Nordseeküste 15000 Menschen verunglückt sein. Der im Jeverlande angerichtete Schaden wurde auf 558857 Thlr. geschätzt. Die Flut gehörte nicht einmal zu den Springfluten, die bekanntlich bei Neu-

und Vollmond eintreten und die besonders gefürchtet sind, aber ein 24 Stunden vorher eingetretener Wind aus Südwest trieb das Wasser durch den Kanal in die Nordsee, wehte dann am 25. Dezember aus Nordwest und peitschte das hochangeschwollene Wasser mit ungeheurer Wucht gegen die Küsten. Die See kochte und schäumte und sprudelte über die Deiche hinweg wie siedendes Wasser. Um Mitternacht wurden alle Bewohner der Nordseeküste aus ihrer Ruhe geschreckt. Die Deiche wichen der Wucht der empörten See, die Wogen brausten über das Land und bedeckten es in kurzer Zeit in einer Höhe von 8 bis 16 Fuß. Krachend stürzten die Häuser zusammen, die Geräte, Tische, Stühle, Betten wurden zerschmettert und weggespült. Viele Menschen ertranken in den Betten oder auf den Bettstellen und Schränken, wohinauf sie sich geflüchtet hatten. Andere flohen nackend auf die Böden und Dächer und stürzten entweder mit denselben in die Flut, oder starben vor Hunger, Durst und Kälte. Noch andere trieben auf Stücken Holz und Dachtrümmern naß und bloß ihrem Untergange entgegen. Rührend ist die Geschichte mancher auf wunderbare Weise Geretteten. Es waren herzzerreißende Scenen und Bilder. „Man denke sich," schreibt v. Halem in seiner Geschichte Oldenburgs, „dürstende Kinder, wie sie ihre Väter um Wasser anflehen und mit wenigen Tropfen Regenwassers, so in Schürzen und Betttüchern aufgefangen war, oder mit Urin genährt werden. Man denke sich die Wöchnerinnen, wie sie ihre Säuglinge mit Speichel füttern und sie doch vor ihren Augen erstarren sehen. Man denke sich Mütter, wie sie mit dem einen Arm am Balken hangen, unter dem andern ihre geretteten Kinder halten, jetzt ermüden und sinken. Und nicht bloß Hunger und Durst und Wasser drohten hier den Unglücklichen. Unter gar mannigfaltigen Gestalten erschien hier Tod, Elend und Rettung. Man sah durch etliche Dörfer eine brennende Haustrümmer fahren, worauf drei an Händen und Füßen verbrannte Menschen um Rettung schrien. Sie schrien vergebens; denn man fürchtete die brennende Trümmer, die zu landen und andere mit Wasser umflossene Häuser in Flammen zu setzen drohte. Allmählich verlor sich das Wasser völlig, und nun erst zeigte sich die beklagenswerte Gestalt des Landes in ihrem ganzen Umfange. Nun erst erschienen die zerrissenen Deiche, die menschenleeren, öden Dörfer, die zertrümmerten Gebäude, das zerstreute Gerät, die Aeser des unzähligen ertrunkenen Viehes, und was das Traurigste war, die Tausende von Leichen umgekommener Menschen. Den Uebriggebliebenen fehlte es an Feurung, an Betten, an Kleidung, an Wohnung, an allem. Sie verlebten ein trauriges Jahr."

Nicht so ungestüm und verderblich für Menschen und Vieh, wohl aber für die Deiche, war die Neujahrsflut von 1721. Die Deiche wurden zum Teil bis auf ihre Grundlagen weggespült. Man gelangte dadurch zu der Ueberzeugung, daß die Deiche immer noch nicht stark genug seien, und erließ die Verordnung, dieselben 25 bis 30 m (84 bis 100 Fuß) breit und 3 bis 6 m (10 bis 20 Fuß) hoch, je nach ihrer mehr oder minder gefährlichen Lage, anzulegen. Noch im Anfange des 18. Jahrhunderts hatten die Deiche nur 10,5 bis 14,1 m (genau 35 bis 47 Fuß) Anlage, 2,4 bis 3 m (genau 8 bis 10 Fuß) Höhe und 1,5 bis 2,1 m (genau 5 bis 7 Fuß) Kappe. Immer größere Aufmerksamkeit richtete man auf die Verbesserung des Deichwesens; namentlich hat sich der Erbherr auf Neuenhuntorf, A. G. von Münnich, um dasselbe sehr verdient gemacht. Immermehr fing man an, den Deich- und Sielbau als eine Wissenschaft zu betrachten und zu behandeln. Ein schlichter jeverscher Landmann, Albert Brahms, widmete sich ganz dieser Wissenschaft und ihrer praktischen Anwendung und erwarb sich um das Wohl des Vaterlandes unsterbliche Verdienste. Sein nach der Weihnachtsflut erschienenes Werk: „Anfangsgründe der Deich- und Wasserbaukunst" ist noch immer ein sehr lesenswertes und lehrreiches Buch, voll praktischer Winke.

Bis 1717 waren die Deiche von jedem einzelnen Landbesitzer pfandweise ausgebessert und unterhalten worden, nun aber wurde die zweckmäßigere Kommunion-Deichung eingeführt, und das lag in der Natur der Sache begründet; denn ein solch wichtiges Werk wie die Deiche, das für das Wohl des Ganzen unentbehrlich ist, muß auch vom Ganzen unterhalten werden. In der Herrschaft Jever wurde die Kommunion-Deichung aber erst im Jahre 1846 eingeführt.

Bei der nunmehrigen Höhe und Stärke der Deiche hätte man glauben sollen, die Flut müsse von jetzt ab ohnmächtig von ihnen zurückprallen, allein noch im Anfange dieses Jahrhunderts, 4. und 5. Februar 1825, richtete eine Sturmflut neue Verheerungen an. Sie brach, 1,2 m höher als die von 1717, in Oldenburg und Jeverland ein, verursachte große Deichbrüche und Deichschäden und überschwemmte 8 Quadratmeilen. Bei dieser Ueberschwemmung ertranken 86 Menschen, 39 Gebäude wurden weggerissen und 326 beschädigt. Der Gesamtschaden belief sich auf 134 108 Rthlr. Die Wiederherstellung und Verbesserung der Deiche kostete 628 268 Rthlr.

Von der Zeit an sind die Fluten nicht wieder im stande gewesen, die Deiche zu durchbrechen. Wohl schauten mehrmals die schäumenden, zähnefletschenden Wogen wie gierige Wölfe über den

Deich), aber sie wagten es nicht, ins Land hereinzudringen. Ob nun die Deiche für alle Zeiten stark genug sein werden, dem empörten Meere Trotz zu bieten, wer vermöchte es zu behaupten? — Die See ist stets gierig („grannig", sagt das Volk) nach Land gewesen; sie betrachtet den ihr abgerungenen Boden noch immer als ihr uranfängliches Eigentum, das sie früher oder später zurückzuerobern trachtet. Wer weiß, ob nicht einmal eine Zeit kommt, in welcher die ganze, gesegnete Marsch wieder ist, was sie einst war — Meeresboden!

Noch über die Novemberstürme des Jahres 1869 wird aus dem Jeverlande berichtet: „Während der letzten Stürme, welche hohe Wasserfluten brachten, haben die Deiche des St. Jooster, wie auch des Pakenser Außengrodens bedeutend gelitten. Letzterer, seit vergangenem Winter schon in schlechtem Zustande (!) befindlich, hat bei den letzten Stürmen am Nord=Ende an verschiedenen Stellen Durchbrüche erlitten, in Folge dessen der Groden von Seewasser überschwemmt gewesen ist."

Wohl ist es also notwendig, daß die Marschbewohner stets auf der Hut sind und sorgfältig darauf achten, ob die Verschanzungen und Bollwerke, die sie zum Schutze gegen das feindliche Meer mit großer Mühe und vielen Kosten errichtet haben, auch in gutem, unversehrten Stande sind, um einen unerwarteten Angriff aushalten zu können. Zu dem Ende wird jährlich zweimal, im Frühling und Herbst, von Wasserbaukundigen, Deich= und Sielgeschworenen eine Deichschau angestellt, bei welcher der Zustand der Deiche und Siele sorgfältig geprüft wird. Bei derselben werden ausgeführte Arbeiten abgenommen und notwendig gewordene Arbeiten angeordnet, auch werden die Deich= und Sieltiefsregister eines jeden Distrikts untersucht und revidiert, wichtige Fragen in Deichangelegenheiten beraten ꝛc. Findet sich, daß die Deichinteressenten ihre Pflicht versäumt und Deiche und Siele nicht in schauungsmäßigen Zustand gebracht haben, daß durch Nachlässigkeit der Deich= und Sielgeschworenen Unordnung entstanden ist, so wird solches sofort der Großherzoglichen Regierung zur event. Bestrafung angezeigt. Der Umzug wird gewöhnlich zu Wagen, den Deich entlang, angestellt und dauert mehrere Tage. Den Schluß der Deichschau bildet ein solennes Gastmahl, bei welchem es, der Wichtigkeit der Sache gemäß, oft hoch hergeht. Wohl ist den Teilnehmern nach den Strapazen der Fahrt eine solche Erquickung zu gönnen; denn eine Deichschau ist häufig sehr langweilig und beschwerlich, zumal wenn die Wege in der Marsch durch wochenlangen Regen zerstört und verdorben sind.

In einem humoristischen Gedicht: „Eine Herbstbeichschau" — wird die Fahrt folgendermaßen geschildert:

„Gott schütze die Marsch und ihre Bewohner,
Den Ackerbau und die Viehzucht lohn' er,
Er schütze vor salzem Wasser das Land,
Vor Seuchen das Vieh, die Häuser vor Brand!
Mich aber schütz' er vor ihren Wegen,
Wenn sie nach wochenlangem Regen
Zerstört und verdorben sind wie heut,
Wo sie zu befahren die Pflicht uns gebeut.
 Jetzt lehnen wir uns zur linken Kante,
Und schweben ob eines Grabens Rande;
Dann zieht es uns rechts in die Spur hinab,
Die hohl uns angähnt wie das Grab.
Zuerst voll Löcher ein harter Boden,
Des Stöße uns versetzen den Odem;
Dann tiefer Morast und schlammiger Gischt,
Der unter den Rädern knirscht und zischt.
Zuerst ein Rumpeln, Rütteln und Schütteln,
Als führe man auf 'nem Damm von Knütteln,
Und dann ein Schleifen und Ziehen so zäh,
Als wenn ich den Löffel im Rebbdi*) dreh'.
 So geht es vorwärts Fuß vorm Fuße:
Wir haben die allerschönste Muße,
Die Gegend zu sehen ringsumher,
Wenn's nur zum Ansehn gewesen wär.
Durch all die wurpe, warden und würden
Im Zickzack uns die Wege führten;
Die Pferde kenchen, der Wagen knarrt,
O weh, wie währet, wie weilet die Fahrt!"

Ueber das Mahl heißt es sodann am Schlusse des Knittelgedichtes:

„Die Tafel besetzt mit den vielen Gerichten,
Lieblich zarten, kräftig dichten,
Der Flaschen Zahl und Verschiedenheit
Gleich glitzerndem Taue uns erfreut.
Und als wir wirklich zu Tisch uns setzten,
Wirklich Gaumen und Magen letzten
Mit Fisch und Braten und allerlei Wein,
Da knüpften aufs neue den alten Verein
Leib und Seele, und wie die Teller
Und Flaschen sich leerten, so ward es heller
Und wärmer bis in das Herz hinein,
Als Sonnenwärme und Sonnenschein.
Es waren ein paar fröhliche Stunden,
Nur leider zu rasch dahin geschwunden;
Scheint auch die Sonne noch so schön,
Am Ende muß sie untergehn. —
Ermüdung drückte die Geister nieder,
Drum brachen wir auf und ruhten wieder,
Und dann — doch nach dem einen Tag
Ein jeder die andern bemessen mag."

---

*) Ein zähes Gericht, bestehend aus Mehl und Sirup.

## 5. Die Schleusen oder Siele.

Es ist hier der passende Ort, noch einmal unsere Aufmerksamkeit etwas schärfer auf eigentümliche Bauten zu richten, die für die Marschen höchst wichtig sind; ich meine die sog. Siele oder Schleusen.

Ueberall ist die Marsch, wie schon gesagt, mit einem Netze von Kanälen, sog. Sieltiefen, durchzogen. Diese Kanäle entstanden zum Teil aus früheren Seebalgen und haben deshalb viele Krümmungen. Sie führen das Regen- und Schneewasser, das sich in der Marsch in Folge des feuchten Klimas und der niedrigen Lage schneller sammelt, als sonstwo, dem Meere zu. Hätte man nun im Deiche keine Oeffnungen zum Abfluß desselben gelassen, so würden zwar die Marschen vor der Ueberschwemmung durch Meerwasser gesichert sein, aber nicht vor der Ueberschwemmung mit Wasser, das durch Niederschlag entsteht. Deshalb hat man im Deiche offene Stellen gelassen zum Abfluß des Binnenwassers. Hier münden die Tiefe entweder unmittelbar ins offene Meer, oder schlängeln sich noch als Außentief eine Strecke durchs Watt fort, zur Zeit der Flut bis oben mit Wasser angefüllt, zur Zeit der Ebbe fast ganz leer, so daß man den schlammigen Grund sehen kann.

In den offenen Stellen des Deiches sind nun die künstlichen Werke aufgeführt, die man Schleusen (offene Siele), Siele oder Pumpen (kleine Siele) nennt. Die Oeffnungen im Deiche müssen nämlich zur Zeit der Flut verschlossen werden können, weil sonst das Meerwasser ins Land eindringen und es überschwemmen würde; zur Zeit der Ebbe aber müssen sie nicht verschlossen sein, damit das Binnenwasser abfließen kann.

Dieser doppelte Zweck, das Land vor dem Meere abzuschließen und es wieder mit ihm zu verbinden, wird durch den Siel erreicht. Das geschieht durch große Thüren, die in der Oeffnung angebracht sind. Ein Siel ist gleichsam eine große Höhle oder Kammer, die im Deichkörper liegt und von ihm überwölbt wird. Manchmal ist sie auch oben offen, so daß man frei die großen Thüren sehen kann; dann heißt sie vorzugsweise Schleuse. Solche Schleusen sind z. B. in Wilhelmshaven, in den dortigen großen Kriegshafenanlagen, und bei Varel. Da aber die Deichkappe auch häufig der Passage dient, so muß die Höhle vieler Siele oben geschlossen sein.

Der Grund und die Seitenwände der Höhle müssen besonders fest und sicher gebaut sein, damit sie nicht versinken oder ausbiegen. Zu dem Ende werden in der weit und tief ausgegrabenen Baugrube sehr lange und starke Pfähle in den Boden gerammt, und auf denselben wird ein starker Rost befestigt. Dieser Rost besteht aus vielen Längs= und Querbalken, welche mit den eingerammten Pfählen durch sehr starke eiserne und kupferne Bolzen verbunden sind. Auf diesem Fundamente wird nun das Mauerwerk aufgeführt. Es giebt aber auch ganz hölzerne Siele.

Beim Bau der Siele ist die größte Vorsicht und Akkuratesse notwendig; denn nur zu häufig sind die Siele von den Fluten herausgerissen worden, so daß Deichbrüche und Braken entstanden. Solches geschieht, sobald das Wasser unter den Boden der Siele, oder rechts und links von den Außenwänden eindringen kann. Das Grund= und Bodenwerk muß vor allen Dingen unwandelbar feststehen, damit das Werk nicht im allergeringsten sinken, oder aus der Stelle geschoben werden könne. Kein Wassertropfen darf durch den Boden und die Wände dringen. Die Steine müssen deshalb in Cement gelegt, das Holzwerk muß überteert oder mit geschmolzenem Pech begossen werden. Auch hat man sich vorzusehen, daß der Sielboden ja nicht zu hoch angelegt werde, weil sonst großer Schaden und Nachteil in der Abwässerung entsteht. Der Boden darf sich nur wenig über dem Stand der gewöhnlichen Ebbe befinden. Liegt er zu hoch, so wird dadurch der Abfluß des Binnenwassers verhindert, liegt er zu tief, so verschlammt der Siel und die Thüren öffnen und schließen sich entweder gar nicht, oder sehr schwer.

Auch die Thüren müssen möglichst fest sein und gut schließen. Gewöhnlich sind in einem Siele zwei Paar großer Flügelthüren. Die nach der Seeseite liegenden Thürflügel heißen Fluttthüren, die nach der Landseite liegenden Ebbethüren. Jene öffnen sich nach außen, d. h. dem Meere zu, diese nach innen, d. h. dem Lande zu. Sie bestehen entweder aus dicken, festen Bohlen mit starkem Eisenbeschlag oder ganz aus Eisen. Die Fluttthüren schließen sich von selbst durch den Andrang der Flut und öffnen sich, wenn die Flut so weit gefallen ist, daß das Meerwasser dem Gegendruck des Binnenwassers weichen muß.

Die Ebbethüren sind Halbthüren, die nur die untere Hälfte der Höhle oder Kammer verschließen; sie werden durch das abfließende Binnenwasser zugedrückt, so daß über sie hinweg nicht mehr Wasser abfließen kann, als nötig ist. Ist zu viel Wasser im Lande, so werden die Ebbethüren aufgesperrt, damit das überflüssige Wasser ablaufen kann. Tritt in regenarmen Sommern Wassermangel ein, so daß die Gräben leer werden und das Vieh Durst leidet, so wird diesem Uebelstande leicht dadurch abgeholfen, daß man vor der Flut die Sielthüren festhalt, so daß sie sich nicht schließen können. Alsdann dringt die Flut in die Kanäle und füllt in kurzer Zeit alle Gräben und Wasserleitungen an. Allein, wo der Kanal ins Meerwasser mündet, nimmt man zu diesem Mittel nur in der höchsten Not seine Zuflucht, weil das Salzwasser weder für die Fruchtbarkeit des Bodens, noch durch seine Ausdünstungen für die Gesundheit der Bewohner zuträglich ist.

Vor den Flutthüren sind häufig noch ein Paar Notthüren, die man an den Wänden festhalt und nur losmacht, wenn erstere momentan unbrauchbar geworden sind. Die Flutthüren befinden sich in dem sog. Vorsiele, das ist die erweiterte Mündung des Sieles. Der Vorsiel ist oben mit einem schützenden Balkengerüst, dem sog. Sielhammer, gekrönt, welcher dem Siele zugleich als Zierat dient. Auch sind häufig in einen Graustein die Namen des Erbauers, des Deichgräfen und der Deich= und Sielgeschwornen, wie auch die Jahreszahl der Erbauung des Werkes eingehauen.

Die Siele gestatten auch den Schiffen eine Durchfahrt von dem Kanale nach dem Flusse oder Meere, doch gehen nur kleinere Fahrzeuge hindurch. Daß die Schleusen äußerst wichtige und kost= bare Werke der Wasserbaukunst sind, bedarf keiner weiteren Aus= einandersetzung Ein neuer Siel kostet 15 000 bis 60 000 ℳ. und mehr. Die Siele sind wohl gleichen Ursprungs mit den Deichen, waren aber in ihrer ersten Entstehung gewiß sehr einfach. Wahrscheinlich wurden sie zur Zeit der Flut nur durch ein Zieh= thor, ein sog. Schott, geschlossen; doch ist die jetzige Einrichtung derselben, daß sie nämlich mit Fallthüren versehen sind, keine so neue Erfindung, als manche glauben.

Das Außentief dient zugleich den Schiffen als sicherer Hafen. Jeverland hat mehrere Siele, von denen Ruster= und Hooksiel die bedeutendsten sind. Hooksiel, schlichtweg „Hook" genannt, ist ein fleckenartiger, nicht unbedeutender Hafenort. Seit der Sturmflut von 1825 hat es durch Straßenpflaster und Neubauten manche Veränderungen erfahren. Unmittelbar vor dem Siele treten die Häuser zu einem freien, marktähnlichen Platz zurück, vor dem sich der Hafen mit seiner Kaje (Kai) erstreckt.

Der Siel ist für die Schiffer eine Art Börse. Hier, wo sie ihr Element vor sich haben, versammeln sie sich gern, besonders zur Flutzeit. Man sieht sie dann auf= und abschlendern, oder, über den Sielhammer gelehnt, etwa aufsegelnden Schiffen entgegen spähen. Tages= und besonders Schiffahrtsangelegenheiten werden hier von ihnen besprochen; sie nennen das „Vergaderung" halten. Hier halten sich auch die Hafenarbeiter (Sjouver=, sprich: Schauer= leute) und die Lotsen auf, um, wenn die Not ruft, sogleich bei der

Hand zu sein. Für alle diese Leute hat das Wasser einen besondern Reiz. Anscheinend in tiefes Nachdenken versunken, nur von Zeit zu Zeit den „Preumtje" (Kautabak) im Munde umherschiebend, und die braune Sauce abwechselnd hinabspuckend, schauen sie über das Sielgeländer in das Wasser zu ihren Füßen.

Schauen wir auch einmal eine Weile in das feuchte Element und in die finstere Sielkammer! Bereits ist Ebbe eingetreten. Das Außenwasser strömt ab, und das Binnenwasser steht hochaufgestaut vor dem Siel und pocht und drängt mit immer größerer Unruhe gegen die Thüren, die es im engen Bett des Binnentiefs gefangen halten und die heißersehnte Vereinigung mit dem unendlichen Meere verhindern. Immer lebhafter wird das Plätschern und Pochen, immer ungestümer und gewaltiger das Drängen des Wassers. Ungeduldig schäumt es an den Thüren hinauf und schaut hinüber in die unbekannte Welt. Aber von Schreck und dunkler Ahnung ergriffen, prallt es zurück; denn es schaute nicht hinaus ins weite, sonnige Meer, sondern in die enge, finstere Sielkammer, aus deren Grabestiefe ihm ein schauerliches, unheimliches Todesächzen und -Seufzen entgegenschallt. Es will fliehen, zurück, zurück! Allein die herrschende Strömung läßt sich nicht mehr aufhalten, und führte sie selbst dem sichern Untergange entgegen. Kommen und Gehen, Flut und Ebbe, das ist das urewige Gesetz alles Lebens. - Schon ist das salzige Meerwasser auf gleiche Höhe mit dem süßen Binnenwasser an der andern Seite des Sieles herabgesunken; es sinkt tiefer und tiefer. Jetzt wird es übermannt; weit aufgestoßen werden die hemmenden Thüren, und brausend und schäumend durch die dunkle Grabeshöhle stürzt sich das bisher gefangene Wasser hinaus in die Freiheit der unendlichen See, und in dem Schoße der alten, ewigen Mutter versinkt es in seligem Tode, der auch hier nur eine Wiedervereinigung ist zu neuem Sein und Leben in dem Wogen und Fluten des Oceans. —

Kehren wir nach dieser Abschweifung zur Wirklichkeit zurück. Die Siele müssen wie die Deiche von den Landbesitzern, zu deren Nutzen sie angelegt sind, unterhalten werden. Diese bilden dann einen Sielband oder eine Sielacht, deren gewöhnlich mehrere zu einem Deichband gehören. Die Beiträge zu den Unterhaltungskosten werden nach Verhältnis der Größe der Ländereien bestimmt. Die Beaufsichtigung der Siele geschieht durch die Deichbeamten.

### 6. Die Stadt Jever.

Ehe wir uns zu einem Rundgange durchs Land anschicken, müssen wir uns zunächst die Stadt Jever ansehen. Sie ist recht eigentlich der Centralpunkt des ganzen Landes, von dem alle Lebensadern ausgehen. Was Paris für Frankreich, das ist Jever für Jeverland. —

Jever, früher Geverden genannt, ist eine Stadt mit circa 5300 Einwohnern. Der Jeveraner hält viel auf seine Hauptstadt; nach Jever muß alles hin, von Jever muß alles hergeholt werden, wenn es etwas sein und gelten soll. Der Jeversche Schloßturm geht dem Jeverländer über alle Türme der Welt, und als einst ein Jeveraner in der schönen Rheingegend war und man ihn fragte, ob es dort nicht herrlich sei, antwortete er trocken: „Ja, dat is hier all heel moje, man awerst ick kann hier den jeiverschen Sloßtoorn jo ganß nich sehn." —

Der Ort Jever ist sehr alt; nach dem Asegabuche war er schon vor Karls des Großen Zeit vorhanden, und eine der sieben friesischen Heerstraßen führte von Oldenburg nach Jever. Fräulein Maria († 1575) befestigte den Ort und erhob ihn zu einer Stadt (1536).

Jever ist ein freundliches, stilles Landstädtchen, auf einer hohen Sanddüne gelegen, die nach Norden hin allmählich abfällt, so daß von da aus gesehen, die Stadt sich sozusagen amphitheatralisch aufbaut. Die Hauptstraßen sind: die Schlachtstraße, welche zum Hookstief führt; die neue Straße, welche die Schlachte (am Hookstief) mit dem alten Markt verbindet; die Mühlenstraße, von der Oldenburger Chaussee herkommend; die St. Annenstraße, westlich nach der Wittmunder Chaussee führend, die Steinstraße im Innern der Stadt, und die Wasserpfortstraße, von letzterer in westlicher Richtung nach Cleverns abzweigend. Nur die Mühlenstraße ist recht breit, die übrigen sind eng und krumm. Die Häuser sind durchweg klein, aber meistenteils bequem eingerichtet und freundlich. Der große, freie Marktplatz gewährt einen köstlichen Anblick des Schlosses. In neuer Zeit ist die Stadt verschönert durch einige Privathäuser in geschmackvollem Stil. Wohlhabende Landleute haben sie erbaut, Proprietärs, die ihre Ländereien in Pacht gaben und nun in der Stadt in aller Ruhe und Behäbigkeit von ihren Renten leben.

Die Einwohner Jevers treiben Landbau, Gewerbe und Handel. Letzterer wird besonders dadurch gefördert, daß die Stadt durch das schiffbare Hookstief mit Hooksiel in Verbindung steht. Letzteres ist gleichsam der Hafen Jevers. Viel Verkehr und Nahrung bringen der Stadt die häufigen Kramer- und Viehmärkte, die vom Frühling bis spät in den Herbst hinein abgehalten werden, und zu denen die Landleute aus dem ganzen Lande, auch aus Ostfriesland, herbeiströmen. Einer der Märkte wird „Brüllmarkt" genannt, wegen des lauten Gesangs und Gebrülls, womit er häufig endet, wenigstens soll dies in früherer Zeit der Fall gewesen sein. In jüngster Zeit ist die Stadt durch eine Eisenbahn in Verbindung mit Oldenburg und Wilhelmshaven und damit mehr in den Weltverkehr getreten. Die sog. Küstenbahn führt von Jever nach Ostfriesland.

Das jeversche Schützenfest, welches 8 Tage dauert, ist ein Volksfest für das ganze Ländchen und war früher noch viel bedeutender, als es jetzt ist.

Durch den vielfachen Verkehr mit Landleuten ist in der Stadt ein Ton herrschend geworden, der die Mitte hält zwischen städtischem und ländlichem Ton. Die Jeverenser, selbst die Gebildeten unter ihnen, sprechen in ihren Zusammenkünften lieber platt- als hochdeutsch. Sie sind aufgeweckt und haben namentlich viel Sinn für Musik und Gesang, der in Gesangvereinen gepflegt wird.

Durch gute Schulen wird die Intelligenz der Jeverenser wesentlich gefördert. Das Marien=Gymnasium, 1573 von Fräulein Maria gestiftet, hat sich stets eines vorzüglichen Rufes erfreut, und mehrere berühmte Männer, wie **Friedrich Christoph Schlosser** (geb. den 17. Nov. 1776 zu Jever, gest. den 23. Sept. 1861 zu Heidelberg), der Chemiker **Mitscherlich** (geb. den 7. Jan. 1794 zu Neuende, gest. den 28 Aug. 1863 zu Berlin), der Orientreisende **Seetzen** (geb. den 30. Jan. 1767 zu Sophiengroden, gest. im Okt. 1811 auf dem Wege von Mokka nach Sana), u. a. sind aus dem jeverschen Gymnasium hervorgegangen. Dieses besitzt eine nicht unbedeutende Bibliothek (4000 bis 5000 Bände), deren Benutzung auch dem Publikum gestattet ist\*).

Die Umgebung der Stadt kann man wohl idyllisch nennen: besonders hat dieselbe gewonnen durch die schönen Anlagen, die an die Stelle der abgetragenen Festungswerke getreten sind. Einige hübsch gelegene Vergnügungslokale befinden sich in nächster Nähe der Stadt. Angenehm ist auch ein Spaziergang nach dem, eine Viertelstunde südöstlich in einem anmutigen Gehölz gelegenen Landgute Moorwarfen, und noch mehr Abwechslung bietet ein Gang nach dem, eine Stunde südlich entfernten größeren, herrschaftlichen Gehölz Upjever, von welchem später ausführlicher die Rede sein wird.

Jever ist reich an historischen Erinnerungen aus der Zeit der Häuptlinge (Edo Wiemken d. Aeltere † 1410, Sibeth Papinga

---

\*) „Uje Böteree is jus so grot," erzählte mir ein Stadtjeveraner, „dat elf en Inwahner of en Bok kriegen kann." (NB. 4 bis 5000 Einw. und ebenso viele Bücher.)

† 1433, Hajo Harles † 1441, Tanno Düren † 1468, Edo Wiemken der Jüngere † 1511, und der letzten Regentin, Fräulein Maria („Froich Marri") von Jever. In der großen Stadtkirche, die nach einem Brande (1728) fast ganz neu wieder aufgebaut wurde, befindet sich hinter dem Altar ein sehr kunstvolles, von Fräulein Maria ihrem verstorbenen Vater, Edo Wiemken dem Jüngeren, zu Ehren errichtetes Denkmal. Steinerne Pfeiler tragen einen getäfelten Baldachin. Unter demselben steht ein aus schwarzem Marmor gearbeiteter Sarkophag, auf welchem in weißen Marmor (Alabaster) gehauen die Figur des berühmten Häuptlings in Lebensgröße ruht. Die Mosaikarbeiten, von denen leider einige in Folge des Brandes beschädigt sind, und die Reliefs, welche Scenen aus der biblischen und sog. Profan-Geschichte darstellen, sind mit großer Sorgfalt und nicht ohne Kunst, jedoch im Uebergangsstil, gearbeitet. Ein kölnischer Meister soll der Schöpfer des Denkmals sein, dessen einfache Inschrift lautet:

```
       AÑO 1511 VP PASCHE
       AVENT JS JN GODT
        SELJCH ENTSLAPE
         DER EDLER HERR
           EDE WJMKEN
         HERR THO JEVER
       RUSTRJNGEN OSTRJ
         GEN UND WANGER
         LANDEN   DEME
           GODT GNADE.
```

Ein schönes Denkmal mittelalterlicher Baukunst ist auch das alte, frühere Residenzschloß der Papinga mit seinen Erkern und dem ca. 60 m (200 Fuß) hohen, runden, schlanken Turm, der oben in einer Kuppel endet. Der Bau des Schlosses wurde angefangen im Jahre 1359 von Edo Wiemken dem Aelteren und vollendet von seinem Enkel Hajo Harles. Letzterer hat insbesondere den Turm aufgeführt, der in damaliger Zeit eine starke Befestigung war. Die Form des Schlosses ist die eines Vierecks, durch welches ein geräumiger Hof eingeschlossen wird, auf welchem der Turm emporragt. Im Schlosse ist es jetzt sehr still und einsam, da es von keiner fürstlichen Person bewohnt wird; nur der oldenburgische Hof pflegt einzeln auf kurze Zeit darin zu residieren. Es hat weiter keine Merkwürdigkeiten aufzuweisen als einige Reliquien (Marias Panzerhemd), eine kunstvoll ganz aus Eichenholz getäfelte Zimmerdecke eines großen, schönen Bankettsaales, einige alte Gemälde, darunter ein Porträt von Fräulein Maria, eins von Edzard dem Großen von Ostfriesland, gemalt von Lukas

Kranach, und eins von der russischen Kaiserin Katharina. Das Porträt Edzards, des zähen Widersachers der jeverschen Fräulein, ist sehr wertvoll und zeichnet sich durch scharfe, charaktervolle Züge aus. Marias Bildnis zeigt uns ein blasses, tiefernstes Frauenantlitz, schwarze Kleidung und eine weiße Schirmhaube, wie sie in Bildern jener Zeit häufig vorkommen.

Die kunstvolle Renaissancedecke im Schlosse ist in letzter Zeit wiederholt Gegenstand der Forschung gewesen. Sie ist ein Werk der deutschen Spätrenaissance und wahrscheinlich im Anfange des 17. Jahrhunderts unter Graf Anton Günther entstanden. Der Name des Meisters ist bis jetzt nicht zur Genüge festgestellt. Ausführlicheres über dieses Meisterwerk findet man in den Schriften von Friedrich von Alten (Leipzig, Seemann, 1883) und von Dr. Herquet (Emden, Haynel, 1885).

Die nächste Umgebung des Schlosses bildet ein geschmackvoll angelegter Garten, der über den abgetragenen Schloßwällen und zugeworfenen Gräben sein frisches Grün und sein schattiges Laubdach, unter welchem im Frühling ein Heer von Nachtigallen schlägt, in üppiger Fülle ausbreitet.

An der Nordseite von Jever ist eine große Fläche Weideland, der sog. Hillersche Hamm. Mehrere Bürger hatten bis vor kurzem das Recht, eine bestimmte Anzahl Kühe darauf zu weiden. Zu diesem Rechte kamen sie in folgender Weise. Der Hamm gehörte ursprünglich einem Bäcker, Namens Hillers. Einst stand er vor seinem kleinen, bescheidenen Häuschen und zersägte und zerhaute Holz. Da kam Fräulein Maria vom Schlosse her und wollte an seinem Hause vorbei in die Stadt gehn. Als sie nahe bei ihm war, bückte er sich eben, und seine Hose strammte sich so, daß sie der Lockung nicht widerstehen konnte, mit der flachen Hand drauf zu schlagen, daß es klatschte. Der Mann hatte sie nicht gleich erkannt und rief erschrocken und ärgerlich: „Wat's dat för'n olle Hor, de dat deit?" — Fräulein Maria aber meinte, er habe sie recht gut erkannt; sie fühlte sich beleidigt und sagte: „Töf, dat schall Di Dinen grönen Rock kösten!" — Bald brachte sie den Hamm in ihren Besitz und gab ihn einigen Bürgerhäusern zu Grundeigentum. Vor einigen Jahren ist die ganze Weide von der Stadt angekauft.

Was Sage und Geschichte weiter über Fräulein Maria berichten, findet der Leser am Schluß dieser Skizze.

## 7. Jeversches Landschaftsbild.

Stadt und Land stehen im Jeverland in innigster Verbindung; daher möge hier sogleich ein Landschaftsbild folgen. Steigen wir den Schloßturm hinan, bis oben in die Kuppel, um eine weite, köstliche Umschau zu halten. Wir überschauen vom Turm aus das ganze Jeverland bis Wangeroge, ja bei recht heller, reiner Luft mittelst eines Fernrohrs bis Helgoland.

Eine unabsehbar weite Ebene dehnt sich vor uns aus. Keine Anhöhe, kein Wall, kein Gebüsch versperrt die Aussicht. Nirgends eine unbebaute, öde und unfruchtbare Stelle. Jeder Fußbreit Erde ist benutzt und mit Fruchtbarkeit gesegnet. Grün, Gelb und Rot, das sind die Farben der Landschaft. Grün ist die Grundfarbe, aber ein Grün in allen Nüancen, vom zarten Hellgrün bis zum gesättigten Dunkelgrün. Auf diesem Grunde treten gelbe und rote Stellen scharf hervor, wie Blumen einer Stickerei. Grün sind die üppigen Weiden und Wiesen, die wogenden Saatfelder, Hafer, Gerste, Weizen. Die Fülle der Säfte färbt sie oft dunkel bläulichgrün. Beginnen sie zu reifen, so wird die Farbe heller und spielt ins Gelbliche über; nach und nach wird sie goldgelb und endlich zur Zeit der Reife weißgelb. Dazwischen das intensive Grün der Bohnenäcker, die während der Blüte einen wundersüßen, fast betäubenden Duft über das ganze Land aushauchen.

Mit dem Grün kontrastieren in frischer, lebhafter Weise die blühenden, goldgelben Rapsfelder, in unregelmäßigen Abständen über die Fläche verteilt. Und nun diese hellroten Punkte, die aus dunklem Grün hervorleuchten; es sind im Schatten hoher Eschen und fruchtbarer Obstbäume die großen, stattlichen Bauernhöfe, aus Rotsteinen massiv aufgeführt und alle mit Ziegeln gedeckt. Kein einziges Haus, das wie im Butjadingerlande mit Reit oder Stroh gedeckt wäre. Schon dieser Umstand giebt der jeverschen Marsch ein verändertes Ansehen; noch mehr aber thun es die größeren und kleineren Baumanpflanzungen bei jedem Gehöft, wodurch die Ebene weniger kahl und einförmig erscheint.

Die Höfe liegen fast alle vereinzelt, nur hin und wieder rücken die Häuser zu größeren und kleineren Gruppen, zu Kirch- und Nebendörfern, zusammen. Ueberall, in verhältnismäßig kleinen Abständen, sieht man die hohen, dunkeln Mauern der alten, ehrwürdigen Friesenkirchen mit ihren kleinen, spitzen Fenstern emporragen. Dazwischen erheben sich zerstreut die hohen, holländischen Windmühlen mit ihren weiß und grün angestrichenen Flügeln. Sie bringen Leben und Bewegung in die Landschaft.

Aber auch ohne sie wäre das Bild belebt genug. Dort weiden im duftenden Klee die Herden der glatten, glänzenden Rinder, oder liegen behaglich wiederkäuend im hohen, saftigen Grase. Tag und Nacht bleiben sie auf der Weide, vom Erwachen des Frühlings an, bis in die dunkeln, regnigten Tage des November. Schlanke, kastanienbraune Rosse spielen und jagen auf üppigen Weiden und wiehern hell auf im Gefühle der Fülle und der Freiheit.

Durch das alles schlängeln sich wie Silberfäden die vielen Kanäle; und die schilfumrauschten Gräben, mit denen Weiden und Aecker eingefriedigt sind, teilen das Land in mehr oder minder große quadratische Flächen, so daß das Ganze aussieht wie eine riesige Mosaikarbeit.

Auch durch Menschen wird die Landschaft belebt, sei es zur Zeit der Saat, sei es zur Zeit der Ernte. Schlanke Mädchen in üppiger Gesundheitsfülle gehen zum Melken. Ein Joch mit blankem Messingbeschlag tragen sie auf den Schultern; zwei große, saubere, außen grün, innen rot gemalte Milcheimer hangen daran. Schon muhen ihnen die Kühe strotzenden Euters entgegen. Die Schultern des Mädchens biegen sich, nachdem sie gemolken hat, unter der schweren Tracht, und nur langsamen, festen Schrittes vermag sie die köstliche, fette Milch heimzubringen.

Zur Zeit der Heuernte entfaltet sich ein reges, buntes Leben. Hier wogt eine Reihe kräftiger Mäher in gleichem Schritt durch das lange Gras. Die Sense klingt und blitzt, und in dicken Schwaden sinken die Halme zur Erde. Nach wenigen Tagen kommt der Landmann mit seinen Knechten und Mägden. Das abgetrocknete Gras wird gekehrt, auseinander geworfen, aufgeschüttet, und in den brennenden Strahlen eines wolkenlosen Juli- oder Augusthimmels verwandelt es sich bald in duftendes Heu. Hier steht es schon in hohen, runden Haufen. Dort wird es auf einen Leiterwagen geladen, und das hohe Fuder rollt unter Peitschenknall auf glänzendhartem Kleiweg die Wurt hinan, in die weite Scheune. Der Mittelraum derselben füllt sich bis unters Dach. Es bietet sich kein Raum mehr für das Getreide und die Feldbohnen; diese Früchte müssen also in hohen Haufen, sog. Mieten, vor und neben dem Berge oder der Scheune aufgeschichtet werden. Eine Miete erhebt sich neben der andern, und eine stolze Reihe derselben predigt die Fruchtbarkeit des Landes.

Mitte Juli beginnt auch auf freiem Felde das Rapsdreschen, ein Freudenfest für jung und alt. Welch ein malerisches Bild eines echten Volksfestes, durch Arbeit und Frohsinn geweiht, entfaltet sich alsdann vor den Augen des Wanderers!

Wahrlich, das Ländchen ist fruchtbar und schön wie ein Garten des Herrn!

> Froich Marri, wat is doch din Ländken so schön,
> Din Rock, as du't nöhmst, is noch ümmer grön!
> Wat schient da so gollen dat Saatfeld her,
> Wat brannet un bruf't da dat wille Meer!

Das gezeichnete Bild stellt das Land dar in der Fülle des Frühlings und Sommers. Im Herbste nimmt das Gemälde eine andere Färbung an. Der Landmann setzt den Pflug ein, und bald verwandeln sich die Aecker in große, dunkelschwarze Flächen. Die Herbststürme brausen vom Meere über die Ebene; dichte Nebel verhüllen den Himmel, und eine gedrückte, melancholische Stimmung legt sich über das weite, nordische Flachland. Einen doppelt melancholischen, fast unheimlichen Eindruck macht die Landschaft, wenn man zur Herbstzeit unten am einsamen Teiche steht. Das Schilf an den Ufern der Gräben und schwarzen tiefen Braken (Kolke) rauscht und seufzt ohne Ende. Einzelne Möwen flattern landeinwärts und stoßen einen kurzen, gellenden Schrei aus; Regenpfeifer lassen ihr langgezogenes, klagendes Flöten hören. Dazu braust das Meer an der andern Seite des Teiches einen tiefen Grundbaß. Kein Sonnenstrahl, kein vereinzelter Lichtblick in dem ganzen düstern Gemälde. Alles schwarz und wolkengrau; alles öde und tief einsam. Nur ein einzelner Wanderer strebt vielleicht oben auf der Kappe des Deiches gegen Sturm und Regen dem nächsten Dorfe zu und schaut hinaus auf die graue Wasserwüste des tobenden, schäumenden Meeres.

> Wat flat da de Bulgen an'n Karkhof to Bant,
> Wat bruf't se an'n Schilldiek in Wangerland!
> De Koben[1]) un Liewen[2]), noch witter as Snee,
> Teht her vär de Bulgen, so wied ut de See.

Aber der Selbstmordgedanken brütende November geht vorüber. Der Dezember folgt mit einem hellen, klaren Frost, und das ganze Bild wird sofort ein anderes. Starr und spiegelglatt werden die Gräben und Kanäle, und auf dem Eise vergnügen sich jung und alt, vornehm und gering, Frauen und Männer. Auf der festen Ebene, die nun einer Tenne gleicht, versammelt sich die ganze Mannschaft eines Dorfes, um ihre Kräfte im Klotschießen, dem friesischen Nationalspiele, zu messen. — Vielleicht fällt bald ein reiner, trockner Schnee und bedeckt die weite Ebene mit einer großen, weißen Decke, deren Eiskrystalle glitzern und flimmern im Sonnenscheine eines klaren Weihnachtshimmels.

---

[1]) Koben = Möwen.  [2]) Liewen = Meerschwalben.

> De Winter is kamen, en wittet Kleed
> Hett awer de Weid un dat Feld sick breet.
> Un ruhig un still is dat Land.

Auch im Winter ist die Marsch schön; sie kann aber auch unausstehlich sein, wie kein anderes Land auf Gottes Erdboden. Gießt ein dicker Regen Tage und Wochen lang vom grauen Himmel herab, so verwandelt sie sich in einen förmlichen Sumpf, aus dem nicht herauszukommen ist. Die Kleiwege werden tief und unfahrbar, und nur auf den Klinkerchausseen ist ein Verkehr möglich. Auf den Fußpfaden, wenn sie nicht mit Steinen gepflastert sind, ist nicht weiter zu kommen. Der Klei ist so klebrig und glitscherig, daß man nur mit äußerster Vorsicht, mit nach innen gesetzten Füßen, im sog. Kleitritt, darauf gehen kann. Jeden Augenblick ist man in Gefahr auszugleiten und in einen tiefen Graben zu stürzen, zumal wenn man über einen schmalen, glatten Steg muß. Der Klei klebt in hohen Ballen unter den Füßen fest und erschwert das Gehen. Eine wahre Wohlthat sind daher die in neuerer Zeit angelegten Chausseen und steinernen Fußwege für die Marsch. Früher war eine Reise vom Jeverlande nach Oldenburg manchmal so langwierig und gefährlich, daß man es geraten hielt, vorher sein Testament zu machen. Jetzt rollt man auf den schönen Kunststraßen leicht dahin, und gute Fußwege führen von Dorf zu Dorf.

Wie die Marsch bei unaufhörlicher Nässe zu einem Sumpfe wird, so verwandelt sie sich in lange anhaltender Dürre in eine förmliche Wüste. Der Boden trocknet immer mehr aus; der Klei wird durch die Dürre nicht lockerer, wie der Sand, sondern immer dichter, wie ein Brett, und bekommt tiefe, breite Risse. Das spärlich gewordene Gras wird nach und nach abgeweidet und wächst nicht wieder nach, und die schönen, grünen Weiden verwandeln sich bald in eine versengte, gelbrötliche Steppe. Die Gräben trocknen aus bis auf den Grund, und das durstige Vieh irrt brüllend auf den Weiden umher. Auch die offenen Brunnen (sog. Pütten), große Löcher, in denen sich das Regenwasser sammelt, trocknen aus. Es sickert nur noch ein wenig trübes, schmutziges Wasser darin zusammen, das erst filtriert, gekocht und abgeschäumt werden muß, ehe es genossen werden kann. Immer größer und unerträglicher wird die Dürre, immer sehnlicher sieht man einem erquickenden, anhaltenden Regen entgegen. Kein Schatten bietet sich dar auf der weiten, kahlen Ebene. Und um das Elend voll zu machen, kommen noch die ausmergelnden Wechsel- und Gallenfieber („dat Kolle" un „dat Galgenfeewer") hinzu. Ueberall grassieren alsdann diese Seuchen, kein Haus bleibt verschont.

Das ist ein Bild der Marsch in guten und in schlimmen Tagen. Sie kann schön sein, wie der Garten Eden, aber auch widerlich, wie ein Sumpf, und öde und traurig, wie eine Wüste. Eins fehlt ihr zu jeder Zeit, selbst im schönen Frühlinge, wenn der Sonnenschein auf dem frischen, saftigen Grün liegt, wenn der Klee blüht und duftet und Lerchengeschmetter den heitern, blauen Himmel erfüllt: das ist das Auf und Ab von Berg und Thal, das ist vor allem der Wald mit seinem würzigen Duft und schattigen Halbdunkel. Immer behält die Marsch etwas Einförmiges, Eintöniges und Ermüdendes.

### 8. Häuser und Dörfer.

Die Bauernhäuser im Jeverlande haben die holländische Bauart. Scheune und Haus sind zwar verbunden zu einem Gebäude, doch sind diese beiden Räume durch eine Mauer (Scherwand) getrennt. Die lange, breite Scheune nimmt den vorderen, das kleinere (kürzere und schmälere) Wohnhaus den hinteren Teil des Gebäudes ein und erscheint nur wie ein kleinerer Anbau. Im wesentlichen haben die Häuser folgende Einrichtung. In der Front befindet sich eine große Einfahrtsthür, welche in die Scheune führt; eine kleinere Seitenthür führt auf einen Quergang, von dem sich ein anderer Gang abzweigt, der der Länge nach das Wohnhaus in eine linke und rechte Partie teilt. Jener Quergang trennt zugleich das Wohnhaus von der Scheune. Durch ein paar Thüren, die sich in der Scheidewand befinden, gelangt man in die Scheune. Der schon erwähnten Seitenthür gegenüber, am andern Ende des Querganges, führt eine zweite Seitenthür ins Freie. Die große Einfahrtsthür befindet sich nicht immer in der Mitte der Front, sondern häufig mehr nach der Seite gerückt. Alsdann ist aber noch eine zweite kleinere Thür in der Front angebracht, ebenfalls nur wenig von der massiven seitlichen Außenmauer entfernt. Tritt man nun durch eine dieser beiden Thüren, so hat man links oder rechts die langen Viehställe. Ein Gang führt daran hin, dem das Vieh den Hinterteil zukehrt, so daß der Kopf also nach der Außenwand gerichtet ist. Dies ist charakteristisch: Der Friese stellt sein Vieh mit dem Kopfe gegen die Mauer; der Sachse stellt es so, daß es auf die Tenne schaut.

Der Mittelraum der Scheune enthält den Pferdestall, einen großen Mittelraum für Heu und Getreide und schließlich die Dreschdiele oder Tenne. Der Pferdestall ist ganz abgekleidet und befindet sich in dem Raume zwischen den beiden Vorderthüren.

Im Wohnhause sind rechts vom Mittelgange eine große Küche und eine Gesindestube, links ein paar Wohnstuben mit Schlafkammern und hinten ist ein großes Besuchszimmer mit erhöhter Schlafkammer, die über einem Keller liegt, in den man von der Küche aus hinabsteigen kann.

Daß von dieser Einrichtung das eine oder andere Haus mehr oder weniger abweicht, versteht sich von selbst. Hier folge noch ein Grundriß.

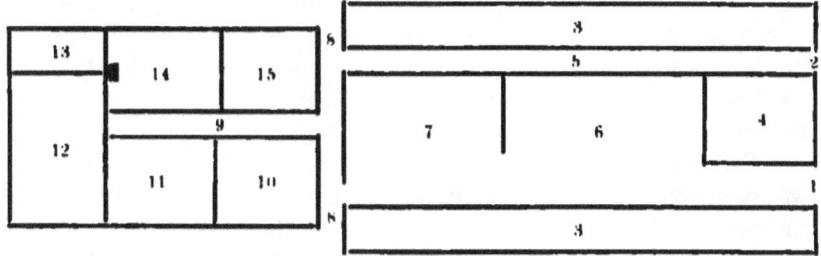

Nr. 1 die Einfahrtsthür, 2 kleinere Thür, 3 Viehställe, 4 Pferdestall, 5 Gang, 6 Raum für Heu und Getreide, 7 Dreschtenne, 8 seitlicher Eingang, 9 Gang, von dem aus zwei Thüren in die Scheune führen, 10 und 11 Stuben, 12 Saal, 13 Kammer, 14 Küche, 15 Gesindestube.

Im Innern des Hauses herrscht die größte Sauberkeit und Akkuratesse. In jeder Woche wird wenigstens einmal gereinigt und geschrubbt (geschummelt). Die roten Fliesen, mit denen die Gänge und der Küchenfußboden ausgelegt sind, müssen stets hellrot scheinen und werden deshalb nicht bloß geschrubbt, sondern auch noch mit einer braunroten Farbe überstrichen. Der Jeveraner findet es erst dann gemütlich in seiner Wohnung, „wenn man wolln Pannkoken van'n Fotbodden äten kunn". Diese fast peinliche, holländische Reinlichkeit ist aber in der Marsch durchaus notwendig; denn der schmierige Klei, von dem immer etwas an den Füßen hereingetragen wird, klebt überall an und würde endlich eine dicke, harte Kruste bilden. In der Küche ist die Hinterseite des Herdes mit kleinen, glasierten, weißen oder bemalten Estrichen (Esters) ausgelegt, die täglich rein gewaschen werden. Auch das gläserne, zinnerne und messingene Geschirr in der sog. Buddelei, einem Wandschrank mit gläsernen Thüren, blitzt und glänzt immer wie funkelnagelneu. Selbst in den kleinsten Heuerhäusern herrscht die größte Reinlichkeit. Wie schmutzig, unordentlich und unappetitlich sieht es dagegen in manchen Häusern auf der Geest aus! Auch im Stalle muß es stets reinlich und sauber sein. Mehrere male wird täglich der Gang hinter dem Vieh gefegt. Die Kühe werden nicht auf Streu gestellt, sondern auf Dielen, und der Dünger fällt in ausgemauerte Rinnen, sog. Gropen, die sich hinter den Kühen befinden und durch den ganzen Stall gehen. Die Kühe stehen häufig je zwei und zwei zusammen, von den beiden nächsten durch Pfähle und Dielen getrennt. Sie werden so angebunden, daß die Hinterfüße nur den Rand der Grope berühren können, wodurch es erreicht wird, daß die Ställe immer rein bleiben. Das Reinigen des Viehs, Kämmen, Bürsten und dgl., geschieht wöchentlich zweimal. Der Reinlichkeit wegen werden auch die Schwänze der Tiere von Zeit zu Zeit geschoren und der Haarbüschel beschnitten. Damit der Schwanz beim Liegen des Tieres nicht in die Grope hängt, wird er mittelst eines Seiles, das über eine, in der Decke angebrachte kleine Rolle läuft, in die Höhe gehalten. Im Sommer, wenn das Vieh ausgetrieben ist, werden die Ställe gescheuert und sorgfältig geweißt, so daß sie sauberer sind, als in manchen Häusern auf der Geest die Wohnstuben. Das alles ist charakteristisch für die Marsch.

Welche Reinlichkeit und Akkuratesse nun in den Wohnstuben herrschen muß, bedarf keiner weiteren Ausführung.

„Da, wo der Stall ist hell und rein,
Da wird es auch die Stube sein."

Die Einrichtung mancher Häuser ist zwar sehr komfortabel und modern, fast luxuriös zu nennen, indes im allgemeinen ist sie doch weit einfacher und solider, als hie und da im Butjadingerlande. Doch, dies würde uns schon auf den Charakter und die Lebensweise der Bewohner führen.

Viele Häuser stehen ganz isoliert auf hohen Warfen, wie Burgen von einer tiefen Graft umgeben, inmitten des herrlichen Acker= und Wiesenlandes. Solche Einzelgehöfte haben oft kuriose Namen; z. B. Gotteskammer, Himmelreich, Rochensteert, Tüschenbeiden, Blomenkohl, Buskohl, Weißenfloh, Waterlock, Keelköpken, Klein=Belt, Groß=Belt, Fegefeuer, Hölle, Groß= und Klein=Frankreich, Rohmpott, Schreibpult, Wüstenei, Fettpott, Waterpott, Nadorst, Pulterei, Hungerhausen, Rulkerei, Gnurrei, Ledernlampe, Gänsehuck, Finkennest, Kiebitznest, Kieshaus, Verlorene Herberge, Uelkengatt, Olmütz rc.

In dem kleinen Ländchen giebt es 22 Kirchdörfer, von denen die meisten nicht über eine Stunde von einander entfernt liegen. Wie in Butjadingen, so deuten auch hier die Namen mancher derselben auf ihre Entstehung hin, z. B. Sengwarden, Fedderwarden, Wiarden rc. Die ältesten Kirchdörfer sind: Hohenkirchen, Minsen, Wiarden, Wabbewarden, Sillenstede, Schortens.

Fangen wir einmal im Norden mit unserer Rundschau an.

Wir könnten nun freilich auf schöner Klinkerchaussee von Hohenkirchen an mitten durchs Jeverland reisen, wenn wir nicht manchmal rechts und links Abstecher machen müßten; allein auch die Kleinwege sind in trockner Jahreszeit vortrefflich, so daß sie den besten Kunststraßen nichts nachgeben. Sie sind alsdann fest wie eine Dreschdiele. Durch breite Gräben (Schlöte) sind sie vom Lande getrennt. In der Mitte sind sie gewölbt, damit das Wasser schneller ablaufen kann. Meistenteils sind sie nur schmal, so daß sich an manchen Stellen zwei Wagen kaum ausweichen können.

Ganz im Norden, unfern der Nordsee, haben wir zunächst **Minsen**. Die Kirche ist eine der ältesten im Jeverlande. Häufig wurde diese Gegend von Sturmfluten heimgesucht. Besonders gefährdet sind die Deiche der sog. Schilliger Hörne. Ein Sprichwort heißt: „Tat geit in as dat Bäden to Minsen." Das soll bedeuten: Der Gottesdienst im ursprünglichen Minsen (Minser Oloog) nahm ein Ende, weil nämlich die Kirche von der See verschlungen wurde.

Südlich treffen wir **Wiarden**. Das Dorf ist sehr lange bekannt. Schon ums Jahr 1164 kommt es vor in den Fehden zwischen den Oestringern, Rustringern und Wangerländern. Tanno Düren, ein jeverscher Häuptling, schlug bei Nenndorf den Häuptling Sibo von Esens (1457) und hing die eroberte Fahne in der Kirche zu Wyerden auf. Hinter der Kirche ist ein Hamm, der immer im Grünen liegen muß; denn wenn er einmal aufgebrochen wird, so werden die Türken nach Jeverland kommen und das ganze Dorf abbrennen.

Das südöstlich gelegene **St. Joost** (früher St. Jodocus) ist eins der kleinsten Kirchspiele im Jeverlande. Als einst der Prediger am Neujahrstage eine Uebersicht der Gebornen, Gestorbenen ꝛc. in der Kirche mitteilte, lautete sein Bericht:

> „Geboren meins,
> Gestorben keins,
> Kopuliert ein einzig Paar,
> Darunter des Küsters Tochter war."

(Er hatte also auch im ganzen Jahre keine Gebühren bekommen.)

Uns nach Westen wendend, erreichen wir **Hohenkirchen**, ein großes, fleckenartig gebautes Dorf. Die Kirche ist eine der größten und schönsten im ganzen Jeverlande. Sie soll schon 1057 gebaut sein und war für den ganzen Gau bestimmt, weshalb der Ort Goekerken hieß. Edo Wiemken der Aeltere befestigte den Ort, vorzüglich die Kirche. In derselben sieht man ein schönes Kanzelschnitzwerk, einen alten Taufstein und ein großes Gemälde, das jüngste Gericht darstellend. In der Nähe des Dorfes liegt ein Gut, Namens Rasenmeer, von dem folgendes erzählt wird: Einst waren die Deiche in der Nähe Wiardens, das damals noch näher an der See lag, von einer Sturmflut zerstört. Die Lücke im Deiche konnte nur durch ganze Wagen voll Erde wieder gestopft werden, aber keiner hatte den Mut, in die brausende Flut hineinzufahren, deren Wogen sehr hoch gingen. Da versprach man dem, der es wagen würde, alles Land in der Nähe des Deichbruchs. Endlich sprang ein junger Bauernbursche auf einen mit Erde beladenen Wagen und jagte mutig in die Flut hinein. „O, de rasenden Mähren!" rief das erstaunte Volk. Der Bursche gelangte glücklich zum Teiche, warf die Erde in die Lücke, andre thaten es ihm nach, und bald war der Teich wieder hergestellt. Der mutige Jüngling erhielt das versprochene Landgut, das noch „Rasenmeer" heißt bis auf den heutigen Tag.

Südwestlich liegt Tettens. In der großen Kirche ist ein hohes gotisches Denkmal von schöner Arbeit mit der Inschrift:

<pre>
         Ome, Hoeflinck to
         Middoch MCCCCCXXV.
</pre>

Es rührt von dem in der Geschichte des Fräuleins Maria vorkommenden Häuptling Omme her, der sich so schändlich und treulos benahm. Strackerjan erzählt in seinen Sagen über dieses Denkmal: Middoge war früher nach Tettens eingepfarrt. Das war aber dem Junker von Middoge zuwider; er wollte eine eigene Kirche und eine eigene Pfarre haben. Darum veranlaßte er den Kirchenbau zu Middoge. Als die Kirche fertig und der Pfarrer eingesetzt war, und nun die Kirche eingeweiht werden sollte, befahl der Junker dem Priester, mit der Feier nicht eher anzufangen, als bis er zur Stelle sein werde. Der Priester wartete lange und hatte schon dreimal den Gesang vor der Predigt wiederholen lassen; als aber der Junker immer noch nicht kam, betrat er die Kanzel und wollte die Predigt beginnen. Da trat der Junker, mit Bogen und Bolzen bewaffnet (?), in die Kirche, und wie er den Prediger auf der Kanzel erblickte, spannte er den Bogen und erschoß den Prediger. Diese That aber beschwerte doch das Gewissen des Junkers, und zur Sühne stiftete er in der Tettenser Kirche eine kunstvoll gemeißelte Marmorpyramide. Diese Pyramide steht noch heutiges Tages unweit des Altars auf dem Chor und trägt den Namen des Junkers wie des erschossenen Priesters Alvericus.

Mit den Gemeinden Oldorf und Wiefels bilden die genannten den nördlichen Teil Jeverlands, das Wangerland.

Im mittleren Teile oder Oestringen besuchen wir auch einige Ortschaften, zunächst Wabbewarden, wo eine sehr hohe, große Kirche ist, eine echte, schöne Friesenkirche mit hohen, spitzen Fenstern. Sie steht auf hoher Warf, wie alle Friesenkirchen. Noch erhaltene Schwibbogen deuten an, daß sie früher gewölbt war.

Von hier führt uns eine Chaussee nördlich nach dem belebten Flecken und Hafenort Hooksiel, von dem schon früher die Rede gewesen ist.

Hooksiel kann man wohl den Hafen von Jever nennen. Derselbe kann 40 bis 50 Schiffe fassen. Der Hooksmarkt ist für die Jeverländer ein Volksfest, wie für die Butjadinger der Rodenkircher Markt. In einem alten jeverschen Kalender heißt es über denselben: „Am 2. Tage des Kramermarkts, den 2. Oktober, strömt gewöhnlich aus den umliegenden und zum Teil auch entfernten Kirchspielen Jeverlands und der Herrlichkeit Kniphausen eine große Menge Dienstboten hierher: und fast alle Knechte und Mägde, alle Dienstjungen und Dienstmädchen betrachten diesen Tag als ein Saturnsfest, an welchem dem Genio in unbeschränkter Fröhlichkeit ein Opfer müsse gebracht werden — ein Opfer, welches oft einen großen Teil des jährigen Lohnes dahin nimmt und auch sonst nicht selten mit einem Aufwand verbunden ist, der späte Reue zur unausbleiblichen Folge haben muß. Dies giebt denn Gelegenheit, daß mancher sein Gesinde fürs künftige Jahr hier dinget und mietet, da teils die zusammengeflossene Menge die Wahl erleichtert, teils auch dem aufmerksamen Beobachter es nicht schwer wird, die Leute, auf welche er seine Wahl gerichtet hat, näher zu beurteilen und kennen zu lernen."

Die Hooksieler haben den Spottnamen „Fahlenfanger", den ihnen folgender komische Vorfall eingetragen haben soll. Einst stellten sie einen großen Fischfang im Tief an. Der letzte Zug sollte zum besten der Armen gethan werden. Als sie nun das Netz ausgeworfen hatten und wieder herausziehen wollten, war es so schwer, daß das Ziehen große Mühe machte. „Nä", sagten sie, „den Fang möt wi för us behollen, de Gaw is to grot." — Als sie nun das Netz endlich aus dem Wasser herausgezogen hatten, fanden sie darin — ein totes Füllen. Von der Zeit an heißt es: „De Gaw is to grot, seggt de Hooksielers".

Südlich gehend kommen wir nach Sengwarden (vormals Sennewert), ein großes Dorf, das mehr das Ansehen eines Marktfleckens hat. Die Kirche ist sehr groß und hoch, aber ohne Gewölbe. In den spitzen, hohen Bogenfenstern befinden sich Scheiben von buntem Glase. In der Kirche sieht man einen schönen Taufstein und ein großes Gemälde: das jüngste Gericht. Der Turm ist ein kleiner Dachreiter. — Ziemlich bedeutend ist der Sengwarder Pferdemarkt, der jährlich im September abgehalten wird. In der Nähe des Dorfes, auf der sog. Altmühlenstätte, hatten die ehemaligen Häuptlinge von Inhausen eine ziemlich stark befestigte Burg, die von Edo Wiemken d. J. 1494 geschleift wurde.

Weiter südlich haben wir Fedderwarden (früher Fedderweert) und nicht weit davon das Schloß (Burg) Kniphausen („Kniepens"), die Residenz der früheren Häuptlinge und nachmaligen Freiherrn von Kniphausen. Früher war das Schloß viel größer und schöner; es brannte aber 1708 nieder und wurde in gegenwärtiger Gestalt wieder aufgebaut. Eine breite Graft und ein schöner, parkartig angelegter Garten umgeben dasselbe. — In den langjährigen Streitigkeiten der Glieder des Bentinckschen Hauses um den Besitz der Herrlichkeit wurde einmal die Burg Kniphausen von einem englischen Grafen Bentinck förmlich belagert. Dieser Handstreich, der aber nicht gelang, gab Stoff zu einem satyrischen Lustspiel: „Kniphausens Gefahr und Rettung von V. E. R. Höhne," das aber nur im Manuskripte existiert. Während des französischen Kontinentalsystems kam die Kniphauser Flagge durch ihre Neutralität zu besondern Ehren; unter ihrem Schutze konnten nämlich alle Schiffe ungefährdet dem Schleichhandel nachgehen. — Will man im gemeinen Leben einen geizigen Menschen bezeichnen, so sagt man: „He is van Kniphausen un Rauenborg".

Südwestlich von Kniphausen liegt Accum, wo eine reformierte Kirche ist, die 1719 erbaut wurde. In der Kirche befindet sich ein schönes, aus schwarzem Marmor gehauenes Denkmal des 1567 verstorbenen Häuptlings Tido von In- und Kniphausen und seiner Gemahlin. — Zu Accum wird ein sehr gutes Bier gebrant.

Sengwarden, Fedderwarden und Accum machten bis 1854 die Herrlichkeit Kniphausen aus, die den Grafen von Bentinck gehörte.

Wir kehren wieder um und erreichen in nordwestlicher Richtung Sillenstede, am Abhange der jeverschen Geest gelegen. Die aus Quadersteinen aufgeführte große, schöne Kirche wurde 1233 erbaut. Unser Weg führt uns nun nach dem in einem Gebüsch reizend gelegenen Gute Barkel. In der Nähe ist ein kleiner See, das sog. Barkeler Meer, wo Willehadus die neubekehrten Friesen scharenweise getauft haben soll.

Von hier in westlicher Richtung am Geestrande fortgehend, kommen wir nach Schortens. Die Kirche daselbst ist von den Oestringern ums Jahr 1149 erbaut und dem heiligen Stephano geweiht.

Sie hatten nämlich gelobt, eine Kirche zu bauen, wenn der Himmel ihnen in einer Fehde gegen die Harlinger und Wangerländer beistehen und den Sieg verleihen würde. Der Himmel half ihnen, und das Gelübde wurde erfüllt. In einer Fehde mit dem ostfriesischen Häuptlinge Keno tom Broek wurde die Kirche niedergebrannt, bald darauf aber wieder aufgebaut. — Die Schortenser haben den Spitznamen „Hundehänger". In der Nähe von Schortens steht (oder stand) nämlich ein Galgen, ein dürrer Baumstamm mit einem Aste als Arm. An diesem Galgen soll der letzte Wolf, der im Jeverlande gefangen wurde, gehängt worden sein. Die Bewohner der benachbarten Ortschaften wollen aber wissen, die Schortenser hätten sich geirrt und statt eines Wolfes nur einen gewöhnlichen Schäferhund gehängt; daher der Spottname.

Landläufig ist folgende Redensart: „Liebster Jesu, wir sind hier, de annern sünd in Schörtens".

Nördlich von Schortens, am Wege nach Jever, treffen wir die wenigen Ueberreste des Klosters Oestringfelde. Bruschius sagt in seinen „gesammelten Nachrichten von Jeverland": „Ums Jahr 1124 wurde hieselbst zur Bezahlung eines Gelübdes wegen eines über die Rustringer erhaltenen Sieges eine Kirche zur Ehre der h. Jungfrau Mariä erbauet und mit kostbaren Gebäuden gezieret. Im J. 1272 brannte die Kirche ab, und alle Geistliche (Canonici Coenobitae) sturben an einer damals herumgehenden ansteckenden Seuche; woraus das Kloster 78 Jahre wüste blieb. Als aber im Jahr 1350 eine große Pestilenz in Friesland war, da kaum alle Leichen konnten begraben werden: so wurde das Kloster aufs neue wieder in Stand gesetzet, und zu einem Jungfrauenkloster gewidmet, welches darauf mit Dominicaner-Nonnen und 6 Priestern zur Besorgung des Gottesdienstes aus Norden besetzet wurde, damit darinnen Messe gelesen und Gott um Abwendung der Pestilenz angeflehet würde. Im J. 1323 wurde der berühmte Thurm daran gebauet, der nach dem zu Marienhafe der höchste in ganz Ostfriesland, und wo nicht höher, doch eben so hoch, als der zu Norden war. Im J. 1432 wurde derselbe (weil er baufällig geworden) wieder abgenommen, und scheint zu einer Festung gedient zu haben, indem er mit Volk besetzt war. Sonst ist dies der Ort, wo sich Willehadus gegen die Mitte des 8. Jahrhunderts aufgehalten hat, dem Jeverland nächst Gott das erste Licht des Evangelii zu danken hat."

Das Kloster wurde auch Marienkamp (in campo beatae Mariae) genannt. Es soll nach anderen schon 785 gestiftet sein. Nach der Reformation wurde es säkularisiert. Die letzte Nonne lebte noch zu Ende des 16. Jahrhunderts. Wann das Gebäude abgebrochen wurde, ist unbekannt. Die Kirche wurde 1610 abgebrochen und der Rest des Turmes 1769. Die Steine wurden zum Bau einer Kaserne in Jever verwandt. Das Kloster hatte nicht wenige, recht bedeutende Besitzungen, die sämtlich von der Herrschaft eingezogen wurden. Zwar ließ man die Nonnen bis 1556 im vollen Besitze der Güter, als sich ihre Zahl aber bis auf neun vermindert hatte, und diese obendrein in den schlechten Ruf kamen, als lebten sie mit ihrem Probsten, einem feinen, jungen Manne, auf zu vertraulichem Fuße, so hob man das Kloster ganz auf, entließ die Nonnen und gab ihnen bis zu ihrem Tode einen anständigen Lebensunterhalt. Darauf ergriff die Herrschaft den vollen Besitz der Ländereien und Güter.

Jetzt ist von den Ruinen nicht mehr übrig als die 3,60 m breite Turmmauer, die ein Viereck von 17 Schritt ins Geviert bildet, und der Rest einer alten Treppe. Die Mauern bestehen aus Rotsteinen und Granitquadern. Hübsche Gartenanlagen, in denen noch überall Steinquadern und Trümmer, überwuchert von Unkraut, wilden Blumen und Schlinggewächsen, umherliegen, fassen das Ganze ein, so daß es ein romantisches Bild abgiebt.

In der Nähe von Oestringfelde befindet sich auch das schöne ca. 672 ha große Gehölz Upjever, das von Fräulein Maria angelegt worden sein soll. Der Bestand des Forstes ist größtenteils Eichen und Tannen. Mitten im Holze versteckt liegt das Försterhaus. Vor der französischen Zeit, in der das Gehölz durch die Franzosen stark verwüstet wurde, soll es viel größer und bedeutender gewesen sein. Auch in diesem Forste befindet sich wie in dem bei Falkenburg gelegenen Buchenwalde, dem Stühe, eine große Reiher-Kolonie. Hier sind die aus dürren Reisern bestehenden Nester aber nicht auf Buchen, sondern auf den Aesten und Zweigen hoher Eichen angelegt. Wohl zehn, zwanzig und mehr Nester erblickt man auf einem Baum. Es ist ein eigentümliches, interessantes Tierleben, das einem in einem solchen Reiherhorste entgegentritt. Die alten Reiher fliegen von hier nach den Watten der Jade und Nordsee auf Beute und Nahrung für die Jungen aus. Mit vollem, dickem Kropfe kehren sie heim. Die Jungen gewahren sie schon von weitem und recken ihre langen, dünnen Hälse empor, und mit Gegurgel speien die Alten die Fische in die weitgeöffneten Schnäbel. Das ist ein unaufhörliches Ab- und Zufliegen, ein heiseres Kreischen und Krächzen, ein dumpfes Gurgeln und Grunzen wie von Schweinen. Häufig werden die Reiher auch von Seeadlern verfolgt; alsdann entsteht in der Kolonie ein Höllenlärm, ein Kampf auf Leben und Tod.

Das Gesträuch, das lange Gras und das Farnkraut unter den Bäumen, auf denen die Kolonie sich befindet, sind alle beschmutzt mit dem weißen Kote der Vögel. Auch zerschmetterte Junge, schneeweiße Röhrenknochen, Ueberreste von Flügeln und Schnäbeln fand ich auf dem Boden. — Der Upjeversche Forst ist noch immer ziemlich reich an Wild. Auf einer Treibjagd im Jahre 1869 wurden daselbst 2 Rehböcke, 1 Fuchs und 50 Hasen erlegt, und im Jahre 1873 6 Rehböcke, 5 Füchse und 31 Hasen.

Uns bleibt nur noch eine Wanderung durch Rustringen übrig. Gehen wir von Süden aus, so haben wir zunächst Sande, eins der schönsten, wenn nicht das schönste Dorf im Jeverlande. Es zeichnet sich vor allen andern aus durch das viele Gehölz, womit es umgeben ist, durch eine doppelte Reihe freundlicher, hübscher Häuser, vor denen man fast überall ein wohlgepflegtes Blumengärtchen sieht. Besonders groß, geschmackvoll angelegt und aufs sorgfältigste gehegt und gepflegt ist der Pastoreigarten. Die auf hoher Wurt belegene Kirche, ursprünglich wohl nur eine Kapelle, mußte nach dem Untergange von Oberahm, Seediek ꝛc. (1509 und 1511) erweitert werden, da die Reste dieser Kirchspiele nun mit Sande vereinigt wurden. Die Kirche ist gewölbt. An den Kirchenstühlen und Pricheln findet man noch viele der alten friesischen Hauszeichen. — Das Dorf soll von dem Umstande seinen Namen erhalten haben, daß es auf einer im ehemaligen Wadebusen gelegenen Sandbank entstanden ist. In der Umgebung Sandes findet man das fruchtbarste Pflugland, die üppigsten Weiden, namentlich zu Seediek und auf dem Salzengroden.

Nahe bei Sande liegt das Krongut Marienhausen. Hier stand ehemals ein schönes Jagdschloß, das von Fräulein Maria erbaut wurde. Das Schloß wurde 1822 abgebrochen, nur der hohe vierkantige Turm blieb stehen. Man fand nämlich in demselben eine Schrift, worin es hieß, wenn dieser Turm abgebrochen werde, so komme ein großes Unglück über das Land. (?) Man brach also den Turm nicht ab. Durch unterirdische Gänge soll derselbe mit dem jeverschen Schlosse in Verbindung stehen. Bei Marienhausen kreuzt die Eisenbahn den im Bau begriffenen Jade-Ems-Kanal.

Wir gehen nun in nordöstlicher Richtung über Marienfiel nach Neuende (Nyende). Der frühere Name des Kirchspiels war Insmerhase; als aber nach der Flut von 1511 der übrig gebliebene Teil von Bant nach Insmerhase eingepfarrt wurde, mußte an die Kirche ein neues Ende gebaut werden, daher der Name Neuende (?). Neuende ist der Geburtsort der beiden Mitscherlich, deren Vater hier Prediger war, und die sich durch Schriften über Chemie

Arzneimittellehre 2c. bekannt gemacht haben. Nahe bei Neuende liegt Sibethsburg, ein Gut, das seinen Namen hat von einer ehemaligen ansehnlichen Burg, die Edo Wiemken der Aeltere 1380 erbaute. Im J. 1433 wurde die Burg wegen der vielen Seeräubereien, die von hier aus getrieben wurden, von den Hamburgern erobert und zerstört. Jetzt sind nur noch einige Spuren von den alten Festungswerken vorhanden.

Von Neuende gehen wir südöstlich dem Jadebusen zu und gelangen bald auf den Deich. Nicht weit vor uns ragt aus dem Vorlande ein ungefähr 6 m hoher, grüner Hügel empor. Was mag es mit demselben auf sich haben? Ist es eine Sanddüne? Alsdann würde er wohl nicht so isoliert liegen. Die Menschen haben ihn aufgefahren, aber nicht kürzlich, sondern schon vor Jahrhunderten. Das Volk nennt ihn den „Banter Kirchhof" und weiß eine seltsame Geschichte von ihm zu erzählen. Im Banter Kirchhof haben wir den Ueberrest eines von der Flut weggespülten Kirchdorfes vor uns. Als ich vor einigen Jahren dort war, fand ich am Abhange des Kirchhofes einen von der Flut bloßgelegten großen Sarg aus rotem Sandstein. Der Deckel fehlte. In der Höhlung des Sarges lagen nur noch einige Knochen. Am Kopf- und Fußende war inwendig ein Kreuz ausgehauen, wohl ein Beweis, daß der Sarg aus katholischer Zeit stammte. Auf diesen Fund aufmerksam gemacht, stellten die Preußen (der Kirchhof liegt im Gebiet des Kriegshafens) Nachgrabungen an und fanden noch mehrere ähnliche Särge. Woher nahmen die Alten diese Särge? Aus der Beschaffenheit des Materials nimmt man an, daß sie vom Rhein, aus der Gegend von Köln, herstammen. Da solche Särge mit den Transportkosten in früherer Zeit sehr teuer kommen mußten, so können sie nur zur Bestattung reicher, angesehener Personen gedient haben. Unter preußischer Aufsicht wurden noch weitere Nachgrabungen angestellt, und nach und nach legte man das ganze Fundament der alten Kirche bloß. Die dicken Grundmauern und der Fußboden liegen jetzt offen da. Das Chor scheint ein runder Anbau gewesen zu sein. Der Fußboden, aus Rotsteinen bestehend, ist noch überall wohl erhalten, als ob erst gestern, und nicht schon vor Jahrhunderten Menschenfüße darauf gewandelt hätten. Altertümer und andere interessante Sachen hat man nirgends unter den Trümmern gefunden. Es war das auch wohl nicht möglich, da die Kirche schwerlich auf einmal einstürzte, sondern erst nach und nach, und nur aufgegeben wurde, weil sie mit dem umliegenden Lande ausgedeicht werden mußte. Wertvolle Sachen wird man allmählich aus ihr fortgebracht haben, ist es doch historisch, daß man zur Deckung der Deichbaukosten die beste Glocke den Tettensern verkaufte. Auch die Steine der Kirche wird man wohl größtenteils zu andern Zwecken verwandt haben. Noch jetzt liegen an den Abhängen große Quadersteine von Granit und mit Kalk untermischte Backsteintrümmer umher. Hier, wo einst die Sturmfluten verheerend tobten, ruhen nun seit Jahrhunderten in Frieden die Gebeine längstvergessener Toter. Es war in den Stürmen des Jahres 1511, als die „Antoniflut" an den Küsten Butjadingens und Jeverlands furchtbar wütete und mehrere Kirchdörfer wegspülte, zu denen auch Bant gehörte.

„Als Bant wegriß," so erzählt das Volk, „da wurde auch das Glockenhaus vom Wasser umgestürzt. Eine Glocke ist in die Erde gesunken, und dort sitzt sie noch. Und was mehr ist, die Glocke allein hat es gemacht, daß der Kirchhof noch steht. Früher sind hier ganze Kirchspiele weggerissen, und wo nun die Schiffe segeln, da wurde früher der Pflug geführt. Warum ist denn von all' den andern alten Dörfern, über die nun die Jade fließt, der Banter Kirchhof allein übrig geblieben? Wie konnte er übrig bleiben durch so viele Jahre, wenn das nicht eine ganz besondere Bewandtnis hätte? Aber das Allerwunderbarste kommt noch. Wenn in der heiligen Christnacht alle Glocken gehen („gaht") und unsern Herrn Jesus Christus willkommen heißen in der Welt, dann fängt auch die alte Glocke im Kirchhofe mit an zu läuten, das kann sie einmal nicht lassen. Und sie klingt so hohl und wunderbar, daß man sie deutlich von den andern unterscheiden kann und es gleich hört, daß der Klang aus der Erde kommen muß. Wie das geschieht und wie sie in der Erde geläutet werden kann, das zu sagen ist meine Sache nicht. Unser Herrgott kann vieles thun; so wird er das auch wohl zu machen wissen. — Einst ist ein Heppenser spät in der Nacht über den Groden gegangen. Er kommt am Banter Kirchhof vorbei und sieht dort an der Ostseite ganz allein einen Menschen sitzen. Das wundert ihn, und er denkt bei sich: Wer sollte das wohl sein? Er geht näher hinzu und sieht, daß es ein alter Mann ist. „Guten Abend!" ruft er. Aber keine Antwort, und der Mann rührt sich nicht im geringsten. Das kommt ihm nun noch auffallender vor; er bleibt stehn. Da ist der Mond gerade hinter einer Wolke hervorgekommen, und nun sieht er erst recht, daß das Gesicht des alten Mannes ganz weiß ist, so weiß wie das eines Toten. Und er hat ganz still und traurig dagesessen, den Kopf in die Hand gestützt, und hat übers Wasser gesehen. Dem Heppenser liefen die kalten Schauder über den Rücken, der Angstschweiß trat ihm auf die Stirn, und nur mit genauer Not gelangte er auf den Deich und ins Dorf. Nie in seinem Leben ist er wieder des Nachts nach dem Groden gegangen."

Solche und ähnliche düstere Phantasien lehren uns, wie das Volk an diesem merkwürdigen Begräbnisplatze der Vorzeit noch immer mit einer eigentümlichen Mischung von Gefühlen des Grauens und der Ehrfurcht vorübergeht. Er macht auch einen tiefergreifenden Eindruck auf den Beschauer, dieser Friedhof unmittelbar am Gestade des Meeres. Dort die ewig wühlende Flut, die an den Fuß des Hügels schlägt, ein Bild des dunkeln, auf= und abwogenden Zeitenstroms, der alle Herrlichkeit der Welt in seinem Schoß begräbt, und hier eine Stätte des tiefsten Friedens, ein Ruheplatz der Toten, deren versunkene Gräber ein grüner Rasen deckt, aus welchem der weiße Stern unscheinbarer Maßliebchen friedlich hervorblinkt. Und wenn auch die Glocken nicht läuten im Grunde, des ewigen Meeres dumpfes Brausen und Wogen ertönt noch feierlicher als Orgelton und Glockenklang; und die Wellen, die am Fuße des Kirchhofes murmeln, sie singen den Toten ein sanftes Schlummerlied.

### Der Banter Kirchhof.

Ein Hügel liegt am Meeresstrand,
Die Wogen brausen um ihn her;
Der alte Kirchhof ist's von Bant,
Versunken ist das Dorf im Meer.
In grauen Jahren sank's hinab
Mit andern Dörfern reich und groß;
Sie ruhen tief im Meeresschoß:
Die weite Jade ist ein Grab.

Das war ein herrliches Gefild!
Die Saaten wogten wie die See;
Wie schien die Frühlingssonne mild
Auf üppges Grün, auf duftgen Klee!
Wie weidete der Rinder Schar
So friedlich in dem hohen Gras!
Allein das Meer mit wildem Haß
Es nagte, wühlte immerdar.

Auf hoher Wurt stand grau bemoost
Manch altes, heilges Gotteshaus
Und blickte still, vom Sturm umtost,
Aufs Land und in die See hinaus.
Ob auch das Meer gegrollt, gemurrt,
Nie hat das Friesenvolk gezagt,
Von dunklen Eschen überragt
Baut' es sein Haus auf hoher Wurt.

War auch die Heimat schwer bedroht,
Ward sie zertrümmert hier und dort:
„Getreu der Heimat bis zum Tod!"
Das war der stolzen Friesen Wort.
Zog auch heran aus Süd und West
Des grimmen Feindes wildes Heer,
Und tobte wilder noch das Meer:
Zäh hielt es an der Heimat fest.

Mit seiner Heimatscholle sank
Das Volk hinab zum Meeresschlund,
Im Sturmgeheul, im Wogendrang
Ging hier ein ganzes Volk zu Grund.
Nichts blieb von all dem schönen Land
Als dieser grüne Hügel hier,
Ein Zeuge von der Wogen Gier
Ragt er empor am Meeresstrand.

Hier, unter Rasen und Gestein,
Ruhn Frau und Magd und Herr und Knecht;
Wie schön, am Meer begraben sein!
Wohl ziemt dir's, herrliches Geschlecht.
Wie Orgelton und Glockenklang
Erbraust das Meer in Sturm und Nacht,
Wenn aber heitrer Himmel lacht,
Dann singt es süßen Wiegensang. —

## 9. Die Jeverländer.

Viel Abweichendes über den Charakter der Jeverländer von dem der Butjadinger läßt sich nicht mitteilen. Hier wie dort ist es derselbe kernige, zähe, einfache Menschenschlag, der uns entgegentritt. Hier wie dort sind besonders **Freiheit- und Heimatliebe** und ein gerader Sinn, der ohne Winkelzüge dem einmal vorgesteckten Ziele nachstrebt, diejenigen Charakterzüge, die uns die ursprüngliche friesische Abstammung des Volkes bekunden. Die Zähigkeit, mit welcher der Jeveraner bei einmal gefaßten Ansichten beharrt und allen Widersprüchen und Gegensätzen ungeachtet seinen Plan zu verwirklichen sucht, grenzt fast an Hartnäckigkeit, die man mit dem charakteristischen Ausdruck „Diesigkeit" bezeichnet. Der Jeveraner hat seinen friesischen Charakter noch reiner bewahrt als der Butjadinger. Das kommt teils daher, weil das Ländchen bis zu Ende des 16. Jahrhunderts ein in sich abgeschlossenes Ganze bildete, seine eigenen Regenten und eigentümlichen Rechtsverhältnisse behielt, teils daher, daß es in Folge seiner Lage nicht so sehr dem großen Verkehr offen stand, mithin auch mehr seine Eigentümlichkeiten in Lebensweise, Sprache und Sitten bewahren konnte, als dies im Butjadingerlande möglich war. Der Butjadinger hat mehr äußern Schliff als der Jeveraner; dieser ist in jeder Hinsicht viel einfacher und ursprünglicher, aber vielleicht auch kerniger und gediegener.

Die Verhältnisse im Jeverlande sind noch patriarchalischer, wenn auch nicht in dem Grade wie auf der Geest, namentlich auf dem Ammerlande. Herrschaft und Gesinde essen noch häufig an einem Tisch und verbringen die Winterabende gemeinschaftlich in einer Stube. Das hat mit darin seinen Grund, daß so viele Bauernhöfe isoliert liegen, wodurch die Hausgenossen auf sich selbst angewiesen sind, so daß ein engeres Anschließen und eine größere Vertraulichkeit untereinader herbeigeführt wird. Jedes Hauswesen ist ein in sich abgeschlossener kleiner Staat, der sich wenig um die Nachbarschaft kümmert. Jeder Besitzer ist sein eigner, wirklicher Herr, ein kleiner Souverän auf seinem Erbe.

Aus derselben Ursache entsteht aber auch das abgeschlossene, einsilbige, zugeknöpfte Wesen, das der Jeverländer meistens dem Fremden gegenüber zeigt. Man kommt leicht in Versuchung, diese Einsilbigkeit für Argwohn und Mißtrauen zu halten, allein das ist es keineswegs. Bei näherer Bekanntschaft verschwindet jenes kalte, gemessene Wesen von selbst und an seine Stelle tritt manchmal eine fast liebenswürdige Vertraulichkeit und Offenheit. Auch unter sich sind die Jeveraner nicht so freundlich und gesellig, wie man dies wohl in andern, namentlich südlicheren Gegenden findet. Im Wirtshause können sie häufig ganz einsilbig und stumm neben einander sitzen, besonders wenn ein Fremder zugegen ist. Geht einer fort, so fragt er seinen Nachbarn nicht, der desselben Weges muß, ob er mit ihm gehen wolle, sondern er geht allein fort, häufig ohne ein Abschiedswort. Dieser Zug zieht sich durch das ganze Volk und drückt ihm den Stempel der Festigkeit, des Selbstgefühls, des Abgeschlossenen, des Schroffen und Eckigen auf. Die Geschichte erklärt es leicht. Seit frühen Zeiten als selbständiges Fürstentum in sich abgeschlossen, mußte sich dieser Charakter des kräftigen Menschenschlags (der übrigens auch eine angeborene Stammeseigentümlichkeit ist) von selbst entwickeln, um so mehr, als es manchen harten Kampf mit dem benachbarten größeren Ostfriesland, namentlich unter dessen Häuptling Edzard, zu bestehen hatte. Auch nach dem Uebergange von Rußland und seinen eigenen Fürsten aus dem Hause Zerbst an Oldenburg, blieb es ja bis heute ziemlich vereinzelt stehen. Dazu kommt noch, daß früher Pferde-, Vieh- und Getreidehandel in den Händen einzelner lagen und der jeversche Bauer aus seinem abgeschlossenen Ländchen sich höchstens bis zum Besuch des Oldenburger Pferdemarktes verstieg. Indem endlich Jeverland mit Recht eben so stolz auf seinen Wohlstand wie Ostfriesland sein konnte, trug vielleicht auch eine kleine Eifersucht beider Nachbarstämme gegen einander zur Hebung des Nationalgefühls bei, eine Tugend, die, wenn sie auch andern Gerechtigkeit widerfahren läßt, gewiß nicht gering anzuschlagen ist. — Mit einem Worte: der Jeveraner hat Nationalgefühl; Jeverland geht ihm über alles.

Die Einfachheit und holländische Sauberkeit, die man in den Wohnungen, auch in den kleinsten, findet, ist schon erwähnt worden. Ebenso einfach sind Kleidung und Nahrung. Was letztere betrifft, so wird häufig in den bäuerlichen Haushaltungen, sowohl morgens als abends, „Brei", d. i. Buttermilch und Scheldegerste, nebst Butterbrot gegessen. Es giebt nicht immer Butter auf Brot, sondern häufig einen weichen, mit Kümmel vermischten Käse, Käsebutter. Dieser Käse wird im Herbste für den Winterbedarf in Fässer eingemacht und heißt dann „Pottkeese". Das feuchte, kalte Klima fordert ein sehr fettes, kräftiges Essen. Alles Gemüse wird dick gekocht, nicht als Suppe. Fast auf jedes Gemüse, selbst auf Wurzeln und Rüben, wird ein großer Mehlkloß, „Hübel" genannt, gesetzt. Diese Hübel sind, weil nicht immer Gest in den Teig gethan wird, oft sehr dicht und hart. Am

Sonntag kommt fast regelmäßig das jeversche Nationalgericht „Appels un Hüdels" auf den Tisch. Der Hüdel ist dann in frischem oder gedörrtem Obst gekocht. Dazu giebt es gekochten Schinken oder Schweinskopf. Ein eigentümliches Essen ist auch „Dree in de Pann" und „Rebbbi" oder „Lei=Wiewerkost". Dree in de Pann sind drei kleine Pfannkuchen, die auf einmal in einer Pfanne gebacken werden. Der Teig wird alsdann natürlich sehr steif angerührt. Rebbbi ist ein sehr zähes Gericht, bestehend aus Weizenmehl und Sirup, die zusammen angerührt werden. Da dieses Gericht leicht und schnell zu bereiten ist, so können bequeme (leie) Frauen leicht dazu raten, weshalb es den Namen „Lei=Wiewerkost" erhalten hat. Um 10 Uhr vormittags wird im Jeverlande fast überall Kaffee getrunken; man nennt ihn „Teinührtjes". Der Kaffee kommt in großen zinnernen Kannen (Süsters), die auf drei kurzen Füßen stehen und mit einem Hähnchen versehen sind, auf den Tisch. Ein an Winterabenden sehr beliebtes Gericht ist Sülze, gekochter Schinken, der kalt, mit Essig, Pfeffer und Zwiebeln gegessen wird. Sonst aber giebt es Weiß= und Schwarzbrot, mit fetter Butter bestrichen und mit jeverschem Käse oder fettem Rauchfleisch belegt. Ein eigentümliches Gebäck sind „Beenbunken" (Beinknochen), eine Art Semmel, so genannt wegen ihrer Gestalt. Im Wirtshause trinkt man gewöhnlich einen kleinen Bittern (Branntwein mit Seewermut) und ein weißes Bier, das auf steinerne Kruken, „Püllen" genannt, gezogen ist, auch wohl ein Gläschen Rotwein. Der Wermutbittere und Rotwein werden besonders als Präservativmittel gegen das Wechsel= und Gallenfieber getrunken.

Wie schon gesagt, wird im Jeverlande, selbst von den Gebildeteren, das Plattdeutsch mit Vorliebe gesprochen. Das jeversche Platt zeichnet sich durch manche eigentümliche Wendungen und Ausdrücke aus, es birgt viele friesische Elemente in sich und ist viel weniger modernisiert und verhochdeutscht als anderswo. Eigentümliche Ausdrücke sind: „Loog" = Dorf, „Maid" = Magd, „Bigg" = Schwein, „minen" = kaufen (auf einer Auktion), „Flinnerk" = Schmetterling, „Höftpien" = Kopfweh, „Brör" = Bruder, „Spell" = Nadel, „flöstern" = umziehn, „ollt" = ölt, „kollt" = költ, „biester" = schlimm, „Hüpen" = Haufen, viel, „Schienfatt" = Laterne, „Mallmöhl" = Karussell, „Heer" = Herr ꝛc. Statt „wie sünd" sagt man „wi bünd", statt „ick bün" — „ick sün". Die Vokale werden sehr gezogen, so daß aus a = au und aus e = ei wird. „Ick sünner aut Jeiver", diese Redensart wird den Jeveranern viel nachgetrieben, indem das „sünner" für „Sünner" (Sünder) genommen wird. Ein eigentümlicher Fluch ist: „Will brennen!" Der männliche, etwas derbe Charakter des Jeverländers tritt besonders in der Neigung hervor, vor alle Substantive den männlichen Artikel zu setzen; z. B. „den verdammten Katt!" — „Kiek is, den schönen Rof'!" Namentlich das letzte Beispiel ist sehr charakteristisch.

Die Hauptbeschäftigungen der Jeverländer sind Ackerbau (Gerste, Hafer, Raps) und Vieh-, namentlich Pferdezucht. Die jeverschen Pferde sind sehr gesucht und zeichnen sich durch starken Knochenbau und große Ausdauer aus. Die Füllen zieht man in den wenigsten Fällen selbst, sondern kauft sie auf den Märkten zu Aurich, Ovelgönne, Varel und Oldenburg, macht sie groß und verkauft sie, wenn sie drei- oder vierjährig sind.

In den allermeisten kleineren Haushaltungen hält man ein paar Milchschafe. Diese werden auf den Wegen und an den Deichen angebunden (angetüddert). Für den Arbeiter und den weniger Bemittelten ist das Marschschaf ein höchst nützliches Haustier; zwei bis vier Stück versorgen den Haushalt hinlänglich mit Milch, Butter und Käse, und aus der Wolle werden die warmen Unterkleider gemacht, die in der Marsch das ganze Jahr getragen werden müssen. Die große und schnelle Abwechslung der Temperatur macht eine sehr gleichmäßige, warme Kleidung notwendig; denn es ist nichts Seltenes, daß auf einen sehr heißen Tag ein sehr kalter, nebliger Abend folgt. Daher ist es geraten, im Sommer wie im Winter ein wollenes Unterhemde unmittelbar an der Haut zu tragen. Um warme Füße zu haben, bedient man sich viel der sog. Feuerstübchen, das sind durchlöcherte Fußbänke in Form kleiner viereckiger Kasten, in welchen ein Topf mit glühenden Kohlen steht. Sogar Männer sieht man häufig auf einem solchen „Stöfchen" sitzen. Die Frauen nehmen sie selbst in die Kirche mit, oder lassen sie vorher hinein tragen. So auffallend dies erscheinen mag, so ist der Gebrauch doch praktisch und notwendig; denn in der feuchten Marsch ist es sehr fußkalt.

Die jeverschen Frauen haben ein weit bequemeres, angenehmeres Leben, als die Frauen auf der Geest. Auf der Geest muß die Frau arbeiten wie ein Mann, sie muß graben, hacken, Dünger schieben, dreschen ꝛc. und daneben noch alle Hausarbeiten verrichten; im Jeverlande, wie überhaupt in der Marsch, mutet man der Frau keine Feldarbeiten, nicht einmal schwere häusliche Arbeiten zu. In der Marsch hat es die Frau des geringsten Arbeiters bequemer, als eine Bauernfrau auf der Geest. Die Frauen und Mädchen im Jeverlande sind lediglich auf häusliche

Arbeiten angewiesen. Ihre Hauptsorge ist, daß im Hause alles nett und höchst sauber aussieht. Nicht der geringste Staub und Schmutz darf zu sehen sein. Daher das ewige Putzen, Scheuern, Schrubben, mit einem Worte: „Schummeln". In der Stadt werden die Fenster im zweiten Stock mit großen Handspritzen gereinigt. Letzteres geschieht namentlich in Ostfriesland. Es sieht höchst komisch aus, wenn die Mädchen, eine grobe Schürze aus Packleinen vorgebunden, auf der vielleicht noch mit großen Buchstaben: „Piano!" oder „Vorsichtig" oder „Zerbrechlich!" gemalt ist, auf der Straße stehn, die lange Spritze gegen die Brust drücken und nun, hinten über gelehnt, einen hohen Wasserstrahl an die oberen Fenster schicken. — Das Schummeln wird namentlich stark vor den hohen Festtagen, Ostern, Pfingsten ꝛc. betrieben. Eine eigentümliche Weise, in der es die Frauen fast bis zur Kunst gebracht haben, ist die Verzierung des Fußbodens auf den Gängen, in der Küche und in der Wohnstube. Die Wände entlang werden nämlich Verzierungen aus weißem Streusand angebracht. Die Frauen lassen den Sand aus der hohlen Hand laufen und wissen mit demselben die zierlichsten Blätter, Blumen, Guirlanden und Arabesken zu bilden. Man bedient sich auch eigends gezackter Bretter dazu, die man auf den Boden, die Wand entlang, hinlegt, den Sand davor streut und so sehr regelmäßige Linien, Bogen ꝛc. erzielt. Die Verzierungen müssen häufig erneuert werden, und diese Beschäftigung bildet einen angenehmen Zeitvertreib der Frauen. Sie suchen sich gegenseitig in dieser Kunst zu übertreffen und fühlen sich nicht wenig geschmeichelt, wenn die dargestellten zierlichen und regelmäßigen Formen von Freundinnen und Besuchern bewundert und beneidet werden.

Die hauptsächlichste Arbeit der Frauen besteht in der Führung der Milchwirtschaft (Butter- und Käsebereitung), die in manchen Bauernhaushaltungen in fast holländischer Weise betrieben wird. Auf einer mittelgroßen Bau (Bauernstelle) werden 12 bis 20 Milchkühe gehalten. Diese befinden sich den ganzen Sommer über, von Mai bis November, auf der Weide und brauchen nicht gehütet zu werden, da das Land mit Gräben eingefriedigt ist. Zweimal täglich gehen die Mägde zum Melken. Eine sehr gute Kuh giebt in der besten Zeit 20 bis 27 Liter Milch. Im Hause wird die Milch durch ein Blech- oder Haarsieb in gläserne Setten geseihet. Früher bediente man sich hölzerner Milchkübel oder Baljen, die auswendig blau angestrichen waren. Da aber die Reinigung derselben schwierig ist, so hat man sie in letzter Zeit vielerwärts durch gläserne Setten ersetzt. Die Setten werden neben einander in den Keller gestellt. Bei warmem Wetter schließt man die Kellerfenster den Tag über, hält sie aber während der Nacht geöffnet, damit die nötige frische Luft hereinziehen kann. Frische Luft und Reinlichkeit sind die Haupterfordernisse beim Milchwesen. Daher dürfen sich keine solche Gegenstände, von denen die Milch Geruch annimmt, im Keller befinden, und dieser muß oft mit frischem Wasser geschrubbt werden. Wenn die Milch dick ist, so wird sie von der Hausfrau oder der Mamsell abgerahmt. Im Sommer geschieht dies schon nach 24 Stunden, im Winter dauert es länger. Der Rahm oder die Sahne wird in hölzerne Kübel gethan und, sobald eine genügende Menge vorhanden, gebuttert. Das Buttern geschieht gewöhnlich in einer Karne, das ist ein hohes, hölzernes Gefäß, in welchem ein am untern Ende mit einer durchlöcherten Scheibe versehener Stempel oder „Sticken" auf- und niedergestoßen wird. Durch diese Bewegung sondert sich die Butter von den wässerigen und käsehaltigen Bestandteilen der Milch ab. Sobald dies geschieht, wird die Karne in die Seite gestellt und geschüttelt, wodurch die Butter zu Klumpen vereinigt wird. Uebersteigt das Karnen mit den Händen die Kraft der Magd, so wird ein großer Hund (Karnhund) in ein umfangreiches Trittrad gestellt. Sobald der Hund darin steht, fängt das Rad an sich zu drehen; der Hund ist genötigt zu treten und erhält so das Rad in Bewegung. Da dasselbe mit dem Stempel der Karne in Verbindung steht, so wird dieser auf- und niedergestoßen. Man bedient sich auch wohl einer sog. Winde, das ist ein dem Pumpenschwengel ähnlicher Hebel, mit welchem der Stempel in Bewegung gesetzt wird. Reicht die Kraft einer Magd zu dieser Arbeit nicht aus, so kommt ihr wohl der kleine Knecht zu Hülfe. In neuerer Zeit wendet man statt der Karnen vielfach Buttermaschinen an.

Die Butterklumpen werden nun herausgenommen, in einem Kübel ein paar mal mit kaltem Wasser mittelst eines hölzernen Löffels oder „Sleefs" durchgeknetet (abgewaschen) und dadurch von den noch zurückgebliebenen, nicht fettigen Teilen befreit. Hierauf wird die Masse mit Salz vermengt, bleibt einige Stunden stehen und wird nun sorgfältig von etwaigen Unreinigkeiten (Haaren, Fliegen ꝛc.) gesäubert. Darauf wird sie in irdene, sog. rheinische Kruken geknetet und im Keller aufbewahrt, um später zum Versand noch einmal durchgeknetet und in hölzernen Fässern dicht ververpackt zu werden. Sie wird vorzugsweise nach Bremen verschickt.

Die Qualität der Butter ist nach den Jahreszeiten sehr verschieben. Am fettesten und wohlschmeckendsten ist die sog. Mai= oder Grasbutter, die in den ersten 6 bis 8 Wochen des Weidens gewonnen wird. Im Juli und August ist die Butter nicht so gut; dagegen kommt sie im September, wenn das Vieh in das junge Nachgras (Ettgrün) getrieben wird, der fetten, goldgelben Maibutter fast gleich. Die Butter nimmt sehr leicht den Geschmack des Viehfutters an; von bittern Kräutern wird sie bitter, werden die Kühe im Herbste mit runden Rüben gefüttert, so schmeckt auch die Butter darnach.

Soll Käse aus der Milch bereitet werden, so darf man sie nicht bis zum Sauerwerden kommen lassen, sondern muß sie, wäh= rend sie noch süß ist, abrahmen. Darauf wird sie gelinde er= wärmt und mit Kälberlab ("Stremels") versetzt, wodurch bewirkt wird, daß der Käsestoff sich vom Wasser (der "Lake") scheidet. Der Käse wird in große leinene Beutel gefüllt. Diese werden zugebunden und aufgehängt, damit das Wasser herauströpfeln kann. Ist das geschehen, so wird er mit den Beuteln in sog. Käseköpfe gethan. Dies sind hölzerne, durchlöcherte Kübel von dem Umfange eines fertigen Käse. Oben darauf legt man eine durchlöcherte Scheibe und beschwert diese mit Steinen. Durch das Gewicht derselben wird das noch vorhandene Wasser völlig ausgepreßt. Hierdurch ist der Käse nach einigen Tagen zu einer zusammen= haltenden Masse geworden, die mit den Fingern möglichst fein zerrieben (gekrumt), mit Salz, Kümmel oder Anis und Safran vermischt, dann in die Käseform gefüllt und noch einmal gepreßt wird. Nach einigen Tagen wird der Käse unter der Presse weg= genommen, in den Keller gelegt und jeden Tag umgekehrt, um das durch die Gährung verursachte Aufgehen ("Riesen") zu verhindern. "Klar is de Kees'!" — wie eine plattdeutsche Redensart sagt, wenn ein Werk vollbracht ist.

Ein gewöhnlicher Käse wiegt 12 bis 20 Pfund. Das ist die Bereitung des sog. "Leder=" und "Krautkäses". Will man fetten Rahmkäse machen, so muß natürlich die frische, nicht abge= rahmte Milch genommen werden. Je feiner der Käse sein soll, desto öfter muß er gekrumt und gepreßt werden. Die Käse= bereitung geschieht nur im Sommer; im Mai, Juni und Sep= tember werden die besten Käse gemacht. — Die sog. Käsebutter wird aus ganz dicker Milch bereitet.

In einer großen Bauernwirtschaft werden zwei bis drei Mägde und ebenso viele Knechte gehalten, außerdem werden in der Ernte= zeit noch Arbeiter zu Hülfe genommen. Nur in der Gäte= und Erntezeit gehen die Mägde mit aufs Feld.

Infolge der leichteren Arbeit bleiben die Frauen der Marsch länger jung und frisch, als die Frauen auf der Geest. Sie sehen alle voll und blühend aus und viel jünger, als sie in Wirklichkeit sind, während die Frauen auf der Geest infolge der schweren Arbeit (des „Knojens") früh welk und geistig stumpf werden.

Auffallende, abweichende Sitten und Gebräuche giebt es im Jeverlande nicht. Das Leben geht fast ohne Unterbrechung seinen ruhigen, stetigen Gang und erhält nur einige Abwechslung durch eine Hochzeit, eine Kindtaufe, eine Beerdigung und bei Heuerleuten durch einen Umzug. Bei diesen Gelegenheiten („Begebenheiten") werden Freunde und Nachbarn eingeladen und traktiert. Man nennt diese häuslichen Festlichkeiten „Lavel=", „Kinnel=", „Tröstel=" und „Flösterbeere". Ein eigentümlicher Gemeindebeamter ist der „Lader". Er verkündigt die Todesfälle, besorgt die Einladung der Personen, die der Leiche folgen sollen, und sucht die Ordnung beim Leichenbegängnisse zu erhalten. Zu einer Beerdigung wird schon am Tage vorher geläutet. Bei Hochzeiten war es früher Sitte, daß die Braut sich zu einer bestimmten Stunde in vollem Schmucke in einem Zimmer hinsetzte, um die Hochzeitsgeschenke in Empfang zu nehmen. Dann hieß es: „Se sitt!" — und alle Gäste drängten sich herzu, ihr die Gaben zu überreichen. Früher war es auch Sitte, daß auf Hochzeiten x. eine Schale mit Branntwein und Rosinen umhergereicht wurde. In der Schale befand sich ein Löffel, und der Reihe nach nahm sich jeder einen Löffel voll solcher „smeriger (schmieriger) Bohnen".

Wenn große Feste sind, so wird am Abend und am andern Morgen ganz früh viel geläutet und mit dem Klöpfel rasch an die Glocke geschlagen (gebeiert). Kurz vor Weihnacht, am 6. Dezbr., geht abends ein Knabe, der sich verkleidet hat, von Haus zu Haus und verkauft Pfeffernüsse; man nennt ihn „Sünner Klas", St. Nikolaus. Das Backwerk („Sünner=Klas=Göder") legt man den Kindern auf einen Teller, so daß sie es mittags, wenn sie aus der Schule kommen, finden. Die Knaben bekommen eine Braut, die Mädchen einen Bräutigam, das sind aus Semmelmehl gebackene Figuren mit Korinthen. Die Kinder beten vorher:

„Sünner Klas, du gode Blot,
Bring' us'n bäten Zuckerbrot,
Nich to väl un nich to minn,
Smiet't man in'n Schosteen rin."

Zu Neujahr werden Waffelkuchen und Bambaisches gebacken. In dünnen, eisernen Formen backt man Rull= oder Krullkuchen. Rullkuchen heißt das Gebäck, weil es aufgerollt ist. Häufig sind

Figuren, Sonne, Mond, Sterne ꝛc. darauf. Neujahrsmorgen gehen die Armen des Dorfes von Haus zu Haus, um zu gratulieren und erhalten dafür eine kleine Gabe.

Ostern wirft man auf einer Wiese mit hart gekochten Eiern, und wer am weitesten wirft, bekommt die Eier der übrigen.

Am Tage vor Pfingsten wird in den Dörfern eine hohe Stange, ein Maibaum, aufgerichtet, oben mit Kränzen, Bändern und Laubbüschen verziert. Einige Männer halten des Nachts Wache dabei, damit der Baum nicht gestohlen werde. Das Stehlen ist nämlich in diesem Falle erlaubt, nur darf dabei nicht an den Bändern geschnitten werden. Hat nun eine Nachbardorfschaft den Baum gestohlen, so führt sie ihn als Siegestrophäe im Triumph mit Jubel und Hurra fort und stellt ihn in ihrem Dorfe wieder auf. Die Bestohlenen haben natürlich den Aerger und Schimpf und müssen zur Strafe für ihre Achtlosigkeit den Baum mit einer Tonne Bier wieder einlösen. Mit Musik und großer Feierlichkeit wird der Baum zurückgebracht. Voran fahren auf einem Wagen die Musikanten, hinter ihnen folgt auf einem Wagen der lange Pfingstbaum, und den Beschluß bilden auf mehreren Wagen die Burschen, die den Baum entführt haben, mit ihren Schätzchen und Mädchen. Pferde, Wagen und Menschen sind mit Blumen und Laub geschmückt. Im Orte angekommen, wird der Baum wieder aufgepflanzt, die Gäste werden traktiert, und nachdem sie noch ein paar Tänze gemacht, fahren sie wieder heim. — Gewöhnlich wird der Maibaum am Sonntage nach Pfingsten „abgetanzt", d. h. er wird herunter genommen und darauf folgt Spiel und Tanz.

Im Jeverlande wird wie überall in der Nacht vor Pfingsten mancher Schabernack verübt. Bewegliche Sachen, Wagen, Pflüge, Schilder, Geräte ꝛc. werden weggeschleppt, Strohkerle und Strohkinder werden ältlichen, kinderlosen Frauen und alten Jungfern, die nicht beliebt sind, aufs Haus gebracht. Wer sich Pfingstmorgen verschläft, heißt Pfingstvoß; Strohkerle, Laubbüsche ꝛc. werden ihm aufs Bett gelegt. Eine Magd, die später als die andern zum Melken geht, heißt Pfingstbraut.

Man findet im Jeverland fast kein Kirchdorf, für dessen Bewohner man nicht einen Spottnamen hätte; die Schortenser heißen z. B. Hundehanger, die Sillensteder Putaale u. s. w. Früher lag diesen Namen eine Bedeutung zu Grunde, weshalb man sie als Stichwörter benutzte, wenn vom Wortwechsel zu Thätlichkeiten übergegangen werden sollte. Da die Kirchdörfer so nahe zusammen liegen, so fehlte es bei den vielen „Begebenheiten" auch nicht an Gelegenheit zu Händeln. Man war so an Schlägereien auf Hoch=

zeiten, Kindtaufen ꝛc. gewöhnt, daß man die zurückgekehrten Fest=
teilnehmer gewöhnlich fragte: „Wie viele sind tot geprügelt? —
Erhielt man zur Antwort: „Keine,“ so meinte man, die Hochzeit ꝛc.
sei nicht rechter Art gewesen, oder der Branntwein und das Bier
hätten nicht getaugt. Um nun Streitigkeiten zu verhindern, mußte
früher der Amtmann oder ein Gerichtsdiener bei Hochzeiten zugegen
sein, wofür Gebühren bezahlt wurden. Ging es schon so auf den
Familienfesten her, was für Keile muß es dann erst auf Jahr=
märkten, bei Klotschießen ꝛc. gesetzt haben! Die Spottnamen dienten
dabei immer als Feldgeschrei, um die Kampfeslust anzufachen. Jetzt
haben sie größtenteils ihre Bedeutung verloren, und man darf sie
ohne Gefahr aussprechen.

Die Männer gehen abends, namentlich im Winter, gern ins
Wirtshaus. Man kann ihnen das nicht verdenken; denn wenn
sie den ganzen Tag auf dem Lande und in der Scheune die Auf=
sicht geführt und kaum mit einem Nachbarn gesprochen haben, so
regt sich am Abend der Trieb nach Geselligkeit und zugleich die
Neugierde, zu erfahren, ob sich etwas Besonderes zugetragen hat,
wie hoch die Vieh= und Getreidepreise stehen u. s. w. Das Wirts=
haus ist gleichsam die Börse der Marschbauern, wo man Neuig=
keiten austauscht und gemeinsame Angelegenheiten bespricht. Ist
man des Sprechens müde, so greift man gewöhnlich zu den Karten
und macht eine Partie Skat, Whist oder L'Hombre.

In einigen Kirchdörfern Jeverlands war es in früherer Zeit
Sitte, spät abends manchmal ein Klotschießen um die Kirche anzu=
stellen. Saßen mehrere Kirchspielsgenossen im Wirtshause, so
brachte der eine oder der andere die Sache in Anregung. Einer
aus der Gesellschaft zeigte sich bereit, in einer bestimmten Anzahl
von Würfen eine Kugel aus der Wirtsstube um die Kirche herum
und wieder in die Wirtsstube zurück zu werfen. Es bildeten sich
zwei Parteien, die eine Wette mit einander eingingen, und das
Werfen begann. Die Kugel wurde aber in einen Sack gethan und
so geworfen, wobei es zum allgemeinen Ergötzen natürlich viele
Fehlwürfe setzte. Den Schluß bildete eine gemeinschaftliche Zeche,
die von der Partei, die verloren hatte, bezahlt werden mußte.
Durch diese Unsitte wurde die Friedhofsstille gestört; man achtete
nicht die Gräber geliebter Toten, sondern sprang und stürzte darüber
hinweg, und durch die Stille der Nacht tönten die Rufe des Bahn=
weisers: „Scheet her!“ — des Werfenden: „Hal wär!“ und der
Aufmunterungsruf der Teilnehmer: „Heller up!“ — Jetzt ist diese
Unsitte überall abgekommen.

Zum Schluß möge hier noch ein Lied („Jeverländisches

Nationallied") stehen, das in humoristischer Weise das Jeverland charakterisiert und nach der Melodie: „Mein Oesterreich" gesungen wird.

Wo an dem Nordseestrand
Der hohe Leuchtturm steht
Und wo am Südostrand
Die preuß'sche Flagge weht,
Dort, wo die Möwen ziehn,
Im Forst der Rehbock steht,
Und in der Krinolin'
Die Magd zum Melken geht:
    Das ist mein Jeverland,
    Das ist mein Heimatland,
    Das ist mein Vaterland,
    Mein Jeverland!

Dort, wo auf dürrem Sand
Die Heid' sich weit erstreckt,
Und wo das ganze Land
Oft grauer Nebel deckt;
Dort, wo in Süd und West
Das Moor entsetzlich raucht,
Wo man zum Schützenfest
Acht volle Tage braucht:
    Das ist u. s. w.

Und wo am Meeresstrand
Die Woge hoch aufspritzt,
Wo man das fette Land
Durch hohe Deiche schützt,
Dort, wo aus voller Kehl'
Der Frosch erbaulich quakt,
Wo man aus wenig Mehl
Sehr große Beenbünks backt:
    Das ist u. s. w.

Dort, wo im Glockenton
Man die Maria ruft,
Obgleich sie lange schon
Sanft ruht in ihrer Gruft;
Und wo beim Püttbierschmaus*)
Man frohe Lieder singt,
Die Nacht in Saus und Braus
Trotz Polizei verbringt:
    Das ist u. s. w.

Dort, wo des Schlosses Turm
Hoch in die Lüfte ragt,
Und wo beim Nordwestturm
Die Flut am Deiche nagt;
Wo sich am Gerstenbrei
Labt Mann und Weib und Kind,
Und wo die Schweine frei
Noch von Trichinen sind:
    Das ist u. s. w.

Wo man auf schwerem Klei
Die schönsten Früchte zieht,
Und wo im schönen Mai
Der Raps so herrlich blüht,
Dort, wo in Stadt und Land
Die Sängerfahne weht,
Und wo der Bauernstand
Im Fett spazieren geht:
    Das ist mein Jeverland,
    Das ist mein Heimatland,
    Das ist mein Vaterland,
    Mein Jeverland!

## 10. Geschichtliches.

Die ältesten Einwohner des Jeverlandes waren die **Chauken** (Wasserleute), welche zwischen der Ems und Elbe wohnten, und die später in den größeren Völkerbund der Sachsen aufgingen. Westlich, zwischen Ems und Rhein, wohnten die **Friesen**, welche nach und nach die durch Wanderungen geschwächten Sachsen vom Meeresufer verdrängten. Die friesischen Landschaften bildeten stets eine freie Republik. In großen Volksversammlungen wurde über gemeinsame Angelegenheiten beraten, Streitigkeiten wurden geschlichtet, Beschlüsse gefaßt und zu Gesetzen erhoben u. s. w. Das Volk

---

*) Fest der Brunnengenossenschaften in der Stadt Jever.

erwählte sich selbst die vornehmsten und weisesten Männer zu Richtern (Asega), Ausschußmännern und Sprechern (Talemänner). Alle Friesen leiten ihre Freiheiten von Karl dem Großen her, der sie bestätigt haben soll.

Die Sage erzählt: Als König Karl nach Friesland kam, setzte er sich auf den Richterstuhl und lud die Friesen vor sich. Dann gebot er ihnen, Rechte zu küren, die sie halten sollten; aber sie baten ihn, daß sie zuerst Fürsprecher wählen möchten, und er gestattete es. Am 2. Tage ließ er sie wieder vor sich laden; da kamen sie und wählten Fürsprecher, ihrer zwölf aus den sieben Seelanden. Diesen nun gebot er, daß sie Rechte kürten; aber sie berieten unter einander, was sie thun sollten. Am 3. Tage ließ er sie vor sich laden; aber sie schützten echte Not, d. i. ein rechtes Hindernis vor, und ebenso geschah es am 4. und am 5. Tage. Dies sind die Fristen und die drei Nothaften, welche die freien Friesen mit Recht haben mögen. Am 6. Tage erschienen sie, und der König gebot ihnen, daß sie nun Rechte küren sollten; aber sie erwiderten, sie könnten es nicht, und er möge den Friesen gestatten, bei ihren alten Rechten und Gewohnheiten zu bleiben. Da ward der König zornig und sprach: „Nun lasse ich euch dreierlei Kür, welche euch lieber sei, daß man euch töte, daß ihr Eigne (Sklaven) werdet, oder daß man euch hinaussetze in ein Schiff, so fest und so stark, daß es einer Ebbe und einer Flut widerstehen möge, ohne Ruder und Steuer und ohne Tau."

Da erkoren sie das Schiff und fuhren hinaus mit der Ebbe, so weit, daß sie kein Land mehr sehen konnten. Da ward ihnen leid zu Mute; aber einer unter ihnen vom Geschlechte Wibeken, des ersten Asega, sprach zu den andern: „Ich habe gehört, daß unser Herr Gott, als er auf Erden weilte, zwölf Jünger hatte und selber der Dreizehnte war, und er kam zu ihnen, als die Thüren verschlossen waren, tröstete und lehrte sie; sollen wir denn nicht auch beten, daß er uns der Dreizehnte sei, uns das Recht lehre und zu Lande weise?" — Da fielen alle zwölf Männer auf ihr Knie und beteten inbrünstig, und als sie das Gebet geendigt hatten, sahen sie einen Dreizehnten sitzen, wo sonst das Steuerruder war. Eine Axt ruhte auf seiner Schulter, und er nahm diese Axt und steuerte mit ihr das Schiff gegen Wind und Strom dem Lande zu. Als sie nun ans Land stiegen, warf der Dreizehnte die Axt aus seiner Hand weg auf den Rasen, und alsbald sprudelte dort, wo sie ein Loch geschlagen hatte, eine Quelle hervor. Dann setzten sie sich wieder um sie her, und der Dreizehnte begann sie zu lehren, welche Rechte sie küren sollten. Sie kannten ihn nicht; denn er war ihnen allen völlig gleich, und als sie wieder aufstanden, waren ihrer nur zwölf. Aber sie lobten und dankten dem Allmächtigen und traten freimütig vor das Angesicht des Königs Karl.

Der entsetzte sich; denn er meinte, die zwölf Männer schliefen längst den Todesschlaf auf dem Grunde des Meeres; aber sie zeigten ihm ihre Landrechte und Willküren, die sie unter der Anleitung des Dreizehnten verfaßt hatten, und darauf bestätigte ihnen der König Karl diese ihre Gesetze. Das sind siebenzehn Willküren und die vierundzwanzig Landrechte der Friesen, die sollten sie halten bis zum jüngsten Tage und sollten frei sein nach diesen Gesetzen.

So weit die Sage. Im Asegabuche sind diese Landrechte und Willküren erhalten, aber so wie sie später, etwa 400 Jahre nach Karl dem Großen aufgeschrieben wurden.

Die Geschichte der Friesen während des 10., 11. und 12. Jahrhunderts ist dunkel. Die Verbindung Frieslands mit dem deutschen Reiche ward nach dem Abgange der Karolinger immer lockerer. Die Friesen blieben sich selbst überlassen; sie mußten selbst ihre Zustände ordnen und sich zu schützen suchen. Daher teilten sie sich in sieben Seelande (Länder an der See), deren Bewohner alle dieselben Gesetze, Sitten und eine gemeinsame Sprache hatten und sich unter einander zum Schutz und Beistand verpflichteten. Die Abgeordneten aus den Seelanden traten alljährlich zur Beratung des gemeinen Wohls und Wehs zusammen. Das siebente Seeland bestand aus einem Teile Ostfrieslands und aus Wanger- und Rustringerland diesseit (Jeverland) und jenseit der Jade, trans Jadam (Butjadingen)*).

Der Versammlungsort der Friesen war zu Upstallsbom**), ein Hügel, ³/₄ Stunden südwestlich von Aurich belegen. Früher standen drei ehrwürdige Eichen auf dem Hügel. Unter ihrem Schatten, von Gottes freiem Himmel überdacht, hielten die freien Friesen in der Pfingstwoche ihre Zusammenkünfte. Aus ganz Friesland, von der Fly bis zur Weser, eilten die Abgeordneten herbei. Mit dem Gruße: Eala fria Fresena! (Willkommen, freier Friese!) bewillkommneten sie sich. Sie ließen sich auf Rasen-

---

*) Neuerdings ist die Existenz der friesischen Republik der sieben Seelande angezweifelt worden. Das Volk setzt solcher Zweifelsucht das schlagende Wort entgegen: „Die Geschichte ist schon so lange her, daß sie nicht mehr wahr ist."

**) Im Herzogtum Bremen, bei Bramstedt, war ein ähnlicher Versammlungsort, die Stalele.

bänke nieder, und nach einem gemeinsamen Gebete begannen bei aufgehender Sonne die Verhandlungen. Drei Ueberküren sagen über diese Verhandlungen: 1. Die erste Ueberkür aller Friesen ist, daß sie einmal im Jahre zusammen kommen zu Upstallsbom, Dienstags in der Pfingstwoche; und daß man dann da berate alle Rechte, die die Friesen halten sollen; wenn jemand irgend ein Recht besseres wüßte, daß man das leichtere setze und man das bessere halte. 2. Das ist die andere Kür: Wenn der sieben Seelande eines verheert würde, entweder von den Südersachsen oder von den Normannen, so sollen die sechs dem 7. zu Hülfe kommen. 3. Dies ist die dritte Kür: Wenn da eins von den sieben Seelanden wollte ungehorsam werden, so sollen die sechs dem siebenten steuern, daß es recht fahre (thue).

Höchst wahrscheinlich wurde nach echt deutscher Sitte der Abend mit einem großen Gelage beschlossen. Anfänglich waren die Gesetze nicht aufgeschrieben; jeder Richter wußte sie auswendig. Daß die Versammlungen sehr alt waren, ist gewiß, weil ihrer schon 1223 als einer sehr alten Gewohnheit gedacht wird; die letzte fand 1327 statt.

Es lag in der unruhigen, trotzigen Natur der Friesen begründet, daß sie nie einig wurden, sondern sich unaufhörlich unter einander befehdeten. Zwischen den benachbarten Landschaften war ein ewiger Hader; ein blutiger Bruderkrieg folgte dem andern. Auch unter den vornehmsten Familien entstanden Eifersüchteleien und hartnäckige Kämpfe; eine Blutrache erzeugte die andere. Die Kraft des Volkes wurde dadurch geschwächt, die Sicherheit gestört, die allgemeine Wohlfahrt untergraben. Was war natürlicher, als daß sich das Volk nach einem mächtigen Beschützer umsah, sich um einen tapfern Führer, ein gemeinsames Haupt scharte, wenn eine Fehde ausbrach? — So entstanden nach und nach Häuptlinge, die sich mit der Zeit zu erblichen Fürsten emporschwangen. Anfangs wurden die Häuptlinge nur für die Dauer einer Fehde erwählt, nach und nach wurde ihre Würde aber erblich. Obgleich die Friesen keine „Steinhäuser" (Burgen) duldeten, weil sie dadurch ihre Freiheit gefährdet hielten, so fingen die Häuptlinge doch an, sich feste Häuser zu bauen und dieselben mit breiten Gräben, über welche Zugbrücken führten, zu umgeben. Das Volk litt es, weil es zur Zeit der Not in diesen Burgen eine Zuflucht fand. Die Häuptlinge verlangten dafür aber gewisse Dienste und Hülfsleistungen im Kriege wie im Frieden, legten dem Volke immer mehr Pflichten auf und erwarben sich immer ausgedehntere Rechte.

Das ist auch der Ursprung der jeverschen Häuptlinge. Im

Jeverlande gab es drei Landschaften: Wangerland im Norden, Oestringen\*) in der Mitte, Rustringen im Südwesten. Die Bewohner derselben führten häufig blutige Kriege gegen einander (s. Schortens), gegen die Ostfriesen und die oldenburgischen Grafen. Um nun mit größerem Nachdruck kämpfen zu können, wählten sich die Rustringer im Jahre 1355 ein gemeinsames Oberhaupt in der Person Edo Wiemkens, der zu Dangast in einem Steinhause wohnte. Edo Wiemkens Frau hieß Etta, und diese hatte ihm Dangast als Brautschatz zugebracht. Dangast war damals noch ein bedeutender Ort; im Jahre 1511 ist aber ein Teil desselben von der Jade verschlungen worden. Auch die Oestringer und Wangerländer wählten Edo Wiemken im Jahre 1359 zu ihrem Häuptlinge, aber nicht freiwillig, sondern gezwungen. Edo Wiemken baute sich eine Burg im Kirchspiel Bant, die er seinem Vater Sibeth Papinga zu Ehren Sibethsburg nannte. Auch die Schlösser Jever und Friedeburg, letzteres zum Schutze gegen die Oldenburger, hat er erbaut und die Kirchen zu Schortens und Hohenkirchen befestigt. Edo Wiemkens Leben war voller Unruhe und Kampf; bald mußte er sein Schwert gegen widerspenstige Unterthanen, bald gegen benachbarte Häuptlinge ziehen, bald zog er mit den Bremern gegen die Butjadinger zu Felde (s. Geschichte Butjadingens), bald hatte er Scharmützel mit den Holländern. Von seinen Feinden war er so gefürchtet, daß sie ihn einen Zauberer nannten. Er zeichnete sich aus durch Klugheit und Tapferkeit. Dennoch geriet er einmal durch List in die Gefangenschaft der Holländer. Edo Wiemken beunruhigte nämlich beständig die Schiffahrt der letzteren. Da landete einmal ein fremder Kaufmann in Rustringen und begab sich auch zu Edo Wiemken, um mit ihm einen Handel abzuschließen. Edo Wiemken nahm ihn freundlich auf und bewirtete ihn einigemal. Um die Gastfreundschaft zu erwiedern, lud ihn der Kaufmann ein, zu einem Schmause auf sein Schiff zu kommen. Arglos folgte Edo Wiemken der Einladung. Sobald er aber auf dem Schiffe war, wurde er gebunden und nach Holland in die Gefangenschaft abgeführt. Man warf ihn als einen Seeräuber ins Gefängnis, und erst nach vier Jahren wurde er von seinen Unterthanen gegen ein Lösegeld von 14 000 Gulden wieder befreit. Edo Wiemken starb im Jahre 1410, in einem hohen Alter, nachdem er 55 Jahre regiert hatte.

Ihm folgte sein Enkel Sibeth Papinga der Jüngere.

---

\*) Zu Oestringen gehörte auch ein Teil Ostfrieslands: Friedeburg, Reepsholt, Etzel, Horsten, Gödens.

Seine Mutter, Frouwe, war eine Tochter Edo Wiemkens, die mit dem Häuptlinge Lübbe Sibeths von Burhave verheiratet war. Sibeth Papinga befreite die Butjadinger von der Herrschaft der Bremer (s. Geschichte Butjadingens). Seine Regierung war eben so unruhig und fehdereich wie die seines Großvaters. Als er in einer Fehde gegen die Hamburger und Bremer an den erhaltenen Wunden gestorben war (1433), folgte ihm sein älterer Bruder Hajo Harles. Dieser suchte seinen Ruhm in einer ruhigen, friedlichen Regierung, baute das Schloß zu Jever aus, errichtete den hohen Turm daselbst und starb 1441. Sein Sohn, Tanno Düren, war sein Nachfolger, ein Herr von erhabenem, tapferm und unerschrockenem Geiste, der seine Rechte gegen die friesischen Häuptlinge Ulrich von Greetsiel und Sibo von Esens zu verteidigen wußte. Im Jahre 1468 starb er, und ihm folgte sein Sohn, Edo Wiemken der Jüngere. Dieser war mit Heilwig, einer Schwester von Graf Johann XIV. von Oldenburg verheiratet. Als er 1511 starb, hinterließ er vier unmündige Kinder: Christoph (gest. 1517), Anna, Maria und Dorothea, über welche er seinen Schwager, den Grafen Johann XIV. von Oldenburg, zum Vormunde gesetzt hatte.

Nach Christophs Tode machte aber Graf Edzard von Ostfriesland, der sich vom Kaiser Maximilian I. mit Ostfriesland und Jeverland hatte belehnen lassen, Ansprüche auf Jeverland. Er rückte mit einem Heere in Jeverland ein und lagerte sich nahe beim Kloster Oestringfelde. Von hier aus schickte er Abgeordnete nach Jever und ließ den Fräulein erklären, er wolle nur Ruhe und Frieden und wünsche durch eine Heirat zwischen einem seiner Söhne und einem der Fräulein allen Zwist zu beseitigen. „Des Grafen ältester Sohn, Ulrich, sollte Fräulein Anna heiraten, und falls die beiden sollten ableibig werden, sollten der zweite Sohn des Grafen, Enno, und Fräulein Maria sich ehelichen" u. s. w. im äußersten Falle „wolle er selbst, der Graf Edzard, sich mit einer von den jeverschen Fräulein vermählen, damit auf solche Weise diese beiden Länder durch Heirat mit einander möchten verbunden werden." — Diese Vorschläge erhielten auch die Zustimmung der Fräulein. Am andern Tage kam Edzard selbst nach Jever, wurde von den drei Fräulein, die er wie ein Vater umarmte, kindlichen Sinnes empfangen und beschwur öffentlich und feierlich vor einer großen Volksmenge, indem er nochmals die Fräulein küßte und umarmte, den Heiratsvertrag, der innerhalb sieben Jahren ausgeführt werden sollte. Nach dieser Förmlichkeit wurde Omme von Middoch, ein Werkzeug des Grafen, zum Drosten und Amtmann auf Jever ernannt (1517).

Der Zeitraum von sieben Jahren war verflossen, aber aus der versprochenen Heirat wurde nichts; vielmehr kam eine Verbindung zwischen Graf Enno von Ostfriesland und der Gräfin Anna von Oldenburg zu stande. Graf Anton I. von Oldenburg entsagte seinen Ansprüchen an Jeverland, wogegen Enno sich verpflichtete, für eine anständige Vermählung Marias und für ihre Aussteuer zu sorgen, oder die Fräulein mit Geld abzufinden. Dieser Vergleich war empörend. Graf Edzard reiste nach Jever, wußte den arglosen Mädchen den Kontrakt zu entlocken und warf das Papier ins Feuer. Bald darauf starb er (1528). Kurz vorher erschienen sogar Johann und Enno mit ihren Reisigen vor der Burg Jever, überrumpelten dieselbe unter Mitwirkung des treulosen Omme von Middoch, setzten sich in den Besitz der Herrschaft und ließen einen ihrer Diener, Boyung (oder Boing) von Oldersum, als Drosten zurück. Noch manche andere Kränkungen mußten die armen Fräulein sich gefallen lassen. Anna war so geschwächt, daß sie sich ganz den irdischen Angelegenheiten entzog und zuletzt den endlosen Quälereien erlag (1536), nachdem Dorothea schon früher gestorben war.

Die verschmähte und verlassene Maria war nun ganz allein auf sich angewiesen, und sie legte eine bewundernswerte Stärke und Seelengröße an den Tag. Sie wollte und mußte das schmähliche ostfriesische Joch abwerfen, wenn sie nicht einem sichern Untergange entgegen gehen wollte. Ihr ganzes Dichten und Trachten lief deshalb darauf hinaus, ihre Rechte und ihre Unabhängigkeit wieder herzustellen. Der neue Drost Boyung war ein vortrefflicher Mann, dem die Not des Fräuleins zu Herzen ging, und der es längst müde war, dem schändlichen Vorhaben seines wortbrüchigen Herrn hülfreiche Hand zu leisten. Mit Hülfe ihres treuen Ratgebers, Remmer von Seedyk, entwarf Maria einen Rettungsplan und wußte auch Boyung für sich zu gewinnen. Es galt, die ostfriesische Besatzung der Burg zum Abzuge zu zwingen. Die Zeit war günstig, Graf Enno war in Brüssel, Graf Johann anderweitig in Anspruch genommen. In aller Stille wurden fünfzig braunschweigische Kriegsknechte in Sold genommen, der kühne Handstreich wurde gewagt, und — er gelang. Nachdem die Burg überrumpelt war, mußte die Besatzung abziehen (Mai 1531). Boyung trat nun offen und entschieden in Marias Dienste über, die jetzt im Besitz der Burg und der Herrschaft war.

Die nächste Folge war, daß im September 1531 ein ostfriesisches Heer gegen Jever vorrückte. Maria und ihre Getreuen fanden Schutz in der Burg, der unbefestigte Flecken aber wurde von den Jeveranern selbst angezündet und ward nebst der Kirche ein Raub der Flammen. Die Burg wurde nun beschossen, das Land gebrandschatzt und geplündert. Das arme Fräulein sah von dem Burgwalle aus die Häuser ihrer Unterthanen in Flammen aufgehen, vergoß heiße Thränen und schrie zu Gott um Rache.

In dieser Bedrängnis eilte Boyung, unbemerkt von den plündernd umherschwärmenden Rotten des Feindes, mit einer Vollmacht von Maria versehen, nach Brüssel zur Königin Maria, der Schwester Karls V., Statthalterin der Niederlande.

Ihr schilderte er die Not der Fräulein, und die Königin gab dem Gesandten einen Schutz- und Schirmbrief mit, in welchem sie den jeverschen Fräulein und ihren Unterthanen ihren mächtigen Beistand auf sechs Jahre zusicherte. An die ostfriesischen Grafen ließ sie den ernstlichen Befehl ergehen, sich bei höchster Ungnade jeder Gewaltthätigkeit gegen die jeverschen Fräulein und ihre Unterthanen zu enthalten. Und die Grafen wagten es nicht, die Feindseligkeiten fortzusetzen.

Im folgenden Jahre (1532) trug Maria dem Kaiser Karl V., als Herzog von Brabant und Graf von Holland, ihr Land zu Lehn auf, unter Vorbehalt der Landeshoheit und der freien Willkür, letztwillig darüber verfügen zu können. Der Kaiser ging darauf ein und nahm die Fräulein und ihr Land in seinen Schutz. Graf Enno appellierte zwar an das Reichskammergericht, wurde aber mit seinen Ansprüchen abgewiesen.

Als Anna 1536 gestorben war, hoffte Königin Maria, die Streitigkeiten zwischen Jever und Ostfriesland durch einen gütlichen Vergleich für alle Zeit schlichten zu können. Sie lud Fräulein Maria und die ostfriesischen Grafen zu sich nach Brüssel und schlug ihnen eine Heirat vor zwischen Fräulein Maria und dem Grafen Johann. Allein Maria erklärte, zu einer solchen Verbindung keine Neigung zu haben, auch sei es dem Grafen wohl mehr um „ihren grünen Rock" — so nannte sie ihr Ländchen — als um ihre Person zu thun. Da ließ die Königin von ihrem Vorhaben ab.

Nach einigen Jahren (1540) wurde Maria noch einmal bedrängt von dem unruhigen Junker Balthasar von Esens. Mit Hülfe der Bremer hielt sie sich ihn jedoch vom Leibe; Esens wurde eingeäschert, Wittmund belagert, Balthasar erlag der Uebermacht, aber auch der edle Boyung fiel während der Belagerung Wittmunds. Seine Leiche wurde nach Jever geführt und mit vielen Thränen ins Grab gesenkt. So starb der Mann, der Jeverland vom Untergange gerettet und Fräulein Maria wieder in ihre Rechte eingesetzt hatte.

Nach dem Tode Ennos wurde ein für Jever sehr günstiger Vergleich geschlossen. Von dieser Zeit an genoß Fräulein Maria in ihrem gesegneten Ländchen mit ihren treuen Unterthanen eine fast ununterbrochene Ruhe bis an ihr spätes Lebensende. Sie konnte ihre ganze, wahrhaft mütterliche Sorgfalt dem Wohl ihres Landes zuwenden. Mit Rat und That suchte sie überall Gutes zu fördern und Not und Bedrängnis, sowohl einzelner als des Ganzen, zu lindern und zu wenden. Die Verbesserung der Deiche und Dämme machte sie zu ihrer Hauptsorge. Die Made wurde abgedämmt und mehrere Groden wurden eingedeicht. Sie baute den Marienſiel und das Jagdschloß Marienhausen. Auch die Landwirtschaft suchte sie zu befördern, indem sie auf ihren Landgütern eine Art Musterwirtschaft einführte.

Damals wurde die Marsch größtenteils nur zum Viehweiden benutzt. Es vergingen Jahrhunderte, ehe man anfing, Getreide zu bauen. Erst durch die Viehseuchen des 18. Jahrhunderts, die viel Vieh wegrafften, wurde man gezwungen, das Land unter den Pflug zu nehmen. Der Rapsbau wurde erst im vorigen Jahrhundert durch die Holländer zu uns gebracht. Roggen wurde größtenteils nur auf der Geest gebaut. Der Weizen, wähnte man, mergele das Land aus, deshalb war den Heuerleuten verboten, mehr als einen Scheffel auszusäen. Statt der Wintergerste wurde nur Sommergerste gebaut, aber nicht mehr als für den eigenen Bedarf. Hafer wurde am meisten gebaut, doch war es nur eine leichtere Sorte. Die aus Lehmwänden bestehenden Häuser standen kahl da, ohne den Schutz und Schmuck grüner Obstbäume. Der Gartenbau beschränkte sich nur auf die unentbehrlichsten Gemüse. Die einzigen Produkte, die das Land erzeugte und die man ausführte und gegen fremde Waren umtauschte, waren Butter, Käse und fette Rinder. Auch die Pferdezucht war nicht von Bedeutung. In der Stadt fing man zuerst an, Steinhäuser zu bauen und die Strohdächer durch Ziegeldächer zu ersetzen. Später folgten die Landleute diesem Beispiele nach.

So einfach auch die Lebensweise war, so wurde doch schon damals über Kleideraufwand und Trunksucht geklagt. Letztere soll namentlich überhand genommen haben, seitdem die Bremer und Hamburger im 13. und 14. Jahrhundert ihre berauschenden Biere einführten. Ganze acht Tage, heißt es, saßen die Landleute manchmal ununterbrochen im Kruge, während die Frau zu Hause allein die Wirtschaft besorgte. Häufig kamen auf Kindtaufen, Hochzeiten und Beerdigungen blutige Schlägereien vor. Diesem Unwesen suchte Maria durch zweckmäßige Verordnungen zu steuern. Durch ein neues Gesetzbuch sorgte Maria für die Rechtspflege. Mit welcher Strenge man damals in einzelnen Fällen vorging, zeigt folgender Vorfall. Eine Mutter klagte bei dem Fräulein, daß sie von ihrer Tochter mißhandelt werde. Sofort wurde die Verklagte arretiert, summarisch verhört, ihrer Unthat überwiesen, zum Tode verurteilt und öffentlich hingerichtet, trotz aller flehendlichen Fürbitten der Angehörigen und der Mutter. Auch Hexenprozesse kamen in Jever vor; noch im Jahre 1569 wurden zwei Hexen verbrannt und mehrere andere sollen im Gefängnisse erfroren sein.

Im Jahre 1557 starb der treue Ratgeber Mariens, Remmer von Seedyk, und hinterließ dem Publikum seine ansehnliche Bibliothek.

Maria sorgte auch für die Einführung der Reformation und ließ eine Kirchenordnung entwerfen. Mit ganz besondrer Sorge nahm sie sich des Fleckens Jever an. Sie förderte auf alle Weise den Gewerbfleiß und die kaufmännischen Unternehmungen der Jeverenser. Um die elenden Hütten des Ortes in freundliche Häuser umzuwandeln, unterstützte sie die Bürger beim Bauen. Im Jahre 1536 erklärte sie feierlich, daß sie Jever fortan als eine Stadt angesehen wissen wolle, verlieh der neuen Stadt ein eigenes Stadtrecht und schenkte ihr ein Wappen mit dem Papingaischen Löwen. Im Verkehr mit ihren geliebten Unterthanen zeigte sie sich im wahren Sinne des Wortes als eine Mutter des Landes.

Eine drohende Krankheit mahnte sie endlich (1572) daran, ihr Haus zu bestellen. Sie errichtete deshalb am 23. April 1573 ihr Testament, in welchem sie unter anderm folgendes verordnete, „daß in der Stadt Jever eine Schule (das jetzige Marien-Gymnasium) erbauet, solche mit fünf gelehrten Gesellen bekleidet und diese jährlich mit einem ehrlichen, notdürftigen Unterhalt aus ihren Güthern versehen werden sollten, dergestalt, daß die Jugend der Herrschaft und Stadt Jever in derselbigen ohne einige Entgeldnis getreulich instruiret und gelehret werden sollte."

Zu ihrem Erben und Nachfolger ernannte sie den Grafen Johann XVI. von Oldenburg, dessen Großvater der Bruder ihrer Mutter gewesen war. „Sein Daumen," sagte sie, „ist größer als meine ganze Hand; er kann das Land schützen." — Kurz vor ihrem Tode besuchte der Graf sie in ihrer Burg und wurde von ihr mit rührenden Worten und vielen Thränen ermahnt, ihre Jeveraner doch nie und nimmer als Stiefkinder behandeln zu wollen. Noch bei ihren Lebzeiten ließ sie die Jeveraner dem Grafen huldigen. Am 20. Februar des folgenden Jahres (1575) starb sie in ihrem 75. Lebensjahre\*), und mit ihr erlosch der Stamm der Papingas. Im Herzen des Volkes aber ist Maria nicht gestorben. Jedes Kind weiß von Fräulein Maria zu erzählen, und die dichtende Phantasie des Volkes hat auch um ihre Gestalt, wie um die anderer Wohlthäter der Menschheit und großer Heroen, den geheimnisvollen Sternenmantel der Sage gebreitet. Maria ist nicht gestorben. Sie ist lebend, in vollem Schmucke, hinabgefahren in einen der vielen unterirdischen Gänge, die vom Schlosse Jever nach Upjever führen. „Ich komme wieder", hat sie gesagt; „bis dahin läutet jeden Abend, vor Anbruch der Nacht, die Glocken!" Noch immer hofft man, Fräulein Maria werde wiederkehren und mit ihrer unendlichen Güte aufs neue ihr Volk beglücken; noch immer läutet man zu ihrem Andenken jeden Abend, im Sommer um 10, im Winter um 9 Uhr, die Glocken. Weithin schallt das feierliche Geläut über die Ebene, tief gerührt vernimmt es der vom Felde heimkehrende Landmann und spricht wohl mit Andacht: „Das ist das Marienläuten!" \*)

Nach Anton Günthers Tode (1667) kam Jever an dessen Neffen, den Fürsten Johann von Anhalt-Zerbst. Nach dem Aussterben dieses Fürstenhauses fiel Jever an die Kaiserin Katharina II. von Rußland, eine Schwester des letzten Fürsten von Anhalt-Zerbst (1793). Der Kaiser von Rußland übertrug endlich (1818 bezw. 1823) die Herrschaft für immer an Oldenburg.

---

\*) Sie wurde geboren 5. Sept. 1500.
\*\*) Die nüchterne Geschichtsforschung behauptet indes, Maria habe das Abendläuten angeordnet, um den zechenden Wirtshausgästen Feierabend zu gebieten. —

## V. Kapitel.

## Das Klotschiessen der Friesen.

Wie man ein Kind am besten aus seinen Spielen erkennt, so auch ein Volk. Im Spiele giebt sich das Kind so wie es ist. Auch der Charakter einer Nation spiegelt sich nirgends aufrichtiger ab, als in ihren Spielen und Volksbelustigungen. Die Spiele der Griechen sind schon häufig Gegenstand der Betrachtung gewesen. Ihre Leibes- und Geistesgymnastik: Ringen, Laufen, Werfen (des Diskos), Bogenschießen, Speerwerfen, Ballspiel, Tanzen, sind oft erwähnt und beschrieben. Die Griechen erhoben alles zum Spiele und alle spielten mit. Ihre Spiele waren daher Nationalspiele. Ihr freier, anmutiger, heiterer Geist spiegelt sich ab in ihren Spielen. Wie schön besingt sie Homer in der Odyssee, wo es heißt:

„— Sie schwangen die Füß' in dem göttlichen Tanz, und Odysseus
Schaute das zitternde Flimmern der Füß' und staunt' in dem Herzen."

Oder:

„Aber nachdem sie den purpurnen Ball in die Hände genommen,
Warf ihn, zurück sich beugend, der ein' in die schattigen Wolken,
Aber der andre, während er hoch von dem Boden emporsprang,
Fing ihn, bevor er noch wieder den Grund mit den Füßen berührte."

Bei keinem Volke finden wir etwas Gleiches. Die Römer hatten zwar ihre sklavischen Gladiatorenkämpfe, die Spanier ihre blutigen Stiergefechte, die Engländer haben ihre schon mehr spekulativen Wettrennen, Hahnenkämpfe und rohen Boxereien, aber das alles ist nichts gegen die schönen Turnspiele der Griechen. Etwas Aehnliches bietet sich nur dar in dem Steinwerfen und Ringen der Schweizer und in dem Klotschießen der Friesen. Ersteres ist schon öfter in Wort und Bild dargestellt; letzteres dagegen ist durchweg noch unbekannt. Es gilt hier den Versuch, eine möglichst getreue Schilderung desselben zu geben.

Im Herbste des Jahres 1857 wurde ich in einem Kirchdorfe der oldenburgischen Marsch angestellt. Ich hatte schon öfter vom Klotschießen gehört und nahm mir deshalb vor, falls es im kommenden Winter vor sich gehen würde, die Gelegenheit zu benutzen und es mit eigenen Augen zu sehen. Der Winter kam und zwar mit einem klaren, trocknen, dem Klotschießen günstigen Froste. Der Boden der weiten Marschebene war hart wie eine Tenne und frei von Schnee. Da saß ich eines Abends in dem Wirtshause des Dorfes, wo auch mehrere Bauern versammelt waren, die sich unterhielten über das Wetter, ihren Viehstand, den Stand der Wintersaat und andere Gegenstände, die den Marschbauer interessieren. Plötzlich sagte einer auf Plattdeutsch: „Nun wäre es Zeit zum Klotschießen; die Erde ist trocken und hart wie ein Brett, und das „junge Volk" übt sich schon alle Tage." „Was haben wir für gute Klotschießer im Dorfe?" fragte ein anderer. — „Da ist der Hermann," antwortete ein dritter, „der junge Zimmermann, der schießt gut; er flüchtet die Kugel an die 80 Schritt. Und dann ist N. da (ein junger Bauer), der schießt auch nicht schlecht." —

„Wir," fiel ein Bauer aus dem Nachbardorfe ein, „haben eben so gute Schießer. Da ist ein Schustergeselle, der wirft so sicher, daß er euch den Punkt anzeigen kann, wo die Kugel niederfallen soll; und mein Sohn versteht's auch."

„Dann haben wir ja, was wir wollen," sagte der erste, „laßt uns auf nächsten Sonnabend ein Klotschießen anstellen, zwei gegen zwei; was gilt die Wette?"

„Vierzig Thaler!" sagten die Bauern des Nachbardorfes.

„Die Wette gilt! Auf welchem Lande soll's vor sich gehn?"

Das Terrain wurde bestimmt, und es blieb dabei, nächsten Sonnabend solle das Klotschießen vor sich gehn. Die Klotschießer wurden nun davon in Kenntnis gesetzt. Sie zeigten sich zum Wettkampfe bereit und nahmen die Zeit bis zum Sonnabend wahr, um sich inzwischen noch fleißig zu üben. Das Wetter blieb günstig, und der bestimmte Tag kam heran. Etwas nach Mittag versammelten sich die Teilnehmer im Dorfe („Log") und marschierten zum Wahlplatze. Voran zog ein junger Bursche, der auf einer großen Handharmonika, die in der Marsch sehr beliebt ist, einen Marsch spielte. Dann kam der gewählte Fahnenträger, den zur Rechten und Linken die beiden Bahnweiser mit ihren hohen Stecken begleiteten. Hinter diesen gingen die beiden Klotschießer, dann folgten die Träger der Strohmatten, darauf die sog. „Möters", und den übrigen Zug bildeten die Wettenden („Inhollers") und Zuschauer, alte und junge, Handwerker, Bauern, Knechte, auch Frauen,

Mädchen und Kinder strömten mit, so daß der Zug mehrere hundert Köpfe stark war. Als wir auf dem bestimmten Felde anlangten, war die Gegenpartei bereits versammelt. Es war ein heller, klarer Wintertag, keine Wolke am Himmel, nur am fernen Horizonte ein blauer Duft. Die frische, reine, kalte Luft hatte die Wangen aller gerötet. Weithin, fast unübersehbar, dehnte sich die harte, kahle Ebene aus, die nur hin und wieder durch zugefrorene Gräben und Kanäle durchschnitten wurde. Einzelne knorrige Weidenbäume, welche ihre nackten, mit Reif bedeckten Zweige emporstreckten, glitzerten im Sonnenscheine wie Krystall. Ueberall ragen aus der Ebene isoliert liegende, stattliche, aus roten Steinen und Ziegeln erbaute Bauerngehöfte, hier und da auch hohe, graue Kirchen und holländische Windmühlen empor. Denkt man sich in diese Landschaft das bunte, aufgeregte Gewimmel eines frischen, kernigen Volksstammes, die Frauen hoch und schlank gewachsen, sauber und einfach gekleidet, schäkernd und plaudernd in üppiger Gesundheitsfülle, die Männer derb, breitschulterig, behäbig, ernst und doch innerlich erregt, zum Teil recht bärtig, mit rauher Pelzmütze auf dem Kopfe, einer kurzen Pfeife („Döske") im Munde und einem langen Stock („Kluwstock") in der Hand, so wüßte ich keinen besseren Stoff zu einem effektvollen Gemälde, als gerade diesen, vor allem, wenn noch als Hauptfigur die hohe Gestalt eines echten, verwegenen Klotschießers hineinkommt und zwar im Moment des Abwerfens.

Jetzt traten die Stimmführer jeder Partei hervor, und für jede wurde der Anfangspunkt der Bahn, die Richtung und das Ende derselben bestimmt. Die Länge der Bahn betrug etwa eine Stunde. Sie sollte hin und zurück durchworfen werden. Welche Partei bei der gleichen Anzahl der Würfe am Ende zurückblieb, die hatte natürlich verloren. Auch die Kugeln („Klöte") beider Parteien wurden jetzt gegenseitig untersucht, ob sie das gehörige Gewicht hatten. Ein „Klot" (hochdeutsch: Kloß) ist eine mannsfaustgroße Kugel, aus dem harten Wurzelholze der Weißbuche gedrechselt, nach drei senkrecht aufeinander stehenden Durchmessern durchbohrt, mit Blei ausgegossen und braun poliert. Die durchgebohrten, mit Blei ausgegossenen Löcher haben etwa den Umfang eines kleines Fingers. Ein Klot kann nicht sorgfältig genug gearbeitet sein, weil es notwendig zu einem sichern Wurfe ist, daß er während seines Fluges regelmäßig rotiert. Das Polieren geschieht, damit er „fleidig" (d. h. leicht) aus der Hand gleitet. Für gewöhnlich wiegt ein Klot etwa ein Pfund; es wird jedoch auch mit schwereren Kugeln geworfen. Das Werfen nennt man „Schießen" und jeden Wurf einen „Schuß". Jetzt wurden in einiger Ent=

fernung zwei wenigstens 6 m lange und 0,60 bis 0,75 m breite Strohmatten auf dem Boden ausgebreitet, für jede Partei eine. Auf diesen Strohmatten nehmen die Klotschießer ihren Anlauf zum Werfen. Da, wo sie abwerfen, wird die Matte etwas erhöht gelegt. Vorn, zu beiden Seiten der Matte, stellten sich die „Möter" auf, das sind zwei Männer, die den Klotschießer beim Abwerfen des Klots mit den Armen, oder auch mit einem ausgespannten Tau oder Tuch zu greifen oder „möten" haben, damit er nicht zur Erde stürzt. Die Bahnzeiger gingen mit ihren hohen Stecken, „Kluwstöcker" genannt, von etwa 3 m Länge, unten mit einer kurzen, eisernen Gabel („Kluwe") versehen, voraus. Diese Kluwstöcker dienen gewöhnlich den Bauern zum Ueberspringen der Gräben, aber auch als Spazierstöcke. Die Bahnzeiger gehen bis zu dem Punkte voraus, wo nach ihrer Berechnung die Kugel niederfallen muß. Sie untersuchen den Boden und zeigen dem Klotschießer mit ihrer Stange einen harten, festen Punkt an, auf welchen er die Kugel „flüchten" soll. Unter „Flüchten" versteht man das Schleudern der Kugel bis zu ihrem Niederfall auf dem Boden. Der Bahnweiser stellt sich gerade auf diesen Punkt und ruft: „Scheet her! Liek up mi an!" d. h. Wirf her, gerade auf mich los! Natürlich springt er, sobald abgeworfen ist, auf die Seite. Ein guter Klotschießer flüchtet auf eine Entfernung von 70 bis 80 Schritt, ja es soll Klotschießer gegeben haben, die 100 Schritt und darüber flüchteten. Wenn die Kugel niederfällt, so springt und hüpft („steustert oder trünnelt") und rollt sie oft noch eine weite Strecke fort. Es kommt nun darauf an, daß der Klotschießer bis zu einem solchen Punkte flüchtet, von welchem aus die Kugel noch weit fortrollen kann, ohne durch Gräben und kleine Erhöhungen unterbrochen zu werden. Wenn's möglich ist, so setzt der Klotschießer die Kugel am liebsten auf eine Eisfläche, weil sie von dieser am stärksten zurückprallt und deshalb am weitesten springt. Geschickte Klotschießer flüchten genau auf den Punkt, der ihnen bezeichnet ist. Den Boden zu untersuchen und die geeignete Stelle anzuzeigen, das ist Aufgabe der Bahnzeiger. Sie deuten auch, nachdem geworfen, den Endpunkt des Flüchtens, wie den des ganzen Wurfes an. Von der entgegengesetzten Partei sind immer Männer dabei zugegen, die sich von der Richtigkeit der Angabe überzeugen. Da, wo die Kugel aufhört zu rollen, wird ein Rock hingelegt, die Strohmatte wird so weit hergetragen, und nun muß der nächste Werfer von der Partei von diesem Punkte aus wieder abwerfen. Hat ein Klotschießer seitwärts aus der Bahn geworfen, so wird die Matte nicht dahin, sondern geradeaus getragen, bis zu dem Punkte, welcher sich der Stelle gegenüber befindet, wo die Kugel liegen blieb. Die Richtung einer gut geworfenen Kugel gleicht einer allmählich aufsteigenden, mäßig gekrümmten Linie. Ein guter Klotschießer wirft nicht zu hoch, weil sonst die Kraft für die Höhe abgenutzt wird, die Kugel nicht weit genug fliegt und später keine Kraft mehr zum Springen und Hüpfen (Ricochettieren) hat. Auf das Abwerfen der Kugel kommt es besonders an. Sie muß im richtigen Moment, gerade wenn die größte Schwungkraft da ist, aus der gehöhlten Hand gleiten, wobei die Finger ihr die Richtung geben. Zum Klotschießen gehört also nicht bloß die rohe Kraft, sondern auch Kunst und Geschicklichkeit.

Jetzt waren alle nötigen Vorbereitungen getroffen. Die Klotschießer stellten sich an den Anfang der Strohmatte, oder noch weiter zurück, um einen weiten Anlauf nehmen zu können. Die beiden Klotschießer der Gegenpartei waren mittelgroße, stämmige Bursche. Der eine Klotschießer unserer Partei war ein verhältnismäßig kleiner, untersetzter Bauernsohn; der junge Zimmergesell Hermann dagegen war eine hochgewachsene, echte Friesengestalt mit hellblauen Augen, langen Flachshaaren und kurzem, gelblichweißem Kinnbarte. Er hatte den rechten Körperbau eines geborenen Klotschießers, oben weit, unten eng zulaufend, die Brust gewaltig breit, die Taille dünn, der Leib platt, die Hüften verhältnismäßig schmal, die Füße stark nach außen gesetzt.

Ihre Schuhe, ihren kurzen Rock oder ihre Jacke haben die Klotschießer ausgezogen und einem der Nebenstehenden zur Aufhebung übergeben. Ihre ganze Bekleidung besteht jetzt außer dem Hemde nur aus einer Hose und langen Wollstrümpfen, die über die Hose bis ans Knie hinaufgezogen und dort festgebunden werden. Um den Leib haben sie eine weiße leinene Binde oder ein Taschentuch gebunden. Wenn sie geworfen haben, so wird ihnen sofort ein Mantel umgehängt, eine Mütze aufgesetzt und Handschuhe und Holzschuhe werden ihnen angezogen, damit der Körper nicht seine Wärme und Elastizität verliert.

Jetzt heißt es: Angeworfen! „Scheet her!" ruft der Bahnweiser. Der große Hermann empfängt zuerst den Klot. Er drängt seine Brust heraus, schwingt den Arm ein paar mal versuchsweise im Kreise herum, neigt sich vorüber und beginnt zu laufen, anfänglich in kleinen, nicht schnellen Schritten, die aber immer rascher und weiter werden, bis zum Punkte des Abwerfens, hier wirbelt er die Kugel einige male im Kreise herum, nimmt einen solchen Satz, daß er selber hoch in die Höhe fliegt und schleudert nun die Kugel fort. Aller Augen folgen ihrem Fluge. Die Bahnweiser zeigen die Stelle des Niederfallens an, damit die Fluchtweite des Interesses wegen gemessen werden kann, und folgen dann der fortrollenden Kugel bis sie liegen bleibt. Nun kommt ein Klotschießer der Gegenpartei zum Wurfe. Alles ist auf seinen Wurf gespannt, ob er hinter dem ersten Schuß zurückbleibt, oder ob er ihm zuvorkommt. Die Kugel fliegt, springt mehrere male auf und rollt dann noch zehn Schritt weiter als die zuerst geworfene. Ein lautes Hurra ertönt von der interessierten Partei. Man eilt zu dem Klotschießer, rühmt seinen Wurf und ermuntert ihn zu noch größerer Anstrengung. Er blickt triumphierend auf seinen Gegner, der, nur die Stirn runzelnd, stumm vor sich niederschaut. Jetzt tritt der junge Bauernsohn unserer Partei zum Wurfe an. Er flüchtet nicht so weit wie die beiden ersten, aber die Kugel trifft eine günstige Stelle zum Abspringen und Fortrollen, und der Wurf ist von den bisherigen der beste; ja der folgende Werfer der Gegenpartei bleibt hinter ihm zurück. Jeder Klotschießer hat nun ein mal geworfen, ein bedeutender Unterschied hat sich nicht gezeigt.

Jetzt kommt die Reihe wieder an den großen Hermann. Aber sei es, daß er noch nicht warm genug war, oder daß der Klot auf eine ungünstige Stelle fiel, genug, auch der Wurf entsprach nicht seiner gerühmten Geschicklichkeit, und der nachfolgende Klotschießer der Gegenpartei überholte ihn noch mehr als zuerst. Auch in den folgenden Würfen hatten unsere Leute entschieden Unglück; wir kamen immer weiter zurück, und in zehn Würfen auf jeder Seite war uns die Gegenpartei schon um einen Wurf zuvorgekommen. Lauter Jubel auf ihrer Seite, Niedergeschlagenheit auf der unsrigen. Dort werden die Klotschießer gehätschelt, gelobt und traktiert mit Branntwein oder Eierbier, hier getadelt und mit Mißtrauen angeschaut. Ingrimmig, mit sich selbst unzufrieden, schritt der große Hermann verlassen bis dahin, wo er wieder abzuwerfen hatte. Ich kaufte schnell von einem Wirte, der auf einem Handwagen Getränke führte, eine Flasche mit Branntwein und eilte ihm nach. „Wie ist es mit Ihnen?" sagte ich; „Sie warfen ja sonst besser." „Ich weiß nicht," erwiderte er kurz, „meine Arme sind noch so steif, ich muß erst warm werden. Wir sind noch lange nicht am Ende." — „Wir wollen einmal eins zusammen trinken," sagte ich und trank ihm aus der Flasche zu. Er nahm sie rasch und that einen tüchtigen Schluck. Ich klopfte ihm auf die Schulter und sagte: „Das wird helfen!" — Sein nächster Wurf war auch wirklich bedeutend besser, aber was er gewann, das verspielte sein Kamerad, der junge Bauer, wieder. Doch warf der Große in der Folge so gut, daß die Gegner keinen größeren

Vorsprung erlangten, als sie schon hatten. Wir bekamen wieder Mut, denn Hermann schien jetzt mit jedem Wurfe besser zu werfen. Aber es war, als ob er heute lauter Pech haben sollte. Der Bahnzeiger rief, als er wieder an die Reihe kam: „Hier ist ein breiter Graben! Du mußt entweder davor werfen, hier, dann springt die Kugel hinüber, oder du mußt drüber hinweg flüchten." — Die andern Klotschießer hatten Weste und Halstuch von sich geworfen, nur Hermann nicht. „Hast du das kalte Fieber?" hieß es. „Herunter damit!" — „Ich bin noch nicht warm;" gab er kurz zurück. Er lief, warf ab, die Kugel beschrieb einen hohen Bogen und fiel — mitten in den Graben, ins Ufer springend. Ein unendlicher Jubel erscholl bei der Gegenpartei, während auf unserer Seite geflucht und geschimpft wurde auf den großen Hermann. „Er will nicht, oder kann nicht," hieß es; „warum zieht er nicht vom Leder? Er ist zu träge!" Hermann sagte kein Wort, er ballte nur die gewaltigen Fäuste und knirschte mit den Zähnen.

Die Bahn war von der Gegenpartei ein mal durchworfen. Unsere Partei war beinahe zwei Schuß zurück geblieben. Jetzt mußte schon ganz ausgezeichnet von unserer Seite geworfen werden, oder wir hatten verloren. Einige gaben schon alle Hoffnung auf; andere dagegen gingen zu unsern Klotschießern, streichelten ihnen die Wangen und schmeichelten besonders dem Großen, daß er früher ja am besten geworfen, er könne jetzt auch, wenn er sich nur angreife. „Zieh doch vom Leder!" „Rette doch unsere Ehre!" „Eine Flasche Wein, wenn du gewinnst!" So scholl es durcheinander. Hermann ließ sie schrein und that weiter nichts, als daß er einige male seine nervigen Arme streckte und schwang und zuweilen einige hohe Sätze in die Luft machte. Dabei atmete er tief auf und stöhnte schwer. „Jetzt" wandte er sich zu mir, „komme ich in Schweiß. Nun soll's losgehen auf Leben und Tod! Laß die andern nur schreien! Komm, gieb mir noch einen Schluck aus deiner Flasche!" Ich reichte sie ihm hin und er trank, aber nur wenig.

Die Gegenpartei fing schon an, die Bahn wieder zurück zu durchwerfen. Jetzt aber wandte sich das Glück; Hermann warf mit jedem Wurfe besser; auch der Bauernsohn suchte ihm nachzukommen, und der Abstand zwischen uns und den Gegnern wurde immer kleiner und kleiner. Der Mut auf unserer Seite stieg, der Jubel und die Hurras erschollen von Wurf zu Wurf lauter und lauter. Jetzt wurde Hermann gerühmt, umarmt und geliebkost. — Er holte wirklich seine Gegner wieder ein; noch auf der Hälfte der Bahn standen beide Parteien fast gleich. Da wurde von der andern Seite ein ausgezeichneter Wurf gethan, der beste aller bisherigen. Die Gegner kamen uns abermals vorbei, und spöttisches, höhnisches Gelächter erdrückte wieder unsere zu früh gefaßte Siegesgewißheit. Nur noch von wenigen Würfen hing jetzt die Entscheidung des Kampfes ab. Der Sieg schwankte abwechselnd von einer Seite auf die andere. Die Gegner standen wieder vor. Jetzt kam Hermann an die Reihe; es galt einen entscheidenden Wurf zu thun. Aber wehe, wieder ein Graben kam ihm in die Quere. „Halt,“ ertönte es auf unserer Seite. „Jetzt soll er vorsichtiger sein. Die Entfernung von hier bis zum Graben wird abgemessen, damit er genau weiß, wie er zu flüchten hat, sonst wirfst er wieder mitten hinein!“ „Nichts da!“ rief Hermann mit Donnerstimme. „Die Matte hingelegt! Aus dem Wege, was nicht taugt!“ Jetzt traten wieder mehrere zu ihm, um ihm zu schmeicheln und ihn flehentlich zu bitten, die Ehre des Dorfes zu retten; aber er wollte von nichts hören und stieß die Zudringlichen rechts und links von sich. „Es ist eine Entfernung von über 80 Schritt,“ hieß es, „nimm dich in acht, du wirfst wieder in den Graben oder kurz davor, daß die Kugel ins Ufer schlägt!“

Ohne weiter darauf zu hören, faßte Hermann die Kugel, warf sie in die Höhe, fing sie wieder, und nun erst warf er Weste, Halstuch und Mütze von sich. Seinen Oberkörper bedeckte nun nichts weiter als ein leinenes Hemd und zwar bei nicht geringer Kälte. Auch dieses reißt er vorn auf, daß man die bloße Brust sieht, wie sie sich gewaltig hebt und senkt. Auch die Hemdsärmel schlägt er in die Höhe und streckt die gewaltigen, muskulösen Arme hoch empor. Nun steht er einen Augenblick wie angewurzelt da; auch ringsum herrscht Totenstille. Sein Auge blickt scharf ins Weite, als ob er die Entfernung abmessen will. Nun biegt er sich weit vorüber, drängt die Brust heraus, streckt den Arm mit der gefaßten Kugel rückwärts, jetzt beginnt er zu laufen, immer schneller und schneller, endlich nimmt er, laut brüllend, einen gewaltigen Satz, daß er selber hoch in die Luft fliegt, und schleudert die Kugel von sich, mit solcher Wucht, daß man sie sausen hört.

Aller Augen folgen nun der Kugel, keiner beachtet den, der sie geworfen. Die Möters vermögen ihn nicht zu halten, das Tau fliegt ihnen aus der Hand, er stürzt ächzend zu Boden und wird mit vieler Mühe wieder aufgerichtet. Kaum hat er sich erhoben, so begrüßt ihn ein hundertstimmiges, nicht enden wollendes Jubeln und Hurrarufen. Die Kugel ist so geschickt geflüchtet, daß sie eben vor dem dießseitigen Ufer niederfallen mußte; darauf hat sie einen ungeheuern Sprung genommen, weit über den Graben hinweg, und ist dann noch eine weite Strecke fortgehüpft und gerollt. Dem Jubel folgte ein freudiges, anerkennendes Bewundern von unserer Seite über den unerhörten Wurf und von der andern Seite Verzagen und stumme Niedergeschlagenheit. Einige Frauen und Mädchen sahen besorgt und ängstlich auf den Helden des Tages und flüsterten: „Och, Heer, he harr d'r woll den Tot to dohn kunnt!" (Ach, Herr, es hätte ihm wohl das Leben kosten können.) — Jetzt nur noch ein Wurf der Gegenpartei, und unser Sieg war entschieden.

Schweigend und niedergeschlagen zerstreuten sich die Gegner und schlichen einer nach dem andern nach Hause. Wir aber zogen als Sieger feierlich in geschlossenem Zuge, die flatternde Fahne voran, wieder in unser Dorf ein. Die Kunde des Sieges war uns schon voraus geeilt, und wir wurden von Frauen und Kindern mit Jubel empfangen. Noch denselben Abend wurde das gewonnene Geld verzecht; der große Hermann und ich tranken Brüderschaft, und spät nach Mitternacht war der riesenstarke Friese so schwach geworden, daß ich, dessen Hand wohl die leichte Feder, aber nicht die schwere Bleikugel zu führen weiß, ihn wie ein Kind nach Hause und ins Bett bringen mußte.

Ich füge noch hinzu, daß es Klotschießer gegeben hat, deren Name noch jetzt, lange nach ihrem Tode, gerühmt wird, so im Jeverlande ein Ortgies Harms, im Butjadingerlande einer Namens Woge. Gewöhnlich hört ihre Laufbahn als Klotschießer damit auf, daß sie in Folge des gewaltigen Schwunges beim Wegwerfen sich einen Bruch zuziehen, der ihnen ein ferneres Auftreten unmöglich macht. Ja, es hat sich schon ereignet, daß ein berühmter Klotschießer durch die übermäßige Anstrengung einen Blutsturz bekam, weggetragen werden mußte und bald darauf starb.

Es kommt auch vor, daß Wetten zwischen verschiedenen größeren Marschdistrikten eingegangen werden, z. B. zwischen Jever- und Butjadingerland. Alsdann wird die Preissumme bis auf 300 Mark und darüber erhöht. Leider scheint das Klotschießen seit einigen Jahren im Abnehmen begriffen zu sein. Nur in letzter Zeit wurde es wieder mit neuerwachter Lust geübt.

Es kommt sogar vor, daß auch die Frauen ein Klotschießen anstellen. Wandelt eine Bauernfrau die Lust dazu an, so schickt sie einer andern als Herausforderung eine Kugel mit rotseidenem Bande. Ein solches Frauenklotschießen wird aber mehr als „Trödel" angesehen; von einem regelrechten Verfahren, von einem kunstgerechten Wurfe kann dabei nicht die Rede sein, da die Kugel häufig nach hinten, statt nach vorn geworfen wird.

Kommst Du einmal im Winter ins Butjadinger-, Jever- oder Ostfriesland, geneigter Leser, und hast Du Gelegenheit, der edlen Volksbelustigung beizuwohnen, so versäume es ja nicht; Du wirst alsdann mit mir freudig ausrufen: „Das ist der rechte Mensch, der sich in der Natur und durch die Natur zur kräftigen Stütze des Vaterlandes zu machen sucht, mit der eigenen Kräftigung auch für kraftvollere Nachkommen sorgt und somit, den alten Griechen gleich, schon im kräftigenden Spiele die Keime leiblicher und geistiger Gesundheit, die Keime der Freiheit legt!" —

## VI. Kapitel.

## Der Raps.

### Bau und Ernte desselben.

Der Raps oder das Rapsſaat (Brassica oleracea titiniata), gewöhnlich Saat genannt, gehört zu derſelben Pflanzengattung, zu der auch unſer lieber Kohl und ſeine Verwandten, die Rüben, gehören. Während man von jenem die Blätter, von dieſem die Wurzeln verwendet, benutzt man vom Raps hauptſächlich die kleinen ſchwärzlichbraunen Samenkörner, aus welchen ein vorzügliches Oel gepreßt wird. Die Wurzeln vom Raps ſind nicht ökonomiſch zu verwenden, weil ſie nicht fleiſchig und knollig ſind; die Blätter dagegen liefern im Frühjahr einen ſehr zarten Kohl. Aber nur der Körner wegen wird der Raps gebaut. Er iſt eine der hauptſächlichſten Früchte auf dem Klei und von großer ökonomiſcher Bedeutung.

Erſt im Jahre 1654 wurde der Rapſaatbau im Oldenburgiſchen eingeführt. Anton Günther, der letzte oldenburgiſche Graf, ließ zwei holländiſche Bauern kommen, die den Rapsbau verſtanden. Zu Oberahm im Jeverland wurde der Anfang damit gemacht. Am 15. Juni 1657 wurde zu Seefeld im Butjadingerlande die erſte Rapſaat geſchnitten, und im Auguſt 1658 ſchickte man ſchon Rapſaat nach Amſterdam, wo die Laſt damals 86 Thlr. koſtete.

Der Raps erfordert einen fetten, lockern Boden, weshalb er am beſten auf neu eingedeichtem Lande gerät. Auf älterem Lande iſt häufig die obere Schicht, die Bauerde, zu hart und feſt, ſie beſteht aus dem ſog. Knick, eine ſehr kompakte, unfruchtbare Erde, die für den Rapsbau durchaus untauglich iſt. Unter dieſem Knick befindet ſich aber häufig in geringer Tiefe eine bläuliche, ſchmierige, ſehr fruchtbare Thonerde. Man nennt ſie Wühlerde, weil der Marſchbauer ſie durch „Wühlen" an die Oberfläche und über den Knick bringt. Die Marschbauern sind mithin im wahren Sinne des Wortes Wühler. Das Verfahren beim Wühlen oder Schlöten ist verschieden. Im wesentlichen besteht es darin, daß man durch ein Stück Land, Hamm genannt, der Länge oder Quere nach in einiger Entfernung (etwa 30 m) voneinander Gräben, sog. Schlöte, zieht und die herausgeworfene Erde über die Oberfläche verbreitet und durch Pflügen und Eggen mit der Ackererde vermischt. Die unfruchtbare Erde wird natürlich wieder in die Gräben geworfen. Die Tiefe der Gräben richtet sich nach der Tiefe der Wühlerde, selten beträgt sie über 1,80 m. Das Wühlen ist eine mühsame Arbeit, die deshalb gut bezahlt wird. Der Gräber hat einen Eimer mit Wasser bei sich stehen, in den er von Zeit zu Zeit den Spaten taucht, damit die fette Wühlerde an demselben nicht festklebt. Die an die Oberfläche geworfene Wühlerde wird mit einer großen, breiten, kurz gestielten Schaufel, dem sog. „Mullbrett", vor welches Pferde gespannt sind, über das Land geschafft. Man nennt diese Arbeit „Mullen". Das Mullbrett ist ein eigentümliches, im übrigen Deutschland nicht bekanntes Ackergerät.

Wer war nun der erste Wühler? — Es geht mit dieser wichtigen Erfindung wie mit so mancher andern; der Erfinder läßt sich nicht mit Bestimmtheit angeben. In Dithmarschen soll es ein gewisser Parren Drews (1735—1800) in der letzten Hälfte des vorigen Jahrhunderts erfunden haben. Im Jeverland war es bereits zu Anfang des vorigen Jahrhunderts bekannt. In Butjadingen hat man schon vor anderthalb Jahrhunderten gewühlt, und zwar soll ein Hausmann Johann Lüters im Kirchspiel Burhave nach der Wasserflut von 1717 den ersten Versuch gemacht haben. Allein diese Angabe ist unrichtig; denn aus einer Konsistorialakte vom 9. Okt. 1712 geht hervor, daß ein Pastor von Hagen zu Langwarden schon vorher gewühlt hat. Vielleicht ist also dieser Landpastor der erste ökonomische Wühler. Dafür, daß er den Beutel der Marschbauern mit Goldstücken gefüllt hat, sollte man ihm ein Denkmal setzen mit der Inschrift: „Hier ruht der erste Wühler" oder auch: „Der erste Lichtfreund"; denn lange Zeit war das Rapsöl als Leuchtstoff von großer Wichtigkeit. —

Das Wühlen geschieht gewöhnlich im Winter, und zwar vor der sog. „Güstfalge". Dieses Güstfalgen ist ein sechs- und mehrmaliges Pflügen des Landes, so daß während dieser Zeit das Land güst oder brach liegt. „Falgen" heißt pflügen. Es geschieht in der Absicht, den Boden lockerer und dadurch fruchtbarer zu machen und das Unkraut, namentlich Hederich, der in den

Groden in großer Menge wächst, zu vertilgen. Das Güstfalgen ersetzt bei einem vernünftigen Fruchtwechsel den Dünger. Es geschieht in einer wenig geschäftigen Zeit, nämlich zwischen der Saat und Ernte. Ohne vorhergegangenes Güstfalgen kann Raps mit gutem Erfolge nicht gebaut werden.

Ist so das Land sorgfältig bearbeitet, so wird es im August mit Rapsaat besäet, und bereits im Herbst bedeckt ein dichtes Grün das Land. Der Raps hat viele Feinde, als Nässe und trockene Ostwinde, letztere besonders im Nachsommer, Erdflöhe, welche die zarten Pflanzen zernagen, im nassen Herbst Schnecken, ferner Rüsselkäfer, welche die Körner aus den Schoten fressen, Hagelschlag und endlich anhaltende Nässe zur Zeit der Ernte.

Sind beim Winteranfang die Pflanzen kräftig und dunkelgrün, so darf der Landmann auf eine gute Ernte hoffen, sind sie aber spitz aufgeschossen und von rostigem Ansehen, so steht eine schlechte Ernte in Aussicht, und der Landmann würde wohl thun, das Land gleich wieder umzupflügen und mit Wintergetreide zu besäen.

Ende Mai und Anfang Juni steht das Rapsaatfeld in voller Blüte. Alsdann gewährt die Marsch einen reizenden Anblick. Mit dem dunkeln, saftigen Grün der Weiden und Aecker steht das glänzende Goldgelb des blühenden Raps in lebhaftem Kontrast. Fleißige Bienen, die von Blüte zu Blüte summen, halten jetzt eine reiche Honigernte. Um diese Zeit kommen denn auch die Bienenzüchter, „Imker", mit ihren Bienenkörben von der Geest in die Marsch gezogen. Auf lange Leiterwagen, die wie ein Zelt mit Leinwand überspannt sind, haben sie dicht aneinander ihre Bienenkörbe, „Hüwen", gepackt. Am liebsten in der Nacht, und — um jede Erschütterung zu vermeiden — womöglich auf weichen Sandwegen, fahren sie langsam und schweigend dahin. In der Marsch angekommen, stellen sie auf dem Hofe eines ihnen bekannten Bauern ihr Arbeitervolk, 60 bis 100 Körbe stark, in Reih und Glied. Sobald die Fluglöcher geöffnet sind, strömt das Heer hervor und fliegt summend dem lockenden Arbeitsfelde zu, um schwer mit Honig und Blütenstaub beladen wieder heimzukehren. Tag für Tag wandelt der Imker, aus seinem „Brösel", einer kurzen, braun angerauchten Thonpfeife, stark duftenden Tabak schmauchend, mit wachsamem Auge vor dem mit Stroh gedeckten langen, niedern Bienenhause, dem sog. „Immenschelfe", auf und ab, bald unter einen bereits zu klein gewordenen Korb einen neuen Untersatz stellend, bald mit Sensenklang einen Schwarm einfangend, bald hier, bald da in das Staatswesen seines Volkes bedächtig ordnend und regelnd eingreifend. Es ist erstaunlich, auf welch vertraulichem Fuße ein solcher Bienenkönig mit seinem Volke steht. Es ist, als ob die Bienen ihn kennten. Er darf seine bloße Hand in den Bienenstock stecken, die Bienen laufen daran herum, aber stechen nicht; ja, ich habe gesehen, daß ein Imker ruhig seinen Kopf in den Korb hielt, ohne verletzt zu werden. Erinnert das nicht an den Grafen Eberhard von Würtemberg, der „sein Haupt kühnlich jedem Unterthan in Schoß legen konnte?"

Während der Blütezeit führt der Imker ein überaus gemütliches, beschauliches Stilleben. Goldgelb schimmert der Raps aus der Ferne, warm im Grünen liegt der Sonnenschein, die Luft ist hoch und blau und vom Gesumme der Bienen erfüllt, der Rauch aus dem Brösel steigt in dichten Wolken zum klaren Himmel, die Bienen arbeiten, der Imker träumt: man möchte selbst mit träumen! — Es ist hochpoetisch, wahrhaft romantisch, andere für sich arbeiten zu lassen, während man selbst in müßigen Träumereien sich ergeht.

Für die Erlaubnis, sich mit seinen Bienen beim Bauern aufhalten zu dürfen, zahlt der Imker dem Bauern ein sogenanntes Weidegeld, das für 100 Körbe pl. m. 60 Mk. beträgt. Ist die Blütezeit zu Ende, so zieht er wieder heim mit seinen Bienen, der hohen Geest zu, wo die blühende Heide ein neues Arbeitsfeld bietet.

Mitte Juli ist der Raps reif; alsdann wird er mit Sicheln geschnitten, „geschoren", wie man es nennt, und ungebunden in kleine Haufen, sog. „Schöfe", hingelegt. Das Schneiden geschieht früh morgens und spät abends im Tau, um das Ausstreuen der Körner zu verhüten. Aus demselben Grunde dürfen die Schoten nicht allzu trocken werden. Der Raps ist jetzt der Held des Tages. Ueberall, in den Häusern, in den Krügen, vor den Kirchthüren, wird nur von ihm gesprochen. Die Bauern denken daran, was er ihrem Geldbeutel, die Kinder im Dorfe, was er ihrem Magen bringen wird. Ihrem Magen? Natürlich; denn das Saatdreschen ist ein Fest für groß und klein, ein ländliches Fest, bei welchem es nicht an einem Festessen fehlen darf. Wie die Christbescherung kurz vor dem Weihnachtsfest, so füllt das Saatdreschen um diese Zeit die Träume der Jugend aus. Endlich rückt der ersehnte Tag heran. Ende Juli oder Mitte August ist die Zeit des Saatdreschens. Der Bauer schickt seine Knechte und Mägde aus, die Heuerleute und Arbeiter zum Saatdreschen einzuladen. Alle folgen der Einladung mit Freuden; denn was die Traubenlese für die Rheinländer, das ist das Saatdreschen für den Marschbewohner.

Die Kinder bitten ihr Mütterlein so lange, bis dieses ihnen verspricht, sie mitzunehmen.

Tags vorher wird auf dem Saatfelde eine Stelle zu einer **Dreschdiele** hergerichtet. Man säubert und ebnet den Platz und schafft mittelst einer Walze einen dichten Boden. Am folgenden Morgen, sobald der Tau vom Lande ist, zieht alt und jung, Knechte und Mägde, Frauen, Männer und Kinder, im ganzen oft 30 bis 60 Personen, zum Dreschen aus. Auf der Diele oder Tenne wird zunächst ein großes Rapssaatsegel ausgebreitet. Es ist ein starkes, quadratförmiges Stück Leinen, 12—15 m im Geviert. An den Zipfeln und in der Mitte der Seitenränder befinden sich Bänder oder Oesen, durch welche hohe Pfähle gesteckt und in die Erde geschlagen werden, und zwar so, daß das Segel an der einen Ecke höher steht. Hier steht der kommandierende sog. „Hörnbaas", der Meister der Ecke, hier wird das ausgedroschene Stroh über den Rand des Segels geworfen. Ein kleines Zelt, der Krug genannt, wird neben dem Segel aufgeschlagen; es birgt ein Faß mit Bier, eine Kruke mit Branntwein, ein paar Eimer mit Kaffee u. s. w. Der Saatbauer und seine Freunde lagern sich hier, auch die Drescher gehen von Zeit zu Zeit in den Krug, um zu trinken.

Das Saat wird in Leinwandstücken, sog. „Tragkleidern", von kräftigen Männern, den „Trägern", herbeigetragen, oder mittelst eines Saatschlittens, auf dem Leinwand ausgespannt ist, herbeigefahren. Das Aufladen verrichten Frauen, die „Einleger", mit Saatgaffeln, das sind Gabeln mit kurzem, hölzernen Stiel und langen, eisernen Zinken. Die etwa liegenbleibenden Saatpflanzen werden von Frauen und Kindern aufgelesen; man nennt dies „Kluwen". Das herzugebrachte Saat wird auf dem großen Segel ausgebreitet und von den Arbeitern mit Flegeln oder mit einem „Saatblock", vor den Pferde gespannt sind, ausgedroschen. Der Saatblock ist eine Walze von 2,10 m Länge, deren Durchmesser am einen Ende 1,50, am andern 0,90 m beträgt. Sie dreht sich in einem Rahmen, an welchem die Deichsel befestigt ist, und wird im Kreise auf der Saat herumgezogen. Ist die obere Seite ausgedroschen, so wird die Lage von den Arbeitern, den sogenannten „Schübbers", mit Gabeln umgekehrt, und das Dreschen beginnt von neuem. In einigen Gegenden läßt man die Saat auch von Pferden austreten. Drei Pferde, von denen das mittlere den Lenker trägt, werden dann auf der Saat umhergetrieben. Sind die Schoten leer, so ertönt das Kommando: „Lag van't Segel!" Die Arbeiter schütten das Stroh tüchtig auf und werfen es über die erhöhte Seite des Segels, wo der „Branner" es zu einem hohen

Haufen aufschichtet, und die Kinder, die sog. „Boßeljungen" (Boßeln = Spreu), es niedertreten. Die ausgedroschenen Körner werden rein geharkt und in der Mitte des Segels zusammengeschoben. Nun wird eine neue Lage auf dem Segel ausgebreitet, und die Thätigkeit beginnt von vorn.

Mittlerweile ist die Sonne höher gestiegen, die zunehmende Wärme und die ununterbrochene Arbeit erhitzen das Blut. Man wird durstig und spricht häufig dem Bier und Branntwein zu. Die Zunge wird gelöst, das Gespräch immer lebhafter und gipfelt in lautem „Gejuch" und Hurrarufen. „Us' Saatbur schall leben. Vivat Hurra!" ruft plötzlich einer. Alle eilen herzu, und die Träger bedecken den Bauern zur Ehre des Tages mit einem Tragkleide. Dabei wird tüchtig getrunken und unaufhörlich „Hurra!" geschrien. — Es ist Mittag. Die Bäuerin mit ihren Mägden bringt auf einem Wagen das Mittagessen. Sobald die Frauen vom Wagen gestiegen sind, werden auch sie mit Hurra begrüßt und „übersegelt", wofür die Bäuerin ein Trinkgeld bezahlt. Nun beginnt das Mahl. Eine Tischdecke wird auf der Erde ausgebreitet und Schüsseln mit großen Mehlklößen, „Hüdels" genannt, und gekochter Schinken, Schalen mit Butter- und Sirupsauce werden darauf gestellt. Auf den Ruf des Bauern: „Kamt, Kinners, nu will wi erst wat eten!" lagern sich alle um die freie Tafel und hauen eben so stark in Hüdel und Schinken, als sie mit den Flegeln in die Saat hauten. Diese und jene Mutter wickelt wohl noch ein Stückchen von den köstlichen Mehlklößen in ein Papier, um es ihren Kleinen, die zu Hause geblieben sind, abends mitzunehmen. Ein tiefer Schluck aus der Bierkanne beschließt das Mahl und wieder geht's an die Arbeit.

Kurz nach dem Essen ist man natürlich noch nicht aufgelegt zum Lärmen und Hurraschreien, aber nach und nach, so wie die Verdauung in Gang kommt, wird auch die Fröhlichkeit wieder lauter und artet manchmal sogar in Ausgelassenheit aus. Vorübergehende, welche nicht grüßen, werden z. B. so lange mit einem Hagel von Schimpfwörtern überschüttet, bis sie zum Zeichen des Grußes ihre Kopfbedeckung lüften. Selbst vorübergehenden Frauen ruft man die unsaubersten Redensarten nach, bis sie ihre Schürze wehen lassen. Auch laufen die Arbeiter wohl mit einer Flasche voll Branntwein und mit einer Schaufel voll Saat hin, wenn Fremde vorübergehen oder -fahren, und zeigen die Saat vor mit der Frage: „Is de Saat nich moje?" — Es folgt nun ein kurzes Zwiegespräch, ein Zutrinken und Bescheidthun, und sobald der Fremde einem der Arbeiter ein Trinkgeld zu-

gesteckt hat, ist der Zweck der sog. „Saatprobe" erreicht. Manch=
mal kommt auch ein Saatkaufmann, um an Ort und Stelle die
Saat zu besehen und mit dem Bauern zu akkordieren. Man läuft
alsdann schnell hinzu, wischt ihm die Füße mit einer Handvoll
Saatstroh ab und erhält ein Trinkgeld dafür.

Wird auf einem Nachbarfelde auch Saat gedroschen, so ent=
steht häufig ein Wettkampf zwischen den Arbeitern, wer von ihnen
die meisten Fahnen wehen lassen kann. Dann heißt es mit E. M.
Arndt: „Laßt wehn, was nur wehen kann", Schürzen, Hand=,
Tisch=, Taschen= und Betttücher!

Das Dreschen dauert manchmal 2 bis 3 Tage. Der letzte
Tag ist besonders wichtig. Die Saat wird alsdann gereinigt und
gemessen. Der Saatbauer und seine Familienmitglieder werden
auf Stühle gesetzt und jauchzend in die Höhe gehoben oder „ge=
högt". Dieses norddeutsche „Högen" ist dasselbe, was das alt=
deutsche Schilderheben war. — Ist die Saat gereinigt und in
Säcke gethan, so werden diese auf einen mit Blumen und bunten,
flatternden Papierstreifen geschmückten Wagen gelegt, alle Leute,
soviel nur Platz finden, setzen sich oben darauf, und mit Gesang
und Hurra fährt man zum Bauernhause, wo ein kräftiges Abend=
essen, bestehend aus Reisbrei und Butterbrot, bereits auf dem
Tische steht. Nach dem Abendessen wird noch häufig auf der Diele
des Bauernhauses ein Tanz gemacht. Musik ist bald gefunden: der
eine oder der andere Arbeiter versteht auf der Handharmonika zu
spielen, und — „Gern getanzt, ist leicht gefiedelt".

Das Rapsstroh erhalten die Drescher, die es im Winter als
Brennmaterial benutzen. Die auf dem Lande zurückgebliebenen
Schoten („Pulen") und der übrige Abfall werden abends im Freien
verbrannt. In einigen Gegenden Ostfrieslands verbrennt man
sämtliches Stroh. Geht man um diese Zeit abends den Deich
entlang, so erfreut man sich eines herrlichen Anblicks. Ueberall
lodern Feuer zum stillen Nachthimmel empor.

Die gereinigten Rapskörner werden verkauft und meist nach
Holland ausgeführt, wo Oel daraus gepreßt wird. Früher ge=
brauchte man dies Oel, um es auf Lampen zu verbrennen, jetzt
dient es fast nur als Maschinenschmiere; denn — wie mir ein
alter jeverscher Bauer sagte: „De Paterleum (Petroleum) is'n
starken Konkurrent van't Rapsöl." — Die nichtöligen Teile der
Körner geben gepreßt und geformt zu sog. „Oelkuchen" ein gutes
Viehfutter ab.

Der Ertrag der Rapsaatpflanzen fällt sehr verschieden aus.
In ganz vorzüglich guten Jahren, wenn die Witterung dem Raps=

bau recht günstig ist, geben 56 ar (1 Jück) gewühltes Land 30 bis 40 hl, in mittleren Jahren nur 17 bis 20, in schlechten sogar nur 5 bis 10 hl.

Auch der Preis ist sehr ungleich, manchmal fällt er auf 297 bis 310 Mk. die Last und steigt schon im folgenden Jahre auf 660 Mk. und darüber. Der mittlere Preis ist etwa 577 Mk. die Last. Früher hatte der Ausfall des Walfischfanges großen Einfluß auf die Preise des Rapsaats, indem sich nach den Thranpreisen die Oelpreise richteten.

Vom Ausfall der Rapsernte hing früher oft die Existenz eines Marschbauern ab, namentlich der Pächter, die in guten Jahren ihre ganze Pacht aus dem Raps erschwangen. Sehr bezeichnend hat ein Marschbauer die Bedeutung der Rolle ausgedrückt, die das Rapsaat in der Marsch spielt, er schrieb nämlich einem Freunde ins Stammbuch:

"So wie das Rapsaat blüht,
So blühe stets Dein Glück,
Und wenn Du Rapsaat siehst,
So denk' an mich zurück."

# VII. Kapitel.

## Die Viehzucht im Herzogtum Oldenburg.

Infolge der Bodenbeschaffenheit des Oldenburger Landes muß hier die Viehzucht einen bedeutenden Rang einnehmen. Besonders florieren die Rindvieh= und Pferdezucht. Das oldenburgische Milch= und Mastvieh und das oldenburgische Wagenpferd haben einen gegründeten, weitverbreiteten Ruf erlangt, und unsere Landleute sind schon in ihrem Interesse bestrebt, die Viehzucht auf eine noch höhere Stufe zu heben. Wo es sich um das Oldenburger Land handelt, da darf mithin die Rindvieh= und Pferdezucht nicht vergessen werden.

„Ganz Deutschland merkt's, wenn unsre Moore brennen,
Und schätzt so Roß wie Rind!"

heißt es in einem freilich wenig poetischen, aber wahren Liede.

Unsere Landleute huldigen in betreff der Viehzucht dem Wahlspruche:

„En kortet Roß,
En langen Oß!"

---

### 1. Die Rindviehzucht.

Nie hat die Rindviehzucht in unserm Lande eine so wichtige Stellung eingenommen wie gegenwärtig. Die Rinderpest in England hatte nämlich zur Folge, daß die Preise des Rindviehs auf eine enorme Höhe stiegen, so daß die Rindviehzucht einträglicher wurde, als die Pferdezucht. Kein Wunder, daß sie deshalb hier zu Lande auch forziert wurde und im Verhältnis fast eben so bedeutend ist wie in England und Holland. In diesen Ländern wird bekanntlich die stärkste Rindviehzucht ganz Europas getrieben, und das liegt in der Natur des Bodens dieser Länder begründet.

Nirgends findet man solche üppige, sorgfältig gepflegte Weiden wie in diesen Ländern, nirgends in Europa so schönes, kostbares Rindvieh. Welchen Schaden dort also die Rinderpest angerichtet hat, läßt sich denken. England verlor einige hunderttausend, Holland gegen 50000 Rinder.

Nächst diesen Ländern nimmt im nördlichen Europa Oldenburg durch seine Rindviehzucht eine der ersten Stellen ein, und unsere Landleute haben alle Ursache, die Zucht und Veredlung der Rinder sich angelegen sein zu lassen. Das geschieht denn auch immer mehr, nicht bloß in den Marschen, der uralten Heimat der Rindviehzucht, sondern auch in manchen Teilen der Geest, namentlich am Rande der Marschen. Früher beschränkte sich der Absatz unseres Rindviehs auf Deutschland. Nach Bremen, Hannover, Braunschweig 2c. ging das Mastvieh, nach Preußen, Sachsen 2c. gingen die Zuchtquenen, nach Bremen und Hamburg die Milchkühe. Nach England wurde unser Rindvieh noch nicht geschickt, weil die Einfuhr durch hohe Zölle erschwert und gänzlich verhindert wurde. Butjadingen und die Marschvogteien führten namentlich Zuchtquenen und Milchkühe aus, und diese wurden häufig besser bezahlt, als das holländische Vieh, weil sie dasselbe an Mastfähigkeit übertrafen, wenn sie ihm auch hinsichtlich des Milchertrags nachstanden. Nur diejenigen Gutsbesitzer in Preußen und Sachsen, welche vorzugsweise auf hohen Milchertrag sahen, zogen das holländische Vieh vor. Um nun größere Milchergiebigkeit zu erzielen, wurden bis zur Mitte der vierziger Jahre häufig holländische Kühe und Kälber eingeführt. So wurde das Vieh in den Marschen durch holländisches Vieh, besonders aus Südholland, veredelt, bekam dadurch feinere Knochen und Haut, größere und weniger behaarte Euter, breitere und schönere Milchspiegel, behielt aber, was das holländische nicht hatte, die breitere und tiefere Brust.

Im Anfange der vierziger Jahre wurden in England die Vieh- und Getreidezölle aufgehoben. Nun wurden auch von hier aus große, schwere Ochsen und Kühe nach dem Londoner Viehmarkte geschickt, die aber verhältnismäßig niedrig bezahlt wurden. Nur für fein gebautes Vieh erhielt man höhere Preise. Unsere Viehhändler konnten sich dies anfänglich gar nicht erklären, glaubten wohl gar, sie würden von den Kommissionären in London betrogen, und einzelne reisten deshalb selbst hin, um sich an Ort und Stelle die Sache anzusehen. Sie überzeugten sich aber bald, daß alles seine Richtigkeit hatte. Die Engländer richteten sich nämlich mit ihren Preisen nicht bloß nach der Quantität, sondern auch nach der Qualität des Fleisches und Fettes; sie bezahlten für feinknochiges, junges Vieh bedeutend mehr als für grobknochiges und altes. Unser Vieh konnte sich aber mit dem Herefordvieh nicht messen. Dieses ist nämlich sehr mastfähig und liefert ein feines, saftiges, mit Fett durchwachsenes Fleisch. Das fiel natürlich unsern Viehzüchtern in London auf, und sofort kauften sie einen schönen Durhambullen und mehrere trächtige Herefordkühe, um daheim ihr Vieh mit denselben zu veredeln. Anfänglich machte sich das Geschäft auch sehr gut, aber bei der weitern Kreuzung mit Halbblut wurden der Milchertrag und die Mastfähigkeit leider geringer.

Man kannte die verschiedenen englischen Viehstämme nicht genau, führte allerlei Racen durcheinander ein, Durham=, Hereford= und Yorkshirevieh, und dadurch entstand ein planloses Kreuzen. Auf diese Weise erzeugte man allerdings einzelne gute, mastfähige Exemplare, aber durchweg nur mittelmäßiges Milchvieh.

Nach einigen Jahren, nachdem junge Landwirte in England Erfahrungen gesammelt hatten, überzeugte man sich, daß das Durham= oder Schorthorn=(Kurzhorn=)vieh zur Züchtung von Mastvieh am geeignetsten sei. Das Schorthornvieh entwickelt sich nämlich rasch und liefert schon in einem Alter von zwei bis drei Jahren ausgezeichnetes, feinfaseriges Fleisch bei wenig Knochen. Man führte also zur Züchtung Schorthornstiere ein. Allein die von diesen Stieren abstammenden Kühe standen hinsichtlich des Milchertrags dem einheimischen Vieh, das mit holländischer Race gemischt war, nach. In Preußen und Sachsen wollte man daher das Schorthornvieh nicht, aber für die Schlachtbank, auf den Märkten Londons, wurde es gut bezahlt. Hierdurch kamen unsere Viehzüchter zu der Einsicht, daß es notwendig sei, für unser Land zwei verschiedene Stämme zu züchten, nämlich einen Stamm für **Mastvieh** mit Schorthornstieren und einen andern Stamm für **Milchvieh** mit einheimischen und holländischen Tieren. Auf welche Zucht sich ein Landwirt legen will, hängt ganz von der Gegend ab, in der er seine Weiden hat. Das Schorthornvieh eignet sich für die besten Fettweiden, das einheimische und holländische Vieh dagegen für solche Distrikte, wo die Weiden nicht so kräftig sind, um Mastvieh zu erzeugen, in denen man daher auf Zucht= und Milchvieh für das Oberland hinarbeiten muß.

Seit 1861 ist zur Hebung der Rindviehzucht eine **Stierkörung** gesetzlich eingeführt. Es dürfen nur angekörte Stiere zum Decken fremder Kühe verwandt werden, und es giebt mehrere Körungsverbände in unserm Lande. In jeder Abteilung des Verbandes bilden ein von der Regierung ernannter Obmann und zwei

Achtsmänner die Körungs-Kommission. Zur Prämiierung der Stiere im Herzogtum ist jährlich eine bestimmte Summe (4500 Mk.) aus Staatsmitteln ausgeworfen. Die Prämien werden von der Regierung nach der Zahl der Milchkühe eines jeden Verbandes verteilt. Das Deckgeld beträgt in den meisten Distrikten 1 Mk., in den besten Distrikten häufig 7,50 Mk., einzeln 15 Mk., ein Stier deckte sogar für 35 bis 40 Mk. Soll die Rindviehzucht sichere Fortschritte machen, so ist hier wie bei der Pferdezucht die Führung von Stammregistern unerläßlich.

Das schwerste Mastvieh findet man in den Aemtern Elsfleth und Brake. Hier ist die Gegend der Weidewirtschaft im vollen Sinne des Wortes. Die Zahl des Rindviehs im ganzen Herzogtume betrug 1883: 211147 Stück im Werte von 21 bis 24 Millionen Mark. Jährlich wurden etwa 33000 Rinder im Werte von 9 bis 12 Millionen Mark ausgeführt. Die Zahl des Rindviehs im ganzen Herzogtume betrug nach der Zählung von 1873: 178065 im Werte von etwa 21 Millionen Mark. Zuchtstiere besaß das Land 505, Milchkühe 78660. Auf die Quadratmeile fielen 1863 Stück Rindvieh. Auf hundert Einwohner kommen 72,9 Stück Rinder.

Als im Sommer 1868 zur Feier des fünfzigjährigen Bestehens der oldenb. Landwirtschaftsgesellschaft eine allgemeine Tierschau für das ganze Land in Oldenburg stattfand, wurden für zweijährige Stiere 30, ja 38 Louisdor und für zweijährige Quenen 22½ Louisdor bezahlt, wohl ein genügender Beweis, daß unser Milchvieh im Binnenlande volle Anerkennung findet. Züchter aus Böhmen, der Prov. Sachsen und dem Königreich Sachsen machten Ankäufe von Zuchttieren.

Die größte Ausfuhr findet aus den Marschen und den angrenzenden Geestdistrikten statt und geschieht von Nordenhamm a. d. Weser aus durch Vermittlung des norddeutschen Lloyd*).

Hier schließlich noch einige Spezialitäten über den Viehhandel. Der Viehhändler beginnt schon im Oktober mit dem Einkauf der magern Ochsen, die er zu weiden beabsichtigt. Die Ochsen füttert er entweder selbst durch den Winter, oder giebt sie bei einem andern in Fütterung. Der Herbstankauf ist gewöhnlich am vorteilhaftesten, doch gehört ein Kapital dazu, um 80 bis 100 Stück einzukaufen. Im folgenden Frühjahr geschieht der übrige Einkauf.

---

\*) Im Jahre 1866 beispielsweise wurden von Nordenhamm aus exportiert 9029 Rinder, 313 Kälber, 15692 Schafe und 53 Schweine, die sämtlich nach England gingen.

Das Marktvieh teilt man in drei Sorten, die erste ist unter 400 Pfund, die zweite zwischen 400 bis 800, die dritte zwischen 800 bis 1100 Pfund schwer. Die erste Sorte bleibt größtenteils im Inland, die beiden andern gehn ins Ausland. Im August gehn die ersten Triften fetten Viehs nach Hannover, Berlin rc. und England ab. Um Mitte Oktober wird alles noch übrige fette Vieh abgesetzt.

Im Herbste, wenn der Handel mit fettem Vieh stattfindet, wird das ganze Interesse der Landleute durch diesen Gegenstand in Anspruch genommen. Jedes Gespräch dreht sich nur um das Vieh und die Viehpreise. Was ein rechter, echter Ochsenbauer ist, der ist ordentlich stolz auf sein Vieh. Es giebt keine größere irdische Seligkeit für ihn, als wenn er die lange Reihe des schönsten Viehes in seinem Stalle entlang gehen kann, als wenn er nach seinen üppigen Fettweiden in aller Ruhe und Behäbigkeit hinausspaziert und seinen Prachtkerlen von Ochsen, die ihn bereits aus der Ferne kennen und ihm bis ans Heck entgegen kommen, um sich streicheln zu lassen, einen Besuch abstattet. Ein schöner, spiegelglatter Ochse auf einer üppigen Fettweide ist aber auch ein Anblick für Götter, und der Ausruf jenes Würtembergers, der unsere Marsch besuchte: „O, wer doch hier ein Rindvieh wäre!" kam gewiß aus einem neidischen Herzen. Ein echter Rindviehzüchter und Fettweider muß ein gründlicher Kenner des Viehs sein, und er thut sich etwas darauf zu gute, Verstand von der Sache zu haben. Ich hörte einmal einem solchen folgendes Kompliment machen, das mit dem größten Wohlgefallen aufgenommen wurde: „Dat mutt ick Di seggen, Diederk, Du hest'n feinen Ossenverstand." Einem andern Ochsenzüchter hatte ein Freund ins Stammbuch geschrieben:

„Des Himmels Segen kröne Sie
Das ganze Jahr mit fettem Vieh!"

---

## 2. Die Pferdezucht.

Die Pferdezucht unseres Landes wird am stärksten in den Marschdistrikten der Weser, Hunte und Jade, namentlich im Butjadinger- und Jeverlande getrieben. Die Hauptaufgabe der oldenburgischen Pferdezucht ist, ein starkes, kräftiges Wagenpferd zu züchten.

Der Gründer des oldenburgischen Pferdestammes war Graf Anton Günther. Er war der letzte Graf von Oldenburg, der populärste und begabteste von allen und regierte von 1603 bis 1667. Seine Pferde-, Jagdliebe und Gastfreiheit waren im ganzen deutschen Reiche bekannt, und die Königin Christine von Schweden nannte ihn sehr bezeichnend „des heiligen römischen Reichs Stallmeister, Jägermeister und Wirt." Er war ein leidenschaftlicher Liebhaber und großer Kenner von Pferden und scheute keine Kosten zur Veredelung derselben, teils durch Anlage von Gestüten, teils durch Ankauf edler Hengste. Kein Fürst damaliger Zeit hatte schönere, edlere Pferde aufzuweisen als er. Die oldenburgischen Pferde waren weit und breit berühmt und von allen Herrschern gesucht. Anton Günther war auch sehr freigebig mit seinen Lieblingen, unter andern erhielt der Kaiser Leopold I. als Geschenk einen Rappen von ihm, den er nach seiner Vermählung mit einer spanischen Prinzessin beim Einzuge in seine Hauptstadt ritt, und sechs schneeweiße Pferde, die den Staatswagen seiner jungen Gemahlin ziehen mußten. Auch der Usurpator Cromwell bekam sechs schöne Apfelschimmel von ihm geschenkt. Der Wert aller vom Grafen verschenkten Pferde soll 564240 Thlr. betragen haben. Bei seiner Vermählungsfeier verschenkte er an seine zahlreichen Gäste 55 Pferde im Werte zu 7115 Thlr.

Anton Günther hatte 1000 bis 1600 Pferde und unter diesen 70 bis 80 kostbare Hengste aus Neapel, Spanien, der Türkei, der Tartarei, aus Polen, England u. s. w. Das Beispiel des Grafen spornte im Lande zur Nacheiferung an, so daß die oldenburgische Pferdezucht blühte und jährlich 5000 Pferde aus Oldenburg zu hohen Preisen nach allen Ländern Europas gingen. Wenn man bedenkt, daß die Grafschaft nur etwa 50 Quadratmeilen groß war, so erscheint eine solche Ausfuhr gewiß enorm. Unsere jetzige Pferdezucht, so bedeutend sie auch ist, steht doch an Umfang hinter der damaligen verhältnismäßig weit zurück; denn man rechnet, daß gegenwärtig aus dem $95\frac{1}{2}$ Quadratmeile großen Herzogtume jährlich nur 3000 bis 4000 Pferde und Füllen, im Werte von 2250000 ℳ. ausgeführt werden. Auch der berühmte Medardus-Pferdemarkt, der jährlich um den 8. Juni in Oldenburg abgehalten wird, hat dem Grafen seinen Ursprung zu verdanken. In der Vorstellung jedes Oldenburgers sind der Graf und sein Lieblingsroß („Kranich") unzertrennlich. Eine edle, ruhige Herrschergestalt auf einem prachtvollen, stolzen Rosse, dessen langer Schweif und geflochtene Mähne bis auf die Erde herabwallen: das ist das Bild Anton Günthers.

Der weltberühmte Kranich war von apfelgrauer Farbe, die Mähne desselben war 4 m, der Schweif über 5 m lang. Mähne und Schweif werden noch jetzt in Kopenhagen aufbewahrt. Der oldenburgische Geschichtsschreiber Winkelmann teilt uns einige Nachrichten mit über die außerordentliche Reitkunst des Grafen, seine Kenntnis schöner Pferde und seine Liebhaberei für dieselben. Er erzählt, der Saal im Lustschlosse zu Rastede sei mit Gemälden von köstlichen Pferden geschmückt gewesen, deren eins noch schöner und edler als das andere dargestellt sei. Ferner berichtet er, im Jahre 1612 habe der Graf zu Rastede einen großen Marstall erbauen lassen, eine Reitschule errichtet und auch an andern Orten im Lande Bereiter gehalten.

Ueber die große Pferdekenntnis des Grafen wurde mancherlei gefabelt, u. a., er sei im Besitze des Geheimnisses gewesen, den Füllen im Mutterleibe beliebige Farben zu geben, wie Jakob Labans Lämmern. Wie der Graf aber die Pferde aufs genaueste kannte, so kannten hinwiederum auch die Pferde ihren Beschützer und seine Stimme sehr gut, und wenn er durch eine Weide ging, so waren gleich alle hinter ihm her und begleiteten ihn mit freudigem Wiehern und Schnauben bis an den Rollbaum.

Obgleich die Liebhaberei des Grafen dem Lande bedeutenden Nutzen brachte, so wurden doch Bedenken gegen dieselbe laut. Man sagte, die Stutereien und der Dienertroß kosteten zu viel Geld, es sei vorteilhafter, erstere aufzugeben und die Ländereien zu verheuern. Da kamen die Pferde selbst am Neujahrstage 1664 bei ihrem Beschützer mit einer „kläglichen Bittschrift" ein, die wahrscheinlich von einem Stallmeister verfaßt war. In derselben bitten die Supplikanten den Grafen, die Rechnungen von 1625 an zusammenstellen und die Kosten berechnen zu lassen, wogegen sie dann ihre Dienste und eingebrachten Gelder ästimieren, und erweisen wollen, daß die Kosten so groß nicht gewesen seien, wie man vorgebe. Ungeachtet der Vermehrung ihres Geschlechts seien ihnen sieben, und zwar nicht die geringsten Vorwerke abgenommen. Auch würden auf den zu ihrem Unterhalte bestimmten Vorwerken noch viele Ochsen, Kühe und güstes Vieh gehalten, so daß ihnen nicht alles angerechnet werden dürfe. Die Wagschale würde sich schon gleichstellen, wenn alle ihre Dienste in Rechnung gebracht würden; auch sei ihre Zahl so groß nicht mehr, da der ganze Corpus anjetzt nur noch aus 1432 Häuptern, ohne ihre Unmündigen, bestehe, und wollen sie unterthänigst bitten, der Graf wolle sie mit den ihnen zugeordneten Bedienten erhalten. — So löste sich denn die ganze Sache in Humor auf.

In der damaligen Pferdezucht spielten die Farben eine Haupt=

rolle\*). Nach des Grafen Tode gingen die Gestüte ein, und die Erben teilten sich in den Nachlaß. Da die Regierung sich nicht mehr um die Pferdezucht bekümmerte, so geriet dieselbe nach und nach in Verfall, namentlich im 18. Jahrhundert, als der Wohlstand der Züchter durch Ueberschwemmungen, Viehseuchen ꝛc. untergraben wurde. Endlich, im J. 1781 u. f., nahm sich die Regierung wieder der Pferdezucht an; aus dem Herzoglichen Marstalle wurden jährlich 6 bis 12 Beschäler ins Land geschickt, aber ohne erhebliche Resultate, weil die wenigsten in die Marsch kamen. Am meisten sank die Pferdezucht während der Befreiungskriege. Allerlei Mißbräuche schlichen sich ein, und in Folge derselben verbreiteten sich immer mehr Erbfehler und Schwächen unter der Nachzucht, so daß der Ruf unsrer Pferde in großer Gefahr war und auch schon bedeutend gelitten hatte. Der nachteilige Einfluß der damaligen ungünstigen Zeit erzeugte das alte oldenburgische Wagenpferd, von dem man jetzt nur noch einzelne Exemplare sieht, mit Ramskopf, abschüssiger Kruppe, Abzeichen (Blesse, weiße Füße), unschönem, dickem Haar, behangenen Schenkeln, kleinen, tiefliegenden Augen, mattem Blick, trägem, phlegmatischem Gang ꝛc.

Hohe Zeit war es daher, der Landespferdezucht wieder aufzuhelfen, und das geschah denn auch im Jahre 1819, in welchem Jahre von der Regierung die Körung der Hengste, verbunden mit Prämienverteilungen eingeführt wurde und zwar mit der Bestimmung, daß kein Hengst unter 3 Jahren und ungekört eine fremde Stute decken dürfe, auch das Deckgeld nicht unter 1½ Thaler Gold (5 Mark) betragen solle. Anfangs wurden jährlich 6—10 Prämien von 50—100 Thlr. Gold verteilt, die später (1830) auf 150—300 Thlr. Gold erhöht und auf drei beschränkt wurden. Auf solche Weise wurden allerdings bessere Beschäler erzielt und manche Fehler und Mißbräuche beseitigt. Einen Haupthebel zur raschen Hebung der Pferdezucht bildete aber die Einführung eines englischen Hengstes. Im Jahre 1820 kauften nämlich die Pferdehändler Stäve und Brandes aus Braunschweig einen Hengst von vorzüglichen Eigenschaften. Dieser sog. Stävesche Hengst, kastanienbraun mit Stern, deckte in den Jahren 1820 bis 1822 eine große Anzahl Stuten und ist so

---

\*) In damaliger Zeit wurden Hengste und Wallachen auch zum Gebrauche weit höher bezahlt als Stuten. So heißt es von zwei schönen fünfjährigen Hengsten, die man nach Brüssel sandte, daß dafür 1000 Thlr. geboten seien, während für zwei schöne orangefarbene Stuten, die nach Zerbst gingen, 200 Thlr. geboten wurden. Die Preise der Pferde waren gewöhnlich 40 bis 60 Thlr., der Saugfüllen 6 bis 10 Thlr., der Enter 10 bis 20 Thlr., nur einzeln kommen höhere Preise vor.

der Stammvater unserer besten Pferdefamilien in der Marsch geworden\*). Zwar kauften die genannten Pferdehändler die meisten Hengstfüllen selbst an und führten sie aus, doch blieben zwei Hengste zurück, der Neptun und der Thorador I. Sie zeichneten sich durch gute Verhältnisse und regelmäßigen Gang aus, erhielten bald Prämien und erzeugten eine reiche Nachkommenschaft der besten Pferde.

Wie die Beduinen Arabiens die Stammregister ihres edlen Wüstenpferdes seit 1000 Jahren, und die Engländer die Stammregister ihres Vollblutpferdes seit etwa 200 Jahren führen, so werden seit 1862 auch in Oldenburg Pferdestammtafeln geführt. Die sorgfältige Führung und Beachtung derselben ist für eine reine, planmäßige Züchtung von großer Wichtigkeit. Eine solche Pferdestammtafel erinnert lebhaft an den Stammbaum manches hochadlichen Hauses.

Aus solchen Stammtafeln ist zu ersehen, wie glänzend sich der Stammvater in einer Reihe von gekrönten Nachkömmlingen von Generation zu Generation immer wieder verjüngt hat. Namentlich der Landessohn hat den alten Ruhm des Stammes seines Ahnherrn mannhaft vertreten, so daß er fast sprichwörtlich geworden ist. Auch eine beträchtliche Anzahl von Ur=Ur=Enkelinnen war bestrebt, den Ruhm ihres Ahnherrn zu verherrlichen.

Die Regierung nahm sich der wichtigen Landesangelegenheit noch weiter an. Sie führte 1840 auch für die besten Mutterstuten Prämien von 50 bis 75 Thaler Gold ein, erhöhte 1859 die Prämien für Hengste und vermehrte die für Mutterstuten. Endlich, im Jahre 1861 und 1862, wurden Stammregister eingeführt und eine Instruktion für die Körungs= und Revisions=Kommission erlassen, die im wesentlichen folgende Bestimmungen enthält:

1. Kein Hengst darf eine fremde Stute decken, wenn er nicht wenigstens 3 Jahre alt und von der Körungs=Kommission für tüchtig erklärt (angekört) ist.

2. Der niedrigste Satz des Deckgeldes wird von der Regierung des Herzogtums auf Vorschlag der Körungs=Kommission festgesetzt;

---

\*) Wie sehr unsere Landleute alles Fremde und Neue mit Argwohn aufnehmen, zeigte sich auch bei dieser Gelegenheit. Man trug nämlich Bedenken, den Stäveschen Hengst hier im Lande zum Bedecken zuzulassen und berichtete deshalb an die Herzogl. Regierung, welche aber die Zulassung des Hengstes sofort genehmigte. In einem Landtage meinte ein Abgeordneter, „die Pferde seien Luxusartikel; das Urpferd (!) sei in unseren Landesteilen überall viel tüchtiger gewesen." — Ebenso war man anfangs sehr gegen die Stierkörung eingenommen. Wie hat man nicht auch gegen die Chausseen und Eisenbahnen opponiert, und jetzt möchte jedes Dorf sie haben! —

er beträgt jetzt in den Marschen und gemischten Distrikten (z. B. Moorriem) 4 Thaler, in den Geestdistrikten 2½ Thaler.

3. Für ausgezeichnete Zuchtpferde werden jährlich Prämien von der Körungs-Kommission ausgeteilt, und zwar für Hengste 3 Prämien von 50, 40 und 30 Kronen (1400 bis 800 Mark), für Zuchtstuten 25 Prämien von 12, 10 und 6 Kronen (400 bis 200 Mark).

4. Ein Stammregister für den starken Schlag von Kutsch= pferden wird seit 1862 von der Körungs-Kommission geführt.

5. Die Körungs-Kommission besteht aus drei von der Staats= regierung ernannten ständigen Mitgliedern, von denen eines den Vorsitz führt, aus sieben Achts= und eben so viel Ersatzmännern, die aus den verschiedenen Distrikten der Landes (drei aus der Marsch, zwei aus dem gemischten Distrikt — teils Marsch, teils Geest — und zwei von der Geest) auf sechs Jahre gewählt werden. Die Körungs-Kommission besorgt die Körung der Hengste, die Aus= wahl der Hengste und Stuten, welche um die Prämien konkurrieren, und die Auswahl der Zuchtpferde, welche vorläufig in das Stamm= register aufgenommen werden können. Bei diesen Geschäften fun= gieren die ständigen Mitglieder und zwei Achtsmänner des Distrikts und entscheidet einfache Stimmenmehrheit. Ferner besorgen sämt= liche Mitglieder die Verteilung der Prämien und die Erstattung von Gutachten sowie die Einbringung von Anträgen zur Beförde= rung der Pferdezucht.

Vom Staate ist eine jährliche bestimmte Summe zur Be= förderung der Pferdezucht ausgesetzt (ca. 10 800 Mark).

Alle diese Bestrebungen, in denen Regierung und Volk Hand in Hand gingen, sind denn auch mit reichem Erfolg gekrönt worden. Schwerlich giebt es viele Landespferdezuchten, in welchen sich ein so feststehender Stamm sicher nachweisen läßt, schwerlich wird ein anderes Land im stande sein, Wagenpferde von so gleichmäßigen Verhältnissen zu produzieren. Man nimmt an, daß die Zahl der Pferde 35—36000 Stück im Werte von 13—14 Millionen Mark beträgt und berechnet die jährliche Ausfuhr auf 4000 Pferde und Füllen zum Werte von 2250000 Mark. Allerdings hat die Pferdezucht in letzter Zeit abgenommen; 1863 betrug die Zahl der Zuchtstuten 8846, im Jahre 1868 nur 5664. Das erklärt sich aus den besonders günstigen Konjunkturen, von denen die Rind= viehzucht begleitet war; Holland hatte sich von der Rinderpest noch nicht erholt, und in den östlichen Provinzen Preußens beschränkt man die Schafzucht und führte eine bedeutende Menge Rinder ein. Mäßige Pferde lieferten daher keinen so hohen Ertrag mehr wie das Rindvieh. Immerhin steht aber die Pferdezucht noch in hoher Blüte. In qualitativer Hinsicht hat sie sich überall auf gleicher Stufe erhalten. Noch immer gehen Zuchthengste zu hohen Preisen ins Ausland; 1869 sind 28 verkauft, 1870 an eine preußische Kommission 15 zum Gesamtpreise von 45000 Mark. Was die Preise für Pferde betrifft, so sei noch bemerkt, daß ein Paar gute Wagenpferde gewöhnlich mit 2000 Mark oder darüber bezahlt werden. 1870 wurden drei oldenburgische Hengste an die königlich preußische Gestütsverwaltung für im ganzen 13500 Thaler verkauft.

Am stärksten wird die Pferdezucht im Stad- und Butjadingerlande betrieben, weniger stark im Jeverlande und in den der Marsch benachbarten Geestdistrikten, am wenigsten in den übrigen Landesteilen.

Das oldenburgische Pferd zeichnet sich aus durch einen starken, regelmäßigen Bau, große Fruchtbarkeit, frühe Ausbildung und ein ruhiges, gutmütiges Temperament. Der zeitige Gebrauch ist den jungen Pferden, wenn nur einige Vorsicht angewandt wird, nicht nachteilig. Die jungen Tiere gewöhnen sich bald an einen langsamen, ruhigen Gang, wenn sie anfänglich mit einem alten Pferde zusammengespannt werden. Vom zweiten Jahre an können die jungen Pferde schon zu Feldarbeiten benutzt werden, und die Mutterstuten verrichten dieselben fast das ganze Jahr, mit Ausnahme weniger Wochen vor und nach der Geburt des Füllens. Beim Pflügen des ganz schweren Kleibodens muß man allerdings vier und oft sechs Pferde vor den Pflug spannen. Wegen all dieser vorzüglichen Eigenschaften ist das oldenburgische Wagenpferd gesucht und seine Aufzucht von großem Vorteil. Die großartige internationale Ausstellung in Hamburg, im Juli 1863, trug nicht unwesentlich dazu bei, den Ruf der oldenburgischen Pferde-, sowie auch der Rindviehzucht auszubreiten, ebenso die Frankfurter Ausstellung (1887).

Welcher Unterschied zwischen den Pferden vor 30—40 Jahren und den jetzigen! Damals Blesse und vier weiße Füße, unschönes, dickes Haar und behangene Schenkel, jetzt fast gar keine Abzeichen, kastanienbraunes, weiches, glänzendes Haar; damals kleine, tiefliegende Augen mit mattem, feuerlosem Blick, jetzt das Auge von passender Größe mit belebtem Blick; damals enge und ohne Spiel sich zeigende Nüstern, jetzt dieselben wohlgeformt und spielend; damals ein phlegmatischer, träger, jetzt dagegen ein leichter, kräftiger Gang. Trotz alledem darf aber nicht verhehlt werden, daß nicht alle Pferde den Anforderungen der Zeit entsprechen. Man trifft noch Pferde, die nicht edel genug, nicht rasch und leicht im Gange sind. Deshalb muß mit großer Strenge auf eine planmäßige Züchtung und zwar nur mit Vollbluttieren gehalten werden. Jede Zucht mit Halbbluttieren von unbekannter Abstammung ist dem Zufall ausgesetzt. Dafür hat der „Tannhäuser", einer der schönsten Hengste seiner Zeit, aber von dunkler Herkunft, ein auffallendes Beispiel geliefert. Die Nachkommen desselben waren so mangelhaft, daß er bald nur wenige Stuten mehr bedeckte und im besten Alter zu einem niedrigen Preise ins Ausland verkauft werden mußte.

Der Zweck, ein kräftiges, dabei aber elegantes und rasches Wagenpferd zu liefern, muß stets im Auge behalten werden, und zu dem Ende sind nur die besten Tiere eines reinen, erprobten Stammes zur Zucht zu wählen. Was bisher erreicht ist, ist nur auf diesem Wege erreicht.

Es bleibt nur noch übrig, einige Mitteilungen über die oldenburgische Landwirtschafts-Gesellschaft und die Oldenburger Pferdemärkte zu geben. Erstere hat ungemein zur Hebung der Landwirtschaft beigetragen, namentlich auch durch gemeinsame Besprechungen in den Versammlungen der einzelnen Abteilungen, durch öffentliche Versuche mit neuen Geräten und Maschinen am Tage der jährlichen Generalversammlung und durch die Verbreitung landwirtschaftlicher Kenntnisse in dem vom Generalsekretär der Gesellschaft redigierten „Landwirtschafts-Blatt". Die oldenburgische Landwirtschafts-Gesellschaft wurde im Jahre 1818 gestiftet, hat von Jahr zu Jahr an Mitgliedern zugenommen und besteht zur Zeit aus vielen Abteilungen. Der Verein hat eine eigene Bibliothek, in der die neueste landwirtschaftliche Litteratur vertreten ist. Die Generalversammlungen sind für sämtliche Mitglieder des Vereins Tage der Freude am Erreichten und der Aufmunterung zu fernerem Streben. Mit derselben sind landwirtschaftliche Ausstellungen und eine Tierschau verbunden. Auf solchen Festen kann man unsere behäbigen, strebsamen und intelligenten Landwirte in regster Thätigkeit versammelt sehn, hier betrachtend und kritisierend, dort plaudernd und debattierend, bald in kleineren Gruppen im vertraulichen Gespräch, bald in großen Versammlungen zu gemeinschaftlichen Beratungen, oder an langer, wohlbesetzter Tafel, die Früchte des Fleißes von Feld und Wiese fröhlich genießend und beim vollen Glase heitere und ernste Toaste ausbringend auf solche Männer, die sich um unsere Landwirtschaft verdient gemacht haben, vor allem auf den allverehrten Landesfürsten, den hohen Protektor der Gesellschaft. Einst wurde u. a. folgender Toast ausgebracht:

„Heut ist Tier- und Menschenschau,
Es leb' unser Großherzog und seine Frau!"

An solchen Festtagen vergißt der Landmann, daß er im Schweiße seines Angesichts sein Brot essen muß, und hört auf, das Gras wachsen zu hören. An dem Orte, wo das Fest stattfindet, feiert alt und jung, groß und klein mit. Die Häuser sind mit Kränzen und Guirlanden geschmückt, Fahnen und Flaggen wehen. Am Eingange des von Buden umgebenen Festplatzes erheben sich geschmackvoll aus Laub und Blumen erbaute Ehrenpforten. Wer ein solches Fest mitfeiert, der kommt unwillkürlich mit in die frohe Stimmung hinein und möchte mit Claudius jubeln:

„Vivat, der Bauer, vivat hoch!"

Pferde- und Viehmärkte werden im Lande an verschiedenen Orten abgehalten, zu Oldenburg, Ovelgönne, Sengwarden, Varel ꝛc., der wichtigste derselben ist aber der Oldenburger Medardusmarkt, der in der Regel am 8. Juni stattfindet. Weniger bedeutend ist der im Anfange August stattfindende Markt. Zum Medardusmarkte werden durchschnittlich 2—3000 Pferde zum Verkaufe gebracht. Nicht bloß aus Deutschland, sondern auch aus Holland, Italien, Frankreich ꝛc. finden sich Pferdehändler zu diesem Markte ein, der einer der besuchtesten in ganz Deutschland ist. Er wird abgehalten auf einem großen, mit Linden bepflanzten Platze nahe dem Heiligengeistthore, vor den beiden Infanteriekasernen. Schon mehrere Tage vorher kommen Kaufleute aus nah und fern herzugereist, und einzeln und in langen Zügen werden alte und junge Pferde aus allen Landesteilen, namentlich aber aus der Marsch, wie auch aus Ostfriesland hergeführt. Der Handel beginnt auch schon am Tage vor dem Markte, und nicht bloß vom Platze, sondern auch aus den Ställen und von den der Stadt nahegelegenen Weiden werden Pferde verkauft. Aus allen Teilen des Landes strömen alsdann die Landleute mit ihren Frauen und erwachsenen Söhnen und Töchtern herbei, jetzt mehr per Eisenbahn, früher aber nur auf ihren eigenen Fahrzeugen, Leiter- oder Korbwagen. Hunderte von Wagen rollen am eigentlichen Markttage wie auch am Tage vorher in die Thore der Hauptstadt und werden auf dem Marktplatze, in den Hauptstraßen und vor den Thoren in langen Reihen aufgestellt. Früher, ehe in Oldenburg Eisenbahnen gebaut waren, bedeckte am Anfange und Schlusse des Markttages eine fast unabsehbare Reihe daherrollender Wagen die Chausseen, die zur Residenz, namentlich von Norden her führen. Ein ungemein reges und buntes, wahrhaft großstädtisches Leben entwickelt sich am Markttage in der kleinen, freundlichen, sonst verhältnismäßig nur stillen Residenz. In den Straßen der Stadt wogt alsdann eine bunte Menschenmenge aus allen Ständen auf und ab wie in einer großen See- und Handelsstadt. Freunde und Bekannte, die sich vielleicht in langer Zeit nicht gesehen haben, finden und begrüßen sich hier wieder; denn jeder, der es nur irgend möglich machen kann, muß an diesem Tage zur Residenz. In dem wallenden Menschenstrome unterscheidet man besonders die Handelsleute, namentlich die Juden, im blauen Kittel, einen dicken Stock in der Hand führend, die in eifrigem Gespräch dem Markte zueilen, und — die Töchter und Frauen unserer reichen Landleute aus dem Butjadinger- und Jeverlande, die teils zum Vergnügen hereingekommen sind, teils um unsre Residenzler durch allerlei Einkäufe in Bewegung und Nahrung zu setzen. In schweren seidenen Kleidern, mit Goldsachen überreich behangen, gehen die ländlichen Schönen von Schaufenster zu Schaufenster, von Laden zu Laden. Früher erkannten die naseweisen Stadtjungen die Bauerntöchter aus Butjadingen sogleich an den kostbaren, mit üppigem Blumenflor bedeckten Hüten und riefen ihnen wohl gar nach: „Hei ji Butjahrland woll sehn?" — Jetzt sind entweder die Jungen artiger und galanter geworden, oder die ländlichen Schönen haben angefangen, sich weniger auffallend und luxuriös, wenn auch moderner zu kleiden, so daß man sie kaum von unsern zarten Städterinnen unterscheidet; doch verraten die frischen, gesunden Gesichter immer noch das Bauernmädchen, das nicht wie die Stadtdame von des Gedankens Blässe oder vielmehr von der Ball-, Konzert- und Theaterluft angekränkelt ist.

Die Städter haben im Pferdemarkte einen überaus guten Tag und machen deshalb alle ein freundliches Gesicht; denn heute fließt Geld in die Stadt, die nun im vollen Sinne des geflügelten Worts eine „Fettabschöpfungsanstalt" ist; und besonders die Kaufleute und Wirte machen brillante Geschäfte. Jetzt tritt nicht einzeln ein Fremder in die Thür, so daß man von oben herunter in der üblichen Weise fragen kann: „Ist da wem?" — sondern in den Kaufläden und Wirtsstuben wogt und strömt es aus und ein, und die Räume vermögen die kauflustigen und durstigen Seelen kaum zu fassen. In den von Rauch und Qualm fast verdunkelten Wirtsstuben sitzt alles gedrängt voll, trinkend und in eifrigem Gespräch begriffen, und dazwischen erschallt wohl Sang und Klang einer Sängergesellschaft. Unaufhörlich, vom frühen Morgen bis zum späten Nachmittag, wogt der Menschenstrom hin und her, vom Markte in die Stadt und von der Stadt zum Markte.

Wogen wir jetzt einmal mit zum Marktplatze hinaus. Am Heiligengeistthorwall begegnen wir dem ersten Markttröbel und Schwindel. Da kreisen unaufhaltsam die Karussells, da schreit in einem fort der Inhaber einer geheimnisvollen Bude voller Sehens- und Merkwürdigkeiten, da erklärt der Orgeldreher unaufhörlich seine, an einer dicken Ulme des Walles aufgehängten, schauderhaften Mordgeschichtenbilder, und seine braune Gattin kreischt und kräht dazu den ganzen Tag. Wir wogen weiter. Der große, schöne Pferdemarktplatz ist in einem weiten Halbkreise mit Buden umbaut. Auf demselben sind zahllose Wagen aufgestellt, an denen die Pferde befestigt sind. Es ist ein Gekrimmel und Gewimmel von Menschen und Tieren. Alle Bezirke und Gegenden des Landes sind durch Zwei- und Vierfüßler vertreten. Wir sehen den behäbigen, stolzen Marschbauer neben seinen starken, wohlgenährten Rossen, den von schwerer Arbeit gekrümmten, hageren Geestbauer und Köter neben seiner knochigen Mähre, den schweigsamen, ernsten Mann aus dem Moore neben seiner magern Kuh. Dazwischen wogt es kreuz und quer von Käufern und Verkäufern. Auf der breiten Straße, die im Süden den Platz begrenzt und ihn in der Mitte durchschneidet, läßt man einzelne Pferde einen Probelauf anstellen. Man hört Rufen, Schnalzen und Peitschengeknall. Hier bäumt sich wiehernd ein hoher, stolzer Prämienhengst, und die müßigen Zuschauer springen bangend und staunend zurück; dort kommt ein glänzend- kastanienbraunes Gespann ganz egaler Kutschpferde in vollem Trabe herangeschnaubt. Alles eilt aus dem Wege. Nun treten die Käufer hinzu, beschauen die herrlichen Tiere mit prüfenden Kennermienen, und der Handel beginnt. Der Verkäufer stellt eine hohe Forderung, der Käufer wendet sich kopfschüttelnd ab. Bald kommt er zurück und stellt ein niedrigeres Gebot. Es beginnt ein Sperren und Sträuben, ein Zureden und Beteuern, ein Fluchen und Schwören von beiden Seiten. Immer erhitzter und erregter werden schein- bar die Beteiligten, bis man sich endlich bis auf einen geringen Unterschied im Preise geeinigt hat. Da erfolgt ein lauter Hand- schlag, und der Handel ist abgeschlossen. Die Rosse werden abge- führt, und Käufer und Verkäufer begeben sich in ein nahes Zelt oder Wirtshaus, um in Ruhe das Geld abzählen zu können. Hier erblicken wir einen jüdischen Handelsmann aus Neustadt-Gödens, der mit schlauer Miene über den Platz schleicht und mit manchem „Gott schtraf mi!" und „Gott gerechter!" alles für einen Spott- preis aufkauft, was sonst kein Mensch gebrauchen kann, alte Schind- mähren, halbblinde Wallachen, mißgestaltete Füllen 2c. 2c. Dort wieder hat ein altes Mütterlein ihre letzte Kuh verkauft, um nur Geld zu machen, und läßt sich die Thaler in die Hand zählen. Hier, vor dem Stalle des nahen Hotels steht ein französischer Pferdehändler, eine große Geldtasche um den Leib geschnallt, läßt sich die kostbarsten Wagenpferde vorführen und bereits gekaufte abliefern und in den Stall bringen. Dort sehen wir die gewiegten, großen Pferdehändler des Landes mit ungeheurer Ruhe ihre lange Reihe herrlicher Tiere entlang schlendern. Auf eine Anfrage antworten sie kurzsilbig; ein gestelltes Gebot ist ihnen viel zu niedrig, und ohne eine Miene zu verziehen gehen sie ihres Wegs. — Wer wäre im stande, alle die Bilder und Scenen zu zeichnen, die sich hier in einem interessanten, bunten Gewirr vor unsern Augen bald zusammendrängen, bald wieder auseinander fließen, wie in einem Kaleidoskop!

## VIII. Kapitel.

## Wilhelmshaven.

Da, wo der Jadebusen sich im Norden verengt, springt die Westküste des Jeverlandes in einem spitzen Winkel vor. In diese Ecke hat man den deutschen Kriegshafen hineingearbeitet.

Die Idee, dort eine Marinestation zu errichten, ist nicht neu und auch nicht ursprünglich deutsch; denn schon Napoleon I. faßte zur Aufrechthaltung der unheilvollen Kontinentalsperre den Gedanken. Es wurde dort in der That eine französische Batterie angelegt, von der noch gegenwärtig Spuren zu erkennen sind. Das war zur Zeit der tiefsten Erniedrigung Deutschlands. Eine große Ebbe war gleichsam in der deutschen Geschichte eingetreten, der naturgemäß eine hohe Flut, die Erhebung unseres Volkes zur Abwerfung der verhaßten Fremdherrschaft, folgen mußte. Gleicht doch die Geschichte der Völker der steigenden und wiederum sinkenden Meeresflut, die mahnend um die Bollwerke des deutschen Kriegshafens rauscht. Das Jahr 1848 bezeichnet abermals eine hohe Springflut der deutschnationalen Einheitsbestrebungen. In diesem Jahre war es auch, als eine Untersuchungskommission des Frankfurter Parlaments die Nordseeküste bereiste und das Terrain bei Heppens als das geeignetste zur Anlage eines Kriegshafens bezeichnete. Leider nur zu bald trat eine tiefe Ebbe ein, und die Anfänge der deutschen Flotte zerschellten im Jahre 1852 in kläglichster, beschämendster Weise an der Zerrissenheit Deutschlands.

Allein eine völkerbewegende Idee läßt sich nicht auf die Dauer zurückdrängen; dieselbe wurde sofort von der starken Vormacht Deutschlands wieder aufgenommen. Preußen hatte die Notwendigkeit einer deutschen Flotte und eines deutschen Kriegshafens an der Nordseeküste erkannt. Schon im Jahre 1853 schloß es mit dem echt deutschgesinnten Oldenburg einen Staatsvertrag ab, durch welchen es gegen eine Summe von 500000 Thlr. die Abtretung der nötigen Territorien zum Bau des Hafens erlangte.

Hätte Preußen die rasche Umgestaltung der politischen Verhältnisse Deutschlands vorhersehen können, so würde es vielleicht mit der Hafenanlage gewartet und später die Elbemündung, die größere Tiefe und günstigern Baugrund bietet, gewählt haben. Allein unter den damaligen Zeitverhältnissen und unter dem hemmenden Einflusse kleinstaatlicher Eifersucht, vor allem Hannovers, blieb keine andere Wahl. Zudem hat auch die Jade in mancher Hinsicht große Vorzüge aufzuweisen. Sie ist einmal gegen westliche Stürme geschützt, besitzt sodann eine hinreichende Tiefe (8 m von See aus) auch für die schwersten Kriegsschiffe, ferner friert sie, da sie fast nur salziges Nordseewasser führt, selten oder nie ganz zu, und endlich und vor allen Dingen hat sie eine überaus günstige strategische Lage. Was letztere betrifft, so ist es möglich, von der Jade aus feindlichen Kriegsschiffen, welche die Elbe oder Weser bedrohen, in den Rücken zu fallen, während sie selbst leicht zu verteidigen und dem Feinde schwer zugänglich ist.

Welch ein Riesenwerk der deutsche Kriegshafen ist, mit welchen Schwierigkeiten man beim Bauen zu kämpfen hatte, weiß nur der zu beurteilen und zu würdigen, der die ersten Anfänge der mühevollen Arbeit gesehen hat, die Beschaffenheit des Bodens und die zerstörende Gewalt der Sturmfluten kennt.

Ich habe die Entwicklung des Werks von seinen ersten Anfängen an beobachten können und habe Respekt bekommen vor deutscher, speziell preußischer Arbeitskraft und Ausdauer. Welche unsägliche Mühe bereitete der morastige Marschboden den Arbeitern, und wie viele derselben streckten seine giftigen Fieberausdünstungen auf das Siechbette! Lagen doch häufig 20 Prozent der Arbeiter am Sumpffieber darnieder. Das war es aber nicht allein; von der andern Seite drohte das Meer, das soeben erst Vollendete sofort wieder zu vernichten. Es war gleichsam ein Bauen im Angesichte des Feindes, in der einen Hand Spaten und Mauerkelle, in der andern das Schwert. Wiederholt wurden durch heftige Sturmfluten die mit großer Mühe und vielen Kosten angelegten Fangdämme, welche gleichsam eine Festung gegen das Meer bilden sollten, zerstört und mußten von neuem aufgeführt werden. Das Wasser drang in die Kanäle und Bassins, ja es brach sich durch die Grundmauern in gewaltigen Quellen Bahn, ein neues Hindernis bildend.

Nichtsdestoweniger fehlte es an süßem Trinkwasser, welchem Mangel nur durch Bohrung zweier artesischer Brunnen von 192 m und 255 m Tiefe abgeholfen werden konnte. Der erstere liefert täglich 350, der letztere ca. 5000 Kubikfuß Trinkwasser.

Unter solchen Umständen kann es uns nicht wundern, wenn 15 Jahre verflossen, ehe König Wilhelm (1869) dem mühevollen Werke seinen Namen geben konnte. Zwei Jahre währte allein der Bau der gewaltigen Fangdämme, hinter denen doch erst die Hauptarbeit beginnen konnte. Sie bestanden aus zwei Reihen schwerer Balken, die man neben einander in den Grund gerammt hatte, so daß sie sich 6 m über dem Meeresspiegel zur Zeit der Ebbe erhoben.

Zunächst begann man nun die beiden, in runden, turmartigen Köpfen endenden Molen zu bauen. Sie sind aus Sandsteinquadern und Ziegelsteinen massiv aufgeführt, bilden die 69,5 m breite Hafeneinfahrt und reichen bis an das tiefe Fahrwasser. Ihre Länge beträgt ca. 180 m, ihre Krone erhebt sich 8,5 m über dem Ebbespiegel. Das Fahrwasser zwischen ihnen hat zur Zeit der Ebbe eine Tiefe von 5, zur Zeit der ordinären Flut eine solche von 9 m, so daß selbst die schwersten Schiffe, sogar der „König Wilhelm", welcher einen Tiefgang von 8 m hat, aus- und einlaufen können. Freilich muß fortwährend gebaggert werden, weil aus der Flut beständig viel Schlamm oder Schlick niederschlägt.

Durch die Einfahrt zwischen den Molen gelangen die Schiffe zunächst in den Vorhafen, welcher 210 m lang und 120 m breit ist. Sie müssen dabei doppelte eiserne Schleusenthore (Flut- und Ebbethore) passieren, welche nur bei Hochwasser geöffnet werden. Diese Schleusen haben im Lichten eine Breite von 19,8 m, und die Entfernung zwischen den beiden Thorpaaren, die sog. Schleusenkammer, beträgt 39,6 m. Die Tiefe des Vorhafens ist derjenigen der Einfahrt, des Kanals und des großen Bassins gleich.

Durch eben solche Thore, wie die beschriebenen, gelangen die Schiffe in den 1080 m langen und 65 m breiten Kanal, der nur in seinem obern Teile mit senkrechten Kaimauern eingefaßt ist, während drei Viertel seiner Länge eine ungemauerte Böschung aufweisen. Durch den Kanal gelangen die Schiffe in das Hauptbassin, den eigentlichen Hafen für die Schiffe. Es hat eine Länge von 360 und eine Breite von 231 m und eine aus Granitquadern senkrecht aufgeführte Kaimauer zum Anlegen für die großen Kriegsschiffe.

Drei Trockendocks und zwei Hellinge liegen an der Westseite des Bassins. Die Docks sind längliche, einem römischen Amphitheater ähnliche, mit Granitquadern ausgemauerte Bassins, ganz der Schiffsform entsprechend, um die Fahrzeuge behufs der Reparatur aufnehmen zu können. Zwei dieser Docks sind für die großen Schiffe bestimmt und haben eine Länge von 135 und eine obere Breite von 25 m; das kleinere nur 114 m lange Dock ist für kleinere Schiffe. Vom Grunde aus gesehen, bauen sich die Docks terrassenförmig auf. Die Hellinge sind schiefe Ebenen, welche gemauert sind und allmählich aus dem Wasser aufsteigen; sie sind hauptsächlich zum Neubau von Schiffen bestimmt. Docks und Hellinge liegen parallel neben einander, können durch Pontonthore vom großen Bassin abgeschlossen und durch eine mächtige Dampfpumpe in kurzer Zeit trocken gelegt werden.

Die Herstellung all dieser großen Werke erforderte einen Kostenaufwand von 9 Millionen Thalern.

Wir wenden uns nun den Hochbauten zu, und zwar zunächst den zum Betriebe der Werft notwendigen Etablissements. Zu ihnen gehört die Kesselschmiede, in welcher man die großen Kessel für die Kriegsschiffe verfertigt, ferner die nahe dabei belegene Montierungswerkstatt, in der die Maschinenteile gearbeitet werden. Der Dampf für die vielen Maschinen dieser beiden kolossalen Werkstätten wird in dem hinter beiden liegenden Kesselhause erzeugt. Vor ihnen, unmittelbar am Hauptbassin, erhebt sich der gewaltige Dampfkran, mittels dessen man Lasten bis zu 1000 Centner heben kann. Er dient zum Aus- und Einsetzen der schweren Geschütze, Maschinen und Masten der Schiffe.

Noch manche andre Werkstätten und großartige Etablissements reihen sich den genannten an, als ein Gießhaus, eine Dampfhammerschmiede, die Schiffsbauschmiede, die Winkeleisenwerkstatt, in welcher letzteren die Rippen und Planken der Panzerschiffe wie auch die dicken Panzerplatten gearbeitet werden, ferner die Bootsbauwerkstatt und die großen Magazine für Artillerie und anderes Inventar und Material, und endlich die Werkstatt für Takelagen und Segel der Schiffe.

Alles dieses und noch manch anderes, sowie auch die Docks, Hellingen, das große Bassin und ein Teil des Kanals, sind durch eine hohe Mauer von der Stadt geschieden. Alles, was innerhalb dieser Mauer liegt, nennt man die kaiserliche Werft. Acht Thore bilden den Zugang zu derselben, der jedoch Fremden nur gegen Lösung einer Karte gestattet ist, welche man in dem Werft-Direktionsgebäude bekommen kann.

Das vielgestaltige Leben und Treiben, das rastlose Arbeiten und Schaffen auf der Werft, wo stets einige tausend Arbeiter beschäftigt sind, muß man durch eigenen Augenschein kennen lernen. Es ist eine ameisenhafte Regsamkeit. Man glaubt sich in die Werkstatt Vulkans versetzt.

Die kaiserliche Werft bildet den Mittelpunkt der Stadt, „das Herz Wilhelmshavens". Die Stadt, obgleich bereits über 14 000, mit den Vorstädten ca. 25 000 Einwohner zählend, macht aber bis jetzt noch immer den recht ungemütlichen Eindruck eines unfertigen Werkes. Man sieht freilich sehr breite, sich rechtwinklig durchschneidende Straßen, wie die König=, Roon= und Bismarckstraße, mit einzelnen großen, stilvollen Gebäuden, als ein prachtvolles, für 600 Kranke eingerichtetes Lazaret, eine Kirche (die sogenannte Elisabethkirche), Kasernen, ein Marinestationsgebäude mit weithin sichtbarem Signalturm, ein Observatorium, das Reichspostamt, Wohnungen der Offiziere und Marinebeamten, Hotels, Kaufmannshäuser ꝛc., allein manche Straßenteile sind noch gänzlich unbebaut. So kahl und frei übrigens auch das ganze Terrain daliegt, so macht es jetzt doch schon einen freundlichen Eindruck, der besonders dadurch hervorgebracht wird, daß in den breiten Straßen Ulmenalleen angepflanzt sind. Trotz des scharfen Seewindes kommen diese Bäume gut fort. Sogar einen großen, im Jahre 1870 sehr geschmackvoll angelegten Park mit Gesellschaftshaus, wo im Sommer die Marinekapelle konzertiert, hat die Stadt bereits aufzuweisen. Außerdem liegen im Innern derselben zwei große, mit Bäumen bepflanzte Plätze, der Friedrich=Wilhelm= und der Adalbert=Platz, letzterer mit der großen Adalbert=Statue geschmückt.

Man muß sich wundern über den raschen Aufschwung, den die Stadt genommen hat; denn vor 20 Jahren war hier nur grünes Wiesen= und Weideland, auf welchem einzelne Bauernhöfe zerstreut umher lagen. Nichtsdestoweniger hat das Leben in Wilhelmshaven wenig Anheimelndes; das Sinnen und Streben der Bevölkerung geht durchweg in Materiellen auf. Unter der Arbeitermasse befinden sich selbstverständlich viele rohe Elemente; blutige Raufereien sind an der Tagesordnung. Der Kern der Stadt wird aber weniger durch diese Verhältnisse in Mitleidenschaft gezogen, weil die Arbeiter größtenteils in den Vorstädten Neu=Heppens, Elsaß, Lothringen, Belfort, Sedan, Neu=Bremen, Metz ꝛc. wohnen.

Mit dem Bau des Jade=Ems=Kanals von Wilhelmshaven nach Emden und des Handelshafens kann es nicht fehlen, daß die Stadt sich ausdehnt und rasch zu einem größeren Handelsplatz emporblüht. Der Handelshafen ist im Jahre 1886 eröffnet. Er wird mit dem Kriegshafen in Verbindung gesetzt und hat seine besondere Ausfahrt, die im Notfalle auch von den größten Kriegsschiffen be=

nutzt werden kann, falls in der einen Einfahrt ein Hindernis eintreten sollte.

Die jetzigen Werftanlagen entsprechen nicht mehr den Anforderungen der Gegenwart. Wilhelmshaven soll nämlich nach dem Flottengründungsplan von 1882 die Station für 8 Panzerfregatten, 6 Monitors und über 20 hölzerne Kriegsschiffe werden. In Friedenszeiten werden die Schiffe aus Sparsamkeitsrücksichten abgetakelt und ihr Inventar und Material wird in großen Magazinen aufbewahrt. Sollen sie nun in Kriegsfällen rasch wieder ausgerüstet werden, so ist es notwendig, daß sie unmittelbar vor den Magazinen am Kai liegen, und hierzu reichen die jetzigen Flächen nicht aus.

Deshalb wird demnächst noch ein zweites großes Ausrüstungsbassin erbaut.

Wilhelmshaven ist in der That eins der großartigsten Werke der Neuzeit, das Deutschland nicht bloß zum Ruhme, sondern auch zu starkem Schutz und Schirm gereicht. Mit seiner Vollendung wird eine Blockade der Nordseeküsten, ein Einfall des Feindes von der See her unmöglich sein. So ist denn der Kriegshafen an der Nordsee eine Schöpfung von tiefster nationaler Bedeutung, wohl wert des Ringens und Strebens, der gebrachten und noch zu bringenden Opfer an Zeit, Kraft und Geld. Neunzig Millionen Mark, nicht weniger, werden die Anlagen kosten, bis sie vollendet sind. Ein solch kostbares Bollwerk mußte man sowohl nach der See-, als auch nach der Landseite hin möglichst zu sichern suchen. Zu dem Ende ist es nach der See zu bereits durch gewaltige Batterien und Forts, die mit Kruppschen Riesenkanonen besetzt sind, hinreichend geschützt, und nach der Landseite wird es mit einem Gürtel gepanzerter Forts umschlossen. Außerdem werden Vorkehrungen getroffen, daß man im Notfalle die niedrige Umgebung unter Wasser setzen kann. So geschützt, ist Wilhelmshaven ein uneinnehmbares Bollwerk, dessen achtunggebietendes Kriegsgeschwader bestimmt ist, unser deutsches Meer, die Nordsee, zu beherrschen und zu beschützen.

Will man sich einen Ueberblick über die Stadt und ihre ganze Umgebung verschaffen, so besteige man den 30 m hohen, unweit der Werft belegenen Wasserturm. Derselbe mußte angelegt werden, weil die beiden artesischen Brunnen nicht genügendes Wasser lieferten. Sein großes Reservoir faßt 830 Kubikmeter Wasser, welches von der hohen Geest bei Schortens (Heidmühle) hergeleitet wird.

Von der Platte des Turms hat man einen wahrhaft großartigen Anblick. Zu Füßen liegt die Stadt mit ihrem Park und ihren vielen in frischem Wiesengrün zerstreuten Vorstädten. Man überblickt aus der Vogelschau den ganzen Plan der Hafenanlagen, die riesigen Werkstätten und Etablissements, die Docks, Hellingen und Bassins mit den Torpedo=, Kanonenbooten und den kolossalen Kriegsschiffen, wahren Seefestungen. Nach Osten liegt der Jade=busen ausgebreitet mit der Küste Butjadingens von Eckwarden bis Langwarden. Nach Süden erhebt sich die Oldenburger Geest mit dem Turme von Varel und der Dangaster Düne; im Westen überschaut man die jeversche Küste bis Schillighörn, und im Norden schweift der Blick in die unbegrenzte See hinaus.

## IX. Kapitel.

# Ostfriesland.

## I.

Wie Land und Volk zwischen Weser und Ems überall, trotz kleiner Abweichungen, die größte Verwandtschaft und Aehnlichkeit aufweisen, so unterscheidet sich auch Ostfriesland nur in wenig Stücken von den Marsch-, Geest- und Moorlandschaften des Oldenburger Landes und ihrer Bewohner. Wer die oldenburgischen Marschen Jever- und Butjadingerland kennt, der kann sich auch einen Begriff von der ostfriesischen Marsch machen; denn Entstehungsweise und Zusammensetzung des Bodens sind dieselben. Die ostfriesische Marsch schließt sich ohne jeglichen Uebergang an die jeversche Marsch. Sie bildet den grünen, fruchtbaren Saum der weniger fruchtbaren Geest und des öden, braunen Moores, die den größten Flächenraum des Landes im Innern ausfüllen. Letztere sind nur eine Fortsetzung der oldenburgischen Geest- und Moorlandschaften, wie wir sie finden in der friesischen Wede, dem Ammerlande und dem Vehn-Moor. Eins aber fehlt der ostfriesischen Geest, was dem Ammerlande und der friesischen Wede zum köstlichen Schmuck gereicht, der Reichtum stolzer, grüner Wälder. Zwischen Oldenburg und Ostfriesland existiert mithin keine natürliche, sondern nur eine politische Grenzscheide.

Eine Wanderung durch Ostfriesland fordert uns unwillkürlich zu Vergleichungen mit dem im Oldenburgischen Geschauten heraus. Was hier die Jade mit ihrem tiefausgeschnittenen Busen, ist dort die Ems mit dem Dollart. Hier wie dort bespült die Nordsee die flache Küste, deren Seeburg der ununterbrochene Wall des Deiches bildet, von dessen Kappe aus wir nordwärts das öde, graue Watt und das unendliche Meer, südwärts die unabsehbare grüne Ebene der Marsch, übersäet mit stattlichen Bauerngehöften und weidenden, üppigen Rinderherden, überschauen. Auch der Kranz der ostfriesischen Inseln, Spiekeroge, Langeoge, Baltrum,

Norderney, Juist und Borkum, bieten ganz dieselben Dünen- und Strandbilder wie Wangeroge.

Die Größe Ostfrieslands beträgt etwa 54½ Quadrat-Meile mit ca. 210000 Einwohnern. Kaum die Hälfte des Bodens ist Marsch (24 Q.-M.); das übrige verteilt sich fast gleichmäßig auf Geest und Moor. Nach der Mitte zu erhebt sich der Boden bis etwa 15 m über den Meeresspiegel; die Marsch dagegen liegt durchweg so niedrig, daß die Flut über sie hinwegspülen würde, wenn nicht der hohe Wall des Deiches in einer Länge von ca. 41 Meilen einen kostbaren Schutzdamm bildete, dessen Unterhaltung jährlich über 210000 Mark kostet.

Ein großer Teil des Bodens ist so niedrig gelegen, daß er oft mehrere Monate überschwemmt wird, besonders an der Leda und Jümme, im Reider- und Harlingerland. Wie in Holland muß daher das Wasser durch Schöpfmühlen, die vom Winde getrieben werden, fortgeschafft werden. Es giebt in Ostfriesland ca. 130 solcher Wasserschöpfmühlen, die über 7000 ha, etwa $\frac{1}{42}$ des Landes entwässern.

Suchen wir zuvörderst einen Ueberblick zu gewinnen. Die Marsch zerfällt in mehrere Landschaften, die, wenn wir vom Jeverlande aus die Nordsee entlang und dann am rechten Ufer des Dollart und der Ems stromaufwärts gehen, in dieser Reihe folgen: Zunächst treffen wir das fruchtbare Harlingerland mit der Stadt Esens und dem Flecken Wittmund, dann die sog. Wester- und Ostermarsch (Norderland) mit der ältesten Stadt des Landes, Norden, hierauf das Brokmerland und die mit Fruchtbarkeit gesegnete Krummhörn mit der größten Stadt des Landes, Emden. Nun folgt jenseits der Ems das Reider- und schließlich, diesseits derselben, das Overledinger- und Moormerland mit der gewerbfleißigen, fröhlich emporblühenden Stadt Leer, an der Mündung der Leda in die Ems.

Harlingerland ist der nordöstlichste Teil Ostfrieslands. Den Namen erhielt es von dem Flüßchen Harle, welches von den Wangerogern Heddel genannt wird. Aus diesem Umstande hat Dr. Martinius in neuester Zeit schließen wollen, es sei das im Gudrunliede vorkommende Land der Hegelingen oder Heddelingen. Die Grodenländereien dieser Landschaft sind von vorzüglicher Fruchtbarkeit. Auf den Sielen herrscht ein reges Leben, vorzüglich in dem rasch aufgeblühten Karolinensiel an der Harlemündung. Der Harlingerländer gleicht hinsichtlich des Charakters sehr dem benachbarten Jeverländer; er ist heiteren Naturells, als der Ostfriese im südwestlichen Teile des Landes. Schützenfeste und sogen. Biere

(Kimmel-, Brut-, Tröstel-, Richtel-, Flöster-, Klotscheeterbeer) werden wie im Jeverlande mit Vorliebe gefeiert, und auch das Klotschießen wird im Winter nicht vernachlässigt.

Im Norderland, dem nordwestlichsten Teile Ostfrieslands, sind Moor, Geest und Marsch vertreten.

In der Gegend um Aurich wechseln große Heiden mit Moorstrecken und -Kolonien ab, welchen letzteren die Lebensadern, Kanäle, fehlen. Hoffentlich bringt der Jade-Ems-Kanal, welcher in einer Länge von 74 km von Emden über Aurich nach Wilhelmshaven gebaut wird, hierin eine Wandlung hervor. Weiter südlich, im Auricherlande, ist guter Roggenboden; auch werden hier Rindvieh- und Pferdezucht stark betrieben. Die Geestbauern erfreuen sich hier eines gewissen Wohlstandes, vor allem sind die Arbeiterverhältnisse viel günstiger als in der Marsch. Ganz im Süden des Auricherlandes sind blühende Fehne (Große Fehn), deren Bevölkerung, wie fast überall in solchen Kolonien, von der Schiffahrt lebt und tüchtige Seeleute liefert. In Timmel befindet sich eine Navigationsschule.

Südlich vom Norderland liegt das Brokmerland. Teilweise ist der Boden desselben sehr bruchig (Brok = Bruch), wird häufig überschwemmt und ist für Ackerbau und Viehzucht wenig geeignet. Der Untergrund solcher Wiesen oder Meeden ist dargig; sie bringen namentlich saure Halbgräser (Scirpus und Carex) hervor. Die Dörfer haben keine rundliche Form, wie im Auricherlande, sondern dehnen sich weit in die Länge aus. Marienhafe im Brokmerlande war der Zufluchtsort des berüchtigten Seeräubers Klaas Störtebeker. Zu Anfang des 15. Jahrhunderts fiel er den Hamburgern nach einem Verzweiflungskampfe in die Hände und wurde enthauptet. Die Häuptlinge ten Brok oder tom Brok waren Herren des Landes und führten von diesem ihren Namen. An der Leybucht erstreckt sich eine Reihe fruchtbarer Neulande oder Polder.

Zwischen Dollart und Leybucht liegt das Emsigerland oder die Krummhörn, der alte Emsgau, dessen Boden fast ganz aus fetter Marsch mit herrlichen Viehweiden besteht. Es ist mit Dörfern übersäet, die auf hohen Warfen liegen und durch ein dichtes Kanalnetz verbunden sind. Im Mittelalter war dieser Landstrich Tummelplatz der Raubritter und ostfriesischen Häuptlinge. Fast in jedem Dorf erhoben sich mit Wall und Graben umgebene Raubburgen. Aber auch an stillen, reichen Klöstern, in welche sich die alten Raufbolde nicht selten zurückzogen, um ihre Frevel zu büßen, war das Emsland reich.

Nördlich der Leda und östlich der Ems liegt das Moormerland, das nur am Ufer der Ems und Leda aus Marschland, im übrigen aus Geest und Moor besteht. Der Boden ist nicht so ertragsfähig, wie im südlich der Leda belegenen Overledinger- und im westlich der Ems gelegenen Reiderland.

Ersteres grenzt im Osten an das oldenburgische Saterland. Am Ems- und Ledaufer hat es ebenfalls Marschboden, weiterhin folgt niedriges Wiesenland, das zur Winterzeit überschwemmt wird. Alsdann bietet die spiegelglatte Eisfläche den im Schlittschuhlaufen sehr gewandten Bewohnern dieser Gegenden ein willkommenes Feld. Die Breinermoorer Schlittschuhe sind in ganz Ostfriesland und Oldenburg berühmt. Ueber Rhauderfehn folgen weiterhin einige Mitteilungen.

Im Reiderland ist die Marsch stark vertreten. Vom großen Bourtanger Moor auf der deutsch-holländischen Grenze zieht sich eine Fortsetzung in Süd-Reiderland hinein, die in niedriges Wiesenland ausläuft. Das Moor wird gabel- oder zangen- (tangen-) förmig eingefaßt von einer Sandhöhe. Auf den Poldern und der östlichen Marsch wird vorzugsweise Ackerbau, auf den üppigen Wiesen des Innern Rindvieh- und Pferdezucht getrieben. Der Flecken Weener ist durch Vieh- und Pferdehandel berühmt geworden. Der reiche Reiderländer ähnelt in seinem Wesen, seiner Lebensweise und Sprache schon sehr dem Holländer. Die Eisenbahnlinie Ihrhove-Neuschanz setzt ihn in direkte Verbindung mit Holland.

Daß wir uns auf der ganzen Strecke auf dem Wege nach Holland befinden, bemerken wir an der Lebensweise der Bewohner, an der Bauart ihrer Häuser, vor allem aber an ihrer Sprache, die anfangs noch ganz dem jeverländischen Plattdeutschen gleichkommt, dann aber immermehr Spuren des Holländischen aufweist, bis sie im südwestlichen Teile vollständig ins Holländische übergeht. Auch die Landschaft nimmt mehr und mehr einen holländischen Charakter an. Sie ist überall von schiffbaren Kanälen*) durchschnitten, auf denen in fast lautloser Stille kleinere und größere Fahrzeuge durch die blumigen Wiesen und die glänzenden Rinderherden dahingleiten, manchmal von Pferden gezogen, die das Ufer entlang traben. Da der hohe, üppige Graswuchs der Wiesen das Wasser des Kanals häufig den Blicken verbirgt, so scheint es, als ob die Schiffe sich durch ein Meer von Halmen dahin bewegten, von unsichtbaren Händen gezogen.

---

*) Ostfriesland hat ca. 400 km solcher Kanäle für sog. Muttschiffe von 1 bis 1½ m Tiefgang und 400 Ctr. Tragfähigkeit.

Die flachen Fahrzeuge heißen Treckschuiten. Nach ihnen ist auch der Kanal zwischen Aurich und Emden „Treckschuiten- oder Treckfahrtskanal" genannt. Die Herstellung desselben kostete — beiläufig gesagt — allein 390 000 Mark.

Die Wasserwege gehen schnurgerade auf ihr Ziel los, während die Landwege die wunderlichsten Krümmungen machen und häufig vom Ziele abzuführen scheinen. Ohne diese Kanäle würde früher der Verkehr gänzlich gehemmt gewesen sein; denn bei anhaltendem Regenwetter sind die bloßen Kleiwege so grundlos, daß die Wagen bis an die Achse und die Pferde bis über die Kniee in den fetten, aufgeweichten Thonboden einsinken, der sie mit einer solchen Zähigkeit festhält, daß oft nur mit äußerster Kraftanstrengung ein Weiterkommen möglich ist. Gegenwärtig hat Ostfriesland aber ein Netz guter Chausseen und Steinpfade.

Im Winter, wenn die Kanäle gefroren sind und eine spiegelglatte Eisbahn bilden, entfaltet sich auf ihnen das frischeste, fröhlichste Menschenleben. Alt und jung, Männer und Frauen, alles eilt dem Eise zu und frönt des Schlittschuhlaufens mit wahrer Leidenschaft. Der Ostfriese, sonst wie der Holländer ernst, still und bedächtig, in seinen Bewegungen langsam und phlegmatisch, im Winter, wenn alles andere zu Eis gefriert, dann taut er auf. Sobald er die Stahlschuhe untergeschnallt hat und auf glänzender, klingender Fläche dahinfliegt, ist er wie umgewandelt. Er wird kühn und verwegen, übermütig und lustig, er jubelt vor Entzücken und fliegt dahin wie ein Vogel. Es ist in der That bewundernswert, bis zu welchem Grade der Geschicklichkeit es mancher Schlittschuhläufer bringt. In weiten Bogenlinien schwebt er dahin; er wiegt sich in kühnen, gefälligen Wendungen; er schneidet mit dem Stahl die Namenszüge seiner Geliebten ins Eis und beschreibt schön gebogene Linien. Alles bewundert ihn und schaut ihm mit Wohlgefallen nach. Stolz und frei atmet seine Brust die reine, ozonduftige Winterluft ein.

Mit reizender Anmut bewegen sich auch manche Damen auf dem Eise und scheinen in malerischen Wendungen dahinzuschweben. Auch Wettrennen werden auf dem Eise veranstaltet, bei denen die bewährtesten Schnelläufer auf den Kampfplatz der Eisbahn treten, pfeilschnell auf ihren Schlittschuhen dahinfliegen, gefolgt von einer bunten, zahllosen Zuschauermenge. Den Sieger empfängt am Ziel schmetternde Musik und donnerndes Hurra. Tücher und Fahnen werden geschwenkt, und alles strömt herbei, den Sieggekrönten zu beglückwünschen. — Zu solchen Winterfreuden bietet Ostfriesland mit seinen vielen Kanälen, ähnlich dem benachbarten Holland, das günstigste Terrain. Von den Kanälen aus führen obendrein noch kleine, schmale Gräben bis vor die Bauernhäuser, hier „Plaatsen" genannt, so daß die Bewohner im Zimmer die Stahlschuhe unterschnallen und direkt nach dem Kanal jagen können.

## II.

Die Geschichte Ostfrieslands ist zu sehr in die Geschichte aller Friesen und Chauken verflochten, als daß sie sich getrennt von derselben darstellen ließe. Tacitus nennt alles Volk zwischen Ems und Elbe Chauken (nach Grimm: die Erhabenen); er sagt, sie seien das edelste der Völker Germaniens und groß durch Gerechtigkeit. „Ohne Eroberungslust, ohne Herrschsucht leben sie ruhig und still, fangen keinen Krieg an, verheeren keine Länder durch Raub und Plünderung, ihre Waffen haben sie stets zur Hand und, wenn es die Not erfordert, ein Kriegsheer, Leute und Pferde im Ueberfluß und wenn sie ruhig sind, eben denselben Ruhm".

Ostfriesland gehörte zu den sieben Seelanden der freien, friesischen Bauernrepublik und bildete mit Jeverland eines derselben. Ganz einig sind die Friesen, ihrem trotzigen, eigensinnigen Charakter zufolge, nie gewesen, und bereits im 13. Jahrhundert konnte von einer großen Republik keine Rede mehr sein. Dieselbe zerfiel in kleinere Gemeindewesen, und ehrgeizige, einflußreiche Häuptlinge suchten sich der Herrschaft über selbige zu bemächtigen. In Ostfriesland gerieten zwei Häuptlinge, Ocko tom Brok und Focko Ukena, wegen der Oberherrschaft in einen wilden, blutigen Krieg. Der Greuel und Verwirrungen überdrüssig, trat das Volk 1430 beim Upstallsbom zusammen und begab sich in den Schutz Edzard Cirksena's, dessen Nachfolger, Ulrich Cirksena, im Jahre 1454 zum Reichsgrafen ernannt und mit Ostfriesland erblich belehnt wurde. Sein Sohn, Edzard I., der Große genannt, ist durch seine Verdienste im Kriege wie im Frieden bis auf den heutigen Tag in Ostfriesland unvergessen. Unter seinem Sohne Enno, der die Reformation mit Gewalt einführen wollte, ging Jeverland auf immer für Ostfriesland verloren. Es folgt nun eine Zeit der Uneinigkeit und Zwietracht bis zum Jahre 1744, in welchem der letzte Cirksena starb und Emden den König Friedrich II. von Preußen als Landesherrn anerkannte. Im Jahre 1806 wurde das Land holländisch und 1810 dem französischen Kaiserreiche einverleibt. Nach der Schlacht bei Leipzig kam es wieder an Preußen, wurde aber 1815 an Hannover abgetreten, zu welchem es fünfzig Jahre in einem Stiefkindsverhältnisse stand, bis es im glorreichen

Jahre 1866 abermals und hoffentlich für immer mit Preußen vereinigt wurde.

Die Entstehungsgeschichte des Dollart gleicht ganz derjenigen des Jadebusens; Sturmfluten haben beide gebildet. Herm. Meyer giebt folgende Schilderung der das Werk vollendenden Sturmflut: „Als man schrieb den 12. Januar 1277, da war in Ostfriesland große Not. Der furchtbare Nordost, der seit verschiedenen Tagen wütete, hatte durch die „Seegaten", das sind die Räume zwischen den einzelnen Inseln, so viel Wasser getrieben und peitschte so heftig dahinter her, daß die Anwohner des Meeres mit Bangen und Zittern der nächsten Zukunft entgegensehen mußten. Denn man kannte bereits aus Jahrhunderte langer Erfahrung die Eroberungssucht des nimmersatten Nachbarn, der schon so manche schöne Beute an Land und Häusern, an Vieh und Menschen auf Meeresgrund gebettet hatte. Besonders hatte an diesem Tage eine Gegend unweit Emden, eine gottgesegnete Gegend mit einer reichen Stadt, Torum, und mit fünfzig blühenden Dörfern, Anlaß zur bangen Besorgnis. Bald flog der leichtgeflügelte Schaum über die damals noch nicht so starken und hohen Deiche weit ins Land hinein; immer lauter heulte der Sturm, immer höher stieg das Meer, immer schwächer wurden die Deiche. Endlich brachen sie, und mit rasender Eile stürzten die Wogen in das Land hinein, alles niederwerfend, was sie auf ihrem Wege fanden. Häuser und Gärten waren in einem Augenblick verschwunden, die stärksten Bäume wurden entwurzelt, und der Leichen von Menschen und Tieren gab es unzählige. Das Land war zum Meere geworden, zum Meere mit Ebbe und Flut.

Die Beschaffenheit des Landes im Innern dieses Landstriches stand dem Meere in seiner Zerstörungswut bei; denn dieser Boden war so tief, so sumpfig, daß der Feind, einmal eingedrungen, hier die größten Verheerungen anrichten konnte.

Als nun aber die empörte Natur sich beruhigt hatte, als das entfesselte Element wieder in seine Grenzen zurückgekehrt war, als das Maß des Elends und des unsäglichen Jammers mehr als voll war, da wucherte das fluchwürdige Erbteil der Deutschen auch hier im fernsten Winkel hoch auf. Statt Hand in Hand zu schlagen und den Sommer einträchtiglich zur Ausbesserung und Verstärkung des Deiches zu benutzen, ließ einer den andern schalten und walten, wie's ihm wohlgefiel. Streit und Uneinigkeit hatte auch diese Menschen auseinander gerissen und ihnen Neid und Abgunst gegen ihre Brüder ins Herz gesenkt. Jeder arbeitete nur für sich. Der Nachbar versagte dem Nachbarn die Hülfe, und man wollte, wie ein reicher Bauer gesagt haben soll, lieber seine Ländereien lanzenhoch unter Wasser sehen, als dem Nachbarn helfen. So blieben denn die zerrissenen Deiche zerrissen und dem Meere offen liegen. Die Elemente aber hassen das Gebild der Menschenhand, und das Meer ergoß sich wiederholt über das Land und verschlang manches Dorf mit seinen Bewohnern.

So ging es fort zehn lange Jahre: jeden Frühling und jeden Herbst wurden die eroberten Gefilde mehr und mehr verwüstet, und jedesmal zog der Eroberer mit neuer Beute heim, aber dies — Heim lag nicht mehr so fern wie ehedem. — Da kam die Dezemberflut des Jahres 1287. An der ganzen Nordseeküste wurde man von ihr heimgesucht und nicht weniger als 30 000 Menschen fanden durch sie ihr Grab in den Wogen. Auch Ostfriesland mußte aufs neue reichliche Opfer bringen; denn von jenem Landstriche blieb nur wenig übrig, was dann die folgenden Jahre und Jahrhunderte verschlangen. So entstand der Meerbusen Dollart, der seinen Namen tragen soll von der tollen Art, wie er sich Einlaß erzwungen." Richtiger wird es jedoch sein, den Namen von „Dollert" oder „Dullert" abzuleiten, welches Wort eine Vertiefung, einen Sumpf bedeutet.

„Die Nordsee eine Mordsee" — sagt mit Recht das Sprichwort.

---

## III.

Machen wir nun einen Ausflug durch Ostfriesland, indem wir im Süden beginnen! Wir treffen zunächst, noch im Herzogtum Ahrenberg-Meppen, etwa eine Meile östlich der Ems, an der nach Emden führenden Eisenbahn und mit jenem Fluß durch Kanäle verbunden, Papenburg, eine neue Stadt, die sich von einer ärmlichen Moorkolonie rasch empor arbeitete, so daß ihr im Jahre 1860 die Stadtrechte erteilt werden konnten. Bis zum Jahr 1675 war hier eine unübersehbare Moor- und Sumpfgegend, in welcher nur einige wenige elende Hütten standen. Da legte ein unternehmender Mann, Dietrich von Velen, der den Bezirk erkauft hatte, nach dem Vorbilde der Holländer in der Gegend eine Torfkolonie an, und diese Kolonie ist zu dem etwa 3 Stunden langen und in mehreren ansehnlichen Seitenverzweigungen ausgebreiteten, mit anmutigen Baumpflanzungen geschmückten Ort Papenburg herangewachsen, der bereits über 8000 Einwohner zählt, mehrere Kirchen, ansehnliche Schiffswerften und eine Handelsflotte von ca. 180 kleineren und größeren Seeschiffen besitzt. Die Kanäle haben eine Gesamtlänge von ca. 40 km. Der lange Hauptkanal geht durch den Drostersiel, wo sich die großen Werften Papenburgs befinden, in die Ems. Die Stadt selbst zieht sich zu beiden Seiten der Kanäle durch das große Fehn, das über die Hälfte seines Flächenraums vollständig in Felder, Wiesen und Gärten verwandelt ist.

Auf der Osnabrück=Embener Eisenbahn weiter nordwärts fahrend, erreichen wir nach wenigen Minuten die Grenze Ostfrieslands. Hier finden wir zunächst in einer der fruchtbarsten Gegenden des Landes auf einem Vorsprunge der Geest die Stadt Leer. Sie liegt an der schiffbaren Leda, die eine Viertelstunde unterhalb der Stadt in die Ems mündet, und ist der bedeutendste Handelsort des Landes mit ca. 10000 Einwohnern. Die Stadt war der Wohnsitz des Häuptlings Focko Ukena. Die Lage dieses Ortes ist überaus günstig, so daß er der alten Seestadt Emden den Vorrang streitig macht. Die Gegenden um Leer und Esens, letzteres in der weiter nördlich gelegenen Harlinger Marsch, sind die reichsten der Provinz; sie haben das stärkste und schwerste Vieh, die fetteste Milch und Butter.

Ostwärts von Leer liegt dicht am großen Hochmoor der Flecken Detern, wo 3000 Friesen, von ihrem Helden Focko Ukena geführt, 11000 verbündete Bremer und Oldenburger, von denen ihre Freiheit bedroht wurde, schlugen (1426). Eine Strecke unterhalb Leer's mündet die Ems, gegen 2,4 km breit, in den Dollart. In der Nähe liegt Emden, die bedeutendste Stadt Ostfrieslands, mit mehr als 12000 Einwohnern. Die Ems bespülte früher die Mauern der Stadt unmittelbar. Seit Jahrhunderten hat sie aber einen andern Weg genommen, und nun wird die Stadt mit ihr durch den Fahrwasserkanal verbunden. Auf der eine Stunde von Emden gelegenen Reede können große Schiffe ankern. Bei dem Dorfe Knock, weiter unterhalb gelegen, fließt die Ems wieder aus dem Dollart hinaus. Sie ist hier 3 km breit, teilt sich bald in zwei Arme, die Oster= und Wester=Ems, welche die Insel Borkum umschließen, und mündet so in die Nordsee.

Emden ist für den Binnenländer immerhin interessant; man kann indes die Hauptsehenswürdigkeiten im Durchfahren mit einem flüchtigen Blick kennen lernen. Da sehen wir das stattliche Rathaus im Renaissancestil mit hohem Turm, in den Jahren 1574 bis 1576 nach dem Plane des Rathauses in Antwerpen von dem Baumeister Marten Arens aus Delft aufgeführt. In demselben befindet sich eine Rüstkammer mit Rüstungen und Waffen aller Art. Zur Flutzeit erblickt man die Häfen (Delften) mit großen Schiffen bedeckt und das muntere Treiben des Schiffsvolks. Ist es Sommers=

zeit, so dampft auch wohl das Fährboot nach Borkum oder Norderney mit eleganten Badegästen in die See hinaus. Durch belebte Straßen mit zum Teil altertümlichen Giebelhäusern, hübschen Läden, kommt man über zahlreiche steinerne Brücken an die alten Wälle der Stadt, welche schattige Baumreihen tragen und die einzige Promenade der Emdener bilden. Die Heringsfischerei und die Viehmärkte Emdens sind nicht unbedeutend.

Durch einen 3½ Meile langen Kanal, den sog. Treckschuitenkanal, ist Emden mit Aurich, der Hauptstadt und ehemaligen Residenz Ostfrieslands, verbunden.

Hat man Emden im Rücken, so schaut man in eine endlose Ebene hinaus, hin und wieder berührt man ein Dorf, und schnell rollt der Wagen auf vortrefflicher Klinkerchaussee dahin. Diese ursprünglich holländische Art, Chausseen zu bauen lernt der Reisende bald schätzen; denn die harten Ziegel, mit der schmalen Seite nach oben und eng aneinander gelegt, bieten einen Fahrweg von ungemeiner Festigkeit, und der Wagen rollt auf der glatten Bahn leicht dahin. Sehenswürdiges bietet der Weg von Emden nach Aurich nur dem Nichtostfriesen. Da bewegt sich z. B. eine Reihe Segel auf einem „Tief" oder Kanal dahin, deren es hier die Fülle giebt. Dort übersieht man mit einem Blick mehrere Dutzend Windmühlen, die sich eifrig im steifen Westwind drehen und der ganzen Gegend Leben und ein freundliches Gepräge verleihen. Zur Rechten blitzt das „große Meer", ein stattlicher Binnensee von 1 Stunde Länge und ¼ bis ½ Stunde Breite (520 ha). Nach genau zwei Meilen gelangt man nach Georgsheil, wo sich die Chaussee nach der freundlichen Stadt Norden (Tabaksfabriken, Doornkaats Branntweinbrennerei, prächtige St. Ludgerikirche) abzweigt. An der Chaussee von Georgsheil nach Norden liegt der schöne Flecken Marienhafe, dessen alte, berühmte Kirche leider 1829 abgebrochen wurde; nur der viereckige Turm ist geblieben und weithin sichtbar. Hier zweigt sich das Störtebekers Deep westlich nach dem Leybusen ab, an welchem der Flecken Greetsiel liegt, der Stammort des ostfriesischen Fürstenhauses der Cirksena's, deren Burg 1778 geschleift wurde. Von Emden können wir jetzt auch mit der ostfriesischen Küstenbahn nach Norden, Dornum (Flecken), Esens, Wittmund, Jever u. s. w. fahren. Esens ist die kleinste Stadt Ostfrieslands mit nur ca. 2000 Einwohnern. Wittmund ist ein hübsch gebauter, freundlicher Flecken. Von hier führt eine Landstraße in südlicher Richtung nach dem Flecken Neustadt-Gödens in der Herrlichkeit Gödens, nahe der oldenburgischen Grenze (Sande). Hier sind die fruchtbarsten Marschweiden, weshalb im Orte viele Viehhändler (besonders Juden) wohnen. Das Schloß Gödens ist von schönen Parkanlagen umgeben, in welchem sich das Mausoleum der Grafen von Wedel befindet. Die Wandmalereien und die Kupferstichsammlung im Schlosse sind sehr sehenswert.

Von Georgsheil an wird die Reise für den Fremden interessanter. Bleibt auch die unabsehbare Ebene links und rechts unverändert dieselbe, so zeigen sich doch bald am fernen Horizonte einzelne, Maulwurfshügeln ähnliche Erhebungen, deren Zahl stetig wächst und die sich endlich als menschliche Wohnungen ausweisen. Man tritt hier in das Bereich des torfproduzierenden Moores und befindet sich in der großen Kolonie Moordorf (Schwarzeweg), welche ihrer entsetzlichen Armut wegen für den Fremden leider eine Sehenswürdigkeit bildet. Man denke sich die wohlhabendere Bevölkerung in Lehmhütten, die vielleicht 3 Meter hoch, 10 Schritt lang und 5 Schritt breit, mit Stroh gedeckt durch ein oder zwei winzige Fensterlein mit blinden Scheiben dürftig erhellt und mit einer primitiven Thür geschlossen werden. Die ärmeren Leute bewohnen Erdhütten, deren Wände aus Rasenstücken bestehen, sich etwa 3 Fuß über die Erde erheben und mit giebelförmigem Strohdach bedeckt sind; von Fenstern keine Spur, die Thür nur durch einige lose Bretter vertreten. Ueberragt werden die Hütten von mächtigen Torfhaufen, von deren Erlös, sowie auch vom Besenbinden, die Armen leben. Eine Menge zerlumpter Kinder trabt bettelnd lange neben dem Postwagen her und balgt sich dann im wüsten Knäuel um die ihnen zugeworfenen Pfennige.

Bald wird die Gegend freundlicher; oasenhaft erscheinen Baumgruppen, und endlich taucht am fernen Horizonte der Schloßturm von Aurich auf. Aurich liegt in einem Kranze kleiner Gehölze und freundlicher Dörfer, auf einer fruchtbaren Ebene. Die Lage der Stadt ist recht anmutig, und ihr verdankt dieselbe auch ihren Namen, der so viel sagen will als „auenreich". Aurich selbst bietet mit seinem modernen, saubern Aeußern und den meist zweistöckigen, eins wie das andere aussehenden Häusern (ca. 200 mit 5000 Bewohnern) wenig Merkwürdiges. Nur eins möge erwähnt werden. In dem Giebelfelde des unscheinbaren Rathauses erblickt man das Wappen der Stadt, ein großes A zwischen zwei Bäumen. Die Bäume weisen auf den $3/4$ Stunden südwestlich von der Stadt befindlichen Upstallsbom hin, jenen altberühmten Ort, wo sich alljährlich in der Pfingstzeit die Abgeordneten der friesischen Republik zu freien Beratungen zu versammeln pflegten. Jetzt ist daselbst auf dem etwas ansteigenden Terrain eine kleine Steinpyramide errichtet, die von Bäumen umgeben ist. Im Norden

Aurichs liegt der große, mit Klinkern gepflasterte Pferdemarktplatz, der jährlich acht mal eine Fülle prächtiger Tiere zu lebhaftem Handel und Verkehr auf sich versammelt.

Aurich ist die politische Hauptstadt Ostfrieslands, Sitz der Landdrostei, des Konsistoriums, des Landgerichts; auch ist hier ein Lehrerseminar. An Stelle der alten Burg wurde 1852 ein Schloß erbaut. Die Stadtwälle sind abgetragen und in Spaziergänge verwandelt (Sandhorster Allee).

Von einer Nationaltracht hat sich in der ganzen von uns durchfahrenen Gegend kaum eine Spur erhalten. Frauen und Mädchen kleiden sich in einen starken, faltenreichen Stoff aus gefärbter Wolle; die jüngeren Männer tragen das Haar rund um den Kopf geschnitten, bieten aber in ihrer Kleidung nichts Charakteristisches dar. Sonderbar sehen dagegen die Alten aus in kurzer Jacke und hohem Cylinderhut von Filz. Mann und Frau, jung und alt geht in den beliebten warmen, laut tönenden Holzschuhen. Tüchtig und bedächtig klappern sie durch ihr thätiges Leben, ein würdiger, gehaltvoller Menschenschlag. Der Ostfriese ist eine kräftige Natur, ausdauernd im Ertragen großer Strapazen, ernst, treuherzig und gutwillig. „Ein großer Teil der Bevölkerung Ostfrieslands widmet sich dem Schifferstande. Es sind das kühne, verwegene Gestalten, die schon früh mit dem Vater auf die hohe See hinausfuhren und manchem Sturm getrotzt haben, breite, kernige Leute, denen man die Kraft, die in den von Wind und Wetter gestählten Muskeln liegt, schon an den kurzen und gemessenen Bewegungen ansieht, und gute Soldaten." (O. v. Busse, Erinnerungen des ostfr. Inf.=Regiments Nr. 78.)

## IV.

Die Viehzucht nimmt in Ostfriesland wie im Oldenburgischen einen hohen Rang ein.

Das Rindvieh der Marsch unterscheidet sich von dem der Geest dadurch, daß es einer schwereren Rasse angehört. Es liefert einen großen Milchertrag, hat einen schön geformten Kopf, kurzen, dicken Hals, eine breite Brust, einen eben solchen Rücken und stämmige Beine. So geordnet wie in Oldenburg ist die Züchtung noch nicht, wenn auch der landwirtschaftliche Verein bestrebt ist, durch Schaustellungen, Prämiierung, Führung von Stammregistern die Rasse zu veredeln. Das Fettweiden geschieht besonders bei Emden, im Reiderlande und vor allem bei Neustadt=Gödens, in welch letzterem Orte das Geschäft in den Händen jüdischer Grund=

besitzer ist. Bei der Züchtung ist vorzugsweise der Milchertrag maßgebend. Von Milch-, jedoch auch von Mast- und Zuchtvieh findet eine erhebliche Ausfuhr statt.

Eine Kuh giebt in der Marsch in der besten Zeit täglich 20 bis 30 Liter Milch, ihr Butterertrag steigt bis zu 75 kg und darüber, neben 50 bis 100 kg Käse. Die ganze Butterproduktion Ostfrieslands schätzt man auf jährlich 120 bis 130000 Faß à 25 kg, die Käseproduktion auf jährlich circa 75000 Centner. Einzelne Käse wiegen 10 bis 30 Pfund. Das Schlachtgewicht einer Kuh beträgt durchschnittlich 300 bis 400 kg; bei den schweren Mastochsen steigt es auf 600 kg und darüber.

Nach der Zählung von 1873 belief sich der ganze Rindviehstand auf 130960 Stück (darunter 60000 Milchkühe) mit einem Gesamtwerte von 24358560 Mark. Eine gute Milchkuh kostet in der Marsch durchschnittlich 300 Mark und mehr.

Die Pferdezucht ist ebenso blühend und hat sich als Ziel ein kräftiges, dauerhaftes Arbeitspferd gestellt. Luxuspferde, wie im Oldenburgischen, werden nur auf größeren Gütern gezüchtet. Das ostfriesische Pferd hat einen guten Ruf und wird weit über die Landesgrenzen ausgeführt, sogar nach der Schweiz, Frankreich und Spanien, auch als Militärpferd ist es besonders gesucht. Auf die Aufzucht von Füllen legt man sich am meisten in den Geestdörfern, und fast jeder Bauer hält daselbst eine oder zwei Zuchtstuten. Schon im ersten Jahre werden die Tiere („Grasfüllen") auf den Herbstmärkten nach der Marsch hin verkauft. Saugfüllen kosten schon 200 bis 300 Mark, zwei- und dreijährige Pferde („Enter" und „Temmel") 900 bis 1500 Mark. Zuchthengste von besonderer Güte bezahlt man sogar mit 4500 Mark und mehr.

Hinsichtlich der Hengstkörungen verhält es sich in Ostfriesland ähnlich wie im Oldenburgischen. Dieselben finden jährlich zu Anfang Februar in Aurich statt. Sämtliche Hengste, die als Beschäler gebraucht werden sollen, müssen auch hier — wie in Oldenburg — vorgeführt werden. Eine Summe von 2400 Mark ist jährlich zu Prämien ausgesetzt. Zur Körung zuzulassende Hengste müssen wenigstens 3 Jahre alt sein und jedes Jahr, so lange sie decken sollen, der Körungskommission wieder vorgeführt werden. Es bestehen auch Vereine, deren Zweck Hebung der Pferdezucht durch Ankauf guter Füllen ist, so zu Norden.

Im Jahre 1873 ergab die Zählung für die Landdrostei Aurich einen Pferdebestand von 24617 Stück mit einem Gesamtwerte von 14770200 Mark. Seit 1867 hatte die Zahl abgenommen und zwar um 4301 Stück oder 14,88%, welcher Umstand seine Erklärung durch den Krieg und die starke Ausfuhr finden dürfte.

## V.

Ueber Ostfriesland etwas zu schreiben, ohne der Moorkolonien oder Fehne gedacht zu haben, hieße auf halbem Wege stehen bleiben. Ostfriesland hat fast 14 Quadratmeilen (76 305 ha) Moorboden, 16 Fehne, deren Gesamtfläche 8527 ha beträgt, von denen etwa drei Viertel kultiviert sind.

Die reichen Schätze, welche die endlosen Moorflächen des nordwestlichen Deutschlands noch immer bergen, können nur gehoben werden durch Kanalisation des Bodens. Dieser Satz ist von allen Volkswirtschaftlern in solchem Grade und so häufig anerkannt, daß er fast trivial klingt. Nichtsdestoweniger muß er immer und immer wiederholt werden; denn gar langsam hinkt die Praxis der Theorie nach.

Bei der Moorkultur handelt es sich darum, die hohe, wasserreiche Moorschicht bis auf den sandigen Untergrund abzugraben. Der aus dem Moor gewonnene Torf wird auf den Markt gebracht und der Untergrund in Gärten und Ackerland verwandelt. Dies kann natürlich nur dann geschehen, wenn das Moor durch Anlage von Kanälen Abwässerung und Zuwegung erhält. Gewöhnlich bildet sich zu diesem Zwecke eine Gesellschaft, welche das Moor oder eine Fläche desselben in Erbpacht nimmt und es dann wieder an „kleine Leute" in Erbpacht ausgiebt. Der Kanal muß von der Mitte des Moores bis zum nächsten schiffbaren Flusse angelegt werden. Das ist keine Kleinigkeit; denn man hat dabei mit dem schlammigen Moorboden zu kämpfen, dessen Wassergehalt so groß ist, daß die Wände des Kanales keinen stand halten, wenn das Moor nicht weit genug abgegraben wird. Es genügt auch nicht, den Kanal nur bis auf den sandigen Untergrund zu führen, sondern sein Bett muß tiefer, durch den Sandboden gebrochen werden. Vom Hauptkanal aus werden dann noch viele Nebenkanäle ins Moor gegraben, durch welche dieses nach und nach so entwässert und trocken gelegt wird, daß es zu Torf verarbeitet werden kann. Diesen verschifft alsdann der Fehntjer (Kolonist) auf dem Kanal und bringt für den Erlös aus dem Marschlande Dünger, fruchtbare Erde und die verschiedenen Bedürfnisse für den Ackerbau zurück. An dem Kanal, der das Moor seiner Länge nach in gerader Linie durchschneidet, siedeln sich die Pächter der Gesellschaft in der Weise an, daß jeder

Neuhinzukommende, von der Mündung des Kanals aus gerechnet, die letzte Stelle einnimmt.

Der Fehntjer baut sich auf seinem Moorstück zuerst eine Hütte aus Moorschollen. Dann zieht er Entwässerungsgräben, damit das schwammige Moor trockne, zusammensinke und so zum Abgraben geeignet werde. Sobald eine hinlängliche Fläche neben der Hütte frei geworden ist, legt er ein Gärtchen an, und allmählich gewinnt er durch weitere Abgrabung ein Stück Ackerland, das die Kosten der Düngung mit Kanalschlamm oder Mergel und die aufgewandte Zeit und Arbeitskraft gewöhnlich mit guter Ernte aufwiegt. In der ersten Zeit hat es der Fehntjer freilich sehr sauer, aber späterhin findet sein redliches Schaffen verdienten Lohn. Wo anfänglich nur Buchweizen und Gartenfrüchte gebaut wurden, gedeiht nach und nach schöner Hafer, schwerer Roggen, goldner Weizen und öliger Raps. An Stelle der niedrigen Hütte erhebt sich bald ein bequemes, später oft sogar ein stattliches Wohnhaus mit anmutigen Gartenanlagen im Hintergrunde.

In Ostfriesland giebt es sechszehn größere Fehne, die zusammen 8527 ha einnehmen und ca. 15000 Menschen ernähren.

Nur über ein Fehn möge hier Spezielleres mitgeteilt werden, über Rhauderfehn im Overledingerland: Dieses Fehn besteht aus zwei Teilen: West- und Ost-Rhauderfehn. Der Name stammt von einer alten Wasserleitung, der sog. Rhaude, her. Rhaude oder Riet bedeutet aber ein fließendes, reißendes („rieten" = reißen) Gewässer. Das „Rhauder Tief" ist das bedeutendste unter den fließenden Gewässern Overledingerlands und entspringt dem Hümling im Kreise Meppen. Der erste Anbau zum Rhauderfehn geschah 1763. Das Westfehn ist gegenwärtig das größte Fehn Ostfrieslands. Es hat zwei schöne Kirchen, eine katholische und eine protestantische. Das Ostfehn kam anfangs weniger in Flor, da die Eigentümer wegen des Anrechts an das Moor einen fast fünfzigjährigen Prozeß mit dem Johanniterorden, als Besitzer von Langholt, zu führen hatten. Gegenwärtig hat es ebenfalls eine bedeutende Ausdehnung erreicht. Das rasche Wachstum des ganzen Fehns geht aus zwei Zahlenangaben hervor: im Jahre 1820 betrug die Einwohnerzahl nur 786, im Jahre 1862 schon 3210, 1875: 3540. Das gesamte Fehn besitzt 80 bis 90 Seeschiffe und viele Torfschiffe.

## VI.

Von diesen Inseln im Moore, denn das sind die Fehnkolonien, wenden wir uns schließlich noch den Inseln im Meere zu.

Von den ostfriesischen Inseln, welche die Küste wie ein Kranz umgeben, sind Borkum und Norderney am bemerkenswertesten. Auf Borkum befindet sich der von Preußen und Holland gemeinschaftlich unterhaltene Leuchtturm, dessen weithin scheinendes Licht den Schiffern in dunkler Nacht die Fahrstraße der Ems und den Eingang in den Dollart anzeigt.

Norderney ist die bedeutendste, bevölkertste (ca. 2000 Einwohner) und wegen ihres besuchten Seebades die merkwürdigste der ostfriesischen Inseln. Unvergleichlich ist die Aussicht von den Dünen\*) über das endlos ausgebreitete Meer, dessen Brandungen sich jederzeit, auch bei schwachem Winde, in einiger Entfernung vom Ufer brechen, beim Sturme aber furchtbar emporrollen und ihr salziges Wasser, in Schaum aufgelöst, bis zu den Dünengipfeln hinanspritzen. Zur Ebbezeit können die Badegäste zu Wagen, zu Pferde oder auch zu Fuß übers Watt auf die Insel gelangen; während der Flutzeit aber fährt man von der Stadt Norden, oder vielmehr vom Dorfe Norddeich zu Schiff dahin, in neuester Zeit auch von Leer und Emden aus mittelst Dampfer. Die Insel ist 1½ Stunde lang, hat einen Umfang von 3 Stunden (0,142 Quadratmeilen, inkl. Strand 0,228 Quadratmeilen). Der Strand dacht sich allmählich in die See ab, besonders auf der West- und Nordwestseite, und zeigt einen völlig ebenen, dichten Sandboden. Nur ein kleiner Teil der Insel eignet sich zum Anbau von Gartengewächsen und bietet den Einwohnern für ihre wenigen Kühe und Schafe dürftige Weide. Elsen, Pappeln und Weiden gedeihen wegen der rauhen Seewinde nur bis zu einer gewissen Höhe; jeder Zweig, der weiter als ca. 4 bis 5 m die Erde überragen will, stirbt ab. Der Strand und die Dünen bieten ganz dieselben Bilder wie bei Wangeroge (s. das.), auch Tier- und Pflanzenleben zeigen wenig Abweichendes. Die Bewohner leben in dem einzigen, auf dem südwestlichen Ende der Insel belegenen Dorfe, das aus mehreren Reihen zierlicher, mit Gärten umgebener Häuser besteht. Es wird im Norden und Westen von Dünen, einer kostspieligen Schutzmauer und mehreren Bunen geschützt. Die vorzüglichsten Gebäude sind: das Kur- und Konversationshaus, verschiedene Hotels,

---

\*) Die Dünen der friesischen Inseln sind 6 bis 15 m hoch.

die Villa Kniphausen, die Logierhäuser der Bremer Baugesellschaft, das Strandetablissement, das Kinderhospiz u. s. w.

Die Bewohner nähren sich wie alle Inselfriesen von Schiff= fahrt und Fischerei, haben aber während der Badezeit, durch das Vermieten ihrer Wohnungen, die Bedienung der Fremden und manche andere Beschäftigungen einen ansehnlichen Verdienst. Sie sind einfache, treuherzige, durchaus ehrliche Menschen. Mit Recht kann Norderney das vornehmste und glänzendste Nordseebad ge= nannt werden. Die Zahl der Besucher steigt von Jahr zu Jahr; in letzter Zeit ist sie bis auf 14000 gelangt. Gebadet wird täg= lich nur einmal, zur Zeit der steigenden Flut, weil dann der Wellenschlag am kräftigsten ist. Wie alle friesischen Inseln wird auch Norderney immer mehr vom Meere benagt und fortgespült. —

Die Nordsee birgt in ihren Tiefen eine Wildheit, die, wenn sie zum Ausbruch kommt, allen Schranken spottet. Wie oft hat sie Deiche und Dünen durchbrochen und namenloses Elend über die flachen Eilande und Küsten gebracht! Wie manches stolze Schiff hat sie in ihrer Berserkerwut zertrümmert, in ihrer Tiefe begraben, oder als trauriges Wrack auf den flachen Strand ge= schleudert! Trümmer und Wrackstücke, die hin und wieder aus dem sandigen Watt hervorblicken, geben Kunde von manchem schreckensvollen Schiffbruch. Manchmal sind die Strandbewohner im stande, den armen Schiffbrüchigen Hülfe und Rettung zu bringen, manchmal jedoch bleibt ihnen nichts übrig, als dem Wüten der entfesselten Elemente ohnmächtig zuzuschauen. Dann treiben bald nach dem geschehenen Unglücke Leichen an den Strand und werden aus dem Wasser gefischt. Das Volk nennt diese Strandleichen „Drinkel= boden". Auf vielen Eilanden findet man neben dem Friedhofe der Insulaner eine eigene Begräbnisstätte für diese Drinkelboden, den sog. „Drinkelboden=Karkhof." Könnten diese unscheinbaren Hügel, diese morschen Holzzeichen sprechen, von welchen Schrecken und Aengsten würden sie erzählen!

Auf dem zwischen grünen Dünen belegenen einsamen Drinkel= bodenkirchhof zu Spiekeroge, der am weitesten nach Sonnenaufgang gelegenen ostfriesischen Insel, treffen wir inmitten namenloser, be= scheidener Grüfte ein hohes Eisenkreuz. Es erzählt eine entsetz= liche, jetzt fast vergessene Geschichte, die wir nach den Aufzeich= nungen des Pastor Doden aus dem Kirchenbuche der Insel im Auszuge mitteilen wollen.

Unter allen Strandungen, die hier vorgekommen, so erzählt uns das Spiekeroger Kirchenbuch, war die ergreifendste und be= deutendste wohl die, welche sich am Montage, den 6. Nov. 1854, ereignete. Die Monate Oktober und November brachten stürmische Tage; fast immer tobte heftiger Orkan, und das Meer erhob sich immer mit gleichem Ungestüm. Schauerlich war's bei solchem Lärmen abends und nachts; besonders konnte man sich an dem Sonntagabend vor dem 6. Nov., als der Sturm wie mit neuer Gewalt begann, trüber und unruhiger Gedanken nicht erwehren. Am Morgen war das Wetter nur wenig gelinder. Etwa gegen 10 Uhr brachte einer der hiesigen Grenzaufseher die Nachricht, ein Schiff sei auf der Insel gestrandet und in höchster Gefahr. Er hatte gesehen, wie das stolze Fahrzeug, das er in der Nähe von Langeoge zuerst bemerkt, vom Sturme gleichsam hierhergepeitscht und mit gewaltiger Schnelligkeit fortgetrieben war, um dann ganz nahe an der Insel zu stranden. Auf der nächst höchsten Düne hatte man einen überraschenden Anblick. Nordwestwärts zwischen den beiden weißen Dünen erblickte man ein großes Schiff; weit auf dem Strande festsitzend ragte es mit seinen drei hohen Mastbäumen noch stolz empor. Kaum hatte man sich dem Eindrucke, den der majestätische Anblick des Schiffes von der Düne aus machte, hingegeben, als man sich auch schon gedrungen fühlte, zum Strande zu eilen. Fast war es nicht möglich, gegen den daherstürmenden Nordwest einherzuschreiten und von der Stelle zu kommen; dazu trieb der Wind den Sand vor sich her, und man wurde dadurch am Sehen verhindert. Nahe dem Strande gewahrte man aber doch mehr von dem Schiffe. Das Verdeck war überfüllt von Menschen; man sah Kopf an Kopf, und die Befürchtung, daß es ein Auswandererschiff sei, wurde nur zu bald traurige Gewißheit. — Es sei hier gleich eingeschaltet, daß es das Schiff „Johanne", Kapt. Oldejans, war. — Das Schiff wurde hin und her gestoßen; die brausenden Wogen schäumten wild und sprühten gespenstischen Schaum aus; die fortwährenden Brandungen ließen die Gefahr immer drohender werden. Man schaute, staunte, starrte! Das Jammergeschrei der Unglücklichen drang uns, trotz des heulenden Sturmes, trotz des donnernden Getöses der gepeitschten Wogen, doch in Ohr und Herz; ja, beim Dorfe hat man den Notschrei vernommen. Wir konnten diesen Schrei nur stumm erwidern, nur durch Hüteschwenken ein Zeichen geben, daß wir ihre Not erkannten und fühlten. Was thun für die Unglücklichen? Das war die Frage, auf die keiner eine Antwort wußte. „Mit eurer Macht ist nichts gethan!" rief Gott mit des Meeres donnernder Stimme. Wir konnten nicht eher helfen, als zur Zeit der tiefsten Ebbe; denn es fehlten alle Rettungsanstalten, nicht einmal ein Rettungsboot war da.

Die Ebbe, auf die man hoffte, wie auf einen rettenden Engel, trat auch nicht zur gewöhnlichen Zeit ein. Das Schiff bewegte sich hin und her, gleich als wenn es rang mit gewaltigem Schmerz, und jede Erschütterung desselben erschütterte gewiß auch aufs neue die erschrockenen Herzen der Schiffbrüchigen. Jetzt neigte es sich in seiner ganzen Schwere wie ohnmächtig auf die eine Seite dem Meere zu; wir sahen die gekappten Masten niederstürzen, Segel und Tauwerke und ach! auch Menschen mit sich fortreißend, die verwundet und zerdrückt ins Meer gerissen wurden.

Retten können aus Todesgefahr ist ein süßes Gefühl; ach, wir kosteten in diesen Tagen die so bittere Erfahrung des Gegenteils. Das Rauschen der Wellen war ein Todesrauschen und erfüllte mit Todesgrauen. Der Tod forderte seine Opfer, gleichsam spottend aller, aller Angst der Unglücklichen und unserer Ratlosigkeit. Ein Kindlein trieb an, und was die offenen Arme der Insulaner aufnahmen, war eine Leiche! So knüpfte der Tod zuerst das Band zwischen den Schiffbrüchigen und uns. Von jetzt an hatten wir jeden Augenblick den traurigen Anblick einer neuen Leiche, und um uns Lebende lag bald eine ganze Reihe von Toten. Das Schiff, immer weiter sich der See wie einem offenen Todesrachen zuneigend, war anzusehen wie ein stolzer Riese, der dahinstürzend sich nicht halten kann und sich scheut vor einem erbärmlichen Untergange. Großes Angstgeschrei ertönte vom Schiff, wenn die Notleidenden zu bemerken glaubten, daß wir uns vom Strande entfernen wollten. An den Strand trieben allerlei Trümmer, Stücke, die vom Schiffe sich losrissen, auch Proviant, tote Hühner fand man, ein Schwein kam angeschwommen und — blieb am Leben. Sobald es bei eintretender Ebbe möglich war, versuchten die Insulaner ans Schiff zu kommen und wagten sich tief hinein ins Wasser; doch mußten sie immer wieder zurück, da die Wellen noch zu hoch gingen. Erst gegen zwei Uhr nachmittags etwa verlief sich das Wasser so weit, daß an Rettung gedacht werden konnte und alsbald wurden auch die Schiffbrüchigen herabgeholt vom Schiff, auf welchem sie in so kurzer Zeit so Schweres erlitten hatten.

Das Schiff bot einen ergreifenden Anblick dar; nichts als Spuren der Verwüstung, auch Blutspuren, da etliche verwundet, zerschlagen oder zerdrückt waren; und wie ließe sich beschreiben, was sich aussprach in dem Blick der noch Lebenden, die, so lange voll Angst und Verzweiflung, nun der Hoffnung auf Rettung vom Tode sich hingeben durften! Lebende und Tote wurden jetzt ins Dorf gebracht, wo erstere Zuflucht und Herberge finden sollten. So viele Unglückliche hatte die Insel noch nie beherbergt. Laut klagend und weinend, aber auch stumm kamen die Schiffbrüchigen im Dorfe an; teils gingen sie zu Fuß, teils wurden sie auf Karren („Wüppen") hergeführt, insbesondere Kinder und sonstige Schwache. Erstarrt vor Angst und Kälte waren fast alle.

Nun war es Zeit für die Insulaner, Samariterdienste zu thun; nun galt es, Unglückliche aufzunehmen in ihre Häuser, sie zu trösten, sie zu kleiden, zu speisen und zu tränken. Das Dorf wurde überfüllt. Ueber 200 Personen haben sich auf dem Schiffe befunden; wie es sich hernach herausstellte, sind 80 umgekommen, und von diesen sind 40 angetrieben, aber nicht alle an dem ersten Tage. Die Insulaner hatten vollauf zu thun mit den Schiffbrüchigen und der Bergung der Sachen. Besonderer Erwähnung verdienen noch 13 der Unglücklichen, die sich während des Sturmes in eine der Kajüten gedrängt und die Thür derselben gleichsam instinktmäßig verschlossen gehalten hatten, als könnten sie den Tod, den sie jeden Augenblick durch Zerschellen an einem Felsen befürchteten, noch zurückhalten. Von der eigentlichen Strandung waren sie nichts gewahr geworden. Als das Schiff schon verlassen gewesen von den Auswanderern, gehen noch einige Insulaner umher auf dem Schiffe, um nachzusehen, was noch etwa zu thun sei. Da öffnet sich die Kajüte und eine Stimme fragt: „Wer seid ihr? Was wollt ihr?" — „Wir sind Insulaner, die euch retten wollen," war die Antwort. Da stürzen die Schwergeängsteten heraus; sie sehen voll Verwunderung das Schiff auf trocknem Strande und nicht, wie sie gemeint hatten, auf einer Klippe mitten im Meere; sie haben auf einmal die Gewißheit der Rettung.

Sehr traurig war es, daß auch Kinder ihre Eltern verloren hatten, ja selbst ein Säugling war da, dem die Mutter nicht mehr die Brust reichen konnte, da sie nicht mehr unter den Lebendigen weilte. Einer andern Mutter wurde ein Kind gebracht mit der Frage, ob es das ihrige sei. Nein, das Kind im fremden Kleide, mit dem durch Kälte und Angst entstellten Gesichte, ist nicht ihr Kind; indes, als es wieder weggetragen wird, fängt es an zu schreien, und erst an diesem Schrei erkennt die Mutter ihr Kind.

Es war gut, daß bei eingetretener besserer Witterung das Fährschiff zum Festlande nach Harlingersiel hinüberfahren konnte, um Brot zu holen, weil der Vorrat auf der Insel für so viele nicht hinreichte. Auch war es ein glückliches Zusammentreffen, daß gerade kürzlich die Insulaner viele Schafe geschlachtet hatten und den aufgenommenen Fremden Fleisch bieten konnten. Diese bedurften nach der ausgestandenen Angst und Seekrankheit besonderer Stärkung, und ihr Appetit bewies bald, daß die Natur wieder ihr Recht verlange. Später wurde auch Fleisch vom Schiffe geholt und verabreicht.

Die Leichen der Verunglückten wurden in die Kirche gebracht, aber ihrer waren zu viele, und etliche mußten deshalb draußen auf dem Kirchhofe liegen bleiben. Auffallend war es und traurig anzusehen, daß fast alle Leichen völlig nackt antrieben. Das natürliche Gefühl sträubte sich fast, sich mit so vielen nackten Leichen zu befassen, und doch mußte das Nötige geschehen.

Am Donnerstage fand das Begräbnis der Verunglückten statt. Da die vielen Leichen nicht auf dem Dorfkirchhofe begraben werden konnten, so wurde beschlossen, eine Grabstätte für Strandleichen besonders anzulegen. Oestlich vom Dorfe wurde eine Stelle dazu ausersehen und hier den Verunglückten die letzte Ruhestätte bereitet. Um das große, offene Grab waren die Auswanderer als Leidtragende versammelt, und mit ihnen hatten sich die meisten Jusulaner eingefunden. Das Begräbnis fand im Zwiedunkel statt. Zunächst wurde die Stätte von dem Prediger zu einem christlichen Gottesacker eingeweiht; unter lautem Weinen wurden die vielen Toten bestattet; und als der Geistliche die Trauerhandlung mit einem Gebet beschloß, sprachen die Umstehenden laut zweimal Amen, was einen tiefen Eindruck machte.

Bald nach diesem Amen ertönte der Glocke Schall, welche uns ins Gotteshaus rief. Die kleine Kirche füllte sich, wie wohl noch nie. Leise nur und zitternd, trotz der Menge der Versammelten, ertönte der Gesang: „Jesus, meine Zuversicht." — Die Trauerrede des Geistlichen sprach den gewaltigen Schmerz der Unglücklichen aus und verkündete dann das noch gewaltigere Wort Gottes, um die Tiefgebeugten zu heben und emporzurichten.

Die folgenden Tage gab es noch fortwährend viel zu thun mit der Bergung; auch am Sonntage ruhte die Arbeit nicht, um das noch einigermaßen günstige Wetter zu benutzen.

Sofort nach der Kunde von dem Unheil waren die Bremer Expedienten des Schiffs zur Insel gekommen; sie schlossen mit den Insulanern einen Akkord der Bergungsarbeiten und sorgten dann für die Rückbeförderung der Schiffbrüchigen. Die baldige Abreise derselben war in mehr als einer Hinsicht wünschenswert. Es trat plötzlich ein starker Frost ein und somit die drohende Aussicht, die Fremden auf längere Zeit hier behalten zu müssen. So ging denn bald die Ueberfahrt zum Siele vor sich und alsdann die Reise nach Bremerhaven. Welch eine Stille und Leere auf der Insel, als die vielen uns auf einmal verlassen hatten! —

## Vierter Abschnitt.

## In See.

# I. Kapitel.

## Wangeroge.

*Siehe, die Inseln sind wie ein Stäublein.*
*Jes. 40, 15.*

### I.

Der Schluß der letzten Skizze hat uns bereits „in See" geführt. Da aber die Natur der friesischen Inseln des Interessanten und Eigenartigen in Fülle bietet, so lade ich den Leser ein zu einer Fahrt nach einer derselben, nach Wangeroge.

Der Name Wangeroge, auch Wangeroog und von den Insulanern dait oelaun Wangeroch genannt, bedeutet die Insel des Wangerlandes. Die Endsilbe ach, im Friesischen och, bedeutet Wasser, Fluß; z. B. Salzach. Die Silbe ist auch auf Ortschaften übertragen, die am Wasser liegen; z. B. Bacherach, Andernach ꝛc. Ferner ist ach auch die Bezeichnung einer Insel, eines Seelandes.

Wangeroge gehört zu der langen Kette der friesischen Inseln, die sich von der Nordspitze Hollands bis zum westlichsten Vorgebirge von Jütland hinzieht. Sie liegen fast alle zwei bis drei Stunden vom Festlande entfernt. Je weiter dieses nach Norden vordringt, desto weiter reichen auch die Inseln nordwärts, und umgekehrt, so daß sie überall parallel mit der Küste laufen. Zwischen den Inseln und der Küste befindet sich ein niedriges Watt, das zur Zeit der Ebbe bloß liegt, zur Zeit der Flut aber vom Meere bedeckt wird. Sämtliche Inseln bestehen aus zwei- bis dreifachen Reihen Sanddünen. In vordenklichen Zeiten sollen sie eine ununterbrochene Kette gebildet und noch früher mit dem Festlande zusammen gehangen haben. Jetzt ist die Kette in mehrere, etwa 25 Glieder zerrissen, die sich der Gestalt nach sehr ähnlich sind. In fast regelmäßigen Zwischenräumen hat das Meer die Kette durchbrochen und zwischen den Inseln tiefe Meerengen sog. Gats gebildet. Bei den ostfriesischen und oldenburgischen Inseln betragen die Abstände 3 bis 4 Stunden, bei den holländischen sind sie etwas größer. Auch im Norden laufen fast alle Inseln in Sandbänke aus, die jedoch weit schmäler sind als die im Süden. So ähnlich wie sich mehr oder weniger die Inseln sehen, sind es auch die Watts. Alle sind von vielen Rinnen oder „Baljen" durchschnitten, die sich in südöstlicher Richtung von den Gats oder Tiefs abzweigen, welche die Inseln trennen.

Sämtliche Inseln haben im Westen die höchsten Dünen, nach Osten hin verlaufen sie in ein flaches, breites, sandiges Watt. Der Westwind ist es, der die Dünen aufwirft und sie nach Osten hin wieder auseinander streut. Der Nordwestwind ist der größte Feind der Inseln, der unablässig an ihrem Untergange arbeitet. Er ist es, der den Inseln und ihren Dünen dieselbe Physiognomie aufprägt.

Die Dünenbildung, die Flora, die Bodenschichtung 2c. ist auf allen Inseln dieselbe. Auf allen Inseln hat sich ursprünglich die kleine Bevölkerung hinter dem Schutze der hohen Dünen des West= endes angesiedelt. Obgleich kleine Abweichungen stattfinden, so gleicht doch eine Insel der andern, wie ein Auge dem andern, und wie schon manche von ihnen untergegangen sind, so werden sich höchst wahrscheinlich nach und nach alle diese Augen im Meere schließen. Es sind lauter verlorene Posten, die das Festland gegen den unversöhnlichen Feind, das Meer, vorgeschoben hat. Mehr als alle Inseln hat in letzter Zeit Wangeroge, dem wir uns jetzt zu= wenden, durch heftige Sturmfluten zu leiden gehabt.

Die Geschichte dieser Insel läßt sich auf folgende Daten beschränken. Wangeroge hatte in früheren Zeiten fast die ganze Breite des nördlichen Jeverlands, eine viel größere Bevölkerung (1850 noch 381 Seelen) und zwei Kirchen. Bruschius sagt in seinen gesammelten Nachrichten von Jeverland: „Wangerog soll in alten Zeiten näher am Lande gewesen sein, wo sie nicht gar damit zusammen gehangen hat, wie die übrigen Inseln an der Küste. Sie soll sich vor Zeiten so weit nach den Inseln Langeog und Spikerog hinaus erstrecket haben, daß sie davon nur durch einen kleinen Bach wäre getrennet gewesen, daß man sich darüber ein Brod auf einer Backschaufel habe zulangen können. Wangerog war vor alten Zeiten noch einmal so groß als jetzt u. s. w."

Die eine der beiden Kirchen stand im Osten, die andere im Westen. Letztere wurde zur Zeit des Fräulein Maria von Jever (gest. 1575) ein Raub der Wellen. Das fruchtbare Land und die schönen Weiden wurden immer mehr vom Sande verschüttet. 1730 hatte die Insel noch ca. 310 Katasterjück gute Viehweiden, auf denen einige hundert Rinder geweidet werden konnten, aber schon 1770 bot sich nur noch für ca. 40 Rinder und 500 Schafe Nahrung. Seit 1828 ist nur ein kleiner Weideplatz für wenig Kühe und Schafe mehr übrig.

Jetzt ist Wangeroge von Westen nach Osten nur noch etwa eine halbe Stunde lang und 5 bis 8 Minuten breit und hat 136 Bewohner. Im Jahre 1819 wurde auf Wangeroge eine Seebadeanstalt errichtet, und von dieser Zeit an blühte die Insel immermehr empor, der Wohlstand und die Bevölkerung nahmen von Jahr zu Jahr zu, bis 1855, wo die Badeanstalt aufhörte. Die Insel war durch ihre Lage ganz besonders zu einem Seebade geeignet; der Wellenschlag ist stark, das Seewasser rein und klar, der Strand sanft abhängig, aus festem Seesand bestehend. Aus nah und fern strömten daher Badegäste herzu, so daß in günstigen Jahren wohl gegen 800 Fremde auf der Insel waren.

Auch eine Saline wurde 1832 angelegt, aber die Unternehmung erwies sich als verfehlt, weil zur wohlfeilen Gewinnung des Kochsalzes aus Meerwasser ein wärmeres Klima erforderlich ist, weshalb die Saline 1854 aufgegeben wurde.

Durch seine Lage an der Weser- und Jademündung ist Wangeroge von hoher Bedeutung für die Schiffahrt. Als daher die beiden Kirchtürme, die bisher den Seefahrern als Wahrzeichen gedient hatten, zerstört waren, erbaute Graf Johann XVI. von Oldenburg auf dringendes Ansuchen der Bremer von 1597 bis 1602 einen viereckigen, dicken, 200 Fuß hohen Turm mit zwei Spitzen, der ohne Fuhren und Fronen gegen 24 000 Thlr. kostete. Später wurde noch eine dritte höhere Spitze darauf gebaut, die als Leuchtturm diente. Von diesem Turme leuchtete eine große, mit Oel gefüllte Lampe durch 48 Fenster.

Schon im grauesten Altertume soll zum besten der Seefahrer auf Wangeroge ein Turm gestanden haben, der von Wasserfluten oder auch von feindlichen Korsaren zerstört sein soll. Noch im Jahre 1586 sah man das gänzlich verfallene Gebäude, etwa 50 Fuß hoch, und im Jahre 1595 stürzte auch dieser morsche Ueberrest vollends ein.

Der jetzige alte Kirch- und Leuchtturm trägt in einem erkerartigen Vorbau über der Thüre die Inschrift: Naufragus acquoreis ne nauta periret in undis Hacfacibus turri nocte docetur iter.

Anton Günther ließ weiter im Norden der Insel auf einem Sandhügel eine 3½ Meile weit leuchtende Feuerbake errichten und das Feuer mit schottischen Steinkohlen auf einem eisernen Rost von Michaelis bis Weihnacht und von Fastnacht bis Ostern unterhalten. Dieser Turm wurde in der Sturmflut vom 3. Februar 1825 zerstört, und auch der ältere Turm wurde durch die Fluten von 1854 und 1855 so gefährdet, daß man befürchten mußte, die nächste Sturmflut werde ihn fortreißen; deshalb wurde ein neuer, runder, 31,5 m hoher Turm auf dem Ostende der Insel erbaut. Derselbe steht auf 53° 47' 26,60" nördl. Breite und 25° 33' 48,39" östlich von Ferro oder 7° 53' 9" östlich von Greenwich und hat 97 Fuß über mittlerer Fluthöhe ein katoptrisches Drehlicht. Dasselbe, anfänglich ein Blinkfeuer vierter Ordnung und 12 Seemeilen weit sichtbar, ist in Folge einer Konvention zwischen Teutschland, England und den Niederlanden in ein weiß und rotes Wechselfeuer zweiter Ordnung und 18 Seemeilen sichtbar umgeändert (1872).

Die Jahre 1854 und 1855 waren verhängnisvoll für die Insel. Ein großer Teil des auf dem Westende belegenen Dorfes wurde weggespült, und die Meereswellen begannen schon das Fundament des Turmes zu unterwühlen. Bis auf die darunter liegende Kleischicht wurde der Strand fortgerissen. Auch der Friedhof wurde vom Meere verschlungen. Es war ein herzzerreißender Anblick für die armen Insulaner; nichts von allem, was ihnen teuer war, verschonte die gierige Flut, nicht das teure Vaterhaus, nicht die Gräber geliebter Toter. Die geweihete Nacht (1854) wurde für sie eine Nacht des Schreckens, und der Anfang des neuen Jahres (1855) wurde für viele das Ende ihrer Hoffnungen. Das Badehaus, die Schule und elf andere Häuser, samt den Dünen, auf und hinter denen sie standen, wurden ein Raub der Wellen. Es ging zwar kein Menschenleben verloren, aber der Eindruck, den die Zerstörung machte, war so überwältigend, daß man beschloß, die Bewohner nach dem Festlande überzusiedeln. Am Vareler Hafen wurde eine Kolonie für die auswandernden Wangeroger gegründet, und zur Uebersiedlung wurde ihnen eine Unterstützung gewährt. Die Mehrzahl zog dorthin; andere bauten in Hornmersiel, Hooksiel und andern Plätzen, wo sie künftig ihr Schiffergewerbe betreiben konnten, ihre Häuser wieder auf. Nur die minder Vermögenden und einige, denen die Anhänglichkeit an die Insel die Uebersiedlung zu schwer machte, blieben zurück, und erst später wurde diesen gestattet, in der Nähe des inzwischen im Osten erbauten neuen Leuchtturmes sich zu einem neuen Dorfe anzusiedeln; das gelang auch mit Hülfe der öffentlich in Anspruch genommenen Mildthätigkeit.

Die Weihnachtszeit des Jahres 1863 brachte neue, bittere Verluste für die schwer geprüften Bewohner. Eine Nacht des Schreckens, der Verheerungen und Gefahren folgte der andern, ein Tag der Angst und hoher Beschwerden im Flüchten der Sachen und Abbrechen der bedrohten Häuser reihte sich an den andern; denn auf das Erbrausen westlichen Windes ließ das empörte Meer gar häufig die Heere wilder Wogen zum Angriff gegen die Küsten der Insel heranstürmen. Sie kehrten nie ohne große Beute an Land und Häusern zurück und bereiteten durch diese Verheerungen tiefe Leiden. Am Mittage des zweiten Festtages erhob sich der Nordwestwind heftiger, höher und höher erbrauste die Flut und riß Stück um Stück vom Strande hinweg. Die Nacht war entsetzlich. In banger Erwartung sahen die Insulaner dem neuen Angriff entgegen. In keiner Familie wagte man das müde Haupt zum Schlummer niederzulegen. Die Männer eilten oft zur Höhe des Strandes und schauten nach dem Heranwälzen der schäumenden Wogen aus, um nötigenfalls das Signal zur Flucht geben zu können. Krachend stürzten die Häuser zusammen, und die erschrockenen Bewohner flüchteten auf die höchsten Dünen. Die Pastorei blieb auf einem steilen Abhange von lockerem Sande stehen, und vor und hinter dem Hause wälzten sich die Wogen vorbei. Auch der hohe und breite Turm schien den Fluten erliegen zu müssen; denn der Strand wurde immer tiefer und breiter, und die Fluten umwogten bereits den Fuß des Turmes. Die herrliche, starke Mauer, welche die Bremer unter mutiger und geschickter Leitung des Baurat van Ronzelen zum Schutz des Turmes um seinen Fuß gelegt haben, bekam von unten auf Risse bis zur Hälfte der Höhe. Außerdem brachen die heranstürmenden, wilden Meereswogen große Breschen in die langen Schlengen, welche die Bremer zur Fesselung des Strandes und zum Schutze des Turmes unter dem Aufwande vieler Kosten angelegt hatten. An den Seiten der Schlengen zogen sich hernach hie und da tiefe Schluchten hin.

Noch jetzt werden keine Mühen und Kosten zur Erhaltung des überaus wichtigen Turmes gescheut, aber über kurz oder lang wird er doch ein Raub der Fluten werden. Mauerwerk und Wall sind jetzt auf Reichskosten unterstützt, an der Südseite ist ein mächtiger Strebepfeiler erbaut, und durch die drei untersten Etagen ist eine starke Verankerung mittelst Queranker von 5 cm Stärke vorgenommen. Außerdem ist das Ganze noch mit einem breiten, ringförmigen Steindamm umgeben.

Nach solchen Schrecken und Gefahren, wie wir sie oben zu schildern versuchten, erkannten viele Insulaner, daß auf ihrem Eilande keine bleibende Stätte mehr für sie sei, unter Thränen sagten sie der Heimat Lebewohl und wanderten in den Jahren 1856, 1858 u. s. nach dem Festlande aus, wo sie nördlich von Varel die aus kleinen, freundlichen Häusern bestehende Kolonie Neuwangeroge gründeten. Allein sie fühlten sich hier durchaus nicht wohl: beständig litten sie an Heimweh nach den Dünen ihres Eilandes. Dazu kommt noch, daß Neuwangeroge in ungesunder, feuchter Niederung liegt, wovon die Folge war, daß viele der bisher an die frische, gesunde Seeluft gewöhnten Ansiedler, vorzüglich Frauen und Mädchen, am Fieber und Heimweh langsam dahin siechten. Beneidenswert erschien ihnen das Los derjenigen Insulaner, die ihr Inselland nicht verließen, sondern nach dem Ostende übersiedelten.

## II.

Nachdem wir uns so mit der Geschichte der Insel vertraut gemacht haben, wollen wir ihr unsern persönlichen Besuch abstatten.

Von Karolinensiel bringt uns ein Fährschiff, aber auch ein Postdampfer, nach dem etwa eine Meile von der Küste entfernten Wangeroge. So wie das Wasser im Tief zu steigen beginnt, fährt das Schiff ab, muß aber von zwei Männern noch eine weite Strecke im Tief fortgezogen werden, ehe es im stande ist zu segeln. Ein langes Tau wird an das Schiff gebunden, die Männer werfen es über die Schulter, und nun beginnt die schwere Arbeit des Ziehens. Mit bloßen Beinen, hoch aufgeschlagenen Hosen, waten sie, vorübergeneigten Oberkörpers, auf dem glitscherigen Ufer des Tiefes entlang, wobei sie sich nach vorn mit einem Stecken stützen. Die Flut steigt inzwischen immer höher, so daß sie den ziehenden Männern die Brust umspült. Damit sie in dem steigenden Wasser ihren Weg finden und nicht in das Tief geraten, haben sie das Ufer entlang Baken, hohe, oben mit Stroh umwickelte Stangen, aufgepflanzt. Am Ende steigt ihnen das Wasser doch zu hoch, sie schauen sich einmal um in der wogenden Wasserwüste, sehen wie weit sie schon vom Strande entfernt sind und sagen, es sei hohe Zeit zur Umkehr für sie. Das Schiff ist auch bereits in gutem Fahrwasser, und die Segel können aufgezogen werden. Wie viel Zeit man zur Ueberfahrt gebraucht, hängt natürlich sehr vom Winde ab; bei günstigem fährt man in $^3/_4$ Stunden nach der Insel, bei ungünstigem dagegen kann die Fahrt drei bis sechs Stunden dauern. So wie man sich der Insel bis auf einige

Minuten nähert, sieht man zwei Leiterwagen mitten durchs Wasser gerade auf das Schiff losfahren. Letzteres kann nämlich wegen des seichten Strandes nicht bis zur Insel hinankommen, und die beiden Wagen, von denen der eine dem Wirte, der andere dem Vogte der Insel gehört, sollen die Gäste und was das Schiff an Nahrungsmitteln und Postgütern für die Wangeroger bringt, abholen.

Man steigt also vom Schiffe auf einen Wagen und fährt durchs Wasser, das den Pferden anfänglich bis an den Bauch reicht, so daß sie halb schwimmen, der Insel zu. Nach und nach wird der Strand höher, und die Pferde betreten endlich das trockne, sandige Watt. Als ich hinüber fuhr, überraschte uns inmitten der Fahrt ein Gewitter. Es erhob sich eine recht frisch=fröhliche Brise, der salzige Wellenschaum flog hoch übers Verdeck, so daß wir ganz durchnäßt wurden, und das Schiff neigte sich so bedenklich auf die Seite, daß wir uns platt hinlegen und festhalten mußten, um nicht über Bord zu glitschen. Im untern Raume des Schiffes war es vor Hitze und Dunst nicht auszuhalten. Als wir auf der Insel anlangten, wurden wir vor dem neuen, zwei=stöckigen Gasthause von dem Wirte aufs freundlichste bewillkommnet. So war's 1868 und ist es im wesentlichen noch jetzt. Gegenwärtig fährt auch von Wilhelmshaven aus während der Badezeit einigemal in der Woche ein Dampfer nach Wangeroge.

Das neue Dorf auf dem östlichen Ende zählt in drei Reihen 32 kleine, einstöckige, aus roten Ziegelsteinen aufgeführte Häuser, die zur Badezeit teilweise an Fremde vermietet werden und deshalb mit möglichst vielen Zimmern versehen sind. Als ich Wangeroge besuchte (1868), waren ca. 80 Badegäste anwesend. Es wurde mir aber gesagt, daß die Zahl derselben im Wachsen begriffen sei. In diesem Jahre (1887) betrug sie bereits über 600. Vielleicht kommt die Insel als Seebad noch einmal wieder empor, wenn nur die Badeanstalt von vermögenden Privatleuten oder vom Staate unterstützt wird. Dies ist nunmehr (1874) geschehen. Eine Aktiengesellschaft kaufte das Hotel an und erbaute noch sechs freundliche Logierhäuser. Jetzt ist das ganze Etablissement in den Besitz eines Herrn Rösing übergegangen, der dasselbe bedeutend erweitert und aufs bequemste eingerichtet hat. Auch einen schönen Strandpavillon mit großer Veranda hat er erbaut, einen vom Dorfe nach dem Strande führenden Klinkerfußweg angelegt, die Zahl der Badekutschen vermehrt, überhaupt alles gethan, was zur Hebung des Seebades beitragen kann. Ob es aber jemals den alten Glanz wieder erlangen wird, dürfte sehr zu bezweifeln sein. —

Die Wege zwischen den Häusern sind nicht gepflastert, sondern bestehen aus dem weißen, beweglichen Dünensande, der manchmal wie feiner Schnee in hohe Haufen zusammenweht.

Ihren Gottesdienst halten die Wangeroger in einer kleinen Kapelle ab, die man ihnen im Jahre 1866 erbaut hat. Früher diente der untere Raum des alten Leuchtturms als Kirche.

In der Mitte des Dorfes ist ein Brunnen, der gutes, klares Trinkwasser liefert. Auf der Insel ist kein Salzwasser, wie man vermuten sollte, sondern süßes Regenwasser, das durch den Dünensand sickert und sich in den Niederungen zwischen den Dünen ansammelt.

Man könnte glauben, der Aufenthalt auf dieser einsamen Insel müsse entsetzlich langweilig sein. Das ist aber keineswegs der Fall. Allerdings ist es auf Wangeroge äußerst still und einsam. Wandert man den Strand entlang, oder schaut man von einer Düne ins endlose Meer hinaus, so überkommt einen ein Gefühl, als wäre man der Welt und ihrem lauten Treiben entrückt und befände sich mitten in der Ewigkeit. Aber eben deshalb hören auch Raum und Zeit auf, und Stunden und Tage gehen hin, man weiß nicht wie. Die tiefe Ruhe wirkt äußerst wohlthuend auf Geist und Gemüt. Der Geist, sonst durch tausend Kleinigkeiten zerstreut, zerrissen und hin und hergezerrt, findet endlich Muße zur Sammlung und Einkehr in sich selbst. Fast gänzlich abgeschlossen von allem Verkehr mit der lärmenden Gegenwart, erscheint uns das wirre, rast- und ruhelose Jagen und Wagen derselben fast kleinlich und nichtig. Es ist, als wäre man der Seligen einer, überhoben aller Sorgen und Plackereien des mühevollen Erdendaseins. Vor allem aber macht der stets neue, großartige Anblick des Meeres einen so gewaltigen, das ganze Gemüt ergreifenden und fesselnden Eindruck, daß daneben alles andere zurückgedrängt wird und verschwindet. Dazu kommt noch die reine, frische, feuchte und doch nicht kalte Seeluft, die äußerst wohlthuend auf die Lungen wirkt und nebenbei einen köstlichen Appetit macht, der uns wieder an die Bande erinnert, die uns noch ans Erdendasein knüpfen.

## III.

Eine Wanderung am Strande kann man täglich wiederholen und immer ist sie interessant, immer wirft uns das Meer aus seinem tiefen Schoße Dinge vor die Füße, die uns neu und überraschend sind. Gehen wir vom Dorfe weiter östlich, so sehen wir zur Zeit der Ebbe den flachen Strand sich weithin ausdehnen,

bis in die graue, endlose Wasserwüste, über der die Luft fort=
während in wellenförmiger Bewegung zittert, als ob sie die Wellen
des Meeres nachahmte. Wir sehen wohl auch den aufsteigenden
Rauch eines fernen Dampfers, oder die dunklen, geisterhaften Um=
risse eines großen Segelschiffes, das aus der Weser kommt, am
fernen Horizont vorüberziehen.

Eine breite Stromrinne, die sog. blaue Balge, durchschneidet
im Osten das Watt und trennt es von einer Sandbank, dem
Minser Oldeog. Noch weiterhin münden Weser und Jade in
einem spitzen Winkel, der eine Sandbank, den hohen Weg, ein=
schließt, auf welcher der hohe Bremer Leuchtturm steht, und deren
äußerste Spitze die alte Mellum heißt. Vor derselben liegt die
Mellum Plate. Das Minser Oldeog, der hohe Weg, die alte
Mellum u. s. w." sind lauter Ueberreste und Trümmer des alten
Küstenlandes. Noch jetzt leben im Volke die Sagen von dem
Untergange dieser gesegneten Lande. Die Sage vom hohen Wege
ist in der Skizze über Butjadingen erzählt. Auf der alten Mellum
soll früher ein Schloß gestanden haben. Das Minser Oldeog oder
Oloog ist der Ueberrest des alten Kirchdorfes (Loog) Minsen.
Alte Leute erinnern sich noch, von ihren Eltern gehört zu haben,
daß diese daselbst Dünen gesehen hätten.

Die Bewohner des Dorfes hatten einst ein Seeweibchen ge=
fangen. Sie schleppten es ans Land und quälten es sehr, damit
es ihnen Mittel gegen allerlei Gebrechen sagen sollte. Allein das
Seeweibchen gab auf alles Plagen und Fragen nur die Antwort:

> „Kölln oder Dill,
> Ick segg jo nich wo't god för is,
> Un wenn ji mi of fillt."

Zuletzt entkam es und flüchtete der See zu. Als es diese
erreicht hatte, sah es sich noch einmal um, schöpfte dann mit den
Händen Salzwasser und spritzte es über den Deich. Darauf tauchte
es unter und verschwand. Am andern Tage kam eine gewaltige
Sturmflut, zerbrach den Deich und begrub das Dorf mit seinen
fruchtbaren Gärten, seinen üppig grünenden Wiesen und Weiden
in der Tiefe der See.

Jetzt ist nur graues, von schreienden Möwen umschwärmtes
Watt, wo früher gesegnete Fluren sich ausdehnten, und immer
weiter setzt die See ihr uraltes Zerstörungswerk fort. Nichtsdesto=
weniger soll aber doch der östliche Strand Wangeroges seit dem
Jahre 1780 um 2000 Fuß angewachsen sein. Man schließt dies
aus alten Angaben und Karten, deren Richtigkeit jedoch vielleicht
zu bezweifeln ist. Wären sie richtig, so ließe sich darauf die Hoff=

nung gründen, daß Wangeroge nicht dem Untergange geweiht sei, sondern zwar im Westen ab=, aber dafür im Osten wieder zunehme.

Setzen wir jetzt unsere Wanderung längs des nördlichen Strandes fort. Das Watt ist hier nur sehr schmal, so daß nach etwa zwanzig Schritt seewärts schon salziges Wasser unsern Fuß umspült. Mittelhohe Fluten schlagen bis an den Fuß der Dünenwand. Das Watt besteht aus feinem, dichtem Sande, auf dem es sich geht, wie auf einer Tenne, und in welchem die Wellen ihr Bild abgedrückt haben. Nur hin und wieder bemerkt man seichte Vertiefungen und Rinnen, in denen noch von der letzten Flut Meerwasser zurückgeblieben ist. — Die Nordsee liegt vor uns, grau und endlos. Unaufhörlich, auch bei stiller Luft, bringt ein dumpfes Rauschen und Brausen, wie aus weiter, weiter Ferne, an unser Ohr, und dazwischen ertönt von Zeit zu Zeit der heisere Schrei eines Wasservogels. Sonst alles still und öde am einsamen Nordseestrand, ganz wie in den endlosen Heiden und Mooren unseres Nordens. Wie Gespenster tauchen in weiter, grauer Ferne die weißen Häupter hoher Wogen empor und verschwinden wie Schatten im dunkeln Meer. Das sind die Kühe des Meergottes, sagt das Volk, die er austreibt, wie der Bauer landeinwärts die seinen. Bei hellem Himmel spielen und glitzern die Sonnenlichter auf dem weithinrollenden Meer; bei grauem, umwölkten Himmel ist auch das Meer grau und düster. Gewaltig, aber auch unheimlich ist der Anblick des Ozeans. Wir fühlen die Größe, aber auch die unheimliche, blind waltende Macht der Natur. Das Meer ist ein Bild des Lebens, ein ewiges Kommen und Gehen, Fluten und Ebben; wir wissen nicht von wannen es kommt, noch wohin es geht. Wir Menschen sind wie die auftauchenden und wieder spurlos verschwindenden Wellen. Die Welt ist ein unlösbares Rätsel, ein ewiges Geheimnis, dem nur der fromme Glaube eine Deutung zu geben vermag. —

Wie rauscht die Woge,
O Wangeroge,
An deinen Strand!
Die Dünen schauen,
Die wettergrauen,
Auf weißen Sand.

Die Fluten spülen,
Die Wogen wühlen,
Mit wildem Haß.
Die Stürme brausen,
Die Wetter sausen
Ohn' Unterlaß.

Du wirst vergehen,
Du wirst verwehen
Zum nackten Riff,
Dran wird zerschlagen
In späten Tagen
Manch stolzes Schiff.

Wie bist Du mächtig,
Gewaltig, prächtig,
Du wilde See!
In deinem Schlunde
Geht einst zu Grunde
Der Erde Weh.

Hinabgezogen
In deine Wogen
Wird Raum und Zeit.
Die Welt vergehet,
Dein Reich bestehet
In Ewigkeit.

Ueberall am nördlichen Strande bemerkt man noch die Zeugen der Zerstörungswut, mit der das Meer hier gehaust hat. So sah ich die Pfähle der alten Saline, welche vor einigen Jahren nur eben aus dem Sande schauten, jetzt in vier Reihen ganz bloß dastehen. Auch die Trümmer eines gestrandeten Schiffes lagen noch auf dem Watt. Der alte Kirchturm steht bereits ganz auf dem sandigen Watt, von Dünen nicht mehr geschützt. Sein Fundament soll nur vier Fuß tief unter dem Sande auf einer Kleischicht ruhen. Der Baurat van Ronzelen umgab den Fuß des Turmes auf Kosten Bremens mit einer Umkragung von cementiertem Mauerwerke, das zunächst am Turme eine kreisförmige Plateforme von 54 Fuß oberem Durchmesser bildet, dann mit dreifüßiger Dossierung 10 Fuß tief hinabsteigt und sich auf eine Spundwand stützt, die, 114 Fuß im Durchmesser, von einer eisernen, einen Zoll starken Kette umspannt wird. Außerhalb derselben wurde auf Kosten Oldenburgs ein Packwerk angebracht und seitdem, so wie die Erniedrigung des Strandes es nötig machte, bald von Oldenburg, bald von Bremen verschiedentlich erweitert, um den Wellenschlag von der Spundwand abzuhalten*). Weiteres ist schon oben mitgeteilt.

Ob diese Vorkehrungen die nagenden Fluten auf die Dauer hindern werden, den Fuß des Turmes zu unterwühlen, ist wohl sehr zu bezweifeln. Schon an vielen Stellen hat das Wasser die alte Kleischicht**) bloßgelegt; es wird auch immermehr den Sand um den Turm fortspülen und endlich wird eine starke Sturmflut die Steindossierung zertrümmern, und der hohe, schöne, aber schon stark geborstene Turm wird unter dem triumphierenden Aufrauschen der Wogen krachend zusammenstürzen, wie die Häuser des alten Dorfes, das noch weiter nordwärts lag. Das spätere, erst im vorigen Decennium zerstörte Dorf lag ein wenig südlich vom Turm. Seine Stelle ist kenntlich an den vielen Steintrümmern, die dort überall auf dem Strande umherliegen.

Hin und wieder hat das Wasser auch alte Brunnen, deren Ringmauern aus Torfschollen gebildet sind, bloßgelegt, ebenso alte Tonnen, die aufrecht in der Erde stehen. Wozu letztere gedient haben mögen, ist fraglich; ich bin der Ansicht, daß die meisten derselben ebenfalls Brunnen gewesen sind, der Geistliche auf der Insel hielt viele für Römergräber. Diese Ansicht findet Unterstützung durch eine Mitteilung des Oberbaurat Lasius. Dieser

---

\*) Zeitschrift des hannov. Architektenvereins, B. 13.
\*\*) Diese Kleischicht ist wie die Marsch des Festlandes durch Aufschlickung entstanden und beweist vielleicht, daß die Inseln einst mit dem Festlande zusammenhingen.

schreibt in der Zeitschrift des hannov. Architektenvereins über die Tonnen: "Zum Teil erklären sich dieselben aus der auf der Insel stets üblich gewesenen Art der Brunnenanlagen; man grub ein Loch, in welchem man zwei oder drei Fässer ohne Boden über einander anbrachte, und in dem reinen Dünensande filtrierte sich das in der Nachbarschaft fallende Regenwasser, das die Brunnen versorgte und sich meistens in der Höhe der ordinären Flut hielt. Waren die Fässer demnächst vergangen, so wird man wohl manchmal einen neuen Brunnen gegraben haben, statt den alten zu erneuern; in so großer Menge aber, wie man stellenweise diese, häufig mit Grassoden eingefaßten Vertiefungen fand, kann man sich Brunnenanlagen nur schwer vorstellen, auch war bei manchen der Durchmesser nur zwei Fuß; für einen Brunnen zu eng. Ganz ähnliche Gebilde, nur nicht ganz so eng, kommen in den Marschgegenden zum Vorschein, wenn die Wellen den ihnen preisgegebenen Marschboden zerstören, so im Jadebusen an den oberahnischen Feldern, bei Burhave auf dem 1792 ausgedeichten Fedderwarder Groden; an beiden Orten sind in solchen brunnenartigen Vertiefungen ähnliche Aschenkrüge gefunden, wie in den sog. Hünengräbern in norddeutschen Heiden."

Oestlich vom alten Kirchturm hat in den Jahren 1854 und 1855 der Durchbruch stattgefunden, der die Insel in zwei fast gleiche Hälften teilte, in das West- und Ostende. Die Flut hat sich hier durch die Dünen ein Thor gebrochen und das beste Weideland der Insel in eine sandige Wüste verwandelt. Das ganze Westende besteht aus größtenteils kahlen, vom Winde zerzausten, nach dem Meere zu schroff abfallenden Dünen. Jetzt erheben sich hier außer dem alten Kirchturm nur noch einige Baulichkeiten: die Wohnung des Deichaufsehers, der Baubeamten, eine Schenkwirtschaft der Frau Stühlke und Baubuden. Die Badegäste, die häufig bis hierher ihren Spaziergang ausdehnen, können in der Schenke eine kleine Erfrischung bekommen. Auch das westliche Ende läuft in ein Watt aus, das jedoch bei weitem nicht die Ausdehnung des östlichen Watts hat. Seit 1874 ist das Westende auf Reichskosten durch einen 4 m hohen langen Steindamm wieder mit der Insel verbunden, und auch in anderer Weise ist alles geschehen, um der Flut ihren Raub streitig zu machen. Steht man auf einer Düne des Westendes, so schaut man über die tiefe, breite Rinne der Harle, die das Watt durchschneidet, nach der Nachbarinsel Spiekeroge hinüber.

Sehen wir uns jetzt einmal an, was das Meer an den Strand wirft. Wir finden namentlich auf dem östlichen Watt vielerlei Muscheln, sog. Schillen, oft in großer Menge. Sie werden gesammelt, nach dem Festlande geführt und in Kalköfen zu Kalk gebrannt. (S. weiterhin die Schillwäsche.)

Ferner finden wir den stacheligen See-Igel (Echinus milliaris), den gemeinen Seestern (Astera canthion rubens) und verschiedene Arten von Quallen. Die Quallen oder Medusen sind schmutzigweiße, in der Mitte rötliche, gallertartige Massen, die der Unkundige nicht für Tiere halten würde. Werden sie dem Badenden von den Flutwellen an die Glieder geworfen, so empfindet er ein entsetzliches Brennen, wie wenn er mit Nesseln in Berührung käme.

Von Pflanzen bemerken wir namentlich Seegras (Zostera marina), das zu Ballen, welche ganz die Form von Mausenestern und Chignons haben, zusammengerollt ist. Das Seegras wächst auf dem Grunde des Meeres und wird bekanntlich zum Ausstopfen von Matratzen und Sofas benutzt. Ferner fallen uns auf seltsam geformte Tangarten von brauner oder dunkelgrüner Farbe, kalt und schlüpfrig wie Aale. Namentlich findet man den Blasentang (Fucus vesiculosus) mit gegenüberstehenden Luftblasen, die, wenn man sie drückt, knallend zerspringen, und den langen Riementang. Getrocknet sehen diese wunderlichen Seegewächse ganz wie Leder aus. Die Nordweststürme werfen manchmal auch Bernstein an den Strand. Die Stücke sind meistens nur klein und gewöhnlich von schwarzem, fossilen Holze, das wie Tannenmoder aussieht, umschlossen. Das bituminöse Holz (Braunkohle) muß sich in großen Lagern in der Tiefe des Meeres, nördlich der Insel, befinden; wenigstens behaupten die dort ankernden Schiffer, daß sie manchmal mit dem Anker große Stücke desselben heraufziehen.

Ein interessantes Schauspiel entwickelt sich am Strande während des Herannahens der Flut. Schäumend sieht man die hohen Wellen aus der Ferne heranjagen. Nach und nach kommen sie dem Watt immer näher, bald schlagen sie schon an unsern Fuß und schießen weit über den festen Sand dahin. Nicht weit vor uns stürzt eine Welle hochaufspritzend kopfüber und zerschellt. Das ist ein Plätschern, Rollen und Rauschen! Der bisher noch feste Sand unter unsern Füßen wird schon weich, so daß wir einsinken; endlich jagt uns das Wasser einer zerschellten Woge vorbei. Es ist hohe Zeit für uns zum Rückzug. Immer rascher und rascher rollt Woge auf Woge heran, immer höher und höher spritzt der weißliche, meergrüne Schaum. Zuletzt ist es nur ein einziges Wogen und Schäumen, Poltern und Rauschen, lauter Leben und Bewegen, übermütiges Plätschern, Kichern und Toben, lautes Jubeln und

Jauchzen, der hochanwogenden, übermütigen See. Und zu dem uraltewigen Wellentanz pfeift der Sturm seine wildeste Melodie. Welch ein Wechsel! Soeben noch der starre, stille Strand, jetzt die rastloseste Beweglichkeit. Nun lassen sich die Badegäste in den Badekutschen eine Strecke ins Wasser hinausfahren, steigen aus und eilen dem köstlichen Wellenschlage entgegen. So wie eine Woge herannaht, stellen sie sich ihr wie zur Abwehr mit der Schulter entgegen und lassen sie über sich zerschellen.

Schön ist der Anblick des Meeres bei Sonnenuntergang. Julius Rodenberg schildert ihn so: „Es war Abend geworden. Der westliche Himmel dämmerte in jenem schwermütigen Nebelgrün, welches dem Untergange der Sonne an der See sogleich folgt. Da giebt es nicht jenes glänzende Farbenspiel der Landsonnenuntergänge, jenes langsame Hinabtauchen, das den ganzen Westen mit Purpur malt, und das — wenn sie nun endlich hinunter — der Luft jene grotesken, farbenglühenden Wolkenformationen zurückläßt, aus welchem sich die Phantasie ihre herrlichsten Schlösser baut — nein, die Sonne an der See geht wirklich hin wie es die Bibel sagt: „sie geht hin wie ein Held," jetzt rollt sie, wie eine goldene, weißglühende Scheibe über dem Meere, jetzt berührt sie das Meer . . . das Meer zittert, das Meer rauscht auf — und die Sonne ist nicht mehr. Aber die Nebel steigen auf, lange, breite, traurige Nebel — und es ist Abend!"

Schön und erhaben ist der Anblick des Meeres bei Nacht. Blaß und flimmernd wie im dunkeln Tannenwalde scheinen Mond und Sterne und spiegeln sich in der weiten, stillen See. Im Hochsommer kann man auch das Leuchten des Meeres beobachten. Ich sah es an einem finstern, stürmischen Abend. Schwere, düstre Wolken verhüllten den Himmel, und der Wind blies frisch und stark über die Dünen. Dumpf erbrauste das Meer und warf seine schäumenden Wogen zischend an den Strand. Eigentümlich phosphoreszierten die aufspringenden Wellen. Ich schlug mit der Hand ins Wasser und es glänzte wie lauter Silber. Auch in weiter Ferne erschienen bläulichweiße Lichtstreifen, die wie der Blitz entstanden und vergingen und nur am Strande von längerer Dauer und intensiverem Glanze waren. Bekanntlich rührt das Leuchten des Meeres von kleinen gallertartigen Seetierchen her, die wie Johanniswürmchen ein phosphorisches Licht ausstrahlen. Julius Rodenberg giebt folgende Schilderung vom Meerleuchten: „Es war eine Schwüle in die Luft gekommen und eine unruhige Bewegung. Das Meer war dunkel und rauschte. Auf einmal öffnete sich das dunkle Meer, wie ein Silberblitz lief es über die weite Fläche, gleich Feuerschlangen rollten die Wellen hinter einander her und sprühten, wo sie sich brachen, blaues Brillantfeuer um Fels und Steingeröll, ja noch um die Kiesel. Das war das Meerleuchten!"

Eine Nacht am Meer ist geheimnisvoll und geisterhaft. Wenn auch letzteres Wort tausendmal gemißbraucht ist, hier ist es das allein bezeichnende. Die verschollenen Söhne des Meeres, die mit ihrem Schiffe in Sturm und Nacht zu Grund fuhren, tauchen empor und schlingen mit den schaumgeborenen Töchtern Nereus' den alten, ewigen Reigen. Der Meermann und die Nixen heben ihr seegrünes Haupt aus den dunkeln Wogen, plätschern und kichern und sinken wieder zurück. Du siehst sie nicht, aber du hörst ihr heimliches Flüstern, ihr zärtliches Kosen, ihr spöttisches Lachen. Es ist ganz so wie Heine in seinen meerdurchrauschten Nordsee= bildern singt:

> Da schäumte das Meer,
> Und aus den weißen Wellen stieg
> Das schilfbekränzte Haupt des Meergottes,
> Und höhnisch rief er u. s. w.
>
> Und tauchte zurück ins Meer;
> Und über den groben Seemannswitz
> Lachten unter dem Wasser
> Amphitrite, das plumpe Fischweib,
> Und die dummen Töchter des Nereus.

Manchmal ist es auch, als ob man vom Meeresgrunde herauf Glockenstimmen hörte, sie tönen — wie die Insulaner erzählen — aus den beiden versunkenen Kirchen, die in alter Zeit von den brausenden Wellen verschlungen wurden.

Nach dieser Unterbrechung setzen wir unsere Wanderung am Strande fort. Der südliche Rand der Insel ist flaches Weideland, das den wenigen Pferden, Kühen und Schafen der Insulaner ein dürftiges Futter liefert. 1868 waren auf der Insel 4 Pferde, 14 Kühe und 80 Schafe; jetzt werden etwa 100 Schafe und 8 Kühe gehalten. Durch ein weites Watt, das nur von einer schmalen Balje, dem sog. Gatt vom Wrack, durchschnitten wird, hängt die Insel mit dem Festlande zusammen. Es ist möglich, zur Ebbezeit zu Fuß übers Watt nach der Insel zu kommen, doch ist eine solche Wanderung immer mit großen Beschwerden und Gefahren verknüpft. Vor 40 bis 60 Jahren pflegten die Wangeroger häufig während der Ebbe über das Watt nach dem festen Lande zu gehen. Seit= dem hat sich an einigen Stellen im Watt viel Schlamm (Schlick) gesammelt, und der Fußweg ist weit schwieriger geworden, doch passierten noch am 5. Februar 1872 zwei Männer das Watt, eine Tour, die — wie die „Jeverschen Nachrichten" sich ausdrückten, — seit mehreren Jahren nicht mehr ausgeführt wurde. Graf Anton Günther ist einmal übers Watt nach der Insel geritten.

## IV.

Ebenso interessant wie eine Wanderung am Strande ist eine solche durch die Dünen. Diese bestehen aus Milliarden kleiner, feiner Sandkörnchen, zum Teil schneeweiß und glänzend wie Kryftall, zum Teil aber auch dunkel und gefärbt. Es sind lauter Splitter und Blättchen von Quarz und Glimmer, die das Meer von fernen Gebirgsküsten abnagte, hierher führte und auf den Watten ablagerte. Hier trockneten sie, der Wind jagte sie alsdann weiter, der Insel zu, und türmte sie zu Hügeln auf. Ein Stückchen Holz oder ein Grashalm war schon genügend, um als Fundament einer Düne zu dienen. Tagtäglich kann man noch diesen Vorgang beobachten. Der Wind weht fortwährend die leichten Sandkörner übers Watt der Insel zu, wo sie an oder hinter den schon gebildeten Dünen liegen bleiben, oder in den Niederungen und Thälern hinter dem geringsten Gegenstande sich festsetzen und ein Häuflein bilden, das immer mehr anwächst, zu einer neuen Düne. Die Wörter Dünen und Dunen haben unzweifelhaft dieselben sprachlichen Wurzeln; denn leicht und lose wie Dunen liegt der Sand aufeinander, und der Wind treibt fortwährend sein mutwilliges Spiel mit ihm, wenn nicht eine dünne, schützende Pflanzendecke ihm Halt verleiht.

Die Dünenwelt Wangeroges ist ein Bergland im kleinen, gleichsam der Reliefdruck einer Alpenlandschaft, den die Natur selbst gemacht hat. Man braucht sich diese Kuppen und Krater, diese sanften Abhänge und steilen Wände, diese Höhlen und Kessel, Längs- und Querthäler nur einige hundertmal vergrößert zu denken, und die Gebirgslandschaft ist fertig. Die Dünen Wangeroges bestehen aus mehrfachen Reihen, die parallel laufen oder sich durchkreuzen. Der Wind hat alle möglichen Berg- und Thalbildungen nachzuahmen gesucht. Bald hat er den Sand zu Gipfeln und Kegeln, bald zu runden Kuppeln aufgehäuft, bald hat er sich in die Spitze eingewühlt, den Sand zu beiden Seiten aufgeworfen und so Krater gebildet. Auf den Rändern und Spitzen weht der lange, graugrüne Sandhafer wie das Silberhaar auf dem Haupte eines Greises. In den kraterförmig ausgehöhlten Dünen fängt sich der Wind und wirbelt den Sand um die Dünenhäupter, daß sie aussehen wie rauchende Vulkane. Wie ein Schneegestöber sieht es aus, wenn der Wind den weißen Sand durch die Thäler und Einschnitte der Dünen weht.

Die Höhe der Dünen ist verschieden. Eine der bedeutendsten ist wohl 12 m hoch. Sie wird die Kaffeedüne genannt und liegt ein wenig westlich vom jetzigen Dorfe. Mehrere Dünen führen bei den Insulanern besondere Namen, ein Beweis dafür, daß bei aller Wandelbarkeit im allgemeinen doch auch Bestand in ihnen ist. Die höchsten Dünen sind auf dem nordöstlichen Ende. Hinter ihnen haben die Wangeroger ihre kleinen Gärten angelegt, in denen sie ihr weniges Gemüse bauen. Im Schutze dieser Dünen haben sie sich selbst in ihren kleinen, freundlichen Häusern angesiedelt. Von hieraus führt ein grünes Längsthal westlich durch die Dünen; es ist mit Gras bewachsen und dient den Schafen und Kühen der Insulaner als Weide. Von diesem Hauptthale zweigen sich mehrere kleinere Thäler, „Dellen" genannt, ab. Sie liegen zum Teil recht still und friedlich im Schutze hoher Dünen, von welchen das Wogen und Rauschen der See dumpf herüberschallt. Auf ihrem Grunde haben sich Gräser und zierliche Blumen und Kräuter angesiedelt.

Die Flora der Dünen ist im ganzen nur eine ärmliche. Sämtliche Sandpflanzen haben ein blasses, blaugrünes Aussehen. Ich nenne nur die blaue Bergjasione (Jasione montana), das dreifarbige Stiefmütterchen (Viola tricolor), das fleischrote Tausend= güldenkraut (Erythräa centaurium), den Meersenf (Cakile maritima), die weißblütige Pyrola rotundifolia (Wintergrün), den Sanddorn (Hyppophaë rhamnoides), die zierliche Pimpinell= Rose, am Fuße der Dünen die Heide, die kriechende und silber= farbige Weide (Salix repens und S. argentea).

Mit Ausnahme des Sandhafers (Arundo arenaria), von der Insulanern „Helm" genannt, wagt es keine Pflanze über die Dünen ins Meer hinaus zu schauen. Der Sandhafer ist eine höchst merkwürdige Pflanze, die nur im Flugsande wachsen will. Wohl 12 m weit schlängeln sich die zähen, ästigen Wurzeln im Sande fort und verbinden wie die Quecke einen ganzen Wald von Halmen. Eben dadurch ist die Pflanze so sehr geeignet, den Sand fest zu halten. Einen Halm mit der Wurzel auszureißen, gelingt fast ebenso wenig wie bei der Quecke. Drei bis vier Blätterbüschel und ein Halm stecken immer in einer dicken Blattscheide und bilden eine natürliche Faschine, ähnlich den künstlichen, die von den Schlengenarbeitern gebraucht werden, um das Wegspülen des Sandes vom Ufer der Flüsse zu hindern. Die Blätter sind einen bis zwei Fuß lang, unten glatt und elastisch, oben borstlich und von seegrüner Farbe. Die Pflanze ist zur Bändigung des Flugsandes wie geschaffen: deshalb wird sie auch von den Insulanern eigens zu diesem Zwecke angepflanzt. — Bäume wachsen gar nicht auf Wangeroge. So viel von den Pflanzen der Insel.

Noch schwächer als die Pflanzenwelt ist die Tierwelt vertreten. Von den Vögeln kommen die meisten, gleich den Badegästen, nur auf einen kurzen Besuch herüber. Charakteristisch für die Insel sind nur die Seevögel. Es sind verschiedene Möwenarten, Seeschwalben, Reiher, Strandläufer, Wasserhühner, Doppelschnepfen, Dütchen, Brandenten, Austernfischer u.. s. w.

Traurig ist es, daß manche Badegäste aus reiner Mordlust auf die Seevögel Jagd machen, und sie dadurch nach und nach von der für sie so unwirtlichen Insel vertreiben. Es ist das um so mehr zu bedauern, da die Vögel für die Erhaltung der Inseln von großer Wichtigkeit sind. Wo nämlich die Seevögel die Dünen bevölkern, da düngen sie den Boden, so daß sich die Dünen bald mit einer festen, schützenden Pflanzendecke überziehen. „Wer einmal auf der Insel Borkum geweilt — schrieb die „Kreuzzeitung" 1869 — und bei diesem Anlasse der gegenüberliegenden Insel Rottum einen Besuch abgestattet hat, der wird das hier Gesagte aus eigener Anschauung bestätigen. Auf Borkum, wo das ungehinderte Knallen auf alles, was eine Feder trägt, die Erscheinung eines Seevogels zu einer Seltenheit gemacht hat, bestehen die Dünen aus nacktem Flugsande, dessen Befestigung trotz aller Mittel nicht gelingen will. Auf Rottum, wo kein Schuß abgefeuert werden darf, bevölkern alle Arten von Seevögeln zu Tausenden und aber Tausenden die Dünen, und diese sind mit einer dichten, grünen Decke bekleidet. Die Insel verliert nicht allein nichts von ihrem Bestande, sondern vergrößert sich zusehends. Was von Borkum gilt, gilt auch von den andern benachbarten deutschen Inseln. Was hier not thut, dringend not thut, das ist nicht eine Regelung der Jagd auf Seevögel, sondern das gänzliche Verbot derselben. Nur durch dieses Mittel wird es gelingen, den gefährdeten Inseln sichern Schutz gegen den Andrang der Fluten zu gewähren. Das Mittel ist nicht nur einfach und kostet nichts, es eröffnet auch eine neue und nicht unbedeutende Einnahmequelle. Die Insel Rottum ist in mehrere Abteilungen gebracht. Alljährlich werden abwechselnd den in einer Abteilung nistenden Vögeln die Eier weggenommen. Diese Eier werden auf das Festland versandt und sind, besonders bei den Konditoren, sehr gesucht. Der Vogt auf Rottum, welcher die Insel in Pacht hat, löst dafür jährlich einige tausend Thaler. Die Erfahrung zeigt, daß dadurch der Bestand an Vögeln nicht gefährdet wird. Selbstverständlich dürfte diese Eierernte auf den deutschen Inseln erst dann eintreten, wenn die Zahl der nistenden Vögel eine hinlänglich große geworden wäre."

Hierauf ist denn auch auf allen ostfriesischen Inseln das Schießen auf Seevögel, ausgenommen vom Boote aus, untersagt.

Wir wenden uns wieder zu den Dünen zurück. Von denselben bleibt uns nur noch wenig zu sagen übrig. In den Niederungen zwischen ihnen sammelt sich häufig Regenwasser an, das besonders im Winter ziemlich ausgedehnte Lachen bildet.

Auf unserer Wanderung durch das oben erwähnte Thal kommen wir auch an den kleinen Friedhof der Insel. Er macht mit seinen wenigen verwitterten und versunkenen hölzernen Kreuzen und Gedenktafeln einen eigentümlichen Eindruck auf den einsamen Wanderer, dieser Friedhof mitten im Meere, umgeben von der stillen Dünenwelt und dem rastlos flutenden Ozeane. Auf einer hölzernen Gedenktafel ist oben ein Schiff ausgeschnitzt zum Zeichen, daß hier nach den Stürmen und Gefahren auf dem Meere des Lebens ein Kapitän die letzte Ruhe gefunden hat. Dem entsprechend ist denn auch die Inschrift:

> Ich bin der Erde müde,
> Die Seele wünscht allein,
> Daß sie in Ruh und Friede
> Bei Jesu möge sein,
> Der mich zum Kind und Erben
> Des Himmels hat gemacht;
> Drum will ich freudig sterben
> Und sagen: Gute Nacht! —

Das Thal führt uns endlich in die große Niederung ("Leegte"), von welcher die Insel quer durchschnitten wird. Der Boden derselben besteht aus dichtem Sande, der nur hin und wieder begrünt ist. Im Norden verengt sie sich zu einem Thor, dessen Pfeiler gleichsam die Dünen sind, und durch welches man auf den alten Leuchtturm und die wogende See hinausschaut. Nach Süden zu erweitert sie sich und läuft endlich in das schon erwähnte Weideland aus, das sich unmittelbar dem Watt anschließt. Rechts und links erheben sich wildzerklüftete Dünen, so daß das Ganze ein Bild ist von echt malerischer Wirkung. Wäre nicht der schon erwähnte mächtige Steindamm angelegt, so würde die Flut diese Niederung in eine tiefe Meerenge, ein neues Gat, verwandeln; sind doch schon andere Inseln, z. B. Borkum, Langeoge, in derselben Weise zerrissen, hat doch das Meer so und nicht anders seit Jahrhunderten den Vernichtungsprozeß gegen die Dünenkette geführt, die einen natürlichen Schutzdamm des Festlandes gegen die Nordsee bildet. Höchst wahrscheinlich ist es jedenfalls, daß die jetzigen Tiefen zwischen den einzelnen Inseln früher auch nur solche Leegten waren, wie die oben beschriebenen.

Die Anlegung von Schlengen oder Bunen und die Anpflanzung von Buschpflanzungen werden höchst wahrscheinlich den Abbruch der Insel auf die Dauer nicht hindern. 1862 legte van Ronzelen beim Kirchturme Schlengen an; diese wurden aber von der Flut so beschädigt, daß er sie wieder wegnehmen ließ. Heckenartige Buschpflanzungen hat man überall am nördlichen Strande angebracht. In Entfernungen von 200 bis 300 Fuß hat man Reiser heckenartig in parallelen Reihen in die Erde gepflanzt. Der Wind, der durch sie hinstreicht, läßt nun den Flugsand fallen, der sich zu einem Walle anhäuft; allein, was sich im Sommer sammelt, wird im Herbst und Winter wieder zerstreut.

Wer eine wirklich groteske Dünenformation schauen will, der muß sich in den Teil der Insel begeben, der nördlich und nordöstlich vom Dorfe liegt, wo sich auf einer Dünenspitze eine große Feuerbake erhebt. Hier sind die Dünen schneeweiß, fast ganz kahl, nur oben mit einem Helmbusch struppigen Sandhafers gekrönt. Düne an Düne steigt bald sanft anschwellend, bald steil und zerklüftet empor, und der Wind weht fortwährend einen weißen, feinen Staub um ihre Scheiteln. Die Senkungen zwischen ihnen bestehen ebenfalls aus schneeweißem Sande und bilden labyrinthisch sich verzweigende Gänge und enge Schluchten. Der Wind hat im Sande aus feinen Linien die zierlichsten Arabesken gebildet, und die herabhangenden Blätter des Sandhafers zirkeln, vom Winde gedreht, große und kleine Kreise im Sande ab. Die dürren Blätter rascheln und flüstern fortwährend dabei, und die kleinen springenden und rollenden Sandkörner verursachen ein unaufhörliches Klappern und Klirren, so daß ein ewiges Gezirpe, Gewimmer und Geflüster durch die öden Dünen zu streichen scheint.

Auch der Sand hat seine ihm eigentümliche Poesie, die bereits in den Sandliedern Freiligraths einen Ausdruck gefunden hat. Eins derselben möge hier einen passenden Platz finden.

> Vom Meere fährt heran der Wind;
> Die Körner wehn, Meergräser schwanken.
> Auf flüchtgem Meeressande sind
> Unstät und flüchtig die Gedanken.
>
> Wie dieser Sand vor Wind und Flut
> Sich jagt in wirbelnden Gestalten,
> So fährt und schweift mein irrer Mut,
> Und keine Stätte kann ihn halten.

## V.

Es bleibt nun noch übrig, einiges über die Wangeroger, ihren Charakter, ihre Sitten, Gebräuche, Lebensweise u. s. w. zu sagen. Das kleine Inselvolk, gegenwärtig aus 136 Köpfen bestehend, geht, wie sein Eiland, dem Untergange immer mehr entgegen. Die eigentümliche friesische Sprache, die sich auf Wangeroge am reinsten erhalten hatte, stirbt nach und nach ab. Weil man die Wangeroger oft wegen ihrer Sprache neckte, so haben sie eine gewisse Scheu, in Gegenwart von Fremden in derselben zu reden. Sie „quibbern" (sprechen) nur unter sich in ihrer Muttersprache. Daher kommt's, daß diese den Bewohnern des Festlandes fast ganz unbekannt geblieben ist. Bald wird sie gänzlich verschwunden sein. Schon jetzt versteht die jüngere Generation manche Ausdrücke der älteren Bewohner nicht mehr. Die Enkel sagen dann wohl zu der Großmutter: Omel, wut snackest du sa swer ardig! d. h. Großmutter, wie sprichst du so wunderlich!

Auch die alten Sitten und Gebräuche der Wangeroger sind fast ganz verschwunden. Früher beschäftigten die Leute sich viel mit dem „Schillegraben", dem Ausgraben und Waschen der Muschelschalen auf dem Watt, aus denen Kalk gebrannt wird; viele waren auch Seefahrer und hatten ihre eigenen Schiffe. Auch der Fischfang war und ist noch jetzt eine Hauptnahrungsquelle der Insulaner. Namentlich werden Steinbutten oder Schollen gefangen. Die Butten zeichnen sich durch ihre unregelmäßige Form vor allen Tieren aus. Sie sind beinahe ganz rund, aber platt, die obere Seite ist mit Schuppen bedeckt, die untere ist glatt und weiß, so daß es aussieht, als wäre das Tier mitten auseinander geschlitzt. Das Fleisch der Schollen ist sehr wohlschmeckend. Außerdem werden im Watt noch Taschenkrebse und Garneelen gefangen. Auch findet man daselbst eßbare Muscheln, die roh und gekocht genossen werden. Früher gab es bei der Insel eine große Austernbank, die jährlich 3000 Gulden Pacht eingetragen haben soll. Sie wurde öfters zerstört, namentlich unter der französischen Regierung, aber immer wieder neu angelegt, endlich ist sie gänzlich eingegangen.

Nicht unerwähnt bleiben darf, obschon sie wenig abwirft, die Robbenjagd. Selten kommen die Seehunde der Insel nahe. Zur Zeit der Ebbe liegen sie wohl auf dem Watt und sonnen sich. Selten gehen sie in ein Netz und können daher nur mit der Harpune oder Büchse erlegt werden. Aber auch dies hält schwer, weil die Tiere sehr scheu sind und man ihnen daher nicht nahe genug kommen kann. Die Insulaner suchen sie auf eine höchst originelle Weise zu überlisten. In einem kleinen Schiffe fahren zwei Schützen

mit einem Jungen aufs Meer und werfen in der Nähe einer Sand=
bank den Anker aus. Sobald es nun Ebbe und die Bank trocken
wird, legen sie sich auf derselben mit dem Bauche nieder. Sie
verhalten sich nun so ruhig und still wie möglich, die Gewehre
stets im Anschlag haltend. Der Junge aber bemüht sich, die Be=
wegung eines Seehundes, wenn er auf dem Sande läuft, nachzu=
ahmen. Er schlägt die Arme übereinander, so daß er sich auf die
Kniee und Ellenbogen stützt, und rutscht (huckelt) nun mit empor=
gehobenem Kopfe fort. Die Seehunde, die im Wasser schwimmen
und mit dem Kopfe herausschauen, werden durch diese Bewegung
getäuscht, namentlich die jüngeren; sie glauben, es seien dort ihre
Kameraden, schwimmen an die Sandbank, fangen auch an zu
rutschen, dem vermeintlichen Seehunde entgegen und werden, sobald
sie nahe genug herangekommen sind, durch einen auf den Kopf
abgefeuerten Schuß erlegt. Die alten, erfahrenen Seehunde lassen
sich selten auf diese Weise überlisten. Man sucht sie, wenn sie
sich auf dem Sande sonnen und dabei eingeschlafen sind, zu be=
schleichen und durch einen Schlag zu töten.

Den toten Tieren zieht man zu Hause das Fell ab, spannt es
zum Trocknen auf einer Thür aus, brät den Thran aus dem Speck
und wirft den übrigen Körper weg. Das dunkel gefleckte Fell der
jungen Tiere ist am gesuchtesten. Ein Wangeroger sagte mir, ein
Seehund sei pl. m. 9 Mark wert, das Fell 3 Mark.

Die Wangeroger haben sich nicht unvermischt erhalten; ein
Teil der Bevölkerung wanderte vom Festlande ein; aber das frie=
sische Gepräge, sowohl in körperlicher als geistiger Hinsicht, ist ein
so scharfes und festes, daß es noch immer hervortritt und deutlich
zu erkennen ist. Die Insulaner sind ein zähes, kerniges, urgesundes
Völkchen. Hoch und schlank gewachsen, dabei kräftig, aber nicht
schön, sind besonders die Frauen. Die freie, reine Seeluft erhält
ihren ohnehin weißen Teint frisch und blühend, und da sie nicht
so schwere Arbeiten zu verrichten brauchen, wie die Frauen auf
der Geest, so bleiben sie viel länger jung. Ueberhaupt werden
die meisten Insulaner an Jahren alt; das macht die frische, gesunde
Seeluft und die einfache, solide Lebensweise. In moralischer,
vor allem in geschlechtlicher Hinsicht könnten die Wangeroger als
Muster hingestellt werden. Die eheliche Treue wurde früher fast
übertrieben gewissenhaft gehalten, so daß sich zum Exempel eine
Witwe selten wieder zum zweiten male verheiratete. Im Hause
halten die Frauen auf die größte Reinlichkeit, Sauberkeit und
Ordnung, nicht nur in der Küche und Stube, sondern auch im
Stall. Der mit Rotsteinen gepflasterte Fußboden der Küche wird

sehr häufig sorgfältig gescheuert und außerdem noch rot überstrichen. Das eiserne und messingene Geschirr glänzt stets wie funkelnagelneu. Ebenso wird von den weißen und farbigen Estrichen, mit welchen die Wand hinter dem Herde ausgelegt ist, täglich aller Ruß und Staub sorgfältig abgewischt.

Rechtschaffenheit und Ehrlichkeit, Treue und Redlichkeit, Mut und Entschlossenheit sind Charaktervorzüge der Insulaner, sowohl bei den Frauen als bei den Männern. Besonders die letzteren Eigenschaften sind ganz in der Natur des Landes und der Beschäftigung seiner Bewohner (Schiffahrt) begründet. Ein Volk, das stets mit Sturm und Flut zu kämpfen hat, das fortwährend der Gefahr und dem Tode ins Auge schaut, kann nicht verzagt und unentschlossen sein.

Die Männer sind fast immer auf der See, selten zu Hause. Das Schiff ist des Wangerogers Heimat und Haus, und daher sagt man auch, möge er nun im Schiffe oder in seinem Hause verweilen: He is in. — Im Spätherbste kehren die Männer gewöhnlich in die Heimat zurück, aber schon gegen Fastnacht geht es wieder in See. Es ist kein Wunder, daß sie bei solcher Lebensweise keine Lust zum Ackerbau und zu stiller sog. sitzender Beschäftigung haben. Dazu sind die Söhne des Meeres viel zu unruhigen Geistes, und man würde ihnen Unrecht thun, wollte man sie auf Grund jener Abneigung der Trägheit beschuldigen. Von langen beschwerlichen Reisen zurückgekehrt, mögen sie gerne der Ruhe genießen; wer wollte es ihnen verargen? — Im Winter bietet sich ja ohnehin auf dem einsamen Eilande für sie keine Beschäftigung, und auch die Sommerarbeiten (Gemüsebau) erfordern wenig Zeit und Kraft, so daß sie recht wohl von den Frauen allein verrichtet werden können. Ueberdies hat der Mann auch keine Gartenarbeiten gelernt und ist nicht daran gewöhnt, weil er von Jugend auf schon mit auf die See genommen wurde. Wenn er später ein Vermögen erworben hat und — des unruhigen Schifferlebens müde — sich zur Ruhe setzt, dann kann man von ihm ebenso wenig anstrengende Arbeiten verlangen als von den Bewohnern des Festlandes.

Die Weiber teilen mit den Männern dieselbe Abneigung gegen sitzende Beschäftigungen, wie Nähen und Spinnen und dergleichen, und zwar aus demselben Grunde. Eine ewige geistige Unruhe ist das Stammeserbteil aller Inselfriesen. Dazu gesellen sich noch als hervorragende Charakterzüge ein an Eigensinn grenzendes Festhalten am Alten und vor allem eine tiefe, innige Heimatliebe. Sein einsames, sturmumtostes Eiland liebt der Friese über alles. Wie der Schweizer in der Fremde sich nach seinen Alpen sehnt, so zieht den Insulaner das Heimweh nach den Dünen seiner Insel. Mag er auf seinen Seefahrten den Reiz und das üppige Leben auf dem Festlande kennen gelernt und gekostet, mag er sich auch Reichtümer erworben haben, zu seinem vielgeliebten Eilande kehrt er immer und immer wieder zurück, in dem Sande seiner Dünen, am Strande des rauschenden Meeres, dort und nur dort wünscht er einst begraben zu werden, wenn er nicht auf dem Grunde der See die letzte Ruhe findet. Sein Eiland ist seine Welt.

Mit wie schwerem Herzen mußten die Bewohner Wangeroges nach den unglücksvollen Jahren 1854 und 1855 Abschied nehmen von ihrer schwerbedrohten Heimatinsel! Weinend wie das Volk Israel, als es nach Babylon geführt wurde, so zogen sie aus, und wie dieses in der Fremde stets mit Wehmut an Zion gedachte und weinend die Harfen an die Weiden hing: so sehnen auch sie sich noch immer zurück nach ihrem teuren Eiland. Möge ein damals von mir gedichtetes Lied hier Platz finden.

### Matrosen-Abschied
#### von Wangeroge.

Noch einen Blick vom hohen Meer
Der teuern Heimat rings umher,
Noch einen Gruß von meiner Hand,
Und dann leb' wohl, mein Inselland!

Ob wir uns jemals wieder sehn? —
Den Sand der Dünen seh' ich wehn!
Es braust der Sturm, die Woge wühlt,
Bis sie das Eiland fortgespült.

Sie reißt mein Vaterhaus hinab,
Verschont nicht meiner Eltern Grab,
Und alles, was mir teuer war,
Bald sinkt's hinab auf immerdar.

Nichts bleibt von meinem Heimatland
Als nackter, dürrer Dünensand;
Die Flut wälzt drüber ihren Schaum,
Sie kommt und gehet wie ein Traum.

Ein ewig gleiches Einerlei!
Die Schiffe segeln stolz vorbei,
Und niemand fragt, wie manches Jahr
Ein kleines Volk hier glücklich war.

Hier lebten Kind und Mann und Greis,
Beglückt durch Freiheit und durch Fleiß,
Vererbend Sitte, Herd und Recht
Bis auf das späteste Geschlecht.

Es war das Meer ihr weites Feld,
Ihr Eiland war für sie die Welt;
Ob von den Fluten rings bedroht,
Sie liebten es bis in den Tod.

Erst als die letzte Scholle schwand,
Verließ das Volk sein Inselland;
Mit ihm versank sein Hoffnungsstern,
Und weinend zog es in die Fern.

Das Aug' im Meere schließt sich zu,
Die Wellen singen es zur Ruh;
Dann ruht es tief im Meeresschoß, —
Verschollen sein, das ist sein Los.

Trüb ist der Himmel, grau die See,
Die Wogen rauschen dumpf: Ade!
Die Winde wehen feucht und hohl;
Mein Heimatland, nun fahre wohl!

Was ist Wangeroge jetzt? Nicht viel mehr als eine Sandbank, übrigens immer noch ein kleines empfehlenswertes Seebad für die, welche auf kurze Zeit einmal ganz dem Treiben der Welt entfliehen, das Meer mit seinen Wundern, die Insel mit ihren malerischen Dünen studieren und ungetrübt auf ihr Gemüt wirken lassen wollen. Fremde finden stets in den komfortabel eingerichteten, freundlich gelegenen Logierhäusern und in den reinlichen Wohnungen der Insulaner ein billiges Unterkommen. An Zerstreuungen, Konzerte, Bälle ꝛc. ist natürlich kein Gedanke, aber gerade deswegen könnte sich manches der Ruhe bedürftige Gemüt dahingezogen fühlen. Den Mittelpunkt des geselligen Lebens bildet das Kurhaus des Herrn Rösing mit Lese- und Rauchzimmer, Speise- und Musiksaal. Die auf hoher Düne gelegene sog. Giftbude ist ein Lieblingsaufenthalt der Badegäste. Von hier aus eröffnet sich eine unbegrenzte köstliche Fernsicht auf das unendliche, wogende Meer, belebt von Fischerbooten und Lotsenkuttern, von stolzen bewimpelten Dreimastern und Dampfern, welche in die Jade und Weser einlaufen, oder die Weite des Ozeans aufsuchen. Im Jahre 1852 schrieb Jul. Rodenberg in seiner „Kleinen Wanderchronik" (1. B., pag. 65): „Wangeroge ist ein stilles gemütliches Bad, besitzt eine gute Küche, vier Esel und einen Schulmeister, der sie (nämlich die Esel) in seinen Feierstunden vermietet ꝛc." Jetzt besitzt es zwar noch einen Schulmeister aber — keinen einzigen Esel mehr.

Schon im Jahre 1858 konnte Jul. Rodenberg nachfügen: „Wangeroge ist für die fashionable Welt nichts mehr, als ein Märchen ... Ein andres Vineta ist es hinabgesunken mit seinen Rosen und seinen Eseln, und nur die Abendglocken, die dumpf und matt „aus des Meeres tiefem, tiefem Grunde" klingen, erzählen noch von lustigen Sommern, seiner schönen, guten Zeit und seiner — Frau Hofrätin!"*)

## VI.

Aus dem Munde einer alten Insulanerin mögen hier noch einige interessante Mitteilungen über den Volksglauben, die Sitten, Gebräuche ꝛc. der Wangeroger folgen. Zum Teil sind dieselben wörtlich aus dem Friesischen übersetzt.

Früher, so erzählte die Alte, glaubte man an die kleinen Meerweiber, die in der Tiefe wohnten. Sie verwechselten die kleinen Kinder, so lange sie noch nicht getauft, also Heiden waren, und brachten der Mutter ein schwarzes für ein weißes. Einen solchen Wechselbalg gab es einst auf der Insel; es war ein Mädchen, das ein Meerweib der von der Entbindung noch entkräfteten besinnungslosen Mutter in der Nacht gebracht hatte. Die Hebamme, als sie am Morgen kam, um das Kind zu wickeln, erkannte die Verwechselung sogleich. Je größer das Kind wurde, desto dunkler wurde es, und man nannte es allezeit swart Ett, das heißt die „schwarze Ette" und sagte zu ihm: „Ein Meerweib ist deine Mutter." —

Man machte auch die Kinder bange mit den Meerweibern, indem man sagte: „Die Meerweiber kommen aus der Tiefe und ziehen euch mit hinunter; geht ja und ja nicht auf den Strand!"

Folgende Geschichte malt das elementarische Grauen, das einen manchmal bei düsterer, stürmischer Nacht auf dem Meere überkommt.

Ein Schiffer lag zu Friederikensiel. Des Abends ging er mit seiner Mannschaft gut und wohl in die Kojen. Alles war still, als aber das Schiff durch die kommende Flut flott wurde, da war das Wasser voll Leben und Tosen. Der Schiffer erwachte davon, stand auf, konnte aber nicht aus dem Barunner (der Kajüte) herauskommen. Er weckte den Steuermann und sagte ihm, er solle aufstehn; aber auch der konnte nicht aus der Kajüte herauskommen. Er sagte zu seinem Steuermann: Das Schiff segelt ja. Die Segel schlugen und klopften, und das Schiff legte sich auf die Seite, wie wenn die See sehr hoh geht. Da kommt eine Stimme:

---

*) Als die oldenburgische Regierung noch die Badeanstalt in Besitz hatte, war mit der Leitung des Badewesens der Geh. Hofrat Westing betraut, der von seiner Gattin — der Seele des Ganzen — rühmlichst unterstützt wurde.

Eſſ! — Als es Morgen iſt, können ſie die Kajüte öffnen, und als ſie aufs Verdeck kommen, liegen auf demſelben Blätter in ſolcher Menge, daß man bis ans Knie in dieſelben einſinkt, und überall ſteht es voller Blut. Das Schiff aber lag noch auf derſelben Stelle, auf der es gelegen hatte. —

Ueber die frühere Feier der Weihnachtszeit erzählte die Alte folgendes.

Am Abend vor Weihnachtsabend mußte einer den St. Nikolaus (Sunnerklaus) vorſtellen. Einer hing eine Kuhhaut um, mit zwei großen Hörnern verſehen, und band eine Maske vor. Er hatte auch einen Knecht bei ſich, der hieß Greiſan. Nun klopfte er an die Thür und rief: Sind hier auch unartige Kinder? — Ei, ſagten die Eltern dann, ich will euch einlaſſen. Die Kinder waren voller Angſt. St. Nikolaus trat herein und fragte: Kannſt du auch beten? — Dann mußten die Kinder beten und tanzen. Darauf fragte St. Nikolaus: Wollt ihr nun auch artig ſein? — Ja, ſagten die Kinder, ich will nun allzeit artig ſein. — Ei, ſagte St. Nikolaus, dann kannſt du hier bleiben bei deinen Eltern. Er öffnete nun ſeinen Beutel und gab den Kindern Kringel und ſagte: Nun gieb mir dein Händchen. Dann ſangen die Kinder:

> „Sünnerklas, du hilge Mann,
> Treck din beſten Sabbat an,
> Gäw us lütke Kinner wat,
> Gäw de groten 'n Schupp vört Gatt!"

Dann ging er weg nach den andern Häuſern und machte es dort auch ſo.

Wenn Weihnachtsabend geläutet wurde, dann waren alle in ihren Häuſern. Die alten Leute ſaßen und ſangen heilige Geſänge, die größeren Kinder mußten mitſingen, und die kleineren hörten andächtig zu. Nachts um halb drei begann das Läuten wieder und dauerte bis halb ſechs des Morgens. Wenn das Läuten vorbei war, dann gingen ein paar Männer mit einer Geige auf den Turm und ſangen zum Schallloch heraus: „Ein Kindelein ſo löbelich", und die Geige ſtimmte ein. Nun wurde in allen Häuſern auf ganz Wangeroge Licht angemacht, und alle Hausgenoſſen ſangen miteinander einen Morgengeſang. Um halb acht begann das Läuten wieder und dauerte bis halb neun Uhr.

Am erſten Feiertage (Helkirs) wurden keine Gaben ausgeteilt, er war zu heilig dazu, ſondern dies geſchah erſt am zweiten, Stäfens (Stephanus). Der heilige Chriſt ſchickt den Stephanus mit den Weihnachtsgaben (Stäfensgöder); dieſer kommt übers Watt auf einem weißen Pferde und bleibt ſo lange im Leuchtturm bis es Zeit ist. Wenn die Kinder im Bett sind, kommt er. Sie hören den Hengst in der Stube umher schnauben, und es wird ihnen ganz bange und sie kriechen unters Bett. Sobald es Tag ist, können die Kinder nicht länger liegen und springen nackend zum Bett heraus. Dann freuen sie sich so sehr, daß sie so viele Gaben bekommen haben, aber sie sagen, sie hätten auch eine große Angst ausgestanden und gefürchtet, Stäsens möge mit dem Hengst zu ihnen aufs Bett kommen. — Ja, sagen Vater und Mutter, wir haben ihn auch wohl schnauben hören, er hat unsere ganze Stube beschmutzt, seht einmal! — und sie zeigen ihnen die Spuren trocknen Pferdemistes. Nun, aber dafür hat Stäsens euch auch tüchtig was gebracht, er hat euch reichlich bedacht.

Der Neujahrswunsch auf Wangeroge lautet so: Guten Morgen! Gott gebe euch viel Glück und Segen in diesem neuen Jahr, Kraft und Gesundheit, guten Verdienst, jedem Mädchen einen Burschen und jedem Burschen ein Mädchen und deinem Weibe einen jungen Sohn mit gelbkrausem Haar und dir eine gute Gesundheit! —

Am Heiligendreikönigsabend (6. Jan.) gingen fünf Schiffer mit dem Herodeskasten umher. In dem Kasten waren fünf Puppen, welche die drei Weisen aus dem Morgenlande, Herodes und einen Schwarzen vorstellten. Erstere waren weiß gekleidet, und Herodes trug eine rote Schlafmütze. Mittels eines Drehers wurden die Figuren in Bewegung gesetzt, so daß sie der Reihe nach zum Fenster des Kastens herausschauten. Von den Männern hatten drei weiße Hemden übergezogen, einer war angezogen wie Herodes, und der fünfte hatte sich angeschwärzt und trug einen großen Bart von Schiffswerg. In jedem Hause sangen die Männer:

> „Hier treten wir hin ohn allen Spaß,
> Wir wünschen euch all ein glückliches Neujahr,
> Wir wünschen den Herrn einen goldenen Wagen,
> Damit soll er zum Himmel 'nein fahren,
> Wir wünschen die Frau ein goldnen Tisch,
> Auf jeder vier Ecken ein gebratnen Fisch,
> Wir wünschen den Knecht eine Kanne mit Wein,
> Dabei soll er recht lustig sein.
> Wir wünschen der Tochter ein goldenes Lamm
> Und über das Jahr ein Bräutigam.
> Wir wünschen den Sohn ein goldenen Hut
> Und über das Jahr eine Braut dazu."

Hierauf wurde ihnen ein Glas Branntwein mit Sirup gereicht, und ein Teller mit Kringeln und Waffeln ging herum, davon nahm jeder so viel als er wollte. Nun fingen sie an zu singen:

„Sie haben uns eine Verehrung gegeben,
Der liebe Gott lasse Sie lange Jahr leben,
Ja lange Jahr leben immerdar,
Das wünschen wir Sie zum neuen Jahr."

Ueber die Verlobungs= und Hochzeitsgebräuche wird folgendes mitgeteilt:

Die Verlobung geschieht zunächst insgeheim. Der Bursche spricht zu dem Mädchen, das er liebt: Willst du mich haben, so nimm meinen Vater und meine Mutter als deine an, und ich will es mit deinen Eltern ebenso halten. Reich mir die Hand und gieb mir einen Kuß (tutik) und sage: Ja! — Hierauf wird die Verlobung vor den Eltern wiederholt. Am Weihnachtsabend ging der Bursche zu den Eltern der Braut und fragte sie: Was denkt ihr darüber, soll ich euer Mädchen haben? — Der Vater antwortet: Ihr beiden werdet wohl schon längst einig sein; wir wollen das Widerspiel nicht halten. Was sagst du dazu, mein altes Weib? — Die Mutter: Meinetwegen in Gottes Namen. Nun fragt der Bursche das Mädchen: Was sagst denn du dazu? — Das Mädchen antwortet: Ja, ich will dich haben. — Hierauf die Eltern: Dann sagen wir auch ja. — Dann reich mir die Hand — sagt der Bursche zu dem Mädchen — und gieb mir einen Kuß und sprich: Ja! — Hierauf werden die Verlobungsgeschenke gewechselt. Der Bursche reicht dem Mädchen ein seidenes Tuch und, wenn er wohlhabend ist, auch wohl ein Dreiguldenstück. Das Mädchen schenkt ihm ebenfalls ein Tuch und nebenbei wohl noch einen silbernen Ring. — Si so! — sagt schließlich der Vater — nun seid ihr vor Gott zusammen. — Wenn dies geschehen ist, so sagt man: Sie sind versprochene oder vertraute Leute. — Darauf folgt die öffentliche Verlobung vor dem Pfarrer, wozu ebenso eingeladen wird wie zur Hochzeit.

Nachdem die Brautleute an zwei Sonntagen nacheinander in der Kirche proklamiert worden sind, erfolgt am dritten Sonntage die Hochzeit.

Ein naher Verwandter, „Lader" genannt, geht bei den Leuten umher und nötigt sie mit folgenden Worten zur Hochzeit: „Guten Tag! Ich soll euch grüßen von dem Bräutigam und der Braut, ob ihr nicht so gut sein wollt und besuchen sie nach Mittag an ihrem Ehrentage auf eine Tonne Bier, einen Anker Branntwein und eine Pfeife Tabak. Aber macht nicht, daß es meine Schuld ist."

Letzteres bedeutet: Wenn nicht genug aufgetischt wird, dann gebt mir nicht die Schuld. Der Lader besorgt nämlich die Aufwartung bei der Hochzeit. Ehemals wurden sämtliche Bewohner der Insel zur Hochzeit geladen, selbst die Kinder durften nicht vergessen werden. Gott tröste den, der jemand vergessen hätte, ihm würden alle Fenster eingeschlagen sein.

Die Bursche, große und kleine, wurden noch ganz besonders vom Bräutigam geladen, und ebenso die Mädchen von der Braut. Erstere fanden sich nun im Hause des Bräutigams, letztere in dem der Braut ein. Jene wurden mit Bier, Branntwein und Tabak bewirtet und tanzten, bis es Zeit zur Kirche war. Dann wurde der Bräutigam aus dem Hause getanzt, und dabei ging es so zu: Von einem Tuche erfaßte der Bräutigam einen Zipfel und einer der jungen Männer den andern. Die übrigen Männer reihten sich ihnen an, tanzten unter dem Arme des Bräutigams und des jungen Mannes durch und so mit jenem zum Hause hinaus. So machten die Mädchen es auch mit der Braut, doch mußte ein junger Mann aus ihrer Verwandtschaft das Tuch anfassen, das sie in der Hand hielt.

Hierauf ging der Bräutigam mit seinem Gefolge zur Kirche, je zwei und zwei hintereinander, die Spielleute voran. Vor der Kirchthür angekommen, gingen die Musikanten wieder zurück und holten auch das Brautvolk.

Wenn die Braut nach vollzogener Trauung aus der Kirche trat, so wurde vor die Schwelle ein Kissen gelegt, darauf trat sie, wischte ihren Fuß auf demselben ab, bekam dann ein schön geschmücktes Glas mit süßem Bier, drehte sich um und sagte: „Prosit, Mädchen!" Das that sie dreimal und reichte dann das Glas den Mädchen so lange, bis sie alle getrunken hatten. — Je schmutziger das Kissen wurde, desto besser, desto reiner konnte sie als Frau waschen.

Hierauf ging's mit Musik zum Hochzeitshause, wo der Zug mit Freudeschüssen, Hüteschwenken und Hurras empfangen wurde. Im Hause wurde Branntwein (mit Sirup) und Rauchtabak gereicht. Nun begann das Tanzen, zunächst der Reihe nach mit der Braut, und für alle diese Tänze mußte der Bräutigam bezahlen. Darauf konnte tanzen wer wollte, doch hatten die ältesten den ersten Tanz, und jeder mußte für sich selbst bezahlen. So ging es die ganze Nacht hindurch.

Um elf Uhr wurde die Braut umgekleidet; dann zog man ihr die schwarzen Kleider aus und bunte wieder an. Dann sagten die, welche sie brachten: Hier bring' ich euch ein junges Weib. —

Wenn's dann Tag wurde und die Gäste nach und nach heim gingen, so wurde ein Morgengesang gesungen, und hierauf gingen alle nach Hause. Der Bräutigam sagte zu den Spielleuten: „Nun spielt uns in Gottes Namen mit unserer ganzen Familie nach Hause zu."

Am folgenden Sonntage hielt das junge Ehepaar seinen Kirchgang, und am Nachmittage fanden sich die Verwandten ein und wurden mit dem bewirtet, was von der Hochzeit übrig geblieben war, mit Sirupsbranntwein, in welchen Kuchen gebrockt war und der mit einem Löffel aus einer Schale gegessen wurde, mit Kaffee, Käsebutterbrot und abends mit Thee. Das hieß das Verwandtenmahl (frünmail).

Der Hochzeitsanzug der Braut bestand aus einer langen schwarzen Jacke, einem schwarzen Rock, einer schwarzen Damastschürze, einem weißen Tuch, schwarzen Strümpfen und Schuhen mit Spangen. Auf dem Kopfe trug sie einen Kranz, von welchem im Nacken fünf bis sechs handbreite, seidene Bänder bis auf den Rockgürtel herunter hingen. Der Bräutigam trug eine schwarze Jacke, eine Kniehose, einen schwarzen Rock, auch schwarze Strümpfe und Schuhe mit Spangen, einen breitrandigen Hut mit einem langen, schwarzseidenen Bande, dessen Schleife bis auf die Schultern herab hing.

Wenn die Mädchen heirateten, erzählte die Alte, so bekamen sie keine Aussteuer. Der Bursche erhielt wohl von seinen Eltern so viel, um sich ein kleines Haus bauen zu können; wenn aber die Eltern arm waren, so mußte er sich erst etwas verdienen, sonst konnte er ja kein Weib nehmen. Er konnte ja keinen Vogel nehmen, wenn er kein Bauer hatte.

Wenn der Mann starb, so freite die Frau nicht wieder, nur in sehr, sehr seltenen Fällen geschah es. Man hielt es für ein großes Unrecht, zum zweitenmale zu heiraten. Unter den Männern kam es wohl einzeln vor, vor allem wenn sie jung waren oder viele kleine Kinder hatten.

Hurerei und Unzucht wurde nicht getrieben. Wenn ein fremder, unbekannter Mann kam, so gingen ihm die Frauenzimmer aus dem Wege. Sie wurden bange vor ihm, sprachen nicht mit ihm, konnten ihn auch nicht verstehen, weil sie nur Wangerögisch sprachen. Die Männer waren ebenso keusch und rein wie die Weiber. Die Leute waren ganz ehrbar. Nur Bräutigam und Braut machten wohl eine Ausnahme. Aber sobald sie die geringsten Folgen merkten, gingen sie zum Pastoren und ließen sich gleich in der Kirche trauen; denn sie waren viel zu bange, daß ihr Fehltritt bekannt werde. Wurde er bekannt, so hatten sie einen ewigen Schimpf; denn wenn die Braut schwanger (dik) vor dem Pastoren stand, um getraut zu werden, dann nahm er ein weißes

Tuch aus der Tasche und warf es ihr über den Brautkranz, daß alle Leute es sehen konnten. Vor einem solchen Schimpf nahm sich jeder in acht.

Die Burschen heirateten meistens mit 26 oder 28 Jahren, die Mädchen mit 23, 24, auch wohl 25 Jahren, damit sie im stande waren, dem Haushalte vorzustehen.

Die Männer waren ebenso nüchtern wie keusch. Ein Wirtshaus war nicht da. Niemals bekam man einen Betrunkenen zu sehen, als höchstens am Neujahrsmorgen. Dann kamen die Weiber wohl zusammen und fragten einander: „Ist dein Mann Neujahrsmorgen auch ein altes Schwein gewesen?" — „Ei gewiß, gewiß — lautete die Antwort — hat er einen Kleinen im Kopfe (in de nib — im Schnabel) gehabt, aber ganz schlimm war er nicht." —

Karten spielte man noch wohl, aber man spielte nicht hoch. Es geschah auch nur zur Winterszeit, wenn sonst nichts zu thun war. Dann spielten die Männer zum Zeitvertreib und rauchten ihre Pfeife dazu, wenn's aber Zeit zum Abendessen war, dann hörten sie auf. Nach dem Abendessen gingen die Alten nach einem bestimmten Hause und erzählten sich von ihren Seefahrten. Der eine hatte so viele Ladungen Muscheln gehabt, der andere so viele; damit brachten sie die Abende hin. Um acht Uhr ging jeder nach Hause und zu Bett. Auch die Burschen und Mädchen hatten ein bestimmtes Haus für ihre Zusammenkünfte. Da sprachen sie dann vom Fahren und Freien und brachten den Abend damit hin, aber Punkt acht Uhr gingen alle nach Hause.

Ein anderer Zeitvertreib war im Winter das Klotschießen oder Kugelwerfen, wobei es ganz ähnlich zuging, wie im Jever- und Butjadingerlande. Im Sommer, wenn wegen anhaltenden Unwetters keine Muscheln gegraben werden konnten, vertrieben sich die Männer wohl die Zeit mit Kegeln auf dem grünen Rasen. Eine Kegelbahn gab's nicht. Es wurde aber nur zum Zeitvertreib, nicht um Geld gespielt.

Armut kannte man auf der Insel nicht; jeder war reich, so wenig er auch hatte. Es galt als Schimpf, wenn einer sich von Armen wegen unterstützen ließ. Eine alte Insulanerin sagte: Lieber wollte ich arbeiten, daß mir das Blut unter den Nägeln hervor spränge. Ich müßte mich ja unter die Erde schämen, wenn ich unter die Armen sollte. —

Essen und Trinken. In alten Zeiten gab's des Morgens nach dem Aufstehen Suppe von Hafergrütze und Feldbohnen. Die Bohnen wurden erst allein gar gekocht, damit die dunkle Brühe, die aus den Bohnen kocht, entfernt werden konnte. War das

Waſſer aufs Feuer gebracht, ſo wurde ein großer Holzlöffel (slef) voll Hafergrütze und ein Stück Talg hinein gethan. War dies gar, ſo that man erſt die Bohnen hinein. Wer trinken wollte, ging zum Waſſereimer; andere Getränke kannte man nicht. Wenn die Kinder mittags aus der Schule kamen, ſo erhielten ſie weichen Käſe auf Brot. Des Mittags wurde nicht gekocht, ſondern erſt des Abends um vier Uhr, dann wurde im Herd (Onnik) Feuer zum Kochen angelegt. Das Eſſen beſtand aus Kohl, Erbſen, Paſtinaken, Scheldegerſte, Mehlklößen, Saucen oder dgl. Mehlklöße gab es zu jedem Eſſen. Sie wurden aus Weizen=, Gerſten= oder Buchweizenmehl bereitet und vertraten die Stelle der Kartoffeln. Sonntags gab's auch wohl Grütze mit Pflaumen und Reis. In jedem Haushalte wurde ein ſelbſtgemäſtetes Schwein geſchlachtet, ebenſo Gänſe. Im Sommer gab's häufig Fiſche, Rochen und Schollen, geſalzene Fiſche, auch wohl Stockfiſch. Im Winter wurde bei Licht, im Sommer bei Abendlicht gegeſſen. Jede Mahlzeit wurde mit Gebet begonnen. Keiner durfte das Eſſen eher anrühren, als bis er gebetet hatte. Das Vaterunſer beten die Wangeroger nicht in ihrer, ſondern in hochdeutſcher Sprache. Ein eigentümliches Eſſen, das aber auch ſonſt im nordweſtlichen Deutſchland vorkommt, ſind die ſog. Rulken. Die Haut von dem Bauch (Pans) der Kuh wird gereinigt, und in dieſelbe werden kleine Fleiſchſtücke, Scheldegerſte, Pfeffer und Salz gethan. Die Rulken werden gekocht, dann gepreßt und hierauf eingepökelt. Man ißt ſie gebraten.

Einfach wie ihre Lebensweiſe war auch die Kleidung der Inſulaner. Die Männer trugen an Werktagen einen breitrandigen Hut mit einer Schleife, eine blaue Jacke und eine braune, grobwollene Hoſe, Strümpfe und Schuhe. An Sonntagen trugen ſie gewöhnlich eine blaue oder rote, damaſtene Jacke mit zwei Reihen ſilberner Knöpfe, einen blauen oder braunen Rock darüber und eine feine weißleinene Hoſe, die ſehr weit war und nur zwei Handbreit unter das Knie reichte, und Schuhe mit ſilbernen Spangen auf dem Fuße. Geſtrickte wollene Jacken, die unter der Weſte getragen wurden, kamen erſt in der Franzoſenzeit auf. Vorher wurden blaue und weiß geſtreifte Unterjacken getragen. Die braunen oder blauen Tuchröcke (pijäcker) reichten nur ein paar Handbreit übers Knie. Jetzt tragen die Männer auch Weſten; in alten Zeiten kannte man ſolche nicht. In ganz alten Zeiten trugen die Männer ein Meſſer (sax) in einer Scheide an der linken Seite.

Ebenſo einfach war die weibliche Kleidung. Die alten Frauen trugen an Werk= und Sonntagen ein aus drei Stücken zuſammen=

gesetztes Käppchen, eine Spitzenmütze, eine einfache Kopfbinde, eine grobwollene Jacke und einen eben solchen Rock und darüber noch wohl einen selbstgemachten halb leinenen, halb wollenen, schwarz und weiß gestreiften Rock. Sie trugen auch solche Schürzen, aber einfarbig, schwarz oder blau, ferner Strümpfe und Pantoffeln, jedoch keine Schuhe. Die wollenen Strümpfe waren selbstgesponnen und gestrickt. Die ganz alten Frauen gingen wohl in Schlarren, das sind abgeschnittene Stiefel oder Schuhe der Männer.

Die Mädchen trugen auch Käppchen von Kattun, aus drei Stücken zusammengesetzt, mit Seidenband umsäumt und mit einem Spitzenstrich eingenäht. Diese Käppchen reichten ganz übers Ohr herunter. Ferner trugen sie auch wohl eine grobwollene oder damastne Jacke und einen feinen wollenen Rock, oder einen roten Rock von noch feinerer Wolle, eine karrierte (dobelsteinen, pld. daselsteenen) Schürze, blaue Strümpfe und endlich Pantoffeln. Das Garn zu den Strümpfen spannen und strickten sie selbst und färbten es mit Indigo. Die feinen Röcke waren unten mit drei Finger breitem, grünem Wollband besetzt, was reizend aussah. — Das war ihre Tracht an Werktagen. Sonntags waren die Käppchen und Spitzenmützen feiner als gewöhnlich. Dann trugen die Mäd=chen auch Jacken von Kattun, hinten mit zwei Schößen versehen, einen gestreiften Rock von gekauftem, halb leinen, halb wollenem Zeuge, eine druckkattunene oder karrierte Schürze, ein rotes oder blaues ostindisches Tuch, hinten und vorn mit Stecknadeln be=festigt, feine blaue Strümpfe und Pantoffeln. In der Kirche trugen sie ein aus zwei Stücken zusammengesetztes, hohes Käppchen, mit Silber oder Gold verziert, echt oder unecht, je nachdem ihre Mittel es erlaubten, und eine Mütze von feinen, geklöppelten Spitzen. Die alten Frauen trugen Sonntags, wenn sie zur Kirche gingen, eine Betjacke mit etwas längeren Schößen.

Die kleinen Kinder trugen ein Kleid ohne Aermel, an jeder Seite mit einer kleinen Naht, wie in einem Frauenhemde. Die Armlöcher waren mit Band eingefaßt; das Zeug war entweder grobe oder feine rote Wolle.

Das Haus. In alten Zeiten waren die Häuser ganz anders als jetzt, sie waren viel kleiner, so daß das Holzwerk für acht Thaler herzustellen war. Jedes Haus enthielt zwei kleine Stuben und ein Mittelhaus. Drei Thüren führten ins Haus, eine im Norden, eine im Süden und eine Hauptthür (burzen durn) an der Giebelseite, im Südosten. Der Zimmermann stellte, wenn ein Haus gebaut wurde, ein Gerüst aus Pfählen und Latten für die Lehmwand her. Die Latten waren einen halben Fuß weit von einander entfernt. Die Frauen machten eine Mischung von Stroh und Lehm, welche an die Latten geworfen wurde. In drei bis vier Tagen konnte die ganze Lehmwand fertig gemacht werden, und dafür bekamen die zu Hülfe genommenen acht bis neun Frauen nichts als freie Kost. War die Wand trocken, so wurde sie innen und außen schneeweiß angekalkt. Die Frauen machten auch die Diele oder Tenne von Lehm, den sie in Mulden hereintrugen. Eine solche Diele war im ganzen Hause. — Die Fenster waren ganz klein und hatten nur handgroße Scheiben in einer Bleieinfassung. Drei oder vier Fenster saßen in einer Reihe. Schornsteine hatte man nicht; der Rauch zog zur Thür hinaus. Auch Kachelöfen kannte man nicht, statt derselben hatte man sog. „Onniks". Ein Onnik war ein aus Steinen aufgeführtes, längliches Viereck, hatte eine Oeffnung für das Feuer und oben waren zwei Kochtöpfe eingemauert.

Die Kühe standen in einem Stalle des Mittelhauses. Die Decke des Hauses war so niedrig, daß man sie ablangen konnte. In den Stuben lief dieselbe über den Fenstern schräg herunter. Das Dach war mit Stroh gedeckt, welches mit Bändern von Helm (Sandhafer), die von Frauen gedreht waren, festgebunden wurde. Oben im Giebel war eine Thür, über welcher eine Rolle angebracht war zum Aufwinden des Torfs. An einigen Häusern war auch zur Seite eine Art Scheune angebracht. Das Dach reichte dann an dieser Seite tiefer herunter als an der andern. In früheren Zeiten hatte man auch wohl ein Außenwerk vor der Thür, um darunter sitzen zu können.

Das Jüngerrecht. Wenn die Eltern alt und krank wurden und starben, so bekam der jüngste Sohn, der sie bis zu ihrem Tode unterhalten hatte, das Wenige, was sie nachließen. Was ein Testament machen heißt, das wußten die Alten nicht und schreiben konnten sie nicht. Die Kinder vereinbarten sich mündlich, so gut sie konnten, und niemals entstand über den Nachlaß Uneinigkeit unter ihnen. Der Jüngste behielt die Sachen. Mädchen bekamen, wenn nicht viel bares Geld vorhanden war, nichts als die wenigen Kleider, die sie aus dem Hause mitherhielten. Das Haus behielt der jüngste Sohn. Er vereinbarte sich mit seinen Geschwistern und gab ihnen ihren Anteil. Hatte er die Eltern ernährt, so behielt er alles; die Geschwister verlangten alsdann nichts. War ein Schiff vorhanden, so fuhren sie es gemeinschaftlich, wollte aber der älteste Sohn ein eigenes Schiff haben, so verkauften sie das nachgelassene unter sich, und der das meiste bot, behielt es. Waren nur Mädchen da, so machten sie es unter sich aus, wer das Schiff haben sollte, oder freite ein Bursch in das Haus hinein, so gab er den übrigen Mädchen ihren rechtlichen Anteil und behielt das Haus.

Zum Schlusse mögen hier nach mündlichen und schriftlichen Ueberlieferungen noch zwei interessante Mitteilungen folgen, nämlich eine Beschreibung der Schillwäsche und eine Herzensergießung einer alten Insulanerin.

### Die Schillwäsche.

Schillen, Nünen, Kapkes oder Küpkes, so nennen die Friesen die zweischaligen Konchylien, die in ungeheurer Menge an den Küsten der Nordsee gesammelt werden, und aus welchen man den sog. Muschelkalk brennt. Das Sammeln der Kalkmuscheln (kabuk), die Schillwäsche, wird auch schlichtweg „Schillen" oder „Kabuken" genannt. Dabei geht es noch jetzt so zu, wie früher auf Wangeroge.

Im Winter, wenn die Männer zu Hause sind, mieten sie Leute, Teilnehmer und auch Mithelfer, als Knaben, Mädchen, alte Männer und arme Frauen. Für die Ladung Muscheln wurde einem gemieteten Mädchen früher ein Thaler, einige Ellen Kattun, oder ein gesäumtes Tuch als Lohn gegeben. Mit der ersten Flut fährt man des Morgens weg und ankert aufs Geratewohl im Watt. Fällt das Wasser, so gehen die Männer fort, um eine Stelle mit vielen Muscheln zu suchen. An der gefundenen Stelle stecken sie eine große Bake auf. Kommt nun die Flut zurück und wird das Schiff flott, so segelt man auf die Bake zu und wartet, bis das Wasser wieder fällt. Dann ziehen die Mädchen einen grobwollenen Rock an, schnüren ihr Hemd ganz oben um die Brust fest, indem sie es aufschlagen und ein Band um dasselbe binden, und die Männer ziehen eine dicke, wollene Hose (snipikbux) an. Letztere ist unten an der innern Seite bis über die Wade ausgeschnitten, und an der äußern Seite endigt sie in einer Spitze (snipik), bei welcher das Wasser herunter läuft. In diesem Anzuge gehen sie mit Sieb und Gabel über Bord und stehen mitunter drei, sechs, ja acht Stunden, je nachdem das Wasser es zuläßt, im Watt, Muscheln zu graben und zu waschen.

Das Graben geschieht mit der Schillgabel (kabukfork), die aus vier bis fünf breiten Zinken besteht und mit einem hölzernen Stiel versehen ist. Das Reinigen der Muscheln geschieht mit einem hölzernen Werkzeuge, die Wasche genannt. Es ist eine Art Sieb, ganz ähnlich geformt wie eine Bahre, doch an jeder der vier Ecken mit einem schräg aufwärts stehenden Handgriffe versehen. Der Boden besteht aus quer neben einander befestigten Sprossen oder Latten, über welchen in entgegengesetzter Richtung dünnere Sprossen befestigt sind, wodurch der Boden ein gitterförmiges Ansehen erhält. An jeder Längsseite der Wasche befindet sich ein Brett von etwa anderthalb Fuß Höhe.

Der Einschlager schlägt Sand und Muscheln ins Sieb, und der Schüttler schüttelt es so lange im Wasser auf und nieder, bis der Sand, der durchs Gitter fällt, abgespült ist. Ist das Sieb nach und nach mit reinen Muscheln gefüllt, so wird es nach dem Schiffe getragen und ausgeschüttet. In einer Tye oder Zeit zwischen zwei Fluten kann eine Wasche wohl 15 bis 40 mal gefüllt werden, das sind — da eine Wasche etwa eine halbe Tonne faßt — $7\frac{1}{2}$ bis 20 Tonnen. Bekommt man die, so heißt es: fertig! — denn dann hat man viel bekommen. Nun kommt die Flut wieder, man kann nicht länger arbeiten und muß ins Schiff steigen. Im Schiffsraume werden alsdann die Muscheln auseinander geschüttet, hierauf wird gegessen und getrunken, und wer schlafen will, legt sich ein paar Stunden aufs Ohr; die Frauen aber sitzen zu stricken. Allgemach wird es dann wieder Zeit über Bord zu gehen. Diese Arbeit wird so lange fortgesetzt, bis ein Schiff von 20 Last gefüllt ist. Daß zur Verrichtung derselben ein kräftiger, kerngesunder Körper erforderlich ist, braucht kaum gesagt zu werden, wird doch die meiste Zeit tief im Wasser stehend gearbeitet. —

„So lagen wir", erzählt unsere alte Insulanerin „8 Tage im Watt, Muscheln zu waschen, je nachdem Muscheln da waren, bisweilen einen oder zwei Tage länger, bisweilen auch wohl einen weniger. Und wir waren allezeit gesund und wohl, das Essen schmeckte uns wie Honig, uns that kein Finger an der ganzen Hand weh, obgleich wir Blasen hatten vom Tragen, eine solch schwere Arbeit war's, — aber wir hatten auch gute Speisen und Getränke an Bord, unsere halbe Tonne Bier lag auf dem Schragen, und die Männer tranken Branntwein mit Sirup und aßen große Kringel dazu. Dabei waren wir allezeit fröhlich und zufrieden."

In 20 bis 25 Tyen oder in 10 bis 13 Tagen sind drei Männer und eben so viele Frauen oder Knaben im stande, ein Schiff mit Muscheln zu füllen.

Die Muschelladungen werden nach Ostfriesland, Jeverland, Oldenburg, Bremen und andern Plätzen gebracht und dort zu möglichst hohen Preisen verkauft. Früher kostete eine Ladung von etwa 300 Tonnen 80 bis 180 Thaler. Nichtsdestoweniger beschäftigen sich die Insulaner nur dann mit der Schillwäscherei, wenn keine andere Ladungen zu bekommen sind, oder wenn der Frachtlohn zu niedrig steht.

Die großen Muschelhaufen der Kalkbrennereien bestehen größtenteils aus eßbaren Herzmuscheln (Cardium edule). Sie ist an unsern Küsten die häufigste und gemeinste Konchylie. Außer derselben findet man aber auch noch folgende: die eßbare Mießmuschel (Mytillus edulis), die abgestumpfte Klaffmuschel (Mya truncata) die Tellmuschel (Tellina), das große Wellhorn (Buccinum undatum), die gemeine Kreiselschnecke (Turbo pica) und einige andere.

Die Konchylien werden an der Brandstätte in runde Haufen geschüttet und zwar schichtweise, so daß auf eine Lage Konchylien eine Schicht losen Torfs folgt. Das Brennen geschieht entweder in freier Luft, in Gestalt der Kohlenmeiler, oder in eigenen Kalköfen, die oben offen und beinahe cylindrisch gebaut sind. In neuester Zeit benutzt man auch, um Feuerung zu sparen, die Hoffmannschen Ringöfen.

---

### Herzensergießung
einer alten Insulanerin über den Untergang alter Sitten*).

"Es ist jetzt ganz anders auf Wangeroge als früher. Ehedem gab es lauter schlechte und verfallene Häuser, ohne Schornstein, mit Lehmwänden und Bleifenstern. Der Rauch ging zur Thür hinaus und durchs Strohdach; aber das Eiland war viel besser. Es war viel breiter und viel größer, es war viel grüner. Hier wuchs so viel Gras, daß Kühe und Rinder vom Lande herüber geschickt wurden, hier den Sommer über zu grasen. Es gab Haushaltungen, die wohl ein halb Stiege Fuder Heu machten. Man gebrauchte wohl zwei Tage, das Eiland zu umgehen, so groß war's. Jetzt ist es ja, mit damals verglichen, wie ein Seestrand; damals war's ja wie eine große Stadt. Wer bekam dazumal wohl ein Korn Sand im Dorfe zu sehen? Es ging ein schöner, grüner Pfad durchs Dorf. Aber Menschen waren hier damals bei weitem so viele nicht als jetzt, und sie trieben auch bei weitem so viel Staat nicht. Die Mädchen gingen mit ihren roten, wollenen Röcken und groben wollenen Jacken und kleinen kattunenen Käppchen, ohne Mütze, und sie bekamen eben so gut Männer wie jetzt. Und die Burschen trugen weite leinene Hosen und auch grobe wollene Jacken. Wir gingen Sonntags wohl so nett mit einander zu Tanze. Dann hatten die Burschen eine blaudamastne oder rotdamastne Jacke an und eine schneekreideweiße leinene Hose, einen breitrandigen Hut auf, mit einer schwarzseidenen, langherabhangenden Schleife. Und

---

*) Stammt aus der Zeit, als Wangeroge noch als Seebad florierte.

die Mädchen trugen einen gestreiften, halb leinen, halb wollenen Rock, ein kattunen Wämschen, eine karrierte Schürze, ein rotes ostindisches Tuch und ein kattunen Käppchen mit Spitzenmütze, die mit Seidenband unter dem Halse zugebunden war. So tanzten wir wie toll, bis drei oder vier Uhr morgens; dann tranken wir Kaffee mit einander, und darauf brachte der Bräntigam seine Braut nach Hause, und die noch keinen Bräutigam hatte, ging mit der Familie heim. Von Besoffenen und Haarbeuteln wußte man nichts zu erzählen. Am andern Tage kamen wir zusammen mit unserer Arbeit und erzählten uns einander von der Tanzerei, daß wir ein solch Vergnügen gehabt hätten, und dieses Paar hätte mit einander gefreit und jenes Paar hätte mit einander gefreit, und damit verbetrien wir uns die Zeit bei unserer Arbeit.

Die damalige Zeit gefiel mir viel besser als die jetzige. Nun habe ich mit der ganzen Geschichte nichts im Sinne, mit all dem Staat, mit all der Hoffart. Barhaupt zu gehen, das Haar zu flechten und Locken vor dem Kopf und ein großes Kleid und Handschuhe zu tragen! Sie hätten nur mit uns Muscheln waschen sollen, das wäre anders gekommen! — Handschuhe! — Wenn wir unsere Ladung Muscheln hatten, dann war unsere Hand voller Blasen. Der Staat und die Hoffart, die jetzt herrschen, sind uns alten Leuten zum Ekel. Wer kannte früher ein Kleid? Wir wußten nicht, was es war. Das kommt alles von der Badezeit her. Den Staat und die Hoffart, die sie dann sehen, wollen die Mädchen nachmachen. Wer hat früher etwas von der Badezeit gewußt? Die Badezeit giebt zwar manchem seine Gesundheit wieder, ist aber für manche junge Leute hier zum Verderben. Sie wollen den Staat der Badegäste nachmachen, das können sie nicht leisten; und wozu nützen auch Staat und Hoffart? Schlecht und recht durch die Welt! Gott behüte mich! Für manche ist die Badezeit eine gute Zeit, sie kommen dadurch zu Wohlstand; aber für manche ist sie auch ein großes Verderben. Die Mädchen tragen Mützen, eine beschämt die andere, eine ist noch schöner und teurer als die andere, wohl sieben, acht Reichsthaler kosten sie. Hätten wir früher eine solche Mütze getragen, mit Steinen hätte man uns nachgeworfen, wir hätten uns nicht sehen lassen dürfen. — Wenn's nur noch so bleibt, wenn's nur nicht noch schlimmer wird! Daß die Mädchen sich nur keine Kinder machen lassen, und bleiben dann mit dem Nachlaß sitzen, dann ist's Unglück im Dorf! Gott und sein Wort werden infolge der Badezeit vergessen; man weiß nichts mehr davon, man hat genug mit dem Frisieren des Haares zu thun.

Und den Burschen geht es ebenso, sie sind nichts besser, sie sind voller Hoffart und Unzucht, saufen und schwieren, huren und betteln, sind stolz und brutal! Früher fuhren sie zur See für ihre Eltern und gaben ihnen das Brot. Jetzt können sie nicht einmal so viel Geld bekommen, als sie selber verbrauchen und herdurch bringen können. In alten Zeiten brauchten sie auch nicht Soldat zu werden, nun müssen sie Soldat werden, und unter den Soldaten lernen sie nichts Gutes, einer verführt den andern, und mancher lernt auch das Saufen, und wenn sie dann wieder aufs Schiff kommen, dann steckt das Soldatenleben noch in ihnen.

Mit der Badeanstalt kann man nun zwar viel Geld verdienen auf Wangeroge, und für geringe Leute ist das gut; aber was hilft alles Geld und Gut, wenn die Leute ein solch ruchloses Leben führen und Gott und sein Wort darüber vergessen?

Ich bin alt und will mich nicht mehr darum bekümmern; sie müssen es selbst wissen. Ein jeder muß seinen Sack zur Mühle tragen, dann weiß er, wie schwer er ist." —

---

## II. Kapitel.

### Der Bremer Leuchtturm.

Die Bauart des Bremer Leuchtturms, namentlich die Konstruktion seines Fundaments, weicht von der gewöhnlichen Behandlung der Grundbauten gänzlich ab. Wohl nicht häufig kommt es vor, daß dem Ingenieur ein mitten in in der See belegener, wenigstens zwei deutsche Meilen von der nächsten Küste entfernt liegender, aus reinem Treibsand bestehender und nicht weniger als 2 m unter der täglichen Fluthöhe sich befindender Bauplatz angewiesen wird.

Der Erbauer des Leuchtturms war der geniale Baurat und Hafenbaudirektor zu Bremerhaven, J. J. van Ronzelen. Schon längst hatten der Senat und die Bürgerschaft Bremens das Bedürfnis gefühlt, an der Stelle der Bremerbake, die nur ein Tagzeichen war, auch ein für die Nacht nutzbares Zeichen zu errichten; denn hier — zwischen der Weser- und Jademündung — ist ein für die Schiffahrt durch Sandbänke äußerst gefährliches Fahrwasser. Das Terrain, auf welchem der Leuchtturm steht, ist ein Teil eines etwa $3\frac{1}{2}$ Quadratmeilen großen, sehr mächtigen und flüssigen Treibsandlagers, welches unter dem Namen Mellum die Jade und Weser trennt. Die Mellum ist von mehreren Stromrillen (Baljen) durchschnitten und in besonders benannte Abteilungen gebracht. „Hoher Weg" heißt derjenige Teil, auf welchem der Leuchtturm steht. Dieser befindet sich genau auf 53° 42' 51" nördl. Breite und 8° 14' 52" östl. Länge von Greenwich. In alten Zeiten soll die Mellum ein grünes, etwas zu früh oder zu schwach eingedeichtes Land gewesen sein. In der Nähe der Bremerbake soll das Schloß Mellum gestanden haben, das von Walbert, Wittekinds Enkel, erbaut und nach zweihundertjährigem Bestehen, im Jahre 1066, durch die Flut vernichtet worden sein soll. In der That hat auch van Ronzelen Bruchstücke eines alten Mauerwerks aufgefunden, die er für die Ueberreste des ehemaligen Schlosses hielt, allein späterhin stellte sich heraus, daß die Mauertrümmer einer alten Bremer Bake angehört hatten.

Im Juni 1855 wurde der Bau des Leuchtturms in Angriff genommen. Mit welchen Schwierigkeiten und Gefahren derselbe verknüpft war, läßt sich denken. Man konnte natürlich nur während der Ebbestunden arbeiten. Zunächst wurden 5,40 m lange Pfähle in den Sand gerammt. Das Fundament wurde durch eine achteckige Kernwand umschlossen, damit der Sand durch den Druck des Turmgebäudes (3 000 000 Pfd.) nicht seitwärts ausweichen könne. Zwischen den eingerammten Pfählen wurde nun der Sand 1 m tief ausgegraben und dieser Raum mit Béton ausgefüllt. Um das Mauerwerk des Turmfundaments wurde eine, in einer konkaven Linie ansteigende Steinböschung konstruiert, deren Fuß sich gegen eingerammte Pfähle stützt, die mit einer starken eisernen Kette umspannt sind. Bis zu 1,35 m über ordinär Hochwasser ist der Turm durch die Steinböschung gegen den Andrang der Wellen und des Eises geschützt. Das Grundturmwerk mißt in seiner Basis 13,50 m im Durchmesser, und in demselben befindet sich eine Cisterne und darüber ein Keller. Das äußere Mauerwerk geht sodann in einer konkaven Linie hinauf bis zur Höhe von 9,90 m über Null. Dieses Mauerwerk besteht an der Außenfläche aus Bockhorner braunen Klinkersteinen in Portlandcement und Sand. Das übrige Mauerwerk besteht aus garen Mauersteinen in Bastardtras gemauert. Das konkave, dicke Mauerwerk, in welchem sich einige Fuß über Hochwasser der Eingang befindet, ist auf 9,90 m über Null mit Grauwerksplatten gedeckt, welche eine mit einem eisernen Geländer eingeschlossene, den Turm umgebende, 1,20 m breite Terrasse bilden. Von derselben an ist der Turm in Form einer regulären achtseitigen Pyramide, die in der Höhe von 27,90 m über Null abgestumpft ist, aufgezogen. Im Innern ist der Turm rund, und oben ist er durch ein Gesims von Grauwerk abgedeckt. Das Krongesims ist mit einem eisernen Geländer umgeben und schließt eine Terrasse außerhalb der Laterne ein. Ueber der unteren Terrasse hat der Turm fünf verschiedene Etagen, in denen sich übereinander eine Küche und vier Stuben befinden, zu denen Freitreppen führen.

Das Licht der Laterne steht mit seinem Kern 32 m über Null und das Obere der Laternenkuppel etwa 35,50 m. Die Laterne bildet ein regelmäßiges Zwölfeck und wird von einem kugelförmigen, starken Kupferdach gedeckt, das mit einem Blitzableiter versehen ist. Das Licht ist ein katadioptrisches, nach Fresnelschem System zweiter Ordnung. Dasselbe ist fest und weiß und auf 15 bis 16 Seemeilen weit sichtbar. Am 1. Dezember 1856 konnte es zum erstenmale der Schiffahrt seinen Dienst erweisen.

Der Bau des Fundamentes hatte durch manche Hindernisse zu leiden; denn der Sommer 1855 war sehr stürmisch. Die mit Materialien beladenen Schiffe konnten nicht immer zum Bauplatze herankommen, und wiederholt trieben bei stürmischem Wetter Baumaterialien fort. Man mußte die Nacht zu Hülfe nehmen und arbeitete alsdann bei Pechfackelbeleuchtung. Der Monat Oktober begann aber mit unruhigem Wetter, und das frische, zur Ebbezeit gemachte Mauerwerk hatte von der darauf folgenden Flut viel zu leiden und wurde verschiedene male zum Teil weggespült. Am 3. Oktober erhob sich ein solcher Sturm, daß an eine Fortsetzung der Arbeit nicht zu denken war. Als am 10. Oktober der Sturm zu einem Orkane heranwuchs, mußte das Arbeitspersonal in der alten, stehen gelassenen Feuerbake eine Zuflucht suchen; allein auch hier waren sie ihres Lebens nicht sicher. Man sandte den Schleppdampfer „Simson" zur Rettung dahin ab, aber derselbe vermochte wegen der heftigen Brandung nicht zu landen. Die Nacht vom 10. zum 11. Oktober war für die Bewohner der Bake eine schreckliche; von Kälte und Nässe erstarrt brachten sie dieselbe zusammengekauert zu. Erst am andern Morgen konnte der „Simson" herankommen und die Leute in aller Eile retten. Alles bis dahin mit Mühe aufgeführte Mauerwerk hatte die Sturmflut wieder in einen Schutthaufen verwandelt. Erst sechs Wochen später konnte man den Rest des Werkes zum Schutze mit Béton überdecken. So verblieb das Grundwerk den Winter über. Im April des folgenden Jahres begann die Arbeit von neuem, und der fernere Turmbau ging so glücklich von statten und wurde so energisch betrieben, daß der ganze Oberbau schon am 21. August 1856 vollständig ausgeführt war.

Das Licht des Bremer Leuchtturms hat die ganze zu beleuchtende Fläche der Wesermündung mit ihren Sandbänken von der Nordsee an in seinem Bereich. Eine spezielle Beschreibung des Apparats würde hier nichts nützen, da nur der eigene Augenschein von derartigen optischen Instrumenten eine klare, deutliche Vorstellung giebt. Für die Behandlung des Apparats, für den Nacht- und Tagesdienst haben die Wächter am Leuchtturm die genauesten Instruktionen. Das Anzünden der Lampe geschieht eine halbe Stunde vor Sonnenuntergang, und die dienstthabenden Wächter müssen dabei zugegen sein. Alle zum Nachtdienst nötigen Gegenstände, sowie Reservestücke müssen sich dienstfähig in der Nähe des Apparats befinden. Bei einbrechender Nacht werden die Vorhänge vom Apparat genommen und die Rouleaux der Laterne aufgezogen. Muß während der Nacht die Lampe geputzt werden, so hat der Wächter durch die Glocke dem andern das Zeichen zum Heraufkommen zu geben. Macht ein unglücklicher Zufall den Wechsel der ganzen Lampe notwendig, so müssen alle Wächter heraufkommen, und das Auswechseln muß so rasch wie möglich vor sich gehen. Die Scheiben der Laterne müssen während der Nacht nach Bedürfnis mit Schwamm oder Wischtuch abgewischt werden. Dem Schwitzen der Scheiben ist durch richtiges Oeffnen der Ventilationsklappen so viel als möglich vorzubeugen. Bei Tagesanbruch wird die Lampe gelöscht.

Die Zeit der Ablösung zum Nachtdienst ist dem am Turm befindlichen ersten Wächter je nach der Jahreszeit zu bestimmen überlassen. Für den Dienst im Winter können die Wächter bei strenger Kälte während der Nachtwache die von Seiten des Staats gelieferten zwei Schafpelze und dito Stiefeln tragen. Diese Bekleidung ist deshalb erforderlich, weil es streng untersagt ist, die Thüre von der Dienst- nach der Laternenstube zu öffnen, da der eintretende Dunst ein Beschlagen der Glasteile zur Folge haben würde, welchem nur durch starke Ventilation abgeholfen werden könnte, wodurch aber wieder die Lampengläser der Gefahr des Zerspringens ausgesetzt sein würden. Der Wächter darf nie den Apparat während seiner Wache verlassen. Tagtäglich ist morgens 6 Uhr, mittags, abends 6 Uhr und mitternachts der Stand des Barometers und Thermometers, des Wetters nebst der Richtung und Stärke des Windes zu beobachten und zu notieren. Der Dienst für die vier Wächter wird in Sommer- und Winterdienst eingeteilt. Der Sommerdienst ist gerechnet vom 15. März bis 15. November. Das auf dem Turm befindliche Fremdenbuch hat der erste Wächter allen Besuchenden zur Einschreibung ihres Namens vorzulegen.

Im Leuchtturm finden auch Schiffbrüchige manchmal eine sichere Zufluchtsstätte. Wenn ein Schiff auf irgend einer der Sandbänke in der Weser- oder Elbmündung gestrandet ist und die Schiffbrüchigen auf offenem Boot in furchtbarem Sturm und vielleicht noch in kalter, dunkler Winternacht dahintreiben, so läßt sich denken, mit welcher neuen Hoffnung sie alsdann das Rettung verheißende Licht begrüßen, mit welchem Mut sie alle Kräfte anstrengen, um dahin zu gelangen und dem Wellentode zu entgehen. In dem Turme befinden sich erwärmte Räume, und die Behörde hat eigens eine Anzahl wollener Decken dahin geschickt, womit die Unglücklichen zunächst die starren und erschöpften Glieder erwärmen können, auch wird dafür gesorgt, daß zu jeder Zeit ein genügender Vorrat von Proviant vorhanden ist. Der Turm ist zugleich die letzte Station des elektrischen Telegraphen, der von hier als unterseeischer nach Fedderwarden und von da nach Bremen geführt ist. Auf die Nachricht des Telegraphen von drohender Gefahr, kann in kürzester Zeit von Bremerhaven aus durch Dampfschiffe Hülfe gebracht werden. Schon mehrmals hat der Turm zur Rettung von Schiffen und Mannschaft die glücklichsten Dienste geleistet, namentlich während der heftigen Winterstürme.

Im Jahre 1883 ist an der Wesermündung noch ein zweiter Leuchtturm erbaut. Derselbe erhebt sich auf dem „Roten Sand", einer aus unendlich feinem Sande bestehenden Untiefe, 18 km nördlich vom Hoheweg-Leuchtturm. Beim Bau dieses Turmes hatte man mit noch größeren Schwierigkeiten zu kämpfen. Ausgeführt wurde derselbe von der Gesellschaft „Harkort" für Eisenindustrie und Brückenbau in Duisburg. Die Kühnheit der Konzeption und die Umsicht der Ausführungsarbeiten gereicht der deutschen Wasserbaukunst und Industrie zu besonderer Ehre.

www.ingramcontent.com/pod-product-compliance
Lightning Source LLC
Chambersburg PA
CBHW051859300426
44117CB00006B/454